Variété du CONTE FRANÇAIS

MARTIN SCHWARZ
University of Tulsa

Holt, Rinehart and Winston
New York Toronto London

Permissions and acknowledgments

The author wishes to thank the authors, publishers, and holders of copyright for their permission to use the reading materials.

Marcel Aymé: "Le Proverbe", from *Le Passe-Muraille*, and "Le Loup", from *Contes du chat perché*. Marcel Arland: "Les Roses de Piérie", from *A perdre haleine*. Albert Camus: "La Pierre qui pousse", from *L'Exil et le Royaume*. © Editions Gallimard (GFF)

"Crainquebille", par Anatole France, © Calmann-Lévy, 1904 (FJ)

Georges Courteline: "Exempt de Cravate", from *Les Gaités de l'Escadron*, by permission of Librairie Ernest Flammarion (A)

Gilbert Cesbron: "Grand Café de l'Écluse", from *Tout dort et je veille* (1959), and "Matame", from *Des enfants aux cheveux gris* (1968), by permission of Editions Robert Laffont (GJ)

Georges Duhamel: "La Dame en vert", from *Civilisation*, by permission of Mercure de France (EA)

Library of Congress Catalog Card Number: 74-140663
Printed in the United States of America

ISBN: 0-03-085702-3
2345678 008 987654321

Preface

This anthology is meant for French conversation classes in high schools and universities, and for literature classes which deal with the genre of the short story. It is obvious that the short story lends itself particularly well to the teaching of reading since the average length of such a work makes a close reading possible in a relatively short period of time. The copious vocabulary equivalents in French will make the task easier by suggesting words or expressions with which the student might be more familiar. These equivalents—or, in some instances, near equivalents—are in the same grammatical form as the original, so that they can be substituted immediately without the difficult process of transformation. This feature will help the student to build his vocabulary and to improve his knowledge of idiomatic French. The student should be encouraged to look at all the equivalents, even if he understands the original. As a last resort, there is a French–English vocabulary at the end of the book.

Each story is followed by five grammar exercises. Out of many possibilities I have chosen some structures which students usually find difficult to handle. Each instructor will be able to expand these exercises if he finds them useful, or he will decide to omit them if this anthology is used in conjunction with a grammar book.

The explanatory notes (*Notes explicatives*) give added information on historical events or facets of French life with which the student may not be familiar. There are many questions at the end of each selection. Some are obvious, others more analytical. But each of these questions will force the student to go beyond an exercise in translation, and each answer will bring him closer to an awareness of the author's skill. The general questions make for lively discussions, and the suggested topics for composition will allow the student to give free rein to his creativity.

The selections, including works by some of the greatest storytellers of France, and the variety of themes and styles, loosely grouped under sub-headings, should appeal to a wide reading audience. The introduction preceding each story gives some basic information on the author and offers some thoughts which will hopefully make the reading more meaningful.

PREFACE

I wish to express my gratitude to Miss Carol Kleiner, a former student at the University of Michigan, for her fine work on four of the selections, to Professor F. Ernst for his many useful comments and suggestions, and to Miss Doris Jacoby for her kindness and patience.

M.S.

Houston, Texas
January 1970

Introduction

Avant de tracer l'ébauche du conte et de la nouvelle en France depuis les origines jusqu'au présent, il serait intéressant de définir rapidement ces deux termes qui peuvent, bien entendu, s'employer indistinctement, l'un pour l'autre. Sans avoir la prétention de résoudre ce problème épineux, disons que la meilleure définition de la nouvelle est celle donnée par Prosper Mérimée. (Voir l'introduction à *L'Enlèvement de la Redoute* à la page 3.) D'après Mérimée, l'élément qui distingue essentiellement la nouvelle du conte est l'analyse, qui est absente de ce dernier. Cette distinction, si vague soit-elle, a l'avantage de présenter un critère d'exégèse fort utile que le lecteur pourra appliquer à chaque récit. (Ce dernier mot est employé ici dans un sens très général, et inclut les deux genres.)

Les contes existent depuis toujours. Il est impossible de remonter à la source de ces légendes et de ces contes de fées que nous connaissons tous, et qui pendant des siècles ont été transmis oralement de père en fils et de peuple à peuple avant d'avoir été fixés dans une forme littéraire. L'imagination si fertile des peuples primitifs a donné naissance à de merveilleuses aventures, reflets fidèles de leur attitude devant les mystères de la vie et de la mort. En France, l'histoire de ce genre commence avec les contes dévots, courtes histoires qui sont une illustration parfaite du rôle joué par la religion dans tous les aspects de la vie quotidienne. En même temps les fabliaux font leur apparition, et ces récits pleins de verve et de bonne humeur reflètent la vie et les déboires de la bourgeoisie naissante du moyen âge. Divorcés des préoccupations et des plaisirs de la bourgeoisie, les nobles de l'époque tournent leurs regards vers les aventures galantes des chevaliers errants du passé, et les lais de Marie de France immortalisent l'amour courtois. Mais ce sont les fabliaux qui constituent, avec les contes italiens, les deux grandes influences sur de nombreux conteurs de la fin du quinzième et du seizième siècles. Le premier recueil de contes en prose (dont l'auteur est peut-être Antoine de la Salle) a été écrit entre 1450 et 1462. Les *Cent Nouvelles nouvelles* n'ajoutent pas grand'chose aux fabliaux. Ce sont pour la plupart des contes grossiers, écrits pour l'amusement des foules. Parmi les nombreux conteurs de cette époque, il faut mentionner Philippe de Vigneulles et Nicolas de Troyes, deux artisans, qui s'en donnent à cœur joie, mais le plus célèbre des conteurs du seizième siècle est sans aucun doute Rabelais dont l'humour et l'esprit gaulois marquent la littérature française à tout jamais. A l'encontre de ce grand écrivain et de ses disciples—tous joyeux lurons—nous trouvons Marguerite d'Angoulême qui dans son *Heptaméron* (influencé par le *Décaméron* de Boccace) annonce déjà ce que nous appelerons plus tard la nouvelle. Ses récits qui reflètent la vie de la cour sont nettement moralistes. Nous ne pouvons guère quitter cette période sans faire mention au moins de Noël du Fail dont les *Propos rustiques* (1547) sont écrits dans la langue même des paysans qui les rapportent, et Bonaventure des Périers dont les *Nouvelles Récréations et Joyeux Devis* (1558) nous offrent un tableau réaliste de la société française du seizième siècle. Avec l'affinement du goût au siècle suivant, la vogue des contes diminue considérablement, et pourtant le «grand siécle» a produit selon les mots de Bussy-Rabutin «les plus agréable faiseurs de contes qu'il y ait en France.» En 1665, La Fontaine a lancé à titre d'essai deux nouvelles en vers tirées de l'Arioste et de Boccace. Le succès qu'il remporta le décida peu après à publier son recueil de *Contes et nouvelles en vers.* En tout il publia quatre parties de grivoiseries versifiées avec son charme et sa grâce habituels. C'est également au dix-septième siècle que Charles Perrault donna leur forme définitive aux contes de fées, en publiant en 1694 ses *Contes en vers* et trois ans plus tard ses *Histoires ou contes du temps passé, avec des moralités.* Le siècle des lumières a d'autres préoccupations que de faire des contes, mais Voltaire écrivit de nombreux récits didactiques qu'il appela contes philosophiques. Et ce n'est pas le seul philosophe à avoir employé ce genre littéraire à des fins propagandistes. Il suffit de lire les *Lettres persanes* de Montesquieu et certaines œuvres de Diderot. Mais ce ne sera qu'au dix-neuvième siècle que ce genre mineur, ce jeu littéraire qui délassait les penseurs, deviendra respectable, et qu'il revendiquera une place légitime à côté du roman et du théâtre. Il est impossible dans cette ébauche de donner une idée juste de l'évolution, de la variété, et de l'importance énorme du récit durant tout le siècle. Nous ne pouvons que mentionner quelques écrivains particulièrement connus. Xavier de Maistre et Mme de Staël montrent la voie à leur siècle, mais leurs récits, pour la plupart médiocres, sont ignorés du grand public. Chateaubriand a plus de succès, mais le grand précurseur du conte est Charles Nodier qui emploie tour à tour—et sans la moindre distinction—les mots «conte», «nouvelle», «historiette», «anecdote», et même «roman» pour décrire ses œuvres. Le conte est une fois de plus à la mode, et presque tous les écrivains de cette époque en produisent: George Sand, Balzac, Musset, etc. C'est également à cette époque que le conte fantastique connaît une grande vogue. Le surnaturel, le monde des démons, les phénomènes de la vie psychique font le sujet d'innombrables récits. Nodier, le premier, a exploré ces terrains, et à partir de ce moment-là le fantastique —et ce mot change de sens durant le siècle—apparaît dans les récits d'écrivains aussi différents que Balzac, Villiers de l'Isle-Adam, Maupassant, Nerval, Lautréamont, etc. C'est également le dix-neuvième siècle qui a produit les deux grands maîtres du genre. La nouvelle a trouvé sa forme définitive avec Mérimée, et c'est Maupassant qui, grâce à son immense talent et à une discipline rigoureuse, a parfait le genre. La vogue du récit continue de nos jours. Il y a peu d'écrivains contemporains qui n'aient essayé leur main à ce genre, et certains d'entre eux ont réussi brillamment: Apollinaire, Gide, Aymé, Camus, Sartre, Arland, Cesbron, etc. De nos jours, comme au début du siècle précédent, le conte fantastique connaît une grande popularité. Ce phénomène n'est pas difficile à comprendre. «Nous vivons, dit le critique Marcel Schneider, dans le trouble, l'ignorance et la crainte, et le fantastique naît de cette inquiétude.» «Le fantastique, conclut-il, se présente comme une protestation continue, irrésistible, violente contre la situation faite à l'homme.»

De cette immense production j'ai choisi vingt-cinq contes et nouvelles, groupés sous différents sous-titres. Le lecteur s'apercevra bien vite que les adjectifs qui les décrivent ne sont pas les seuls qui conviennent dans chaque cas. Ainsi, il y a de l'humour dans les récits satiriques, de la satire dans les récits de guerre, et ainsi de suite. Mais il me semble que le réalisme est l'élément prédominant dans les œuvres de Mérimée, Zola et Maupassant, et qu'il est intéressant et utile de comparer ces trois auteurs. La même chose est vraie pour les autres divisions. Les œuvres que nous donnons ici représentent un «raccourci» du genre à travers les siècles, et nous espérons que le lecteur prendra plaisir à se familiariser avec quelques-uns des meilleurs conteurs de la littérature française.

Table des matières

Variété du CONTE FRANÇAIS

I

Récits réalistes

PROSPER MÉRIMÉE

Prosper Mérimée naquit à Paris, en 1803. Il fit d'excellentes études d'humanités et ensuite de droit. D'une famille aisée et cultivée, il eut accès aux salons en vue de l'époque et s'y distingua par un esprit brillant et ironique. Il s'imposa au grand public par une mystification littéraire: en 1825, il publia sous le titre de *Théâtre de Clara Gazul* des pièces qu'il attribua à une actrice espagnole. Il écrivit ensuite un recueil de ballades, *La Guzla* (1827), qui eut un grand succès. C'est en 1829 qu'il donna ses premières nouvelles à la *Revue de Paris*. Dans ces morceaux il s'attacha encore plus aux détails qu'à l'unité, mais peu après il composa *Mateo Falcone, Tamango,* et *Le Vase étrusque* qui font de lui l'initiateur et le grand maître d'un nouveau genre littéraire qu'il définit par son art. En 1834, Mérimée est nommé inspecteur général des monuments historiques. Dans cette fonction il parcourt la France d'un bout à l'autre et voyage également beaucoup à l'étranger. C'est en 1840 qu'il écrivit *Colomba* et cinq ans plus tard il publia *Carmen.* Dans ces deux œuvres sur lesquelles repose en grande partie la renommée de Mérimée, il élargit le cadre de ses premières nouvelles. Vers la fin de sa vie, il répandit en France des œuvres d'écrivains russes qu'il avait traduites. Sous le second Empire il est nommé sénateur, et devint un des familiers de la famille impériale. Il mourut en 1870.

Selon Mérimée, la nouvelle est un récit court qui met en valeur un personnage en pleine crise tout en analysant les sentiments profonds qui mènent au dénouement souvent tragique, ou férocement ironique. L'art de Mérimée est admirable dans son économie. Avec quelques touches magistrales il crée un décor qui vient renforcer le drame. On ne saurait retrancher un seul mot de ses nouvelles sans en détruire l'harmonie ou en fausser le sens. *L'Enlèvement de la Redoute* qui parut dans la *Revue française* en 1829, est un parfait exemple de cette définition.

A consulter: Pierre Trahard, *Prosper Mérimée et l'Art de la Nouvelle*, Paris, 1952.

L'Enlèvement de la Redoute

Un militaire de mes amis, qui est mort de la fièvre en Grèce il y a quelques années, me conta un jour la première affaire à laquelle il avait assisté.* Son récit me frappa tellement, que je l'écrivis de mémoire aussitôt que j'en eus le loisir. Le voici:

«Je rejoignis le régiment le 4 septembre au soir. Je trouvai le colonel au bivac.[1] Il me reçut d'abord assez brusquement; mais, après avoir lu la lettre de recommendation du général B... , il changea de manières, et m'adressa quelques paroles obligeantes.

Je fus présenté par lui à mon capitaine, qui revenait à l'instant même d'une reconnaissance. Ce capitaine, que je n'eus guère le temps de connaître, était un grand homme brun, d'une physionomie dure et repoussante. Il avait été simple soldat, et avait gagné ses épaulettes[2] et sa croix* sur les champs de bataille. Sa voix, qui était enrouée et faible, contrastait singulièrement avec sa stature presque gigantesque. On me dit qu'il devait cette voix étrange à une balle qui l'avait percé de part en part[3] à la bataille d'Iéna.*

En apprenant que je sortais de l'école de Fontainebleau,* il fit la grimace et dit:

«Mon lieutenant est mort hier...»

Je compris qu'il voulait dire: «C'est vous qui devez le remplacer, et vous n'en êtes pas capable.» Un mot piquant me vint sur les lèvres, mais je me contins.

La lune se leva derrière la redoute de Cheverino,* située à deux portées de canon[4] de notre bivac. Elle était large et rouge comme cela est ordinaire à son lever. Mais, ce soir, elle me parut d'une grandeur extraordinaire. Pendant un instant, la redoute[5] se détacha en noir sur

---

[1] *bivac:* l'endroit où campent les soldats (En français moderne: *bivouac*)
[2] *épaulettes:* franges que les militaires portent sur chaque épaule
[3] *de part en part:* d'un côté à l'autre; entièrement
[4] *portées de canon:* distances auxquelles un canon peut lancer son projectile
[5] *redoute:* fortification

le disque éclatant de la lune. Elle ressemblait au cône d'un volcan au moment de l'éruption.

Un vieux soldat, auprès duquel je me trouvais, remarqua la couleur de la lune.

«Elle est bien rouge, dit-il; c'est signe qu'il en coûtera bon[6] pour l'avoir, cette fameuse[7] redoute!»

J'ai toujours été superstitieux, et cet augure, dans ce moment surtout m'affecta. Je me couchai, mais je ne pus dormir. Je me levai, et je marchai quelque temps, regardant l'immense ligne de feux qui couvrait les hauteurs au-delà du village de Cheverino.

Lorsque je crus que l'air frais et piquant de la nuit avait assez rafraîchi mon sang, je revins auprès du feu; je m'enveloppai soigneusement dans mon manteau, et je fermai les yeux, espérant ne pas les ouvrir avant le jour. Mais le sommeil me tint rigueur.[8] Insensiblement mes pensées prenaient une teinte lugubre. Je me disais que je n'avais pas un ami parmi les cent mille hommes qui couvraient cette plaine. Si j'étais blessé, je serais dans un hôpital, traité sans égards[9] par des chirurgiens ignorants. Ce que j'avais entendu dire des opérations chirurgicales me revint à la mémoire. Mon cœur battait avec violence, et machinalement je disposais comme une espèce de cuirasse,[10] le mouchoir et le portefeuille que j'avais sur la poitrine. La fatigue m'accablait, je m'assoupissais[11] à chaque instant, et à chaque instant quelque pensée sinistre se reproduisait avec plus de force et me réveillait en sursaut.[12]

Cependant la fatigue l'avait emporté, et, quand on battit la diane,[13] j'étais tout à fait endormi. Nous nous mîmes en bataille, on fit l'appel, puis on remit les armes en faisceaux,[14] et tout annonçait que nous allions passer une journée tranquille.

---

[6] *il en coûtera bon:* EXPRESSION POPULAIRE ce sera très difficile; cela nous donnera beaucoup de mal

[7] *fameuse:* ICI sacrée. Dans ce contexte le mot a la valeur d'un léger juron.

[8] *me tint rigueur:* refusa de venir

[9] *sans égards:* sans considération; sans respect

[10] *cuirasse:* armure d'acier qui recouvre la poitrine et le dos

[11] *je m'assoupissais:* je m'endormais

[12] *en sursaut:* brusquement

[13] *on battit la diane:* TERME MILITAIRE sonnerie de clairon ou batterie de tambour pour réveiller les soldats

[14] *on remit les armes en faisceaux:* on arrangea les armes de façon à ce qu'elles se soutiennent mutuellement

Vers trois heures, un aide de camp arriva, apportant un ordre. On nous fit reprendre les armes; nos tirailleurs[15] se répandirent dans la plaine, nous les suivîmes lentement, et, au bout de vingt minutes, nous vîmes tous les avant-postes des Russes se replier et rentrer dans la redoute.

Une batterie[16] d'artillerie vint s'établir à notre droite, une autre à notre gauche, mais toutes les deux bien en avant de nous. Elles commencèrent un feu très vif sur l'ennemi, qui riposta énergiquement, et bientôt la redoute de Cheverino disparut sous des nuages épais de fumée.

Notre régiment était presque à couvert du feu des Russes par un pli[17] de terrain. Leurs boulets, rares d'ailleurs pour nous (car ils tiraient de préférence sur nos canonniers), passaient au-dessus de nos têtes, ou tout au plus nous envoyaient de la terre et de petites pierres.

Aussitôt que l'ordre de marcher en avant nous eut été donné, mon capitaine me regarda avec une attention qui m'obligea à passer deux ou trois fois la main sur ma jeune moustache d'un air aussi dégagé[18] qu'il me fut possible. Au reste, je n'avais pas peur, et la seule crainte que j'éprouvasse, c'était que l'on ne s'imaginât que j'avais peur. Ces boulets inoffensifs contribuèrent encore à me maintenir dans mon calme héroïque. Mon amour-propre me disait que je courais un danger réel, puisque enfin j'étais sous le feu d'une batterie. J'étais enchanté d'être si à mon aise, et je songeai au plaisir de raconter la prise de la redoute de Cheverino, dans le salon de Mme de B... rue de Provence.*

Le colonel passa devant notre compagnie; il m'adressa la parole: «Eh bien, vous allez en voir de grises[19] pour votre début.»

Je souris d'un air tout à fait martial en brossant la manche de mon habit, sur laquelle un boulet, tombé à trente pas de moi, avait envoyé un peu de poussière.

Il paraît que les Russes s'aperçurent du mauvais succès de leurs boulets; car ils les remplacèrent par des obus qui pouvaient plus

---

15 *tirailleurs:* soldats d'avant-garde chargés de harceler l'ennemi
16 *batterie:* unité qui contient un certain nombre de canons
17 *pli:* ICI dépression
18 *dégagé:* insouciant
19 *vous allez en voir de grises:* EXPRESSION POPULAIRE vous verrez des choses effrayantes ou extraordinaires

facilement nous atteindre dans le creux où nous étions postés. Un assez gros éclat m'enleva mon schako[20] et tua un homme auprès de moi.

«Je vous fais mon compliment, me dit le capitaine, comme je venais de ramasser mon schako, vous en voilà quitte[21] pour la journée.» Je connaissais cette superstition militaire qui croit que l'axiome *non bis in idem*[22] trouve son application aussi bien sur un champ de bataille que dans une cour de justice. Je remis fièrement mon schako.

«C'est faire saluer les gens sans cérémonie», dis-je aussi gaiement que je pus. Cette mauvaise plaisanterie, vu la circonstance, parut excellente.

«Je vous félicite, reprit le capitaine, vous n'aurez rien de plus, et vous commanderez une compagnie ce soir; car je sens bien que le four chauffe pour moi.[23] Toutes les fois que j'ai été blessé, l'officier auprès de moi a reçu quelque balle morte, et, ajouta-t-il d'un ton plus bas et presque honteux, leurs noms commençaient toujours par un P.»

Je fis l'esprit fort;[24] bien des gens auraient fait comme moi; bien des gens auraient été aussi bien que moi frappés de ces paroles prophétiques. Conscrit[25] comme je l'étais, je sentais que je ne pouvais confier mes sentiments à personne, et que je devais toujours paraître froidement intrépide.

Au bout d'une demi-heure, le feu des Russes diminua sensiblement;[26] alors nous sortîmes de notre couvert pour marcher sur la redoute.

Notre régiment était composé de trois bataillons. Le deuxième fut chargé de tourner la redoute[27] du côté de la gorge, les deux autres devaient donner l'assaut. J'étais dans le troisième bataillon.

En sortant de derrière l'espèce d'épaulement qui nous avait protégés, nous fûmes reçus par plusieurs décharges de mousqueterie[28] qui ne firent que peu de mal dans nos rangs. Le sifflement des balles me

---

[20] *schako:* (ou *shako*) coiffure militaire
[21] *vous en voilà quitte:* vous voilà libéré; vous voilà débarrassé
[22] *non bis in idem:* EXPRESSION LATINE DE JURISPRUDENCE non deux fois pour la même chose
[23] *le four chauffe pour moi:* EXPRESSION POPULAIRE je suis en grand danger
[24] *je fis l'esprit fort:* je fis semblant d'être sceptique
[25] *conscrit:* soldat nouveau
[26] *sensiblement:* fortement
[27] *tourner la redoute:* contourner la redoute; l'envahir par derrière
[28] *mousqueterie:* plusieurs fusils déchargés en même temps

surprit: souvent je tournais la tête, et je m'attirai ainsi quelques plaisanteries de la part de mes camarades plus familiarisés avec ce bruit.

«A tout prendre,[29] me dis-je, une bataille n'est pas une chose si terrible.»

Nous avancions au pas de course, précédés de tirailleurs: tout à coup les Russes poussèrent trois hourras, trois hourras distincts, puis demeurèrent silencieux et sans tirer.

«Je n'aime pas ce silence, dit mon capitaine; cela ne nous présage rien de bon.»

Je trouvai que nos gens étaient un peu trop bruyants, et je ne pus m'empêcher de faire intérieurement la comparaison de leurs clameurs tumultueuses avec le silence imposant de l'ennemi.

Nous parvînmes rapidement au pied de la redoute, les palissades avaient été brisées et la terre bouleversée par nos boulets. Les soldats s'élancèrent sur ces ruines nouvelles avec des cris de *Vive l'empereur!* plus forts qu'on ne l'aurait attendu de gens qui avaient déjà tant crié.

Je levai les yeux, et jamais je n'oublierai le spectacle que je vis. La plus grande partie de la fumée s'était élevée et restait suspendue comme un dais[30] à vingt pieds au-dessus de la redoute. Au travers d'une vapeur bleuâtre, on apercevait derrière leur parapet à demi détruit les grenadiers[31] russes, l'arme haute,[32] immobiles comme des statues. Je crois voir encore chaque soldat, l'œil gauche attaché sur nous, le droit caché par son fusil élevé. Dans une embrasure,[33] à quelques pieds de nous, un homme tenant une lance à feu était auprès d'un canon.

Je frissonnai, et je crus que ma dernière heure était venue.

«Voilà la danse qui va commencer, s'écria mon capitaine. Bonsoir!»

Ce furent les dernières paroles que je l'entendis prononcer.

Un roulement de tambours retentit dans la redoute. Je vis se baisser tous les fusils. Je fermai les yeux, et j'entendis un fracas[34] épouvantable, suivi de cris et de gémissements. J'ouvris les yeux, surpris de me trouver

---

[29] *à tout prendre:* lorsqu'on y réfléchit bien
[30] *dais:* baldaquin; voûte
[31] *grenadiers:* soldats d'élite
[32] *l'arme haute:* le fusil levé, prêt à être déchargé
[33] *embrasure:* ouverture
[34] *fracas:* bruit

encore au monde. La redoute était de nouveau enveloppée de fumée. J'étais entouré de blessés et de morts. Mon capitaine était étendu à mes pieds: sa tête avait été broyée[35] par un boulet, et j'étais couvert de sa cervelle et de son sang. De toute ma compagnie, il ne restait debout que six hommes et moi.

A ce carnage succéda un moment de stupeur. Le colonel, mettant son chapeau au bout de son épée, gravit le premier le parapet en criant: *Vive l'empereur!* Il fut suivi aussitôt de tous les survivants. Je n'ai presque plus de souvenir net de ce qui suivit. Nous entrâmes dans la redoute, je ne sais comment. On se battit corps à corps au milieu d'une fumée si épaisse, que l'on ne pouvait se voir. Je crois que je frappai, car mon sabre se trouva tout sanglant. Enfin j'entendis crier: « Victoire! » et la fumée diminuant, j'aperçus du sang et des morts sous lesquels disparaissait la terre de la redoute. Les canons surtout étaient enterrés sous des tas de cadavres. Environ deux cents hommes debout, en uniforme français, étaient groupés sans ordre, les uns chargeant leurs fusils, les autres essuyant leurs baïonnettes. Onze prisonniers russes étaient avec eux.

Le colonel était renversé tout sanglant sur un caisson[36] brisé, près de la gorge. Quelques soldats s'empressaient autour de lui: je m'approchai.

«Où est le plus ancien capitaine?» demandait-il à un sergent.

Le sergent haussa les épaules d'une manière très expressive.

«Et le plus ancien lieutenant?

—Voici monsieur qui est arrivé d'hier», dit le sergent d'un ton tout à fait calme.

Le colonel sourit amèrement.

«Allons, monsieur, me dit-il, vous commandez en chef; faites promptement fortifier la gorge de la redoute avec ces chariots, car l'ennemi est en force; mais le général C... va vous faire soutenir.

—Colonel, lui dis-je, vous êtes grièvement[37] blessé?

—F...[38] mon cher, mais la redoute est prise!»

---

[35] *broyée:* écrasée
[36] *caisson:* chariot qui sert à transporter des armes et des vivres
[37] *grièvement:* gravement
[38] *f...:* JURON VULGAIRE fichtre! (En atténuant)

NOTES EXPLICATIVES

(3)* *la première affaire à laquelle il avait assisté:* Il s'agit d'un épisode des campagnes de Napoléon I, rapporté par Philippe de Ségur dans *Histoire de Napoléon et de la Grande Armée* (1824).

(13) *sa croix:* Il s'agit d'une décoration militaire, la croix de la légion d'honneur.

(16) *la bataille d'Iéna:* bataille au cours de laquelle Napoléon remporta la victoire sur les Prussiens (1806).

(17) *l'école de Fontainebleau:* école qui formait des officiers d'armée sous Napoléon I.

(23) *Cheverino:* Il s'agit en réalité de Schwardino, en Crimée. La redoute fut prise par les Français le 5 septembre 1812.

(77) *rue de Provence:* une rue à Paris.

Exercices de grammaire

A. *Justifiez le temps de chaque verbe dans les* 4 *premières lignes du texte.*

B. **«Je fus présenté par lui à mon capitaine.»** (9)†

Mettez cette phrase à la voix active, et transformez les phrases suivantes d'après le même modèle:

1. Elle fut présentée par nous. **2.** Nous fûmes présentés par lui. **3.** Vous fûtes présentée par eux. **4.** Tu fus présenté par elle. **5.** Je fus présenté par vous.

---

* Les numéros entre parenthèses indiquent la ligne où se trouve la matière expliquée.

† Les numéros entre parenthèses indiquent la ligne où se trouvent les phrases ou morceaux de phrases cités.

C. «Si j'**étais** blessé, je **serais** dans un hôpital.» (42—43)

Complétez les phrases suivantes d'après ce modèle:

1. Si elle était fière... **2.** Si nous étions en retard... **3.** Si vous étiez le plus jeune... **4.** S'il était plus fort... **5.** Si j'étais moins paresseux...

D. «Aussitôt que l'ordre de marcher en avant nous **eût été donné**...» (68)

«La seul crainte que j'**éprouvasse,** c'était que l'on ne s'**imaginât** que j'avais peur.» (71—72)

Identifiez et justifiez les temps de ces verbes. Récrivez les phrases en employant un langage moins littéraire.

E. «**une vapeur bleuâtre**» (130—131)

Formez d'autres adjectifs de couleur en employant le suffixe **-âtre.**

Questions portant sur le texte

1. Quel effet l'auteur cherche-t-il à produire en présentant son récit comme il le fait? (1—4)*
2. Que laisse supposer le changement d'attitude du colonel? (6—8)
3. «Ce capitaine que je n'eus guère le temps de connaître.» (10—11) Pourquoi Mérimée nous donne-t-il ce détail? Montrez-en l'importance dans la suite du récit.
4. Voyez-vous un rapport entre le portrait que Mérimée trace du capitaine et le fait qu'il «n'avait été que simple soldat»? (9—14)
5. Pourquoi le capitaine fait-il la grimace lorsqu'on lui présente le jeune officier? (17—18)

---

* Les numéros entre parenthèses renvoient aux passages en question.

6. Le jeune officier interprète-t-il correctement la grimace du capitaine? (20—21)
7. En quoi le décor contribue-t-il au récit? (23—28) Voyez-vous un rapport entre la description de la lune et la suite du récit?
8. De quoi le jeune officier a-t-il surtout peur? (41—45) Ces détails confirment-ils le portrait que vous vous êtes fait de lui?
9. Pourquoi le jeune officier dispose-t-il son portefeuille et son mouchoir sur sa poitrine? (45—47) Ce geste est-il bien observé? Ajoute-t-il un nouvel élément au portrait du jeune homme?
10. Quel effet Mérimée cherche-t-il à produire par l'emploi répété du pronom indéfini «on»? (50—55)
11. Quelle est l'importance des détails que Mérimée nous donne concernant l'attitude du jeune officier vis à vis de son capitaine? (68—72) Voyez-vous dans les rapports entre ces deux hommes une rivalité plus profonde que celle entre le jeune et le vieux militaire?
12. Qu'est-ce qui permet à l'officier de dire que les boulets sont «inoffensifs»? Comment analyse-t-il ses propres sentiments? (72—75)
13. Quel effet la mention d'un salon mondain produit-elle au milieu de ce récit de bataille? (77)
14. Quel est l'effet produit par la plaisanterie? (92) Cette plaisanterie vous paraît-elle plausible vu les circonstances?
15. Le fait que le jeune officier est un conscrit, suffit-il à justifier la distance qu'il met entre lui et les autres soldats? (101—103)
16. Montrez la justesse du mot «camarades» dans cette phrase. (112—113)
17. Montrez dans le récit de l'enlèvement de la redoute que chaque détail a son importance. (128—149)
18. Quel effet de style Mérimée emploie-t-il pour traduire la peur de l'officier? (149—159)
19. Montrez en quoi la fin abrupte du récit renforce l'effet que l'auteur cherche à produire.

Questions générales portant sur le texte

1. Mérimée cherche à produire des effets dramatiques par l'emploi de violents contrastes. Exemple: les «clameurs tumultueuses» des Français et «le silence imposant» des Russes. (121—123) Relevez tous les effets de contraste dans ce récit.
2. Faites une liste de toutes les superstitions en vogue chez les militaires que vous trouvez dans ce texte.
3. Relevez toutes les actions et les pensées qui montrent la peur du jeune officier.

Sujets de devoirs

1. Tracez quelques portraits (fictifs ou réels) en imitant la brièveté de celui que Mérimée nous donne du capitaine.
2. En quoi ce récit se conforme-t-il a la définition de la nouvelle? (Voir Introduction).

EMILE ZOLA

Né en 1840 à Aix-en-Provence, Emile Zola fait ses études dans sa ville natale, puis à Paris. Employé à la librairie Hachette, il s'y fait vite remarquer, autant par son intelligence que par son talent d'écrivain. Zola avait commencé à composer des contes lorsqu'il était encore au lycée, et il continua à en écrire pendant plusieurs années. En 1864 il trouva un éditeur qui publia son recueil intitulé *Contes à Ninon*. *Les Nouveaux Contes à Ninon*, d'où est tiré *Le Grand Michu*, ne parurent qu'en 1874, mais la plupart des contes furent écrits dans les années '60. Ce n'est pas cependant à ce genre littéraire que Zola devra sa grande popularité. Ayant formulé la doctrine du naturalisme, il s'attela en 1871 à son œuvre maîtresse, les vingt volumes qui constituent le cycle des Rougon-Macquart, «histoire naturelle et sociale d'une famille sous le Second Empire.» Dès lors, chef du mouvement naturaliste, Zola exerce une grande influence dans les milieux littéraires, et, lors de l'affaire Dreyfus, dans les milieux politiques. Ardent défenseur de la vérité et de la justice, il est condamné à un an de prison, et obligé de s'exiler en Angleterre. Amnistié, il commença à son retour une autre grande œuvre : *Les Quatre Evangiles*, mais il mourut en 1902 sans avoir pu l'achever.

Les contes de Zola ne sont pas tous également bons, mais nous y trouvons déjà son grand talent d'observateur, son amour pour les opprimés et le souci de réalisme qui caractérisent toute son œuvre de romancier.

A consulter : Michel Euvrard, *Emile Zola*, Paris, 1966.

Le Grand Michu

I

Une après-midi, à la récréation de quatre heures, le grand Michu me prit à part, dans un coin de la cour. Il avait un air grave qui me frappa d'une certaine crainte; car le grand Michu était un gaillard,[1] aux poings énormes, que, pour rien au monde, je n'aurais voulu avoir pour ennemi.

«Ecoute, me dit-il de sa voix grasse de paysan à peine dégrossi,[2] écoute, veux-tu en être?[3]»

Je répondis carrément:[4] «Oui!» flatté d'être de quelque chose[5] avec le grand Michu. Alors, il m'expliqua qu'il s'agissait d'un complot.[6] Les confidences qu'il me fit, me causèrent une sensation délicieuse, que je n'ai jamais peut-être éprouvée depuis. Enfin, j'entrais dans les folles aventures de la vie, j'allais avoir un secret à garder, une bataille à livrer. Et, certes, l'effroi inavoué que je ressentais à l'idée de me compromettre de la sorte,[7] comptait pour une bonne moitié dans les joies cuisantes[8] de mon nouveau rôle de complice.

Aussi, pendant que le grand Michu parlait, étais-je en admiration devant lui. Il m'initia d'un ton un peu rude, comme un conscrit dans l'énergie duquel on a une médiocre confiance. Cependant, le frémissement d'aise, l'air d'extase enthousiaste que je devais avoir en l'écoutant, finirent par lui donner[9] une meilleure opinion de moi.

Comme la cloche sonnait le second coup,* en allant tous deux prendre nos rangs pour rentrer à l'étude:*

---

[1] *un gaillard:* un homme ou un garçon robuste et vigoureux
[2] *à peine dégrossi:* à peine moins grossier; à peine civilisé
[3] *veux-tu en être?:* ICI veux-tu faire partie de notre groupe?
[4] *carrément:* immédiatement; sans réfléchir
[5] *d'être de quelque chose:* d'être associé
[6] *complot:* résolution secrète, souvent contre l'autorité
[7] *de la sorte:* de cette manière
[8] *cuisantes:* aiguës
[9] *finirent par lui donner:* lui donnèrent finalement

«C'est entendu, n'est-ce pas? me dit-il à voix basse. Tu es des nôtres...[10] Tu n'auras pas peur, au moins; tu ne trahiras pas? —Oh! non, tu verras... C'est juré.»

Il me regarda de ses yeux gris, bien en face, avec une vraie dignité d'homme mûr, et me dit encore:

«Autrement, tu sais, je ne te battrai pas, mais je dirai partout que tu es un traître, et personne ne te parlera plus.»

Je me souviens encore du singulier effet que me produisit cette menace. Elle me donna un courage énorme. «Bast![11] me disais-je, ils peuvent bien me donner deux mille vers;* du diable si je trahis[12] Michu!» J'attendis avec une impatience fébrile[13] l'heure du dîner. La révolte devait éclater au réfectoire.

II

Le grand Michu était du Var.* Son père, un paysan qui possédait quelques bouts de terre, avait fait le coup de feu en 51, lors de l'insurrection provoquée par le coup d'Etat.* Laissé pour mort dans la plaine d'Uchâne, il avait réussi à se cacher. Quand il reparut, on ne l'inquiéta pas. Seulement, les autorités du pays,[14] les notables, les gros et les petits rentiers[15] ne l'appelèrent plus que ce brigand[16] de Michu.

Ce brigand, cet honnête homme illettré,[17] envoya son fils au collège[18] d'A... Sans doute il le voulait savant pour le triomphe de la cause qu'il n'avait pu défendre, lui, que les armes à la main. Nous savions vaguement cette histoire, au collège, ce qui nous faisait regarder notre camarade comme un personnage très redoutable.

---

[10] *tu es des nôtres:* tu fais partie de notre groupe
[11] *Bast!:* Qu'importe
[12] *du diable si je trahis:* je ne trahirai en aucun cas
[13] *fébrile:* qui produit une grande excitation
[14] *du pays:* des environs immédiats
[15] *rentiers:* personnes qui vivent de leurs revenus (rentes), sans travailler
[16] *brigand:* bandit
[17] *illettré:* qui ne sait ni lire, ni écrire
[18] *collège:* école secondaire entretenue par la commune

Le grand Michu était, d'ailleurs, beaucoup plus âgé que nous. Il avait près de dix-huit ans, bien qu'il ne se trouvât encore qu'en quatrième.* Mais on n'osait le plaisanter. C'était un de ces esprits droits, qui apprennent difficilement, qui ne devinent rien; seulement, quand il savait une chose, il la savait à fond[19] et pour toujours. Fort, comme taillé[20] à coups de hache, il régnait en maître pendant les récréations. Avec cela, d'une douceur extrême. Je ne l'ai jamais vu qu'une fois en colère; il voulait étrangler un pion[21] qui nous enseignait que tous les républicains étaient des voleurs et des assassins. On faillit mettre[22] le grand Michu à la porte.

Ce n'est que plus tard, lorsque j'ai revu mon ancien camarade dans mes souvenirs, que j'ai pu comprendre son attitude douce et forte. De bonne heure,[23] son père avait dû en faire un homme.

III

Le grand Michu se plaisait au collège, ce qui n'était pas le moindre de nos étonnements. Il n'y éprouvait qu'un supplice dont il n'osait parler: la faim. Le grand Michu avait toujours faim.

Je ne me souviens pas d'avoir vu un pareil appétit. Lui qui était très fier, il allait parfois jusqu'à jouer des comédies humiliantes pour nous escroquer[24] un morceau de pain, un déjeuner ou un goûter.[25] Elevé en plein air,[26] au pied de la chaîne des Maures,* il souffrait encore plus cruellement que nous de la maigre cuisine[27] du collège.

C'était là un de nos grands sujets de conversation, dans la cour, le long du mur qui nous abritait de son filet d'ombre. Nous autres, nous

---

[19] *à fond:* entièrement; complètement
[20] *comme taillé:* comme s'il avait été taillé
[21] *pion:* personne attachée à un collège comme surveillant et maître d'étude
[22] *on faillit mettre:* on mit presque
[23] *de bonne heure:* très tôt
[24] *escroquer:* prendre par ruse
[25] *goûter:* repas que l'on fait au milieu de l'après-midi
[26] *en plein air:* dans la nature
[27] *maigre cuisine:* nourriture insuffisante

étions des délicats.[28] Je me rappelle surtout une certaine morue[29] à la sauce rousse et certains haricots à la sauce blanche qui étaient devenus le sujet d'une malédiction générale. Les jours où ces plats apparaissaient, nous ne tarissions pas.[30] Le grand Michu, par respect humain, criait avec nous, bien qu'il eût avalé volontiers les six portions de sa table.

Le grand Michu ne se plaignait guère que[31] de la quantité des vivres. Le hasard, comme pour l'exaspérer, l'avait placé au bout de la table, à côté du pion, un jeune gringalet[32] qui nous laissait fumer en promenade. La règle était que les maîtres d'étude avaient droit à deux portions. Aussi, quand on servait des saucisses, fallait-il voir le grand Michu lorgner[33] les deux bouts de saucisses qui s'allongeaient côte à côte[34] sur l'assiette du petit pion.

«Je suis deux fois plus gros que lui, me dit-il un jour, et c'est lui qui a deux fois plus à manger que moi. Il ne laisse rien, va; il n'en a pas de trop!»

IV

Or, les meneurs[35] avaient résolu que nous devions à la fin nous révolter contre la morue à la sauce rousse et les haricots à la sauce blanche.

Naturellement, les conspirateurs offrirent au grand Michu d'être leur chef. Le plan de ces messieurs était d'une simplicité héroïque: il suffirait, pensaient-ils, de mettre leur appétit en grève, de refuser toute nourriture, jusqu'à ce que le proviseur[36] déclarât solennellement que l'ordinaire[37] serait amélioré. L'approbation que le grand Michu donna

---

[28] *nous étions des délicats:* nous étions plus difficiles, plus exigeants
[29] *morue:* variété de poisson
[30] *nous ne tarissions pas:* nous ne finissions pas (de crier)
[31] *ne se plaignait guère que:* se plaignait uniquement
[32] *gringalet:* homme petit et chétif
[33] *lorgner:* regarder de côté
[34] *côte à côte:* l'un à côté de l'autre
[35] *les meneurs:* les chefs
[36] *proviseur:* chef d'un collège ou lycée
[37] *l'ordinaire:* la nourriture habituelle

à ce plan, est un des plus beaux traits d'abnégation et de courage que je connaisse. Il accepta d'être le chef du mouvement, avec le tranquille héroïsme de ces anciens Romains qui se sacrifiaient pour la chose publique.[38]

Songez donc! lui se souciait bien de voir disparaître la morue et les haricots; il ne souhaitait qu'une chose, en avoir davantage, à discrétion![39] Et, pour comble,[40] on lui demandait de jeûner![41] Il m'a avoué depuis que jamais cette vertu républicaine que son père lui avait enseignée, la solidarité, le dévouement de l'individu aux intérêts de la communauté, n'avait été mise en lui à une plus rude épreuve.[42]

Le soir, au réfectoire, —c'était le jour de la morue à la sauce rousse, —la grève commença avec un ensemble vraiment beau. Le pain seul était permis. Les plats arrivent, nous n'y touchons pas, nous mangeons notre pain sec. Et cela gravement, sans causer à voix basse, comme nous en avions l'habitude. Il n'y avait que les petits qui riaient.

Le grand Michu fut superbe. Il alla, ce premier soir, jusqu'à ne pas même manger de pain. Il avait mis les deux coudes sur la table, il regardait dédaigneusement le petit pion qui dévorait.

Cependant, le surveillant fit appeler le proviseur, qui entra dans le réfectoire comme une tempête. Il nous apostropha[43] rudement, nous demandant ce que nous pouvions reprocher à ce dîner, auquel il goûta et qu'il déclara exquis.

Alors le grand Michu se leva.

«Monsieur, dit-il, c'est la morue qui est pourrie, nous ne parvenons pas à la digérer.

—Ah! bien, cria le gringalet de pion, sans laisser au proviseur le temps de répondre, les autres soirs, vous avez pourtant mangé presque tout le plat à vous seul.»

Le grand Michu rougit extrêmement. Ce soir-là, on nous envoya simplement coucher, en nous disant que, le lendemain, nous aurions sans doute réfléchi.

---

[38] *la chose publique:* le bien public
[39] *à discrétion:* sans limite; autant qu'il voulait
[40] *pour comble:* comme sacrifice suprême; par surcroît
[41] *jeûner:* s'abstenir de manger
[42] *mise en lui à une plus rude épreuve:* éprouvé plus durement
[43] *apostropha:* parla; cria

V

Le lendemain et le surlendemain, le grand Michu fut terrible. Les paroles du maître d'étude l'avaient frappé au cœur. Il nous soutint, il nous dit que nous serions des lâches si nous cédions. Maintenant, il mettait tout son orgueil à montrer que, lorsqu'il le voulait, il ne mangeait pas.

Ce fut un vrai martyr. Nous autres, nous cachions tous dans nos pupitres du chocolat, des pots de confiture, jusqu'à de la charcuterie,[44] qui nous aidèrent à ne pas manger tout à fait sec le pain dont nous emplissions nos poches. Lui, qui n'avait pas un parent dans la ville, et qui se refusait d'ailleurs de pareilles douceurs, s'en tint strictement aux[45] quelques croûtes qu'il put trouver.

Le surlendemain, le proviseur ayant déclaré que, puisque les élèves s'entêtaient à ne pas toucher aux plats, il allait cesser de faire distribuer du pain, la révolte éclata, au déjeuner. C'était le jour des haricots à la sauce blanche.

Le grand Michu, dont une faim atroce devait troubler la tête, se leva brusquement. Il prit l'assiette du pion, qui mangeait à belles dents,[46] pour nous narguer[47] et nous donner envie, la jeta au milieu de la salle, puis entonna[48] *La Marseillaise* d'une voix forte. Ce fut comme un grand souffle qui nous souleva tous. Les assiettes, les verres, les bouteilles, dansèrent une jolie danse.[49] Et les pions, enjambant[50] les débris, se hâtèrent de nous abandonner le réfectoire. Le gringalet, dans sa fuite, reçut sur les épaules un plat de haricots, dont la sauce lui fit une large collerette[51] blanche.

Cependant, il s'agissait de fortifier la place. Le grand Michu fut nommé général. Il fit porter, entasser[52] les tables devant les portes. Je me souviens que nous avions tous pris nos couteaux à la main. Et *La*

---

[44] *la charcuterie:* saucisson, pâté, etc. (tous les produits qui viennent du porc)
[45] *s'en tint... aux:* se limita à
[46] *à belles dents:* avec grand appétit et entrain
[47] *nous narguer:* nous braver; nous provoquer
[48] *entonna:* commença à chanter
[49] *dansèrent une jolie danse:* ICI volèrent à travers le réfectoire
[50] *enjambant:* marchant par-dessus
[51] *collerette:* cercle autour du cou
[52] *entasser:* mettre l'une sur l'autre

Marseillaise tonnait toujours. La révolte tournait à la révolution. Heureusement, on nous laissa à nous-mêmes pendant trois grandes heures. Il paraît qu'on était allé chercher la garde. Ces trois heures de tapage[53] suffirent pour nous calmer.

Il y avait au fond du réfectoire deux larges fenêtres qui donnaient sur[54] la cour. Les plus timides, épouvantés de la longue impunité dans laquelle on nous laissait, ouvrirent doucement une des fenêtres et disparurent. Ils furent peu à peu suivis par les autres élèves. Bientôt le grand Michu n'eut plus qu'une dizaine d'insurgés[55] autour de lui. Il leur dit alors d'une voix rude:

«Allez retrouver les autres, il suffit qu'il y ait un coupable.

Puis s'adressant à moi qui hésitais, il ajouta:

—Je te rends ta parole, entends-tu!»

Lorsque la garde eut enfoncé une des portes, elle trouva le grand Michu tout seul, assis tranquillement sur le bout d'une table, au milieu de la vaisselle cassée. Le soir même, il fut renvoyé à son père. Quant à nous, nous profitâmes peu de cette révolte. On évita bien pendant quelques semaines de nous servir de la morue et des haricots. Puis, ils reparurent; seulement la morue était à la sauce blanche, et les haricots, à la sauce rousse.

VI

Longtemps après, j'ai revu le grand Michu. Il n'avait pu continuer ses études. Il cultivait à son tour les quelques bouts de terre que son père lui avait laissés en mourant.

«J'aurais fait, m'a-t-il dit, un mauvais avocat ou un mauvais médecin, car j'avais la tête bien dure. Il vaut mieux que je sois un paysan. C'est mon affaire...[56] N'importe,[57] vous m'avez joliment lâché. Et moi qui justement adorais la morue et les haricots!»

---

[53] *tapage:* bruit
[54] *donnaient sur:* ouvraient sur
[55] *insurgés:* ceux qui participent à une révolte ou à une révolution
[56] *c'est mon affaire:* c'est là où je suis le meilleur
[57] *n'importe:* ICI tout de même; quoi qu'il en soit

NOTES EXPLICATIVES

(21) *Comme la cloche sonnait le second coup:* D'habitude, au premier coup de cloche, les élèves se dirigent vers leurs places dans la cour; au second coup, ils se mettent dans les rangs, et au troisième coup ils observent le silence et se dirigent vers la salle de classe.

(22) *l'étude:* C'est la salle où vont les élèves quand ils n'ont pas cours. Ils peuvent y faire leurs devoirs ou étudier.

(32) *deux mille vers:* Il s'agit d'une punition: recopier deux mille lignes de poésie.

(35) *Var:* Département de la Provence

(37) *le coup d'Etat:* Napoléon III fut élu président de la République après la révolution de 1848. En 1851, par un coup d'Etat, il fit dissoudre l'Assemblée et se déclara empereur. L'insurrection menée par les républicains (une des batailles eut lieu dans la plaine d'Uchâne) fut rapidement étouffée.

(48) *en quatrième:* A l'école secondaire, la première année s'appelle la sixième, la deuxième année la cinquième, et ainsi de suite. L'âge habituel des élèves de quatrième est de 15 ans.

(65) *chaîne des Maures:* petite chaîne de montagnes située dans le Var.

Exercices de grammaire

A. «**Un gaillard aux poings énormes**» (3—4)

Employez cette tournure dans cinq phrases.

EXEMPLE: C'est une jeune fille aux yeux bleus.

B. «**Aussi,** pendant que le grand Michu parlait, **étais-je** en admiration devant lui.» (16—17)

Dans les propositions qui commencent par certains adverbes comme **aussi**, *le sujet peut se placer après le verbe. Récrivez les phrases suivantes en les faisant commencer par* **aussi**:

1. Il le fera demain. **2.** Elle nous en avertira. **3.** Nous le dirons à Jacques la semaine prochaine. **4.** Vous les verrez dans deux mois. **5.** Tu le leur a promis.

C. «La cause qu'il n'avait pu défendre, **lui**, que les armes à la main» (42—43)

Il s'agit ici d'un pronom tonique employé quand on veut marquer une forte opposition entre deux personnes. Relevez dans le texte tous les autres pronoms toniques, et justifiez leur emploi.

D. «Le grand Michu **ne se plaignait guère que** de la quantité des vivres.» (74) (SENS: Le grand Michu se plaignait uniquement de la quantité des vivres.)

D'après cet exemple, transformez les phrases ci-dessous:

1. Il ne faisait guère que des bêtises. **2.** Elle ne parlait guère que de lui. **3.** Nous ne verrons guère que de belles choses. **4.** Vous pensez uniquement à vos propres soucis. **5.** Tu travailles uniquement quand cela t'amuse.

E. «L'approbation... est un des plus beaux traits...que je **connaisse.**» (91—93)

Justifiez l'emploi du subjonctif dans cette phrase, et faites 5 phrases en employant la même tournure.

Questions portant sur le texte

1. Relevez tous les détails qui constituent le portrait de Michu et montrez l'importance de chacun de ces détails dans la suite du récit. (1—7)
2. Comment l'auteur s'y prend-il pour faire naître notre curiosité dès le début du récit? (8—9)

3. Comment expliquez-vous la réaction immédiate du narrateur? (8)
4. En vous basant sur les confidences du narrateur, tracez son portrait. (10—15)
5. La comparaison du narrateur à un conscrit, est-elle juste? (17—18)
6. Par quelles paroles se traduit la maturité de Michu? (28—29)
7. Quel effet produit la dernière phrase de la première partie? N'aurait-il pas valu mieux nous laisser dans le noir? (33—34)
8. La sympathie de Zola se montre-t-elle dans le portrait qu'il nous donne du père de Michu? (35—43)
9. Qu'est-ce que les gens qui appellent le père de Michu un brigand ont en commun? (38—40)
10. Quelle est cette cause pour laquelle le père de Michu s'était battu? (42—43)
11. Comment expliquez-vous la différence d'âge qui existe entre Michu et ses camarades? (46—50)
12. Expliquez l'importance de cet épisode (la seule fois où Michu se met en colère) à cet endroit du récit, et dans la suite du texte. (52—55)
13. Relevez tout ce qu'a de comique et d'ironique le contraste entre Michu et le pion. (75—83)
14. Quelle est la différence essentielle entre Michu et tous les autres élèves au début de cette grève? (88—95)
15. La comparaison de Michu avec les anciens Romains est-elle juste? (93—95)
16. Est-ce que le fait que Michu «rougit extrêmement» est bien observé? (120)
17. Montrez par quels moyens l'auteur nous montre une fois de plus la grande différence qui existe entre Michu et les autres. (128—133)
18. Quelle différence y a-t-il entre une révolte et une révolution? (150)
19. L'héroïsme de Michu confirme-t-il l'opinion que vous vous étiez faite de lui? (160—165)

Questions générales portant sur le texte

1. Comment le père de Michu s'y est-il pris pour faire un homme de son fils? Relevez tous les détails pertinents et ajoutez-y ceux que votre imagination vous fournira. Que pensez-vous d'une telle éducation?
2. Relevez dans ce récit tous les éléments ironiques que vous y trouvez.
3. Cette révolte qui tourne à la révolution, n'est-elle pas semblable à l'insurrection qu'avait menée le père de Michu contre Napoléon III? Faites ressortir tous les éléments qui permettent cette affirmation.

Sujets de devoirs

1. Prenez les deux caractéristiques qui contribuent à la vertu républicaine (solidarité, dévouement de l'individu aux intérêts de la communauté) et inventez des anecdotes ou des récits pour les illustrer.
2. D'après les quelques détails qui vous sont donnés sur la vie au collège, écrivez une composition comparant un collège français à un lycée américain.

GUY DE MAUPASSANT

Né en 1850 au château de Miromesnil, Guy de Maupassant connaît une enfance heureuse en Normandie. Chassé du séminaire d'Yvetot pour son rationalisme, il continue ses études au lycée de Rouen. Lorsque la guerre franco-prussienne éclate en 1870, Maupassant s'engage dans l'armée comme garde-mobile. La paix établie, il s'installe à Paris où il est forcé de travailler comme commis au ministère de la Marine. Jusqu'en 1880 il partage son temps entre son emploi, ses travaux littéraires sous la surveillance et la direction de son ami Flaubert, et les parties de plaisir à la campagne. En 1880 il publie une longue nouvelle, *Boule de Suif*, dans les *Soirées de Médan* (Voir Introduction à Huysmans), et connaît enfin le succès qu'il avait rêvé depuis si longtemps. (Flaubert : « Il me tarde de vous dire que je considère *Boule de Suif* comme un *chef d'œuvre*. Oui ! jeune homme ! Ni plus, ni moins, cela est d'un maître.»)

Entre 1880 et 1890 Maupassant publia 6 romans, à peu près 300 nouvelles, plusieurs volumes d'impressions de voyage et de nombreux articles de journaux. Ses nouvelles reflètent son observation de la guerre, de la vie bureaucratique et de la société parisienne. Elles révèlent également le goût de Maupassant pour le surnaturel, ses angoisses les plus profondes et la peur de la folie qui l'envahit peu à peu. Après une tentative de suicide, il passe les deux dernières années de sa vie dans une maison de santé où il meurt en 1893.

Son œuvre possède une grande valeur psychologique. Elle nous présente un document des plus fidèles de la dernière partie du dix-neuvième siècle. Par sa vérité, son réalisme, son don de l'observation, et sa maîtrise inégalée du style, Maupassant est à juste titre considéré le grand maître de la nouvelle.

A consulter : René Dumesnil, *Guy de Maupassant*, Paris, 1947.

Le Parapluie

Mme Oreille était économe. Elle savait la valeur d'un sou[1] et possédait un arsenal de principes sévères sur la multiplication de l'argent. Sa bonne, assurément, avait grand mal[2] à faire danser l'anse du panier,[3] et, M. Oreille n'obtenait sa monnaie de poche qu'avec une extrême difficulté. Ils étaient à leur aise[4] pourtant, et sans enfants. Mais Mme Oreille éprouvait une vraie douleur à voir les pièces blanches[5] sortir de chez elle. C'était comme une déchirure pour son cœur; et, chaque fois qu'il lui fallut faire une dépense de quelque importance, bien qu'indispensable, elle dormait fort mal la nuit suivante.

Oreille répétait sans cesse à sa femme:

«Tu devrais avoir la main plus large[6] puisque nous ne mangeons jamais nos revenus.»

Elle répondait:

«On ne sait jamais ce qui peut arriver. Il vaut mieux avoir plus que moins.»

C'était une petite femme de quarante ans, vive, ridée, propre, et souvent irritée.

Son mari, à tout moment, se plaignait des privations qu'elle lui faisait endurer. Il en était certaines[7] qui lui devenaient particulièrement pénibles, parce qu'elles atteignaient sa vanité.

Il était commis[8] principal au ministère* de la Guerre, demeuré là uniquement pour obéir à sa femme, pour augmenter les rentes[9] inutilisées de la maison.

---

[1] *sou:* la vingtième partie du franc, donc cinq centimes

[2] *avait grand mal:* avait beaucoup de difficultés

[3] *faire danser l'anse du panier:* EXPRESSION POPULAIRE se dit des domestiques qui demandent à leurs patrons plus d'argent qu'ils n'en dépensent pour les provisions

[4] *ils étaient à leur aise:* ils avaient une certaine fortune

[5] *les pièces blanches:* les pièces de monnaie; l'argent

[6] *avoir la main plus large:* être plus généreuse

[7] *il en était certaines:* il y en avait quelques-unes

[8] *commis:* employé

[9] *rentes:* revenus du capital placé

Or, pendant deux ans, il vint au bureau avec le même parapluie rapiécé[10] qui donnait à rire à ses collègues. Las[11] enfin de leurs quolibets,[12] il exigea que Mme Oreille lui achetât un nouveau parapluie. Elle en prit un de huit francs cinquante, article de réclame[13] d'un grand magasin. Des employés, en apercevant cet objet jeté dans Paris par milliers, recommencèrent leurs plaisanteries, et Oreille en souffrit horriblement. Le parapluie ne valait rien. En trois mois, il fut hors de service, et la gaieté devint générale dans le Ministère. On fit même une chanson qu'on entendait du matin au soir, du haut en bas de l'immense bâtiment.

Oreille, exaspéré, ordonna à sa femme de lui choisir un nouveau riflard,[14] en soie fine, de vingt francs, et d'apporter une facture justificative.

Elle en acheta un de dix-huit francs et déclara, rouge d'irritation, en le remettant à son époux:

«Tu en as là[15] pour cinq ans au moins.»

Oreille, triomphant, obtint un vrai succès au bureau.

Lorsqu'il rentra le soir, sa femme jetant un regard inquiet sur le parapluie, lui dit:

«Tu ne devrais pas le laisser serré avec l'élastique, c'est le moyen de couper la soie. C'est à toi[16] d'y veiller, parce que je ne t'en achèterai pas un de sitôt.»[17]

Elle le prit, dégrafa l'anneau et secoua les plis. Mais elle demeura saisie d'émotion. Un trou rond, grand comme un centime, lui apparut au milieu du parapluie. C'était une brûlure de cigare.

Elle balbutia:[18]

«Qu'est-ce qu'il a?»

Son mari répondit tranquillement, sans regarder:

---

[10] *rapiécé:* raccommodé sans grand soin
[11] *las:* fatigué; irrité
[12] *quolibets:* plaisanteries
[13] *article de réclame:* article produit en masse, qui se vend à un prix réduit
[14] *riflard:* MOT D'ARGOT parapluie
[15] *tu en as là:* il te servira
[16] *c'est à toi:* c'est ta responsabilité
[17] *de sitôt:* avant longtemps
[18] *balbutia:* dit avec hésitation

«Qui? quoi? Que veux-tu dire?»

La colère l'étranglait maintenant; elle ne pouvait plus parler:

«Tu... tu... tu as brûlé... ton... ton... parapluie. Mais tu... tu... tu es donc fou!... Tu veux nous ruiner!»

Il se retourna, se sentant pâlir:

«Tu dis?

—Je dis que tu as brûlé ton parapluie. Tiens!...[19]»

Et, s'élançant vers lui comme pour le battre, elle lui mit violemment sous le nez la petite brûlure circulaire.

Il restait éperdu[20] devant cette plaie, bredouillant:[21]

«Ça, ça... qu'est-ce que c'est? Je ne sais pas, moi! Je n'ai rien fait, rien, je te le jure. Je ne sais pas ce qu'il a, moi, ce parapluie!»

Elle criait maintenant:

«Je parie que tu as fait des farces avec lui dans ton bureau, que tu as fait le saltimbanque,[22] que tu l'as ouvert pour le montrer.»

Il répondit:

«Je l'ai ouvert une seule fois pour montrer comme il était beau. Voilà tout. Je te le jure.»

Mais elle trépignait[23] de fureur, et elle lui fit une de ces scènes conjugales qui rendent le foyer familial plus redoutable pour un homme pacifique qu'un champ de bataille où pleuvent les balles.[24]

Elle ajusta une pièce avec un morceau de soie coupé sur l'ancien parapluie, qui était de couleur différente, et, le lendemain, Oreille partit, d'un air humble, avec l'instrument raccomodé. Il le posa dans son armoire et n'y pensa plus que comme on pense à quelque mauvais souvenir.

Mais à peine fut-il rentré, le soir, sa femme lui saisit son parapluie dans les mains, l'ouvrit pour constater son état, et demeura suffoquée[25] devant un désastre irréparable. Il était criblé de petits trous provenant

---

[19] *Tiens!:* ICI Regarde!
[20] *éperdu:* saisi; sous l'effet d'une émotion violente
[21] *bredouillant:* balbutiant
[22] *saltimbanque:* bouffon; clown
[23] *trépignait:* sautait
[24] *balles:* projectiles
[25] *suffoquée:* sans respiration

évidemment de brûlures, comme si on eût vidé dessus la cendre d'une pipe allumée. Il était perdu, perdu sans remède.

Elle contemplait cela sans dire un mot, trop indignée pour qu'un son pût sortir de sa gorge. Lui aussi, il constatait le dégât et il restait stupéfait, épouvanté, consterné.

Puis ils se regardèrent; puis il baissa les yeux; puis il reçut par la figure l'objet crevé[26] qu'elle lui jetait; puis elle cria, retrouvant sa voix dans un emportement[27] de fureur:

« Ah! canaille![28] canaille! Tu en as fait exprès! Mais tu me le paieras! Tu n'en auras plus... »

Et la scène recommença. Après une heure de tempête, il put enfin s'expliquer. Il jura qu'il n'y comprenait rien; que cela ne pouvait provenir que de malveillance[29] ou de vengeance.

Un coup de sonnette le délivra. C'était un ami qui venait dîner chez eux.

Mme Oreille lui soumit le cas. Quant à acheter un nouveau parapluie, c'était fini, son mari n'en aurait plus.

L'ami argumenta avec raison:

« Alors, madame, il perdra ses habits qui valent, certes, davantage. »

La petite femme, toujours furieuse, répondit:

« Alors, il prendra un parapluie de cuisine,[30] je ne lui en donnerai pas un nouveau en soie. »

A cette pensée, Oreille se révolta.

« Alors je donnerai ma démission, moi! Mais je n'irai pas au Ministère avec un parapluie de cuisine. »

L'ami reprit:[31]

« Faites recouvrir[32] celui-là, ça ne coûte pas très cher. »

Mme Oreille, exaspérée, balbutiait:

---

[26] *crevé:* troué; détruit

[27] *emportement:* accès

[28] *canaille:* personne malhonnête; malotrus

[29] *malveillance:* méchanceté

[30] *un parapluie de cuisine:* parapluie très bon marché, d'une qualité médiocre (à l'usage des domestiques)

[31] *reprit:* recommença

[32] *recouvrir:* mettre une nouvelle pièce de soie sur les tiges

«Il faut au moins huit francs pour le faire recouvrir. Huit francs et dix-huit, cela fait vingt-six! Vingt-six francs pour un parapluie, mais c'est de la folie! c'est de la démence!»

L'ami, bourgeois[33] pauvre, eut une inspiration.

«Faites-le payer par votre Assurance. Les compagnies paient les objets brûlés, pourvu que le dégât ait eu lieu dans votre domicile.»

A ce conseil, la petite femme se calma net;[34] puis, après une minute de réflexion, elle dit à son mari:

«Demain, avant de te rendre à ton Ministère, tu iras dans les bureaux de *La Maternelle* faire constater l'état de ton parapluie et réclamer le paiement.»

M. Oreille eut un soubresaut.[35]

«Jamais de la vie je n'oserai! C'est dix-huit francs de perdus, voilà tout. Nous n'en mourrons pas.»

Et il sortit le lendemain avec une canne. Il faisait beau, heureusement.

Restée seule à la maison, Mme Oreille ne pouvait se consoler de la perte de ses dix-huit francs. Elle avait le parapluie sur la table de la salle à manger et elle tournait autour, sans parvenir à prendre une résolution.

La pensée de l'assurance lui revenait à tout instant, mais elle n'osait pas non plus affronter les regards railleurs[36] des messieurs qui la recevraient, car elle était timide devant le monde, rougissant pour un rien, embarrassée dès qu'il lui fallait parler à des inconnus.

Cependant le regret des dix-huit francs la faisait souffrir comme une blessure... Elle n'y voulait plus songer, et sans cesse le souvenir de cette perte la martelait[37] douloureusement. Que faire cependant? Les heures passaient; elle ne se décidait à rien. Puis, tout à coup, comme les poltrons[38] qui deviennent crânes,[39] elle prit sa résolution.

«J'irai, et nous verrons bien!»

---

[33] *bourgeois:* qui appartient à la bourgeoisie (classe moyenne)
[34] *net:* sur le coup; immédiatement
[35] *soubresaut:* émotion subite ICI mouvement de révolte
[36] *affronter les regards railleurs:* faire face aux regards moqueurs
[37] *martelait:* revenait avec la régularité et la force de coups de marteau
[38] *poltrons:* lâches; couards
[39] *crânes:* courageux

Mais il lui fallait d'abord préparer le parapluie pour que le désastre fût complet et la cause facile à soutenir.[40] Elle prit une allumette sur la cheminée et fit, entre les baleines,[41] une grande brûlure, large comme la main; puis elle roula délicatement ce qui restait de la soie, la fixa avec le cordelet élastique, mit son châle et son chapeau et descendit d'un pied pressé vers la rue de Rivoli où se trouvait l'Assurance.

Mais, à mesure qu'elle[42] approchait, elle ralentissait le pas. Qu'allait-elle dire? Qu'allait-on lui répondre?

Elle regardait les numéros des maisons. Elle en avait encore vingt-huit. Très bien! elle pouvait réfléchir. Elle allait de moins en moins vite. Soudain elle tressaillit.[43] Voici la porte, sur laquelle brille en lettres d'or: «*La Maternelle*, Compagnie d'Assurance contre l'incendie.» Déjà! Elle s'arrêta une seconde, anxieuse, honteuse, puis passa, puis revint, puis passa de nouveau, puis revint encore.

Elle se dit enfin:

«Il faut y aller, pourtant. Mieux vaut plus tôt que plus tard.»

Mais, en pénétrant dans la maison, elle s'aperçut que son cœur battait.

Elle entra dans une vaste pièce avec des guichets[44] tout autour; et, par chaque guichet, on apercevait une tête d'homme dont le corps était masqué par un treillage.

Un monsieur parut, portant des papiers. Elle s'arrêta et, d'une petite voix timide:

«Pardon, monsieur, pourriez-vous me dire où il faut s'adresser pour se faire rembourser les objets brûlés.»

Il répondit, avec un timbre sonore:[45]

«Premier,* à gauche, au bureau des sinistres.»[46]

Ce mot l'intimida davantage encore; et elle eut envie de se sauver,[47]

---

[40] *soutenir:* prouver
[41] *baleines:* tiges en métal du parapluie
[42] *à mesure que:* en même temps que; dans la proportion où
[43] *tressaillit:* sursauta
[44] *guichets:* ouvertures pratiquées dans le mur, protégées par des barreaux ou treillages
[45] *timbre sonore:* voix profonde et vibrante
[46] *sinistres:* événements qui produisent des dégâts très substantiels
[47] *se sauver:* s'enfuir

de ne rien dire, de sacrifier ses dix-huit francs. Mais, à la pensée de cette somme, un peu de courage lui revint, et elle monta, essoufflée, s'arrêtant à chaque marche.

Au premier, elle aperçut une porte, elle frappa. Une voix claire cria: «Entrez!»

Elle entra et se vit dans une grande pièce où trois messieurs, debout, décorés, solennels, causaient.

Un d'eux lui demanda:

«Que désirez-vous, madame?»

Elle ne trouvait plus ses mots, elle bégaya:[48]

«Je viens... je viens... pour... pour un sinistre.»

Le monsieur, poli, montra un siège.

«Donnez-vous la peine de vous asseoir, je suis à vous[49] dans une minute.»

Et, se retournant vers les deux autres, il reprit la conversation.

«La Compagnie, messieurs, ne se croit pas engagée envers vous pour plus de quatre cent mille francs. Nous ne pouvons admettre vos revendications pour les cent mille francs que vous prétendez[50] nous faire payer en plus. L'estimation d'ailleurs...»

Un des deux autres l'interrompit:

«Cela suffit, monsieur, les tribunaux décideront. Nous n'avons plus qu'à nous retirer.»

Et ils sortirent après plusieurs saluts cérémonieux.

Oh! si elle avait osé partir avec eux, elle l'aurait fait; elle aurait fui, abandonnant tout! Mais le pouvait-elle? Le monsieur revint et, s'inclinant:

«Qu'y a-t-il pour votre service, madame?»

Elle articula péniblement:

«Je viens pour... pour ceci.»

Le directeur baissa les yeux, avec un étonnement naïf, vers l'objet qu'elle lui tendait.

Elle essayait, d'une main tremblante, de détacher l'élastique. Elle

---

[48] *bégaya:* balbutia
[49] *je suis à vous:* je m'occupe de vous
[50] *vous prétendez:* vous voulez; vous exigez

y parvint après quelques efforts, et ouvrit brusquement le squelette loqueteux[51] du parapluie.

L'homme prononça, d'un ton compatissant:[52]

«Il me paraît bien malade.»

Elle déclara avec hésitation:

«Il m'a coûté vingt francs.»

Il s'étonna:

«Vraiment! Tant que ça?

—Oui, il était excellent. Je voulais vous faire constater son état.

—Fort bien,[53] je vois. Fort bien. Mais je ne saisis pas[54] en quoi cela peut me concerner.»

Une inquiétude la saisit. Peut-être cette compagnie-là ne payait-elle pas les menus objets,[55] et elle dit:

«Mais... il est brûlé...»

Le monsieur ne nia pas:

«Je le vois bien.»

Elle restait bouche béante,[56] ne sachant plus que dire; puis soudain, comprenant son oubli, elle prononça avec précipitation:

«Je suis Mme Oreille. Nous sommes assurés à *La Maternelle*; et je viens vous réclamer le prix de ce dégât.»

Elle se hâta d'ajouter dans la crainte d'un refus positif:

«Je demande seulement que vous le fassiez recouvrir.»

Le directeur, embarrassé, déclara:

«Mais... madame... nous ne sommes pas marchands de parapluies. Nous ne pouvons nous charger de ces genres de réparations.»

La petite femme sentait l'aplomb[57] lui revenir. Il fallait lutter. Elle lutterait donc! Elle n'avait plus peur; elle dit:

«Je demande seulement le prix de la réparation. Je la ferai bien faire moi-même.»

---

[51] *loqueteux:* en loques; totalement déchiré
[52] *compatissant:* qui prend part aux souffrances d'autrui
[53] *fort bien:* très bien
[54] *je ne saisis pas:* je ne comprends pas
[55] *les menus objets:* les petits objets
[56] *bouche béante:* bouche ouverte
[57] *l'aplomb:* l'assurance

Le monsieur semblait confus:[58]

«Vraiment, madame, c'est bien peu. On ne nous demande jamais d'indemnité pour des accidents d'une si minime importance. Nous ne pouvons rembourser, convenez-en, les mouchoirs, les gants, les balais, les savates,[59] tous les petits objets qui sont exposés chaque jour à subir des avaries[60] par la flamme.»

Elle devint rouge, sentant la colère l'envahir:

«Mais, monsieur, nous avons eu au mois de décembre dernier un feu de cheminée qui nous a causé au moins pour cinq cents francs de dégâts; M. Oreille n'a rien réclamé à la compagnie; aussi il est bien juste aujourd'hui qu'elle me paie mon parapluie!»

Le directeur, devinant le mensonge, dit en souriant:

«Vous avouerez, madame, qu'il est bien étonnant que M. Oreille, n'ayant rien demandé pour un dégât de cinq cents francs, vienne réclamer une réparation de cinq ou six francs pour un parapluie.»

Elle ne se troubla point et répliqua:

«Pardon, monsieur, le dégât de cinq cents francs concernait la bourse de M. Oreille, tandis que le dégât de dix-huit francs concerne la bourse de Mme Oreille, ce qui n'est pas la même chose.»

Il vit qu'il ne s'en débarrasserait pas et qu'il allait perdre sa journée, et il demanda avec résignation:

«Veuillez me dire alors comment l'accident est arrivé.»

Elle sentit la victoire et se mit à[61] raconter:

«Voilà, monsieur; j'ai dans mon vestibule une espèce de chose en bronze où l'on pose les parapluies et les cannes. L'autre jour donc, en rentrant, je plaçai dedans celui-là. Il faut vous dire qu'il y a juste au-dessus une planchette pour mettre les bougies et les allumettes. J'allonge[62] le bras et je prends quatre allumettes. J'en frotte une; elle rate. J'en frotte une autre; elle s'allume et s'éteint aussitôt. J'en frotte une troisième; elle en fait autant.»[63]

---

[58] *confus:* embarrassé
[59] *les savates:* les souliers usés; les pantoufles
[60] *avaries:* dégâts
[61] *se mit à:* commença
[62] *j'allonge:* ICI je tends
[63] *elle en fait autant:* elle fait la même chose

Le directeur l'interrompit pour placer un mot d'esprit:[64]

«C'étaient donc des allumettes du gouvernement?»*

Elle ne comprit pas et continua:

«Ça se peut bien.[65] Toujours est-il que[66] la quatrième prit feu et j'allumai ma bougie; puis j'entrai dans ma chambre pour me coucher. Mais au bout d'un quart d'heure, il me sembla qu'on sentait le brûlé. Moi j'ai toujours peur du feu. Oh! si nous avons jamais un sinistre, ce ne sera pas ma faute! Surtout depuis le feu de cheminée dont je vous ai parlé, je ne vis pas.[67] Je me relève donc, je sors, je cherche, je sens partout comme un chien de chasse, et je m'aperçois enfin que mon parapluie brûle. C'est probablement une allumette qui était tombée dedans. Vous voyez dans quel état ça l'a mis...»

Le directeur en avait pris son parti;[68] il demanda:

«A combien estimez-vous le dégât?»

Elle demeura sans parole, n'osant pas fixer un chiffre. Puis elle dit, voulant être large:[69]

«Faites-le réparer vous-même. Je m'en rapporte à vous.»[70]

Il refusa.

«Non, madame, je ne peux pas. Dites-moi combien vous demandez.

—Mais... il me semble que... Tenez, monsieur, je ne veux pas gagner sur vous, moi... nous allons faire une chose. Je porterai mon parapluie chez un fabricant qui le recouvrira en bonne soie, en soie durable, et je vous apporterai la facture.[71] Ça vous va-t-il?[72]

—Parfaitement, madame; c'est entendu. Voici un mot pour la caisse, qui remboursera votre dépense.»

Et il tendit une carte à Mme Oreille, qui la saisit, puis se leva et sortit en remerciant, ayant hâte d'être dehors, de crainte qu'il ne changeât d'avis.

---

[64] *un mot d'esprit*: un mot spirituel; un mot amusant
[65] *ça se peut bien:* c'est possible
[66] *toujours est-il que:* en tout cas
[67] *je ne vis pas:* j'ai peur
[68] *en avait pris son parti:* s'était résigné
[69] *large:* ICI généreuse
[70] *je m'en rapporte à vous:* je vous fais confiance
[71] *la facture:* la note; le compte
[72] *Ça vous va-t-il?:* Etes-vous d'accord? Cela vous convient-il?

Elle allait maintenant d'un pas gai par la rue, cherchant un marchand de parapluies qui lui parût élégant. Quand elle eut trouvé une boutique d'allure riche, elle entra et dit, d'une voix assurée:

«Voici un parapluie à recouvrir en soie, en très bonne soie. Mettez-y ce que vous avez de meilleur. Je ne regarde pas au prix.»[73]

---

[73] *je ne regarde pas au prix:* j'accepterai sans discuter votre prix

NOTES EXPLICATIVES

(21) *ministère:* La branche exécutive du gouvernement français se compose du Président de la République et de plusieurs ministères, à la tête desquels se trouvent les ministres. L'ensemble des ministres constitue le cabinet.

(164) *premier:* premier étage. Aux Etats-Unis, ce serait le deuxième étage, car le premier étage américain s'appelle en France le rez-de-chaussée.

(258) *des allumettes du gouvernement:* Le gouvernement qui avait certains monopoles fabriquait des allumettes.

Exercices de grammaire

A. «Il lui **fallut** faire une dépense.» (8) (SENS: Elle dut faire...)

Etudiez l'emploi du verbe **falloir** *et changez les phrases suivantes selon l'exemple ci-dessous:*

EXEMPLE: Il lui fallut parler. Elle dut parler.

1. Il leur fallait aller. **2.** Il nous faut partir. **3.** Il vous faudra venir. **4.** Il me faudrait écrire. **5.** Il te fallait finir.

B. «Il... **n'y pensa plus que** comme on pense à quelque mauvais souvenir.» (75—77) (SENS: Il y pensa uniquement...)

D'après cet exemple, transformez les phrases ci-dessous:

1. Elle n'y alla plus que par devoir. **2.** Nous ne le faisions plus que par habitude. **3.** Vous ne le diriez plus que par gentillesse. **4.** Tu ne le cacheras plus que par méchanceté. **5.** Je ne le prendrai plus que par paresse.

C. «Mais **à peine fut-il** rentré...» (78) (SENS: Mais dès qu'il fut rentré...)

Selon cet exemple, transformez les phrases suivantes:

1. A peine eut-il parlé... **2.** A peine fûmes-nous installés... **3.** Dès que vous fûtes majeur... **4.** Dès qu'il put le faire... **5.** A peine eut-elle commencé...

D. «**Nous ne pouvons admettre.**» (182)

Avec les verbes **cesser, oser, pouvoir** *et* **savoir,** *il n'est pas nécessaire d'employer* **pas** *dans la négation.*

Ecrivez cinq phrases en vous servant de ces verbes:

EXEMPLE: Elle n'osera vous en parler.

E. «**Veuillez** me dire.» (248) (SENS: Dites-moi.)

Le subjonctif du verbe **vouloir** *sous cette forme* (**veuillez**) *est une formule de politesse. Récrivez les phrases suivantes en employant cette formule:*

1. Donnez-moi le pain. **2.** Passez-moi le beurre. **3.** Asseyez-vous. **4.** Venez me parler. **5.** Montrez-le-lui.

Questions portant sur le texte

1. Montrez en quoi chaque détail du portrait de Mme Oreille (1—9) est une illustration de son économie. Pourquoi l'auteur emploi-t-il «économe» au lieu de «avare»?

2. Par quelle indication l'auteur nous montre-t-il que les Oreille ont un intérieur typiquement bourgeois? (3)
3. Le raisonnement de Mme Oreille (14—15) est typique d'une certaine attitude de la petite bourgeoisie. Relevez dans le texte d'autres exemples de cette attitude.
4. Quel genre d'homme est M. Oreille? (18—23) Si sa femme est «vive, ridée, propre, et souvent irritée» (16—17), quels adjectifs votre imagination vous suggère-t-elle pour décrire son mari?
5. Voyez-vous une raison autre que celle que l'auteur nous donne, qui pourrait expliquer le fait que M. Oreille travaille? (21—23)
6. Le verbe «exiger» (26) est-il juste? Qu'est-ce qui nous y prépare?
7. Pourquoi les employés s'acharnent-ils contre M. Oreille? (28—33)
8. Est-ce que le prétexte dont se sert Mme Oreille pour ouvrir le parapluie est bien trouvé? (43—44) Justifiez votre réponse.
9. Comment expliquez-vous l'accusation qui vient immédiatement à l'esprit de Mme Oreille? (54—55)
10. Relevez le comique et le pathétique de la réaction de M. Oreille. (62—63)
11. Quel effet Maupassant cherche-t-il à produire par la répétition du pronom tonique? (62—63)
12. Montrez la justesse du mot «instrument». (75)
13. Comment expliquez-vous la méchanceté des collègues de M. Oreille? (80—82)
14. Etudiez avec grand soin les trois adjectifs: «stupéfait, épouvanté, consterné» (84—85). Quel est le sens exact de chacun de ces mots? Montrez l'art avec lequel Maupassant exprime le développement graduel de l'état d'esprit de M. Oreille.
15. Quel effet Maupassant cherche-t-il à produire par la répétition de «puis»? (86—88)
16. Pourquoi Maupassant ne nous donne-t-il pas des détails

plus abondants sur cette scène conjugale? (91—94)

17. Quel détail nous permet d'affirmer que l'ami de la maison connaît extrêmement bien Mme Oreille? (99)
18. Quel trait de caractère de M. Oreille se trouve blessé, pour qu'il ose se révolter? (103)
19. Pourquoi est-il nécessaire de savoir que l'ami est un «bourgeois pauvre»? (112)
20. La deuxième révolte de M. Oreille (121—122) est-elle provoquée par le même trait de caractère que la première révolte?
21. La timidité de Mme Oreille vous surprend-elle? (128—131)
22. Quel effet produit ici la répétition de «puis»? (150—151) Etudiez le rythme de la phrase.
23. Faites ressortir tous les détails qui intimident Mme Oreille au bureau de la Compagnie d'Assurance. (156—188)
24. Comment se fait-il que Mme Oreille soit essoufflée? (167—168)
25. Remarquez, comme ci-dessus, la justesse de ces trois mots: «debout, décorés, solennels» (171—172) et expliquez l'effet que produit chacun de ces mots sur Mme Oreille.
26. Relevez le comique de la scène entre les messieurs décorés. (181—188)
27. Le directeur a le sens de l'humour. Relevez tous les détails qui nous permettent de l'affirmer. (201—213)
28. Qu'est-ce qui précipite le changement d'attitude qui s'opère chez Mme Oreille? (223—224)
29. Le directeur emploie-t-il de bons arguments pour se débarrasser de Mme Oreille? (228—232)
30. Quel est le geste de Mme Oreille qui nous prépare à son mensonge? (234—237)
31. Pourquoi Mme Oreille donne-t-elle tant de détails dans la scène qu'elle invente? (250—268)
32. Expliquez le mot d'esprit du directeur. (258)
33. Comment expliquez-vous la largesse si soudaine de Mme Oreille? (271—279)
34. Commentez l'humour de la dernière remarque de Mme Oreille. (289)

Questions générales portant sur le texte

1. Chez Maupassant, comme chez Mérimée, chaque mot a son importance. Choisissez un passage de ce récit, et montrez qu'il serait impossible de retrancher quoi que ce soit sans changer ou fausser le sens de ce passage et du récit en général.
2. «Rien qui ne soit vrai, humainement vrai. Aucune digression psychologique: les gestes et les actions expliquent non seulement les pensées des personnages mais encore révèlent le plus profond et le plus obscur de leurs âmes.» (René Dumesnil, *Guy de Maupassant*, Paris, 1947.) Montrez que cette citation peut très bien s'appliquer au récit que vous venez de lire.
3. *Le Parapluie* est la peinture d'un milieu autant que d'un caractère. Montrez le rapport qui existe entre les deux.

Sujets de devoir

1. Imaginez une scène conjugale où un mari qui ressemble à M. Oreille rentre chez lui après s'être acheté un objet personnel qui n'est pas nécessaire. Ecrivez cette scène sous forme de dialogue.
2. En vous inspirant de Maupassant, tracez le portrait d'un gaspilleur, d'un homme distrait, d'un collectioneur, d'un paresseux ou d'un gourmand.

II

Récits humoristiques

LES FABLIAUX

Dans les très grandes lignes, la littérature du moyen âge peut se diviser en littérature épique, littérature courtoise ou aristocratique, littérature bourgeoise, et littérature didactique et pieuse.

Les fabliaux sont un produit de la littérature bourgeoise. Ecrits pour la plupart au treizième siècle, il nous en reste, selon Joseph Bédier, cent quarante-sept, dont la plus grande partie sont anonymes. Un fabliau est un court récit en vers, qui veut nous amuser. Souvent de forme dramatique, l'action y est toujours simple et le comique d'habitude grossier. Les personnages sont stéréotypés : la femme rusée, le clerc corrompu, etc. Si nous ne trouvons dans les fabliaux ni intention morale ou didactique, ni analyse psychologique, ils nous offrent cependant un trésor de sagesse populaire et un miroir assez fidèle des us et coutumes de la bourgeoisie, classe qui, au lieu de rêver à des exploits fabuleux et héroïques, s'intéresse aux événements de la vie quotidienne. Le fabliau est un genre typiquement français qui, en plus de l'esprit gaulois, nous offre un profond souci de réalisme et se trouve à la source même du conte et de la nouvelle modernes.

Le fabliau présenté ici a été traduit en prose par Legrand d'Aussy et se trouve dans *Fabliaux et Contes*, Paris, 1829.

A consulter : Gaston Paris, *La Littérature Française au Moyen Age*, Paris, 1890.

Les Trois Aveugles de Compiègne

Les fabliaux amusent, on les écoute avec plaisir, et pendant ce temps on oublie ses maux et ses chagrins. J'ose me flatter de cet avantage pour celui de Courte-Barbe,* et j'espère, messieurs, qu'il méritera que vous le reteniez.

Trois aveugles allaient de Compiègne* quêter[1] dans le voisinage. Ils suivaient le chemin de Senlis,* et marchaient à grands pas, chacun une tasse et un bâton à la main. Un jeune ecclésiastique fort bien monté,[2] qui se rendait à Compiègne suivi d'un écuyer[3] à cheval, et qui venait de Paris où il avait appris autant de mal que de bien, fut frappé de loin de leur pas ferme et allongé. «Ces drôles-là,[4] se dit-il à lui-même, pour des gens qui ne voient goutte,[5] ont une marche bien assurée. Je veux savoir s'ils trompent, et les attraper.»

En effet, dès qu'il fut arrivé près d'eux, et que les aveugles, au bruit des chevaux, se furent rangés de côté pour lui demander l'aumône,[6] il les appela, et faisant semblant de[7] leur donner quelque chose, mais ne leur donnant réellement rien: «Tenez, leur dit-il, voici un besant;* vous aurez soin de le partager, c'est pour vous trois. —Oui, mon noble seigneur, répondirent les aveugles, et que Dieu en récompense vous donne son saint paradis.» Quoique aucun d'eux n'eût le besant, chacun cependant crut de bonne foi que c'était son camarade qui l'avait reçu. Ainsi, après beaucoup de remerciements et de souhaits pour le cavalier, ils se remirent en route, bien joyeux, ralentissant néanmoins beaucoup leur pas.

Le clerc,[8] de son côté, feignit aussi de continuer la sienne. Mais à

---

[1] *quêter:* ICI mendier
[2] *fort bien monté:* ICI habillé avec élégance, sur une belle monture (cheval)
[3] *écuyer:* valet qui s'occupe surtout des chevaux
[4] *drôles:* ICI fripons; tricheurs
[5] *ne voient goutte:* ne voient absolument rien
[6] *l'aumône:* ce qu'on donne aux pauvres (par charité)
[7] *faisant semblant de:* faisant comme s'il allait
[8] *clerc:* au moyen âge, un aspirant ecclésiastique qui avait déjà reçu la tonsure

quelque distance, il mit pied à terre, donna son cheval à son écuyer, en lui ordonnant d'aller l'attendre à la porte de Compiègne;* puis il se rapprocha sans bruit des aveugles, et les suivit pour voir ce que deviendrait cette aventure.

Quand ils n'entendirent plus le bruit des chevaux, le chef de la petite troupe s'arrêta: «Camarades, dit-il, nous avons fait là une bonne journée; je suis d'avis de nous y tenir[9] et de retourner à Compiègne manger le besant de ce brave chrétien. Il y a longtemps que nous ne nous sommes divertis: voici aujourd'hui de quoi faire bombance;[10] donnons-nous du plaisir.» La proposition fut reçue avec de grands éloges, et nos trois mendiants aussitôt, toujours suivis du clerc, retournèrent sur leurs pas.

Arrivés dans la ville, ils entendirent crier:* «Excellent vin, vin de Soissons;* vin d'Auxerre;* poisson; bonne chère et à tout prix: entrez, messieurs.» Ils ne voulurent pas aller plus loin; ils entrèrent; et après avoir prévenu qu'on n'appréciât pas leurs facultés[11] sur leurs habits, du ton de l'homme qui porte dans sa bourse le droit de commander, ils crièrent qu'on les servît bien et promptement. Nicole, c'était le nom de l'hôtelier, accoutumé à voir des gens de cette espèce faire quelquefois dans une partie de plaisir plus de dépense que d'autres en apparence plus aisés, les reçut avec respect. Il les conduisit dans sa belle salle, les pria de s'asseoir et d'ordonner, assurant qu'il était en état de leur procurer tout ce qu'il y avait de meilleur dans Compiègne, et de le leur apprêter[12] de manière qu'ils seraient contents. Ils demandèrent qu'on leur fît faire grande chère,[13] et aussitôt maître, valet, servante, tout le monde dans la maison se mit à l'œuvre. Un voisin même fut prié de venir aider. Enfin, à force de mains et de secours, on parvint à leur servir un dîner composé de cinq plats; et voilà nos trois mendiants à table, riant, chantant, buvant à la santé l'un de l'autre, et faisant de grosses plaisanteries sur le cavalier qui leur procurait tout cela.

Celui-ci les avait suivis à l'auberge avec son écuyer, et il était là

---

[9] *de nous y tenir:* de ne pas aller chercher plus loin; de nous considérer satisfaits
[10] *faire bombance:* beaucoup manger et bien s'amuser
[11] *leurs facultés:* ICI leurs moyens
[12] *apprêter:* préparer
[13] *grande chère* (ou *bonne chère*): un bon repas

qui écoutait leurs joyeux propos. Il voulut même, afin de ne rien perdre de cette scène divertissante, dîner et souper modestement avec l'hôte. Les aveugles, pendant ce temps, occupaient la salle d'honneur, où ils se faisaient servir comme des chevaliers. La joie ainsi fut poussée jusque bien avant dans la nuit:[14] et, pour terminer dignement une si belle journée, ils demandèrent chacun un lit et se couchèrent.

Le lendemain matin l'hôte, qui voulait se débarrasser d'eux, les envoya réveiller par son valet. Quand ils furent descendus, il fit le compte de leur dépense, et demanda dix sous: c'était là le moment que le malicieux clerc attendait. Afin d'en jouir à son aise, il vint se placer dans un coin, sans néanmoins vouloir se montrer de peur de gêner par sa présence. «Sire, dirent à l'hôte les aveugles, nous avons un besant, rendez-nous le reste.» Celui-ci tend la main pour le recevoir: et comme personne ne le lui donne, il demande qui l'a des trois. Aucun d'eux ne répond d'abord; il les interroge, et chacun dit «ce n'est pas moi»: alors il se fâche. «Ça, messieurs les truands,[15] croyez-vous que je suis ici pour vous servir de risée?[16] Ayez un peu la bonté de finir, s'il vous plaît, et de me payer tout-à-l'heure[17] mes dix sous, ou sinon je vous étrille.»[18] Ils recommencent donc à se demander l'un à l'autre le besant; ils se traitent mutuellement de fripons, finissent par se quereller et font un tel vacarme, que l'hôte furieux, leur distribuant à chacun quelques paires de soufflets, crie à son valet de descendre avec deux bâtons.

Le clerc, pendant ce débat, riait dans son coin à se pâmer.[19] Cependant, quand il vit que l'affaire devenait sérieuse, et qu'on parlait de bâton, il se montra, et d'un air étonné vint demander ce qui causait un tel tapage. «Sire, ce sont ces trois marauds[20] qui sont venus hier ici pour manger mon bien; et aujourd'hui que je leur demande ce qui m'est dû, ils ont l'insolence de me bafouer.[21] Mais, de par tous les diables, il n'en sera pas ainsi, et avant qu'ils sortent… «Doucement, doucement,

---

[14] *bien avant dans la nuit:* une heure très avancée
[15] *truands:* vagabonds ou mendiants
[16] *pour vous servir de risée:* pour que vous vous moquiez de moi
[17] *tout-à-l'heure:* ICI immédiatement; sur le champ
[18] *étrille:* (se dit surtout des chevaux) ICI bats
[19] *à se pâmer:* à perdre connaissance
[20] *marauds:* fripons; vauriens
[21] *bafouer:* railler

sire Nicole, reprit le clerc, les bonnes gens n'ont peut-être pas de quoi payer, et dans ce cas vous devriez moins les blâmer que les plaindre. A combien se monte leur dépense? —A dix sous. —Quoi! c'est pour une pareille misère[22] que vous faites tant de bruit! Eh bien! apaisez-vous, j'en fais mon affaire.[23] Et, pour ce qui me regarde, moi, combien vous dois-je? —Cinq sous, beau sire. —Cela suffit, ce sera quinze sous que je vous paierai; laissez sortir ces malheureux, et sachez qu'affliger les pauvres c'est un grand péché.»

Les aveugles, qui craignaient la bastonnade,[24] se sauvèrent bien vite, sans se faire prier;[25] et Nicole, d'un autre côté, qui s'attendait à perdre ses dix sous, enchanté de trouver quelqu'un pour les lui payer, se répandit en grands éloges sur la générosité du clerc. «L'honnête homme![26] disait-il; voilà comment il nous faudrait des prêtres, et alors nous les respecterions. Mais malheureusement il s'en faut bien que tous lui ressemblent.[27] Oui, sire, une si belle charité ne restera pas sans récompense: vous prospérerez, c'est moi qui vous l'annonce, et à coup sûr[28] Dieu vous bénira.»

Tout ce que venait de dire l'hypocrite voyageur n'était qu'une nouvelle malice de sa part; et tout en leurrant[29] l'hôtelier par cette ostentation de générosité, il ne songeait qu'à lui jouer un tour,[30] comme il en avait déjà joué un aux aveugles.

Dans ce moment sonnait une messe[31] à la paroisse. Il demanda qui allait la dire, on lui répondit que c'était le curé. «Puisque c'est votre pasteur, sire Nicole, continua-t-il, vous le connaissez sans doute? —Oui, sire. —Et s'il voulait se charger des quinze sous que je vous dois, ne m'en tiendriez-vous pas quitte?[32] —Assurément, et de trente livres même, si vous me les deviez. —Eh bien! suivez-moi à l'église, et allons

---

[22] *pour une pareille misère:* pour une chose de si peu d'importance
[23] *j'en fais mon affaire:* je m'en charge; je m'en occupe
[24] *la bastonnade:* des coups de bâton
[25] *sans se faire prier:* sans se le faire répéter
[26] *l'honnête homme!:* ICI le brave homme!
[27] *il s'en faut bien que tous lui ressemblent:* il y en a très peu qui lui ressemblent
[28] *à coup sûr:* certainement; sans aucun doute
[29] *leurrant:* trompant
[30] *à lui jouer un tour:* à se moquer de lui
[31] *sonnait une messe:* une messe était annoncée (par des cloches)
[32] *ne m'en tiendriez-vous pas quitte?* accepteriez-vous qu'il règle ma dette?

lui parler.» Ils sortirent ensemble; mais auparavant le clerc commanda à son valet de seller les chevaux et de les tenir tout prêts.

Le prêtre, quand ils entrèrent, était déjà revêtu des ornements sacerdotaux, et il allait chanter sa messe: c'était un dimanche. «Ceci va être fort long, dit le voyageur à son hôte; je n'ai pas le temps d'attendre, il faut que je parte. Laissez-moi aller le prévenir avant qu'il commence. Il vous suffit, n'est-ce pas, que vous ayez sa parole?» D'après l'aveu[33] de Nicole, il s'approche du curé, et tirant douze deniers* qu'il lui glisse adroitement dans la main: «Sire, dit-il, vous me pardonnerez de venir si près de l'autel pour vous parler; mais entre gens du même état[34] tout s'excuse. Je suis un voyageur qui passe par votre ville. J'ai logé cette nuit chez un de vos paroissiens, que très probablement vous connaissez, et que voici là derrière, assez près de nous. C'est un bon homme, fort honnête et sans la moindre malice; mais son cerveau est malheureusement un peu faible, et il lui a pris hier soir un accès de folie qui nous a tous empêchés de dormir. Il se trouve un peu mieux ce matin, grâce au ciel; cependant, comme il se sent encore un peu de mal à la tête et qu'il est plein de religion, il a voulu qu'on le conduisît à l'église et qu'on vous priât de lui dire un évangile,* afin que Notre-Seigneur achève de lui rendre la santé. —Très volontiers, répondit le curé.» Alors se tournant vers son paroissien: «Mon ami, lui dit-il, attendez que j'aie fini ma messe, je vous satisferai ensuite sur ce que vous désirez.» Nicole, qui crut trouver dans cette réponse la promesse qu'il venait chercher, n'en demanda pas davantage; il reconduisit le clerc jusqu'à l'auberge, lui souhaita un bon voyage, et retourna à l'église attendre que son curé le payât.

Celui-ci, sa messe dite, revint avec son étole[35] et son livre vers l'hôtelier: «Mon ami, lui dit-il, mettez-vous à genoux.» L'autre, fort étonné de ce préambule, répondit que pour recevoir quinze sous il n'avait pas besoin de cette cérémonie. «Vraiment on a eu raison, se dit le pasteur à lui-même, cet homme a un grain de folie.» Puis prenant un ton de douceur: «Allons, mon cher ami, reprit-il, ayez confiance en Dieu, et

---

[33] *l'aveu:* ICI l'acceptation
[34] *du même état:* de la même profession
[35] *étole:* ornement sacerdotal

recommandez-vous à lui, il aura pitié de votre état;» et en même temps il lui met son livre sur la tête et commence son évangile. Nicole en colère jette tout au loin; il répète qu'on l'attend chez lui, qu'il lui faut quinze sous, et qu'il n'a que faire d'orémus.[36] Le prêtre irrité appelle ses paroissiens et leur dit de saisir cet homme qui est fou. «Non, non, je ne le suis point, et par saint Corneille (patron d'une abbaye de Compiègne) vous ne me jouerez pas ainsi: vous avez promis de me payer et je ne sortirai d'ici que quand j'aurai mon argent. —Prenez, prenez, criait le prêtre. On saisit aussitôt le pauvre diable: les uns lui tiennent les mains, les autres les jambes, celui-ci le serre par le milieu du corps, celui-là l'exhorte à la douceur. Il fait des efforts terribles pour leur échapper, il jure comme un possédé, il écume de rage, mais il a beau faire,[37] le curé lui met l'étole autour du cou et lit tranquillement son évangile depuis un bout jusqu'à l'autre, sans lui faire grâce d'un seul mot. Après cela il l'asperge[38] copieusement d'eau bénite, lui donne quelques bénédictions, et permet qu'on le lâche.

Le malheureux vit bien qu'il avait été dupé. Il se retira chez lui, honteux et honni,[39] ayant perdu ses quinze sous; mais en récompense il avait eu un évangile et des bénédictions.

---

[36] *il n'a que faire d'orémus:* il n'a pas besoin de prière
[37] *il a beau faire:* il le fait en vain
[38] *asperge:* arrose
[39] *honni:* couvert de honte publiquement

NOTES EXPLICATIVES

(3) *Courte-Barbe:* nom que se donne l'auteur de ce fabliau.

(5) *Compiègne:* ville industrielle située au nord de Paris.

(6) *Senlis:* petite ville située au sud de Compiègne.

(16) *besant:* monnaie byzantine d'or ou d'argent, dont il est difficile d'estimer la valeur.

(26) *la porte de Compiègne:* Les villes au moyen âge étaient entourées de murs. On pouvait seulement y entrer ou en sortir à des heures fixes.

(37) *ils entendirent crier:* Comme il n'y avait pas d'enseignes aux auberges, les hôteliers faisaient de la réclame de cette façon-là.

(38) *Soissons et Auxerre:* villes qui étaient spécialement connues pour leurs crus (vins).

(119) *douze deniers:* Un denier était équivalent à la douzième partie d'un sou.

(130) *lui dire un évangile:* vieille coutume que le reste du fabliau explique.

Exercices de grammaire

A. «**Voici**...**de quoi** faire bombance.» (33) (SENS: Voici les moyens de faire bombance.)

D'après cet exemple, transformez les phrases ci-dessous:

1. Voici de quoi vous amuser. **2.** Voici de quoi faire un long voyage. **3.** Voici les moyens d'accomplir cette tâche. **4.** Voici les moyens de tenir votre promesse. **5.** Voici de quoi réaliser votre rêve.

B. «Ils demandèrent **qu**'on leur **fît faire**.» (48—49)

En lisant ce fabliau, relevez tous les imparfaits du subjonctif, et changez les phrases (*tout en gardant le même sens*) *de facon à pouvoir y employer des temps plus courants du langage parlé.*

C. «Vous devriez **moins** les blâmer **que** les plaindre.» (86) (SENS: Vous devriez plutôt les plaindre que les blâmer.)

D'après cet exemple, transformez les phrases ci-dessous:

1. Vous devriez moins les louer que les punir. **2.** Vous devriez moins l'admirer que le comprendre. **3.** Vous devriez plutôt en parler que le passer sous silence. **4.** Vous devriez plutôt dormir que danser. **5.** Vous devriez moins la féliciter que la décourager.

D. «**Il s'en faut bien** que tous lui ressemblent.» (98—99) (SENS: Très peu lui ressemblent.)
Il s'en faut bien qu'il ait dit la vérité. (SENS: Il n'a pas dit la vérité.)

D'après ces exemples, transformez les phrases ci-dessous:

1. Il s'en faut bien qu'il tienne ses promesses. **2.** Il s'en faut bien qu'elle soit jolie. **3.** Il s'en faut bien que nous croyions ce qu'ils disent. **4.** Il s'en faut bien que tu sois la meilleure. **5.** Il s'en faut bien que je l'admire.

E. «**Il faut que je parte.**» (117) (SENS: Je dois partir.)

D'après cet exemple, transformez les phrases ci-dessous:

1. Il faut que je le fasse. **2.** Il faut que vous veniez. **3.** Elle doit s'absenter. **4.** Nous devons y aller. **5.** Il faut que tu me le dises.

Questions portant sur le texte

1. Etes-vous d'accord quant à l'évaluation que Courte-Barbe nous fait de son fabliau? Est-ce que vous y trouvez quelque chose qui vaille la peine d'être retenu? (1—4)
2. De quelle réputation jouissait Paris au moyen âge? De quelle partie de la France l'auteur de ce fabliau était-il probablement originaire? (7—10)
3. Comment, dès le début du fabliau, l'auteur nous fait-il savoir que les aveugles ne voient réellement rien? (13—19)
4. Relevez la justesse de l'adjectif «noble», et trouvez dans le texte d'autres exemples du même genre. (17—19)
5. Pourquoi les aveugles ralentissent-ils leurs pas? (21—23)

6. L'auteur ne laisse presque rien à l'imagination de l'auditeur (ou du lecteur). Selon une expression populaire, «il met les points sur les i.» Exemple: «chacun cependant crut de bonne foi que c'était son camarade qui l'avait reçu.» (19—20) Justifiez cette technique, et relevez dans le texte d'autres exemples du même genre.
7. Pourquoi les aveugles attendent-ils le départ du cavalier pour se concerter? (29—30)
8. Pourquoi l'hôte —qui, la veille, leur avait montré tant de respect— veut-il se débarrasser des aveugles? (62)
9. L'auteur ne nous présente pas le clerc comme un personnage complètement ignoble. Trouvez des exemples dans le texte pour justifier cette remarque, et expliquez-en la raison. (78—81)
10. Pourquoi le clerc demande-t-il qui va dire la messe? Qui d'autre que le curé de la paroisse aurait pu dire la messe? (106—107)
11. Pourquoi l'auteur précise-t-il que l'action se passe un dimanche? (114—115)
12. Relevez dans toute «la scène de l'évangile» les éléments de farce. (138—159)
13. Comment interprétez-vous «la morale» de ce fabliau? (160—162)

Questions générales portant sur le texte

1. La plupart des détails que nous donne l'auteur ont leur importance. Exemple: la distance qui sépare Compiègne de Senlis. Faites une liste aussi complète que possible d'autres indications importantes.
2. Il est difficile de parler *d'humour* dans ce fabliau. Il s'agit plûtot de *farce*. Quelle est la différence entre ces deux termes? Faites ressortir tous les exemples de comique dans ce fabliau.

3. Le seul personnage qui souffre de la malice du clerc est l'hôtelier. Or, cette punition est, du moins en partie, justifiée. Montrez tout ce qui nous permet d'affirmer ceci.

Sujets de devoirs

1. Employez votre imagination, et décrivez en détail le repas gastronomique que font les aveugles.
2. D'après tous les détails qui vous sont donnés, décrivez une auberge au moyen âge.

JULES RENARD

Jules Renard naquit à Châlons-du-Maine en 1864. Deux ans plus tard, son père établit la famille à Chitry-les-Mines et c'est dans ce village que le futur auteur passe une enfance assez morne. A l'âge de onze ans il est mis en pension à Nevers. Il y restera jusqu'en 1881. La même année il échoue à l'examen du baccalauréat et se rend à Paris en vue d'y poursuivre des études de philosophie. En 1883, reçu bâchelier-ès-lettres, il se décide pour une carrière littéraire et commence à écrire des poèmes et de nombreux articles pour les journaux. Il a beaucoup de difficulté à trouver un emploi et se voit forcé de vivre dans une grande pauvreté jusqu'au moment de son mariage en 1888. Il continue cependant à écrire et acquiert une réputation dans les milieux littéraires. Son premier roman, *L'Ecornifleur*, paraît en 1892, mais la célébrité ne vient qu'en 1900, lorsque *Poil de Carotte* (écrit six ans plus tôt) est adapté pour la scène. Renard s'occupe ensuite de politique, est élu maire de Chitry, fait la navette entre la province et Paris et continue à produire pièces de théâtre, nouvelles, articles et chroniques. Il meurt en 1910. *La Demande* fut publiée dans *Sourires pincés* en 1890 ; cinq ans plus tard cette nouvelle paysanne fut adaptée pour la scène.

Le nom de Renard reste attaché surtout à *Poil de Carotte*, son œuvre maîtresse. Dans ce livre, ainsi que dans son *Journal* et dans la nouvelle qui suit, l'auteur se distingue par un dialogue sobre et rapide, par un grand souci de vérité, et par ce mélange de cynisme et d'humour qui font de lui un de ces grands humoristes désabusés dont notre époque est si friande.

A consulter : Léon Guichard, *Renard*, Paris, 1961.

La Demande

I

Dans la grande cour de la Gouille,* Mme Repin lançait à sa volaille[1] des poignées[2] de grain. Ils s'envolaient régulièrement de la corbeille,[3] suivant le rythme du geste, et s'éparpillaient[4] en grésillant,[5] sur le sol dur. La fine musique d'un trousseau de clefs[6] entrechoquées[7] montait de l'une des poches du tablier. En faisant des lèvres:

«Cht! cht!»

Et même à grands coups de pied, Mme Repin écartait les dindes voraces.[8] Leurs crêtes[9] bleuissaient[10] de colère, et leurs demi-roues rayonnaient aussitôt avec une sorte de détonation et le brusque développement d'un éventail[11] qui s'ouvre entre les doigts d'une dame nerveuse.

M. Repin apparut sur la route, le pas accéléré. Le jet[12] de grain fut comme coupé, les clefs se turent, et les poules inquiètes se bousculèrent[13] un instant, à cause de l'allure inaccoutumée de M. Repin.

«Quoi donc?» demanda la fermière.

M. Repin répondit:

«Gaillardon en prend une!

—Une poule?

—Fais donc la niaise;[14] une de nos filles. Il vient déjeuner dimanche.»

Dès que ces demoiselles apprirent la nouvelle, Marie, la plus jeune, embrassa d'une façon turbulente sa grande sœur:

---

[1] *volaille:* nom donné à tous les oiseaux d'une basse-cour
[2] *poignées:* quantités contenues dans une main
[3] *corbeille:* panier
[4] *s'éparpillaient:* se dispersaient
[5] *grésillant:* faisant le bruit du grésil (la grêle) qui tombe
[6] *trousseau de clefs:* plusieurs clefs ensemble
[7] *entrechoquées:* qui se heurtent l'une contre l'autre
[8] *voraces:* qui mangent une grande quantité
[9] *crêtes:* excroissances qui se trouvent sur la tête des poules, dindes, etc.
[10] *bleuissaient:* devenaient bleues
[11] *éventail:* petit écran dont on se sert pour agiter l'air et se rafraîchir
[12] *jet:* ICI mouvement; lancement
[13] *se bousculèrent:* se heurtèrent; se poussèrent
[14] *niaise:* sotte; celle qui ne comprend rien

«Tant mieux, mon Henriette, tant mieux!»

Elle était heureuse du bonheur de son aînée[15] d'abord, et un peu pour elle, car M. Repin avait toujours dit, presque en chantonnant:[16]

«Quand deux filles sont à marier, c'est l'aînée qui va devant, la cadette suit derrière!»*

Or, Henriette n'avançait pas vite, et Marie songeait que si elle ne se mettait pas en tête,[17] on n'arriverait jamais, peut-être. On disait d'Henriette, au premier coup d'œil:[18]

«C'est une oie![19]

—Oui, mais elle n'est pas méchante.

—Il ne manquerait plus que cela!»[20]

En outre,[21] elle était trop grande. Sa taille effrayante intimidait les hommes. Elle était aussi trop rouge, et, la figure couverte de taches ardentes,[22] elle faisait à toute heure l'effet de s'être barbouillée[23] en gavant,[24] avec du son[25] délayé[26], des volailles de concours.[27] Elle avait vingt-cinq ans. M. Gaillardon était un fermier des environs, très à l'aise[28] et déjà en pleine maturité. Henriette n'avait pas à faire d'objections. Du reste, elle n'en cherchait point; mais, effarouchée[29] et gauche, elle n'osait accepter avec une joie bruyante[30] un bonheur qui pouvait encore lui échapper et qu'elle n'attendait plus. Marie, la jolie brune au teint blanc, avait beau lui dire:[31]

«Quelle veine![32] mais ris donc, veux-tu bien rire!»

---

[15] *aînée:* la plus âgée
[16] *chantonnant:* chantant à demi-voix
[17] *en tête:* devant (sa sœur)
[18] *coup d'œil:* regard
[19] *oie:* oiseau de basse-cour ICI personne sotte
[20] *il ne manquerait plus que cela:* EXPRESSION IDIOMATIQUE ce serait le comble
[21] *en outre:* de plus; par-dessus le marché
[22] *taches ardentes:* plaques rougeâtres
[23] *barbouillée:* salie
[24] *gavant:* faisant manger la volaille de force
[25] *son:* partie des céréales qui servent de nourriture à certains animaux
[26] *délayé:* trempé dans un liquide
[27] *de concours:* qui sont présentées dans un concours en vue d'obtenir un prix
[28] *très à l'aise:* assez riche
[29] *effarouchée:* apeurée
[30] *bruyante:* exubérante
[31] *avait beau lui dire:* lui disait en vain
[32] *veine:* chance; bonheur

Elle ne riait pas, tout près de trouver sa cadette insupportable; elle aurait voulu être un peu seule, avec les quelques idées très rares et nouvelles qui mettaient tant de désordre dans sa tête, et, comme elle connaissait bien l'opinion du monde, elle ne voulait pas croire à tant de chance, et elle s'avouait intérieurement:

«Non, ce n'est pas possible, je suis trop bête, trop oie!

—Allons, bon,[33] voilà que tu pleures, maintenant!

—C'est rien, c'est les nerfs.»[34]

II

Au déjeuner du dimanche, quand on passa à table, Mme Repin dit:

«Où donc que vous allez[35] vous mettre, monsieur Gaillardon?

—Moi, oh! ça m'est égal, où vous voudrez.

—Il serait peut-être mieux de vous mettre à côté de mes filles, mais en faisant le service,[36] elles vous dérangeraient.

—Oh! non, elles ne me dérangeraient pas.

—Et si des fois,[37] en apportant les plats, elles renversaient de la sauce sur votre veste?»

Il se mit à rire:

«Ah! par exemple,[38] ceci ne serait point à faire.

—Dame[39], mettez-vous où vous voudrez!

—Non, non, où vous voudrez, vous. Moi, je vous dis, ça m'est égal.»

Mme Repin, perplexe, et la peau du front contractée, recomptait les couverts,[40] haussait[41] les épaules, et s'égarait[42] dans ses calculs.

---

[33] *Allons, bon:* Exclamation dont le sens varie selon le ton de la voix ICI Voyons! Ce n'est pas raisonnable!

[34] *C'est rien, c'est les nerfs:* LANGAGE POPULAIRE (incorrect grammaticalement) ce n'est rien, ce sont les nerfs

[35] *Où donc que vous allez?:* LANGAGE POPULAIRE (incorrect grammaticalement) Où donc allez-vous?

[36] *en faisant le service:* en servant à table

[37] *si des fois:* LANGAGE POPULAIRE si par hasard

[38] *par exemple:* EXCLAMATION quelle drôle d'idée!

[39] *Dame:* Exclamation qui indique souvent la perplexité

[40] *les couverts:* tout ce dont on couvre la table pour manger

[41] *haussait:* levait. Ce mouvement indique souvent la perplexité.

[42] *s'égarait:* se perdait

En attendant sa décision, tous, debout, l'estomac vide, tambourinaient des doigts[43] sur le dossier de leur chaise, prêts à s'élancer,[44] au moindre commandement, pour s'asseoir.

Enfin elle reprit:

«Voyez-vous, j'ai peur à cause de la sauce; un malheur peut arriver. Comment faire?»

Irrésolue et prise au dépourvu,[45] elle consulta ces demoiselles, qui répondirent, l'une:

«Oh! ça m'est égal.»

Et l'autre:

«Oh! ça m'est égal.»

Non qu'elles fussent indifférentes, mais elles ignoraient les propos du grand monde.[46]

Heureusement M. Repin prit la parole.

«Tiens[47] femme,* tu nous ennuies. En voilà, des manières.[48] Asseyez-vous là, monsieur Gaillardon, à côté de moi; et les autres, arrangez-vous. Après tout, vous êtes de la famille, et si vous n'en êtes pas, vous en serez.»

Quel homme rond[49] que M. Repin, rond comme la terre!

«A la bonne heure![50] au moins, vous comprenez les affaires», dit M. Gaillardon.

Il allait s'asseoir, mais il n'avait pas encore eu l'occasion de poser son chapeau quelque part. Il chercha des yeux un clou pour le pendre. N'en découvrant pas, comme aucune de ces dames ne s'offrait pour le débarrasser[51] en disant:

«Donnez donc, donnez donc»,

il dut le poser sur une chaise.

---

[43] *tambourinaient des doigts:* frappaient des doigts, en imitant le mouvement des joueurs de tambour

[44] *s'élancer:* se précipiter

[45] *prise au dépourvu:* ICI devant ce problème inattendu

[46] *du grand monde:* de la haute société

[47] *Tiens:* Exclamation pour attirer l'attention de la personne à qui l'on parle

[48] *en voilà, des manières:* EXPRESSION IDIOMATIQUE quelles drôles de manières

[49] *rond:* ICI simple, décidé, qui ne fait pas de manières

[50] *à la bonne heure:* EXPRESSION IDIOMATIQUE voilà qui est bien

[51] *le débarrasser:* ICI lui enlever son chapeau

Il aimait les plats cuits à point,[52]* et plut tout de suite à M. Repin. Tous les deux étaient à peu près également chauves,[53] mais, grâce à sa barbe blanche et longue, M. Repin l'emportait[54] en autorité sur son futur gendre.[55] D'ailleurs, il parlait haut, un peu fier d'avoir un domicile.[56] Ils causèrent bœufs longuement, et tombèrent d'accord, au bout de mutuelles concessions, qu'il faut qu'un bœuf vendu paie son engrais[57] à raison de[58] un franc par jour; et encore, ce n'est pas beau![59] On fait ses frais,[60] voilà tout.

Au dessert, quand il trouva un moment pour faire tourner ses pouces* sur son ventre, M. Gaillardon se hasarda à regarder Mlle Marie. Sans doute, il n'osait pas regarder tout d'abord[61] et franchement, comme un effronté,[62] Mlle Henriette.

Il s'essayait et prenait du courage avec la jeune sœur.

Du moins, cela parut évident à tous.

Henriette le comprit si nettement[63] qu'elle baissa les yeux de confiance. Le regard n'allait pas à elle, mais il était pour elle. Au contraire, Marie, n'étant point en cause, ne jugeait pas convenable[64] de s'intimider, et la tête haute, œil pour œil, elle dévisageait[65] M. Gaillardon, ce qui achevait de[66] le troubler.

Bien entendu,[67] et conformément aux habitudes prudentes de gens qui n'abordent[68] que le plus tard possible les sujets graves, il ne fut pas question du mariage ce jour-là.

---

[52] *cuits à point:* ni trop cuits, ni trop peu cuits
[53] *chauves:* sans cheveux sur la tête
[54] *l'emportait:* avait le dessus
[55] *gendre:* beau-fils
[56] *avoir un domicile:* être propriétaire
[57] *son engrais:* ICI le temps qu'il faut pour l'engraisser
[58] *à raison de:* au prix de
[59] *ce n'est pas beau:* ICI ce n'est pas beaucoup
[60] *on fait ses frais:* on reçoit exactement ce que l'on a dépensé
[61] *tout d'abord:* immédiatement
[62] *effronté:* impudent
[63] *nettement:* clairement
[64] *convenable:* qui convient à la circonstance
[65] *dévisageait:* regardait droit dans le visage
[66] *achevait de:* finissait par
[67] *bien entendu:* naturellement
[68] *abordent:* traitent

Un autre dimanche passa, et rien ne se conclut. Mme Repin s'impatientait. Il est bon de prendre des précautions, jusqu'à un certain point, toutefois. Outre, qu'on ne déjeune pas pour rien à la campagne, comme à Paris, où chacun sait que certains restaurants donnent à manger à des prix si réduits! Peut-être, M. Gaillardon espérait-il causer auparavant[69] avec la jeune fille.

Aussi, le dimanche suivant, quand M. Repin dut quitter la table, au dessert, pour aller voir une bête à cornes qui s'était cassé la jambe, Mme Repin, habile et audacieuse, sortit, passa dans la cuisine, appela Marie et laissa son Henriette en tête à tête avec[70] M. Gaillardon. Celui-ci tout d'abord, attendit leur retour. Comme elles tardaient, il chercha à s'occuper et débourra[71] soigneusement sa pipe, en lui enfonçant dans le tuyau, jusqu'à la gorge, une aigulle à tricoter.

Henriette, ses fortes mains étalées[72] sur ses genoux, gardait son immobilité, dans un coin, la tête penchée, le souffle doux, rouge autant que l'occasion l'exigeait. M. Gaillardon se leva et se promena d'une fenêtre à l'autre. Il s'aperçut que le temps allait se gâter[73] sûrement, et, comme il voulait être de retour chez lui avant l'orage,[74] il appela ces dames pour leur dire au revoir.

Dès qu'il[75] fut parti, Mme Repin demanda:

«Qu'est-ce qu'il t'a dit mon Henriette?*

—Il m'a rien dit.»[76]

C'était trop fort. Une semblable[77] indifférence stupéfia M. Repin même. Il fut d'avis[78] qu'il fallait renouveler l'essai.

Donc, au premier déjeuner, le café pris d'une manière hâtive,[79] M. Repin, sous le prétexte d'une course pressée, se leva de la table.

---

[69] *auparavant:* avant toute autre chose
[70] *en tête à tête avec:* seule avec
[71] *débourra:* ICI nettoya
[72] *étalées:* étendues; mises à plat
[73] *se gâter:* devenir mauvais
[74] *orage:* grosse pluie
[75] *dès que:* aussitôt que
[76] *Il m'a rien dit:* LANGAGE POPULAIRE (incorrect grammaticalement) Il ne m'a rien dit.
[77] *une semblable:* une telle
[78] *il fut d'avis :* il pensa
[79] *hâtive:* rapide

Mme Repin et Mlle Marie disparurent vite dans la cuisine. Mais cinq minutes après M. Gaillardon les rejoignait.

«Est-ce que je vous fais peur?» dit-il à Mlle Marie.

Elle était à ce point interdite[80] qu'elle ne trouva rien à répondre.

«Faudrait[81] pourtant vous habituer à moi», ajouta M. Gaillardon.

Mme Repin intervint.

«C'est comme ça que vous laissez mon Henriette?

—Oh! j'ai bien[82] le temps de la voir, elle!»*

Mme Repin dit finement:

«Ça, c'est vrai.»

Mais, réflexion faite, elle trouva que de la part d'un prétendu[83] ce n'étaient point des choses à avouer. Toujours hardie,[84] elle le prit par le bras, le ramena de force à la salle à manger et dit:

« Laissez-nous donc voir un peu tranquilles.[85] Nous avons à travailler. Henriette n'a rien à faire; bavardez avec elle, à votre aise.»[86]

Et elle referma la porte sur lui, bruyamment.

Dès son départ, qui d'ailleurs ne se fit pas longtemps attendre, Mme Repin et Mlle Marie, anxieuses, interrogèrent encore Henriette.

«Qu'est-ce qu'il t'a dit, mon Henriette?

—Il m'a rien dit.»[87]

Mme Repin et sa fille cadette se regardèrent:

«Eh bien, tu crois![88] eh bien, tu crois!»

Décidément, cet homme têtu[89] leur ferait passer de mauvaises nuits. M. Repin dut s'en mêler directement. Il entra en scène, avec énergie, c'était le plus sûr moyen, en offrant à M. Gaillardon un verre de vieille fine,[90] c'était le meilleur moyen.

---

[80] *interdite*: étonnée
[81] *faudrait:* LANGAGE POPULAIRE il faudrait
[82] *bien:* ICI largement
[83] *prétendu:* futur mari
[84] *hardie:* audacieuse
[85] *Laissez-nous donc voir un peu tranquilles:* LANGAGE POPULAIRE (Le verbe *voir* est complètement inutile.)
[86] *à votre aise:* aussi longtemps que vous voudrez
[87] *Il m'a rien dit:* (Voir plus haut, note 76)
[88] *tu crois!:* Exclamation qui indique la surprise
[89] *têtu:* obstiné
[90] *vieille fine:* bonne liqueur

«Voyons, dit-il, nous fixons le jour?

—Enfin, dit M. Gaillardon, vous y voilà.[91] Je n'osais pas vous le dire, mais, sans reproche, je commençais à trouver le temps long. Toutefois, on est bien éduqué, ou on ne l'est pas.

—Très bien, dit M. Repin; alors, prenons le vingt-sept octobre, ça vous va-t-il?[92]

—Si ça me va!»[93]

Et le beau-père et le gendre approchèrent leurs verres de fine, en ayant soin de ne pas les entrechoquer, de peur d'en renverser des gouttes. M. Repin se tourna vers sa femme, et, le torse droit, la main gauche en grappin[94] sur la cuisse:

«Bourgeoise,* qu'est-ce que tu avais donc l'air de dire? Voilà comme on arrange les choses: les simagrées[95] ne servent à rien.»

M. Gaillardon réclama l'honneur et le plaisir d'embrasser ces dames. Elles s'essuyèrent les lèvres, se levèrent avec minauderie[96] et se placèrent sur un rang. M. Gaillardon commença la tournée. Il termina par Mlle Marie. Elle fut obligée de le repousser, car il doublait sa part. Sa joue était d'un rouge écarlate[97] tout neuf, à l'endroit où son beau-frère venait de l'embrasser.

«Ne vous gênez pas,[98] qu'est-ce que va dire ma sœur?»

Emu,[99] comme au jour de sa première communion, le fiancé chercha des mots d'excuses, puis, saisissant la main de M. Repin, il dit:

«Mon cher papa, merci.»

Leurs têtes chauves se trouvaient à niveau.[1] Qui était le «cher papa»? Il eût fallu regarder de bien près. On s'y trompait.[2] L'émotion gagna toute la société. M. Repin, désignant sa femme en larmes, disait:

---

[91] *vous y voilà:* EXPRESSION IDIOMATIQUE vous arrivez finalement au sujet

[92] *ça vous va-t-il?:* cela vous convient-il?

[93] *Si ça me va:* Exclamation qui indique ici l'approbation

[94] *en grappin:* en forme de grappin (petite ancre) ICI saisissant fermement

[95] *simagrées:* manières affectées

[96] *minauderie:* même sens que *simagrées*

[97] *rouge écarlate:* rouge vif

[98] *ne vous gênez pas:* Ici, le ton de la voix indique que Marie veut dire exactement le contraire.

[99] *ému:* ICI intimidé

[1] *à niveau:* au même niveau

[2] *on s'y trompait:* ICI il était impossible de distinguer

«Regardez-la donc, est-elle bête, est-elle bête!»

Comme il avait peur d'être bête à son tour, il brusqua[3] les choses:

«Il se fait tard. Allez-vous-en; à dimanche! Venez de bonne heure, nous jouerons à la *gadine.*[4]»

Dans la cour, un cabriolet attendait. Le domestique, la blouse gonflée, avait peine à contenir, à coups de guides,[5] la lourde jument[6] aux jambes poilues. M. Gaillardon mettait un pied sur le marchepied, frappant de l'autre talon de violents coups sur le sol pour se hisser[7] jusqu'au siège. Mais la jument remuante lui donnait bien du mal. Il sautillait,[8] tournant encore la tête du côté de sa nouvelle famille.

«Au revoir, bien le bonsoir!»

Henriette était en arrière avec sa mère. M. Repin se trouvait tout près, donnant le bras à Marie, et disait:

«Ah! Marie, à ton tour maintenant. Voilà Henriette bien lotie,[9] il faudra qu'on pense à toi.

—Comment ça —dit M. Gaillardon qui dansait encore sur un pied.

—Dame, vous vous en moquez, maintenant que vous avez ce qu'il vous faut.

—Mais pardon, mais pardon, dit M. Gaillardon, faites excuse, je ne comprends pas.

—Mais montez donc; ce n'est pas votre affaire. Vous allez pourtant finir par vous faire écraser», dit M. Repin.

Et, donnant un bon coup d'épaule à l'arrière-train[10] de son gendre, il le poussa de force dans le cabriolet. La jument sentit que le poids était au complet, et partit au grand trot, cinglée[11] par le domestique à la blouse ballonnante.[12] Longtemps les Repin virent M. Gaillardon agiter les bras de leur côté, comme lorsqu'on veut marquer une grande surprise. Ils se demandaient:

---

[3] *brusqua:* précipita
[4] *gadine:* jeu de cartes
[5] *guides:* lanières attachées à un cheval pour le conduire
[6] *jument:* femelle du cheval
[7] *se hisser:* se soulever; monter
[8] *sautillait:* sautait légèrement
[9] *lotie:* ICI casée; pourvu d'un mari
[10] *l'arrière-train:* le derrière
[11] *cinglée:* fouettée
[12] *ballonnante:* en forme de ballon

«Mais qu'est-ce qu'il a donc, mais qu'est-ce qu'il a donc?»

Puis, tout à la joie, on ne se demanda plus rien...

III

Mais quand, une nouvelle fois, M. Gaillardon se laissa tomber du cabriolet, il leur revint[13] qu'il les avait quittés drôlement, et M. Repin prit encore sur lui d'arranger les choses, au dessert, s'entend.[14]

«Qu'est-ce que vous aviez donc, l'autre jour, sur l'adieu?[15]

—J'avais, dit M. Gaillardon, ce que j'ai encore.»

A ces mots, les cuillers, qui mélangeaient dans des assiettes à fleurs le fromage blanc, l'échalote[16] et la crème, s'immobilisèrent soudain.

«Ah! ah!

—Voyons, du calme, dit M. Repin, qu'est-ce qu'il y a?

—Il y a, dit M. Gaillardon, il y a qu'il y a maldonne.[17] Voilà ce qu'il y a.

—Maldonne!

—Parfaitement.»

M. Repin regarda sa femme et ses deux filles qui, le buste écarté de la table, le regardaient. Il dit:

«Comprends pas,[18] et vous?»

Celles-ci firent signe de la tête:

«Ni nous!

—C'est pourtant bien simple. Il y a que je vous ai demandé l'une de vos filles, et que vous m'avez donné l'autre. Vous me direz ce que vous voudrez, mais il me semble que ce n'est pas d'un franc jeu.»

M. Repin leva les bras, les abaissa, siffla du bout des lèvres.

«Pu tu tu u u.»

Il atteignait l'extrême de l'étonnement. Ces dames ne firent pas un geste, atterrées.[19] Selon la méthode ancienne, le silence, le grave et

---

[13] *il leur revint:* ils se rappelèrent
[14] *s'entend:* naturellement; comme de juste
[15] *sur l'adieu:* au moment de l'adieu
[16] *échalote:* condiment qui ressemble à l'oignon
[17] *maldonne:* terme employé au jeu de cartes lorsque les cartes sont mal distribuées
[18] *comprends pas:* LANGAGE POPULAIRE (incorrect grammaticalement) je ne comprends pas
[19] *atterrées:* accablées; stupéfaites

majestueux silence, prince des situations fausses, régna. Enfin M. Repin parvint à parler:

«Il fallait le dire, il fallait le dire!»

Mme Repin, un moment déconcertée, renonça à se contenir davantage.

«Comment, ce n'est pas notre Henriette que vous nous avez demandée?

—Pas du tout, c'est Mademoiselle Marie.»

M. Gaillardon, ayant chiffonné[20] sa serviette entre ses doigts, l'écrasa sur la table, se leva et marcha d'une fenêtre à l'autre et inversement, d'un pas inégal, avec une grande agitation. Ses bretelles[21] étaient un peu anciennes et mollissaient. Son pantalon tenait mal. Il le relevait d'un mouvement brusque, puis se croisait les mains derrière le dos. Ces demoiselles, bouche bée,[22] attendaient la suite.

«Femmes, du calme, dit M. Repin, de la dignité. Ne nous emportons pas[23] comme des libertins.[24]»

Sa recommendation était superflue. Personne ne songeait à s'emporter. Seulement, on se trouvait aux prises[25] avec une difficulté inattendue. Il s'agissait de la tourner avec tranquillité et prudence, comme un arbre qui, déraciné par le vent, barre la route. M. Repin se leva également et commença une promenade à l'exemple de M. Gaillardon, mais en sens opposé. Au troisième croisement:

«Monsieur, dit-il, je ne vous dirai pas que je suis surpris, je suis étonné, profondément étonné, mais, après tout, rien n'est fait, et du moment que vous reprenez votre parole, nous vous la rendons.»

Il était presque distingué, ayant parlé un jour, en personne, au préfet,[26] et la gravité du cas lui faisait trouver des phrases correctes.

«Oh, je ne réclame rien, dit M. Gaillardon, en frappant l'air de son bras comme d'un fouet. C'est fait, c'est fait, tant pis pour moi!»

---

[20] *chiffonné:* froissé
[21] *bretelle:* bande d'étoffe qui soutient le pantalon
[22] *bouche bée:* bouche ouverte
[23] *ne nous emportons pas:* ne nous mettons pas en colère
[24] *des libertins:* ICI des gens sans discipline
[25] *on se trouvait aux prises:* on se trouvait face à face
[26] *préfet:* administrateur politique d'un département

Tout à coup on entendit des sanglots,[27] et Henriette en larmes, les mains sur les yeux pour cacher son visage, dit, convulsée:

«Mais je ne tiens pas[28] tant que cela à me marier, moi; s'il aime mieux ma sœur, qu'il prenne ma sœur.

—Ça, jamais, déclara M. Repin; j'ai toujours dit que tu te marierais la première, la première tu te marieras.»

Mme Repin semblait aussi opiniâtre,[29] mais Henriette vint embrasser son père et lui dit:

«Je t'assure, mon papa, que j'ai bien le temps de me marier.

—Bien le temps, mais tu ne sais donc pas que tu as vingt-cinq ans, presque vingt-six.

—Si, si, mais, vois-tu, j'aime mieux attendre encore un petit peu.»

Elle le suppliait, pleurante, avec des hoquets,[30] le dominant de tout son buste de géante, et sa voix pauvre et honteuse de se faire entendre semblait une voix amincie[31] entre ses dents comme par un laminoir.[32]

«C'est honnêtement parlé», dit M. Gaillardon.

Il lui prit les deux mains et les serra avec vigueur. Elle se laissa faire, apparemment sans rancune,[33] tant elle trouvait simple que la chance, un moment égarée[34] de son côté, reprît le bon chemin pour aller ailleurs, vers les autres. Mme Repin céda la première.

«Si elle n'y tient pas, faut pourtant[35] pas la forcer!

—Possible, elle est libre. Mais on ne peut toujours pas donner sa sœur à ce monsieur dont tu ne veux point, dis voir,[36] Marie?

—Oh! moi, répondit Marie, ça m'est égal. Faites comme vous voudrez comme ça vous fera plaisir à tous.

—Sûrement, dit Mme Repin, si ce monsieur s'en retourne chez lui les mains vides, on va causer.[37]»

---

[27] *sanglots:* pleurs violents
[28] *je ne tiens pas:* je n'ai pas envie
[29] *opiniâtre:* obstinée
[30] *hoquets:* sanglots
[31] *amincie:* rendue plus mince
[32] *laminoir:* machine qui amincit des pièces de métal
[33] *rancune:* ressentiment
[34] *égarée:* dirigée par hasard
[35] *faut pourtant:* LANGAGE POPULAIRE (incorrect grammaticalement) il ne faut pourtant
[36] *dis voir:* LANGAGE POPULAIRE dis-moi
[37] *on va causer:* ICI les gens vont en parler

Monsieur Gaillardon approuva.

«Voyons, mon cher papa!

—Connu, dit M. Repin, on ne prend pas les mouches avec du vinaigre, mais je ne veux pas encore donner dans le panneau;[38] et, pour commencer, faites-moi le plaisir de ne point m'appeler: «cher papa», du moins avant d'avoir tout réglé convenablement et solidement, cette fois. Voyons, parlons franc et le cœur sur la main. (Il levait et étendait sa main à hauteur de menton, les doigts joints, la paume en creux,[39] comme si son cœur allait sauter dedans.) C'est bien ma fille cadette, Marie, la brune, âgée de vingt-deux ans, que vous me demandez en mariage?

—Tout juste.

—Je vous la donne, mais vous allez signer un papier comme quoi, si vous changez encore une fois d'idée, vous me donnerez une paire de bœufs, des bœufs fameux, oui-dà,[40] des bœufs de mille.[41]

—Soit, c'est dit.

—Alors donc, adjugée[42] la cadette.»

De nouveau, leurs têtes chauves se rapprochèrent, leurs mains s'étreignirent[43] et leurs visages se rassérénèrent[44] comme des ciels.

Puis Marie embrassa sa grande sœur Henriette, et à son tour pleura.

«Ma pauvre sœur, quand j'y pense? Ecoute, va, tu peux être sûre que je n'y pensais pas. Qu'est-ce que vous voulez, on pourra dire que si je me suis mariée avant toi, je ne l'ai pas fait exprès.[45]

—C'est bon, c'est bon, dit M. Repin, pas tant de giries.[46] Henriette n'attendra pas longtemps, marche,[47] je vais lui en trouver un et en ne tardant guère, et un crâne[48] encore!»

Il frappait amicalement de petits coups sur l'épaule, puis sur la joue

---

[38] *donner dans le panneau:* me laisser duper
[39] *en creux:* concave
[40] *oui-dà:* LANGAGE POPULAIRE le *dà* renforce le *oui*
[41] *des bœufs de mille:* des bœufs très forts
[42] *adjugée:* ce terme est employé pour des objets lors d'une vente aux enchères
[43] *s'étreignirent:* s'enlacèrent
[44] *se rassérénèrent:* se tranquillisèrent; se calmèrent
[45] *fait exprès:* fait délibérément
[46] *giries:* EXPRESSION POPULAIRE simagrées
[47] *marche:* ICI allons! va!
[48] *un crâne:* un solide; un homme robuste

de son Henriette. Celle-ci, les yeux rouges encore et les cils humides, toutes les taches de sa peau de rousse en feu, s'efforçait de sourire en disant:

«Mais oui, mais oui, va, papa»,

de retenir ses larmes et de garder pour elle, en dedans, la grosse peine[49] qui gonflait, gonflait sa poitrine énorme jusqu'à menacer de l'étouffer:

«Ah! pour ça, dit M. Gaillardon, mon cher papa, je suis votre homme. J'ai justement un ami qui en cherche une; elle va joliment bien faire son affaire!»[50]

---

[49] *peine:* chagrin
[50] *faire son affaire:* lui convenir

NOTES EXPLICATIVES

(1) *la Gouille:* De nombreuses fermes françaises portent un nom.

(25) *Quand deux filles sont à marier, c'est l'aînée qui va devant, la cadette suit derrière:* M. Repin imite une vieille chanson populaire qui commence ainsi: «Quand trois poules vont aux champs, la première va devant; la deuxième suit la première, etc....»

(79) *Tiens, femme:* Cette forme d'adresse est souvent employée chez les paysans ainsi que dans les milieux ouvriers.

(92) *les plats cuits à point:* Une viande peut être bleue, saignante, à point, bien cuite.

(101) *faire tourner ses pouces:* ce mouvement indique la détente.

(134) *mon Henriette:* le pronom qui précède indique une forme d'adresse très familière et affectueuse.

(147) *j'ai bien le temps de la voir, elle!:* placé à la fin de la phrase, le pronom indique une attitude condescendante de la part de M. Gaillardon.

(177) *Bourgeoise:* forme d'adresse souvent employée chez les paysans.

Exercices de grammaire

A. *A l'exemple du verbe* **bleuir** (8) (*devenir bleu*), *trouvez les verbes qui veulent dire:*

1. devenir rouge **2.** devenir blanc **3.** devenir brun **4.** devenir jaune **5.** devenir vert

et formez une phrase avec chacun de ces verbes.

B. «Marie... **avait beau lui dire.**» (40—41) (SENS: Marie... lui disait en vain.)

D'après cet exemple, transformez les phrases ci-dessous:

1. Elle le faisait en vain **2.** Il travaillait en vain. **3.** Nous parlions en vain. **4.** Vous vous fatiguez en vain. **5.** Tu t'emportes en vain.

C. «**N'en découvrant pas**...» (88) (SENS: Comme il n'en découvrait pas...)

D'après cet exemple, transformez les phrases ci-dessous et complétez-les selon votre imagination:

1. N'en mangeant pas... **2.** N'en buvant pas... **3.** N'en prenant pas... **4.** N'en disant rien... **5.** N'en faisant rien...

D. «...ce qui **achevait de** le troubler.» (109—110) (SENS: ce qui finissait par le troubler.

D'après cet exemple, transformez les expressions ci-dessous:

1. Ce qui achevait de la surprendre. **2.** Ce qui finissait par les ennuyer. **3.** Ce qui achevait de les ravir. **4.** Ce qui finissait par le fatiguer. **5.** Ce qui achevait de les dégoûter.

E. «Il **eût fallu** regarder.» (190) (SENS: Il aurait été nécessaire de regarder.)

D'après cet exemple, transformez les phrases ci-dessous:

1. Il eût fallu dire la vérité. **2.** Il eût fallu faire les paquets. **3.** Il eût fallu partir à temps. **4.** Il aurait été nécessaire de parler franchement. **5.** Il aurait été nécessaire d'acheter à meilleur marché.

Questions portant sur le texte

1. A quoi vise l'auteur en commençant ce récit par une description de la basse-cour? (1—10)

2. Le fait que Mme Repin porte les clefs sur elle est-il une indication de son caractère? (4—5) Si vous répondez affirmativement, développez votre réponse.

3. Pourquoi Mme Repin écarte-t-elle les dindes voraces? (7—8) La façon dont elle s'y prend, est-elle indicative de son caractère, ou est-ce un détail sans importance?

4. Qu'est-ce qui indique à Mme Repin que son mari a une grande nouvelle à lui annoncer? (11)

5. Qu'est-ce qui nous montre immédiatement que M. Repin a grande envie de marier ses filles? (11—18)

6. Quelle est l'importance dans la suite du récit de l'erreur de Mme Repin? (17)

7. Pourquoi M. Gaillardon ne vient-il pas déjeuner plus tôt dans la semaine? (18)

8. Quelle est la première indication que l'auteur nous donne sur le caractère de Marie? (19—23)

9. Est-il important de savoir que M. Repin mime une chanson dans laquelle il s'agit de volailles? (24—25) Voir *Notes explicatives.*

10. Trouvez dans la description d'Henriette toutes les images qui viennent de la basse-cour. (29—35)

11. Quel âge donnez-vous à M. Gaillardon? (36—37)

12. Quel est le facteur le plus important qui empêche Henriette de faire des objections? (35—38)

13. Quelle est la première indication qu'Henriette cache des sentiments très vifs? (42—50)

14. Le désir de solitude chez Henriette vous surprend-il? (43—44) Justifiez votre réponse.

15. Quelle est l'opinion du monde qu'Henriette connaît si bien? (45—46)

16. Qu'est-ce qui nous prouve qu'Henriette n'est pas vraiment une oie? (48)

17. Quel détail nous montre que Mme Repin n'est guère habituée à recevoir des invités? (52)

18. Pourquoi Mme Repin veut-elle mettre M. Gaillardon à côté de ses filles? (54—55)

19. Quelle est l'importance de la réplique identique des deux filles? (73—75)

20. Quel est le rôle de M. Repin dans sa famille? (79—82) Pourquoi attend-il avant d'intervenir?

21. Pourquoi l'auteur nous donne-t-il la conversation entre les deux hommes en discours indirect? (96—99)

22. Pourquoi M. Gaillardon attend-il si longtemps avant de regarder Marie? (100—102)

23. Quel membre de la famille fait sans doute la remarque que M. Gaillardon n'osait pas regarder Henriette? (102—103)

24. Quelle est l'ironie dans la réaction des deux sœurs lorsque M. Gaillardon dévisage Marie? (106—110)

25. Marie semble pouvoir s'intimider à volonté. (107—110) Cela vous paraît-il bien observé? Justifiez votre réponse.

26. Quelle est la véritable cause de l'impatience de Mme Repin? (114—115)

27. Est-ce uniquement la timidité qui empêche Henriette de parler la première? (127—129)

28. Quelle est la remarque qui nous fait comprendre l'attitude de Mme Repin envers sa fille aînée? (149)

29. Pourquoi M. Gaillardon n'a-t-il pas fait la demande en mariage plus tôt? (167—169)

30. Quel est le mot qui rend la scène où M. Gaillardon embrasse ces dames si humoristique? (179—184)

31. Pourquoi M. Gaillardon a-t-il tant de mal à monter dans son cabriolet? (196—215) La jument en est-elle la seule cause?

32. Qu'y a-t-il d'invraisemblable dans toute la scène du départ de M. Gaillardon? (196—219)

33. Combien de temps M. Gaillardon attend-il avant de revenir chez les Repin? (222—223)

34. Pourquoi M. Gaillardon attend-il que M. Repin aborde le sujet? (225)

35. Comment l'image de l'arbre qui barre la route convient-elle à cette situation? (265—266)

36. Comment interprétez-vous la remarque de M. Gaillardon: «C'est fait, c'est fait»? (275) Justifiez soigneusement votre réponse, car cette remarque jette beaucoup de lumière sur le caractère de M. Gaillardon.

37. Par quels détails l'auteur nous a-t-il préparés à la réaction d'Henriette? (276—279)

38. Est-il bien observé que Madame Repin soit la première à céder? (295—296) Qu'est-ce qui nous prépare à ce revirement?

39. Quelle est l'importance du «dis voir, Marie?» de M. Repin? (297—298)

40. Comment vous expliquez-vous la totale indifférence de Marie? (299—300) Est-ce bien dans son caractère?

41. Commentez la justesse de la remarque de Mme Repin: «on va causer». (301—302)

42. Qu'y a-t-il d'affreusement cruel dans l'expression: «adjugée la cadette»? (319) Cette cruauté est-elle délibérée?

43. Comment M. Repin se rachète-t-il après la conclusion du marché? (326—328)

44. En quoi les derniers mots de M. Gaillardon constituent-ils une fin parfaite pour ce récit? (337—338)

Questions générales portant sur le texte

1. Quels sont tous les détails du récit qui contribuent au portrait du caractère d'Henriette?
2. Etudiez l'humour dans la scène du premier déjeuner. Faites-en ressortir chaque détail qui renforce l'idée que vous vous êtes faite du caractère de Mme Repin.
3. La scène du premier déjeuner est «dramatique.» Faites ressortir tous les détails visuels de cette scène.
4. D'après l'attitude de M. Repin envers M. Gaillardon au premier déjeuner, discutez les valeurs jugées importantes par les fermiers français.
5. Comment l'auteur s'y prend-il pour garder ses personnages dans l'erreur pendant si longtemps?
6. Comparez la «méthode» de M. Repin dans la scène où il arrange le mariage à son intervention dans la scène du premier déjeuner.
7. Etudiez avec grand soin la scène de la «transaction» et faites-en ressortir les détails importants.
8. Si vous êtes d'accord que ce récit est humoristique, faites-en ressortir tous les éléments qui contribuent à le rendre tel.

Sujets de devoir

1. Ecrivez une composition sur le sujet suivant: «Les mariages arrangés par les parents sont les meilleurs.»
2. Ecrivez une composition sur le sujet suivant: «Les mariages arrangés par les parents n'ont aucune chance de réussite.»
3. Etudiez la conversation entre les deux hommes lors du premier déjeuner (discours indirect) et, en y ajoutant des détails, récrivez-la sous forme de dialogue.
4. Trouvez pour chacun des personnages de ce récit le trait qui le caractérise le mieux, et développez votre pensée.

MARCEL AYMÉ

Marcel Aymé est né à Joigny en 1902. Ayant perdu sa mère à l'âge de deux ans, il est élevé par ses grands-parents et sa tante à la campagne. Il fait ses études à Dôle et à Besançon. Après avoir terminé son service militaire, il essaie plusieurs métiers, dont celui de journaliste. Son premier roman, *Brûlebois*, paraît en 1925, mais le succès ne vient que huit ans plus tard avec la publication d'un autre roman, *La Jument verte*. Dès lors, Aymé consacre sa vie à la littérature. Il écrit de nombreux romans (*La Vouivre*, 1943 ; *Travelingue*, 1941 ; *Uranus*, 1948), contes (*Le Passe-muraille*, *La Traversée de Paris*), et pièces de théâtre (*Clérambard*, 1950 ; *La Tête des autres*, 1952). Il mène une vie assez retirée, et meurt à Paris en 1968.

Il se distingue surtout par son grand talent d'observateur, d'humoriste et de satiriste. Son œuvre nous laisse une chronique de la société française d'avant la Seconde Guerre mondiale, sous l'occupation allemande, et immédiatement après la libération. Poète du quotidien, Marcel Aymé excelle dans la reproduction du langage parlé, et possède le plus beau des dons artistiques, celui de donner à ses créations l'apparence de la simplicité.

A consulter : Pol Vandromme, *Marcel Aymé*, Paris, 1960.

Le Proverbe

Dans la lumière de la suspension qui éclairait la cuisine, M. Jacotin voyait d'ensemble[1] la famille courbée sur la pâture[2] et témoignant, par des regards obliques, qu'elle redoutait l'humeur[3] du maître. La conscience profonde qu'il avait de son dévouement et de son abnégation, un souci[4] étroit de justice domestique, le rendaient en effet injuste et tyrannique, et ses explosions d'homme sanguin,[5] toujours imprévisibles, entretenaient[6] à son foyer[7] une atmosphère de contrainte qui n'était du reste pas sans l'irriter.

Ayant appris dans l'après-midi qu'il était proposé pour les palmes académiques,* il se réservait[8] d'en informer les siens[9] à la fin du dîner. Après avoir bu un verre de vin sur[10] sa dernière bouchée de fromage, il se disposait[11] à prendre la parole, mais il lui sembla que l'ambiance n'était pas telle qu'il l'avait souhaitée pour accueillir l'heureuse nouvelle. Son regard fit lentement le tour de la table, s'arrêtant d'abord à l'épouse dont l'aspect chétif,[12] le visage triste et peureux lui faisaient si peu honneur auprès de ses collègues. Il passa ensuite à la tante Julie qui s'était installée au foyer en faisant valoir[13] son grand âge et plusieurs maladies mortelles et qui, en sept ans, avait coûté sûrement plus d'argent qu'on n'en pouvait attendre de sa succession. Puis vint le tour de ses deux filles, dix-sept et seize ans, employées de magasin à cinq cents francs* par mois, pourtant vêtues comme des princesses,

---

[1] *voyait d'ensemble:* voyait tous en même temps
[2] *pâture:* nourriture des animaux. ICI repas de famille
[3] *l'humeur:* la disposition de l'esprit
[4] *souci:* préoccupation
[5] *homme sanguin:* homme chez qui le sang prédomine; homme d'un tempérament violent
[6] *entretenaient:* faisaient régner
[7] *foyer:* maison; famille
[8] *il se réservait:* il attendait
[9] *les siens:* sa famille
[10] *sur:* ICI immédiatement après
[11] *il se disposait:* il se préparait
[12] *chétif:* faible; maladif
[13] *en faisant valoir:* en faisant ressortir; en mettant l'accent sur

montres-bracelets, épingles d'or à l'échancrure,[14] des airs au-dessus de leur condition, et on se demandait où passait l'argent, et on s'étonnait. M. Jacotin eut soudain la sensation atroce qu'on lui dérobait[15] son bien, qu'on buvait la sueur de ses peines et qu'il était ridiculement bon. Le vin lui monta un grand coup à la tête et fit flamber[16] sa large face déjà remarquable au repos par sa rougeur naturelle.

Il était dans cette disposition d'esprit lorsque son regard s'abaissa sur son fils Lucien, un garçon de treize ans qui, depuis le début du repas, s'efforçait de passer inaperçu.[17] Le père entrevit[18] quelque chose de louche[19] dans la pâleur du petit visage. L'enfant n'avait pas levé les yeux, mais, se sentant observé, il tortillait[20] avec ses deux mains un pli de son tablier noir d'écolier.*

«Tu voudrais bien le déchirer? jeta le père d'une voix qui s'en promettait.[21] Tu fais tout ce que tu peux pour le déchirer?»

Lâchant son tablier, Lucien posa les mains sur la table. Il penchait la tête sur son assiette sans oser chercher le réconfort d'un regard de ses sœurs et tout abandonné au malheur menaçant.

«Je te parle, dis donc.[22] Il me semble que tu pourrais me répondre. Mais je te soupçonne de n'avoir pas la conscience bien tranquille.»

Lucien protesta d'un regard effrayé. Il n'espérait nullement[23] détourner[24] les soupçons, mais il savait que le père eût été déçu de ne pas trouver l'effroi dans les yeux de son fils.

«Non, tu n'as sûrement pas la conscience tranquille. Veux-tu me dire ce que tu as fait cet après-midi?

—Cet après-midi, j'étais avec Pichon. Il m'avait dit qu'il passerait me prendre à deux heures. En sortant d'ici, on a rencontré Chapusot qui allait faire des commissions.[25] D'abord, on a été chez le médecin pour

---

[14] *l'échancrure:* le décolleté
[15] *dérobait:* volait
[16] *fit flamber:* mit en feu
[17] *inaperçu:* sans se faire remarquer
[18] *entrevit:* crut voir; devina
[19] *louche:* équivoque; pas comme il faut
[20] *il tortillait:* il agitait; il remuait
[21] *qui s'en promettait:* ICI qui annonçait une fureur plus grande à venir
[22] *dis donc:* interpellation qui, selon le ton de la voix, peut être assez rude
[23] *nullement:* absolument pas
[24] *détourner:* faire changer de direction
[25] *faire des commissions:* faire des courses

son oncle qui est malade. Depuis avant-hier, il se sentait des douleurs du côté du foie...»

Mais le père comprit qu'on voulait l'égarer sur de l'anecdote[26] et coupa:[27]

«Ne te mêle donc pas[28] du foie des autres. On n'en fait pas tant[29] quand c'est moi qui souffre. Dis-moi plutôt où tu étais ce matin.

—J'ai été voir avec Fourmont la maison qui a brûlé l'autre nuit dans l'avenue Poincaré.

—Comme ça, tu as été dehors toute la journée? Du matin jusqu'au soir? Bien entendu,[30] puisque tu as passé ton jeudi* à t'amuser, j'imagine que tu as fait tes devoirs?»

Le père avait prononcé ces dernières paroles sur un ton doucereux[31] qui suspendait tous les souffles.[32]

«Mes devoirs? murmura Lucien.

—Oui, tes devoirs.

—J'ai travaillé hier soir en rentrant de classe.

—Je ne te demande pas si tu as travaillé hier soir. Je te demande si tu as fait tes devoirs pour demain.»

Chacun sentait mûrir le drame et aurait voulu l'écarter, mais l'expérience avait appris que toute intervention en pareille circonstance[33] ne pouvait que gâter les choses et changer en fureur la hargne[34] de cet homme violent. Par politique, les deux sœurs de Lucien feignaient[35] de suivre l'affaire distraitement, tandis que la mère, préférant ne pas assister de trop près à une scène pénible, fuyait vers un placard.[36] M. Jacotin lui-même, au bord[37] de la colère, hésitait encore à enterrer

---

[26] *l'égarer sur de l'anecdote:* détourner son attention par des histoires qui n'ont aucun rapport avec le sujet
[27] *coupa:* interrompit brusquement
[28] *ne te mêle donc pas:* ne t'occupe donc pas
[29] *on n'en fait pas tant:* on ne montre pas tant de soins
[30] *bien entendu:* naturellement
[31] *doucereux:* d'une douceur très affectée
[32] *les souffles:* les respirations
[33] *en pareille circonstance:* en une circonstance comme celle-ci
[34] *la hargne:* la mauvaise humeur
[35] *feignaient:* faisaient semblant; faisaient comme si
[36] *placard:* armoire dans un mur
[37] *au bord:* à la limite

la nouvelle des palmes académiques. Mais la tante Julie, mue[38] par de généreux sentiments, ne put tenir sa langue.

«Pauvre petit, vous êtes toujours après lui. Puisqu'il vous dit qu'il a travaillé hier soir. Il faut bien qu'il s'amuse aussi.»

Offensé, M. Jacotin répliqua avec hauteur:

«Je vous prierai de ne pas entraver[39] mes efforts dans l'éducation de mon fils. Etant son père, j'agis comme tel et j'entends[40] le diriger selon mes conceptions. Libre à vous,[41] quand vous aurez des enfants, de faire leurs cent mille caprices.»[42]

La tante Julie, qui avait soixante-treize ans, jugea qu'il y avait peut-être de l'ironie à parler de ses enfants à venir. Froissée[43] à son tour, elle quitta la cuisine. Lucien la suivit d'un regard ému et la vit un moment, dans la pénombre[44] de la salle à manger luisante de propreté, chercher à tâtons[45] le commutateur.[46] Lorsqu'elle eut refermé la porte, M. Jacotin prit toute la famille à témoin[47] qu'il n'avait rien dit qui justifiât un tel départ et il se plaignit de la perfidie[48] qu'il y avait à le mettre en situation de passer pour un malotru.[49] Ni ses filles, qui s'étaient mises à desservir[50] la table, ni sa femme, ne purent se résoudre à l'approuver, ce qui eût peut-être amené une détente. Leur silence lui fut un nouvel outrage. Rageur, il revint à Lucien:

«J'attends encore ta réponse, toi. Oui ou non, as-tu fait tes devoirs?»

Lucien comprit qu'il ne gagnerait rien à faire traîner[51] les choses et se jeta à l'eau.

«Je n'ai pas fait mon devoir de français.»

---

[38] *mue:* (du verbe *mouvoir*) poussée; animée
[39] *entraver:* mettre des obstacles à
[40] *j'entends:* ICI je veux
[41] *libre à vous:* EXPRESSION IDIOMATIQUE il ne tient qu'à vous; personne ne vous empêche de
[42] *faire leurs cent mille caprices:* faire tout ce qu'ils voudront
[43] *froissée:* insultée
[44] *pénombre:* demi-jour
[45] *à tâtons:* à l'aveuglette; cherchant de la main dans l'obscurité
[46] *commutateur:* bouton pour allumer et éteindre la lumière
[47] *prit... à témoin:* invoqua le témoignage de
[48] *perfidie:* manque de loyauté
[49] *malotru:* être impoli, grossier
[50] *desservir:* débarrasser
[51] *à faire traîner:* à retarder

Une lueur[52] de gratitude passa dans les yeux du père. Il y avait plaisir à entreprendre[53] ce gamin-là.[54]

«Pourquoi, s'il te plaît?»

Lucien leva les épaules en signe d'ignorance et même d'étonnement, comme si la question était saugrenue.[55]

«Je le moudrais»,[56] murmura le père en le dévorant du regard.

Un moment, il resta silencieux, considérant le degré d'abjection[57] auquel était descendu ce fils ingrat qui, sans aucune raison avouable et apparemment sans remords, négligeait de faire son devoir de français.

«C'est donc bien ce que je pensais, dit-il, et sa voix se mit[58] à monter avec le ton du discours. Non seulement tu continues, mais tu persévères. Voilà un devoir de français que le professeur t'a donné vendredi dernier pour demain. Tu avais donc huit jours* pour le faire et tu n'en as pas trouvé le moyen.[59] Et si je n'en avais pas parlé, tu allais en classe sans l'avoir fait. Mais le plus fort, c'est que tu auras passé tout ton jeudi à flâner[60] et à paresser. Et avec qui? avec un Pichon, un Fourmont, un Chapusot, tous les derniers, tous les cancres[61] de la classe. Les cancres dans ton genre. Qui se ressemble s'assemble. Bien sûr que l'idée ne te viendrait pas de t'amuser avec Béruchard. Tu te croirais déshonoré d'aller jouer avec un bon élève. Et d'abord, Béruchard n'accepterait pas, lui. Béruchard, je suis sûr qu'il ne s'amuse pas. Et qu'il ne s'amuse jamais. C'est bon pour toi. Il travaille, Béruchard. La conséquence, c'est qu'il est toujours dans les premiers. Pas plus tard que la semaine dernière, il était trois places devant toi.* Tu peux compter[62] que c'est une chose agréable pour moi qui suis toute la journée au bureau avec son père. Un homme pourtant moins bien noté[63] que moi. Qu'est-ce que c'est que Béruchard? je parle du père.

---

[52] *lueur:* faible lumière
[53] *entreprendre:* ICI tourmenter
[54] *gamin:* garçon. ICI enfant qui passe la plus grande partie de son temps dans les rues
[55] *saugrenue:* ridicule
[56] *moudrais:* ICI écraserais (On *moud* le café, le blé, etc.)
[57] *abjection:* bassesse; abaissement
[58] *se mit à:* commença
[59] *le moyen:* la possibilité
[60] *flâner:* perdre son temps agréablement
[61] *cancres:* élèves paresseux
[62] *tu peux compter:* tu peux t'imaginer
[63] *moins bien noté:* moins apprécié

C'est l'homme travailleur, si on veut, mais qui manque de capacités. Et sur les idées politiques, c'est bien pareil[64] que sur la besogne.[65] Il n'a jamais eu de conceptions. Et Béruchard, il le sait bien. Quand on discute de choses et d'autres,[66] devant moi, il n'en mène pas large.[67] N'empêche,[68] s'il vient à me parler de son gamin qui est toujours premier en classe, c'est lui qui prend le dessus quand même. Je me trouve par le fait dans une position vicieuse. Je n'ai pas la chance, moi, d'avoir un fils comme Béruchard. Un fils premier en français, premier en calcul. Un fils qui rafle[69] tous les prix. Lucien, laisse-moi ce rond[70] de serviette* tranquille. Je ne tolérerai pas que tu m'écoutes avec des airs qui n'en sont pas.[71] Oui ou non, m'as-tu entendu? ou si tu veux une paire de claques[72] pour t'apprendre que je suis ton père? Paresseux, voyou,[73] incapable! Un devoir de français donné depuis huit jours! Tu ne me diras pas que si tu avais pour deux sous[74] de cœur ou que si tu pensais au mal[75] que je me donne, une pareille chose se produirait. Non, Lucien, tu ne sais pas reconnaître.[76] Autrement que ça,[77] ton devoir de français, tu l'aurais fait. Le mal que je me donne, moi, dans mon travail. Et les soucis et l'inquiétude. Pour le présent et pour l'avenir. Quand j'aurai l'âge de m'arrêter, personne pour me donner de quoi vivre. Il vaut mieux compter sur soi que sur les autres. Un sou, je ne l'ai jamais demandé. Moi, pour m'en tirer,[78] je n'ai jamais été chercher le voisin. Et je n'ai jamais été aidé par les miens. Mon père ne m'a pas laissé

---

[64] *c'est bien pareil:* c'est la même chose
[65] *la besogne:* le travail
[66] *de choses et d'autres:* de toutes sortes de choses
[67] *il n'en mène pas large:* EXPRESSION IDIOMATIQUE il se rend compte de son infériorité
[68] *n'empêche:* néanmoins
[69] *rafle:* ramasse
[70] *rond:* anneau (Le rond de serviette est l'anneau qui marque la serviette employée par chaque membre de la famille.)
[71] *des airs qui n'en sont pas:* en donnant l'impression que tu écoutes alors que tu n'écoutes pas
[72] *claques:* gifles
[73] *voyou:* bon à rien
[74] *pour deux sous:* un tout petit peu
[75] *au mal,* à la peine
[76] *tu ne sais pas reconnaître:* SOUS-ENTENDU... tout ce que je fais pour toi
[77] *autrement que ça:* LANGAGE POPULAIRE autrement
[78] *pour m'en tirer:* pour me débrouiller; pour réussir

étudier. Quand j'ai eu douze ans, en apprentissage.[79] Tirer la charrette[80] et par tous les temps. L'hiver, les engelures,[81] et l'été, la chemise qui collait sur le dos. Mais toi, tu te prélasses.[82]. Tu as la chance d'avoir un père qui soit trop bon. Mais ça ne durera pas. Quand je pense. Un devoir de français. Fainéant,[83] sagouin![84] Soyez bon, vous serez toujours faible. Et moi tout à l'heure qui pensais vous mener tous, mercredi prochain, voir jouer *Les Burgraves*.* Je ne me doutais pas de ce qui m'attendait en rentrant chez moi. Quand je ne suis pas là, on peut être sûr que c'est l'anarchie. C'est les devoirs pas faits et tout ce qui s'ensuit[85] dans toute la maison. Et, bien entendu, on a choisi le jour... »

Le père marqua[86] un temps d'arrêt. Un sentiment délicat, de pudeur et de modestie, lui fit baisser les paupières.

« Le jour où j'apprends que je suis proposé pour les palmes académiques. Oui, voilà le jour qu'on a choisi. »

Il attendit quelques secondes l'effet de ses dernières paroles. Mais, à peine détachées de la longue apostrophe, elles semblaient n'avoir pas été comprises. Chacun les avait entendues, comme le reste du discours, sans en pénétrer le sens. Seule, Mme Jacotin, sachant qu'il attendait depuis deux ans la récompense des services rendus, en sa qualité de trésorier bénévole,[87] à la société locale de solfège[88] et de philharmonie (l'U.N.S.P.), eut l'impression que quelque chose d'important venait de lui échapper. Le mot de palmes académiques rendit à ses oreilles un son étrange mais familier, et fit surgir[89] pour elle la vision de son époux coiffé de sa casquette de musicien honoraire et à califourchon[90] sur la plus haute branche d'un cocotier.[91] La crainte d'avoir été inattentive lui fit enfin apercevoir le sens de cette fiction poétique et

---

[79] *apprentissage:* période durant laquelle on apprend un métier
[80] *charrette:* voiture à deux roues
[81] *engelures:* inflammations causées par le froid
[82] *tu te prélasses:* tu prends une attitude de confort
[83] *fainéant:* paresseux
[84] *sagouin:* petit singe. ICI être malpropre
[85] *tout ce qui s'ensuit:* tout le reste
[86] *marqua:* ICI fit
[87] *bénévole:* qui ne reçoit pas de compensation monétaire
[88] *solfège:* étude de musique par les notes
[89] *fit surgir:* fit apparaître brusquement
[90] *à califourchon:* à cheval
[91] *cocotier:* palmier des pays tropicaux

déjà elle ouvrait la bouche et se préparait à manifester une joie déférente.[92] Il était trop tard. M. Jacotin, qui se délectait amèrement de l'indifférence des siens, craignit qu'une parole de sa femme ne vînt adoucir l'injure de ce lourd silence et se hâta de la prévenir.[93]

«Poursuivons, dit-il avec un ricanement[94] douloureux. Je disais donc que tu as eu huit jours pour faire ce devoir de français. Oui, huit jours. Tiens, j'aimerais savoir depuis quand Béruchard l'a fait. Je suis sûr qu'il n'a pas attendu huit jours, ni six, ni cinq. Ni trois, ni deux. Béruchard, il l'a fait le lendemain.[95] Et veux-tu me dire ce que c'est que ce devoir?»

Lucien, qui n'écoutait pas, laissa passer le temps de répondre. Son père le somma[96] d'une voix qui passa trois portes et alla toucher la tante Julie dans sa chambre. En chemise de nuit et la mine défaite,[97] elle vint s'informer.

«Qu'est-ce qu'il y a? Voyons, qu'est-ce que vous lui faites, à cet enfant? Je veux savoir, moi.»

Le malheur voulut[98] qu'en cet instant M. Jacotin se laissât dominer par la pensée de ses palmes académiques. C'est pourquoi la patience lui manqua. Au plus fort de ses colères, il s'exprimait habituellement dans un langage décent. Mais le ton de cette vieille femme recueillie[99] chez lui par un calcul charitable et parlant avec ce sans-gêne[1] à un homme en passe d'être[2] décoré, lui parut une provocation appelant l'insolence.

«Vous, répondit-il, je vous dis cinq lettres.»*

La tante Julie béa,[3] les yeux ronds, encore incrédules, et comme il précisait ce qu'il fallait entendre[4] par cinq lettres, elle tomba évanouie.

---

[92] *déférente:* respectueuse
[93] *prévenir:* devancer
[94] *ricanement:* rire malicieux
[95] *le lendemain:* le jour après (avoir reçu le devoir)
[96] *le somma:* l'interpella
[97] *la mine défaite:* la figure décomposée
[98] *voulut:* ICI décida
[99] *recueillie:* acceptée
[1] *ce sans-gêne:* ce manque de contrainte
[2] *en passe d'être:* sur le point d'être
[3] *béa:* (du vieux français *béer*) garda la bouche ouverte
[4] *entendre:* ICI comprendre

Il y eut des cris de frayeur dans la cuisine, une longue rumeur[5] de drame avec remuement de bouillottes,[6] de soucoupes et de flacons.[7] Les sœurs de Lucien et leur mère s'affairaient[8] auprès de la malade avec des paroles de compassion et de réconfort, dont chacune atteignait cruellement M. Jacotin. Elles évitaient de le regarder, mais quand par hasard leurs visages se tournaient vers lui, leurs yeux étaient durs. Il se sentait coupable et, plaignant la vieille fille,[9] regrettait sincèrement l'excès de langage auquel il s'était laissé aller. Il aurait souhaité s'excuser, mais la réprobation qui l'entourait si visiblement durcissait son orgueil. Tandis qu'on emportait la tante Julie dans sa chambre, il prononça d'une voix haute et claire:

«Pour la troisième fois, je te demande en quoi consiste ton devoir de français.

—C'est une explication, dit Lucien. Il faut expliquer le proverbe: «Rien ne sert de courir, il faut partir à point.»[10] *

—Et alors? Je ne vois pas ce qui t'arrête là-dedans.»

Lucien opina[11] d'un hochement de tête, mais son visage était réticent.

«En tout cas, file[12] me chercher tes cahiers, et au travail. Je veux voir ton devoir fini.»

Lucien alla prendre sa serviette[13] de classe qui gisait[14] dans un coin de la cuisine, en sortit un cahier de brouillon[15] et écrivit au haut d'une page blanche: «Rien ne sert de courir, il faut partir à point.» Si lentement qu'il eût écrit,[16] cela ne demanda pas cinq minutes. Il se mit alors à sucer son porte-plume et considéra le proverbe d'un air hostile et buté.[17]

---

[5] *rumeur:* bruit confus
[6] *bouillottes:* récipients où l'on met de l'eau chaude
[7] *flacons:* bouteilles
[8] *s'affairaient:* s'empressaient; s'agitaient
[9] *vieille fille:* femme non mariée
[10] *à point:* à temps
[11] *opina:* marqua son accord
[12] *file:* cours
[13] *serviette:* Ce mot a plusieurs sens. ICI sac d'écolier, ou cartable
[14] *gisait:* était étendu
[15] *cahier de brouillon:* cahier où l'élève écrit les différentes versions de ses devoirs, avant de les mettre au net
[16] *si lentement qu'il eût écrit:* bien qu'il eût écrit lentement
[17] *buté:* obstiné

«Je vois que tu y mets de la mauvaise volonté, dit le père. A ton aise.[18] Moi, je ne suis pas pressé. J'attendrai toute la nuit s'il le faut.»

En effet, il s'était mis en position d'attendre commodément.[19] Lucien, en levant les yeux, lui vit un air de quiétude[20] qui le désespéra. Il essaya de méditer sur son proverbe: «Rien ne sert de courir, il faut partir à point.» Pour lui, il y avait là une évidence ne requérant[21] aucune démonstration, et il songeait avec dégoût à la fable de La Fontaine: *Le Lièvre et la Tortue*. Cependant, ses sœurs, après avoir couché la tante Julie, commençaient à ranger[22] la vaisselle dans le placard et, si attentives fussent-elles[23] à ne pas faire de bruit, il se produisait des heurts[24] qui irritaient M. Jacotin, lui semblant qu'on voulût offrir à l'écolier une bonne excuse pour ne rien faire. Soudain, il y eut un affreux vacarme.[25] La mère venait de laisser tomber sur l'évier[26] une casserole de fer qui rebondit[27] sur le carrelage.

«Attention, gronda le père. C'est quand même agaçant.[28] Comment voulez-vous qu'il travaille, aussi, dans une foire[29] pareille? Laissez-le tranquille et allez-vous-en ailleurs.[30] La vaisselle est finie. Allez vous coucher.»

Aussitôt les femmes quittèrent la cuisine. Lucien se sentit livré à son père, à la nuit, et songeant à la mort à l'aube sur un proverbe, il se mit à pleurer.

«Ça t'avance bien,[31] lui dit son père. Gros bête,[32] va!»

La voix restait bourrue,[33] mais avec un accent de compassion, car

---

[18] *à ton aise:* comme il te plaira
[19] *commodément:* confortablement
[20] *quiétude:* calme
[21] *requérant:* ayant besoin
[22] *ranger:* mettre en place
[23] *si attentives fussent-elles:* bien qu'elles fussent très attentives
[24] *heurts:* chocs
[25] *vacarme:* bruit
[26] *l'évier:* le bassin de pierre ou de métal dans lequel on lave d'ordinaire la vaisselle
[27] *rebondit:* sauta
[28] *agaçant:* ennuyeux; provoquant
[29] *foire:* marché public. ICI endroit où il règne une grande confusion
[30] *ailleurs:* dans un autre endroit
[31] *ça t'avance bien:* cela ne te sert à rien
[32] *gros bête:* LANGAGE POPULAIRE (incorrect grammaticalement —il faut dire *grosse bête*) Selon le ton cette expression indique la colère ou l'affection.
[33] *bourrue:* rude

M. Jacotin, encore honteux du drame qu'il avait provoqué tout à l'heure, souhaitait racheter sa conduite par une certaine mansuétude[34] à l'égard de son fils. Lucien perçut la nuance, il s'attendrit et pleura plus fort. Une larme tomba sur le cahier de brouillon, auprès du proverbe. Emu,[35] le père fit le tour de la table en traînant une chaise et vint s'asseoir à côté de l'enfant.

«Allons, prends-moi ton mouchoir et que ce soit fini. A ton âge, tu devrais penser que si je te secoue,[36] c'est pour ton bien. Plus tard, tu diras: «Il avait raison.» Un père qui sait être sévère, il n'y a rien de meilleur pour l'enfant. Béruchard, justement, me le disait hier. C'est une habitude, à lui, de battre le sien.[37] Tantôt[38] c'est les claques ou son pied où je pense,[39] tantôt le martinet[40] ou bien le nerf de bœuf.[41] Il obtient de bons résultats. Sûr que son gamin marche droit et qu'il ira loin. Mais battre un enfant, moi, je ne pourrais pas, sauf bien sûr comme ça une fois de temps en temps. Chacun ses conceptions. C'est ce que je disais à Béruchard. J'estime qu'il vaut mieux faire appel à la raison de l'enfant.»

Apaisé par ces bonnes paroles, Lucien avait cessé de pleurer et son père en conçut de l'inquiétude.

«Parce que je te parle comme à un homme, tu ne vas pas au moins te figurer[42] que ce serait de la faiblesse?

—Oh! non», répondit Lucien avec l'accent d'une conviction profonde.

Rassuré, M. Jacotin eut un regard de bonté. Puis, considérant d'une part le proverbe, d'autre part l'embarras de son fils, il crut pouvoir se montrer généreux à peu de frais[43] et dit avec bonhomie:[44]

---

[34] *mansuétude:* indulgence
[35] *ému:* touché
[36] *secoue:* ICI bouscule; tourmente
[37] *le sien:* son enfant
[38] *Tantôt... tantôt:* Une fois..., et une autre fois
[39] *où je pense:* façon polie de dire «dans le derrière»
[40] *martinet:* fouet de cuir
[41] *nerf de bœuf:* même sens que *martinet*
[42] *te figurer:* t'imaginer
[43] *à peu de frais:* sans que cela lui coûte beaucoup
[44] *bonhomie:* bonté

«Je vois bien que si je ne mets pas la main à la pâte,[45] on sera encore là à quatre heures du matin. Allons, au travail. Nous disons donc: «Rien ne sert de courir, il faut partir à point.» Voyons. Rien ne sert de courir...»

Tout à l'heure, le sujet de ce devoir de français lui avait paru presque ridicule à force d'être[46] facile. Maintenant qu'il en avait assumé la responsabilité, il le voyait d'un autre œil. La mine soucieuse, il relut plusieurs fois le proverbe et murmura:

«C'est un proverbe.

—Oui», approuva Lucien qui attendait la suite avec une assurance nouvelle.

Tant de paisible confiance troubla le cœur de M. Jacotin. L'idée que son prestige de père était en jeu[47] le rendit nerveux.

«En vous donnant ce devoir-là, demanda-t-il, le maître ne vous a rien dit?

—Il nous a dit: surtout, évitez de résumer *Le Lièvre et la Tortue.* C'est à vous de trouver un exemple. Voilà ce qu'il a dit.

—Tiens, c'est vrai, fit le père. *Le Lièvre et la Tortue*, c'est un bon exemple. Je n'y avais pas pensé.

—Oui, mais c'est défendu.

—Défendu, bien sûr, défendu. Mais alors, si tout est défendu...»

Le visage un peu congestionné, M. Jacotin chercha une idée ou au moins une phrase qui fût un départ. Son imagination était rétive.[48] Il se mit à considérer le proverbe avec un sentiment de crainte et de rancune.[49] Peu à peu, son regard prenait la même expression d'ennui qu'avait eue tout à l'heure celui de Lucien.

Enfin, il eut une idée qui était de développer un sous-titre de journal, «La Course aux armements», qu'il avait lu le matin même. Le développement venait bien: une nation se prépare à la guerre depuis longtemps,

---

[45] *si je ne mets pas la main à la pâte:* LANGAGE POPULAIRE si je ne m'en occupe pas moi-même
[46] *à force d'être:* tant il était
[47] *était en jeu:* était dans la balance
[48] *rétive:* récalcitrante, difficile
[49] *rancune:* ressentiment

fabriquant canons, tanks, mitrailleuses[50] et avions. La nation voisine se prépare mollement,[51] de sorte qu'elle n'est pas prête du tout quand survient la guerre et qu'elle s'efforce vainement de rattraper son retard. Il y avait là toute la matière d'un excellent devoir.

Le visage de M. Jacotin, qui s'était éclairé un moment, se rembrunit[52] tout d'un coup. Il venait de songer que sa religion politique ne lui permettait pas de choisir un exemple aussi tendancieux. Il avait trop d'honnêteté pour humilier ses convictions, mais c'était tout de même dommage. Malgré la fermeté de ses opinions, il se laissa effleurer[53] par le regret de n'être pas inféodé[54] à un parti réactionnaire, ce qui lui eût permis d'exploiter son idée avec l'approbation de sa conscience. Il se ressaisit[55] en pensant à ses palmes académiques, mais avec beaucoup de mélancolie.

Lucien attendait sans inquiétude le résultat de cette méditation. Il se jugeait déchargé du soin d'expliquer le proverbe et n'y pensait même plus. Mais le silence qui s'éternisait lui faisait paraître le temps long. Les paupières lourdes, il fit entendre plusieurs bâillements prolongés. Son père, le visage crispé[56] par l'effort de la recherche, les perçut comme autant de reproches et sa nervosité s'en accrut.[57] Il avait beau se mettre[58] l'esprit à la torture, il ne trouvait rien. La course aux armements le gênait. Il semblait qu'elle se fût soudée[59] au proverbe et les efforts qu'il faisait pour l'oublier lui en imposaient justement la pensée. De temps en temps, il levait sur son fils un regard furtif[60] et anxieux.

Alors qu'il n'espérait plus et se préparait à confesser son impuissance, il lui vint une autre idée. Elle se présentait comme une transposi-

---

[50] *mitrailleuses:* armes à feu qui permettent de tirer beaucoup de projectiles en très peu de temps
[51] *mollement:* sans enthousiasme
[52] *se rembrunit:* devint sombre
[53] *effleurer:* toucher légèrement
[54] *inféodé:* sous la dépendance
[55] *ressaisit:* reprit son calme; reprit son sang-froid
[56] *crispé*: tendu
[57] *s'en accrut:* augmenta
[58] *il avait beau se mettre:* bien qu'il se mît
[59] *soudée:* attachée; jointe
[60] *furtif:* en cachette; à la dérobée

tion de la course aux armements dont elle réussit à écarter l'obsession. Il s'agissait encore d'une compétition, mais sportive, à laquelle se préparaient deux équipes[61] de rameurs,[62] l'une méthodiquement, l'autre avec une affectation de négligence.

«Allons, commanda M. Jacotin, écris.»

A moitié endormi, Lucien sursauta[63] et prit son porte-plume.

«Ma parole, tu dormais?

—Oh! non. Je réfléchissais. Je réfléchissais au proverbe. Mais je n'ai rien trouvé.»

Le père eut un petit rire indulgent, puis son regard devint fixe et, lentement, il se mit à dicter:

«Par ce splendide après-midi d'un dimanche d'été, virgule,[64] quels sont donc ces jolis objets verts à la forme allongée, virgule, qui frappent nos regards? On dirait de loin qu'ils sont munis de[65] longs bras, mais ces bras ne sont autre chose que des rames et les objets verts sont en réalité deux canots de course qui se balancent mollement au gré des flots[66] de la Marne.»*

Lucien, pris d'une vague anxiété, osa lever la tête et eut un regard un peu effaré.[67] Mais son père ne le voyait pas, trop occupé à polir une phrase de transition qui allait lui permettre de présenter les équipes rivales. La bouche entrouverte,[68] les yeux mi-clos, il surveillait ses rameurs et les rassemblait dans le champ de sa pensée. A tâtons,[69] il avança la main vers le porte-plume de son fils.

«Donne. Je vais écrire moi-même. C'est plus commode[70] que de dicter.»

Fiévreux,[71] il se mit à écrire d'une plume abondante. Les idées et les mots lui venaient facilement, dans un ordre commode et pourtant

---

[61] *équipes:* ensemble de joueurs ou d'athlètes

[62] *rameurs:* hommes qui *rament*, c'est-à-dire qui font avancer un canot à l'aide de *rames*

[63] *sursauta:* fit un mouvement brusque

[64] *virgule:* signe de ponctuation

[65] *ils sont munis de:* ils possèdent

[66] *au gré des flots:* selon le mouvement de l'eau

[67] *effaré:* effrayé, anxieux

[68] *entrouverte:* ouverte à moitié

[69] *à tâtons:* ICI en hésitant

[70] *commode:* facile

[71] *fiévreux:* agité de fièvre

exaltant, qui l'inclinait au lyrisme. Il se sentait riche, maître d'un domaine magnifique et fleuri. Lucien regarda un moment, non sans un reste d'appréhension, courir sur son cahier de brouillon la plume inspirée et finit par s'endormir sur la table. A onze heures, son père le réveilla et lui tendit le cahier.

«Et maintenant, tu vas me recopier ça posément.[72] J'attends que tu aies fini pour relire. Tâche[73] de mettre la ponctuation, surtout.

—Il est tard, fit observer Lucien. Je ferais peut-être mieux de me lever demain matin de bonne heure?[74]

—Non, non. Il faut battre le fer pendant qu'il est chaud. Encore un proverbe, tiens.»

M. Jacotin eut un sourire gourmand et ajouta:

«Ce proverbe-là, je ne serais pas en peine[75] de l'expliquer non plus. Si j'avais le temps, il ne faudrait pas me pousser beaucoup. C'est un sujet de toute beauté. Un sujet sur lequel je me fais fort[76] d'écrire mes douze pages. Au moins, est-ce que tu le comprends bien?

—Quoi donc?

—Je te demande si tu comprends le proverbe: «Il faut battre le fer pendant qu'il est chaud.»

Lucien, accablé, faillit céder[77] au découragement. Il se ressaisit et répondit avec une grande douceur:

«Oui, papa. Je comprends bien. Mais il faut que je recopie mon devoir.

—C'est ça, recopie», dit M. Jacotin d'un ton qui trahissait son mépris[78] pour certaines activités d'un ordre subalterne.

Une semaine plus tard, le professeur rendait la copie corrigée.

«Dans l'ensemble, dit-il, je suis loin d'être satisfait. Si j'excepte Béruchard à qui j'ai donné treize,* et cinq ou six autres tout juste passables, vous n'avez pas compris le devoir.»

Il expliqua ce qu'il aurait fallu faire, puis, dans le tas des copies

---

[72] *posément:* lentement
[73] *tâche:* essaie
[74] *de bonne heure:* tôt
[75] *je ne serais pas en peine:* je n'aurais aucun mal; je n'aurais aucune difficulté
[76] *je me fais fort:* je me vante; je m'engage
[77] *faillit céder:* céda presque
[78] *mépris:* condescendance

annotées à l'encre rouge, il en choisit trois qu'il se mit à commenter. La première était celle de Béruchard, dont il parla en termes élogieux.[79] La troisième était celle de Lucien.

«En vous lisant, Jacotin, j'ai été surpris par une façon d'écrire à laquelle vous ne m'avez pas habitué et qui m'a paru si déplaisante que je n'ai pas hésité à vous coller[80] un trois. S'il m'est arrivé souvent de blâmer la sécheresse de vos développements, je dois dire que vous êtes tombé cette fois dans le défaut contraire. Vous avez trouvé le moyen de remplir six pages en restant constamment en dehors du sujet. Mais le plus insupportable est ce ton endimanché[81] que vous avez cru devoir adopter.»

Le professeur parla encore longuement du devoir de Lucien, qu'il proposa aux autres élèves comme le modèle de ce qu'il ne fallait pas faire. Il en lut à haute voix quelques passages qui lui semblaient particulièrement édifiants. Dans la classe, il y eut des sourires, des gloussements[82] et même quelques rires soutenus.[83] Lucien était très pâle. Blessé dans son amour-propre, il l'était aussi dans ses sentiments de piété filiale.

Pourtant il en voulait à[84] son père de l'avoir mis en situation de se faire moquer par ses camarades. Elève médiocre, jamais sa négligence ni son ignorance ne l'avaient ainsi exposé au ridicule. Qu'il s'agît[85] d'un devoir de français, de latin ou d'algèbre, il gardait jusque dans ses insuffisances un juste sentiment des convenances[86] et même des élégances écolières. Le soir où, les yeux rouges de sommeil, il avait recopié le brouillon de M. Jacotin, il ne s'était guère trompé sur l'accueil qui serait fait à son devoir. Le lendemain, mieux éveillé, il avait même hésité à le remettre au professeur, ressentant[87] alors plus

---

[79] *élogieux:* pleins de louanges
[80] *à vous coller:* EXPRESSION ASSEZ VULGAIRE à vous donner
[81] *ton endimanché:* ton employé spécialement le dimanche, donc hors de l'ordinaire; guindé
[82] *gloussements:* les cris de la poule qui appelle les petits. ICI rire qui imite ce son
[83] *soutenus:* ICI qui ne cessèrent point
[84] *il en voulait à:* il était fâché contre
[85] *qu'il s'agît:* lorsqu'il était question
[86] *convenances:* ce qui est en accord avec les usages
[87] *ressentant:* éprouvant; ayant le sentiment

vivement ce qu'il contenait de faux et de discordant, eu égard aux[88] habitudes de la classe. Et au dernier moment, une confiance instinctive dans l'infaillibilité de son père l'avait décidé.

Au retour de l'école, à midi, Lucien songeait avec rancune à ce mouvement de confiance pour ainsi dire religieuse qui avait parlé plus haut que l'évidence. De quoi s'était mêlé le père en expliquant ce proverbe? A coup sûr,[89] il n'avait pas volé[90] l'humiliation de se voir flanquer[91] trois sur vingt à son devoir de français. Il y avait là de quoi lui faire passer[92] l'envie d'expliquer les proverbes. Et Béruchard qui avait eu treize. Le père aurait du mal à s'en remettre.[93] Ça lui apprendrait.

A table, M. Jacotin se montra enjoué[94] et presque gracieux. Une allégresse[95] un peu fiévreuse animait son regard et ses propos.[96] Il eut la coquetterie de ne pas poser dès l'abord[97] la question qui lui brûlait les lèvres et que son fils attendait. L'atmosphère du déjeuner n'était pas très différente de ce qu'elle était d'habitude. La gaieté du père, au lieu de mettre à l'aise les convives,[98] était plutôt une gêne supplémentaire. Mme Jacotin et ses filles essayaient en vain d'adopter un ton accordé à la bonne humeur du maître. Pour[99] la tante Julie, elle se fit un devoir de souligner par une attitude maussade[1] et un air de surprise offensé tout ce que cette bonne humeur offrait d'insolite[2] aux regards de la famille. M. Jacotin le sentit lui-même, car il ne tarda pas à s'assombrir.[3]

«Au fait,[4] dit-il avec brusquerie. Et le proverbe?»

---

[88] *eu égard aux:* quand on considérait les
[89] *à coup sûr:* sans aucun doute
[90] *il n'avait pas volé:* il avait mérité
[91] *flanquer:* EXPRESSION ASSEZ VULGAIRE (comme *coller*) donner
[92] *lui faire passer:* lui enlever
[93] *à s'en remettre:* ICI à oublier cette insulte
[94] *enjoué:* gai
[95] *allégresse:* joie
[96] *ses propos:* ses paroles
[97] *dès l'abord:* immédiatement
[98] *convives:* ceux qui mangent ensemble
[99] *pour:* ICI quant à
[1] *maussade:* de mauvaise humeur
[2] *d'insolite:* d'inhabituel
[3] *il ne tarda pas à s'assombrir:* il s'assombrit rapidement
[4] *au fait:* EXPRESSION IDIOMATIQUE tant que j'y pense; à propos

Sa voix trahissait une émotion qui ressemblait plus à de l'inquiétude qu'à de l'impatience. Lucien sentit qu'en cet instant il pouvait faire le malheur de son père. Il le regardait maintenant avec une liberté qui lui livrait[5] le personnage. Il comprenait que, depuis de longues années, le pauvre homme vivait sur le sentiment de son infaillibilité de chef de famille et, qu'en expliquant le proverbe, il avait engagé le principe de son infaillibilité dans une aventure dangereuse. Non seulement le tyran domestique allait perdre la face devant les siens, mais il perdrait du même coup[6] la considération qu'il avait pour sa propre personne. Ce serait un effondrement.[7] Et dans la cuisine, à table, face à la tante Julie qui épiait[8] toujours une revanche, ce drame qu'une simple parole pouvait déchaîner[9] avait déjà une réalité bouleversante.[10] Lucien fut effrayé par la faiblesse du père et son cœur s'attendrit d'un sentiment de pitié généreuse.

«Tu es dans la lune?[11] Je te demande si le professeur a rendu mon devoir? dit M. Jacotin.

—Ton devoir? Oui, on l'a rendu.

—Et quelle note avons-nous eue?

—Treize.

—Pas mal. Et Béruchard?

—Treize.

—Et la meilleure note était?

—Treize.»

Le visage du père s'était illuminé. Il se tourna vers la tante Julie avec un regard insistant, comme si la note treize eût été donnée malgré elle. Lucien avait baissé les yeux et regardait en lui-même avec un plaisir ému. M. Jacotin lui toucha l'épaule et dit avec bonté:

«Vois-tu, mon cher enfant, quand on entreprend un travail, le tout est d'abord d'y bien réfléchir. Comprendre un travail, c'est l'avoir fait plus qu'aux trois quarts. Voilà justement ce que je voudrais te faire

---

[5] *qui lui livrait:* ICI qui lui expliquait
[6] *du même coup:* en même temps
[7] *effondrement:* destruction totale
[8] *épiait:* ICI cherchait en secret
[9] *déchaîner:* provoquer; déclencher
[10] *bouleversante:* troublante
[11] *tu es dans la lune?:* tu rêves?

entrer dans la tête une bonne fois.[12] Et j'y arriverai. J'y mettrai tout le temps nécessaire. Du reste, à partir de maintenant et désormais,[13] tous tes devoirs de français, nous les ferons ensemble.»

---

[12] *une bonne fois:* une fois pour toutes
[13] *désormais:* à partir de maintenant

NOTES EXPLICATIVES

(10) *palmes académiques:* décoration accordée aux professeurs, aux artistes, aux fonctionnaires, etc. pour services rendus à l'Etat.

(21) *cinq cents francs:* environ l'équivalent de 100 dollars.

(33) *tablier noir d'écolier:* Afin de protéger leurs vêtements, beaucoup d'écoliers portent un tablier pendant qu'ils sont à l'école.

(58) *ton jeudi:* Le jeudi est jour de congé dans les écoles en France, mais les écoliers vont en classe le samedi.

(110) *huit jours:* Les Français emploient l'expression *huit jours* pour désigner une semaine, et *quinze jours* pour désigner deux semaines.

(121) *il était trois places devant toi:* Toutes les semaines les élèves sont classés selon les notes qu'ils ont obtenues.

(133) *laisse-moi ce rond de serviette:* Le *moi* ne remplit aucune fonction grammaticale. C'est une tournure populaire du langage quotidien.

(153) «*Les Burgraves*»: drame de Victor Hugo, représenté pour la première fois en 1843.

(196) *je vous dis cinq lettres:* Ces cinq lettres constituent un mot excessivement vulgaire: *merde.*

(213) «*Rien ne sert de courir...*»: première ligne d'une fable de La Fontaine, *Le Lièvre et la Tortue,* dans laquelle la tortue gagne une course contre le lièvre.

(344) *la Marne:* rivière qui se jette dans la Seine.

(382) *treize:* Les professeurs en France notent de 0 à 20. Treize, étant au-dessus de la moyenne, est une note respectable. Quinze est une très bonne note, et 16 est considéré comme excellent.

Exercices de grammaire

A. «une atmosphère...qui **n'était...pas sans l'irriter**» (7—8) (SENS: une atmosphère qui l'irritait)

Cette construction a une valeur d'atténuation. D'après l'exemple suivant, transformez les phrases ci-dessous:

EXEMPLE: Cette lettre le rendit furieux. Cette lettre n'était pas sans le rendre furieux.

1. Cette nouvelle l'étonna. **2.** Ces extravagances leur déplaisaient. **3.** La conférence les ennuya. **4.** Cette longue promenade nous fatigua. **5.** Sa réussite me surprit.

B. «Il n'avait rien dit qui **justifiât** un tel départ.» (88—89)

Expliquez l'emploi du subjonctif dans cette phrase, et complétez les phrases ci-dessous en employant le temps correct du verbe entre parenthèses:

1. Je n'ai rien vu qui me (permettre) d'affirmer ceci. **2.** Ne connaissant personne qui (savoir) le faire, j'ai abandonné ce projet. **3.** Nous n'avons pas fait le moindre geste qui (pouvoir) vous nuire. **4.** Je ne connais personne qui (parler) cinq langues. **5.** Elle n'a pas dit une seule parole qui (être) digne d'une réplique.

C. «**Ni ses filles...ni sa femme, ne purent...**» (90—91)

D'après cet exemple, mettez les verbes entre parenthèses à la personne correcte et au passé simple:

1. Ni ses enfants, ni moi, ne (arriver) à le faire. **2.** Ni sa sœur, ni son frère, ne (être) très aimables. **3.** Ni ses amis, ni sa femme, ne le (comprendre). **4.** Ni lui, ni elle, ne me (dire) la vérité. **5.** Ni vous, ni eux, ne (finir) à temps.

D. «qui **manque de** capacités» (125) (SENS: qui n'a pas de capacités)

D'après l'exemple suivant, complétez les phrases ci-dessous:

EXEMPLE: Il n'a pas d'argent; donc il manque d'argent.

1. Je n'ai pas d'amis. **2.** Elle n'a pas de livres. **3.** Nous n'avons pas de distractions. **4.** Ils n'ont pas de valises. **5.** Vous n'avez pas de courage.

E. «**Je n'ai jamais été aidé par les miens.**» (146) (SENS: Les miens ne m'ont jamais aidé.)

D'après cet exemple, mettez les phrases ci-dessous à la voix active:

1. Rien ne m'a été donné. **2.** Rien ne lui a été dit. **3.** Ce livre vous a été donné. **4.** Ce billet leur a été promis. **5.** Le passage lui a été barré.

Questions portant sur le texte

1. Relevez dans la première phrase du récit tous les éléments qui nous donnent une idée du caractère de M. Jacotin. (1—3)
2. Pourquoi M. Jacotin veut-il attendre la fin du dîner pour informer sa famille qu'il a été proposé pour les palmes académiques? (9—10)
3. Voyez-vous de l'ironie dans la remarque de M. Jacotin sur l'ambiance de la famille? Justifiez votre réponse. (12—14)
4. Quelle est la première indication que M. Jacotin attache une immense importance à l'opinion d'autrui? (14—16)
5. Quel est l'effet produit par la répétition du pronom indéfini «on» dans la «revue» de la famille? (14—26)

6. Qu'est-ce que la rougeur naturelle de la face de M. Jacotin indique très probablement? (26—27)
7. Que pensez-vous de l'emploi du verbe «s'abaisser» dans cette scène? Quel en est l'effet psychologique? (28)
8. Le fait que Lucien joue avec son tablier n'est pas vraiment ce qui met le père en colère. Donnez la véritable raison de son comportement. (31—35)
9. Quelle est la première indication que nous donne l'auteur quant à l'intelligence et à la maturité de Lucien? (41—43)
10. Relevez tous les éléments stylistiques qui différencient le langage de Lucien (46—50) de celui de son père.
11. Quels moyens Lucien emploie-t-il pour retarder le moment inévitable? (46—66)
12. Quelle est dans la scène entre M. Jacotin et la tante Julie la part du comique et celle de la cruauté? Relevez également des exemples d'ironie dans cette scène. (76—85)
13. Comment vous expliquez-vous la réaction du père lorsque Lucien avoue finalement qu'il n'a pas fait son devoir de français? (98—99)
14. Faites ressortir tous les mots qui montrent l'exagération de la réaction du père lorsqu'il apprend que Lucien n'a pas fait son devoir. (104—106)
15. Etudiez le temps des verbes dans ces phrases et justifiez leur emploi. (110—113)
16. Quel effet l'auteur cherche-t-il à produire en mettant l'article indéfini devant le nom des camarades de Lucien? (113)
17. Quel est l'équivalent américain du proverbe: «Qui se ressemble s'assemble»? (115)
18. Quel est l'effet produit par le pronom «lui»? (117—118)
19. Par quelle phrase le père trahit-il la véritable cause de sa colère concernant les mauvaises notes de son fils? (121—123)
20. Dans quelle humeur sombre le père quand il commence à parler de sa propre jeunesse? Expliquez ce qui le pousse à ces réminiscences, et justifiez le ton qu'il emploie. (144—149)
21. Par quels effets de style l'auteur traduit-il la colère de M. Jacotin dans son long discours? (107—156)

22. Le changement d'attitude de M. Jacotin est-il bien observé? Faites-en ressortir l'ironie. (157—158)

23. Comment l'auteur nous prépare-t-il à l'absence de toute réaction lorsque le père annonce finalement la grande nouvelle? (159—168) Relevez dans cette scène de famille tous les exemples d'ironie, et donnez votre propre réaction, d'abord du point de vue du père, ensuite de celui des membres de la famille.

24. Expliquez le rapport qui existe entre l'annonce de M. Jacotin et la vision de sa femme. (168—171) S'agit-il ici d'ironie ou d'humour?

25. Faites ressortir plusieurs détails qui nous permettent d'affirmer que les liens entre M. Jacotin et sa femme ne sont pas très étroits. (164—174)

26. Pourquoi M. Jacotin ne donne-t-il pas le temps à sa femme de le féliciter? Quelles conclusions pouvons-nous en tirer quant à son caractère? (174—176)

27. Par quel détail l'auteur nous montre-t-il que M. Jacotin garde un reste de compassion? (204—207)

28. Pourquoi M. Jacotin laisse-t-il passer le moment où il voulait s'excuser auprès de la tante Julie? (206—207)

29. Montrez à quel moment précis le père commence à se liguer avec Lucien. (238—239)

30. Etes-vous d'accord avec le père quand il explique à Lucien que sa sévérité est pour son bien? (253—256)

31. M. Jacotin est-il sincère quand il explique sa conception de la sévérité à Lucien? (260—263) Y a-t-il un incident dans le récit qui vienne le contredire?

32. Quelle est la première indication de ce récit par laquelle l'auteur nous montre que M. Jacotin a peur de perdre son autorité de chef de famille? (264—267)

33. Relevez tous les exemples d'humour dans la scène où le père aide Lucien à faire son devoir. (273—359)

34. Le premier exemple de M. Jacotin pour le devoir est-il bien choisi? (299—305) Attachez-vous de l'importance au sujet qu'il a choisi? Expliquez votre réponse.

35. Est-ce que la fermeté des convictions politiques de M. Jacotin vous surprend? L'auteur nous avait-il préparés à ce trait de son caractère? (306—314)

36. Quelle est l'importance de l'allusion aux palmes académiques à ce moment précis? (313—314)

37. Quelle est la première indication que la situation entre le père et le fils est renversée? (324—325)

38. Lucien est un fin psychologue qui connaît à merveille son père. A quel moment précis du récit vous en rendez-vous compte? (335—336) Trouvez d'autres exemples de la finesse de Lucien.

39. Que pensez-vous du style de M. Jacotin? Faites une explication de texte de ce passage, en en faisant ressortir tous les clichés. (339—344)

40. Comment expliquez-vous le regard «effaré» de Lucien lorsque son père lui dicte le premier paragraphe du devoir? (345—346)

41. Relevez le ridicule voulu de l'expression «plume abondante», et trouvez un autre exemple de ce genre. (353—359)

42. Quel est l'équivalent américain du proverbe: «Il faut battre le fer pendant qu'il est chaud?» (364)

43. Qu'est-ce qui provoque l'enthousiasme de M. Jacotin quand il a terminé le devoir? (366—370)

44. Que pensez-vous de la méthode du professeur? A-t-il raison de lire des passages du devoir de Lucien à la classe? (381—400)

45. Fallait-il que l'auteur nous parlât des sentiments de piété filiale de Lucien? (401—402) Quelles sont, avant cette scène, d'autres indications de cette piété?

46. Est-ce que l'analyse que Lucien fait de son père est juste? (436—448) Est-ce que cette maturité vous surprend chez un garçon de l'âge de Lucien? Quel est le moment exact du récit où Lucien cesse d'être un enfant pour devenir un homme?

47. Quelle différence y a-t-il entre la pitié que Lucien ressent ici, et la piété qu'il avait ressentie avant? (446—448) Qu'est-ce que ce changement nous permet d'affirmer quant à son caractère?

48. Quel ton l'auteur adopte-t-il pour la fin? (462—467)

Questions générales portant sur le texte

1. Choisissez dans ce récit tous les détails qui contribuent au portrait psychologique de M. Jacotin, et montrez-en l'importance dans chaque cas.
2. Ce récit, tout en gardant un ton humoristique, fait ressortir plusieurs problèmes sérieux. Trouvez ces problèmes et discutez-les.
3. Les Jacotin représentent une famille typique de la petite bourgeoisie française. Quel est, dans cette famille, le rôle de chaque membre, et comment le remplit-il?
4. Quel est le personnage central de ce récit, est-ce M. Jacotin ou Lucien? Justifiez votre réponse.
5. Séparez tous les exemples d'ironie et d'humour que vous trouvez dans le récit, et justifiez votre classification.
6. Etes-vous d'accord avec le titre de cette histoire? Quels autres titres l'auteur aurait-il pu employer?
7. Est-ce que le proverbe du devoir pourrait être appliqué à M. Jacotin? Justifiez votre réponse.
8. Quels sont dans ce récit tous les éléments qui vous semblent typiquement français?

Sujets de devoirs

1. Transposez cette histoire aux Etats-Unis et, en la condensant considérablement, récrivez-la en la plaçant dans ce nouveau milieu.
2. Imaginez un dialogue entre deux élèves, l'un qui défend la méthode du professeur de Lucien, l'autre qui l'attaque.
3. Ecrivez une courte composition sur ces quatre proverbes populaires:

   Tout ce qui brille n'est pas or.
   L'habit ne fait pas le moine.
   Bien mal acquis ne profite jamais.
   Après la pluie, le beau temps.

III

Récits satiriques

VOLTAIRE

Voltaire, de son vrai nom François-Marie Arouet, naquit à Paris en 1694. Il se fait vite remarquer par son brillant esprit et son talent de satiriste qui lui vaut un séjour à la Bastille. (Il avait été accusé d'avoir écrit des couplets contre le Régent.) Pour éviter de retourner à la Bastille une deuxième fois, il part pour l'Angleterre en 1726, et ne rentre en France que trois ans plus tard. Traqué par la police à cause de ses écrits, il quitte de nouveau son pays. Il fait un long séjour au château de Madame Du Châtelet, et en 1750, il accepte l'invitation de Frédéric, roi de Prusse. Il ne reste que peu de temps à la cour du roi-philosophe, achète son propre château à Ferney, près de la Suisse, et c'est là qu'il passe les vingt dernières années de sa vie, point de mire du monde civilisé qui vient lui rendre ses hommages. Il meurt en 1778, lors d'une visite triomphale à Paris où il était venu assister à la représentation de sa dernière pièce de théâtre.

Auteur dramatique, historien, philosophe, vulgarisateur, poète, critique, pamphlétaire, épistolier, et «inventeur» d'un nouveau genre littéraire, le conte philosophique, Voltaire est une des gloires de la France et du dix-huitième siècle qui est communément appelé «le siècle de Voltaire».

A consulter: R. Naves, *Voltaire, l'homme et l'œuvre*, Paris, 1942.

Le Monde comme il va

Vision de Babouc, écrite par lui-même

Parmi les génies qui président aux empires du monde, Ituriel* tient un des premiers rangs, et il a le département[1] de la haute Asie. Il descendit un matin dans la demeure du Scythe* Babouc, sur le rivage de l'Oxus,* et lui dit: «Babouc, les folies et les excès des Perses ont attiré notre colère; il s'est tenu[2] hier une assemblée des génies de la haute Asie pour savoir si on châtierait[3] Persépolis* ou si on la détruirait. Va dans cette ville, examine tout; tu reviendras m'en rendre un compte fidèle; et je me déterminerai,[4] sur ton rapport, à corriger la ville ou à l'exterminer. —Mais, Seigneur, dit humblement Babouc, je n'ai jamais été en Perse; je n'y connais personne. —Tant mieux, dit l'ange, tu ne seras point partial; tu as reçu du ciel le discernement, et j'y ajoute le don[5] d'inspirer la confiance; marche, regarde, écoute, observe, et ne crains rien: tu seras partout bien reçu.»

Babouc monta sur son chameau et partit avec ses serviteurs. Au bout[6] de quelques journées, il rencontra vers les plaines de Sennaar* l'armée persane qui allait combattre l'armée indienne. Il s'adressa d'abord à un soldat qu'il trouva écarté. Il lui parla, et lui demanda quel était le sujet de la guerre. «Par tous les dieux, dit le soldat, je n'en sais rien. Ce n'est pas mon affaire; mon métier est de tuer et d'être tué pour gagner ma vie; il n'importe[7] qui je serve. Je pourrais bien même dès demain passer dans le camp des Indiens, car on dit qu'ils donnent près d'une demi-drachme* de cuivre par jour à leurs soldats de plus que nous n'en avons dans ce maudit service de Perse. Si vous voulez savoir pourquoi on se bat, parlez à mon capitaine.»

---

[1] *département:* division administrative
[2] *il s'est tenu:* il a eu lieu
[3] *châtierait:* punirait
[4] *je me déterminerai:* je déciderai
[5] *le don:* ICI l'aptitude
[6] *au bout:* à la fin
[7] *il n'importe:* cela n'a aucune importance

Babouc, ayant fait un petit présent au soldat, entra dans le camp. Il fit bientôt connaissance avec le capitaine, et lui demanda le sujet de la guerre. «Comment voulez-vous que je le sache? dit le capitaine, et que m'importe[8] ce beau sujet? J'habite à deux cents lieues* de Persépolis; j'entends dire que la guerre est déclarée; j'abandonne aussitôt ma famille et je vais chercher, selon notre coutume, la fortune ou la mort, attendu que[9] je n'ai rien à faire. —Mais vos camarades, dit Babouc, ne sont-ils pas un peu plus instruits que vous? —Non, dit l'officier, il n'y a guère que nos principaux satrapes* qui savent bien précisément pourquoi on s'égorge.»[10]

Babouc, étonné, s'introduisit chez les généraux; il entra dans leur familiarité.[11] L'un d'eux lui dit enfin: «La cause de cette guerre, qui désole depuis vingt ans l'Asie, vient originairement d'une querelle entre un eunuque[12] d'une femme du grand roi de Perse et un commis[13] d'un bureau du grand roi des Indes. Il s'agissait d'un droit qui revenait à peu près à la trentième partie d'une darique.* Le premier maître des Indes et le nôtre soutinrent[14] dignement les droits de leurs maîtres. La querelle s'échauffa.[15] On mit de part et d'autre[16] en campagne une armée d'un million de soldats. Il faut recruter[17] cette armée tous les ans de plus de quatre cent mille hommes. Les meurtres, les incendies, les ruines, les dévastations se multiplient; l'univers souffre, et l'acharnement[18] continue. Notre premier ministre et celui des Indes protestent souvent qu'ils n'agissent que pour le bonheur du genre humain; et à chaque protestation il y a toujours quelques villes détruites et quelques provinces ravagées.»

Le lendemain, sur un bruit qui se répandit que la paix allait être conclue, le général persan et le général indien s'empressèrent[19] de

---

[8] *que m'importe:* quelle importance peut avoir pour moi
[9] *attendu que:* comme
[10] *on s'égorge:* on se coupe la gorge; on se tue
[11] *il entra dans leur familiarité:* il leur inspira confiance
[12] *eunuque:* homme castré qui gardait le sérail
[13] *commis:* employé
[14] *soutinrent:* ICI défendirent
[15] *s'échauffa:* ICI devint plus violente
[16] *de part et d'autre:* des deux côtés
[17] *recruter:* ICI fournir
[18] *l'acharnement:* la grande ardeur de destruction
[19] *s'empressèrent:* se hâtèrent

donner bataille; elle fut sanglante. Babouc en vit toutes les fautes et toutes les abominations; il fut témoin des manœuvres des principaux satrapes, qui firent ce qu'ils purent pour faire battre leur chef. Il vit des officiers tués par leurs propres troupes; il vit des soldats qui achevaient[20] d'égorger leurs camarades expirants pour leur arracher quelques lambeaux[21] sanglants, déchirés et couverts de fange.[22] Il entra dans les hôpitaux où l'on transportait les blessés, dont la plupart expiraient par la négligence inhumaine de ceux mêmes que le roi de Perse payait chèrement pour les secourir. «Sont-ce* là des hommes, s'écria Babouc, ou des bêtes féroces? Ah! je vois bien que Persépolis sera détruite.»

Occupé de cette pensée, il passa dans le camp des Indiens. Il y fut aussi bien reçu que dans celui des Perses, selon ce qui lui avait été prédit; mais il y vit tous les mêmes excès qui l'avaient saisi d'horreur. «Oh, oh! dit-il en lui-même, si l'ange Ituriel veut exterminer les Persans, il faut donc que l'ange des Indes détruise aussi les Indiens.» S'étant ensuite informé plus en détail de ce qui s'était passé dans l'une et l'autre armée, il apprit des actions de générosité, de grandeur d'âme, d'humanité, qui l'étonnèrent et le ravirent. «Inexplicables humains, s'écria-t-il, comment pouvez-vous réunir tant de bassesse et de grandeur, tant de vertus et de crimes?»

Cependant la paix fut déclarée. Les chefs des deux armées, dont aucun n'avait remporté la victoire, mais qui pour leur seul intérêt avaient fait verser le sang de tant d'hommes, leurs semblables, allèrent briguer[23] dans leurs cours des récompenses. On célébra la paix dans des écrits publics qui n'annonçaient que le retour de la vertu et de la félicité sur la terre. «Dieu soit loué! dit Babouc; Persépolis sera le séjour de l'innocence épurée;[24] elle ne sera point détruite, comme le voulaient ces vilains génies: courons sans tarder[25] dans cette capitale de l'Asie.»

---

[20] *achevaient:* terminaient
[21] *lambeaux:* parties de leurs habits
[22] *fange:* boue épaisse
[23] *briguer:* essayer d'obtenir (souvent par intrigue)
[24] *épurée:* rendue plus pure
[25] *sans tarder:* immédiatement

Il arriva dans cette ville immense par l'ancienne entrée, qui était tout barbare et dont la rusticité[26] dégoûtante offensait les yeux. Toute cette partie de la ville se ressentait[27] du temps où elle avait été bâtie; car, malgré l'opiniâtreté[28] des hommes à louer[29] l'antique aux dépens du[30] moderne, il faut avouer qu'en tout genre les premiers essais sont toujours grossiers.[31]

Babouc se mêla dans la foule d'un peuple composé de ce qu'il y avait de plus sale et de plus laid dans les deux sexes. Cette foule se précipitait d'un air hébété[32] dans un enclos vaste et sombre. Au bourdonnement[33] continuel, au mouvement qu'il y remarqua, à l'argent que quelques personnes donnaient à d'autres pour avoir droit à s'asseoir, il crut être dans un marché où l'on vendait des chaises de paille: mais bientôt, voyant que plusieurs femmes se mettaient à genoux, en faisant semblant de regarder[34] fixement devant elles et en regardant les hommes de côté, il s'aperçut qu'il était dans un temple.* Des voix aigres, rauques,[35] sauvages, discordantes, faisaient retentir[36] la voûte de sons mal articulés, qui faisaient le même effet que les voix des onagres[37] quand elles répondent, dans les plaines des Pictaves,* au cornet à bouquin[38] qui les appelle. Il se bouchait les oreilles; mais il fut prêt de se boucher encore les yeux et le nez, quand il vit entrer dans ce temple des ouvriers avec des pinces[39] et des pelles. Ils remuèrent[40] une large pierre, et jetèrent à droite et à gauche une terre dont s'exhalait une odeur empestée; ensuite on vint poser un mort dans cette ouverture, et on remit la pierre par-dessus.

---

[26] *rusticité:* grossièreté
[27] *se ressentait:* montrait les restes
[28] *l'opiniâtreté:* l'obstination
[29] *louer:* vanter
[30] *aux dépens du:* au détriment du (Notez que cette expression est toujours employée au pluriel)
[31] *grossiers:* ICI sans délicatesse
[32] *hébété:* stupide
[33] *bourdonnement:* bruit sourd et confus
[34] *faisant semblant de regarder:* faisant comme si elles regardaient
[35] *rauques:* rudes
[36] *retentir:* résonner
[37] *onagres:* ânes sauvages
[38] *cornet à bouquin:* corne de bœuf
[39] *pinces:* outil pour saisir un objet
[40] *remuèrent:* déplacèrent

«Quoi! s'écria Babouc, ces peuples enterrent leurs morts dans les mêmes lieux où ils adorent la Divinité! Quoi! leurs temples sont pavés de cadavres! Je ne m'étonne plus de ces maladies pestilentielles qui désolent souvent Persépolis. La pourriture des morts, et celle de tant de vivants rassemblés et pressés dans le même lieu, est capable d'empoisonner le globe terrestre. Ah! la vilaine ville que Persépolis! Apparemment que les anges veulent la détruire pour en rebâtir une plus belle, et pour la peupler d'habitants moins malpropres[41] et qui chantent mieux. La Providence peut avoir ses raisons: laissons-la faire.»

Cependant le soleil approchait du haut de sa carrière.* Babouc devait aller dîner à l'autre bout de la ville, chez une dame pour laquelle son mari, officier de l'armée, lui avait donné des lettres. Il fit d'abord plusieurs tours dans Persépolis; il vit d'autres temples mieux bâtis et mieux ornés, remplis d'un peuple poli, et retentissants d'une musique harmonieuse; il remarqua des fontaines publiques, lesquelles, quoique mal placées, frappaient[42] les yeux par leur beauté; des places où semblaient respirer en bronze les meilleurs rois* qui avaient gouverné la Perse; d'autres places où il entendait le peuple s'écrier: «Quand verrons-nous ici le maître que nous chérissons?»* Il admira les ponts magnifiques élevés[43] sur le fleuve, les quais superbes et commodes, les palais bâtis à droite et à gauche, une maison immense* où des milliers de vieux soldats blessés et vainqueurs rendaient chaque jour grâce au Dieu des armées. Il entra enfin chez la dame qui l'attendait à dîner avec une compagnie d'honnêtes gens.[44] La maison était propre et ornée, le repas délicieux, la dame jeune, belle, spirituelle, engageante,[45] la compagnie digne d'elle; et Babouc disait en lui-même à tout moment: «L'ange Ituriel se moque du monde de vouloir détruire une ville si charmante.»

---

[41] *malpropres:* sales
[42] *frappaient:* impressionnaient
[43] *élevés:* construits
[44] *d'honnêtes gens:* à cette époque le terme désignait simplement des gens de la bonne société.
[45] *engageante:* attirante

Cependant il s'aperçut que la dame, qui avait commencé par lui demander tendrement des nouvelles de son mari, parlait plus tendrement encore, sur[46] la fin du repas, à un jeune mage.* Il vint un magistrat qui, en présence de sa femme, pressait[47] avec vivacité une veuve, et cette veuve indulgente avait une main passée autour du cou du magistrat, tandis qu'elle tendait l'autre à un jeune citoyen très beau et très modeste. La femme du magistrat se leva de table la première, pour aller entretenir[48] dans un cabinet [49] voisin son directeur,[50] qui arrivait trop tard, et qu'on avait attendu à dîner; et le directeur, homme éloquent, lui parla dans ce cabinet avec tant de véhémence et d'onction[51] que la dame avait, quand elle revint, les yeux humides, les joues enflammées, la démarche mal assurée,[52] la parole tremblante.

Alors Babouc commença à craindre que le génie Ituriel n'eût raison. Le talent qu'il avait d'attirer la confiance le mit dès le jour même dans les secrets de la dame; elle lui confia son goût pour le jeune mage, et l'assura que dans toutes les maisons de Persépolis il trouverait l'équivalent de ce qu'il avait vu dans la sienne. Babouc conclut qu'une telle société ne pouvait subsister; que la jalousie, la discorde, la vengeance, devaient désoler[53] toutes les maisons; que les larmes et le sang devaient couler[54] tous les jours; que certainement les maris tueraient les galants de leurs femmes, ou en seraient tués; et qu'enfin Ituriel faisait fort bien[55] de détruire tout d'un coup une ville abandonnée à de continuels désordres.

Il était plongé dans ces idées funestes,[56] quand il se présenta à la porte un homme grave, en manteau noir, qui demanda humblement à

---

[46] *sur:* ICI *à*
[47] *pressait:* se rapprochait de
[48] *entretenir:* causer avec
[49] *cabinet:* petite pièce
[50] *directeur:* directeur de conscience (prêtre qui dirige certaines personnes en matière de religion; confesseur)
[51] *onction:* douceur
[52] *mal assurée:* ICI hésitante
[53] *devaient désoler:* désolaient probablement
[54] *devaient couler:* coulaient probablement
[55] *faisait fort bien:* avait raison
[56] *funestes:* tristes; maussades

parler au jeune magistrat. Celui-ci, sans se lever, sans le regarder, lui donna fièrement, et d'un air distrait, quelques papiers, et le congédia.[57] Babouc demanda quel était cet homme. La maîtresse de la maison lui dit tout bas: «C'est un des meilleurs avocats de la ville; il y a cinquante ans qu'il étudie les lois. Monsieur, qui n'a que vingt-cinq ans, et qui est satrape de loi* depuis deux jours, lui donne à faire l'extrait[58] d'un procès qu'il doit juger, qu'il n'a pas encore examiné. —Ce jeune étourdi[59] fait sagement, dit Babouc, de demander conseil à un vieillard; mais pourquoi n'est-ce pas ce vieillard qui est juge? —Vous vous moquez, lui dit-on, jamais ceux qui ont vieilli dans les emplois laborieux et subalternes[60] ne parviennent aux dignités. Ce jeune homme a une grande charge,[61] parce que son père est riche, et qu'ici le droit de rendre la justice s'achète comme une métairie.[62] —O mœurs! ô malheureuse ville! s'écria Babouc, voilà le comble[63] du désordre; sans doute, ceux qui ont ainsi acheté le droit de juger vendent leurs jugements; je ne vois ici que des abîmes d'iniquité.»

Comme il marquait[64] ainsi sa douleur et sa surprise, un jeune guerrier, qui était venu ce jour même de l'armée, lui dit: «Pourquoi ne voulez-vous pas qu'on achète des emplois de la robe?[65] J'ai bien acheté, moi, le droit d'affronter la mort à la tête de deux mille hommes que je commande; il m'en a coûté quarante mille dariques d'or cette année, pour coucher sur la terre trente nuits de suite en habit rouge, et pour recevoir ensuite deux bons coups de flèche dont je me sens encore.[66] Si je me ruine pour servir l'empereur persan, que je n'ai jamais vu, M. le satrape de robe peut bien payer quelque chose pour avoir le plaisir de donner audience à des plaideurs.» Babouc, indigné, ne put s'empêcher de condamner dans son cœur un pays où l'on mettait à l'encan[67]

---

[57] *le congédia:* le fit partir (lui donna congé)
[58] *l'extrait:* ICI l'analyse
[59] *étourdi:* qui ne réfléchit pas avant d'agir
[60] *subalternes:* d'un rang inférieur
[61] *charge:* fonction publique
[62] *métairie:* petit domaine rural
[63] *le comble:* le degré ultime
[64] *il marquait:* il montrait
[65] *emplois de la robe:* fonctions de la magistrature: juge, avocat, procureur, etc.
[66] *dont je me sens encore:* dont je sens encore l'effet
[67] *on mettait à l'encan:* on vendait à celui qui offrait le meilleur prix

les dignités de la paix et de la guerre; il conclut précipitamment que l'on y devait ignorer absolument la guerre et les lois, et que, quand même Ituriel n'exterminerait pas ces peuples, ils périraient par leur détestable administration.

Sa mauvaise opinion augmenta encore à l'arrivée d'un gros homme qui, ayant salué très familièrement toute la compagnie, s'approcha du jeune officier, et lui dit: «Je ne peux vous prêter que cinquante mille dariques d'or, car, en vérité, les douanes[68] de l'empire ne m'en ont rapporté que trois cent mille cette année.» Babouc s'informa quel était cet homme qui se plaignait de gagner si peu; il apprit qu'il y avait dans Persépolis quarante rois* plébéiens qui tenaient à bail[69] l'empire de Perse, et qui en rendaient quelque chose au monarque.

Après dîner il alla dans un des plus superbes temples de la ville; il s'assit au milieu d'une troupe de femmes et d'hommes qui étaient venus là pour passer le temps. Un mage parut dans une machine élevée,* qui parla longtemps du vice et de la vertu. Ce mage divisa en plusieurs parties ce qui n'avait pas besoin d'être divisé; il prouva méthodiquement tout ce qui était clair, il enseigna tout ce qu'on savait. Il se passionna froidement, et sortit suant et hors d'haleine.[70] Toute l'assemblée alors se réveilla et crut avoir assisté à une instruction. Babouc dit: «Voilà un homme qui a fait de son mieux pour ennuyer deux ou trois cents de ses concitoyens; mais son intention était bonne, et il n'y a pas là de quoi[71] détruire Persépolis.»

Au sortir de cette assemblée, on le mena voir une fête publique qu'on donnait tous les jours de l'année; c'était dans une espèce de basilique, au fond de laquelle on voyait un palais.* Les plus belles citoyennes de Persépolis, les plus considérables satrapes, rangés avec ordre, formaient un spectacle si beau que Babouc crut d'abord que c'était là toute la fête. Deux ou trois personnes, qui paraissaient des rois et des reines, parurent bientôt dans le vestibule de ce palais; leur

---

[68] *les douanes:* administration qui touche les impôts des produits importés et exportés

[69] *tenaient à bail:* agissaient comme des propriétaires qui louent leurs propriétés par contrat (bail)

[70] *hors d'haleine:* sans souffle

[71] *de quoi:* de raison de

langage était très différent de celui du peuple; il était mesuré,[72] harmonieux et sublime. Personne ne dormait, on écoutait dans un profond silence, qui n'était interrompu que par les témoignages de la sensibilité et de l'admiration publique. Les devoirs des rois, l'amour de la vertu, les dangers des passions, étaient exprimés par des traits si vifs et si touchants que Babouc versa des larmes. Il ne douta pas que ces héros et ces héroïnes, ces rois et ces reines qu'il venait d'entendre, ne fussent les prédicateurs[73] de l'empire; il se proposa même d'engager Ituriel à les venir entendre, bien sûr qu'un tel spectacle le réconcilierait pour jamais[74] avec la ville.

Dès que cette fête fut finie, il voulut voir la principale reine, qui avait débité[75] dans ce beau palais une morale si noble et si pure; il se fit introduire chez Sa Majesté; on le mena par un petit escalier, au second étage, dans un appartement mal meublé, où il trouva une femme mal vêtue, qui lui dit d'un air noble et pathétique: «Ce métier-ci ne me donne pas de quoi[76] vivre; un de ces princes que vous avez vus m'a fait un enfant; j'accoucherai[77] bientôt; je manque d'argent, et sans argent on n'accouche point.» Babouc lui donna cent dariques d'or, en disant: «S'il n'y avait que ce mal-là dans la ville, Ituriel aurait tort de se tant fâcher.»

De là il alla passer sa soirée chez des marchands de magnificences inutiles. Un homme intelligent, avec lequel il avait fait connaissance, l'y mena;[78] il acheta ce qui lui plut, et on le lui vendit avec politesse beaucoup plus qu'il ne valait. Son ami, de retour chez lui, lui fit voir combien on le trompait.[79] Babouc mit sur ses tablettes le nom du marchand, pour le faire distinguer par Ituriel au jour de la punition de la ville. Comme il écrivait, on frappa à sa porte: c'était le marchand lui-même qui venait lui rapporter sa bourse,[80] que Babouc avait laissée

---

[72] *mesuré:* en vers
[73] *les prédicateurs:* les prêcheurs
[74] *pour jamais:* pour toujours
[75] *débité:* ICI déclamé
[76] *de quoi:* les moyens de
[77] *j'accoucherai:* je donnerai naissance
[78] *l'y mena:* l'y conduit
[79] *trompait:* dupait
[80] *bourse:* petit sac qui contient de l'argent

par mégarde[81] sur son comptoir. «Comment se peut-il, s'écria Babouc, que vous soyez si fidèle et si généreux, après n'avoir pas eu de honte de me vendre des colifichets[82] quatre fois au-dessus de leur valeur? —Il n'y a aucun négociant[83] un peu connu dans cette ville, lui répondit le marchand, qui ne fût venu vous rapporter votre bourse; mais on vous a trompé quand on vous a dit que je vous avais vendu ce que vous avez pris chez moi quatre fois plus qu'il ne vaut: je vous l'ai vendu dix fois davantage, et cela est si vrai que, si dans un mois vous voulez le revendre, vous n'en aurez pas même ce dixième. Mais rien n'est plus juste: c'est la fantaisie des hommes qui met le prix à ces choses frivoles; c'est cette fantaisie qui fait vivre cent ouvriers que j'emploie, c'est elle qui me donne une belle maison, un char[84] commode, des chevaux, c'est elle qui excite l'industrie, qui entretient le goût, la circulation et l'abondance. Je vends aux nations voisines les mêmes bagatelles plus chèrement qu'à vous, et par là je suis utile à l'empire.» Babouc, après avoir un peu rêvé, le raya[85] de ses tablettes.

Babouc, fort incertain sur ce qu'il devait penser de Persépolis, résolut de voir les mages et les lettrés:[86] car les uns étudient la sagesse, et les autres la religion; et il se flatta que ceux-là obtiendraient grâce pour le reste du peuple. Dès le lendemain matin il se transporta dans un collège de mages.* L'archimandrite[87] lui avoua qu'il avait cent mille écus de rente pour avoir fait vœu de pauvreté, et qu'il exerçait un empire assez étendu en vertu de son vœu d'humilité; après quoi il laissa Babouc entre les mains d'un petit frère, qui lui fit les honneurs.

Tandis que ce frère lui montrait les magnificences de cette maison de pénitence, un bruit se répandit, qu'il était venu pour réformer toutes ces maisons. Aussitôt il reçut des mémoires[88] de chacune d'elles; et les mémoires disaient tous en substance: *Conservez-nous, et détruisez toutes*

---

[81] *mégarde:* inadvertance
[82] *colifichets:* bagatelles; choses frivoles
[83] *négociant:* commerçant; marchand important
[84] *char:* voiture à deux roues
[85] *raya:* effaça
[86] *les lettrés:* les intellectuels et les artistes
[87] *l'archimandrite:* le supérieur de certains monastères grecs
[88] *mémoires:* exposés de faits

les autres. A entendre leurs apologies, ces sociétés étaient toutes nécessaires. A entendre leurs accusations réciproques, elles méritaient toutes d'être anéanties.[89] Il admirait comme il n'y en avait aucune d'elles qui, pour édifier[90] l'univers, ne voulût en avoir l'empire.[91] Alors il se présenta un petit homme qui était un demi-mage,* et qui lui dit: «Je vois bien que l'œuvre va s'accomplir: car Zerdust* est revenu sur la terre; les petites filles prophétisent,* en se faisant donner des coups de pincettes par-devant et le fouet par-derrière. Ainsi nous vous demandons votre protection contre le Grand-Lama.* —Comment! dit Babouc, contre ce pontife-roi qui réside au Thibet? —Contre lui-même. —Vous lui faites donc la guerre, et vous levez contre lui des armées? —Non, mais il dit que l'homme est libre, et nous n'en croyons rien; nous écrivons contre lui de petits livres, qu'il ne lit pas; à peine a-t-il entendu parler de nous; il nous a seulement fait condamner comme un maître ordonne qu'on échenille[92] les arbres de ses jardins.» Babouc frémit[93] de la folie de ces hommes qui faisaient profession[94] de sagesse, des intrigues de ceux qui avaient renoncé au monde, de l'ambition et de la convoitise[95] orgueilleuse de ceux qui enseignaient l'humilité et le désintéressement; il conclut qu'Ituriel avait de bonnes raisons pour détruire toute cette engeance.[96]

Retiré chez lui, il envoya chercher des livres nouveaux pour adoucir son chagrin, et il pria quelques lettrés à dîner pour se réjouir. Il en vint deux fois plus qu'il n'en avait demandé, comme les guêpes que le miel attire. Ces parasites se pressaient de manger et de parler; ils louaient deux sortes de personnes, les morts et eux-mêmes, et jamais leurs contemporains, excepté le maître de la maison. Si quelqu'un d'eux disait un bon mot,[97] les autres baissaient les yeux et se mordaient les

---

[89] *anéanties:* détruites
[90] *édifier:* instruire; porter à la vertu
[91] *en avoir l'empire:* en avoir le contrôle absolu
[92] *échenille:* détruit les nids des chenilles
[93] *frémit:* trembla d'horreur et de crainte
[94] *faisaient profession:* se vantaient
[95] *convoitise:* désir immodéré
[96] *engeance:* race (Ce terme indique le mépris.)
[97] *un bon mot:* quelque chose de spirituel

lèvres de douleur de ne l'avoir pas dit. Ils avaient moins de dissimulation que les mages, parce qu'ils n'avaient pas de si grands objets d'ambition. Chacun d'eux briguait[98] une place de valet et une réputation de grand homme; ils se disaient en face[99] des choses insultantes, qu'ils croyaient des traits d'esprit. Ils avaient eu quelque connaissance de la mission de Babouc. L'un d'eux le pria tout bas d'exterminer un auteur qui ne l'avait pas assez loué il y avait cinq ans. Un autre demanda la perte d'un citoyen qui n'avait jamais ri à ses comédies. Un troisième demanda l'extinction de l'Académie,* parce qu'il n'avait jamais pu parvenir à y être admis. Le repas fini, chacun d'eux s'en alla seul; car il n'y avait pas dans toute la troupe deux hommes qui pussent se souffrir,[1] ni même se parler ailleurs que chez les riches qui les invitaient à leur table. Babouc jugea qu'il n'y aurait pas grand mal quand cette vermine périrait dans la destruction générale.

Dès qu'il se fut défait[2] d'eux, il se mit à lire quelques livres nouveaux. Il y reconnut l'esprit de ses convives.[3] Il vit surtout avec indignation ces gazettes[4] de la médisance, ces archives de mauvais goût, que l'envie, la bassesse et la faim ont dictées; ces lâches satires où l'on ménage[5] le vautour et où l'on déchire la colombe; ces romans dénués[6] d'imagination, où l'on voit tant de portraits de femmes que l'auteur ne connaît pas.

Il jeta au feu tous ces détestables écrits, et sortit pour aller le soir à la promenade. On le présenta à un vieux lettré qui n'était point venu grossir[7] le nombre de ces parasites. Ce lettré fuyait toujours la foule, connaissait les hommes, en faisait usage, et se communiquait avec discrétion. Babouc lui parla avec douleur de ce qu'il avait lu et de ce qu'il avait vu.

---

[98] *briguait:* essayait d'obtenir par intrigue
[99] *en face:* personnellement; d'homme à homme
[1] *se souffrir:* se tolérer
[2] *défait:* débarrassé
[3] *convives:* invités
[4] *gazettes:* journaux
[5] *ménage:* traite avec douceur, avec égards
[6] *dénués de:* sans
[7] *grossir:* augmenter

«Vous avez lu des choses bien méprisables, lui dit le sage lettré; mais dans tous les temps, et dans tous les pays, et dans tous les genres, le mauvais fourmille[8] et le bon est rare. Vous avez reçu chez vous le rebut[9] de la pédanterie, parce que, dans toutes les professions, ce qu'il y a de plus indigne de paraître est toujours ce qui se présente avec le plus d'impudence. Les véritables sages vivent entre eux retirés et tranquilles; il y a encore parmi nous des hommes et des livres dignes de votre attention.» Dans[10] le temps qu'il parlait ainsi un autre lettré les joignit; leurs discours furent si agréables et si instructifs, si élevés au-dessus des préjugés, et si conformes à la vertu, que Babouc avoua n'avoir jamais rien entendu de pareil. «Voilà des hommes, disait-il tout bas, à qui l'ange Ituriel n'osera toucher, ou il sera bien impitoyable.»

Accomodé[11] avec les lettrés, il était toujours en colère contre le reste de la nation. «Vous êtes étranger, lui dit l'homme judicieux qui lui parlait; les abus se présentent à vos yeux en foule,[12] et le bien, qui est caché et qui résulte quelquefois de ces abus mêmes, vous échappe.» Alors il apprit que parmi les lettrés il y en avaient quelques-uns qui n'étaient pas envieux, et que parmi les mages mêmes il y en avait de vertueux. Il conçut à la fin que ces grands corps,[13] qui semblaient en se choquant[14] préparer leurs communes ruines, étaient au fond des institutions salutaires;[15] que chaque société de mages était un frein à ses rivales; que si ces émules[16] différaient dans quelques opinions, ils enseignaient tous la même morale, qu'ils instruisaient le peuple et qu'ils vivaient soumis aux lois, semblables aux précepteurs qui veillent sur[17] le fils de la maison tandis que le maître veille sur eux-mêmes. Il en pratiqua[18] plusieurs, et vit des âmes célestes. Il apprit même que

---

[8] *fourmille:* abonde
[9] *le rebut:* ce qu'il y a de plus vil
[10] *dans:* ICI pendant
[11] *accomodé:* ICI réconcilié
[12] *en foule:* en abondance
[13] *corps:* assemblées
[14] *choquant:* heurtant
[15] *salutaires:* utiles
[16] *émules:* rivaux
[17] *veillent sur:* s'occupent de
[18] *pratiqua:* rechercha la compagnie de

parmi les fous qui prétendaient faire la guerre au Grand-Lama il y avait eu de très grands hommes. Il soupçonna enfin qu'il pourrait bien en être des mœurs de Persépolis comme des édifices, dont les uns lui avaient paru dignes de pitié, et les autres l'avaient ravi en admiration.

Il dit à son lettré: «Je connais très bien que* ces mages que j'avais cru si dangereux sont en effet très utiles, surtout quand un gouvernement sage les empêche de se rendre trop nécessaires; mais vous m'avouerez au moins que vos jeunes magistrats, qui achètent une charge[19] de juge dès qu'ils ont appris à monter à cheval, doivent étaler[20] dans les tribunaux tout ce que l'impertinence a de plus ridicule et tout ce que l'iniquité a de plus pervers; il vaudrait mieux sans doute donner ces places gratuitement à ces vieux jurisconsultes[21] qui ont passé toute leur vie à peser le pour et le contre.»

Le lettré lui répliqua: «Vous avez vu notre armée avant d'arriver à Persépolis; vous savez que nos jeunes officiers se battent très bien, quoiqu'ils aient acheté leurs charges; peut-être verrez-vous que nos jeunes magistrats ne jugent pas mal, quoiqu'ils aient payé pour juger.»

Il le mena le lendemain au grand tribunal, où l'on devait rendre un arrêt[22] important. La cause était connue de tout le monde. Tous ces vieux avocats qui en parlaient étaient flottants[23] dans leurs opinions: ils alléguaient[24] cent lois, dont aucune n'était applicable au fond de la question: ils regardaient l'affaire par cent côtés, dont aucun n'était dans son vrai jour;[25] les juges décidèrent plus vite que les avocats ne doutèrent. Leur jugement fut presque unanime; ils jugèrent bien, parce qu'ils suivaient les lumières de la raison, et les autres avaient opiné[26] mal, parce qu'ils n'avaient consulté que leurs livres.

Babouc conclut qu'il y avait souvent de très bonnes choses dans les abus. Il vit dès le jour même que les richesses des financiers, qui l'avaient

---

[19] *charge:* fonction
[20] *étaler:* montrer avec ostentation
[21] *jurisconsultes:* hommes versés dans la science des lois
[22] *arrêt:* jugement
[23] *flottants:* hésitants
[24] *alléguaient:* prétextaient
[25] *son vrai jour:* sa vraie lumière
[26] *opiné:* donné (leur) avis

tant révolté, pouvaient produire un effet excellent; car, l'empereur ayant eu besoin d'argent, il trouva en une heure, par leur moyen,[27] ce qu'il n'aurait pas eu en six mois par les voies ordinaires; il vit que ces gros nuages, enflés de la rosée de la terre, lui rendaient en pluie ce qu'ils en recevaient. D'ailleurs les enfants de ces hommes nouveaux, souvent mieux élevés que ceux des familles plus anciennes, valaient quelquefois beaucoup mieux; car rien n'empêche qu'on ne soit un bon juge, un brave guerrier, un homme d'Etat habile, quand on a eu un père bon calculateur.

Insensiblement[28] Babouc faisait grâce[29] à l'avidité du financier, qui n'est pas au fond plus avide que les autres hommes, et qui est nécessaire. Il excusait la folie de se ruiner pour juger et pour se battre, folie qui produit de grands magistrats et des héros. Il pardonnait à l'envie des lettrés, parmi lesquels il se trouvait[30] des hommes qui éclairaient le monde; il se réconciliait avec les mages ambitieux et intriguants, chez lesquels il y avait plus de grandes vertus encore que de petits vices; mais il lui restait bien des griefs,[31] et surtout les galanteries des dames, et les désolations qui en devaient être la suite, le remplissaient d'inquiétude et d'effroi.

Comme il voulait pénétrer dans toutes les conditions humaines, il se fit mener chez un ministre; mais il tremblait toujours en chemin que quelque femme ne fût assassinée en sa présence par son mari. Arrivé chez l'homme d'Etat, il resta deux heures dans l'antichambre sans être annoncé, et deux heures encore après l'avoir été. Il se promettait bien, dans cet intervalle, de recommander à l'ange Ituriel et le ministre et ses insolents huissiers.[32] L'antichambre était remplie de dames de tout étage,[33] de mages de toutes couleurs, de juges, de marchands, d'officiers, de pédants; tous se plaignaient du ministre. L'avare et l'usurier disaient:

---

[27] *leur moyen:* leur intermédiaire
[28] *insensiblement:* peu à peu
[29] *faisait grâce:* pardonnait
[30] *il se trouvait:* il y avait
[31] *griefs:* plaintes
[32] *huissiers:* officiers ministériels, ou gardes qui introduisent les visiteurs
[33] *de tout étage:* de toutes les classes sociales

«Sans doute cet homme-là pille les provinces»;[34] le capricieux lui reprochait d'être bizarre; le voluptueux disait: «Il ne songe qu'à ses plaisirs»; l'intrigant se flattait de le voir bientôt perdu par une cabale;[35] les femmes espéraient qu'on leur donnerait bientôt un ministre plus jeune.

Babouc entendait leurs discours; il ne put s'empêcher de dire: «Voilà un homme bien heureux; il a tous ses ennemis dans son antichambre; il écrase de son pouvoir ceux qui l'envient; il voit à ses pieds ceux qui le détestent.» Il entra enfin: il vit un petit vieillard courbé sous le poids des années et des affaires, mais encore vif et plein d'esprit.

Babouc lui plut, et il parut à Babouc un homme estimable. La conversation devint intéressante. Le ministre lui avoua qu'il était un homme très malheureux; qu'il passait pour riche, et qu'il était pauvre; qu'on le croyait tout-puissant, et qu'il était toujours contredit; qu'il n'avait guère obligé que des ingrats, et que, dans un travail continuel de quarante années, il avait eu à peine un moment de consolation. Babouc en fut touché, et pensa que si cet homme avait fait des fautes, et si l'ange Ituriel voulait le punir, il ne fallait pas l'exterminer, mais seulement lui laisser sa place.

Tandis qu'il parlait au ministre entre brusquement la belle dame chez qui Babouc avait dîné. On voyait dans ses yeux et sur son front les symptômes de la douleur et de la colère. Elle éclata en reproches[36] contre l'homme d'Etat; elle versa des larmes; elle se plaignit avec amertume[37] de ce qu'on avait refusé à son mari une place où sa naissance lui permettait d'aspirer, et que ses services et ses blessures méritaient; elle s'exprima avec tant de force, elle mit tant de grâces dans ses plaintes, elle détruisit les objections avec tant d'adresse,[38] elle fit valoir[39] les raisons avec tant d'éloquence, qu'elle ne sortit point de la chambre sans avoir fait la fortune[40] de son mari.

---

[34] *pille les provinces:* s'empare par violence ou fraude des biens des provinces
[35] *cabale:* intrigue
[36] *éclata en reproches:* s'emporta
[37] *amertume:* affliction
[38] *adresse:* finesse; dextérité
[39] *valoir:* ressortir
[40] *fortune:* ICI gloire; succès

Babouc lui donna la main. «Est-il possible, madame, lui dit-il, que vous vous soyez donné toute cette peine pour un homme que vous n'aimez point, et dont vous avez tout à craindre? —Un homme que je n'aime point? s'écria-t-elle. Sachez que mon mari est le meilleur ami que j'aie au monde, qu'il n'y a rien que je ne lui sacrifie, hors[41] mon amant, et qu'il ferait tout pour moi, hors de quitter sa maîtresse. Je veux vous la faire connaître; c'est une femme charmante, pleine d'esprit et du meilleur caractère du monde; nous soupons[42] ensemble ce soir avec mon mari et mon petit mage: venez partager notre joie.»

La dame mena Babouc chez elle. Le mari, qui était enfin arrivé plongé dans la douleur, revit sa femme avec des transports[43] d'allégresse et de reconnaissance; il embrassait tour à tour[44] sa femme, sa maîtresse, le petit mage et Babouc. L'union, la gaieté, l'esprit et les grâces furent l'âme de ce repas. «Apprenez, lui dit la belle dame chez laquelle il soupait, que celles qu'on appelle quelquefois de malhonnêtes femmes ont presque toujours le mérite d'un très honnête homme; et, pour vous en convaincre, venez demain dîner avec moi chez la belle Téone. Il y a quelques vieilles vestales[45] qui la déchirent;[46] mais elle fait plus de bien qu'elles toutes ensemble. Elle ne commettrait pas une légère injustice pour le plus grand intérêt; elle ne donne à son amant que des conseils généreux; elle n'est occupée que de sa gloire; il rougirait devant elle s'il avait laissé échapper une occasion de faire du bien; car rien n'encourage plus aux actions vertueuses que d'avoir pour témoin et pour juge de sa conduite une maîtresse dont on veut mériter l'estime.»

Babouc ne manqua pas au rendez-vous. Il vit une maison où régnaient tous les plaisirs; Téone régnait sur eux; elle savait parler à chacun son langage. Son esprit naturel mettait à son aise celui des autres; elle plaisait sans presque le vouloir; elle était aussi aimable que bienfaisante; et, ce qui augmentait le prix de toutes ses bonnes qualités, elle était belle.

---

[41] *hors:* excepté
[42] *soupons:* dînons (tard)
[43] *transports:* sentiments très vifs
[44] *tour à tour:* l'un après l'autre
[45] *vestales:* filles très chastes (Voltaire emploie le mot d'une façon ironique.)
[46] *déchirent:* ICI tourmentent; diffament

Babouc, tout Scythe et tout envoyé qu'il était d'un génie, s'aperçut que, s'il restait encore à Persépolis, il oublierait Ituriel pour Téone. Il s'affectionnait à la ville, dont le peuple était poli, doux et bienfaisant, quoique léger, médisant et plein de vanité. Il craignait que Persépolis ne fût condamnée; il craignait même le compte qu'il allait rendre.

Voici comment il s'y prit[47] pour rendre ce compte. Il fit faire par le meilleur fondeur[48] de la ville une petite statue composée de tous les métaux, des terres et des pierres les plus précieuses et les plus viles; il la porta à Ituriel: «Casserez-vous, dit-il, cette jolie statue, parce que tout n'y est pas or et diamants?» Ituriel entendit à demi-mot;[49] il résolut de ne pas même songer à corriger Persépolis, et de laisser aller *le monde comme il va*. Car, dit-il, *si tout n'est pas bien, tout est passable.* On laissa donc subsister Persépolis; et Babouc fut bien loin de se plaindre, comme Jonas* qui se fâcha de ce qu'on ne détruisait pas Ninive.* Mais, quand on a été trois jours dans le corps d'une baleine, on n'est pas de si bonne humeur que quand on a été à l'opéra, à la comédie, et qu'on a soupé en bonne compagnie.

---

[47] *il s'y prit:* il fit
[48] *fondeur:* homme qui fond les métaux
[49] *à demi-mot:* sans que Babouc ait besoin de tout expliquer

NOTES EXPLICATIVES

(1) *Ituriel:* nom dérivé de l'Iturée, pays de l'ancienne Asie situé au nord-est de la Palestine.

(3) *Scythe:* habitant de la Scythie. Les Scythes étaient des peuples barbares qui peuplaient l'Europe orientale et l'Asie occidentale.

(4) *Oxus:* ancien nom d'un fleuve de l'Asie.

(6) *Persépolis:* nom grec de Parsa, ancienne capitale de la Perse. Ici, il faut évidemment lire: Paris.

(15) *Senaar:* L'ortographe varie, mais il s'agit d'une ville du Soudan.

(22) *demi-drachme:* La drachme était, dans l'ancienne Grèce, la principale unité de poids et de monnaie.

(28) *lieues:* La lieue était une ancienne mesure itinéraire de valeur variable.

(33) *satrapes:* Satrape était le titre du gouverneur d'une province chez les Perses.

(40) *darique:* monnaie d'or perse frappée par Darius I.

(60) *Sont-ce...:* Cette inversion n'est pas courante en français moderne. Il est préférable de dire: *Est-ce que ce sont...*

(95) *temple:* Il s'agit évidemment d'une église où, selon la coutume, il fallait payer pour obtenir une chaise.

(98) *plaines des Pictaves:* Voltaire fait allusion aux plaines du Poitou.

(115) *le soleil approchait...:* C'est-à-dire qu'il était presque midi.

(122) *les meilleurs rois:* Il s'agit de Henri IV, Louis XIII, et Louis XIV.

(124) *le maître que nous chérissons:* Il s'agit de Louis XV, qui n'avait pas encore de statue.

(126) *une maison immense:* Il s'agit de l'Hôtel des Invalides.

(136) *mage:* Chez les Perses, un prêtre de la religion de Zoroastre. Ici, il faut lire: abbé.

(164) *satrape de loi:* Il faut lire: conseiller au Parlement.

(196) *quarante rois:* Il s'agit des fermiers généraux qui étaient chargés de ramasser les impôts pour le roi.

(201) *machine élevée:* Il s'agit de la chaire, d'où le prêtre prononce son sermon.

(211) *un palais:* Il s'agit d'un théâtre.

(264) *collège de mages:* Il s'agit d'un couvent de moines.

(276) *demi-mage:* Il faut lire: janséniste.

(277) *Zerdust:* C'est le nom grec de Zoroastre.

(278) *les petites filles prophétisent,* etc.: Voltaire fait allusion à une secte religieuse appelée les convulsionnaires.

(280) *le Grand-Lama:* le chef suprême des Boudhistes. Ici, il faut lire: le pape.

(307) *l'Académie:* Il s'agit de l'Académie Française, fondée par Richelieu en 1635.

(357) *Je connais très bien que...:* Nous dirions aujourd'hui: Je sais très bien que...

(482) *Jonas:* prophète biblique qui fut sauvé après avoir passé trois jours dans le ventre d'une baleine.

(482) *Ninive:* ville de l'ancienne Assyrie.

Exercices de grammaire

A. «...de plus que nous **n**'en avons.» (22—23)

Remarquez l'emploi de **ne** *dans cette comparaison, et transformez les phrases ci-dessous d'après l'exemple suivant:*

EXEMPLE: Mon père a trois livres de plus que moi. Mon père a trois livres de plus que je n'en ai.

1. Mon ami a moins d'argent que moi. **2.** Son frère a plus de chance que Jean. **3.** Nous avons moins d'ennuis que nos voisins. **4.** Vous avez plus de possibilités que vos parents. **5.** Il a moins de savoir que le professeur.

B. «Ah! **la vilaine ville que Persépolis.**» (110)

Remarquez cette construction, et transformez les phrases ci-dessous d'après l'exemple suivant:

EXEMPLE: Paris est une belle ville. Ah! la belle ville que Paris.

1. Voici un beau roman. **2.** New York est une grande ville. **3.** Vous dites de très belles choses. **4.** Vous faites une excellente cuisine. **5.** Voici une charmante jeune fille.

C. «**quand même Ituriel n'exterminerait pas**...» (187—188) (SENS: même si Ituriel n'exterminait pas...)

D'après cet exemple, transformez les phrases ci-dessous et complétez-les selon votre imagination:

1. Quand même il ne mangerait pas... **2.** Quand même elle ne viendrait pas... **3.** Quand même nous ne dormirions pas... **4.** Quand même tu partirais... **5.** Quand même ils n'écriraient pas...

D. « **Je manque d'argent.** » (232) (SENS: L'argent me manque.)

D'après cet exemple, transformez les phrases ci-dessous:

1. Je manque de nourriture. **2.** Elle manque de savoir. **3.** Nous manquons de pain. **4.** Vous manquez de politesse. **5.** Tu manques de confiance.

E. « **tout Scythe et tout envoyé qu'il était...** » (469) (SENS: bien qu'il fût Scythe et envoyé...)

D'après cet exemple, transformez les phrases ci-dessous, et complétez-les selon votre imagination:

1. Toute grande, toute belle et toute timide que Jeanne était... **2.** Tout petit et tout mignon que cet animal était... **3.** Tout oublié et tout pauvre qu'il vécut... **4.** Tout consciencieusement et tout régulièrement qu'il étudiait... **5.** Tout beau et tout fier qu'il était...

Questions portant sur le texte

1. Qu'y-a-t-il d'amusant dans l'emploi du mot « département »? (2)
2. Comment vous imaginez-vous Babouc d'après les indications que Voltaire nous donne au début du conte? (9—13)
3. Quel est le don le plus important de Babouc pour sa mission délicate? (10—13)
4. Quelle est l'attitude de Voltaire envers la guerre? (14—64) Dans votre réponse, donnez des exemples précis.
5. Qu'est-ce qui pousse Babouc à faire un cadeau au soldat, bien qu'il n'ait reçu de lui aucun renseignement? (25)
6. Pourquoi Voltaire répète-t-il l'exemple du soldat mercenaire en nous racontant l'épisode du capitaine? (25—34)

7. En quoi consiste l'ironie de ce passage? (35—49) D'après ces lignes définissez l'ironie voltairienne, et trouvez d'autres exemples tout aussi évidents dans la suite du conte.
8. Pourquoi les deux généraux se livrent-ils bataille dès qu'ils croient que la paix sera conclue? (50—52)
9. Quels sont les détails qui nous préparent pour la scène de bataille où les hommes du même camp s'entre-tuent? (53—57)
10. Quelles sont les diverses raisons qui poussent Babouc à s'exclamer que Persépolis sera détruite? (61)
11. Qu'est-ce qui permet à Voltaire de n'écrire que trois lignes sur ce qu'il voit chez les Indiens? (62—64)
12. Pourquoi Voltaire ne s'attarde-t-il pas à nous donner plus de détails sur les actions de générosité? (68—69)
13. Comparez les descriptions de l'après-guerre à des événements historiques qui vous sont connus. (72—77)
14. Etes-vous d'accord, ou non, avec la maxime: «en tout genre les premiers essais sont toujours grossiers?» (85—86) Donnez, si possible, des exemples tirés de l'art, de la littérature, de la musique.
15. Voltaire garde-t-il son ton ironique dans la description du temple? (87—95) Quelle conclusion tirez-vous de votre réponse?
16. Quels sont les détails et le vocabulaire de ce passage qui contribuent à établir une comparaison entre le monde humain et le monde animal? (87—104)
17. Quel effet Voltaire cherche-t-il à produire en incluant dans ce paragraphe: «et qui chantent mieux»? (112—113)
18. Si vous connaissez Paris, ou d'après ce que vous savez sur Paris, identifiez et décrivez les quartiers où Babouc se promène. (117—128)
19. Quel est l'effet produit par le revirement continuel de Babouc? (e.g. 131—133)
20. Voltaire décrit une soirée extrêmement équivoque sans vraiment offenser la pudeur de ses lecteurs. Quels procédés artistiques emploie-t-il? (134—145)

21. Faites ressortir l'humour de Voltaire dans la scène entre la femme du magistrat et son directeur. (140—145)

22. Quel est l'effet produit par le contraste entre les suppositions de Babouc et la réalité? (150—154)

23. L'exagération est un procédé que Voltaire emploie continuellement. A quelle fin le fait-il? Relevez-en plusieurs exemples dans le passage sur les hommes de loi. (157—171)

24. «...jamais ceux qui ont vieilli dans les emplois laborieux et subalternes ne parviennent aux dignités.» (168—169) Etes-vous d'accord avec cette pensée, ou la désapprouvez-vous? Justifiez votre réponse par des exemples.

25. La comparaison entre l'homme de loi et le guerrier est-elle valable? (176—184)

26. Comment notre société contemporaine a-t-elle résolu les abus des fermiers généraux du temps de Voltaire? (190—197)

27. Relevez tous les effets de contraste dans la description du sermon. (198—208) Commentez en particulier la justesse de l'expression: «Il se passionna froidement.» (204)

28. La description que Voltaire nous fait du théâtre vous semble-t-elle juste? (209—225)

29. La naïveté de Babouc au théâtre est-elle bien vraisemblable après ses autres expériences à Persépolis? (219—225)

30. Relevez tous les effets de contraste entre l'apparence et la réalité lors de la visite de Babouc à l'actrice. (226—233)

31. «.. c'est la fantaisie des hommes qui met le prix à ces choses frivoles» (252—253) Discutez l'économie de notre propre société en prenant ces mots comme point de départ.

32. Approuvez-vous l'attitude de Babouc lorsqu'il efface le marchand de ses tablettes? (258—259) Justifiez votre réponse.

33. Faites ressortir une fois de plus l'ironie voltairienne dans la description du collège de mages. (263—269)

34. Voyez-vous un parallèle entre l'attitude exprimée par la pensée: «Conservez-nous, et détruisez toutes les autres», et le système de libre-entreprise? (271—272)

35. Dans quelles lignes du passage sur le collège de mages Voltaire attaque-t-il l'intolérance? (263—286)

36. Comparez point par point le caractère des «lettrés» à celui des «mages» (292—312) et montrez comment la maxime de ces derniers (271—272) s'applique également aux autres.

37. Que pensez-vous de la vie et de la philosophie des sages lettrés? (321—336) Comment aimeriez-vous arranger votre propre vie?

38. Le verbe «fourmiller» est-il bien choisi? (328)

39. La justification des abus que le sage donne à Babouc est-elle valable? (340—354)

40. Connaissez-vous dans notre propre société des institutions qui servent de frein à leurs rivales? (345—348)

41. Que pensez-vous de l'avis du sage lettré concernant les jeunes officiers et les jeunes magistrats? (366—369)

42. Quelle est dans le passage sur l'arrêt du tribunal la phrase qui exprime un des thèmes fondamentaux de ce conte? (370—378)

43. La métaphore des nuages est-elle bien juste? (383—385) Expliquez-en le sens dans ce contexte.

44. Comment expliquez-vous que «les galanteries des dames» inquiètent davantage Babouc que la plupart des autres abus? (390—399)

45. Les griefs des visiteurs dans l'antichambre de l'homme d'Etat sont-ils bien observés? (406—413) Que reflètent-ils?

46. Comment Voltaire s'y prend-il pour tracer le portrait de l'homme d'Etat? (406—424) Dans quels autres passages trouvez-vous les mêmes procédés?

47. Quels moyens Voltaire emploie-t-il pour rendre si dramatique la petite scène de la belle dame et de l'homme d'Etat? (428—437)

48. Connaissant Babouc, est-il bien vraisemblable que l'attitude de la belle dame dissipe ses dernières objections sur Persépolis? (438—451)

49. Si vous connaissez des Parisiens, trouvez-vous le jugement de Babouc exact? (469—472)

50. Quel effet Voltaire cherche-t-il à produire par les deux dernières phrases de son conte? (481—485)

Questions générales portant sur le texte

1. Babouc est-il en tous points le porte-parole de Voltaire? Justifiez votre réponse en comparant le caractère et les attitudes de Babouc à ce que vous savez sur l'œuvre et la vie de Voltaire.
2. Connaissez-vous des exemples historiques de: «petites causes, grands effets»?
3. Relevez plusieurs griefs précis de Voltaire et montrez quels remèdes la société contemporaine y a apporté.
4. Quelle différence y a-t-il entre l'ironie et l'humour? Trouvez dans le conte des exemples pour illustrer vos définitions.
5. Si vous avez suffisamment de détails sur la vie de Voltaire, relevez les éléments autobiographiques dans le passage sur les lettrés. (292—319)

Sujets de devoirs

1. Sous forme de débat (le pour et le contre), discutez l'attitude des soldats mercenaires.
2. Choisissez un aspect de notre société qui vous intéresse particulièrement, et décrivez-le en imitant la technique de Voltaire dans le passage sur le théâtre. (209—225)
3. Tracez plusieurs portraits en imitant la technique de Voltaire dans le passage sur Téone. (463—468)
4. Voltaire nous conseille-t-il la résignation et la médiocrité? Quelle morale pouvons-nous tirer de ce conte philosophique?

ANATOLE FRANCE

Anatole France, de son vrai nom Anatole Thibault, naquit à Paris en 1844. Fils d'un libraire, il se lança dans la poésie après d'excellentes études. Il fut nommé bibliothécaire du Sénat et publia de nombreux poèmes. Après plusieurs années comme critique du *Temps*, il publia en 1881 *Le Crime de Sylvestre Bonnard*. Ce roman qui connut un grand succès lui montra sa voie, et désormais Anatole France ne fit plus que de la prose. En 1897, il fit paraître les deux premiers volumes de *l'Histoire Contemporaine*, *L'Orme du Mail* et *Le Mannequin d'Osier*. L'année 1897 marque également un tournant décisif dans sa vie. Passionné par l'affaire Dreyfus, il lutta aux côtés d'Emile Zola pour le triomphe de la justice. (Le capitaine Dreyfus avait été accusé injustement de trahison. Son procès et la condamnation qui s'ensuivit firent scandale et divisèrent la France tout entière en deux camps : les dreyfusards, ou ceux qui jugèrent que l'honneur d'un seul individu est plus important que la raison d'Etat, et que la justice doit triompher même aux dépens de la raison d'Etat ; et les antidreyfusards qui n'avaient pas de scrupules à sacrifier un individu à la nécessité politique.) Après cette date, l'œuvre d'Anatole France s'orienta de plus en plus vers les luttes sociales et politiques : *Crainquebille* (1902), *L'Ile des Pingouins* (1908), *Les Dieux ont soif* (1912). Anatole France est mort en 1924, trois ans après avoir reçu le prix Nobel de littérature.

L'histoire de Crainquebille est étroitement liée à l'affaire Dreyfus. Le marchand est accusé d'un délit qu'il n'a pas commis, et jeté en prison malgré ses protestations et le témoignage d'un homme respectable. Relâché, sa vie est ruinée, et il termine ses jours lamentablement, victime d'un travestissement de la justice. L'intransigeance de l'agent de police qui l'arrête reflète celle de l'armée durant l'affaire Dreyfus, et le "savant suspect" représente tous les intellectuels comme Zola, Clemenceau, Mirbeau, Jaurès, et l'auteur lui-même, qui avaient pris la défense du capitaine Dreyfus.

A consulter : Jacques Suffel, *Anatole France*, Paris, 1946.

Crainquebille

I

La majesté de la justice réside tout[1] entière dans chaque sentence[2] rendue par le juge au nom du peuple souverain. Jérôme Crainquebille, marchand ambulant,[3] connut combien la loi est auguste, quand il fut traduit[4] en police correctionnelle[5] pour outrage[6] à un agent de la force publique. Ayant pris place, dans la salle magnifique et sombre, sur le banc des accusés, il vit les juges, les greffiers,[7] les avocats en robe, l'huissier[8] portant la chaîne, les gendarmes et, derrière une cloison,[9] les têtes nues des spectateurs silencieux. Et il se vit lui-même assis sur un siège[10] élevé, comme si de paraître devant des magistrats l'accusé lui-même en recevait un funeste[11] honneur. Au fond de la salle, entre les deux assesseurs,[12] M. le président Bourriche siégeait.[13] Les palmes d'officier d'académie* étaient attachées sur sa poitrine. Un buste de la République* et un Christ en croix surmontaient[14] le prétoire,[15] en sorte que toutes les lois divines et humaines étaient suspendues sur la tête de Crainquebille. Il en conçut une juste[16] terreur. N'ayant point l'esprit philosophique, il ne se demanda pas ce que voulaient dire ce buste et ce crucifix et il ne rechercha pas si Jésus et Marianne, au Palais,*

---

[1] *tout entière:* «tout» est adverbe et invariable quand il signifie «entièrement» ou «tout à fait»
[2] *sentence:* jugement
[3] *ambulant:* qui va d'un lieu à l'autre
[4] *traduit:* cité; livré pour être jugé
[5] *police correctionnelle:* tribunal qui s'occupe des délits
[6] *outrage:* insulte. ICI délit qui consiste à mettre en cause l'honneur d'un agent de police
[7] *greffiers:* secrétaires d'un tribunal
[8] *huissier:* officier qui aide les magistrats (La chaîne est un symbole de son état)
[9] *cloison:* séparation
[10] *siège:* chaise ou tout autre meuble qui sert à la même fonction
[11] *funeste:* triste; fatal
[12] *assesseurs:* juges adjoints (Trois juges siègent.)
[13] *siégeait:* ICI présidait
[14] *surmontaient:* étaient placés au-dessus
[15] *prétoire:* tribunal
[16] *juste:* ICI légitime

s'accordaient[17] ensemble. C'était pourtant matière à réflexion, car enfin la doctrine pontificale[18] et le droit canon[19] sont opposés, sur bien des points, à la Constitution de la République et au Code civil.* Les Décrétales[20] n'ont point été abolies, qu'on sache.[21] L'Église du Christ enseigne comme autrefois que seuls sont légitimes les pouvoirs auxquels elle a donné l'investiture.[22] Or la République française prétend encore ne pas relever[23] de la puissance pontificale. Crainquebille pouvait dire avec quelque raison:

«Messieurs les juges, le Président Loubet* n'étant pas oint,[24] ce Christ, pendu sur vos têtes, vous récuse[25] par l'organe[26] des Conciles et des Papes. Ou il est ici pour vous rappeler les droits de l'Église, qui infirment[27] les vôtres, ou sa présence n'a aucune signification raisonnable.»

A quoi le président Bourriche aurait peut-être répondu:

«Inculpé[28] Crainquebille, les rois de France ont toujours éte brouillés[29] avec le Pape. Guillaume de Nogaret* fut excommunié et ne se démit pas de[30] ses charges pour si peu. Le Christ du prétoire n'est pas le Christ de Grégoire VII et de Boniface VIII.* C'est, si vous voulez, le Christ de l'Évangile,[31] qui ne savait pas un mot de droit canon et n'avait jamais entendu parler des sacrées Décrétales.»

Alors il était loisible[32] à Crainquebille de répondre:

«Le Christ de l'Évangile était un bousingot.[33] De plus, il subit[34]

---

[17] *s'accordaient:* étaient d'accord l'un avec l'autre
[18] *doctrine pontificale:* ensemble des dogmes énoncés par le pape
[19] *droit canon:* droit ecclésiastique
[20] *Décrétales:* lettres des anciens papes qui règlaient certains points en litige
[21] *qu'on sache:* d'après ce que nous savons
[22] *l'investiture:* la mise en possession d'un pouvoir
[23] *relever:* dépendre
[24] *oint:* consacré avec les saintes huiles
[25] *vous récuse:* refuse de reconnaître votre légitimité
[26] *par l'organe:* par l'entremise; par l'instrument
[27] *infirment:* déclarent nuls
[28] *inculpé:* accusé
[29] *brouillés:* en désaccord
[30] *ne se démit pas de:* ICI n'abandonna pas
[31] *l'Évangile:* livre qui contient la doctrine du Christ
[32] *loisible:* permis
[33] *bousingot:* nom donné après la Révolution de 1830 à des jeunes gens qui affichaient des opinions très démocratiques
[34] *il subit:* il fut victime de

une condamnation que, depuis dix-neuf cents ans, tous les peuples chrétiens considèrent comme une grave erreur judiciaire. Je vous défie[35] bien, monsieur le président, de me condamner, en son nom, seulement à quarante-huit heures de prison.»

Mais Crainquebille ne se livrait à[36] aucune considération historique, politique ou sociale. Il demeurait dans l'étonnement.[37] L'appareil[38] dont il était environné[39] lui faisait concevoir une haute idée de la justice. Pénétré de respect, submergé d'épouvante,[40] il était prêt à s'en rapporter aux[41] juges sur sa propre culpabilité. Dans sa conscience, il ne se croyait pas criminel; mais il sentait combien c'est peu que la conscience d'un marchand de légumes devant les symboles de la loi et les ministres de la vindicte[42] sociale. Déjà son avocat l'avait à demi persuadé qu'il n'était pas innocent.

Une instruction[43] sommaire[44] et rapide avait relevé les charges qui pesaient sur lui.

II

L'aventure de Crainquebille

Jérôme Crainquebille, marchand des quatre-saisons,[45] allait par la ville, poussant sa petite voiture en criant: «*Des choux, des navets, des carottes!*» Et, quand il avait des poireaux, il criait: «*Bottes d'asperges!*»[46] parce que les poireaux sont les asperges du pauvre. Or,[47] le 20 octobre,

---

[35] *je vous défie:* je ne vous crois pas capable
[36] *ne se livrait à:* ne s'abandonnait à
[37] *l'étonnement:* la surprise
[38] *l'appareil:* ICI l'assemblage des intruments de la justice
[39] *environné:* entouré
[40] *épouvante:* peur
[41] *s'en rapporter aux:* faire confiance aux
[42] *vindicte:* poursuite des crimes
[43] *instruction:* procédure qui met une affaire en état d'être jugée
[44] *sommaire:* courte
[45] *marchand des quatre-saisons:* marchand qui vend des fruits et des légumes dans une charrette, dans les rues (Il exerce son métier toute l'année, d'où son nom.)
[46] *bottes d'asperges:* plusieurs asperges liées ensemble
[47] *or:* conjonction dont on se sert pour reprendre un sujet qui a déjà été mentionné

à l'heure de midi, comme il descendait la rue Montmartre, madame Bayard, la cordonnière,[48] sortit de sa boutique[49] et s'approcha de la voiture légumière.[50] Soulevant dédaigneusement[51] une botte de poireaux:

«Ils ne sont guère beaux, vos poireaux. Combien la botte?

—Quinze sous, la bourgeoise.* Y a pas meilleur.[52]

—Quinze sous, trois mauvais poireaux?»

Et elle rejeta la botte dans la charrette, avec un geste de dégoût.

C'est alors que l'agent 64 survint[53] et dit à Crainquebille: «Circulez!»[54]

Crainquebille, depuis cinquante ans, circulait du matin au soir. Un tel ordre, lui sembla légitime et conforme à la nature des choses. Tout disposé à y obéir, il pressa[55] la bourgeoise de prendre ce qui était à sa convenance.[56]

«Faut encore[57] que je choisisse la marchandise», répondit aigrement[58] la cordonnière.

Et elle tâta[59] de nouveau toutes les bottes de poireaux, puis elle garda celle qui lui parut la plus belle et elle la tint contre son sein[60] comme les saintes, dans les tableaux d'église, pressent sur leur poitrine la palme triomphale.[61]

«Je vas[62] vous donner quatorze sous. C'est bien assez. Et encore il faut que j'aille les chercher dans la boutique, parce que je ne les ai pas sur moi.»

---

[48] *cordonnière:* femme qui répare des chaussures
[49] *boutique:* magasin
[50] *légumière:* qui porte des légumes
[51] *dédaigneusement:* avec mépris; avec condescendance
[52] *y a pas meilleur:* LANGAGE POPULAIRE (incorrect grammaticalement) il n'y en a pas de meilleur
[53] *survint:* apparut brusquement
[54] *circulez:* allez ailleurs; déplacez-vous
[55] *il pressa:* il encouragea (la femme) à se dépêcher
[56] *ce qui était à sa convenance:* ce qui lui plaisait; ce qui faisait son affaire
[57] *faut encore:* LANGAGE POPULAIRE (incorrect grammaticalement) il faut encore
[58] *aigrement:* avec animosité
[59] *tâta:* toucha
[60] *son sein:* sa poitrine
[61] *la palme triomphale:* la palme des martyrs
[62] *je vas:* LANGAGE POPULAIRE (incorrect grammaticalement) je vais

Et, tenant ses poireaux embrassés, elle rentra dans la cordonnerie où une cliente, portant un enfant, l'avait précédée.

A ce moment l'agent 64 dit pour la deuxième fois à Crainquebille: «Circulez!

—J'attends mon argent, répondit Crainquebille.

—Je ne vous dis pas d'attendre votre argent; je vous dis de circuler», reprit l'agent avec fermeté.[63]

Cependant la cordonnière, dans sa boutique, essayait des souliers bleus à un enfant de dix-huit mois dont la mère était pressée. Et les têtes vertes des poireaux reposaient sur le comptoir.[64]

Depuis un demi-siècle qu'il poussait sa voiture dans les rues, Crainquebille avait appris à obéir aux représentants de l'autorité. Mais il se trouvait cette fois dans une situation particulière, entre un devoir et un droit. Il n'avait pas l'esprit juridique.[65] Il ne comprit pas que la jouissance[66] d'un droit individuel ne le dispensait pas d'accomplir un devoir social. Il considéra trop son droit qui était de recevoir quatorze sous, et il ne s'attacha pas[67] assez à son devoir qui était de pousser sa voiture et d'aller plus avant et toujours plus avant. Il demeura.

Pour la troisième fois, l'agent 64, tranquille et sans colère, lui donna l'ordre de circuler. Contrairement à la coutume du brigadier Montauciel, qui menace sans cesse et ne sévit[68] jamais, l'agent 64 est sobre[69] d'avertissements et prompt à verbaliser.[70] Tel est son caractère. Bien qu'un peu sournois,[71] c'est un excellent serviteur et un loyal soldat. Le courage d'un lion et la douceur d'un enfant. Il ne connaît que sa consigne.[72]

«Vous n'entendez donc pas, quand je vous dis de circuler!»

Crainquebille avait de rester en place une raison trop considérable

---

[63] *fermeté:* autorité
[64] *comptoir:* grande table que l'on trouve dans les magasins
[65] *juridique:* qui a rapport à la justice
[66] *jouissance:* libre usage
[67] *il ne s'attacha pas:* ICI il ne s'appliqua pas
[68] *sévit:* punit
[69] *sobre:* modéré
[70] *verbaliser:* dresser un procès-verbal
[71] *sournois:* dissimulé
[72] *consigne:* instruction formelle

à ses yeux pour qu'il ne la crût pas suffisante. Il l'exposa simplement et sans art:

«Nom de nom![73] puisque je vous dis que j'attends mon argent!»

L'agent 64 se contenta de répondre:

«Voulez-vous que je vous f...[74] une contravention?[75] Si vous le voulez, vous n'avez qu'à le dire.»

En entendant ces paroles, Crainquebille haussa[76] lentement les épaules et coula[77] sur l'agent un regard douloureux[78] qu'il éleva ensuite vers le ciel. Et ce regard disait:

«Que Dieu me voie! Suis-je un contempteur[79] des lois? Est-ce que je me ris[80] des décrets[81] et des ordonnances qui régissent[82] mon état ambulatoire?[83] A cinq heures du matin, j'étais sur le carreau[84] des Halles.* Depuis sept heures, je me brûle les mains à mes brancards[85] en criant: *Des choux, des navets, des carottes!* J'ai soixante ans sonnés.[86] Je suis las.[87] Et vous me demandez si je lève le drapeau noir de la révolte. Vous vous moquez et votre raillerie[88] est cruelle.»

Soit que l'expression de ce regard lui eût échappé, soit qu'il n'y trouvât pas une excuse à la désobéissance, l'agent demanda d'une voix brève et rude si c'était compris.

Or, en ce moment précis, l'embarras[89] des voitures était extrême

---

[73] *nom de nom:* une forme de juron
[74] *que je vous f...:* les points de suspension indiquent qu'il s'agit d'un verbe très vulgaire: *foutre*
[75] *contravention:* amende
[76] *haussa:* leva
[77] *coula:* ICI jeta
[78] *douloureux:* triste
[79] *contempteur:* personne qui méprise
[80] *je me ris:* je me moque
[81] *décrets:* décisions des autorités; lois
[82] *régissent:* règlementent
[83] *ambulatoire:* qui n'a pas de siège fixe
[84] *carreau:* pavé
[85] *brancards:* bras de la charrette
[86] *sonnés:* EXPRESSION POPULAIRE: accomplis; révolus
[87] *las:* fatigué
[88] *raillerie:* moquerie
[89] *embarras:* encombrement

dans la rue Montmartre. Les fiacres, les haquets, les tapissières, les omnibus, les camions,[90] pressés les uns contre les autres, semblaient indissolublement joints et assemblés. Et sur leur immobilité frémissante[91] s'élevaient des jurons[92] et des cris. Les cochers[93] de fiacre échangeaient de loin, et lentement, avec les garçons bouchers des injures[94] héroïques, et les conducteurs d'omnibus, considérant Crainquebille comme la cause de l'embarras, l'appelaient «sale poireau.»

Cependant, sur le trottoir, des curieux se pressaient,[95] attentifs à la querelle. Et l'agent, se voyant observé, ne songea plus qu'à faire montre de[96] son autorité.

«C'est bon», dit-il.

Et il tira de sa poche un calepin[97] crasseux[98] et un crayon très court.

Crainquebille suivait son idée et obéissait à une force intérieure. D'ailleurs il lui était impossible maintenant d'avancer ou de reculer. La roue de sa charrette était malheureusement prise dans la roue d'une voiture de laitier.

Il s'écria, en s'arrachant les cheveux sous sa casquette.[99]

«Mais, puisque je vous dis que j'attends mon argent! C'est-il pas malheureux![1] Misère de misère! Bon sang de bon sang!»[2]

Par ces propos, qui pourtant exprimaient moins la révolte que le désespoir, l'agent 64 se crut insulté. Et comme, pour lui, toute insulte revêtait[3] nécessairement la forme traditionnelle, régulière, consacrée,

---

[90] *fiacres, haquets, tapissières, omnibus, camions:* diverses sortes de voitures pour passagers et pour marchandises
[91] *frémissante:* agitée
[92] *jurons:* blasphèmes; interjections grossières
[93] *cochers:* conducteurs (de voitures à chevaux)
[94] *injures:* insultes
[95] *se pressaient:* venaient en grand nombre
[96] *faire montre de:* faire voir; affirmer
[97] *calepin:* petit carnet (pour prendre des notes)
[98] *crasseux:* très sale
[99] *casquette:* espèce de chapeau à visière
[1] *c'est-il pas malheureux:* LANGAGE POPULAIRE (incorrect grammaticalement) Est-ce que ce n'est pas malheureux
[2] *Misère de misère; bon sang de bon sang:* jurons relativement atténués
[3] *revêtait:* prenait l'apparence de

rituelle et pour ainsi dire liturgique[4] de «Mort aux vaches!»[5] c'est sous cette forme que spontanément il recueillit et concréta[6] dans son oreille les paroles du délinquant.

«Ah? vous avez dit: «Mort aux vaches!» C'est bon. Suivez-moi.»

Crainquebille, dans l'excès de la stupeur et de la détresse, regardait avec ses gros yeux brûlés du soleil l'agent 64, et de sa voix cassée, qui lui sortait tantôt de dessus la tête et tantôt de dessous les talons,[7] s'écriait, les bras croisés sur sa blouse bleue:

«J'ai dit: «Mort aux vaches?» Moi?... Oh!»

Cette arrestation fut accueillie[8] par les rires des employés de commerce et des petits garçons. Elle contentait le goût que toutes les foules d'hommes éprouvent pour les spectacles ignobles et violents. Mais, s'étant frayé[9] un passage à travers le cercle populaire,[10] un vieillard très triste, vêtu de noir et coiffé d'un chapeau de haute forme,[11] s'approcha de l'agent et lui dit très doucement et très fermement, à voix basse:

«Vous vous êtes mépris.[12] Cet homme ne vous a pas insulté.

—Mêlez-vous de ce qui vous regarde,[13]» lui répondit l'agent, sans proférer[14] de menaces, car il parlait à un homme proprement mis.[15]

Le vieillard insista avec beaucoup de calme et de ténacité. Et l'agent lui intima[16] l'ordre de s'expliquer chez le commissaire.[17]

Cependant Crainquebille s'écriait:

«Alors! que j'ai dit: «Mort aux vaches!» Oh!...»

---

[4] *liturgique:* qui a rapport aux cérémonies religieuses
[5] *mort aux vaches:* grave insulte, souvent proférée contre les agents de police
[6] *concréta:* rendit concret
[7] *talons:* parties postérieures des pieds; parties des souliers et bas
[8] *accueillie:* reçue
[9] *frayé:* tracé
[10] *populaire:* ICI de gens
[11] *chapeau de haute forme:* chapeau très élégant qui indique souvent un personnage riche ou considérable
[12] *vous vous êtes mépris:* vous vous êtes trompé; vous avez tort
[13] *mêlez-vous de ce qui vous regarde:* occupez-vous de vos propres affaires
[14] *proférer:* prononcer
[15] *mis:* habillé
[16] *intima:* signifia (avec autorité)
[17] *commissaire:* magistrat chargé de la sécurité publique d'un quartier

Il prononçait ces paroles étonnées quand madame Bayard, la cordonnière, vint à lui, les quatorze sous dans la main. Mais déjà l'agent 64 le tenait au collet,[18] et madame Bayard, pensant qu'on ne devait rien à un homme conduit au poste,[19] mit les quatorze sous dans la poche de son tablier.

Et, voyant tout à coup sa voiture en fourrière,[20] sa liberté perdue, l'abîme[21] sous ses pas et le soleil éteint, Crainquebille murmura:

«Tout de même!...»

Devant le commissaire, le vieillard déclara que, arrêté sur son chemin par un embarras de voitures, il avait été témoin de la scène et qu'il affirmait que l'agent n'avait pas été insulté, et qu'il s'était totalement mépris. Il donna ses nom et qualités:[22] docteur David Matthieu, médecin en chef de l'hôpital Ambroise-Paré, officier de la Légion d'honneur.* En d'autres temps, un tel témoignage aurait suffisamment éclairé[23] le commissaire. Mais alors, en France, les savants étaient suspects.*

Crainquebille, dont l'arrestation fut maintenue,[24] passa la nuit au violon[25] et fut transféré, le matin, dans le panier à salade,[26] au Dépôt.*

La prison ne lui parut ni douloureuse, ni humiliante. Elle lui parut nécessaire. Ce qui le frappa en y entrant, ce fut la propreté des murs et du carrelage. Il dit:

«Pour un endroit propre, c'est un endroit propre. Vrai de vrai![27] On mangerait par terre.»

Laissé seul, il voulut tirer son escabeau;[28] mais il s'aperçut qu'il était scellé[29] au mur. Il en exprima tout haut sa surprise:

---

[18] *collet:* partie du vêtement qui entoure le cou
[19] *poste:* bureau de police
[20] *en fourrière:* saisie et mise au dépôt
[21] *l'abîme:* le gouffre
[22] *qualités:* ICI attributs
[23] *éclairé:* instruit
[24] *maintenue:* réaffirmée
[25] *au violon:* ARGOT en prison
[26] *panier à salade:* TERME D'ARGOT voiture cellulaire employée pour transporter les prisonniers
[27] *vrai de vrai:* LANGAGE POPULAIRE vraiment
[28] *escabeau:* siège de bois sans bras ni dossier
[29] *scellé:* fixé; attaché

«Quelle drôle d'idée! Voilà une chose que j'aurais pas[30] inventée, pour sûr.»

S'étant assis, il tourna ses pouces[31] et demeura dans l'étonnement. Le silence et la solitude l'accablaient.[32] Il s'ennuyait et il pensait avec inquiétude à sa voiture mise en fourrière encore toute chargée de choux, de carottes, de céleri, de mâche et de pissenlit.[33] Et il se demandait anxieux:

«Où qu'ils m'ont[34] étouffé[35] ma voiture?»

Le troisième jour, il reçut la visite de son avocat, maître Lemerle,* un des plus jeunes membres du barreau[36] de Paris, président d'une des sections de la «Ligue de la Patrie française.«*

Crainquebille essaya de lui conter son affaire, ce qui ne lui était pas facile, car il n'avait pas l'habitude de la parole. Peut-être s'en serait-il tiré pourtant, avec un peu d'aide. Mais son avocat secouait la tête d'un air méfiant[37] à tout ce qu'il disait, et, feuilletant[38] des papiers murmurait:

«Hum! Hum! je ne vois rien de tout cela au dossier...»

Puis, avec un peu de fatigue, il dit en frisant[39] sa moustache blonde:

«Dans votre intérêt, il serait peut-être préférable d'avouer.[40] Pour ma part j'estime que votre système de dénégations absolues est d'une insigne[41] maladresse.[42]»

Et dès lors Crainquebille eût fait des aveux s'il avait su ce qu'il fallait avouer.

---

[30] *que j'aurais pas:* LANGAGE POPULAIRE (incorrect grammaticalement) que je n'aurais pas

[31] *il tourna ses pouces:* Expression pour indiquer que l'on n'a rien à faire, que l'on est désœuvré

[32] *l'accablaient:* l'écrasaient

[33] *mâche, pissenlit:* plantes potagères mangées en salade

[34] *où qu'ils m'ont:* LANGAGE POPULAIRE (incorrect grammaticalement) où est-ce qu'ils ont

[35] *étouffé:* caché

[36] *barreau:* l'ordre des avocats (Le barreau est le banc réservé aux avocats.)

[37] *méfiant:* caractérisé par un manque de confiance

[38] *feuilletant:* tournant les feuilles

[39] *frisant:* tortillant; mettant en boucles

[40] *avouer:* confesser

[41] *insigne:* remarquable

[42] *maladresse:* manque d'habileté; manque d'intelligence

III

Crainquebille devant la justice

Le président Bourriche consacra six minutes pleines à l'interrogatoire de Crainquebille. Cet interrogatoire aurait apporté plus de lumière si l'accusé avait répondu aux questions qui lui étaient posées. Mais Crainquebille n'avait pas l'habitude de la discussion, et dans une telle compagnie le respect et l'effroi[43] lui fermaient la bouche. Aussi gardait-il le silence, et le président faisait lui-même les réponses; elles étaient accablantes. Il conclut:

«Enfin, vous reconnaissez avoir dit: «Mort aux vaches!»

—J'ai dit: «Mort aux vaches!» parce que monsieur l'agent a dit: «Mort aux vaches!» Alors j'ai dit: «Mort aux vaches!»

Il voulait faire entendre qu'étonné par l'imputation[44] la plus imprévue,[45] il avait, dans sa stupeur, répété les paroles étranges qu'on lui prêtait[46] faussement et qu'il n'avait certes point prononcées. Il avait dit: «Mort aux vaches!» comme il eût dit: «Moi! tenir des propos injurieux,[47] l'avez-vous pu croire?»

M. le Président Bourriche ne le prit pas ainsi.

«Prétendez-vous, dit-il, que l'agent a proféré ce cri le premier?»

Crainquebille renonça à s'expliquer. C'était trop difficile. «Vous n'insistez pas. Vous avez raison», dit le président.

Et il fit appeler les témoins.

L'agent 64, de son nom Bastien Matra, jura de dire la vérité et de ne rien dire que la vérité. Puis il déposa[48] en ces termes.

«Etant de service le 21 octobre, à l'heure de midi, je remarquai, dans la rue Montmartre, un individu qui me sembla être un vendeur ambulant et qui tenait sa charrette indûment[49] arrêtée à la hauteur

---

[43] *l'effroi:* la peur
[44] *l'imputation:* l'accusation
[45] *imprévue:* inattendue
[46] *qu'on lui prêtait:* qu'on lui attribuait
[47] *injurieux:* offensants
[48] *déposa:* donna son témoignage
[49] *indûment:* contrairement à la règle

du[50] numéro 328, ce qui occasionnait[51] un encombrement[52] de voitures. Je lui intimai[53] par trois fois l'ordre de circuler, auquel il refusa d'obtempérer.[54] Et sur ce que je l'avertis que j'allais verbaliser, il me répondit en criant: «Mort aux vaches!» ce qui me sembla être injurieux.»

Cette déposition,[55] ferme et mesurée, fut écoutée avec une évidente faveur par le Tribunal. La défense avait cité[56] madame Bayard, cordonnière, et M. David Matthieu, médecin en chef de l'hôpital Ambroise-Paré, officier de la Légion d'honneur. Madame Bayard n'avait rien vu ni entendu. Le docteur Matthieu se trouvait dans la foule assemblée autour de l'agent qui sommait[57] le marchand de circuler. Sa déposition amena un incident.

«J'ai été témoin de la scène, dit-il. J'ai remarqué que l'agent s'était mépris: il n'avait pas été insulté. Je m'approchai et lui en fis l'observation. L'agent maintint[58] le marchand en état d'arrestation et m'invita à le suivre au commissariat. Ce que je fis. Je réitérai[59] ma déclaration devant le commissaire.

—Vous pouvez vous asseoir, dit le président. Huissier, rappelez le témoin Matra. —Matra, quand vous avez procédé à l'arrestation de l'accusé, monsieur le docteur Matthieu ne vous a-t-il pas fait observer que vous vous mépreniez?

—C'est-à-dire, monsieur le président, qu'il m'a insulté.

—Que vous a-t-il dit?

—Il m'a dit: «Mort aux vaches!»

Une rumeur et des rires s'élevèrent dans l'auditoire.[60]

«Vous pouvez vous retirer», dit le président avec précipitation.

---

[50] *à la hauteur du:* au même niveau que; devant le
[51] *occasionnait:* causait
[52] *encombrement:* embarras; embouteillage
[53] *je lui intimai:* je lui donnai avec autorité
[54] *obtempérer:* obéir
[55] *déposition:* déclaration d'un témoin
[56] *cité:* assigné en justice
[57] *sommait:* ordonnait à
[58] *maintint:* garda
[59] *je réitérai:* je répétai
[60] *auditoire:* ensemble de personnes qui écoutent le procès

Et il avertit le public que, si ces manifestations indécentes se reproduisaient, il ferait évacuer la salle. Cependant la défense agitait triomphalement les manches de sa robe,* et l'on pensait en ce moment que Crainquebille serait acquitté.

Le calme s'étant rétabli, maître Lemerle se leva. Il commença sa plaidoirie[61] par l'éloge[62] des agents de la Préfecture,* «ces modestes serviteurs de la société, qui, moyennant[63] un salaire dérisoire,[64] endurent des fatigues et affrontent des périls incessants, et qui pratiquent l'héroïsme quotidien.[65] Ce sont d'anciens soldats, et qui restent soldats. Soldats, ce mot dit tout...»

Et maître Lemerle s'éleva, sans effort, à des considérations très hautes sur les vertus militaires. Il était de ceux, dit-il, «qui ne permettent pas qu'on touche à l'armée, à cette armée nationale à laquelle il était fier d'appartenir.[66]»

Le président inclina la tête.

Maître Lemerle, en effet, était lieutenant dans la réserve. Il était aussi candidat nationaliste* dans le quartier des Vieilles-Haudriettes.*

Il poursuivit:[67]

«Non certes, je ne méconnais pas[68] les services modestes et précieux que rendent journellement les gardiens de la paix à la vaillante[69] population de Paris. Et je n'aurais pas consenti à vous présenter, messieurs, la défense de Crainquebille si j'avais vu en lui l'insulteur d'un ancien soldat. On accuse mon client d'avoir dit: «Mort aux vaches!» Le sens de cette phrase n'est pas douteux.[70] Si vous feuilletez le *Dictionnaire de la langue verte,*[71] vous y lirez «*Vachard,* paresseux, fainéant;[72] qui s'étend paresseusement comme une vache, au lieu de

---

[61] *plaidoirie:* ICI défense
[62] *l'éloge:* les louanges
[63] *moyennant:* au moyen de; avec
[64] *dérisoire:* insignifiant; ridicule
[65] *quotidien:* de tous les jours
[66] *à laquelle il était fier d'appartenir:* dont il était fier d'être un membre
[67] *il poursuivit:* il continua
[68] *je ne méconnais pas:* je ne suis pas sans connaître; je ne manque pas d'apprécier
[69] *vaillante:* courageuse
[70] *douteux:* incertain
[71] *langue verte:* argot; langage populaire
[72] *fainéant:* synonyme de paresseux

travailler. —*Vache,* qui se vend à la police; mouchard.»[73] *Mort aux vaches!* se dit dans un certain monde. Mais toute la question est celle-ci: Comment Crainquebille, l'a-t-il dit? Et même, l'a-t-il dit? Permettez-moi, messieurs, d'en douter.

«Je ne soupçonne l'agent Matra d'aucune mauvaise pensée. Mais il accomplit, comme nous l'avons dit, une tâche pénible.[74] Il est parfois fatigué, excédé,[75] surmené.[76] Dans ces conditions il peut avoir été la victime d'une sorte d'hallucination de l'ouïe.[77] Et, quand il vient vous dire, messieurs, que le docteur David Matthieu, officier de la Légion d'honneur, médecin en chef de l'hôpital Ambroise-Paré, un prince de la science et un homme du monde, a crié: «Mort aux vaches!» nous sommes bien forcés de reconnaître que Matra est en proie à[78] la maladie de l'obsession et, si le terme n'est pas trop fort, au délire de la persécution.

«Et alors même que Crainquebille aurait crié: «Mort aux vaches!» il resterait à savoir si ce mot a, dans sa bouche, le caractère d'un délit.[79] Crainquebille est l'enfant naturel[80] d'une marchande ambulante, perdue d'inconduite et de boisson, il est né alcoolique. Vous le voyez ici abruti[81] par soixante ans de misère. Messieurs, vous direz qu'il est irresponsable.»

Maître Lemerle s'assit et M. le président Bourriche lut entre ses dents un jugement qui condamnait Jérôme Crainquebille à quinze jours de prison et cinquante francs d'amende.[82] Le Tribunal avait fondé sa conviction sur le témoignage de l'agent Matra.

Mené par les longs couloirs[83] sombres du Palais, Crainquebille ressentit un immense besoin de sympathie. Il se tourna vers le garde de Paris qui le conduisait et l'appela trois fois:

---

[73] *mouchard:* dénonciateur
[74] *pénible:* fatigante; difficile
[75] *excédé:* fatigué à l'excès
[76] *surmené:* ayant trop à faire
[77] *l'ouïe:* sens par lequel nous percevons les sons (oreille)
[78] *est en proie à:* est une victime de
[79] *délit:* violation de la loi
[80] *enfant naturel:* enfant né hors du mariage
[81] *abruti:* devenu stupide
[82] *amende:* peine pécuniaire
[83] *couloirs:* passages

«Cipal![84]*... Cipal!... Hein? Cipal!...»

Et il soupira:

«Il y a seulement quinze jours, si on m'avait dit qu'il m'arriverait ce qui m'arrive!...»

Puis il fit cette réflexion:

«Ils parlent trop vite, ces messieurs. Ils parlent bien, mais ils parlent trop vite. On peut pas[85] s'expliquer avec eux... Cipal, vous trouvez pas[86] qu'ils parlent trop vite?»

Mais le soldat marchait sans répondre ni tourner la tête.

Crainquebille lui demanda:

«Pourquoi que vous me répondez pas?»[87]

Et le soldat garda le silence. Et Crainquebille lui dit avec amertume:

«On parle bien à un chien. Pourquoi que vous me parlez pas?[88] Vous ouvrez jamais[89] la bouche: vous avez donc pas peur[90] qu'elle pue?»[91]

IV

Apologie pour M. le président Bourriche

Quelques curieux et deux ou trois avocats quittèrent l'audience après la lecture de l'arrêt,[92] quand déjà le greffier appelait une autre cause. Ceux qui sortaient ne faisaient point de réflexion sur l'affaire Crainquebille qui ne les avait guère intéressés, et à laquelle ils ne

---

[84] *Cipal:* abréviation de «garde municipal»

[85] *on peut pas:* LANGAGE POPULAIRE (incorrect grammaticalement) on ne peut pas

[86] *vous trouvez pas:* LANGAGE POPULAIRE (incorrect grammaticalement) vous ne trouvez pas

[87] *Pourquoi que vous me répondez pas?:* LANGAGE POPULAIRE (incorrect grammaticalement) pourquoi est-ce que vous ne me répondez pas?

[88] *Pourquoi que vous me parlez pas?:* LANGAGE POPULAIRE (incorrect grammaticalement) pourquoi est-ce que vous ne me parlez pas?

[89] *vous ouvrez jamais:* LANGAGE POPULAIRE (incorrect grammaticalement) vous n'ouvrez jamais

[90] *vous avez donc pas peur:* LANGAGE POPULAIRE (incorrect grammaticalement) vous n'avez donc pas peur

[91] *pue:* sent très mauvais

[92] *arrêt:* jugement

songeaient plus. Seul M. Jean Lermite, graveur à l'eau-forte,[93] qui était venu d'aventure[94] au Palais, méditait sur ce qu'il venait de voir et d'entendre.

Passant son bras sur l'épaule de maître Joseph Aubarrée:

«Ce dont il faut louer le président Bourriche, lui dit-il, c'est d'avoir su se défendre des vaines curiosités de l'esprit et se garder de cet orgueil intellectuel qui veut tout connaître. En opposant l'une à l'autre les dépositions contradictoires de l'agent Matra et du docteur David Matthieu, le juge serait entré dans une voie[95] où l'on ne rencontre que le doute et l'incertitude. La méthode qui consiste à examiner les faits selon les règles de la critique est inconciliable[96] avec la bonne administration de la justice. Si le magistrat avait l'imprudence de suivre cette méthode, ses jugements dépendraient de sa sagacité personnelle, qui le plus souvent est petite, et de l'infirmité humaine, qui est constante. Quelle en serait l'autorité? On ne peut nier que la méthode historique est tout à fait impropre à lui procurer les certitudes dont il a besoin. Il suffit de rappeler l'aventure de Walter Raleigh.*

«Un jour que Walter Raleigh, enfermé à la Tour de Londres,* travaillait, selon sa coutume, à la seconde partie de son *Histoire du Monde,* une rixe[97] éclata sous sa fenêtre. Il alla regarder ces gens qui se querellaient, et, quand il se remit au travail, il pensait les avoir très bien observés. Mais le lendemain,[98] ayant parlé de cette affaire à un de ses amis qui y avait été présent et qui même y avait pris part, il fut contredit par cet ami sur tous les points. Réfléchissant alors à la difficulté de connaître la vérité sur des événements lointains, quand il avait pu se méprendre sur ce qui se passait sous ses yeux, il jeta au feu le manuscrit de son histoire.

«Si les juges avaient les mêmes scrupules que sir Walter Raleigh, ils jetteraient au feu toutes leurs instructions. Et ils n'en ont pas le droit. Ce serait de leur part un déni de justice, un crime. Il faut renoncer

---

[93] *graveur à l'eau-forte:* personne qui fait des illustrations au moyen d'une planche gravée avec de l'acide nitrique

[94] *d'aventure:* par hasard

[95] *voie:* chemin

[96] *inconciliable:* impossible à mettre d'accord

[97] *rixe:* querelle ou dispute violente

[98] *le lendemain:* le jour après

à savoir, mais il ne faut pas renoncer à juger. Ceux qui veulent que les arrêts des tribunaux soient fondés sur la recherche méthodique des faits sont de dangereux sophistes[99] et des ennemis perfides[1] de la justice civile et de la justice militaire. Le président Bourriche a l'esprit trop juridique pour faire dépendre ses sentences de la raison et de la science dont les conclusions sont sujettes à[2] d'éternelles disputes. Il les fonde sur des dogmes et les assied sur la tradition, en sorte que ses jugements égalent en autorité les commandements de l'Église. Ses sentences sont canoniques.[3] J'entends[4] qu'il les tire d'un certain nombre de sacrés canons. Voyez, par exemple, qu'il classe les témoignages non d'après les caractères[5] incertains et trompeurs de la vraisemblance[6] et de l'humaine vérité, mais d'après des caractères intrinsèques, permanents et manifestes. Il les pèse[7] au poids des armes. Y a-t-il rien de plus simple et de plus sage à la fois?[8] Il tient pour irréfutable le témoignage d'un gardien de la paix, abstraction faite de[9] son humanité et conçu métaphysiquement[10] en tant qu'un numéro matricule[11] et selon les catégories de la police idéale. Non pas que Matra (Bastien), né à Cinto-Monte (Corse), lui paraisse incapable d'erreur. Il n'a jamais pensé que Bastien Matra fût doué[12] d'un grand esprit d'observation, ni qu'il appliquât à l'examen des faits une méthode exacte et rigoureuse. A vrai dire, il ne considère pas Bastien Matra, mais l'agent 64. —Un homme est faillible,[13] pense-t-il. Pierre et Paul peuvent se tromper. Descartes et Gassendi, Leibnitz et Newton, Bichat et Claude Bernard* ont pu se tromper. Nous nous trompons tous et à tout moment. Nos raisons d'errer[14] sont innom-

---

[99] *sophistes:* personnes qui font des raisonnements faux
[1] *perfides:* déloyaux
[2] *sont sujettes à:* dépendent de
[3] *canoniques:* conformes aux règles de l'église
[4] *j'entends:* ICI je veux dire
[5] *caractères:* traits
[6] *vraisemblance:* ce qui a l'apparence de la vérité
[7] *il les pèse:* ICI il les juge (il les met dans la balance)
[8] *à la fois:* en même temps
[9] *abstraction faite de:* sans considérer
[10] *conçu métaphysiquement:* conçu au niveau de la pensée abstraite
[11] *numéro matricule:* numéro inscrit sur un registre (ICI 64)
[12] *doué:* favorisé
[13] *faillible:* qui peut se tromper
[14] *d'errer:* de nous tromper

brables. Les perceptions des sens et les jugements de l'esprit sont des sources d'illusion et des causes d'incertitude. Il ne faut pas se fier au témoignage d'un homme: *Testis unus testis nullus.*[15] Mais on peut avoir foi dans un numéro. Bastien Matra, de Cinto-Monte, est faillible. Mais l'agent 64, abstraction faite de son humanité, ne se trompe pas. C'est une entité.[16] Une entité n'a rien en elle de ce qui est dans les hommes et les trouble, les corrompt, les abuse. Elle est pure, inaltérable[17] et sans mélange. Aussi le Tribunal n'a-t-il point hésité à repousser[18] le témoignage du docteur David Matthieu, qui n'est qu'un homme, pour admettre celui de l'agent 64, qui est une idée pure, et comme un rayon de Dieu descendu à la barre.[19]

«En procédant de cette manière, le président Bourriche s'assure une sorte d'infaillibilité, et la seule à laquelle un juge puisse prétendre.[20] Quand l'homme qui témoigne est armé d'un sabre, c'est le sabre qu'il faut entendre et non l'homme. L'homme est méprisable et peut avoir tort. Le sabre ne l'est point et il a toujours raison. Le président Bourriche a profondément pénétré l'esprit des lois. La société repose[21] sur la force, et la force doit être respectée comme le fondement auguste des sociétés. La justice est l'administration de la force. Le président Bourriche sait que l'agent 64 est une parcelle[22] du Prince. Le Prince réside dans chacun de ses officiers. Ruiner l'autorité de l'agent 64, c'est affaiblir[23] l'État. Manger une des feuilles de l'artichaut, c'est manger l'artichaut, comme dit Bossuet* en son sublime langage. (*Politique tirée de l'Écriture sainte, passim.*[24])

«Toutes les épées d'un État sont tournées dans le même sens.[25] En les opposant les unes aux autres, on subvertit la république. C'est

---

[15] *Testis unus, testis nullus:* EXPRESSION LATINE témoin seul, témoin nul
[16] *entité:* ce qui constitue l'essence d'un être
[17] *inaltérable:* qui ne peut être changé
[18] *repousser:* rejeter
[19] *barre:* ICI tribunal (Il s'agit de la barrière qui sépare les magistrats du public.)
[20] *prétendre:* aspirer
[21] *repose:* est établie
[22] *parcelle:* petite partie
[23] *affaiblir:* enlever la force de
[24] *passim:* formule latine qui indique que l'on trouvera dans un ouvrage cité de nombreuses références à un sujet donné
[25] *sens:* direction

pourquoi l'inculpé Crainquebille fut condamné justement à quinze jours de prison et cinquante francs d'amende, sur le témoignage de l'agent 64. Je crois entendre le président Bourriche expliquer lui-même les raisons hautes et belles qui inspirèrent sa sentence. Je crois l'entendre dire:

«—J'ai jugé cet individu en conformité avec l'agent 64, parce que l'agent 64 est l'émanation[26] de la force publique. Et, pour reconnaître ma sagesse, il vous suffit d'imaginer que j'aie agi inversement.[27] Vous verrez tout de suite que c'eût été absurde. Car, si je jugeais contre la force, mes jugements ne seraient pas exécutés.[28] Remarquez, messieurs, que les juges ne sont obéis que tant qu'ils ont la force avec eux. Sans les gendarmes, le juge ne serait qu'un pauvre rêveur. Je me nuirais[29] si je donnais tort à un gendarme. D'ailleurs le génie des lois s'y oppose. Désarmer les forts et armer les faibles ce serait changer l'ordre social que j'ai mission de conserver. La justice est la sanction des injustices établies. La vit-on jamais opposée aux conquérants et contraire aux usurpateurs?[30] Quand s'élève un pouvoir illégitime, elle n'a qu'à le reconnaître pour le rendre légitime. Tout est dans la forme, et il n'y a entre le crime et l'innocence que l'épaisseur d'une feuille de papier timbré.[31] —C'était à vous, Crainquebille, d'être le plus fort. Si, après avoir crié: «Mort aux vaches!» vous vous étiez fait déclarer empereur, dictateur, président de la République ou seulement conseiller municipal, je vous assure que je ne vous aurais pas condamné à quinze jours de prison et cinquante francs d'amende. Je vous aurais tenu quitte[32] de toute peine. Vous pouvez m'en croire.

«Ainsi sans doute eût parlé le président Bourriche, car il a l'esprit juridique et il sait ce qu'un magistrat doit à la société. Il en défend les principes avec ordre et régularité. La justice est sociale. Il n'y a que de mauvais esprits[33] pour la vouloir humaine et sensible. On l'administre

---

[26] *émanation:* manifestation
[27] *inversement:* d'une façon contraire
[28] *exécutés:* appliqués
[29] *je me nuirais:* je me ferais tort
[30] *usurpateurs:* ceux qui s'emparent d'un gouvernement sans en avoir le droit
[31] *papier timbré:* papier marqué d'un timbre, donc document officiel
[32] *tenu quitte:* libéré
[33] *mauvais esprits:* personnes récalcitrantes; fortes têtes

avec des règles fixes et non avec les frissons[34] de la chair et les clartés[35] de l'intelligence. Surtout ne lui demandez pas d'être juste, elle n'a pas besoin de l'être puisqu'elle est justice, et je vous dirai même que l'idée d'une justice juste n'a pu germer que dans la tête d'un anarchiste. Le président Magnaud rend, il est vrai, des sentences équitables. Mais on les lui casse,[36] et c'est justice.

«Le vrai juge pèse les témoignages au poids des armes. Cela s'est vu dans l'affaire Crainquebille, et dans d'autres causes plus célèbres.*»

Ainsi parla M. Jean Lermite, en parcourant[37] d'un bout à l'autre bout la salle des Pas-Perdus.*

Maître Joseph Aubarrée, qui connaissait le Palais, lui répondit en se grattant le bout du nez:

«Si vous voulez avoir mon avis,[38] je ne crois pas que monsieur le président Bourriche se soit élevé jusqu'à une si haute métaphysique. A mon sens, en admettant le témoignage de l'agent 64 comme l'expression de la vérité, il fit simplement ce qu'il avait toujours vu faire. C'est dans l'imitation qu'il faut chercher la raison de la plupart des actions humaines. En se conformant à la coutume on passera toujours pour un honnête homme.[39] On appelle gens de bien[40] ceux qui font comme les autres.»

V

De la soumission de Crainquebille aux lois de la République

Crainquebille, reconduit en prison, s'assit sur son escabeau enchaîné, plein d'étonnement et d'admiration. Il ne savait pas bien lui-même que les juges s'étaient trompés. Le Tribunal lui avait caché ses faiblesses

---

[34] *frissons:* tremblements
[35] *clartés:* lumières
[36] *casse:* TERME JURIDIQUE renverse; déclare nul
[37] *parcourant:* traversant
[38] *avis:* opinion
[39] *honnête homme:* ICI homme qui se conforme à toutes les règles de la société, même si ces règles vont contre sa conscience
[40] *gens de bien:* même sens que *honnête homme* ci-dessus

intimes sous la majesté des formes. Il ne pouvait croire qu'il eût raison contre des magistrats dont il n'avait pas compris les raisons: il lui était impossible de concevoir que quelque chose clochât[41] dans une si belle cérémonie. Car, n'allant ni à la messe, ni à l'Élysée,* il n'avait, de sa vie, rien vu de si beau qu'un jugement en police correctionnelle. Il savait bien qu'il n'avait pas crié «Mort aux vaches!» Et, qu'il eût été condamné à quinze jours de prison pour l'avoir crié, c'était, en sa pensée, un auguste mystère, un de ces articles de foi[42] auxquels les croyants adhèrent sans les comprendre, une révélation obscure, éclatante,[43] adorable et terrible.

Ce pauvre vieil homme se reconnaissait coupable d'avoir mystiquement offensé l'agent 64, comme le petit garçon qui va au catéchisme[44] se reconnaît coupable du péché d'Ève. Il lui était enseigné, par son arrêt, qu'il avait crié: «Mort aux vaches!» C'était donc qu'il avait crié: «Mort aux vaches!» d'une façon mystérieuse, inconnue de lui-même. Il était transporté dans un monde surnaturel. Son jugement était son apocalypse.[45]

S'il ne se faisait pas une idée nette[46] du délit, il ne se faisait pas une idée plus nette de la peine. Sa condamnation lui avait paru une chose solennelle,[47] rituelle et supérieure, une chose éblouissante[48] qui ne se comprend pas, qui ne se discute pas, et dont on n'a ni à se louer, ni à se plaindre. A cette heure il aurait vu[49] le président Bourriche, une auréole[50] au front, descendre, avec des ailes blanches, par le plafond entr'ouvert, qu'il n'aurait pas été surpris de cette nouvelle manifestation de la gloire judiciaire. Il se serait dit: «Voilà mon affaire qui continue!»

---

[41] *clochât:* fût imparfait, défectueux
[42] *articles de foi:* points importants de la croyance religieuse, basés sur la foi.
[43] *éclatante:* magnifique; brillante
[44] *catéchisme:* instruction sur les principes de la religion
[45] *apocalypse:* allégorie obscure; chose incompréhensible
[46] *nette:* claire
[47] *solennelle:* grave
[48] *éblouissante:* éclatante
[49] *il aurait vu:* même s'il avait vu
[50] *auréole:* cercle lumineux que les peintres mettent autour de la tête des saints

Le lendemain, son avocat vint le voir:

«Eh bien! mon bonhomme, vous n'êtes pas trop mal? Du courage! deux semaines sont vite passées. Nous n'avons pas trop à nous plaindre.

—Pour ça,[51] on peut dire que ces messieurs ont été bien doux, bien polis; pas un gros mot. J'aurais pas cru.[52] Et le cipal avait mis des gants blancs. Vous avez pas vu?[53]

—Tout pesé[54] nous avons bien fait d'avouer.

—Possible.

—Crainquebille, j'ai une bonne nouvelle à vous annoncer. Une personne charitable, que j'ai intéressée à votre position,[55] m'a remis[56] pour vous une somme de cinquante francs qui sera affectée[57] au payement de l'amende à laquelle vous avez été condamné.

—Alors quand que vous me donnerez[58] les cinquante francs?

—Ils seront versés[59] au greffe.[60] Ne vous en inquiétez pas.

—C'est égal.[61] Je remercie tout de même la personne.»

Et Crainquebille méditatif murmura:

«C'est pas ordinaire[62] ce qui m'arrive.

—N'exagérez rien, Crainquebille. Votre cas n'est pas rare, loin de là.

—Vous pourriez pas me dire où qu'ils m'ont[63] étouffé ma voiture?»

---

[51] *pour ça:* concernant cela

[52] *j'aurais pas cru:* LANGAGE POPULAIRE (incorrect grammaticalement) je n'aurais pas cru cela

[53] *vous avez pas vu?* LANGAGE POPULAIRE (incorrect grammaticalement) vous n'avez pas vu?

[54] *tout pesé:* toute chose considérée

[55] *position:* ICI situation

[56] *remis:* confié; donné

[57] *affectée:* employée

[58] *quand que vous me donnerez:* LANGAGE POPULAIRE (incorrect grammaticalement) quand est-ce que vous me donnerez

[59] *versés:* payés

[60] *greffe:* lieu où se font les déclarations juridiques

[61] *c'est égal:* ICI néanmoins; quand même

[62] *c'est pas ordinaire:* LANGAGE POPULAIRE (incorrect grammaticalement) ce n'est pas ordinaire

[63] *vous pourriez-pas me dire où qu'ils m'ont:* LANGAGE POPULAIRE (incorrect grammaticalement) ne pourriez-vous pas me dire où ils ont

VI

Crainquebille devant l'opinion

Crainquebille, sorti de prison, poussait sa voiture rue Montmartre en criant: *Des choux, des navets, des carottes!* Il n'avait ni orgueil, ni honte de son aventure. Il n'en gardait pas un souvenir pénible.[64] Cela tenait, dans son esprit, du[65] théâtre, du voyage et du rêve. Il était surtout content de marcher dans la boue, sur le pavé de la ville, et de voir sur sa tête le ciel tout en eau et sale comme le ruisseau,[66] le bon ciel de sa ville. Il s'arrêtait à tous les coins de rue pour boire un verre; puis, libre et joyeux, ayant craché dans ses mains pour en lubrifier[67] la paume calleuse,[68] il empoignait[69] les brancards et poussait la charrette, tandis que,[70] devant lui, les moineaux,[71] comme lui matineux[72] et pauvres, qui cherchaient leur vie sur la chaussée, s'envolaient en gerbe[73] avec son cri familier: *Des choux, des navets, des carottes!* Une vieille ménagère,[74] qui s'était approchée, lui disait en tâtant des céleris:

«Qu'est-ce qui vous est donc arrivé, père[75] Crainquebille? Il y a bien trois semaines qu'on ne vous a pas vu. Vous avez été malade? Vous êtes un peu pâle.

—Je vas vous dire, m'ame[76] Mailloche, j'ai fait le rentier.»[77]

Rien n'est changé dans sa vie, à cela près[78] qu'il va chez le troquet[79] plus souvent que d'habitude, parce qu'il a l'idée que c'est fête, et qu'il

---

[64] *pénible:* affligeant
[65] *cela tenait... du:* cela ressemblait au
[66] *ruisseau:* rigole (canal) dans une rue pour l'écoulement des eaux
[67] *lubrifier:* huiler; graisser
[68] *calleuse:* durcie
[69] *empoignait:* prenait à pleines mains
[70] *tandis que:* pendant que
[71] *moineaux:* oiseaux communs
[72] *matineux:* qui ont l'habitude de se lever tôt le matin
[73] *en gerbe:* ensemble
[74] *ménagère:* femme qui s'occupe de son ménage (de sa maison)
[75] *père:* forme d'adresse populaire
[76] *Je vas vous dire, m'ame:* Je vais vous dire, madame
[77] *rentier:* personne qui vit de ses rentes (qui ne travaille pas)
[78] *à cela près:* avec cette seule exception
[79] *troquet:* ARGOT bistrot (bar populaire)

a fait connaissance avec des personnes charitables. Il rentre, un peu gai, dans sa soupente.[80] Étendu dans le plumard,[81] il ramène sur lui les sacs que lui a prêtés le marchand de marrons[82] du coin et qui lui servent de couverture, et il songe: «La prison, il n'y a pas à se plaindre; on y a tout ce qui vous faut.[83] Mais on est tout de même mieux chez soi.»

Son contentement fut de courte durée. Il s'aperçut vite que les clientes lui faisaient grise mine.[84]

«Des beaux céleris, m'ame Cointreau!

—Il ne me faut rien.

—Comment, qu'il ne vous faut rien? Vous vivez pourtant pas[85] de l'air du temps.»

Et m'ame Cointreau, sans lui faire de réponse, rentrait fièrement dans la grande boulangerie dont elle était la patronne.[86] Les boutiquières[87] et les concierges,[88] naguère[89] assidues[90] autour de sa voiture verdoyante[91] et fleurie,[92] maintenant se détournaient de lui. Parvenu[93] à la cordonnerie de «l'Ange Gardien», qui est le point où commencèrent ses aventures judiciaires, il appela:

«M'ame Bayard, m'ame Bayard, vous me devez quinze sous de l'autre fois.»

Mais m'ame Bayard, qui siégeait à son comptoir, ne daigna[94] pas tourner la tête.

---

[80] *soupente:* réduit (petite pièce) en dessous du toit
[81] *plumard:* ARGOT lit
[82] *marrons:* grosses châtaignes
[83] *tout ce qui vous faut:* LANGAGE POPULAIRE (incorrect grammaticalement) tout ce qu'il vous faut
[84] *grise mine:* mauvaise mine; mauvais accueil
[85] *vous vivez pourtant pas:* LANGAGE POPULAIRE (incorrect grammaticalement) vous ne vivez pourtant pas
[86] *patronne:* propriétaire
[87] *boutiquières:* marchandes
[88] *concierges:* personnes qui gardent les immeubles
[89] *naguère:* il y a peu de temps
[90] *assidues:* souvent présentes
[91] *verdoyante:* verte (couverte de verdure)
[92] *fleurie:* couverte de fleurs
[93] *parvenu:* arrivé
[94] *daigna:* condescendit

Toute la rue Montmartre savait que le père Crainquebille sortait de prison, et toute la rue Montmartre ne le connaissait plus. Le bruit[95] de sa condamnation était parvenu jusqu'au faubourg,* et à l'angle tumultueux de la rue Richer. Là vers midi, il aperçut madame Laure, sa bonne et fidèle cliente, penchée sur la voiture du petit Martin. Elle tâtait un gros chou. Ses cheveux brillaient au soleil comme d'abondants fils d'or largement tordus.[96] Et le petit Martin, un pas grand'chose,[97] un sale coco,[98] lui jurait,[99] la main sur son cœur, qu'il n'y avait pas plus belle marchandise que la sienne. A ce spectacle le cœur de Crainquebille se déchira.[1] Il poussa sa voiture sur celle du petit Martin et dit à madame Laure, d'une voix plaintive[2] et brisée:

«C'est pas bien[3] de me faire des infidélités.»

Madame Laure, comme elle le reconnaissait elle-même, n'était pas duchesse. Ce n'est pas dans le monde qu'elle s'était fait une idée du panier à salade et du Dépôt. Mais on peut être honnête dans tous les états, pas vrai? Chacun a son amour-propre,[4] et l'on n'aime pas avoir affaire à un individu qui sort de prison. Aussi ne répondit-elle à Crainquebille qu'en simulant un haut-le-cœur.[5] Et le vieux marchand ambulant, ressentant l'affront, hurla:[6]

«Dessalée![7] va!»

Madame Laure en laissa tomber son chou vert et s'écria:

«Eh! va donc, vieux cheval de retour![8] Ça* sort de prison, et ça insulte les personnes!»

Crainquebille, s'il avait été de sang-froid,[9] n'aurait jamais reproché

---

[95] *bruit:* ICI nouvelle
[96] *tordus:* bouclés (tortillés)
[97] *un pas grand' chose:* une personne qui ne mérite pas de considération
[98] *un sale coco:* un sale individu (insulte assez grossière)
[99] *jurait:* promettait (par serment)
[1] *se déchira:* se rompit; se brisa
[2] *plaintive:* gémissante
[3] *c'est pas bien:* LANGAGE POPULAIRE (incorrect grammaticalement) ce n'est pas bien
[4] *amour-propre:* sentiment de sa propre dignité
[5] *haut-le-cœur:* mouvement qui indique le dégoût, la répulsion
[6] *hurla:* cria
[7] *dessalée:* grave insulte qui indique le manque d'innocence, la corruption
[8] *vieux cheval de retour:* vieux criminel; récidiviste
[9] *de sang-froid:* calme

à madame Laure sa condition.[10] Il savait trop qu'on ne fait pas ce qu'on veut dans la vie, qu'on ne choisit pas son métier, et qu'il y a du bon monde partout. Il avait coutume d'ignorer sagement ce que faisaient chez elles les clientes, et il ne méprisait personne. Mais il était hors de lui.[11] Il donna par trois fois à madame Laure les noms de dessalée, de charogne et de roulure.[12] Un cercle de curieux se forma autour de madame Laure et de Crainquebille, qui échangèrent encore plusieurs injures aussi solennelles que les premières, et qui eussent égrené tout du long leur chapelet,[13] si un agent soudainement apparu ne les avait, par son silence et son immobilité, rendus tout à coup aussi muets[14] et immobiles que lui. Ils se séparèrent. Mais cette scène acheva de perdre Crainquebille dans l'esprit du faubourg Montmartre et de la rue Richer.

VII

Les conséquences

Et le vieil homme allait marmonnant:[15]

«Pour sûr que c'est une morue.[16] Et même y a pas[17] plus morue que cette femme-là.»

Mais dans le fond de son cœur, ce n'est pas de cela qu'il lui faisait un reproche. Il ne la méprisait pas d'être ce qu'elle était. Il l'en estimait plutôt, la sachant économe et rangée.[18] Autrefois ils causaient[19] tous deux volontiers ensemble. Elle lui parlait de ses parents qui habitaient

---

[10] *sa condition:* son état (En l'appelant *déssalée,* Crainquebille avait reproché à Madame Laure qu'elle se vendait.)

[11] *hors de lui:* extrêmement agité

[12] *charogne; roulure:* deux très graves insultes qui indiquent que Madame Laure est une prostituée

[13] *qui eussent égrené tout du long leur chapelet:* ICI qui auraient dit tout ce qu'ils avaient sur le cœur

[14] *muets:* silencieux

[15] *marmonnant:* parlant entre ses dents

[16] *morue:* poisson. ICI insulte qui implique la même chose que *roulure*

[17] *y a pas:* LANGAGE POPULAIRE (incorrect grammaticalement) il n'y a pas

[18] *rangée:* ayant de l'ordre

[19] *causaient:* bavardaient

la campagne. Et ils formaient tous deux le même vœu de cultiver un petit jardin et d'élever des poules. C'était une bonne cliente. De la voir acheter des choux au petit Martin, un sale coco, un pas grand' chose, il en avait reçu un coup dans l'estomac; et, quand il l'avait vue faisant mine[20] de le mépriser, la moutarde lui avait monté au nez,[21] et dame![22]

Le pis, c'est qu'elle n'était pas la seule qui le traitât comme un galeux.[23] Personne ne voulait plus le connaître. Tout comme madame Laure, madame Cointreau la boulangère, madame Bayard de «l'Ange Gardien» le méprisaient et le repoussaient. Toute la société, quoi.[24]

Alors! parce qu'on avait été mis pour quinze jours à l'ombre,[25] on n'était plus bon seulement à vendre des poireaux! Est-ce que c'était juste? Est-ce qu'il y avait du bon sens à faire mourir de faim un brave homme parce qu'il avait eu des difficultés avec les flics?[26] S'il ne pouvait plus vendre ses légumes, il n'avait plus qu'à crever.[27]

Comme le vin mal traité, il tournait à l'aigre.[28] Après avoir eu «des mots»[29] avec madame Laure, il en avait maintenant avec tout le monde. Pour un rien, il disait leur fait aux chalandes,[30] et sans mettre de gants,[31] je vous prie de le croire. Si elles tâtaient un peu longtemps la marchandise, il les appelait proprement râleuses[32] et purées;[33] pareillement chez le troquet, il engueulait[34] les camarades. Son ami, le marchand de marrons, qui ne le reconnaissait plus, déclarait que ce sacré[35] père Crainquebille était un vrai porc-épic.[36] On ne peut le nier: il devenait

---

[20] *faisant mine:* faisant semblant; prétendant
[21] *la moutarde lui avait monté au nez:* EXPRESSION POPULAIRE il s'était mis en colère
[22] *dame:* ICI exclamation qui marque l'inévitable
[23] *galeux:* personne atteinte de la gale (maladie contagieuse)
[24] *quoi:* ICI ce mot résume tout ce qui a été dit ou énuméré précédemment
[25] *à l'ombre:* ICI en prison
[26] *flics:* ARGOT agents de police
[27] *crever:* mourir (se dit surtout des animaux)
[28] *il tournait à l'aigre:* il devenait piquant (comme le vinaigre), donc désagréable
[29] *avoir eu « des mots »:* s'être disputé
[30] *il disait leur fait aux chalandes:* il disait à ses clientes ce qu'il pensait d'elles
[31] *sans mettre de gants:* sans se gêner
[32] *râleuses:* personnes qui protestent en grognant
[33] *purées:* ARGOT personnes qui vivent dans la misère
[34] *engueulait:* insultait grossièrement
[35] *sacré:* ICI maudit
[36] *porc-épic:* petit mammifère dont le corps est armé de piquants

incongru,[37] mauvais coucheur,[38] mal embouché,[39] fort en gueule.[40] C'est que, trouvant la société imparfaite, il avait moins de facilité[41] qu'un professeur de l'École des sciences morales et politiques à exprimer ses idées sur les vices du système et sur les réformes nécessaires, et que ses pensées ne se déroulaient[42] pas dans sa tête avec ordre et mesure.

Le malheur le rendait injuste. Il se revanchait sur ceux qui ne lui voulaient pas de mal et quelquefois sur de plus faibles que lui. Une fois, il donna une gifle[43] à Alphonse, le petit du marchand de vin, qui lui avait demandé si l'on était bien à l'ombre. Il le gifla et lui dit:

«Sale gosse![44] c'est ton père qui devrait être à l'ombre au lieu de s'enrichir à vendre du poison.»

Acte et parole qui ne lui faisaient pas honneur; car, ainsi que le marchand de marrons le lui remontra[45] justement, on ne doit pas battre un enfant, ni lui reprocher son père, qu'il n'a pas choisi.

Il s'était mis à boire. Moins il gagnait d'argent, plus il buvait d'eau-de-vie.[46] Autrefois économe et sobre, il s'émerveillait[47] lui-même de ce changement.

«J'ai jamais été[48] fricoteur,[49] disait-il. Faut croire[50] qu'on devient moins raisonnable en vieillissant.»

Parfois il jugeait sévèrement son inconduite[51] et sa paresse:

«Mon vieux Crainquebille, t'es plus bon[52] que pour lever le coude.»[53]

---

[37] *incongru:* personne qui pèche contre les règles du savoir-vivre
[38] *mauvais coucheur:* personne très difficile à vivre
[39] *mal embouché:* grossier
[40] *fort en gueule:* personne qui insulte constamment, qui parle fort et d'une façon grossière
[41] *facilité:* aptitude
[42] *déroulaient:* développaient
[43] *gifle:* claque; coup avec la main ouverte sur la joue
[44] *gosse:* jeune garçon
[45] *lui remontra:* lui représenta son tort
[46] *eau-de-vie:* liqueur alcoolisée
[47] *il s'émerveillait:* il s'étonnait
[48] *j'ai jamais été:* LANGAGE POPULAIRE (incorrect grammaticalement) je n'ai jamais été
[49] *fricoteur:* ARGOT personne qui aime la bonne chère et la boisson
[50] *faut croire:* LANGAGE POPULAIRE il faut croire
[51] *inconduite:* mauvais comportement
[52] *t'es plus bon:* LANGAGE POPULAIRE (incorrect grammaticalement) tu n'es plus bon
[53] *lever le coude:* boire beaucoup

Parfois il se trompait lui-même et se persuadait qu'il buvait par besoin:

«Faut comme ça,[54] de temps en temps, que je boive un verre pour me donner des forces et pour me rafraîchir. Sûr[55] que j'ai quelque chose de brûlé dans l'intérieur. Et il y a encore que[56] la boisson comme rafraîchissement.»

Souvent il lui arrivait de manquer la criée[57] matinale et il ne se fournissait plus que de marchandise avariée[58] qu'on lui livrait à crédit. Un jour, se sentant les jambes molles[59] et le cœur las, il laissa sa voiture dans la remise[60] et passa toute la sainte[61] journée à tourner autour de l'étal[62] de madame Rose, la tripière,[63] et devant tous les troquets des Halles. Le soir, assis sur un panier, il songea, et il eut conscience de sa déchéance.[64] Il se rappela sa force première et ses antiques travaux,[65] ses longues fatigues et ses gains heureux, ses jours innombrables, égaux et pleins; les cent pas,[66] la nuit, sur le carreau des Halles, en attendant la criée; les légumes enlevés par brassées[67] et rangés avec art dans la voiture, le petit noir[68] de la mère Théodore avalé tout chaud d'un coup, au pied levé,[69] les brancards empoignés solidement; son cri, vigourrux comme le chant du coq, déchirant[70] l'air matinal, sa course par les rues populeuses,[71] toute sa vie innocente et rude de cheval humain, qui, durant un demi-siècle, porta, sur son étal roulant, aux

---

[54] *faut comme ça:* LANGAGE POPULAIRE il faut
[55] *sûr:* il est sûr
[56] *il y a encore que* LANGAGE POPULAIRE (incorrect grammaticalement) il n'y a encore que
[57] *criée:* vente publique (aux enchères). ICI vente publique aux Halles
[58] *avariée:* gâtée
[59] *molles:* sans énergie; faibles
[60] *remise:* sorte de hangar
[61] *sainte:* ICI cet adjectif renforce la valeur de «toute»
[62] *étal:* table dans une boucherie
[63] *tripière:* personne qui vend des tripes
[64] *déchéance:* disgrâce
[65] *ses antiques travaux:* ses travaux d'autrefois
[66] *les cent pas* (faire les cent pas): marcher de long en large, d'un bout à l'autre
[67] *brassées:* à pleins bras
[68] *le petit noir:* une tasse de café noir
[69] *au pied levé:* en vitesse
[70] *déchirant:* rompant; brisant
[71] *populeuses:* très peuplées

citadins brûlés de veilles[72] et de soucis,[73] la fraîche moisson[74] des jardins potagers.[75] Et secouant la tête il soupira:

«Non! j'ai plus le courage[76] que j'avais. Je suis fini. Tant va la cruche[77] à l'eau qu'à la fin elle se casse.* Et puis, depuis mon affaire en justice, je n'ai plus le même caractère. Je suis plus[78] le même homme, quoi!»

Enfin il était démoralisé. Un homme dans cet état-là, autant dire que c'est un homme par terre et incapable de se relever. Tous les gens qui passent lui pilent dessus.[79]

VIII

Les dernières conséquences

La misère vint, la misère noire.[80] Le vieux marchand ambulant qui rapportait autrefois du faubourg Montmartre les pièces de cent sous à plein sac,[81] maintenant n'avait plus un rond.[82] C'était l'hiver. Expulsé de sa soupente, il coucha sous des charrettes, dans une remise. Les pluies étant tombées pendant vingt-quatre jours, les égouts débordèrent[83] et la remise fut inondée.

Accroupi[84] dans sa voiture, au-dessus des eaux empoisonnées, en compagnie des araignées, des rats et des chats faméliques,[85] il songeait dans l'ombre. N'ayant rien mangé de la journée et n'ayant plus pour se couvrir les sacs du marchand de marrons, il se rappela les deux semaines

---

[72] *brûlés de veilles:* épuisés par le manque de sommeil
[73] *soucis:* inquiétudes; préoccupations
[74] *moisson:* récolte
[75] *jardins potagers:* jardins où l'on cultive des légumes
[76] *j'ai plus le courage:* LANGAGE POPULAIRE (incorrect grammaticalement) je n'ai plus le courage
[77] *cruche:* vase
[78] *je suis plus:* LANGAGE POPULAIRE (incorrect grammaticalement) je ne suis plus
[79] *lui pilent dessus:* l'écrasent; le broient
[80] *noire:* ICI totale
[81] *les pièces… à plein sac:* des sacs remplis de pièces…
[82] *rond:* ARGOT pièce de monnaie
[83] *les égouts débordèrent:* l'eau sale sortait des conduits
[84] *accroupi:* assis sur les talons
[85] *faméliques:* affamés (qui ont très faim)

durant lesquelles le gouvernement lui avait donné le vivre et le couvert.[86] Il envia le sort[87] des prisonniers, qui ne souffrent ni du froid ni de la faim, et il lui vint un idée:

«Puisque je connais le truc,[88] pourquoi que je m'en servirais pas?»[89]

Il se leva et sortit dans la rue. Il n'était guère plus de onze heures. Il faisait un temps aigre[90] et noir. Une bruine[91] tombait, plus froide et plus pénétrante que la pluie. De rares passants se coulaient[92] au ras des[93] murs.

Crainquebille longea[94] l'église Saint-Eustache et tourna dans la rue Montmartre. Elle était déserte. Un gardien de la paix se tenait planté sur le trottoir, au chevet[95] de l'église, sous un bec de gaz,[96] et l'on voyait, autour de la flamme, tomber une petite pluie rousse. L'agent la recevait sur son capuchon,[97] il avait l'air transi,[98] mais soit qu'il préférât la lumière à l'ombre, soit qu'il fût las de marcher, il restait sous son candélabre,[99] et peut-être s'en faisait-il un compagnon, un ami. Cette flamme tremblante était son seul entretien[1] dans la nuit solitaire. Son immobilité ne paraissait pas tout à fait humaine; le reflet de ses bottes sur le trottoir mouillé, qui semblait un lac, le prolongeait inférieurement et lui donnait de loin l'aspect d'un monstre amphibie,[2] à demi sorti des eaux. De plus près, encapuchonné[3] et armé, il avait l'air monacal[4]

---

[86] *le vivre et le couvert:* nourriture et logis
[87] *le sort:* le destin
[88] *le truc:* ICI moyen adroit; la façon d'agir
[89] *pourquoi que je m'en servirais pas?:* LANGAGE POPULAIRE (incorrect grammaticalement) pourquoi est-ce que je ne m'en servirais pas?
[90] *temps aigre:* temps désagréable
[91] *bruine:* pluie fine et froide
[92] *se coulaient:* se glissaient
[93] *au ras des:* le long des
[94] *longea:* marcha le long de
[95] *chevet:* l'hémicycle qui se trouve derrière le chœur d'une église. ICI derrière (l'église)
[96] *bec de gaz:* appareil qui éclaire la rue (réverbère)
[97] *capuchon:* partie du vêtement qui peut se rabattre sur la tête
[98] *transi:* pénétré de froid
[99] *candélabre:* ICI synonyme de bec de gaz
[1] *entretien:* ICI lien d'attache (ce qui est nécessaire à la subsistance)
[2] *amphibie:* qui peut vivre dans l'air et dans l'eau
[3] *encapuchonné:* le capuchon entourant sa tête
[4] *monacal:* tenant d'un moine (ordre religieux contemplatif)

et militaire. Les gros traits de son visage, encore grossis[5] par l'ombre du capuchon, étaient paisibles et tristes. Il avait une moustache épaisse, courte et grise. C'était un vieux sergot,[6] un homme d'une quarantaine d'années.[7]

Crainquebille s'approcha doucement de lui et, d'une voix hésitante et faible, lui dit:

«Mort aux vaches!»

Puis il attendit l'effet de cette parole consacrée. Mais elle ne fut suivie d'aucun effet. Le sergot resta immobile et muet, les bras croisés sous son manteau court. Ses yeux, grands ouverts et qui luisaient dans l'ombre, regardaient Crainquebille avec tristesse, vigilance et mépris.

Crainquebille, étonné, mais gardant encore un reste de résolution, balbutia:[8]

«Mort aux vaches! que je vous ai dit.[9]»

Il y eut un long silence durant lequel tombait la pluie fine et rousse et régnait l'ombre glaciale. Enfin le sergot parla:

«Ce n'est pas à dire...[10] Pour sûr et certain que ce n'est pas à dire. A votre âge on devrait avoir plus de connaissance... Passez[11] votre chemin.

—Pourquoi que vous m'arrêtez pas?»[12] demanda Crainquebille.

Le sergot secoua la tête sous son capuchon humide:

«S'il fallait empoigner[13] tous les poivrots[14] qui disent ce qui n'est pas à dire, y en aurait[15] de l'ouvrage!... Et de quoi que ça servirait?[16]»

---

[5] *grossis:* ICI exagérés
[6] *sergot:* ARGOT sergeant de ville; agent de police
[7] *d'une quarantaine d'années:* qui avait à peu près quarante ans
[8] *balbutia:* murmura (articula avec difficulté)
[9] *que je vous ai dit:* LANGAGE POPULAIRE (incorrect grammaticalement) voilà ce que je vous ai dit
[10] *ce n'est pas à dire:* ce n'est pas une chose qui est à dire
[11] *Passez:* ICI Continuez
[12] *pourquoi que vous m'arrêtez pas?:* LANGAGE POPULAIRE (incorrect grammaticalement) pourquoi ne m'arrêtez-vous pas?
[13] *empoigner:* arrêter (prendre avec les poings)
[14] *poivrots:* LANGAGE POPULAIRE ivrognes (ceux qui boivent trop)
[15] *y en aurait:* LANGAGE POPULAIRE (incorrect grammaticalement) il y en aurait (il y aurait beaucoup)
[16] *et de quoi que ça servirait:* LANGAGE POPULAIRE (incorrect grammaticalement) et à quoi cela servirait-il

Crainquebille, accablé[17] par ce dédain magnanime, demeura longtemps stupide et muet, les pieds dans le ruisseau. Avant de partir, il essaya de s'expliquer:

«C'était pas[18] pour vous que j'ai dit: «Mort aux vaches!» C'était pas plus[19] pour l'un que pour l'autre que je l'ai dit. C'était pour une idée.»

Le sergot répondit avec une austère douceur:

«Que ce soye[20] pour une idée ou pour autre chose, ce n'était pas à dire, parce que, quand un homme fait son devoir et qu'il endure bien des souffrances, on ne doit pas l'insulter par des paroles futiles... Je vous réitère[21] de passer votre chemin.»

Crainquebille, la tête basse et les bras ballants,[22] s'enfonça[23] sous la pluie dans l'ombre.

---

[17] *accablé:* ICI écrasé
[18] *c'était pas:* LANGAGE POPULAIRE (incorrect grammaticalement) ce n'était pas
[19] *c'était pas plus:* LANGAGE POPULAIRE (incorrect grammaticalement) ce n'était pas plus
[20] *que ce soye:* LANGAGE POPULAIRE (incorrect grammaticalement) que ce soit
[21] *réitère:* répète
[22] *ballants:* pendants; oscillants
[23] *s'enfonça:* disparut

NOTES EXPLICATIVES

(12) *Les palmes d'officier d'académie:* Cette décoration était accordée pour services rendus à l'Etat.

(13) *Un buste de la République:* Depuis la Révolution de 1789, la République française est symboliquement représentée par une jeune femme: Marianne.

(17) *Palais:* nom du bâtiment qui est affecté au service de la justice.

(20) *Code civil:* ensemble de dispositions législatives, dont le plus célèbre est celui promulgué par Napoléon I, en 1804.

(26) *le Président Loubet:* Emile Loubet fut président de la République de 1899 à 1906.

(33) *Guillaume de Nogaret:* chancelier de France sous Philippe IV le Bel (mort en 1313).

(35) *Grégoire VII:* pape de 1073 à 1085.

(35) *Boniface VIII:* pape de 1294 à 1303.

(64) *la bourgeoise:* Il s'agit d'une forme très familière d'adresse qui n'est employée que dans certains milieux sociaux.

(121) *Halles:* le marché central de Paris.

(187) *officier de la Légion d'honneur:* Ce grade est accordé à des personnes qui se sont distinguées, et pour services rendus à l'Etat.

(189) *les savants étaient suspects:* (Voir Introduction.)

(191) *Dépôt:* lieu de détention de la Préfecture de police de la ville de Paris.

(207) *il reçut la visite...:* Le jeune avocat avait été désigné par le tribunal, Crainquebille n'ayant pas les moyens de s'en payer un.

(209) *Ligue de la Patrie française:* l'association nationaliste qui s'opposait au capitaine Dreyfus. (Voir Introduction.)

(275) *les manches de sa robe:* Les avocats, comme les juges, portent une robe au tribunal.

(278) *Préfecture:* le centre de la police à Paris.

(289) *candidat nationaliste:* candidat du parti de droite.

(289) *quartier des Vieilles-Haudriettes:* vieux quartier aristocratique de Paris.

(326) *Cipal:* La garde municipale de Paris était un corps spécial de la police.

(361) *Walter Raleigh:* marin et homme d'Etat anglais (1552–1618).

(362) *Tour de Londres:* une prison très connue.

(397) *Descartes:* philosophe et mathématicien français (1596–1650); *Gassendi:* philosophe français (1592–1655); *Leibnitz:* philosophe allemand (1646–1716); *Newton:* mathématicien et philosophe anglais (1642–1727); *Bichat:* physiologiste français (1771–1802); *Bernard:* physiologiste français (1813–1878).

(421) *Bossuet:* prélat français. Ecrivain et orateur sacré (1627-1704).

(461) *d'autres causes plus célèbres:* Il s'agit évidemment de l'affaire Dreyfus. (Voir Introduction.)

(463) *salle des Pas-Perdus:* célèbre salle du Palais de Justice.

(480) *l'Elysée:* palais à Paris. Aujourd'hui, c'est la résidence du Président de la République.

(564) *jusqu'au faubourg:* Il s'agit ici de la rue du Faubourg-Montmartre qui fait suite à la rue Montmartre.

(583) *ça:* Lorsque ce pronom est appliqué à une personne, il constitue une insulte.

(674) *Tant va la cruche à l'eau:...* C'est un vieux proverbe, expliqué par le contexte.

Exercices de grammaire

A. «Comme il **descendait**...(elle) **sortit.**» (59—60)

Remarquez l'emploi des temps dans cette phrase, et mettez les verbes entre parenthèses aux temps convenables dans les phrases ci-dessous:

1. Comme elle se promenait, la pluie (commencer) à tomber. **2.** Comme il s'habillait, il (entendre) tout à coup un bruit. **3.** Comme nous (parler), notre camarade entra. **4.** Comme ils (se disputer), ils furent interrompus par un voisin. **5.** Comme elle pleurait, sa mère la (consoler).

B. «**Soit que** l'expression...lui eût échappé, **soit qu**'il n'y trouvât pas d'excuse...» (125—126)

D'après cet exemple mettez les verbes entre parenthèses aux temps convenables, et complétez les phrases ci-dessous selon votre imagination:

1. Soit qu'il le (dire), soit qu'il le (nier)... **2.** Soit que vous le (faire), soit que vous l'(ignorer)... **3.** (Au passé) Soit que nous ne le (voir) pas, soit que nous le (faire) exprès... **4.** Soit que vous (se moquer), soit que vous (être) sérieux... **5.** (Au passé) Soit qu'ils ne (saisir) pas l'allusion, soit qu'ils ne (comprendre) pas...

C. « Peut-être s'en **serait-il** tiré. » (211—212)

Remarquez l'inversion du verbe et du pronom sujet, quand la phrase commence par **peut-être, aussi,** *et d'autres adverbes et locutions. Transformez les phrases ci-dessous en les faisant commencer par* **peut-être** *ou* **aussi:**

1. Il demeure rue de Rivoli. **2.** Elle ne sait pas ce qu'elle fait. **3.** Nous avons tort. **4.** Vous avez fait une erreur. **5.** Ils ont appris quelque chose.

D. « Cet interrogatoire **aurait apporté**...si l'accusé **avait répondu**... » (223—224)

D'après cet exemple, mettez les verbes entre parenthèses aux temps convenables dans les phrases ci-dessous:

1. Cet homme serait venu, s'il (promettre). **2.** Nous le (faire), si vous l'aviez demandé. **3.** Vous l'auriez vu, si elle le (vouloir). **4.** Il ne le (dire) pas, s'il n'avait pas été sincère. **5.** Elle ne la leur aurait pas donné, si elle (croire) qu'ils ne l'aimeraient pas.

E. « Alors même que Crainquebille **aurait crié**...il **resterait**... » (313—314) (SENS: Même si Crainquebille avait crié...il resterait...)

D'après cet exemple, transformez les phrases ci-dessous et complétez-les selon votre imagination:

1. Alors même que nous l'aurions vu... **2.** Alors même que vous seriez venu... **3.** Alors même qu'elle aurait dansé toute la nuit... **4.** Alors même que tu serais parti plus tard... **5.** Alors même qu'il lui aurait donné beaucoup d'argent...

Questions portant sur le texte

1. Relevez tous les détails du passage qui témoignent de « la majesté de la justice » et de la nature auguste de la loi. (1—15)

2. L'aventure de Crainquebille se serait-elle terminée d'une façon différente si les Décrétales avaient été abolies? (20—21)
3. L'observation ironique que le président Loubet n'est pas oint illustre un principe fondamental. Quel est ce principe? (26)
4. Justifiez les mots imaginaires de Crainquebille, (26—30) ainsi que la réponse du président Bourriche. (32—37)
5. Quelle différence y a-t-il entre le Christ de l'Evangile et l'autre? (34—37)
6. Qu'est-ce qui aurait permis à Crainquebille d'appeler le Christ un bousingot? (39)
7. Faites ressortir clairement dans tout ce passage quelles sont les considérations historiques, politiques et sociales. (12—45) Ensuite, dites ce que vous pensez de toutes ces considérations.
8. Quelle idée vous faites-vous de Crainquebille d'après les détails que l'auteur nous donne sur lui dans la première partie du récit? (45—52)
9. Quel intérêt l'avocat peut-il avoir à persuader Crainquebille qu'il n'est pas innocent? (51—52)
10. Quelle est l'importance de la transformation verbale que Crainquebille fait subir aux poireaux? (57—58)
11. Relevez l'humour de la comparaison entre la cordonnière et une sainte. (75—78)
12. Expliquez clairement la source du conflit qui existe entre le droit individuel et le devoir social dans ce cas. (95—97)
13. Que pensez-vous des esquisses que l'auteur trace de l'agent 64 et du brigadier Montauciel? (100—106) Faites-en ressortir et justifiez le manque voulu de profondeur psychologique.
14. Que pensez-vous de la technique qui consiste à nous présenter des mots que Crainquebille aurait pu dire, mais qu'il ne dit pas? (118—124) Quel effet l'auteur cherche-t-il à produire par ce procédé?
15. Qu'y a-t-il de poignant dans le «regard douloureux» de Crainquebille? (116) Qu'est-ce qui renforce cette impression?

16. Pensez-vous que la cruauté de l'agent 64 soit vraiment délibérée? (124) Cette cruauté est-elle gratuite?

17. Qu'est-ce qui contredit immédiatement l'expression «injures héroïques»? Quel est l'effet produit par ce contraste? (132—135)

18. Pourquoi, parmi d'innombrables injures possibles, celle de «sale poireau» convient-elle spécialement à Crainquebille? (135)

19. Croyez-vous que l'agent eût agi différemment s'il n'y avait pas eu de foule? (137—138)

20. Le vocabulaire de Crainquebille est limité et il ne parle que très rarement. (e.g. 146—147) Quel est l'effet produit par ce laconisme?

21. Le fait que l'agent se croit insulté est central au récit. D'après ce que vous savez du personnage et des circonstances dans lesquelles se déroule cette scène, justifiez l'attitude de l'agent. (148—54)

22. La réaction de Crainquebille vous paraît-elle bien observée? (159)

23. En quoi le geste de Mme Bayard annonce-t-il la suite du récit? (176—178)

24. Expliquez pourquoi les savants étaient suspects en France à cette époque. (188—189) Vous pouvez discuter cette idée en la généralisant.

25. Pourquoi la prison parut-elle «nécessaire» à Crainquebille? (192—193)

26. Pourquoi est-il particulièrement bien observé que Crainquebille est accablé par le silence et la solitude? (201—202)

27. Quelle importance attachez-vous au fait que l'avocat est un membre important de la Ligue de la Patrie française? (208—209)

28. Quel est l'effet produit par le mot «pleines» dans cette phrase? (222)

29. Dans certaines circonstances la vérité peut être accablante (nuisible). Appliquez cette pensée à la scène entre le juge et Crainquebille. (229—236) Quel est dans cette scène le grand «tort» de Crainquebille?

30. L'agent 64 jure de dire la vérité, pourtant sa déposition est fausse. (242—251) Comment vous expliquez-vous cet écart?
31. En quoi la déclaration de l'agent 64 concernant le docteur est-elle ridicule? (268—270)
32. Quelle est l'importance du mot «précipitation» concernant la probité du président? (272)
33. Qu'est-ce qui permet à la défense d'espérer un acquittement? (274—276)
34. En quoi la plaidoirie de maître Lemerle s'accorde-t-elle avec le fait qu'il est président de la Ligue de la Patrie française? (277—286)
35. Quel effet l'auteur cherche-t-il à produire en ajoutant que Lemerle est un candidat politique? (288—289)
36. M. Lermerle voit-il juste lorsqu'il parle de l'agent 64? (303—306)
37. Faites ressortir les graves erreurs de maître Lemerle dans la dernière partie de sa défense. (313—318)
38. Etes-vous d'accord avec M. Lemerle que l'alcoolisme est héréditaire? (315—316)
39. Comment Crainquebille essaie-t-il de s'expliquer qu'il a été condamné? (331—333)
40. Pourquoi l'auteur nous fait-il savoir que l'affaire Crainquebille n'avait guère intéressé les spectateurs? (343—345)
41. Faites ressortir tous les détails qui contribuent à l'ironie mordante d'Anatole France dans le long discours de M. Lermite. (349—461)
42. Abstraction faite du cas Crainquebille, que pensez-vous de la remarque que la méthode critique est inconciliable avec l'administration de la justice? (354—356)
43. La recherche de la vérité est-elle toujours plus importante que la préservation de l'autorité sociale? (349—461) Illustrez votre réponse par des cas précis.
44. La comparaison entre l'anecdote de Sir Walter Raleigh et le jugement de Crainquebille est-elle bien juste? (362—371)
45. Qu'y a-t-il d'inhumain dans les sentences canoniques du président Bourriche? (378—383)

46. Est-il possible de faire une distinction entre l'agent 64 et l'individu Matra? (388—409) Est-ce à souhaiter?

47. Quelle remarque antérieure les lignes 410—422 justifient-elles?

48. Résumez avec vos propres mots la théorie du fondement social exprimée par M. Lermite. (410—422)

49. Comment la métaphore des épées justifie-t-elle la condamnation de Crainquebille? (423—428)

50. Comment le président Bourriche conçoit-il son rôle et sa fonction dans la société? (430—449)

51. Quel est, selon le président Bourriche, le seul et unique tort de Crainquebille? (444—449)

52. Quelle sentence une justice administrée avec «les frissons de la chair» aurait-elle rendue et en quoi aurait-elle eu tort selon le président Bourriche? (452—459)

53. Qui a raison dans son jugement sur le président Bourriche, Aubarré ou Lermite? (466—473)

54. Expliquez la différence de sens entre le mot «raison» à la page 152, ligne 477, et le mot «raisons» à la ligne suivante.

55. Le vocabulaire religieux employé par l'auteur est-il conforme à la situation? (484—486) De même, la comparaison entre Crainquebille et le petit garçon du catéchisme est-elle juste? (487—493) Par quoi ces comparaisons ont-elles été préparées?

56. Relevez tous les termes par lesquels l'auteur continue la comparaison entre la condamnation de Crainquebille et le mystère religieux. (494—501) Si vous continuez dans cette voie, à qui pourriez-vous comparer Crainquebille lui-même?

57. Relevez l'humour (ou l'ironie?) dans ce que dit l'avocat à Crainquebille. (503—504)

58. Qui a probablement donné les 50 francs à l'avocat? (510—513)

59. Par quelle observation ironique l'auteur conclut-il cette partie de son récit? (518—519)

60. Relevez dans l'aventure de Crainquebille les éléments qui tiennent du théâtre et ceux qui tiennent du rêve. (524)

61. Relevez l'ironie de la remarque de Crainquebille concernant son passage en prison. (543—545)

62. L'attitude des anciens clients de Crainquebille est-elle surprenante ou non? (546—563)

63. La première émotion forte vient à Crainquebille lorsqu'il voit son concurrent, le petit Martin (570—571). Justifiez la violence de cette réaction.

64. Que pensez-vous du code d'honneur de Madame Laure? (574—578)

65. Que pensez-vous de l'attitude humanitaire de Crainquebille? (585—589)

66. Quelles conventions sociales avaient été observées entre Crainquebille et sa cliente Madame Laure avant l'incident? (603—607)

67. Par quoi se manifeste l'amertume de Crainquebille? (621—629)

68. Résumez et expliquez l'épisode qui illustre l'observation que le malheur rendait Crainquebille injuste. (634—642)

69. Où Crainquebille a-t-il probablement entendu les excuses qu'il se donne quand il se saoûle? (646—655)

70. Résumez avec vos propres mots une journée typique de Crainquebille avant sa déchéance. (662—672)

71. Résumez avec vos propres mots une journée typique de Crainquebille après sa déchéance. (680—690)

72. A quel «truc» Crainquebille fait-il allusion? (693)

73. Comment appelle-t-on le procédé littéraire où le temps et le décor reflètent l'état mental et physique du protagoniste? (695—709)

74. Pourquoi l'auteur emploie-t-il les deux adjectifs «monacal» et «militaire» lorsqu'il décrit l'agent? (709—710) Quelle continuité cette double comparaison établit-elle?

75. Comparez l'attitude du sergot à celle de l'agent 64. (718—732) En quoi les circonstances sont-elles différentes à présent?

76. Comparez la philosophie de Crainquebille (736—738) à celle de Lermite. (349—461)

77. Expliquez la justesse de l'expression «austère douceur». (739)

78. La fin du récit est poignante et ironique. Relevez ces deux aspects dans la dernière scène. (714—745)

Questions générales portant sur le texte

1. Une des nombreuses idées maîtresses présentées par ce récit, c'est que les lois de l'Eglise et les lois civiles ne s'accordent pas toujours. Faites ressortir plusieurs autres idées tout aussi importantes.

2. La sympathie de l'auteur est évidemment du côté de Crainquebille. Par quels procédés Anatole France nous communique-t-il cette sympathie?

3. La plupart des noms que France donne à ses personnages ont une signification humoristique ou ironique. Prenez chacun de ces noms et expliquez-le, s'il y a lieu.

4. Anatole France établit une longue série de contrastes dans son récit. Par exemple: la majesté de la justice et la simplicité de Crainquebille; le silence de la prison et le tumulte de la rue. Faites une liste de tous les effets de contraste et montrez-en l'importance dans le contexte de l'histoire.

5. L'auteur semble dire que seule la société est coupable de la déchéance de Crainquebille. Quel est votre avis sur cette question? Illustrez-le par des exemples précis.

6. Crainquebille est représenté comme un «bon», victime d'une société injuste et méchante, représentée, elle, par le président Bourriche. Prenez tous les personnages de *Crainquebille*, et situez-les à l'un des deux extrêmes ou bien entre les deux, en justifiant leurs actions.

7. Relevez dans le récit les mots et les expressions qui viennent du vocabulaire religieux et montrez l'effet qu'ils produisent sur le ton de l'histoire. Où l'auteur veut-il en venir par ces comparaisons?

8. En écrivant *Crainquebille*, Anatole France avait en tête l'affaire Dreyfus. Relevez tous les passages dans lesquels l'auteur généralise ses observations. Comment s'y prend-il pour «incorporer» l'aventure de Crainquebille dans ces passages?

Sujets de devoirs

1. Lisez un compte-rendu de l'affaire Dreyfus et montrez toutes les ressemblances qui existent entre elle et «l'affaire» Crainquebille. (Passages à consulter: 277—286; 349—358; 450—461).
2. Sous forme de dialogue (le pour et le contre), discutez l'idée que «la justice est la sanction des injustices établies». (439—440)
3. Défendez ou réfutez l'idée que la recherche de l'approbation sociale et le désir de conformisme sont à la base de toutes nos actions.
4. Déféndez ou réfutez la thèse «Il faut renoncer à savoir, mais il ne faut pas renoncer à juger». (374—375)
5. Sous forme de dialogue (le pour et le contre), discutez l'idée que tous les hommes éprouvent du goût à voir des spectacles ignobles et violents.

GEORGES COURTELINE

Georges Moineaux, mieux connu sous son nom de plume, naquit à Tours en 1858. Après des études au Collège de Meaux, il fait son service militaire durant lequel il est « partagé entre un major qui veut le renvoyer à Paris et une commission de réforme qui s'obstinait à le garder.» Plus tard, employé dans un ministère, Courteline retrouvera ce même esprit mesquin dans les milieux administratifs de la capitale. Il fait son apparition sur la scène littéraire avec des pièces de théâtre et des saynètes, avec des articles de journaux et des contes, qui avaient tous le même but : présenter d'une façon amusante les travers de l'homme et l'absurdité des règlements administratifs. Parmi ses œuvres, mentionnons *Boubouroche*, *Messieurs les Ronds-de-cuir* (une satire des fonctionnaires) et *La Conversion d'Alceste* (un sixième acte ajouté au *Misanthrope* de Molière). Il n'est guère surprenant que Courteline ait été comparé à Molière ; mais même s'il n'a pas le génie de ce dernier, il compte parmi les grands humoristes français. L'observation savoureuse des mœurs et l'aisance naturelle de son style sont ses plus belles qualités. Courteline mourut en 1929.

Le récit que nous donnons ici est extrait des *Gaîtés de l'Escadron* (1886). A cette époque, Courteline avait une chronique quotidienne aux *Petites Nouvelles* où il devait commenter l'événement le plus sensationnel de la veille. Or, un jour où il ne s'était rien passé, Courteline imagina de « rapporter, en commentant comme s'il l'avait appris par un journal de province, un trait des mœurs militaires en temps de paix dont il avait été le témoin quelques années avant.» Les *Souvenirs de l'Escadron* étaient nés. Courteline n'avait plus qu'à rassembler les chroniques qu'il avait publiées dans plusieurs journaux et à changer le titre en *Gaîtés de l'Escadron*.

A consulter : Jeanne Dessuet, *Georges Courteline, l'humoriste français*, Paris, 1928.

Exempt de Cravate

I

Ce jour-là, un dimanche délicieux de juillet, Lagrappe, que le médecin-major[1] avait exempté de cravate à cause d'un furoncle[2] à la nuque,[3] se présenta au corps de garde[4] sitôt sa gamelle[5] avalée. La main gauche dans le rang[6] et tenant le sabre, la droite ramenée en coquille[7] sur la visière[8] cerclée de cuivre du shako,[9] son cou de buffle[10] —tourné au rouge cramoisi[11] pour avoir été frotté de sable, rincé ensuite à l'eau de puits, puis tamponné[12] à tour de bras[13]— émergeant nu au col, rouge aussi, du dolman:[14]

«Permission de sortir?» dit-il.

Le maréchal des logis[15] de garde[16] chevauchait[17] une chaise dépaillée.[18] Il lui jeta de biais[19] un coup d'œil et froidement répondit:

«Demi-tour!»[20]

Demi-tour!

Le soldat en demeura baba,[21] étant coté[22] à l'escadron[23] pour son

---

[1] *médecin-major:* appellation des médecins militaires
[2] *furoncle:* inflammation de la peau
[3] *nuque:* partie postérieure du cou
[4] *corps de garde:* groupe de soldats qui surveillent l'entrée et la sortie du bâtiment
[5] *gamelle:* récipient où l'on met la nourriture des militaires
[6] *la main gauche dans le rang:* la main gauche le long du corps
[7] *en coquille:* avec les doigts en forme de coquille pour saluer
[8] *visière:* partie d'un casque ou autre coiffure qui protège le front et les yeux
[9] *shako:* coiffure militaire
[10] *cou de buffle:* cou dont la peau ressemble au cuir du buffle
[11] *rouge cramoisi:* rouge foncé
[12] *tamponné:* frotté (avec une étoffe en forme de tampon)
[13] *à tour de bras:* de toute sa force
[14] *dolman:* veste militaire
[15] *maréchal des logis:* sous-officier de cavalerie
[16] *de garde:* chargé de surveillance ce jour-là
[17] *chevauchait:* était assis comme à cheval
[18] *dépaillée:* où une partie de la paille manque
[19] *de biais:* obliquement
[20] *Demi-tour:* ordre de pivoter sur soi-même et de repartir
[21] *en demeura baba:* EXPRESSION IDIOMATIQUE en demeura stupéfait, bouche bée
[22] *coté:* connu; apprécié
[23] *l'escadron:* partie d'un régiment de cavalerie

souci de la propreté, le bel entretien de ses armes. Il brillait d'ailleurs comme un astre;[24] les basanes[25] telles que des glaces, et constellé,[26] du col au ventre, d'un triple rang de grelots[27] astiqués,[28] pareils à de minuscules soleils.

Demi-tour!...

Soudain il comprit.

«Si c'est à cause de la cravate, fit-il, j'suis[29] exempt de cravate, maréchal des logis. C'est le major qui m'a exempté à c'matin,[30] pour la chose que j'ai mal au cou.[31]

—Demi-tour, répéta le sous-officier qui fumait une cigarette, les bras au dossier de la chaise.»

Mais Lagrappe, fort de son bon droit,[32] insistant, expliquant que ce n'était pas une blague,[33] à preuve qu'on pouvait consulter[34] le cahier de l'infirmerie:

«Hé! je me moque bien, déclara-t-il, du cahier de l'infirmerie! on ne sort pas en ville sans cravate, voilà tout. Si vous tenez à[35] sortir, allez vous mettre en tenue;[36] sinon rentrez, et restez à la chambre! Est-ce que ça me regarde,[37] moi, si vous êtes exempt de cravate?»

Il parlait sans emportement,[38] avec la hauteur méprisante d'une catin[39] pour un boueux.[40] Un léger haussement d'épaules marqua la

---

[24] *astre:* corps céleste
[25] *basanes:* peaux qui font partie des pantalons de cavaliers
[26] *constellé:* semé d'étoiles. ICI couvert de choses brillantes
[27] *grelots:* boules en métal qui résonnent
[28] *astiqués:* reluisantes
[29] *j'suis:* LANGAGE PARLÉ je suis
[30] *qui m'a exempté à c'matin:* LANGAGE PARLÉ (incorrect grammaticalement) qui m'a exempté ce matin-même
[31] *pour la chose que j'ai mal au cou:* LANGAGE PARLÉ (incorrect grammaticalement) parce que j'ai mal au cou
[32] *fort de son bon droit:* sachant que le droit était de son côté
[33] *blague:* plaisanterie; duperie
[34] *à preuve qu'on pouvait consulter:* LANGAGE PARLÉ (incorrect grammaticalement) pour obtenir la preuve, on pouvait consulter
[35] *tenez à:* voulez
[36] *en tenue:* en uniforme réglementaire
[37] *ça me regarde:* ça me concerne
[38] *emportement:* colère, passion
[39] *catin:* femme de mauvaises mœurs
[40] *boueux:* ouvrier qui ramasse les ordures

fin de sa période; et l'autre, qu'interdisait[41] cette face aux yeux clignotants,[42] suante de dédain[43] et d'insolence, distinguée à travers des paquets de fumée, sentit l'inanité[44] d'une discussion plus longue. Il dit: «C'est bon!» fut mettre en deux temps[45] sa cravate, et, irréprochable cette fois, décrocha[46] son droit à sortir.

II

Or, il n'avait pas fait cent pas, qu'au coin de la rue Chanoinesse et du boulevard Chardonneret, il butait du nez dans[47] le médecin. Mandé[48] par estafette[49] au quartier des chasseurs[50] où agonisait un trompette[51] qu'une jument venait de scalper d'un coup de pied, cet homme pressé portait la vie du même pas tranquille qu'il eût porté la mort. A la vue de Lagrappe il fit halte, et abaissant lentement sur lui un regard tout noir de soupçon:

«Hé là! l'homme,* je ne me trompe pas; c'est bien toi* qui as un furoncle et que j'ai exempté de cravate à la visite[52] de ce matin?

—Oui, monsieur le major», dit Lagrappe.

Le médecin eut un bond[53] sur place et jura:

«Sacré nom de Dieu!»[54]

C'était un homme formidable, aux poings d'athlète, semés[55] de poils roux.* D'une incapacité notoire dont il avait l'âpre conscience, il la rachetait[56] par un absolutisme outré[57] de brute entêtée[58] et despote,

---

[41] *qu'interdisait:* qu'étonnait
[42] *clignotants:* qui s'ouvrent et se ferment rapidement
[43] *dédain:* mépris
[44] *l'inanité:* l'inutilité
[45] *en deux temps:* EXPRESSION IDIOMATIQUE très vite
[46] *décrocha:* LANGAGE POPULAIRE obtint finalement
[47] *il butait du nez dans:* il se trouvait face à face avec
[48] *mandé:* ayant été appelé
[49] *estafette:* cavalier chargé des communications
[50] *chasseurs:* corps de cavalerie légère
[51] *un trompette:* un joueur de trompette
[52] *visite:* ICI visite médicale; auscultation
[53] *un bond:* un saut
[54] *Sacré nom de Dieu:* juron
[55] *semés:* où se trouvaient çà et là
[56] *rachetait:* compensait
[57] *outré:* exagéré
[58] *entêtée:* obstinée

rendant des arrêts[59] sans appel et imposant à ses malades le culte de ses ordonnances.[60] La cravate de l'homme au furoncle cingla[61] ainsi que d'un soufflet sa susceptibilité chatouilleuse[62] de cancre;[63] et une chose qui le mit hors de lui tout à fait fut l'intervention, révélée par Lagrappe, du maréchal des logis de garde. Il pensa étrangler,[64] du coup.

Ironique et exaspéré:

«Le maréchal des logis de garde! brailla-t-il,[65] le maréchal des logis de garde! Eh! foutre![66] qui est-ce qui donne des ordres aux malades? Est-ce moi ou le maréchal des logis de garde? Tu seras satisfait, peut-être, le jour où tu auras attrapé un anthrax,[67] et c'est au maréchal des logis de garde que tu iras demander de te poser des compresses?[68] Bougre de rossignol à glands! Rhinocéros à boudin! Buse!»[69]

Et tout à coup:

«Veux-tu bien enlever ça, nom de Dieu? Veux-tu enlever ça tout de suite!»

Lagrappe sortit de cette entrevue dans l'état d'ahurissement[70] muet d'un homme qu'une main malfaisante aurait poussé, tout habillé, sous une douche.[71] A la fin, tout de même, il se remit,[72] et, la cravate dans la poche, il se rendit à la musique. Là, autour du tout Bar-le-Comte papotant[73] et endimanché[74] qui coquetait[75] sous la soie tendue

---

[59] *arrêts:* décisions
[60] *ordonnances:* ICI prescriptions
[61] *cingla:* ICI blessa
[62] *chatouilleuse:* ICI qui se blesse facilement
[63] *cancre:* élève paresseux. PAR EXTENSION personne qui n'a pas réussi dans la vie
[64] *étrangler:* étouffer (de fureur)
[65] *brailla:* cria
[66] *foutre:* exclamation extrêmement vulgaire
[67] *anthrax:* inflammation qui provient de la réunion de plusieurs furoncles
[68] *compresses:* linges pour panser des plaies
[69] *bougre de rossignol à glands; rhinocéros à boudin; buse:* Jurons inventés par le médecin. *Bougre:* LANGAGE VULGAIRE individu. *Glands:* pompons, ornements. *Boudin:* saucisse faite avec du sang et du porc. *Buse:* ICI personne ignorante, sotte.
[70] *ahurissement:* stupéfaction
[71] *douche:* jet d'eau
[72] *il se remit:* il se calma
[73] *papotant:* bavardant
[74] *endimanché:* vêtu des habits du dimanche
[75] *coquetait:* échangeait des propos galants; flirtait

des ombrelles,[76] c'était le cordon[77] multicolore des pauvres soldats sans le sou,[78] des chasseurs et des cuirassiers[79] venus pour tuer leur dimanche, voir *membrer*[80] la section hors rang, décupler[81] la saveur de leur indépendance du spectacle réjouissant de la servitude des autres. Débrouillard,[82] expert comme pas un dans le bel art de jouer de l'épaule[83] et de s'ouvrir la route à petites poussées lentes, le bon Lagrappe eut tôt fait[84] de se faufiler[85] au premier rang. Justement on jouait la marche du *Prophète*,* en sorte qu'il s'égayait[86] fort, marquant la mesure du bout de sa botte, et faisant des parties de trombone à bouche close. Une voix qui le héla[87] dans le dos: «Pst! Chasseur!» le fit retourner d'une seule pièce,[88] et il resta pétrifié, sa belle humeur rasée[89] comme avec une faux,[90] à reconnaître le colonel, qui fumait un cigare énorme, dans un petit cercle d'officiers.

Le colonel dit:

«Regardez-moi donc, je vous prie. C'est bien ce qu'il me semblait, parbleu![91] Vous n'avez pas votre cravate.»

Depuis bientôt vingt-cinq mois qu'il comptait à[92] l'escadron, Lagrappe, pour la première fois, allait parler au colonel, et cet immense événement lui coupait net bras et jambes.[93] Il fut sans un souffle, le pauvre. Simplement il hocha[94] la tête de haut en bas; en même temps,

---

[76] *ombrelles:* parasols pour dames
[77] *cordon:* ligne; rangée
[78] *sans le sou:* EXPRESSION POPULAIRE sans argent
[79] *cuirassiers:* soldats de cavalerie portant une armure
[80] *membrer:* se diviser
[81] *décupler:* augmenter considérablement
[82] *débrouillard:* quelqu'un qui se tire facilement d'affaire
[83] *jouer de l'épaule:* se créer une place en poussant les autres avec l'épaule
[84] *eut tôt fait:* ne mit pas longtemps
[85] *faufiler:* glisser
[86] *s'égayait:* s'amusait
[87] *héla:* appela
[88] *d'une seule pièce:* d'un seul mouvement
[89] *rasée:* ICI coupée
[90] *faux:* lame d'acier recourbée
[91] *parbleu:* juron acceptable dans la bonne société
[92] *qu'il comptait à:* qu'il faisait partie de
[93] *lui coupait net bras et jambes:* EXPRESSION IDIOMATIQUE le rendait incapable de réagir
[94] *hocha:* remua; secoua

précipitamment, il tirait de sa poche sa cravate. Ce rien déchaîna une trombe.[95] Ne doutant plus que le soldat eût voulu faire l'imbécile, s'aérer[96] le cou à cause de la grande chaleur, le colonel avait tourné au vert, et c'était à lui, maintenant, de brailler et de nomdedieuser[97] à gueule-que-veux-tu,[98] s'abattant des claques[99] sur les cuisses, prenant ses officiers consternés[1] à témoin, et demandant où on allait, si, dans les garnisons de l'Est, les soldats se mettaient à sortir sans cravate.

Il conclut:

«Remettez votre cravate.»

Lagrappe, éperdu,[2] obéit.

«Demi-tour!»

Lagrappe exécuta le mouvement, montrant maintenant à l'officier son dos couleur de beau temps, où s'élançaient des soutaches[3] noires, en fusées.[4]

«Rompez![5] Rentrez au quartier, de ce pas.[6] Vous vous ferez porter[7] pour quinze jours* de salle-police[8] à la pancarte[9] des consignés.[10] Allez!»

III

Lagrappe rentra au quartier juste comme le médecin-major, ayant achevé[11] son trompette, en sortait.

Celui-ci eut un mot, un seul:

«Encore!...»

---

[95] *déchaîna une trombe:* ICI fit sortir l'exaspération (du colonel)
[96] *s'aérer:* donner de l'air (au)
[97] *nomdedieuser:* dire «Nom de Dieu» (verbe inventé par l'auteur)
[98] *à gueule-que-veux-tu:* EXPRESSION POPULAIRE à haute voix
[99] *claques:* coups donnés avec le plat de la main
[1] *consternés:* jetés dans la stupeur
[2] *éperdu:* fort troublé
[3] *soutaches:* ornementations appliquées sur son costume
[4] *en fusées:* en gerbe
[5] *rompez:* ordre donné pour terminer le garde-à-vous
[6] *de ce pas:* immédiatement
[7] *vous vous ferez porter:* vous inscrirez votre punition
[8] *salle-police:* endroit où les militaires punis sont consignés le soir
[9] *pancarte:* tableau
[10] *consignés:* ceux qui ne peuvent pas sortir
[11] *achevé:* ICI tué

C'en était trop, aussi. Le sang le congestionna.[12]

«Alors, c'est un parti pris?[13] Nom de Dieu, celle-là est forte! Tu auras quinze jours de salle de police pour t'apprendre à te foutre de moi.[14] —Et puis, reviens-y,[15] à la visite!...»

Lagrappe voulut se justifier, évoquer la grande ombre du colonel, mais ce lui fut peau de balle[16] pour placer une syllabe, buté aux «Veux-tu me foutre la paix!» du docteur. Sous la voûte aux échos sonores de la caserne,[17] les éclats de voix de ce dernier tonnaient[18] comme des coups de canon.

Il dut y renoncer.

Le soir même, il descendit au lazzaro.[19] Et quand il eut tiré[20] quinze jours pour avoir enlevé sa cravate, il en tira quinze autres pour l'avoir conservée.

---

[12] *congestionna:* fit devenir tout rouge
[13] *un parti pris:* une résolution ferme
[14] *te foutre de moi:* LANGAGE VULGAIRE te moquer de moi
[15] *reviens-y:* SENS n'essaie surtout pas de revenir...
[16] *peau de balle:* EXPRESSION POPULAIRE en vain
[17] *caserne:* bâtiment où logent les militaires
[18] *tonnaient:* faisaient du bruit
[19] *lazzaro:* endroit où se rendent les consignés
[20] *il eut tiré:* LANGAGE POPULAIRE il eut terminé

NOTES EXPLICATIVES

(47) *Hé là! l'homme:* forme familière d'adresse qui dénote immédiatement la distance sociale entre le médecin et le soldat.

(47) *c'est bien toi:* Voir la note précédente. L'officer emploie la forme familière.

(53) *poils roux:* L'adjectif rouge devient roux (rousse) lorsqu'il modifie cheveux, poils, et d'autres parties du corps.

(83) *Prophète: Le Prophète* est un opéra du compositeur allemand Meyerbeer, représenté pour la première fois en 1849.

(111) *quinze jours:* C'est ainsi que les Français expriment un intervalle de deux semaines. Lorsqu'il s'agit d'une semaine l'expression est *huit jours.*

Exercices de grammaire

A. «**pour avoir été frotté**» (6) (SENS: parce qu'il avait été frotté)

D'après cet exemple, transformez les phrases ci-dessous et complétez-les selon votre imagination:

1. Pour avoir été approuvée... **2.** Pour avoir été démenti... **3.** Pour avoir été aimée... **4.** Pour avoir été loués... **5.** Pour avoir été blâmé...

B. «**pareils à** de minuscules soleils» (17—18) (SENS: qui ressemblent à de minuscules soleils)

D'après cet exemple, transformez les phrases ci-dessous et complétez-les selon votre imagination:

1. Ces perles, pareilles à des astres... **2.** Ces jeunes filles, pareilles à des roses... **3.** Ces bébés qui ressemblent à des poupées... **4.** Ces arbres, pareils à des palmiers... **5.** Cette peinture qui ressemble à son modèle...

C. «Si vous **tenez à** sortir.» (30) (SENS: Si vous voulez sortir.)

D'après cet exemple, transformez les phrases ci-dessous et complétez-les selon votre imagination:

1. Si tu tiens à te battre... **2.** S'il veut s'en aller... **3.** Si vous tenez à me le donner... **4.** S'ils veulent le faire... **5.** Si elles tiennent à parler...

D. «Lagrappe **eut tôt fait** de se faufiler.» (82) (SENS: Lagrappe ne mit pas longtemps à se faufiler.)

D'après cet exemple, transformez les phrases ci-dessous:

1. Nous eûmes tôt fait d'arriver. **2.** Il eut tôt fait de terminer. **3.** Elle eut tôt fait de nous avertir. **4.** Vous eûtes tôt fait de vous habiller. **5.** Ils eurent tôt fait de se réconcilier.

E. «Les soldats **se mettaient à** sortir.» (102) (SENS: Les soldats commençaient à sortir.)

D'après cet exemple, transformez les phrases ci-dessous:

1. Les hommes se mirent à parler. **2.** Elle se mettra à raconter une histoire. **3.** Nous nous sommes mis à notre travail. **4.** Vous vous mettiez à pleurer. **5.** Il se met à lire.

Questions portant sur le texte

1. Pourquoi est-il important de savoir quel temps il fait? (1)
2. Qu'y a-t-il de bizarre dans l'expression «sitôt sa gamelle avalée»? (3)
3. Que pensez-vous du traitement médical subi par Lagrappe? (5—7) Quelle lumière ce traitement jette-t-il sur le médecin?
4. Pourquoi l'auteur nous montre-t-il comment le maréchal des logis est installé sur sa chaise? (10)
5. Quel effet l'auteur cherche-t-il à produire par la double répétition de «Demi-tour»? (12 et 19)
6. Les mots «astre», «glaces», et «constellé» sont-ils à propos? (15—18)
7. Que pouvons-nous conclure quant à l'éducation et au milieu social de Lagrappe d'après sa façon de parler? (21—23)
8. Quel est l'effet produit par le contraste entre le laconisme de l'officier et les tentatives d'explication de Lagrappe? (12—25)

9. Par quelle remarque l'auteur nous montre-t-il déjà l'absurdité de la situation? (29—32)
10. Qu'est-ce qui nous montre que Lagrappe a compris le système et qu'il s'y conforme? (34—39)
11. Qu'y a-t-il d'humoristique dans la phrase: «avec la hauteur méprisante d'une catin pour un boueux»? (33—34)
12. Comment l'auteur s'y prend-il pour rendre drôle une scène qui est foncièrement tragique: l'agonie d'un homme? (41—44)
13. Faites ressortir tous les détails humoristiques dans la description du médecin. (52—56)
14. Qu'y a-t-il de surprenant dans la réaction du médecin? (50—51)
15. Qu'y a-t-il d'incongru dans l'emploi du mot «rachetait»? (54)
16. Pourquoi le médecin devient-il encore plus furieux lorsqu'il apprend l'intervention du maréchal des logis? (57—60)
17. Etudiez avec soin l'apostrophe du médecin (62—67) et faites-en ressortir la justesse dans l'emploi du vocabulaire, ainsi que dans le caractère du personnage.
18. La description de Lagrappe à la fin de l'entrevue est-elle bien trouvée? (71—73) Pourquoi l'auteur a-t-il choisi cette image?
19. Quels effets l'auteur emploie-t-il pour contraster la scène en ville avec la vie militaire à la caserne? (74—79)
20. Qu'est-ce qui nous montre que Lagrappe est en effet un débrouillard? (80—82)
21. La réaction de Lagrappe lorsque le colonel lui adresse la parole vous semble-t-elle bien observée? (85—96) Justifiez votre réponse.
22. Pourquoi le colonel est-il persuadé que Lagrappe veut «faire l'imbécile»? (97)
23. Quelle est la véritable cause de la résignation de Lagrappe? (126) Cette fin ironique convient-elle à la nouvelle? (127—129)

Questions générales portant sur le texte

1. Qu'y a-t-il d'humoristique ou d'ironique dans ce récit?
2. Est-il possible de se faire une idée juste de la vie au régiment en lisant cette histoire? Justifiez votre réponse.
3. Prenez les trois personnages principaux et montrez en quoi ils sont stéréotypés.
4. Il s'agit évidemment d'une satire de la vie militaire. Par quels effets Courteline arrive-t-il à couvrir cette satire d'un voile humoristique?
5. Quelle est la morale que nous pouvons tirer de cette histoire? Pensez-vous que l'auteur cherche à nous en indiquer une?

Sujets de devoirs

1. Inventez une situation pareille à celle dans laquelle se trouve Lagrappe, mais dans la vie civile et à notre époque (Exemple: le citoyen devant un bureaucrate.)
2. Imaginez que Lagrappe arrive à convaincre le médecin-major et écrivez cette conversation sous forme de dialogue.
3. Ecrivez une composition sur le sujet suivant: La discipline militaire doit avoir des limites.
4. Ecrivez une composition sur la phrase suivante que vous compléterez selon vos convictions: Face à la bêtise et à l'injustice humaines, il n'y a qu'une chose à faire...

IV

Récits psychologiques et philosophiques

GILBERT CESBRON

Gilbert Cesbron naquit à Paris le 3 janvier 1913. Il fit ses études à l'Ecole des Sciences Politiques, mais se lança dans la carrière des lettres dès 1934, année où il publia son premier recueil de poèmes, *Torrent*. Son premier roman, *Les Innocents de Paris*, parut en 1944 et fut couronné par le Prix de la Guilde du Livre de Lausanne. Sa renommée s'affirma avec un deuxième roman, *Notre Prison est un Royaume*, qui reçut le Prix Sainte-Beuve en 1948. Auteur également de nombreux essais, nouvelles, et pièces de théâtre (*Il est minuit, docteur Schweitzer*, 1950), Cesbron prend comme sujet de ses œuvres des thèmes d'actualité comme le mouvement des prêtres ouvriers (*Les Saints vont en enfer*, 1952), la jeunesse délinquante (*Chiens perdus sans collier*, 1954), etc. En plus de ses travaux littéraires, Cesbron travaille pour une société de production radiophonique.

Grand Café de l'Ecluse a été publié en 1959 dans un recueil de nouvelles : *Tout dort et je veille*. Cette nouvelle qui reprend les thèmes éternels de la solitude de l'homme et de la fuite du temps nous offre également une superbe description de la vie en province, et nous montre la profonde compassion de Cesbron pour les humbles et les déshérités de la vie.

Grand Café de l'Écluse

Comme je sortais de la gare, une averse,[1] que rien au ciel n'annonçait, tomba d'un seul coup. Non pas de cette pluie oblique, portée par le vent et blanche de colère; mais droite comme le saule pleureur,[2] un rideau bien lourd: une pluie qui, vraiment, vous séparait du monde.

L'averse coulait sans violence mais avec une telle force que je pensais à chaque instant en voir la fin. Il était impossible que ces nuées[3] grises continssent de telles réserves! Et pourtant le ciel pleurait sans effort, sans conviction, comme certaines veuves;[4] et l'idée me vint qu'il en serait ainsi toute la nuit, toute la vie: qu'il s'agissait là d'un phénomène aussi naturel et définitif qu'une cascade... D'ailleurs, les pavés à mes pieds prenaient l'aspect riant et résigné des pierres que l'on voit dans le lit[5] des rapides,[6] et le ruisseau[7] qui coulait le long du trottoir[8] était musclé comme un torrent. Il en avait déjà les caprices exacts, la fantaisie glacée, la hâte.

Derrière moi, on fermait les portes de la gare. Ce bâtiment, ouvert d'un côté sur l'inconnu, de l'autre sur le trop connu, ce lieu de passage[9] se refermait sur son vide poussiéreux:[10] sur ses tickets, ses horaires,[11] ses affiches fanées,[12] ses bagages abandonnés et ces dortoirs[13] anonymes qui n'entendent ronfler que le sommeil gris[14] des voyageurs pris entre le train du soir et celui de l'aube.[15]

J'étais l'un de ces passagers dans une ville que j'ignorais mais que,

---

[1] *averse:* pluie violente et subite
[2] *saule pleureur:* variété d'arbre
[3] *nuées:* gros nuages
[4] *veuves:* femmes dont le mari est mort
[5] *lit:* ICI canal où coule la rivière
[6] *rapides:* parties de la rivière où le courant est le plus rapide
[7] *ruisseau:* cours d'eau peu considérable
[8] *trottoir:* endroit d'une rue où marchent les piétons
[9] *lieu de passage:* endroit où l'on ne fait que passer, où l'on ne s'arrête pas
[10] *poussiéreux:* rempli de poussière
[11] *horaires:* tableaux qui indiquent l'heure des départs et des arrivées des trains
[12] *fanées:* ICI décolorées, jaunies
[13] *dortoirs:* salles où se trouvent de nombreux lits. ICI salles d'attente
[14] *sommeil gris:* mauvais sommeil; sommeil interrompu fréquemment
[15] *l'aube:* la levée du jour

d'avance, je méprisais: «Comment peut-on passer sa vie, toute sa vie dans un endroit pareil?» J'en imaginais la grand-messe,[16] la caserne, le cabinet[17] du notaire,[18] les instruments du dentiste, la salle des pas-perdus* du palais de justice, la grille du jardin public,* le rayon *garçonnets*[19] du magasin de confection,[20] le buste du grand homme inconnu, le couloir du percepteur[21] (les chaises alignées le long du mur dans le couloir du percepteur); la mercerie[22] tenue par deux vieilles filles, l'accordeur de piano (aveugle),* l'haleine[23] du second vicaire à travers le grillage de bois du confessionnal, les globes[24] du théâtre (un sur trois est ébréché),[25] le...

«Assez! assez! N'est-ce pas la même chose dans ta ville? dans ta propre ville?» pensai-je.

Bossant[26] le dos, je pénétrai dans l'averse, droit devant moi, au hasard. Je vis des volets clos, des toits ruisselants, des descentes de gouttière[27] tumultueuses, des trottoirs profonds comme des miroirs, une chaussée[28] glacée où passaient des oiseaux transis;[29] je vis des arbres accablés,[30] des bancs tout nus, des kiosques[31] ruineux[32] qui se laissaient engloutir[33] sans défense.

J'aperçus un chien aussi luisant qu'un phoque et qui s'enfuyait, la queue basse. Je l'appelai. Ma solitude m'apparut totale; mes vêtements eux-mêmes, traversés par l'averse, ne m'étaient plus d'aucune présence:[34]

---

16 *grand-messe:* messe chantée
17 *cabinet:* bureau, lieu de consultation
18 *notaire:* personne qui rédige des contrats et qui remplit d'autres fonctions officielles
19 *rayon garçonnets:* rayon où l'on vend uniquement des articles pour jeunes garçons
20 *magasin de confection:* magasin qui vend surtout des vêtements, des tissus, etc.
21 *percepteur:* fonctionnaire chargé de recouvrer les impôts
22 *mercerie:* magasin qui vend du fil, des aiguilles et d'autres petits objets de ce genre
23 *l'haleine:* le souffle
24 *globes:* sphères qui protègent et ornent les lampes
25 *ébréché:* légèrement abimé; usé
26 *bossant:* courbant
27 *descentes de gouttière:* tuyaux par où s'écoule la pluie
28 *chaussée:* rue large
29 *transis:* saisis de froid
30 *accablés:* ICI prostrés, recourbés
31 *kiosques:* petits stands qui vendent des journaux, des revues, etc.
32 *ruineux:* tombés en ruines
33 *engloutir:* ICI absorber
34 *ne m'étaient plus d'aucune présence:* ne me semblaient plus réels

je les portais, inertes et pesants, comme on sauve un noyé. J'appelai donc le chien; il ne détourna même pas son regard et disparut par des chemins qu'il connaissait. Je restai seul avec ce reflet dans le trottoir: moi-même debout parmi des nuages qui s'enfuyaient aussi...

Et soudain, au moment même où m'investissait[35] un singulier désespoir que ma solitude ne suffisait certes pas à justifier et qui me rendait pareil à cet arbre, à ce banc, à ce cadavre d'un oiseau que le ruisseau emportait vers l'égout,[36] soudain je sortis de la pluie.

Elle n'avait pas cessé: j'en entendais encore l'averse dans mon dos; et je pouvais voir, en me retournant, la pelouse[37] glacée: chaque herbe d'argent que la goutte élève un instant en rejaillissant[38] sur le pavé. Mais moi j'étais sorti de la pluie et je marchais sur le trottoir gris d'une ville —la même, évidemment!— dont je ne reconnaissais rien. Il me semblait que je venais de passer une écluse[39] et de sortir du Temps.* Je n'aurais pas été surpris de rencontrer sous ces arbres —les mêmes!— des dames en robes surannées[40] et de ces hommes barbus[41] qu'on voit aux pages des albums de famille! Ni de constater que les maisons fussent, alentour,[42] nouvellement construites et ce café, vers lequel je me dirigeais en si grande hâte, inauguré de la veille. Il me semblait aussi... —mais peu importe![43]

Lorsque j'y pénétrai, personne ne tourna la tête vers cet étranger. L'établissement se trouvait plein; des hommes seulement et qui faisaient silence. Je ne leur accordai qu'un regard distrait et j'allais, d'un seul jugement, les classer à jamais[44] lorsque l'un d'eux se leva et dit, au milieu d'une telle attention qu'il fallait bien qu'il exprimât l'opinion de tous:

«Ecoutez bien: *le Temps se retire de nous*, voilà la vérité!... Il se

---

[35] *m'investissait:* m'envahissait
[36] *égout:* système de canalisation
[37] *pelouse:* terrain couvert d'herbe
[38] *en rejaillissant:* en retombant
[39] *écluse:* construction sur une rivière ou un canal pour réglementer le flot des eaux
[40] *surannées:* vieillies; dont le temps a fait perdre la valeur
[41] *barbus:* qui portent une barbe
[42] *alentour:* autour de moi
[43] *peu importe:* cela n'a pas d'importance
[44] *à jamais:* pour toujours

retire comme la mer, emportant le sable sous nos pieds. Ce sol dont nous étions assurés, ce sol qui nous portait si ferme devient poreux, fragile. Il cède sous notre poids, toujours le même: nous n'avons pas changé —et pourtant nous perdons l'équilibre. Nous chancelons,[45] trahis... C'est le Temps qui se retire de nous! Voilà: le Temps se retire de nous...»

Il se tut; parut vouloir parler encore: leva les sourcils, battit des paupières;[46] puis haussa les épaules comme un homme qui n'a plus rien à dire —non, décidément! qui a dit l'essentiel; et se rassit. J'observai le parleur, puis chacun des assistants; et je me demandai comment j'avais pu, l'instant d'auparavant, les confondre et prétendre les juger d'un regard. Mon cœur se serrait, je sentais trembler mon menton et des larmes me monter aux yeux, *car je voyais à présent clairement la blessure par où le Temps s'était retiré de chacun d'eux*... Ce n'était pas une ride, une mèche[47] grise, une joue creuse ou des doigts noueux;[48] c'était... —mais voici.

Il y avait là l'homme qui n'a jamais taillé[49] sa barbe de sa vie; celui qui ne sort jamais sans la canne avec laquelle il a fait toute la guerre; celui qui a rencontré Jaurès* un dimanche soir dans le métro;[50] celui qui croit posséder la montre la plus plate du monde; celui qui n'a jamais manqué une seule exposition universelle; celui qui a fait son service militaire avec un neveu du pape; celui qui juge les gens d'après la cambrure[51] de leur pied (et c'était une théorie du duc de Montpensier);* celui qui a eu onze enfants et deux seulement sont arrivés à l'âge d'homme; celui qui a clairement entendu l'explosion de Courrières (mais il n'en parle plus depuis qu'on lui demande: «Qu'est-ce que c'est que l'explosion de Courrières?»); celui qui a serré la main de Paul Bourget* dans une vente de charité; celui qui est fier parce que ses parents, leurs parents et trois générations encore sont nés dans la même ville; celui qui, en 1907, dans le Cher,* a pêché un poisson grand comme

---

[45] *nous chancelons:* nous vacillons
[46] *battit des paupières:* ouvrit et ferma les yeux
[47] *mèche:* partie des cheveux
[48] *noueux:* ICI déformés par l'âge
[49] *taillé*: coupé
[50] *le métro:* système métropolitain des trains souterrains à Paris.
[51] *cambrure:* courbure

ça;[52] celui qui ne transige pas[53] dès que l'honneur et la patrie sont en jeu;[54] celui qui n'a pas un cheveu blanc à son âge; celui à qui on n'a jamais donné de leçons —et ce n'est pas vous, jeune homme, qui commencerez; celui qui roule ses cigarettes lui-même avec un appareil acheté à Liverpool au début du siècle; celui dont le nom s'écrit avec deux L et un N comme *papillon*; celui qui trouve chaque année que les autres «ont pris un sacré coup de vieux[55] depuis l'an dernier»; celui qui se demande sans cesse ce que peut bien faire en ce moment sa femme qui l'a quitté il y a dix-sept ans; celui qui a inventé une nouvelle manière de jouer aux dominos; celui qui sait par cœur *Le Lac* de Lamartine;* celui qui a servi la messe[56] tous les jours pendant onze ans, bon Dieu! et ça lui suffit!; celui qui, chaque jour quand vous dépliez[57] le journal, vous l'avait bien dit;[58] celui qui a failli faire[59] le tour du monde sur le yacht du prince de Galles;* celui qui a piloté la première voiture de Dion-Bouton;* celui qui parlait l'anglais avant le français et qui a tout oublié, c'est curieux n'est-ce pas?; celui qui rêve encore une fois par mois qu'il passe son concours[60] des Eaux et Forêts* («Et le plus drôle, mon cher —je ne pouvais pas le dire devant ces dames!— C'est que je me vois nu comme un ver...»); le veuf qui vit seul avec son gendre parce que sa fille unique est morte en couches;[61] celui qui a perdu un bras dans une bataille que personne ne se rappelle; celui qui pèse deux cent quatorze livres, et pourtant il était un enfant si chétif qu'on avait bien cru ne jamais l'élever («Ce qui prouve, voyez-vous, que cela ne veut rien dire![62]») celui qui, à vingt jours près,[63] a perdu son droit à une pension importante; celui qui n'a jamais fait tort d'un franc,[64] vous m'entendez? d'un seul franc à personne; celui

---

[52] *grand comme ça:* cette expression est accompagnée d'un geste des mains
[53] *ne transige pas:* refuse de faire des concessions
[54] *sont en jeu:* sont sous considération
[55] *ont pris un sacré coup de vieux:* LANGAGE POPULAIRE ont beaucoup vieilli
[56] *servi la messe:* assisté le prêtre à la messe
[57] *dépliez:* ouvrez
[58] *vous l'avait bien dit:* vous avait averti que cela allait arriver
[59] *qui a failli faire:* qui a presque fait
[60] *concours:* examen compétitif
[61] *en couches:* en donnant naissance
[62] *cela ne veut rien dire:* cela n'a aucune signification
[63] *à vingt jours près:* lorsqu'il ne s'agissait plus que de vingt jours
[64] *fait tort d'un franc:* soustrait un franc

qui a perdu son alliance[65] tellement il a maigri depuis la mort de sa femme; celui dont le fils, s'il en avait eu un, aurait été officier de marine, car c'est le plus beau des métiers; celui à qui on a fait un procès parce qu'il portait, depuis trente ans, un titre nobiliaire[66] auquel il n'avait pas droit; celui qui s'est aperçu qu'il a derrière l'oreille —là, vous sentez?— une grosseur qui l'inquiète; celui qui n'a jamais serré la main à son meilleur ami depuis l'affaire Dreyfus;* celui qui se rappelle très bien avoir, enfant, assisté aux funérailles de Victor Hugo* (et il doit même posséder encore, quelque part, un porte-plume souvenir: on regarde dans un petit trou et on voit le rocher de Guernesey)*; celui qui est resté quarante ans comptable[67] dans la même maison et, quand le fondateur est mort, les héritiers l'ont mis à la rue, comme un chien!; celui qui tire à l'épée[68] de la main gauche; celui qui sait reconnaître les feuilles d'arbres et tous les chants d'oiseaux —malheureusement, il n'y a rien de tout cela dans les villes...; celui qui porte encore la chaîne de montre que son parrain[69] lui a offerte pour sa première communion;[70] celui qui était le dernier de douze enfants et il en veut encore aux[71] aînés qui le taquinaient;[72] celui qui avait épousé une actrice et l'appelait *Madame*; celui qui ne dort pas plus de quatre heures par nuit depuis Verdun* —et encore c'est un maximum!; celui qui ne possédait qu'une seule photo de ses enfants et maintenant elle est toute effacée; celui qui...

Mais j'aperçus dans une glace un visage qu'il me semblait connaître: un visage, cent visages! car les miroirs dorés se le renvoyaient sans pitié. J'y vis deux yeux d'enfant débordant de[73] questions; j'y vis des cheveux gris, une bouche ouverte comme celle des morts: une figure sans âge, car le Temps s'en était retiré —et c'était la mienne.

Alors je fermai les yeux, j'appliquai mes poings sur mes yeux afin

---

[65] *alliance:* anneau de mariage
[66] *titre nobiliaire:* titre de noblesse (baron, comte, etc.)
[67] *comptable:* celui qui s'occupe des comptes, tient les livres, etc.
[68] *tire à l'épée:* fait de l'escrime
[69] *parrain:* celui qui tient un enfant sur les fonts du baptême
[70] *première communion:* cérémonial religieux chez les Catholiques
[71] *il en veut... aux:* il est fâché contre
[72] *taquinaient:* fâchaient sans méchanceté
[73] *débordant de:* remplis de

de ne plus voir mes pitoyables[74] voisins, tous ceux-là que j'ai dit: le veuf, l'escrimeur, le comptable, le patriote, l'inventeur, le mutilé, l'homme seul, l'homme seul, l'homme seul...

«*Assez! criai-je pour moi-même, assez! N'est-ce pas la même chose dans ta vie? dans ta propre vie?*»

---

[74] *pitoyables:* qui excitent la pitié

NOTES EXPLICATIVES

(25) *la salle des pas-perdus:* Nommée d'après la salle du Palais de Justice à Paris, cette salle précède celle du tribunal et sert de lieu de rencontre aux avocats, procureurs, etc.

(25) *la grille du jardin public:* De nombreux jardins publics sont entourés d'une grille et fermés la nuit.

(29) *l'accordeur de piano* (*aveugle*)*:* Comme la cécité renforce le sens de l'ouïe, les accordeurs de piano sont parfois aveugles.

(56) *du Temps:* La majuscule indique qu'il s'agit d'une abstraction, d'une conception philosophique.

(88) *Jaurès:* homme politique, chef du parti socialiste (1859–1914).

(93) *duc de Montpensier:* personnage historique qui vécut au dix-septième siècle.

(97) *Paul Bourget:* romancier et critique (1852–1935).

(99) *le Cher:* département au centre de la France.

(110) *le Lac de Lamartine:* célèbre et long poème de ce poète romantique (1790–1869).

(113) *prince de Galles:* titre que prend en Angleterre le fils aîné du roi.

(114) *Dion-Bouton:* un des premiers fabriquants d'automobiles.

(116) *Eaux et Forêts:* division gouvernementale qui s'occupe de l'entretien des parcs, forêts, rivières, etc.

(132) *l'affaire Dreyfus:* Voir les explications dans l'Introduction à *Crainquebille,* à la page 131.

(133) *funérailles de Victor Hugo:* Les funérailles de ce grand poète et romancier, mort en 1885, furent un événement national.

(135) *le rocher de Guernesey:* île de la Manche où Victor Hugo s'est exilé pendant quelque temps.

(145) *Verdun:* ville où a eu lieu une bataille importante lors de la Première Guerre mondiale.

Exercices de grammaire

A. «mes vêtements **eux-mêmes**» (41—42) (SENS: même mes vêtements)

D'après cet exemple, transformez les expressions ci-dessous:

1. Mes amies elles-mêmes **2.** Mon père lui-même **3.** Son ignorance elle-même **4.** Leurs paroles elles-mêmes **5.** Ses actes eux-mêmes

B. *Justifiez l'emploi de chaque verbe dans le paragraphe de la page* 192 *qui commence:* «Et soudain...»

C. «celui qui **a failli faire**» (112) (SENS: celui qui a presque fait)

D'après cet exemple, transformez les phrases ci-dessous:

1. J'ai failli y aller. **2.** Elle a failli venir. **3.** Nous avons failli l'acheter. **4.** Vous avez failli vous perdre. **5.** Tu as failli mourir.

D. «une bataille **que** personne ne **se rappelle**» (120) (SENS: une bataille dont personne ne se souvient)

D'après cet exemple, transformez les expressions ci-dessous:

1. Un endroit que je me rappelle **2.** Un livre dont tu te souviens **3.** Des personnes que vous vous rappelez **4.** Une chanson dont il se souvient **5.** Un renseignement qu'elles se rappellent

E. «Il **en veut** encore **aux** aînés.»(142—143) (SENS: Il est encore fâché contre les aînés.

D'après cet exemple, transformez les phrases ci-dessous:

1. Il est fâché contre ses enfants. **2.** Nous sommes fâchés contre nos voisins. **3.** Vous êtes fâchés contre eux. **4.** Elle est fâchée contre sa sœur. **5.** Il est fâché contre son ami.

Questions portant sur le texte

1. Avec quel autre événement dans la suite du récit peut-on comparer la soudaineté de l'averse? (1—2)
2. Quelles seraient d'autres comparaisons à appliquer à ce genre de pluie? (2—4)
3. Quelle différence y a-t-il entre la violence et la force? (5—6) Illustrez votre réponse par des exemples.
4. En quoi l'image des veuves est-elle bien choisie dans ce contexte? (7—8)
5. Quels sont tous les facteurs qui contribuent à l'attitude pessimiste du narrateur? (8—10)
6. Quel effet l'auteur cherche-t-il à produire par le contraste entre «riant» et «résigné»? (10—11)
7. Quels sont d'autres adjectifs qu'on pourrait appliquer à ce «torrent»? (12—13)
8. Qu'y a-t-il de curieux dans les expressions «caprices exacts» et «fantaisie glacée»? (13—14)
9. Développez «l'inconnu» et «le trop connu» de la gare. (15—17) Qu'est-ce l'auteur veut dire par ces expressions?
10. Faites ressortir tous les éléments qui contribuent à rendre la description de la gare mélancolique. (15—20)
11. Le temps seul suffit-il à expliquer la solitude du narrateur?

(41) Quels sont d'autres éléments qui peuvent y contribuer?

12. Pourquoi l'auteur introduit-il le court épisode du chien? (40—45)

13. Qu'est-ce qui nous montre que ce n'est pas la première fois que le narrateur se sent terriblement seul? (47—50)

14. Voyez-vous un élément commun entre «l'arbre», «le banc» et «le cadavre de l'oiseau» auxquels le narrateur se compare? (48—50)

15. Que veut dire exactement le narrateur par: «je sortis de la pluie»? (50)

16. Quels sont tous les éléments qui font sentir au narrateur que son état d'âme a changé? (51—62)

17. Est-il possible d'expliquer logiquement l'expérience du narrateur, ou faut-il y voir une expérience mystique? (54—56)

18. Pouvez-vous terminer la phrase que le narrateur commence? (61—62)

19. Pourquoi n'est-il pas important de continuer la description des impressions du narrateur? (61—62)

20. Comment le narrateur allait-il probablement classer les clients du café? (65—66)

21. Quels sont les éléments qui donnent un air d'irréalité à la scène du café? (63—75)

22. Comment interprétez-vous l'idée centrale de la nouvelle: «le Temps se retire de nous»? (69) L'auteur veut-il dire que nous ne nous apercevons pas du passage des années?

23. Quelle est la véritable raison pour laquelle l'homme qui a entendu l'explosion refuse d'en parler? (95—96)

24. Pourquoi l'homme ne peut-il pas raconter son rêve devant les dames? (115—118)

25. Quels sont dans ce long catalogue, tous les éléments ironiques? (86—147)

26. Qu'est-ce qui empêche le vieux combattant de Verdun de passer une bonne nuit? (144—145)

27. Pourquoi est-il important de savoir que le narrateur a des yeux d'enfant? (150)

Questions générales portant sur le texte

1. La scène du café est-elle une simple hallucination du narrateur ou pourrait-elle avoir eu lieu en réalité?
2. Quel est l'élément commun qui relie tous les hommes du café?
3. Réduisez tous les exemples de l'auteur à une idée philosophique et répondez à la question suivante: quelle est l'unique blessure pour tous les hommes par où s'écoule le Temps?
4. En quoi le nom du café est-il particulièrement bien choisi?
5. Remarquez le changement de ton lorsque l'auteur passe au discours direct (e.g. 102—103) et faites ressortir tous les autres exemples de ce procédé.
6. Quelle est sans doute la question qui hante le narrateur plus que toutes les autres?
7. Le narrateur arrive-t-il en fin de compte à définir le Temps?

Sujets de devoirs

1. Récrivez le quatrième paragraphe (21—31), mais en vous imaginant une ville typiquement américaine.
2. Continuez la description du quatrième paragraphe aussi longtemps que votre imagination vous le permettra.
3. Récrivez le sixième paragraphe (34—39) en vous imaginant qu'il fait beau et que le narrateur est de bonne humeur. Changez tous les adjectifs.
4. Continuez la longue description des blessures par où le Temps s'est retiré de chaque homme.

MARCEL ARLAND

Marcel Arland naquit d'une famille de la bourgeoisie rurale à Varennes, en 1899. Il fit ses études au collège Diderot de Langres, et après avoir obtenu son baccalauréat de philosophie il se rend à Paris où il mène une vie assez mouvementée. Après son service militaire il se met à écrire. En 1920 il fonde une revue d'avant garde qui n'aura que trois numéros, *Aventure*; peu après il rompt avec André Breton, et fonde une nouvelle publication, *Dés*. En 1922 il collabore à la *Nouvelle Revue Française* et publie *Terres étrangères*. Il enseigne ensuite les lettres dans un collège libre jusqu'en 1929, année où il reçoit le prix Goncourt pour son roman *L'Ordre*. Il se marie en 1930, continue à écrire et se crée une réputation de plus en plus grande dans les cercles littéraires et auprès du grand public. En 1939 il est mobilisé et passe une partie de la guerre en Algérie. Après la guerre Arland continue à publier essais, nouvelles et critique. Il dirige la *NRF* avec Jean Paulhan.

Les Roses de Piérie qui sont extraites d'un recueil de nouvelles, *A perdre haleine* (1960), traitent—comme toutes les autres nouvelles du recueil—la complexité des rapports entre deux êtres. Pour Arland, écrit le critique Jean Blanzat, «il s'agit presque toujours d'éclaircir un destin au moment où il tourne, une âme à l'instant où elle se reconnaît.»

A consulter: Jean Duvignaud, *Arland*, Paris, 1962.

Les Roses de Piérie

On le devine à peine, là-haut, dans la vague lueur[1] de la baie[2] vitrée, au fond de la salle presque ténébreuse.[3] Et que fait-il, le petit singe, ainsi recroquevillé[4] sur le dernier barreau de l'échelle double, les coudes aux cuisses et le menton sur les paumes,[5] les yeux tournés vers la nuit sans lune —à regarder quoi? Les gouttières du collège,[6] l'impasse,[7] le jardin des bonnes Sœurs?* Tout dort. C'est bien de Michel,[8] qui ne fait rien comme les autres et ne semble pas même s'en rendre compte. Michou, Singeon!* Et s'il allait tomber!

Doucement, Alex referma la porte de la salle de dessin et s'avança dans l'ombre, puis chuchota:[9]

«Michel?»

De là-haut, l'enfant baissa les yeux sur son ami:

«Ah! Je croyais que tu ne viendrais plus.

—Ecoute: ce n'était pas commode,[10] avec le pion[11] qui ne se décidait pas à éteindre. Et après, de la cour, j'ai entendu parler chez le Principal. J'ai dû attendre sous le préau.[12]

—Pauvre Alex!»

Bon! S'il se moque, ce ne sera pas grave.

«Et toi, mon petit, tu es là depuis longtemps?

—Une heure.

—Oh!... Comme tu as dû t'ennuyer!

—Tu crois?»

Fâché. Une voix nonchalante,[13] mais prête à mordre.

---

[1] *lueur:* faible lumière
[2] *baie:* ouverture; cadre de fenêtre
[3] *ténébreuse:* sombre
[4] *recroquevillé:* replié sur lui-même
[5] *paumes:* creux de la main
[6] *collège:* établissement d'enseignement secondaire
[7] *impasse:* voie à une seule entrée; cul-de-sac
[8] *c'est bien de Michel:* c'est typique de Michel
[9] *chuchota:* parla à voix basse
[10] *commode:* facile
[11] *pion:* ARGOT SCOLAIRE personne chargée de surveiller les élèves
[12] *préau:* partie couverte de la cour dans une école
[13] *nonchalante:* qui semble ne se soucier de rien

«Quelle idée de te percher comme ça! reprit Alex. Qu'est-ce que tu fais donc?

—Rien.

—Mais tu regardais. Tu regardais quoi?

—Rien.

—Tu ne vas pas me dire que tu ne pensais à rien?

—A rien.»

Trop injuste, vraiment. Comme si Alex n'avait pas fait de son mieux!

«Allons, Michou, descends, tu viens?»

L'enfant jeta un dernier regard vers les vitres, puis, s'étant retourné, il agrippa[14] les montants[15] de l'échelle et se mit à descendre. D'en bas, Alex guettait[16] ce petit corps au dos rond, aux mollets[17] nus, qui, d'un barreau à l'autre —attention!— venait à lui. Mais voilà qu'à mi-hauteur Michel se retourne encore, fait face, dit: «Je saute» et tend les bras comme pour que l'ami le reçoive entre les siens.

«Non, Michel, je t'en prie!»

Michel le regarde:

«Ah! murmure-t-il. Je comprends.»

le regarde encore, et, d'une voix dure:

«Je saute!»

C'est fait. Après quoi le petit traverse la salle, côtoie[18] le vieux piano et va tranquillement se poser sur la chaise du professeur, les coudes sur la table, les yeux levés vers les vitres, aussi lointain, aussi secret que sur son perchoir.[19]

Il ne s'agit plus d'une bouderie:[20] il est blessé et ne veut rien entendre. La dure caboche,[21] derrière cette frimousse[22] enfantine! Avoir tout risqué —et si on les surprend, c'est la porte[23]— pour se revoir seuls une dernière fois, pour lui parler et le raisonner, pour être malheureux

---

[14] *agrippa:* saisit
[15] *montants:* côtés dans lesquels sont placés les barreaux
[16] *guettait:* regardait; surveillait
[17] *mollets:* parties postérieures des jambes
[18] *côtoie:* marche le long du; longe
[19] *perchoir:* endroit haut placé
[20] *bouderie:* manifestation de mauvaise humeur
[21] *caboche:* ARGOT tête
[22] *frimousse:* figure (d'un enfant)
[23] *c'est la porte:* on les mettra à la porte; on les chassera

ensemble, mais se donner l'un à l'autre du courage: et rien, le silence, la rancune.[24]

«Michel?

—Quoi donc?»

Le long Alex se tenait debout de l'autre côté de la table, les mains pendantes.

«Tu as dit tout à l'heure: ‹Je comprends.› Qu'est-ce que tu as compris, Michel? Qu'est-ce que tu as cru comprendre?

—Ça va.[25] Ne te donne pas tant de mal.[26] J'ai compris.

—Mais quoi?

—Que tu avais peur. Non? Peur de moi. Non?

—Peut-être... Un peu... Oui. Peur de nous.»

A demi présents, à demi séparés dans la pénombre.[27] Et c'est à peine si l'on distingue le rond petit visage, la mèche noire sur la tempe, la bouche toujours entrouverte[28] (non, elle est fermée, elle se plisse[29]). La minuscule verrue[30] dans la fossette[31] du menton, on ne peut la voir. Mais ces fragiles épaules, un peu voûtées,[32] ce cou qui s'enfonce...[33]

«Redresse-toi,[34] Michel!

—Pourquoi?

—Comment: ‹pourquoi›! Qu'est-ce que tu veux dire?

—Je voulais dire, murmura l'enfant d'une voix lasse, ‹pour qui?›.»

Voilà bien de ses mots,[35] et l'on peut y être habitué: c'est toujours la première fois.

«Ecoute, mon petit Michel...

—Laisse ton ‹petit Michel›, mon grand Alex! Et tais-toi. Tu n'as rien à dire, rien à m'apprendre.

---

[24] *rancune:* hostilité
[25] *ça va:* ICI n'insiste pas
[26] *ne te donne pas tant de mal:* ne fais pas tant d'efforts
[27] *pénombre:* faible lumière
[28] *entrouverte:* ouverte à demi
[29] *se plisse:* se ferme (sous forme de pli)
[30] *verrue:* petite excroissance de la peau
[31] *fossette:* petite cavité du menton
[32] *voûtées:* arrondies; courbées
[33] *qui s'enfonce:* qui disparaît (entre les épaules)
[34] *redresse-toi:* mets-toi droit
[35] *voilà bien de ses mots:* voilà des paroles que seul lui dirait

—Pas si fort, je t'en prie.

—Je parle comme ça me plaît. Tu as peur qu'on nous entende, qu'on vienne, qu'on nous fiche à la porte,[36] hein? après ce qui s'est déjà passé?»

Eh bien oui, de cela aussi et surtout, Alex avait peur. Mais ce n'était point lâcheté, ni honte d'une tendresse qu'aucun soupçon ne pourrait salir. Pour le bien comprendre, il fallait que Michel songeât à ce qu'il ferait, lui,* s'il était comme Alex à la merci d'une bourse,[37] s'il avait un père non pas rentier,[38] mais simple gendarme[39] et qui de son fils attendait tout...

«Qu'est-ce que tu ferais, Michel? Me comprends-tu?

—Je ne crois pas, dit le petit, que j'aurais peur; non, je ne crois pas. Mais, je te comprends bien, Alex.»

Puis, d'un ton enjoué:[40]

«Tu devrais t'asseoir, mon vieux. Tu me fais mal, planté là comme une asperge.[41]»

Comme il n'y avait pas d'autres sièges que les bancs et le tabouret[42] du piano, Alex vint s'asseoir sur l'un des côtés de la table —ainsi rapproché de l'enfant, mais non plus en face de lui.

«Comme ça, dit le petit, tu pourras tout à ton aise[43] ne pas me regarder...

—Idiot!

—Mais si tu me regardes, tu me verras mieux.»

Trop! D'autant plus que la pénombre se fit un instant plus légère. Tout le jour, un vent tiède avait mollement[44] rôdé,[45] dont on ne savait qu'attendre. Cette nuit encore, où pourtant on le percevait à peine, on pouvait suivre son jeu, soit aux ténèbres plus lourdes, soit que par

---

[36] *qu'on nous fiche à la porte:* LANGAGE POPULAIRE qu'on nous mette à la porte
[37] *bourse:* pension payée par le gouvernement pour certains élèves
[38] *rentier:* personne qui vit de ses rentes (revenus) sans travailler
[39] *gendarme:* soldat chargé de la sûreté publique
[40] *enjoué:* gai
[41] *planté là comme une asperge:* EXPRESSION droit comme la tige de l'asperge
[42] *tabouret:* petit siège sans dossier ni bras
[43] *tout à ton aise:* tant que tu voudras
[44] *mollement:* faiblement
[45] *rôdé:* erré

une fente[46] des nuages un peu de clarté parût descendre derrière les vitres de la baie.

«Moi, reprit l'enfant, je n'ai pas besoin de te regarder pour te voir.

—Michou...

—Non. Ecoute. Tu m'as demandé ce que je faisais là-haut tout à l'heure,[47] sur mon échelle; ce que je pouvais bien voir. Les toits, le jardin du couvent, le bout de la rue jusqu'aux remparts? Penses-tu![48] C'est toi que je voyais, c'est nous, tous les deux, en vacances, dans mon village, comme ç'aurait pu être bientôt, comme c'était convenu,[49] hein?[50]

—Oui.

—Et je nous voyais descendre la côte[51] entre les vignes[52] —parce qu'on fait du vin chez nous, un petit vin blanc qui sent la pierre.

—Je sais.

—Mais tu ne l'as jamais goûté. Moi, je ne l'aime pas, mais c'est pour dire. Et alors je te montrais tout:* les sentiers,[53] les clos,[54] l'étang,[55] la baraque[56] où le Clerc s'est pendu. Et nous arrivions tout en bas, près de la rivière, là où il n'y a plus que des champs de roseaux[57] et un bois de sapins.[58] C'est le bout du monde; autrefois j'y allais presque tous les jours après l'école, et j'y restais jusqu'à la nuit, ni heureux ni malheureux, autre chose, à attendre. Mais cette fois-ci je n'aurais plus attendu. Toi près de moi, ç'aurait été notre bout du monde, Alex...»

Décidément, paroles ou silence, tout allait mal et l'on ne pourrait en sortir. Mais soudain:

«Dis, Alex. Te rappelles-tu les Roses... les Roses de Piérie?

---

[46] *fente:* petite ouverture
[47] *tout à l'heure:* il n'y a pas longtemps
[48] *Penses-tu!:* ICI pas du tout!
[49] *comme c'était convenu:* selon notre accord
[50] *hein?:* INTERJECTION n'est-ce pas?
[51] *côte:* pente d'une colline
[52] *vignes:* plantes qui produisent le raisin
[53] *sentiers:* chemins étroits
[54] *clos:* terrains cultivés entourés de haies ou de fossés
[55] *étang:* étendue d'eau peu profonde
[56] *baraque:* construction mal bâtie
[57] *roseaux:* plantes qui poussent au bord de l'eau
[58] *sapins:* variétés d'arbre

—Pourquoi?

—Je te demande si tu te rappelles?

—Oui, bien sûr.

—Et te rappelles-tu ce que nous avons pensé, le soir que tu me les as lus, ces vers que tu venais de traduire?»

Petit mensonge. Alex les avait trouvés dans une traduction, ces vers, cette plainte sur une jeune morte qui n'a pas connu les délices[59] de vivre. Mais quel sens[60] ils avaient pris soudain, ce soir-là, dits à mi-voix, pieusement,[61] dans un coin de la cour! Et quand chacun des amis avait dû rejoindre son dortoir, leurs mains dans l'ombre se disaient: «Mais nous!...»

«Tu te rappelles?

—Oui.

—Alors, répète au moins les derniers mots. Non, tu ne veux pas? Cela te gênerait à présent? Moi, ce soir, je n'ai pas cessé de me les redire...»

Et d'une voix qui psalmodiait[62] un peu, mais tremblante:

«*Tu n'auras pas cueilli*[63] *les roses de Piérie*», dit l'enfant. «Pas cueilli, Alex, nous ne les aurons pas cueillies...»

Qu'il se taise. Tout cela est trop proche, et fut trop précieux depuis le jour où ils se sont reconnus, choisis — et d'abord ils n'osaient y croire, mais chaque jour se répétaient: «C'est lui, c'est nous...» L'avant-veille[64] encore, tandis qu'assis côte à côte[65] à l'extrémité du terrain de football, près des casernes, où l'on menait chaque dimanche les collégiens, ils entendaient derrière eux courir et crier leurs camarades. Les entendaient-ils? De si loin, juste assez pour sentir la grâce de leur solitude. Une herbe jaune, les murs délabrés[66] d'un fortin,[67] une lumière délicate à l'approche du soir, quoi encore? de temps en temps,

---

[59] *délices:* plaisirs extrêmes
[60] *sens:* signification
[61] *pieusement:* avec respect et amour
[62] *psalmodiait:* récitait d'une façon monotone
[63] *cueilli:* ramassé
[64] *l'avant-veille:* deux jours avant celui-ci
[65] *côte à côte:* l'un à côté de l'autre
[66] *délabrés:* en mauvais état
[67] *fortin:* petit fort

venue d'une caserne, la sonnerie[68] d'un clairon:[69]—soudain l'heure fut si pleine qu'ils se tournèrent l'un vers l'autre, ravis et graves, mais ne pouvant dire un mot, si bien que les visages se rapprochèrent, comme cela, sans y songer, et que la bouche d'Alex effleura[70] le coin de l'autre bouche. Un glapissement[71] furieux; le pion qui derrière un arbre avait dû les guetter accourait,[72] doigt tendu et menaçant: «Je le savais bien!» Puis, tout au long du retour[73] à travers la ville, les regards gênés, les silences ou les chuchotements[74] de leurs camarades. Et le soir, dans le bureau du Principal...

«Les immondes»,[75] murmura Michel.

Son dos s'arrondit davantage: une petite bête repliée,[76] pensive, les yeux perdus, la bouche maussadement[77] entrouverte. Ainsi déjà le premier jour, quand il se tenait immobile sur un banc du préau et qu'Alex, qui regagnait la cour des grands,* l'avait heurté. «Excuse-moi!» Pas de réponse: mais un regard levé, très frais, un demi-sourire. «Je ne t'ai pas fait mal? — Non.» La cloche sonnait pour la reprise[78] des classes. «Je m'appelle... — Oh! dit l'enfant, je te connais: tu es en première.»* Il s'était levé, mais restait là, avec ce petit visage qui semblait attendre, mais ne voulait rien demander. Et de là tout était venu...

«Tu sais, dit enfin Alex, ils peuvent bien nous empêcher de nous voir: entre nous, rien ne sera changé.

—Vraiment?

—Mais bien sûr.

—Alors, dit le petit, posant les deux mains sur la table, mais sans avancer son visage, embrasse-moi.»

---

[68] *sonnerie:* son
[69] *clairon:* trompette employée surtout dans l'infanterie
[70] *effleura:* toucha légèrement
[71] *glapissement:* cri aigu
[72] *accourait:* courait vers eux
[73] *tout au long du retour:* pendant tout le retour
[74] *chuchotements:* conversations secrètes
[75] *immondes:* personnes sales, ignobles, impures
[76] *repliée:* pliée sur elle-même
[77] *maussadement:* d'une manière désagréable
[78] *reprise:* recommencement

C'était un défi[79] paisible,[80] où ne perçait pas la moindre illusion. Mieux valait le prendre pour un jeu. Mais comment jouer dans ce lieu et ces ténèbres, où leur seule présence prenait figure[81] de faute?

«Tu vois bien qu'il y a quelque chose de changé, reprit l'enfant. Tu vois bien qu'ils ont changé quelque chose, et c'est pour cela que je les appelle les immondes.»

Alex se mit à marcher de la table au piano, du piano à...

«Pas tant de bruit!» fit une voix cinglante.[82]

Alex revint:

«Je voulais dire, Michel, que notre amitié, le meilleur de notre amitié...

—Tout était le meilleur.

—Oui. Mais je veux dire que cela restera en nous, que cela nous soutiendra,[83] même cette épreuve,[84] comprends-tu, si nous savons la traverser...

—Une chance, quoi!»[85]

Et pourquoi ne serait-ce pas une chance? Les plaisirs et les soins de l'amitié leur faisaient un peu négliger leur travail. Michel avait le temps, lui: en quatrième. Mais Alex, à quelques mois du bachot?[86]*

«Bon! dit le petit. Tu sais bien que tu es le plus fort de ta classe, et du collège.

—Peut-être.»

Mais comment le montrer? Plus question de tableau d'honneur* cette fois-ci: c'est pourquoi il fallait décrocher[87] une mention* au premier, puis au second bac.* Polytechnique* dans trois ans, si tout allait bien. Et toujours, dans ses études, plus tard dans sa profession, Alex garderait le souvenir de leur amitié.

---

[79] *défi:* provocation
[80] *paisible:* calme
[81] *prenait figure:* avait l'apparence
[82] *cinglante:* rude
[83] *soutiendra:* aidera
[84] *épreuve:* malheur qui exige du courage
[85] *quoi!* Exclamation qui ici indique l'ironie
[86] *bachot:* examen du baccalauréat
[87] *décrocher:* obtenir avec difficulté

«Qu'est-ce que tu seras, Alex? Un inventeur, un général? En tout cas un grand homme.

—Que veux-tu! Il faut bien que mon père se rattrape.[88]

—Moi, tu sais, mon père, ma mère, ma sœur, toute la famille, j'aurais tout donné pour toi. Plus maintenant, tu peux te rassurer.

—Et toi, Michel, qu'est-ce que tu veux devenir?

—Oh! moi, je serai l'ancien ami d'un grand homme, ça me suffira... Et dis donc, je parlais de famille: sais-tu ce qui serait drôle, plus tard, quand tu seras, comme c'est convenu, un grand homme? Tu devrais épouser ma sœur. Comme ça, tu comprends, ça ferait entre nous un nouveau lien.

—Idiot.

—Pourquoi, Alex? Il m'a semblé qu'elle ne te faisait pas de mauvais yeux, le dimanche, quand les deux collèges se rencontrent en promenade.»

Mi-figue, mi-raisin,[89] le garçon; mais, tout de même, le voici plus calme — un peu trop calme, et qui rêve à quoi, maintenant?

«A quoi songes-tu, Michel?»

L'enfant tressaillit;[90]

«Je me disais... C'est drôle. Tout à l'heure, quand je t'ai demandé de m'embrasser, tu te rappelles?»

—Eh bien?

—Eh bien, qu'est-ce que tu crois donc, Alex? Non, attends.»

Et d'une voix lente, appuyée, avec un air de méditation ingénue:[91]

«Parce qu'enfin, Alex, tu as un grand nez, un peu tordu.[92] Tu as des taches de rousseur.[93] Tu es maigre comme un clou...[94]

—Je ne suis pas beau, je le sais.

—Pas trop, Alex. Intelligent, ça oui. Mais en sports, mon vieux!* Et puis tu ne sais pas danser (je te dis ça à cause de ma sœur). Et ficelé,[95] il faut voir!»

---

[88] *se rattrape:* ICI se dédommage de ses sacrifices
[89] *mi-figue, mi-raisin:* ICI mi-fâché, mi-accomodant
[90] *tressaillit:* sursauta
[91] *ingénue:* innocente
[92] *tordu:* courbé
[93] *taches de rousseur:* taches rousses au visage
[94] *maigre comme un clou:* EXPRESSION très maigre
[95] *ficelé:* ICI mal habillé

La sale petite engeance,[96] et qui savait trop que chacune de ses pointes atteignait un ami désarmé.

«C'est entendu, mon petit. Tu as tout pris pour toi!

—Mais pas du tout, Alex, et c'est bien ça qui devient drôle. Moi, qu'est-ce que je suis? Tout juste fait pour que tu me dises: ‹Redresse-toi!›

—Redresse-toi, Michel.»

Et Michel un instant lève le front. Est-ce encore un jeu? Ah! un pas après l'autre, le jeu pourrait mener assez loin.

«Mais enfin, Michel, où veux-tu en venir?»[97]

On ne sait plus s'il faut souhaiter qu'il parle ou qu'il se taise. Il hésite, puis, les yeux fixés sur son ami:

«Je me disais: ‹Il est comme ça, et moi comme ci. Mais il y avait bien quelque chose entre nous.› Qu'est-ce que c'était donc?»

...Ce qui était entre nous et en nous, ce qui unissait le fils du gendarme au fils du rentier, le long corps maigre et le petit corps arrondi, ce qui a fait que nous étions heureux parce que nous étions nous-mêmes et ensemble — ce qui fait qu'à présent encore le meilleur élève du collège, debout, immobile, serre les poings et braque[98] les yeux vers la baie vitrée où décidément la nuit ne consentira pas à s'ouvrir...

Michel se leva:

«Voilà. Je crois que nous en avons assez dit, Alex. Il est minuit passé.

—Oh! un peu plus tôt, un peu plus tard...

—Et si le pion se réveille et qu'il fasse un tour de dortoir? Assez; descends le premier: ça fera moins de bruit.»

Mais Alex ne se décidait pas à le quitter.

«Tu ne veux pas que je reste encore un peu?

—Non, j'ai dit. Et puis tu sais, mon vieux: je commence à avoir sommeil.

—Alors, Michou, au revoir, bon courage.

—C'est ça; bonne chance.»

---

[96] *engeance:* personne méprisable
[97] *où veux-tu en venir?:* à quelle fin veux-tu arriver; quelles sont tes intentions?
[98] *braque:* fixe

Et d'Alex encore ces mots, du seuil[99] de la pièce:

«Au revoir, mon petit!

—Oui, oui. Entendu!»

Le craquement[1] d'une marche. Un autre, déjà lointain. Puis le silence. Et maintenant le «petit» est seul. Qu'est-ce qu'il dit maintenant, le petit?

Le petit vous dit merde.[2] Et sacré bordel de vie,[3] je m'en fous.[4] Le petit, toujours voûté, mais les mains derrière le dos, se promène en sifflotant une sonnerie de clairon. Soir de bataille. Debout les morts. La table, les bancs, l'échelle à voir le fin fond[5] de la nuit (on l'a vu), le piano — eh! le piano, c'est de circonstance,[6] le cercueil[7] à musique.

Les doigts se promènent d'abord silencieusement sur le clavier.[8] Une touche[9] s'enfonce par mégarde,[10] et rien de plus marrant[11] que cette petite plainte, à minuit passé, dans le collège endormi. Qu'ils dorment, les bons élèves et les bons maîtres. Nous sommes encore une fois au bout du monde, et seul... Ça vaut bien leur soue à cochons.[12] Une autre note, claire, pimpante.[13] Michel ne sait pas jouer, mais chacune des notes joue pour lui, parle pour lui. Parle de quoi? De ce fameux «quelque chose» que nous avons si pathétiquement évoqué. Qui n'existe plus, et tant mieux. Parce que nous n'aimons pas les cafards,[14] avec leur grand nez tordu, leur coupe-rose,[15] leur prix d'excellence et leur sainte frousse[16] du gendarme. Va-t-il entendre, le cafard, de son lit? Et les autres, les pions, le Principal, l'Econome,[17]

---

[99] *seuil:* ouverture de la porte
[1] *craquement:* bruit sec
[2] *merde:* JURON TRÈS VULGAIRE
[3] *sacré bordel de vie:* JURON TRÈS VULGAIRE vie détestable
[4] *je m'en fous:* LANGAGE VULGAIRE: cela m'est égal
[5] *à voir le fin fond:* d'où l'on voit l'extrémité
[6] *c'est de circonstance:* cela convient à cette circonstance (ironique)
[7] *cercueil:* coffre où l'on met les morts
[8] *clavier:* rangée des touches du piano
[9] *touche:* chacune des pièces formant le clavier
[10] *par mégarde:* par inadvertance
[11] *marrant:* LANGAGE POPULAIRE drôle
[12] *soue à cochons:* étable pour porcs
[13] *pimpante:* gracieuse
[14] *cafards:* hypocrites
[15] *coupe-rose* (*couperose*)*:* coloration rouge du visage
[16] *frousse:* ARGOT peur
[17] *l'Econome:* personne chargée des dépenses d'un établissement

le concierge,[18] est-ce qu'ils vont se réveiller, les immondes? Est-ce que je ne tape[19] pas assez fort? Mais, bon Dieu, qu'est-ce qu'ils foutent? Ah! enfin, ça démarre,[20] ça court, ça grimpe. La porte. Il était temps: je devenais enragé.

—On ne l'eût pas dit, à voir sur son tabouret, un peu voûté, les mains aux genoux, ce garçon dont les yeux s'étaient fermés sous la brusque lumière, mais qui souriait gentiment.

---

[18] *le concierge:* personne chargée de l'entretien d'un immeuble
[19] *tape:* frappe
[20] *ça démarre:* cela se met en mouvement

NOTES EXPLICATIVES

(6) *bonnes Sœurs:* Religieuses (Le langage populaire ajoute l'adjectif «bonne».)

(8) *Michou, Singeon!:* Il s'agit de deux diminutifs: «Michel, petit singe!»

(85) *ce qu'il ferait, lui:* le pronom est nécessaire pour éviter toute ambiguité, pour nous faire comprendre qu'il s'agit bien de Michel, non d'Alex.

(120) *je te montrais tout:* Dans ce contexte, l'imparfait a la valeur du conditionnel antérieur.

(171) *la cour des grands:* Dans les collèges, les cours où jouent les élèves sont souvent séparées entre les grands et les petits.

(175) *en première:* La première est la classe la plus avancée du collège, la classe la plus basse étant la sixième.

(202) *bachot:* le baccalauréat, obtenu à la fin des études secondaires, est le premier grade universitaire.

(206) *tableau d'honneur:* tableau où sont inscrits les meilleurs élèves.

(207) *mention:* distinction accordée pour de bons résultats à l'examen du baccalauréat.

(208) *premier, puis au second bac:* Le baccalauréat comprend deux séries d'examens.

(208) *Polytechnique:* faculté universitaire qui forme des ingénieurs, où l'on entre par concours.

(237) *mon vieux:* appellation fréquemment employée entre camarades.

Exercices de grammaire

A. «**C'est bien de Michel.**» (6—7) (SENS: Cela ressemble à Michel.)

D'après cet exemple, transformez les phrases ci-dessous:

1. Cela leur ressemble. **2.** Cela ressemble à Louise. **3.** Cela ressemble à son ami. **4.** Cela vous ressemble. **5.** Cela te ressemble.

B. «un père **non pas** rentier, **mais** simple gendarme» (86)

D'après cet exemple, complétez les phrases ci-dessous selon votre imagination:

1. Un garçon non pas bête... **2.** De jeunes gens non pas riches... **3.** Des personnes non pas sincères... **4.** Des femmes non pas fardées... **5.** Ses meubles non pas anciens...

C. «**D'autant plus que** la pénombre se fit...plus légère.» (101) (SENS: A plus forte raison parce que la pénombre se fit...plus légère.)

D'après cet exemple, transformez les phrases ci-dessous:

1. A plus forte raison parce qu'il avait bu. **2.** D'autant plus que vous étiez en tête. **3.** A plus forte raison parce qu'elle l'aimait. **4.** D'autant plus que la faim le tenait. **5.** D'autant plus qu'il leur manquait.

D. «**soit** aux ténèbres...**soit** que...» (104)

D'après cet exemple, complétez les phrases ci-dessous selon votre imagination:

1. Soit qu'il le prenne... **2.** Soit à la lumière du jour... **3.** Soit que nous le fassions... **4.** Soit selon son besoin... **5.** Soit que vous le donniez...

E. *Justifiez l'emploi du subjonctif dans la phrase de la page* 211 *qui commence* «Et si le pion...» (*ligne* 264).

Questions portant sur le texte

1. En quoi l'appellation «petit singe» est-elle particulièrement juste ici? (1—5)
2. En quoi l'impasse que Michel regarde, ressemble-t-elle à sa situation? (5—6)
3. Qui exprime sa peur pour la sécurité de Michel? (8)
4. Quel est probablement le ton que Michel emploie pour dire «Ah! Je croyais que tu ne viendrais plus.» (13)
5. Quels sont tous les éléments qui contribuent à créer une atmosphère de conspiration? (14—16)
6. Est-ce que Michel plaint vraiment son ami lorsqu'il dit: «Pauvre Alex»? (17)
7. Quels sentiments Alex apporte-t-il au rendez-vous? (18)
8. Pourquoi Michel répond-il comme il le fait? (19—26)
9. Quel est le terme qui convient le mieux à l'attitude de Michel? (19—30)
10. Pourquoi Michel décide-t-il de sauter? (36—38)
11. Pourquoi Alex veut-il empêcher Michel de sauter? (39)
12. Qu'est-ce que Michel comprend? (41)
13. Pourquoi, après avoir «compris», Michel décide-t-il de sauter? (43)
14. Y a-t-il quelque chose de symbolique dans le fait que Michel choisit la chaise du professeur? (44—47)
15. Lequel des deux garçons veut raisonner l'autre et lui donner du courage? (48—53)
16. Pourquoi est-ce surtout Alex qui a peur d'être mis à la porte? (49—50)
17. Quelle différence y a-t-il entre «peur pour nous» et «peur de nous»? En quoi l'auteur choisit-il l'expression qui convient ici? (63)
18. Pourquoi Michel se corrige-t-il en disant: «pour qui?» au lieu de «pourquoi»? (69—72)
19. Comment faut-il interpréter les mots d'Alex: «c'est toujours la première fois»? (73—74)

20. De quoi d'autre Alex a-t-il peur, si ce n'est d'être mis à la porte? (82)
21. Par quels détails l'auteur illustre-t-il la différence de maturité entre les deux garçons? (82—87)
22. Quelle est l'implication du changement de ton de Michel? (91)
23. Quelle raison Alex peut-il avoir pour ne pas vouloir regarder Michel? (97—98)
24. Pourquoi Michel se décide-t-il finalement à exprimer ses espoirs à Alex? (109—114)
25. Pourquoi Michel donne-t-il tant de détails sur son village à Alex? (116—126)
26. Qu'est-ce que Michel attendait lorsqu'il était seul dans son village? (124—125)
27. Qu'est-ce qui justifie l'expression: «tout allait mal»? (127—128)
28. Qu'est-ce que le «petit mensonge» d'Alex nous permet de conclure quant à ses rapports avec Michel? (135)
29. Pourquoi ces vers étaient-ils si pleins de sens pour les deux garçons? (137—138)
30. Complétez la phrase esquissée par les deux garçons: «Mais nous!...» (140)
31. Quelle est pour les deux garçons la valeur symbolique de l'action de cueillir les roses? (147—148)
32. Quel détail nous montre que les deux garçons sont différents de leurs camarades? (151—154)
33. Pourquoi le pion avait-il guetté les deux amis? (162—163)
34. Par quels détails l'auteur fait-il ressortir la différence entre l'innocence des deux garçons et la «noirceur» du pion? (162—166)
35. A qui Michel pense-t-il lorsqu'il dit: «les immondes»? (167)
36. Comment peut-on expliquer l'admiration de Michel pour Alex? (169—177)
37. Alex est-il sincère lorsqu'il dit: «entre nous, rien ne sera changé»? (179)

38. Qu'est-ce que Michel veut prouver en demandant à Alex de l'embrasser? (183)

39. Pourquoi Alex regrette-t-il moins la fin de cette amitié que Michel? (200—202)

40. Pourquoi est-il plus important qu'Alex réussisse à ses études que Michel? (206—210)

41. Par quelles paroles Michel nous montre-t-il que sa sensibilité est profondément blessée? (214—224)

42. En quoi les remarques de Michel sont-elles particulièrement bien choisies pour blesser Alex? (233—241)

43. Jusqu'où le jeu pourrait-il mener? (247—248)

44. La scène de l'adieu est-elle particulièrement bien observée? (266—275)

45. Pour qui Michel joue-t-il vraiment du piano? (291—298)

46. Qu'est-ce que le sourire de Michel implique? (301)

Questions générales portant sur le texte

1. En quoi le cadre et l'atmosphère au début du récit sont-ils symboliques des rapports entre les deux garçons?

2. A quel moment précis du récit les rapports entre les deux garçons changent-ils?

3. Faites ressortir tous les éléments qui montrent que Michel est le plus sensible des deux garçons.

4. Justifiez le titre du récit: en quoi les vers sur les roses sont-ils applicables aux deux amis?

5. Faites ressortir le symbolisme du cadre et de l'atmosphère au moment de la scène cruciale.

6. Par quels détails l'auteur nous montre-t-il le changement qui s'opère dans les rapports entre les deux garçons après qu'ils ont été «découverts»?

7. Lequel des deux garçons est le plus cynique? Justifiez votre réponse par des remarques précises.

8. Faites ressortir tous les éléments qui contribuent à l'attraction mutuelle des deux garçons.
9. Est-il possible d'expliquer logiquement des liens profonds d'amitié? Comment l'auteur s'y prend-il dans ce récit?
10. Quel est le «quelque chose» que l'auteur a essayé d'évoquer? A-t-il réussi?
11. Donnez une justification psychologique au désir de Michel de réveiller les immondes.
12. L'auteur a-t-il bien compris la psychologique de l'adolescence? Illustrez votre réponse par des exemples précis.
13. Quel est le vainqueur de la lutte entre la pureté et l'impureté?

Sujets de devoirs

1. Imaginez la scène qui a eu lieu dans le bureau du Principal et décrivez-la sous forme de dialogue.
2. Faites le portrait de l'ami(e) idéal(e) que vous vous souhaitez.
3. Ecrivez une composition sur votre propre «bout du monde.»
4. Imaginez un dialogue entre Michel et Alex qui se rencontrent dix ans après le collège.

ALBERT CAMUS

Albert Camus naquit à Mondovi, en Algérie, le 7 novembre 1913. Son père, d'origine alsacienne, fut tué lors de la bataille de la Marne. Sa mère, d'origine espagnole, travailla comme femme de ménage pour élever ses deux fils. Camus passa une grande partie de son enface à Alger, auprès de sa grand-mère. Un de ses instituteurs à l'école primaire remarqua les dons du jeune garçon et employa son influence pour lui faire obtenir une bourse au lycée d'Alger. Camus continua ses études à l'université d'Alger de 1932 à 1936. Après avoir exercé plusieurs métiers, il se décida pour le journalisme. Il publia de nombreux articles dans *Alger-Républicain*, puis fonda le Théâtre du Travail en 1936. Durant la guerre, Camus se rendit à Paris où il continua à écrire des articles pour *Paris-Soir*. Durant l'occupation allemande, il fut rédacteur d'un journal clandestin. Il publia *L'Etranger* en 1942, et la gloire lui vint immédiatement après la guerre. Son œuvre comprend des essais (*Le Mythe de Sisyphe*, 1942 ; *L'Homme révolté*, 1951), des pièces de théâtre (*Le Malentendu*, 1944 ; *Les Justes*, 1949), et des romans (*La Peste*, 1947). Il reçut le prix Nobel de littérature en 1957. Camus fut tué dans un accident d'automobile en 1960.

La Pierre qui pousse est tirée de *L'Exil et le Royaume* (1957). Ce recueil de six nouvelles reprend un des thèmes les plus chers à Camus : la possibilité qui est donnée à chaque homme de se créer un royaume sur cette terre.

A consulter : Germaine Brée, *Camus*, New Brunswick, 1961.

La Pierre qui pousse

La voiture vira[1] lourdement sur la piste[2] de latérite,[3] maintenant boueuse. Les phares découpèrent[4] soudain dans la nuit, d'un côté de la route, puis de l'autre, deux baraques[5] de bois couvertes de tôle.[6] Près de la deuxième, sur la droite, on distinguait dans le léger brouillard une tour bâtie de poutres[7] grossières.[8] Du sommet de la tour partait un cable métallique, invisible à son point d'attache, mais qui scintillait à mesure qu'il descendait dans la lumière des phares pour disparaître derrière le talus[9] qui coupait la route. La voiture ralentit et s'arrêta à quelques mètres des baraques.

L'homme qui en sortit, à la droite du chauffeur, peina[10] pour s'extirper[11] de la portière. Une fois debout, il vacilla un peu sur son large corps de colosse.[12] Dans la zone d'ombre, près de la voiture, affaissé[13] par la fatigue, planté lourdement sur la terre, il semblait écouter le ralenti[14] du moteur. Puis il marcha dans la direction du talus et entra dans le cône de lumière des phares. Il s'arrêta au sommet de la pente, son dos énorme dessiné sur la nuit. Au bout d'un instant, il se retourna. La face noire du chauffeur luisait au-dessus du tableau de bord[15] et souriait. L'homme fit un signe; le chauffeur coupa le contact. Aussitôt, un grand silence frais tomba sur la piste et sur la forêt. On entendit alors le bruit des eaux.

---

[1] *vira:* tourna
[2] *piste:* chemin rudimentaire
[3] *latérite:* argile rougeâtre
[4] *découpèrent:* ICI détachèrent; firent ressortir
[5] *baraques:* huttes (habitations) faites avec des planches
[6] *tôle:* métal (fer ou acier) très mince
[7] *poutres:* grosses pièces de bois
[8] *grossières:* ICI faites sans soin
[9] *talus:* pente; inclinaison
[10] *peina:* se donna du mal
[11] *s'extirper:* sortir avec difficulté
[12] *colosse:* homme énorme
[13] *affaissé:* accablé; courbé
[14] *le ralenti:* la marche la plus lente (d'une voiture)
[15] *tableau de bord:* tableau où se trouvent tous les instruments pour faire marcher la voiture

L'homme regardait le fleuve, en contrebas,[16] signalé seulement par un large mouvement d'obscurité, piqué[17] d'écailles[18] brillantes. Une nuit plus dense et figée,[19] loin, de l'autre côté, devait être la rive.[20] En regardant bien, cependant, on apercevait sur cette rive immobile une flamme jaunâtre, comme un quinquet[21] dans le lointain. Le colosse se retourna vers la voiture et hocha[22] la tête. Le chauffeur éteignit ses phares, les alluma, puis les fit clignoter[23] régulièrement. Sur le talus, l'homme apparaissait, disparaissait, plus grand et plus massif à chaque résurrection. Soudain, de l'autre côté du fleuve, au bout d'un bras invisible, une lanterne s'éleva plusieurs fois dans l'air. Sur un dernier signe du guetteur,[24] le chauffeur éteignit définitivement ses phares. La voiture et l'homme disparurent dans la nuit. Les phares éteints, le fleuve était presque visible ou, du moins, quelques-uns de ses longs muscles liquides qui brillaient par intervalles. De chaque côté de la route, les masses sombres de la forêt se dessinaient sur le ciel et semblaient toutes proches. La petite pluie qui avait détrempé[25] la piste, une heure auparavant, flottait encore dans l'air tiède, alourdissait[26] le silence et l'immobilité de cette grande clairière[27] au milieu de la forêt vierge.[28] Dans le ciel noir tremblaient des étoiles embuées.[29]

Mais de l'autre rive montèrent des bruits de chaînes, et des clapotis[30] étouffés. Au-dessus de la baraque, à droite de l'homme qui attendait toujours, le câble se tendit. Un grincement[31] sourd[32] commença de le

---

[16] *contrebas:* à un niveau inférieur
[17] *piqué:* ICI semé
[18] *écailles:* plaques
[19] *figée:* ICI immobile
[20] *rive:* bord d'un fleuve
[21] *quinquet:* lampe (avec récipient d'huile)
[22] *hocha:* secoua
[23] *clignoter:* action d'allumer et d'éteindre successivement
[24] *guetteur:* homme qui guette (qui surveille)
[25] *détrempé:* couvert d'eau
[26] *alourdissait:* rendait plus lourd
[27] *clairière:* endroit dans la forêt où il n'y a pas d'arbres
[28] *forêt vierge:* forêt qui n'a jamais été exploitée
[29] *embuées:* ternes (pas très nettes)
[30] *clapotis:* légère agitation de l'eau
[31] *grincement:* bruit métallique, strident
[32] *sourd:* ICI étouffé; peu sonore

parcourir, en même temps que s'élevait du fleuve un bruit, à la fois[33] vaste et faible, d'eaux labourées.[34] Le grincement s'égalisa, le bruit d'eaux s'élargit[35] encore, puis se précisa, en même temps que la lanterne grossissait. On distinguait nettement, à présent, le halo[36] jaunâtre qui l'entourait. Le halo se dilata peu à peu et de nouveau se rétrécit, tandis que la lanterne brillait à travers la brume et commençait d'éclairer, au-dessus et autour d'elle, une sorte de toit carré en palmes sèches, soutenu aux quatre coins par de gros bambous. Ce grossier appentis,[37] autour duquel s'agitaient des ombres confuses,[38] avançait avec lenteur vers la rive. Lorsqu'il fut à peu près au milieu du fleuve, on aperçut distinctement, découpés dans la lumière jaune, trois petits hommes au torse[39] nu, presque noirs, coiffés de chapeaux coniques.[40] Ils se tenaient immobiles sur leurs jambes légèrement écartées, le corps un peu penché pour compenser la puissante dérive[41] du fleuve soufflant de toutes ses eaux invisibles sur le flanc[42] d'un grand radeau[43] grossier qui, le dernier, sortit de la nuit et des eaux. Quand le bac[44] se fut encore rapproché, l'homme distingua derrière l'appentis, du côté de l'aval,[45] deux grands nègres coiffés, eux aussi, de larges chapeaux de paille et vêtus seulement d'un pantalon de toile bise.[46] Côte à côte, ils pesaient de tous leurs muscles sur des perches[47] qui s'enfonçaient lentement dans le fleuve, vers l'arrière du radeau, pendant que les nègres, du même mouvement ralenti, s'inclinaient au-dessus des eaux jusqu'à la limite de l'équilibre.

---

[33] *à la fois:* en même temps
[34] *labourées:* ICI agitées
[35] *s'élargit:* devint plus marqué
[36] *halo:* cercle lumineux
[37] *appentis:* petit toit à une seule pente
[38] *confuses:* ICI pas nettes; vagues
[39] *torse:* poitrine
[40] *coniques:* en forme de cône
[41] *dérive:* déviation causée par le courant
[42] *flanc:* côté
[43] *radeau:* assemblage de pièces de bois qui peut servir à la navigation
[44] *bac:* bateau long et plat
[45] *l'aval:* le côté vers lequel descend la rivière
[46] *toile bise:* toile grossière
[47] *perches:* pièces de bois longues et minces; rames

A l'avant, les trois mulâtres,[48] immobiles, silencieux, regardaient venir la rive sans lever les yeux vers celui qui les attendait.

Le bac cogna[49] soudain contre l'extrémité d'un embarcadère[50] qui avançait dans l'eau et que la lanterne, qui oscillait sous le choc, venait seulement de révéler. Les grands nègres s'immobilisèrent, les mains au-dessus de leur tête, agrippées à[51] l'extrémité des perches à peine enfoncées, mais les muscles tendus et parcourus d'un frémissement[52] continu qui semblait venir de l'eau elle-même et de sa pesée. Les autres passeurs[53] lancèrent des chaînes autour des poteaux[54] de l'embarcadère, sautèrent sur les planches, et rabattirent une sorte de pont-levis[55] grossier qui recouvrit d'un plan incliné l'avant du radeau.

L'homme revint vers la voiture et s'y installa pendant que le chauffeur mettait son moteur en marche. La voiture aborda lentement le talus, pointa son capot[56] vers le ciel, puis le rabattit vers le fleuve et entama la pente.[57] Les freins serrés, elle roulait, glissait un peu sur la boue, s'arrêtait, repartait. Elle s'engagea sur l'embarcadère dans un bruit de planches rebondissantes,[58] atteignit l'extrémité où les mulâtres, toujours silencieux, s'étaient rangés de chaque côté, et plongea doucement vers le radeau. Celui-ci piqua du nez[59] dans l'eau dès que les roues avant l'atteignirent et remonta presque aussitôt pour recevoir le poids entier de la voiture. Puis le chauffeur laissa courir sa machine jusqu'à l'arrière, devant le toit carré où pendait la lanterne. Aussitôt, les mulâtres replièrent le plan incliné sur l'embarcadère et sautèrent d'un seul mouvement sur le bac, le décollant en même temps de la rive boueuse. Le fleuve s'arc-bouta[60] sous le radeau et le souleva sur la

---

[48] *mulâtres:* personnes nées d'un couple noir et blanc
[49] *cogna:* heurta
[50] *embarcadère:* endroit où l'on embarque (monte à bord)
[51] *agrippées à:* tenant avec force
[52] *frémissement:* tremblement
[53] *passeurs:* personnes qui conduisent un bac
[54] *poteaux:* pièces de bois fixées verticalement en terre
[55] *pont-levis:* pont qui peut se lever et s'abaisser au-dessus d'un fossé
[56] *capot:* couverture métallique protégeant un moteur
[57] *entama la pente:* commença à monter la pente
[58] *rebondissantes:* qui font des bonds; qui sautent en l'air
[59] *piqua du nez:* EXPRESSION IDIOMATIQUE la partie avant se précipita
[60] *s'arc-bouta:* se raidit; monta

surface des eaux où il dériva[61] lentement au bout de la longue tringle[62] qui courait maintenant dans le ciel, le long du câble. Les grands noirs détendirent alors leur effort et ramenèrent les perches. L'homme et le chauffeur sortirent de la voiture et vinrent s'immobiliser sur le bord du radeau, face à l'amont.[63] Personne n'avait parlé pendant la manœuvre et, maintenant encore, chacun se tenait à sa place, immobile et silencieux, excepté un des grands nègres, qui roulait une cigarette dans du papier grossier.

L'homme regardait la trouée[64] par où le fleuve surgissait[65] de la grande forêt brésilienne et descendait vers eux. Large à cet endroit de plusieurs centaines de mètres, il pressait des eaux troubles[66] et soyeuses[67] sur le flanc du bac puis, libéré aux deux extrémités, le débordait[68] et s'étalait à nouveau en un seul flot puissant qui coulait doucement, à travers la forêt obscure, vers la mer et la nuit. Une odeur fade,[69] venue de l'eau ou du ciel spongieux,[70] flottait. On entendait maintenant le clapotis des eaux lourdes sous le bac et, venus des deux rives, l'appel espacé[71] des crapauds-buffles[72] ou d'étranges cris d'oiseaux. Le colosse se rapprocha du chauffeur. Celui-ci, petit et maigre, appuyé contre un des piliers de bambou, avait enfoncé ses poings dans les poches d'une combinaison[73] autrefois bleue, maintenant couverte de la poussière rouge qu'ils avaient remâchée[74] pendant toute la journée. Un sourire épanoui[75] sur son visage tout plissé[76] malgré sa jeunesse, il regardait sans les voir les étoiles exténuées qui nageaient encore dans le ciel humide.

---

[61] *dériva:* s'éloigna de la rive
[62] *tringle:* tige de métal
[63] *l'amont:* le côté d'où descend un cours d'eau
[64] *la trouée:* l'ouverture
[65] *surgissait:* sortait brusquement
[66] *troubles:* pas claires
[67] *soyeuses:* qui ressemblent à la soie
[68] *le débordait:* le dépassait
[69] *fade:* insipide
[70] *spongieux:* de la nature d'une éponge
[71] *espacé:* qui vient après un certain intervalle
[72] *crapauds-buffles:* animaux insectivores qui vivent en Amérique du Sud
[73] *combinaison:* vêtement de travail
[74] *remâchée:* ICI avalée
[75] *épanoui:* joyeux; ouvert
[76] *plissé:* rempli de plis (rides)

Mais les cris d'oiseaux se firent plus nets, des jacassements[77] inconnus s'y mêlèrent et, presque aussitôt, le câble se mit à grincer. Les grands noirs enfoncèrent leurs perches et tâtonnèrent,[78] avec des gestes d'aveugles, à la recherche du fond. L'homme se retourna vers la rive qu'ils venaient de quitter. Elle était à son tour recouverte par la nuit et les eaux, immense et farouche[79] comme le continent d'arbres qui s'étendait au-delà sur des milliers de kilomètres. Entre l'océan tout proche et cette mer végétale, la poignée d'hommes[80] qui dérivait à cette heure sur un fleuve sauvage semblait maintenant perdue. Quand le radeau heurta le nouvel embarcadère ce fut comme si, toutes amarres[81] rompues, ils abordaient une île dans les ténèbres, après des jours de navigation effrayée.

A terre, on entendit enfin la voix des hommes. Le chauffeur venait de les payer et, d'une voix étrangement gaie dans la nuit lourde, ils saluaient en portugais la voiture qui se remettait en marche.

«Ils ont dit soixante, les kilomètres d'Iguape.* Trois heures tu roules et c'est fini.[82] Socrate est content», annonça le chauffeur.

L'homme rit, d'un bon rire, massif et chaleureux, qui lui ressemblait.

«Moi aussi, Socrate, je suis content. La piste est dure.

—Trop lourd, monsieur d'Arrast, tu es trop lourd», et le chauffeur riait aussi sans pouvoir s'arrêter.

La voiture avait pris un peu de vitesse. Elle roulait entre de hauts murs d'arbres et de végétation inextricable, au milieu d'une odeur molle et sucrée. Des vols entrecroisés de mouches lumineuses traversaient sans cesse l'obscurité de la forêt et, de loin en loin, des oiseaux au yeux rouges venaient battre pendant une seconde le pare-brise.[83] Parfois, un feulement[84] étrange leur parvenait des profondeurs de la nuit et le chauffeur regardait son voisin en roulant comiquement les yeux.

---

[77] *jacassements:* cris que font les oiseaux
[78] *tâtonnèrent:* cherchèrent en hésitant
[79] *farouche:* sauvage
[80] *la poignée d'hommes:* les quelques hommes
[81] *amarres:* attaches
[82] Socrate ne parle pas correctement le français. VERSION CORRECTE Ils ont dit qu'il y avait soixante kilomètres jusqu'à Iguape. Nous avons encore trois heures à rouler.
[83] *pare-brise:* vitre avant d'une voiture
[84] *feulement:* grondement du tigre

La route tournait et retournait, franchissait[85] de petites rivières sur des ponts de planches bringuebalantes.[86] Au bout d'une heure, la brume commença de s'épaissir. Une petite pluie fine, qui dissolvait la lumière des phares, se mit à tomber. D'Arrast, malgré les secousses, dormait à moitié. Il ne roulait plus dans la forêt humide, mais à nouveau sur les routes de la Serra* qu'ils avaient prises le matin, au sortir de São Paulo.* Sans arrêt, de ces pistes de terre s'élevait la poussière rouge dont ils avaient encore le goût dans la bouche et qui, de chaque côté, aussi loin que portait la vue, recouvrait la végétation rare de la steppe.[87] Le soleil lourd, les montagnes pâles et ravinées,[88] les zébus[89] faméliques[90] rencontrés sur les routes avec, pour seule escorte, un vol fatigué d'urubus[91] dépenaillés,[92] la longue, longue navigation à travers un désert rouge... Il sursauta. La voiture s'était arrêtée. Ils étaient maintenant au Japon: des maisons à la décoration fragile de chaque côté de la route et, dans les maisons, des kimonos[93] furtifs.[94] Le chauffeur parlait à un Japonais, vêtu d'une combinaison sale, coiffé d'un chapeau de paille brésilien. Puis la voiture démarra.[95]

«Il a dit quarante kilomètres seulement.

—Où étions-nous? A Tokio?

—Non, Registro.* Chez nous tous les Japonais viennent là.

—Pourquoi?

—On ne sait pas. Ils sont jaunes, tu sais, monsieur d'Arrast.»

Mais la forêt s'éclaircissait un peu, la route devenait plus facile, quoique glissante. La voiture patinait[96] sur du sable. Par la portière, entrait un souffle humide, tiède, un peu aigre.[97]

---

[85] *franchissait:* traversait
[86] *bringuebalantes:* qui bondissent; qui ne sont pas stables
[87] *la steppe:* les plaines herbeuses
[88] *ravinées:* avec des ravins (creux)
[89] *zébus:* mammifères qu'on trouve en Afrique et en Asie
[90] *faméliques:* tourmentés par la faim
[91] *urubus:* espèce de vautour que l'on trouve en Amérique du Sud
[92] *dépenaillés:* ICI dont les plumes sont en mauvais état
[93] *kimonos:* vêtements portés par les Japonaises
[94] *furtifs:* ICI discrets
[95] *démarra:* se mit en marche
[96] *patinait:* glissait
[97] *aigre:* piquant

«Tu sens, dit le chauffeur avec gourmandise, c'est la bonne mer. Bientôt Iguape.

—Si nous avons assez d'essence», dit d'Arrast.

Et il se rendormit paisiblement.

Au petit matin,[98] d'Arrast, assis dans son lit, regardait avec étonnement la salle où il venait de se réveiller. Les grands murs, jusqu'à mi-hauteur, étaient fraîchement badigeonnés[99] de chaux[1] brune. Plus haut, ils avaient été peints en blanc à une époque lointaine et des lambeaux[2] de croûtes jaunâtres les recouvraient jusqu'au plafond. Deux rangées de six lits se faisaient face. D'Arrast ne voyait qu'un lit défait à l'extrémité de sa rangée, et ce lit était vide. Mais il entendit du bruit à sa gauche et se retourna vers la porte où Socrate, une bouteille d'eau minérale dans chaque main, se tenait en riant. «Heureux souvenir!» disait-il. D'Arrast se secoua. Oui, l'hôpital où le maire les avait logés la veille s'appelait «Heureux souvenir». «Sûr souvenir, continuait Socrate. Ils m'ont dit d'abord construire l'hôpital, plus tard construire l'eau.[3] En attendant, heureux souvenir, tiens l'eau piquante[4] pour te laver.» Il disparut, riant et chantant, nullement épuisé, en apparence, par les éternuements cataclysmiques[5] qui l'avaient secoué toute la nuit et avaient empêché d'Arrast de fermer l'œil.

Maintenant, d'Arrast était tout à fait réveillé. A travers les fenêtres grillagées,[6] en face de lui, il apercevait une petite cour de terre rouge, détrempée par la pluie qu'on voyait couler sans bruit sur un bouquet de grands aloès.[7] Une femme passait, portant à bout de bras[8] un foulard jaune déployé[9] au-dessus de sa tête. D'Arrast se recoucha, puis se

---

[98] *au petit matin:* très tôt le matin
[99] *badigeonnés:* couverts
[1] *chaux:* oxyde de calcium
[2] *lambeaux:* fragments
[3] VERSION CORRECTE Ils m'ont dit qu'ils construiraient d'abord l'hôpital, et ensuite l'eau (la digue)
[4] *l'eau piquante:* l'eau minérale
[5] *cataclysmiques:* avec une extrême violence
[6] *grillagées:* avec des grilles (barreaux)
[7] *aloès:* plantes que l'on trouve en Amérique du Sud
[8] *à bout de bras:* avec les bras élevés
[9] *déployé:* ouvert

redressa aussitôt et sortit du lit qui plia et gémit sous son poids. Socrate entrait au même moment:

«A toi, monsieur d'Arrast. Le maire attend dehors.» Mais devant l'air de d'Arrast: «Reste tranquille, lui jamais pressé.»[10]

Rasé à l'eau minérale, d'Arrast sortit sous le porche du pavillon. Le maire qui avait la taille et, sous ses lunettes cerclées d'or, la mine d'une belette[11] aimable, semblait absorbé dans une contemplation morne[12] de la pluie. Mais un ravissant sourire le transfigura dès qu'il aperçut d'Arrast. Il raidit sa petite taille, se précipita et tenta d'entourer de ses bras le torse de «M. l'ingénieur». Au même moment, une voiture freina devant eux, de l'autre côté du petit mur de la cour, dérapa[13] dans la glaise[14] mouillée, et s'arrêta de guingois.[15] «Le juge!» dit le maire. Le juge, comme le maire, était habillé de bleu marine. Mais il était beaucoup plus jeune ou, du moins, le paraissait à cause de sa taille élégante et son frais visage d'adolescent étonné. Il traversait maintenant la cour, dans leur direction, en évitant les flaques d'eau avec beaucoup de grâce. A quelques pas de d'Arrast, il tendait déjà les bras et lui souhaitait la bienvenue. Il était fier d'accueillir M. l'ingénieur, c'était un honneur que ce dernier faisait à leur pauvre ville, il se réjouissait du service inestimable que M. l'ingénieur allait rendre à Iguape par la construction de cette petite digue[16] qui éviterait l'inondation périodique des bas quartiers.[17] Commander aux eaux, dompter les fleuves, ah! le grand métier, et sûrement les pauvres gens d'Iguape retiendraient le nom de M. l'ingénieur et dans beaucoup d'années encore le prononceraient dans leurs prières. D'Arrast, vaincu par tant de charme et d'éloquence, remercia et n'osa plus se demander ce qu'un juge pouvait avoir à faire avec une digue. Au reste, il fallait, selon le maire, se rendre au club où les notables désiraient recevoir dignement M. l'ingénieur avant d'aller visiter les bas quartiers. Qui étaient les notables?

---

[10] VERSION CORRECTE il n'est jamais pressé
[11] *belette:* petit mammifère
[12] *morne:* triste; sombre
[13] *dérapa:* glissa
[14] *glaise:* terre argileuse
[15] *de guingois:* de travers; obliquement
[16] *digue:* construction pour contenir les eaux
[17] *bas quartiers:* quartiers qui se trouvent dans la partie basse du village

«Eh bien, dit le maire, moi-même, en tant que maire, M. Carvalho, ici présent, le capitaine du port, et quelques autres moins importants. D'ailleurs, vous n'aurez pas à vous en occuper, ils ne parlent pas français.»

D'Arrast appela Socrate et lui dit qu'il le retrouverait à la fin de la matinée.

«Bien oui, dit Socrate. J'irai au Jardin de la Fontaine.

—Au Jardin?

—Oui, tout le monde connaît. Sois pas peur, monsieur d'Arrast.»[18]

L'hôpital, d'Arrast s'en aperçut en sortant, était construit en bordure[19] de la forêt, dont les frondaisons[20] massives surplombaient[21] presque les toits. Sur toute la surface des arbres tombait maintenant un voile d'eau fine que la forêt épaisse absorbait sans bruit, comme une énorme éponge. La ville, une centaine de maisons, à peu près, couvertes de tuiles[22] aux couleurs éteintes, s'étendait entre la forêt et le fleuve, dont le souffle lointain parvenait jusqu'à l'hôpital. La voiture s'engagea d'abord dans des rues détrempées et déboucha presque aussitôt sur une place rectangulaire, assez vaste, qui gardait dans son argile rouge, entre de nombreuses flaques, des traces de pneus, de roues ferrées[23] et de sabots.[24] Tout autour, les maisons basses, couvertes de crépi[25] multicolore, fermaient la place derrière laquelle on apercevait les deux tours rondes d'une église bleue et blanche, de style colonial. Sur ce décor nu flottait, venant de l'estuaire, une odeur de sel. Au milieu de la place erraient[26] quelques silhouettes mouillées. Le long des maisons, une foule bigarrée[27] de gauchos,* de Japonais, d'Indiens métis[28] et de notables élégants, dont les complets sombres paraissaient ici exoti-

---

[18] VERSION CORRECTE N'ayez pas peur, monsieur d'Arrast.
[19] *en bordure:* à l'entrée
[20] *frondaisons:* feuillages
[21] *surplombaient:* recouvraient
[22] *tuiles:* plaques qui recouvrent les toits
[23] *roues ferrées:* roues cerclées de fer
[24] *sabots:* souliers en bois
[25] *crépi:* couche de plâtre
[26] *erraient:* se promenaient sans but
[27] *bigarrée:* multicolore
[28] *métis:* personnes nées d'un couple de races différentes

ques, circulaient à petits pas, avec des gestes lents. Ils se garaient[29] sans hâte, pour faire place à la voiture, puis s'arrêtaient et la suivaient du regard. Lorsque la voiture stoppa devant une des maisons de la place, un cercle de gauchos humides se forma silencieusement autour d'elle.

Au club, une sorte de petit bar au premier étage, meublé d'un comptoir de bambous et de guéridons[30] en tôle, les notables étaient nombreux. On but de l'alcool de canne[31] en l'honneur de d'Arrast, après que le maire, verre en main, lui eut souhaité la bienvenue et tout le bonheur du monde. Mais pendant que d'Arrast buvait, près de la fenêtre, un grand escogriffe,[32] en culotte de cheval et leggins,[33] vint lui tenir, en chancelant[34] un peu, un discours rapide et obscur où l'ingénieur reconnut seulement le mot «passeport». Il hésita, puis sortit le document dont l'autre s'empara avec voracité. Après avoir feuilleté le passeport, l'escogriffe afficha[35] une mauvaise humeur évidente. Il reprit son discours, secouant le carnet sous le nez de l'ingénieur qui, sans s'émouvoir,[36] contemplait le furieux. A ce moment, le juge, souriant, vint demander de quoi il étai' question. L'ivrogne[37] examina un moment la frêle créature qui se permettait de l'interrompre puis, chancelant de façon plus dangereuse, secoua encore le passeport devant les yeux de son nouvel interlocuteur. D'Arrast, paisiblement, s'assit près d'un guéridon et attendit. Le dialogue devint très vif et, soudain, le juge étrenna[38] une voix fracassante[39] qu'on ne lui aurait pas soupçonnée. Sans que rien l'eût fait prévoir,[40] l'escogriffe battit soudain en retraite[41] avec l'air d'un enfant pris en faute. Sur une dernière injonction du

---

[29] *ils se garaient:* ils se mettaient de côté
[30] *guéridons:* tables rondes à un seul pied
[31] *l'alcool de canne:* l'alcool fait avec de la canne à sucre; rhum
[32] *escogriffe:* homme de grande taille; homme mal fait
[33] *leggins:* (du mot anglais *leggings*): jambières
[34] *chancelant:* vacillant; titubant
[35] *afficha:* montra ouvertement
[36] *sans s'émouvoir:* sans montrer de l'émotion
[37] *l'ivrogne:* personne qui est ivre (qui a trop bu)
[38] *étrenna:* montra pour la première fois
[39] *fracassante:* extrêmement forte
[40] *l'eût fait prévoir:* l'eût annoncé
[41] *battit... en retraite:* fit marche arrière; se retira

juge, il se dirigea vers la porte, de la démarche oblique du cancre[42] puni, et disparut.

Le juge vint aussitôt expliquer à d'Arrast, d'une voix redevenue harmonieuse, que ce grossier personnage était le chef de la police, qu'il osait prétendre que le passeport n'était pas en règle et qu'il serait puni de son incartade.[43] M. Carvalho s'adressa ensuite aux notables, qui faisaient cercle, et sembla les interroger. Après une courte discussion, le juge exprima des excuses solennelles à d'Arrast, lui demanda d'admettre que seule l'ivresse pouvait expliquer un tel oubli des sentiments de respect et de reconnaissance que lui devait la ville d'Iguape tout entière et, pour finir, lui demanda de bien vouloir décider lui-même de la punition qu'il convenait d'infliger à ce personnage calamiteux.[44] D'Arrast dit qu'il ne voulait pas de punition, que c'était un incident sans importance et qu'il était surtout pressé d'aller au fleuve. Le maire prit alors la parole pour affirmer avec beaucoup d'affectueuse bonhomie[45] qu'une punition, vraiment, était indispensable, que le coupable resterait aux arrêts[46] et qu'ils attendraient tous ensemble que leur éminent visiteur voulût bien décider de son sort. Aucune protestation ne put fléchir[47] cette rigueur souriante et d'Arrast dut promettre qu'il réfléchirait. On décida ensuite de visiter les bas quartiers.

Le fleuve étalait déjà largement ses eaux jaunies sur les rives basses et glissantes. Ils avaient laissé derrière eux les dernières maisons d'Iguape et ils se trouvaient entre le fleuve et un haut talus escarpé[48] où s'accrochaient des cases[49] de torchis[50] et de branchages. Devant eux, à l'extrémité du remblai,[51] la forêt recommençait, sans transition, comme sur l'autre rive. Mais la trouée des eaux s'élargissait rapidement entre les

---

[42] *cancre:* mauvais élève
[43] *incartade:* insulte
[44] *calamiteux:* de malheur
[45] *bonhomie:* bonté; simplicité
[46] *aux arrêts:* restreint dans ses mouvements
[47] *fléchir:* attendrir
[48] *escarpé:* avec une pente rapide
[49] *cases:* habitations primitives
[50] *torchis:* mélange de terre et de paille
[51] *remblai:* élévation du terrain

arbres jusqu'à une ligne indistincte, un peu plus grise que jaune, qui était la mer. D'Arrast, sans rien dire, marcha vers le talus au flanc duquel les niveaux différents des crues[52] avaient laissé des traces encore fraîches. Un sentier boueux remontait vers les cases. Devant ces dernières, des noirs se dressaient, silencieux, regardant les nouveaux venus. Quelques couples se tenaient par la main et, tout au bord du remblai, devant les adultes, une rangée de tendres négrillons,[53] au ventre ballonné[54] et aux cuisses grêles, écarquillaient[55] des yeux ronds.

Parvenu devant les cases, d'Arrast appela d'un geste le commandant du port. Celui-ci était un gros noir rieur vêtu d'un uniforme blanc. D'Arrast lui demanda en espagnol s'il était possible de visiter une case. Le commandant en était sûr, il trouvait même que c'était une bonne idée, et M. l'ingénieur allait voir des choses très intéressantes. Il s'adressa aux noirs, leur parlant longuement, en désignant d'Arrast et le fleuve. Les autres écoutaient, sans mot dire. Quand le commandant eut fini, personne ne bougea. Il parla de nouveau, d'une voix impatiente. Puis, il interpella un des hommes qui secoua la tête. Le commandant dit alors quelques mots brefs sur un ton impératif. L'homme se détacha du groupe, fit face à d'Arrast et, d'un geste, lui montra le chemin. Mais son regard était hostile. C'était un homme assez âgé, à la tête couverte d'une courte laine grisonnante,[56] le visage mince et flétri,[57] le corps pourtant jeune encore, avec de dures épaules sèches et des muscles visibles sous le pantalon de toile et la chemise déchirée. Ils avancèrent, suivis du commandant et de la foule des noirs, et grimpèrent sur un nouveau talus, plus déclive,[58] où les cases de terre, de fer-blanc[59] et de roseaux[60] s'accrochaient si difficilement au sol qu'il avait fallu consolider leur base avec de grosses pierres. Ils croisèrent une femme qui descendait le sentier, glissant parfois sur ses pieds nus, portant haut

---

[52] *crues:* élévations d'un cours d'eau
[53] *négrillons:* jeunes nègres
[54] *ballonné:* gonflé
[55] *écarquillaient:* ouvraient tout grand
[56] *grisonnante:* de couleur grise
[57] *flétri:* ridé
[58] *plus déclive:* en pente plus rude
[59] *fer-blanc:* tôle de fer très mince
[60] *roseaux:* diverses plantes

sur la tête un bidon[61] de fer plein d'eau. Puis, ils arrivèrent à une sorte de petite place délimitée par trois cases. L'homme marcha vers l'une d'elles et poussa une porte de bambous dont les gonds[62] étaient faits de lianes.[63] Il s'effaça, sans rien dire, fixant l'ingénieur du même regard impassible. Dans la case, d'Arrast ne vit d'abord rien qu'un feu mourant, à même le[64] sol, au centre exact de la pièce. Puis, il distingua dans un coin, au fond, un lit de cuivre au sommier[65] nu et défoncé,[66] une table dans l'autre coin, couverte d'une vaisselle de terre et, entre les deux, une sorte de tréteau[67] où trônait un chromo[68] représentant saint Georges. Pour le reste, rien qu'un tas de loques,[69] à droite de l'entrée et, au plafond, quelques pagnes[70] multicolores qui séchaient au-dessus du feu. D'Arrast, immobile, respirait l'odeur de fumée et de misère qui montait du sol et le prenait à la gorge. Derrière lui, le commandant frappa dans ses mains. L'ingénieur se retourna et, sur le seuil, à contre-jour,[71] il vit seulement arriver la gracieuse silhouette d'une jeune fille noire qui lui tendait quelque chose: il se saisit d'un verre et but l'épais alcool de canne qu'il contenait. La jeune fille tendit son plateau pour recevoir le verre vide et sortit dans un mouvement si souple et si vivant que d'Arrast eut soudain envie de la retenir.

Mais, sorti derrière elle, il ne la reconnut pas dans la foule des noirs et des notables qui s'était amassée autour de la case. Il remercia le vieil homme, qui s'inclina sans un mot. Puis il partit. Le commandant, derrière lui, reprenait ses explications, demandait quand la Société française de Rio pourrait commencer les travaux et si la digue pourrait être construite avant les grandes pluies. D'Arrast ne savait pas, il n'y pensait pas en vérité. Il descendait vers le fleuve frais, sous la

---

[61] *bidon:* vase en fer-blanc
[62] *gonds:* pièces de fer sur lesquelles tournent les portes
[63] *lianes:* plantes grimpantes
[64] *à même le:* au niveau du
[65] *sommier:* matelas
[66] *défoncé:* effondré (en mauvais état)
[67] *tréteau:* pièce de bois posée sur quatre pieds
[68] *chromo:* dessin imprimé multicolore
[69] *loques:* morceaux d'étoffe
[70] *pagnes:* vêtements portés en Afrique et en Amérique du Sud par certaines peuplades
[71] *à contre-jour:* dans un sens opposé à la lumière du jour

pluie impalpable.[72] Il écoutait toujours ce grand bruit spacieux qu'il n'avait cessé d'entendre depuis son arrivée, et dont on ne pouvait dire s'il était fait du froissement[73] des eaux ou des arbres. Parvenu sur la rive, il regardait au loin la ligne indécise de la mer, les milliers de kilomètres d'eaux solitaires et l'Afrique, et, au-delà, l'Europe, d'où il venait.

«Commandant, dit-il, de quoi vivent ces gens que nous venons de voir?

—Ils travaillent quand on a besoin d'eux, dit le commandant. Nous sommes pauvres.

—Ceux-là sont les plus pauvres?

—Ils sont les plus pauvres.»

Le juge qui, à ce moment-là, arrivait en glissant légèrement sur ses fins souliers dit qu'ils aimaient déjà M. l'Ingénieur qui allait leur donner du travail.

«Et vous savez, dit-il, ils dansent et ils chantent tous les jours.»

Puis, sans transition, il demanda à d'Arrast s'il avait pensé à la punition.

«Quelle punition?

—Eh bien, notre chef de police.

—Il faut le laisser.» Le juge dit que ce n'était pas possible et qu'il fallait punir. D'Arrast marchait déjà vers Iguape.

Dans le petit Jardin de la Fontaine, mystérieux et doux sous la pluie fine, des grappes de fleurs étranges dévalaient[74] le long des lianes entre les bananiers et les pandanus.[75] Des amoncellements[76] de pierres humides marquaient le croisement des sentiers où circulait, à cette heure, une foule bariolée.[77] Des métis, des mulâtres, quelques gauchos y bavardaient à voix faible ou s'enfonçaient, du même pas lent, dans les allées de bambous jusqu'à l'endroit où les bosquets[78] et les taillis[79]

---

[72] *impalpable:* qui n'est pas sensible au toucher
[73] *froissement:* ICI mouvement
[74] *dévalaient:* croissaient de haut en bas
[75] *pandanus:* plantes ornementales
[76] *amoncellements:* assemblages; entassements
[77] *bariolée:* multicolore
[78] *bosquets:* touffes d'arbres
[79] *taillis:* petits bois

devenaient plus denses, puis impénétrables. Là, sans transition, commençait la forêt.

D'Arrast cherchait Socrate au milieu de la foule quand il le reçut dans son dos.

«C'est la fête, dit Socrate en riant, et il s'appuyait sur les hautes épaules de d'Arrast pour sauter sur place.

—Quelle fête?

—Eh! s'étonna Socrate qui faisait face maintenant à d'Arrast, tu connais pas?[80] La fête du bon Jésus. Chaque l'année,[81] tous viennent à la grotte avec le marteau.»

Socrate montrait non pas une grotte, mais un groupe qui semblait attendre dans un coin du jardin.

«Tu vois! Un jour, la bonne statue de Jésus, elle est arrivée de la mer, en remontant le fleuve. Des pêcheurs l'a trouvée.[82] Que belle! Que belle[83] Alors, ils l'a lavée[84] ici dans la grotte. Et maintenant une pierre a poussé dans la grotte. Chaque année, c'est la fête. Avec le marteau, tu casses, tu casses des morceaux pour le bonheur béni. Et puis quoi, elle pousse toujours, toujours tu casses. C'est le miracle.»

Ils étaient arrivés à la grotte dont on apercevait l'entrée basse par-dessus les hommes qui attendaient. A l'intérieur, dans l'ombre piquée[85] par des flammes tremblantes de bougies, une forme accroupie[86] cognait en ce moment avec un marteau. L'homme, un gaucho, maigre aux longues moustaches, se releva et sortit, tenant dans sa paume offerte à tous un petit morceau de schiste[87] humide sur lequel, au bout de quelques secondes, et avant de s'éloigner, il referma la main avec précaution. Un autre homme alors entra dans la grotte en se baissant.

D'Arrast se retourna. Autour de lui, les pèlerins attendaient, sans le regarder, impassibles sous l'eau qui descendait des arbres en voiles fins. Lui aussi attendait, devant cette grotte, sous la même brume d'eau, et

---

[80] VERSION CORRECTE Tu ne la connais pas? (Tu n'es pas au courant?)
[81] VERSION CORRECTE Chaque année
[82] VERSION CORRECTE Des pêcheurs l'ont trouvée
[83] VERSION CORRECTE Qu'elle est belle! Qu'elle est belle!
[84] VERSION CORRECTE Ils l'ont lavée
[85] *piquée:* ICI éclairée ici et là
[86] *accroupie:* assise sur les talons
[87] *schiste:* variété de pierre

il ne savait quoi. Il ne cessait d'attendre, en vérité, depuis un mois qu'il était arrivé dans ce pays. Il attendait, dans la chaleur rouge des jours humides, sous les étoiles menues[88] de la nuit, malgré les tâches[89] qui étaient les siennes, les digues à bâtir, les routes à ouvrir, comme si le travail qu'il était venu faire ici n'était qu'un prétexte, l'occasion d'une surprise, ou d'une rencontre qu'il n'imaginait même pas, mais qui l'aurait attendu, patiemment, au bout du monde. Il se secoua, s'éloigna sans que personne, dans le petit groupe, fît attention à lui, et se dirigea vers la sortie. Il fallait retourner au fleuve et travailler.

Mais Socrate l'attendait à la porte, perdu dans une conversation volubile[90] avec un homme petit et gros, râblé,[91] à la peau jaune plutôt que noire. Le crâne complètement rasé de ce dernier agrandissait encore un front de belle courbure. Son large visage lisse[92] s'ornait au contraire d'une barbe très noire, taillée en carré.

«Celui-là, champion![93] dit Socrate en guise de[94] présentation. Demain, il fait la procession.»

L'homme, vêtu d'un costume marin en grosse serge,[95] un tricot[96] à raies bleues et blanches sous la vareuse marinière,[97] examinait d'Arrast, attentivement, de ses yeux noirs et tranquilles. Il souriait en même temps de toutes ses dents très blanches entre les lèvres pleines et luisantes.

«Il parle d'espagnol,[98] dit Socrate et, se tournant vers l'inconnu:

—Raconte M. d'Arrast.[99]» Puis, il partit en dansant vers un autre groupe. L'homme cessa de sourire et regardad' Arrast avec une franche curiosité.

«Ça t'intéresse, Capitaine?

---

[88] *menues:* petites
[89] *tâches:* besognes; travaux
[90] *volubile:* rapide et abondante
[91] *râblé:* vigoureux
[92] *lisse:* sans rides
[93] VERSION CORRECTE Celui-là, c'est le champion
[94] *en guise de:* comme
[95] *serge:* étoffe de laine
[96] *tricot:* vêtement fait de mailles tricotées
[97] *vareuse marinière:* blouse portée par les marins
[98] VERSION CORRECTE Il parle espagnol
[99] VERSION CORRECTE Raconte (l'histoire) à M. d'Arrast

—Je ne suis pas capitaine, dit d'Arrast.

—Ça ne fait rien. Mais tu es seigneur. Socrate me l'a dit.

—Moi, non. Mais mon grand-père l'était. Son père aussi et tous ceux d'avant son père. Maintenant, il n'y a plus de seigneurs dans nos pays.

—Ah! dit le noir en riant, je comprends, tout le monde est seigneur.

—Non, ce n'est pas cela. Il n'y a ni seigneurs ni peuple.»

L'autre réfléchissait, puis il se décida:

«Personne ne travaille, personne ne souffre?

—Oui, des millions d'hommes.

—Alors, c'est le peuple.

—Comme cela oui, il y a un peuple. Mais ses maîtres sont des policiers ou des marchands.»

Le visage bienveillant du mulâtre se referma. Puis, il grogna:[1] «Humph! Acheter et vendre, hein! Quelle saleté! Et avec la police, les chiens commandent.»

Sans transition, il éclata de rire.

«Toi, tu ne vends pas?

—Presque pas. Je fais des ponts, des routes.

—Bon, ça! Moi, je suis coq[2] sur un bateau. Si tu veux, je te ferai notre plat de haricots noirs.*

—Je veux bien.»

Le coq se rapprocha de d'Arrast et lui prit le bras.

«Ecoute, j'aime ce que tu dis. Je vais te dire aussi. Tu aimeras peut-être.»[3]

Il l'entraîna, près de l'entrée, sur un banc de bois humide, au pied d'un bouquet de bambous.

«J'étais en mer, au large d'[4]Iguape, sur un petit pétrolier[5] qui fait le cabotage[6] pour approvisionner les ports de la côte. Le feu a pris à bord. Pas par ma faute, eh! je sais mon métier! Non, le malheur! Nous avons pu mettre les canots[7] à l'eau. Dans la nuit, la mer s'est

---

[1] *il grogna:* il dit entre ses dents

[2] *coq:* cuisinier

[3] VERSION CORRECTE Tu aimeras peut-être ce que je te dirai

[4] *au large de:* éloigné de

[5] *pétrolier:* bateau qui transporte du pétrole

[6] *cabotage:* navigation entre les ports d'un même pays

[7] *canots:* petites embarcations

levée,[8] elle a roulé le canot, j'ai coulé. Quand je suis remonté, j'ai heurté le canot de la tête. J'ai dérivé. La nuit était noire, les eaux sont grandes et puis je nage mal, j'avais peur. Tout d'un coup, j'ai vu une lumière au loin, j'ai reconnu le dôme de l'église du bon Jésus à Iguape. Alors, j'ai dit au bon Jésus que je porterais à la procession une pierre de cinquante kilos* sur la tête s'il me sauvait. Tu ne me crois pas, mais les eaux se sont calmées et mon cœur aussi. J'ai nagé doucement, j'étais heureux, et je suis arrivé à la côte. Demain, je tiendrai ma promesse. »

Il regarda d'Arrast d'un air soudain soupçonneux.

« Tu ne ris pas, hein?

—Je ne ris pas. Il faut faire ce que l'on a promis. »

L'autre lui frappa sur l'épaule.

« Maintenant, viens chez mon frère, près du fleuve. Je te cuirai des haricots.

—Non, dit d'Arrast, j'ai à faire. Ce soir, si tu veux.

—Bon. Mais cette nuit, on danse et on prie, dans la grande case. C'est la fête pour saint Georges. » D'Arrast lui demanda s'il dansait aussi. Le visage du coq se durcit tout d'un coup; ses yeux, pour la première fois, fuyaient.[9]

« Non, non, je ne danserai pas. Demain, il faut porter la pierre. Elle est lourde. J'irai ce soir, pour fêter le saint. Et puis je partirai tôt.

—Ça dure longtemps?

—Toute la nuit, un peu le matin. »

Il regarda d'Arrast, d'un air vaguement honteux.

« Viens à la danse. Et tu m'emmèneras après. Sinon, je resterai, je danserai, je ne pourrai peut-être pas m'empêcher.

—Tu aimes danser? »

Les yeux du coq brillèrent d'une sorte de gourmandise.

« Oh! oui, j'aime. Et puis il y a les cigares, les saints, les femmes. On oublie tout, on n'obéit plus.

—Il y a des femmes? Toutes les femmes de la ville?

—De la ville, non, mais des cases. »

---

[8] *la mer s'est levée:* la mer est devenue agitée

[9] *fuyaient:* regardaient ailleurs; évitaient le regard direct

Le coq retrouva son sourire.

«Viens. Au capitaine, j'obéis. Et tu m'aideras à tenir demain la promesse.»

D'Arrast se sentit vaguement agacé.[10] Que lui faisait cette absurde promesse? Mais il regarda le beau visage ouvert qui lui souriait avec confiance et dont la peau noire luisait de santé et de vie.

«Je viendrai, dit-il. Maintenant, je vais t'accompagner un peu.»

Sans savoir pourquoi, il revoyait en même temps la jeune fille noire lui présenter l'offrande[11] de bienvenue.

Ils sortirent du jardin, longèrent quelques rues boueuses et parvinrent sur la place défoncée[12] que la faible hauteur des maisons qui l'entouraient faisait paraître encore plus vaste. Sur le crépi des murs, l'humidité ruisselait[13] maintenant, bien que la pluie n'eût pas augmenté. A travers les espaces spongieux du ciel, la rumeur du fleuve et des arbres parvenait, assourdie, jusqu'à eux. Ils marchaient d'un même pas, lourd chez d'Arrast, musclé chez le coq. De temps en temps, celui-ci levait la tête et souriait à son compagnon. Ils prirent la direction de l'église qu'on apercevait au-dessus des maisons, atteignirent l'extrémité de la place, longèrent encore des rues boueuses où flottaient maintenant des odeurs agressives de cuisine. De temps en temps, une femme, tenant une assiette ou un instrument de cuisine, montrait dans l'une des portes un visage curieux, et disparaissait aussitôt. Ils passèrent devant l'église, s'enfoncèrent dans un vieux quartier, entre les mêmes maisons basses, et débouchèrent[14] soudain sur le bruit du fleuve invisible, derrière le quartier des cases que d'Arrast reconnut.

«Bon. Je te laisse. A ce soir, dit-il.

—Oui, devant l'église.»

Mais le coq retenait en même temps la main de d'Arrast. Il hésitait. Puis il se décida:

«Et toi, n'as-tu jamais appelé, fait une promesse?

—Si, une fois, je crois.

---

[10] *agacé:* ennuyé
[11] *l'offrande:* le don; le cadeau
[12] *défoncée:* ICI en mauvais état
[13] *ruisselait:* coulait
[14] *débouchèrent:* sortirent d'un endroit serré

—Dans un naufrage?[15]

—Si tu veux.» Et d'Arrast dégagea sa main brusquement. Mais au moment de tourner les talons, il rencontra le regard du coq. Il hésita, puis sourit.

«Je puis te le dire, bien que ce soit sans importance. Quelqu'un allait mourir par ma faute. Il me semble que j'ai appelé.

—Tu as promis?

—Non. J'aurais voulu promettre.

—Il y a longtemps?

—Peu avant de venir ici.»

Le coq prit sa barbe à deux mains. Ses yeux brillaient.

«Tu es un capitaine, dit-il. Ma maison est la tienne. Et puis, tu vas m'aider à tenir ma promesse; c'est comme si tu la faisais toi-même. Ça t'aidera aussi.»

D'Arrast sourit: «Je ne crois pas.

—Tu es fier, Capitaine.

—J'étais fier, maintenant je suis seul. Mais dis-moi seulement, ton bon Jésus t'a toujours répondu?

—Toujours, non, Capitaine!

—Alors?»

Le coq éclata d'un rire frais et enfantin.

«Eh bien, dit-il, il est libre, non?»

Au club, où d'Arrast déjeunait avec les notables, le maire lui dit qu'il devait signer le livre d'or de la municipalité pour qu'un témoignage subsistât au moins du grand événement que constituait sa venue à Iguape. Le juge de son côté trouva deux ou trois nouvelles formules pour célébrer, outre les[16] vertus et les talents de leur hôte, la simplicité qu'il mettait à représenter parmi eux le grand pays auquel il avait l'honneur d'appartenir. D'Arrast dit seulement qu'il y avait cet honneur, qui certainement en était un, selon sa conviction, et qu'il y avait aussi l'avantage pour sa société d'avoir obtenu l'adjudication[17] de ces longs travaux. Sur quoi le juge se récria[18] devant tant d'humilité.

---

[15] *naufrage:* perte d'un bateau en mer. ICI ruine complète
[16] *outre les:* en plus des
[17] *l'adjudication:* l'attribution
[18] *se récria:* protesta

«A propos, dit-il, avez-vous pensé à ce que nous devons faire du chef de la police?» D'Arrast le regarda en souriant. «J'ai trouvé.» Il considérerait comme une faveur personnelle, et une grâce très exceptionnelle, qu'on voulût bien pardonner en son nom à cet étourdi,[19] afin que son séjour, à lui, d'Arrast, qui se réjouissait tant de connaître la belle ville d'Iguape et ses généreux habitants, pût commencer dans un climat de concorde et d'amitié. Le juge, attentif et souriant, hochait la tête. Il médita un moment la formule, en connaisseur, s'adressa ensuite aux assistants pour leur faire applaudir les magnanimes[20] traditions de la grande nation française et, tourné de nouveau vers d'Arrast, se déclara satisfait. «Puisqu'il en est ainsi, conclut-il, nous dînerons ce soir avec le chef.» Mais d'Arrast dit qu'il était invité par des amis à la cérémonie de danses, dans les cases. «Ah, oui! dit le juge. Je suis content que vous y alliez. Vous verrez, on ne peut s'empêcher d'aimer notre peuple.»

Le soir, d'Arrast, le coq et son frère étaient assis autour du feu éteint, au centre de la case que l'ingénieur avait déjà visitée le matin. Le frère n'avait pas paru surpris de le revoir. Il parlait à peine l'espagnol et se bornait[21] la plupart du temps à hocher la tête. Quant au coq, il s'était intéressé aux cathédrales, puis avait longuement disserté sur[22] la soupe aux haricots noirs. Maintenant, le jour était presque tombé et si d'Arrast voyait encore le coq et son frère, il distinguait mal, au fond de la case, les silhouettes accroupies d'une vieille femme et de la jeune fille qui, à nouveau, l'avait servi. En contrebas, on entendait le fleuve monotone.

Le coq se leva et dit: «C'est l'heure.» Ils se levèrent, mais les femmes ne bougèrent pas. Les hommes sortirent seuls. D'Arrast hésita, puis rejoignit les autres. La nuit était maintenant tombée, la pluie avait cessé. Le ciel, d'un noir pâle, semblait encore liquide. Dans son eau transparente et sombre, bas sur l'horizon, des étoiles commençaient

---

[19] *étourdi:* personne qui agit sans réflexion
[20] *magnanimes:* nobles
[21] *se bornait:* se limitait
[22] *disserté sur:* parlé en détail de

de s'allumer. Elles s'éteignaient presque aussitôt, tombaient une à une dans le fleuve, comme si le ciel dégouttait de[23] ses dernières lumières. L'air épais sentait l'eau et la fumée. On entendait aussi la rumeur toute proche de l'énorme forêt, pourtant immobile. Soudain, des tambours[24] et des chants s'élevèrent dans le lointain, d'abord sourds puis distincts, qui se rapprochèrent de plus en plus et qui se turent.[25]

On vit peu après apparaître une théorie[26] de filles noires, vêtues de robes blanches en soie grossière, à la taille très basse. Moulé dans une casaque[27] rouge sur laquelle pendait un collier de dents multicolores, un grand noir les suivait et, derrière lui, en désordre, une troupe d'hommes habillés de pyjamas blancs et des musiciens munis de triangles et de tambours larges et courts. Le coq dit qu'il fallait les accompagner.

La case où ils parvinrent en suivant la rive à quelques centaines de mètres des dernières cases, était grande, vide, relativement confortable avec ses murs crépis à l'intérieur. Le sol était en terre battue,[28] le toit de chaume[29] et de roseaux, soutenu par un mât[30] central, les murs nus. Sur un petit autel[31] tapissé de palmes, au fond, et couvert de bougies qui éclairaient à peine la moitié de la salle, on apercevait un superbe chromo où saint Georges, avec des airs séducteurs, prenait avantage d'un dragon moustachu.[32] Sous l'autel, une sorte de niche,[33] garnie de papiers en rocailles,[34] abritait, entre une bougie et une écuelle[35] d'eau, une petite statue de glaise, peinte en rouge, représentant un dieu

---

[23] *dégouttait de:* laissait tomber par gouttes
[24] *tambours:* instruments de musique
[25] *se turent:* s'arrêtèrent
[26] *théorie:* ICI procession
[27] *casaque:* vêtement à manches très larges
[28] *terre battue:* terre durcie
[29] *chaume:* paille
[30] *mât:* longue pièce de bois
[31] *autel:* table consacrée
[32] *moustachu:* qui porte une moustache
[33] *niche:* enfoncement dans le mur
[34] *papiers en rocailles:* papiers ornementaux qui représentent des grottes, des coquillages, etc.
[35] *écuelle:* petit vase creux

cornu.[36] Il brandissait,[37] la mine farouche, un couteau démesuré,[38] en papier d'argent.

Le coq conduisit d'Arrast dans un coin où ils restèrent debout, collés contre la paroi,[39] près de la porte. «Comme ça, murmura le coq, on pourra partir sans déranger.» La case, en effet, était pleine d'hommes et de femmes, serrés les uns contre les autres. Déjà la chaleur montait. Les musiciens allèrent s'installer de part et d'autre[40] du petit autel. Les danseurs et les danseuses se séparèrent en deux cercles concentriques, les hommes à l'intérieur. Au centre, vint se placer le chef noir à la casaque rouge. D'Arrast s'adossa à la paroi, en croisant les bras.

Mais le chef, fendant[41] le cercle des danseurs, vint vers eux et, d'un air grave, dit quelques mots au coq. «Décroise les bras, Capitaine, dit le coq. Tu te serres, tu empêches l'esprit du saint de descendre.» D'Arrast laissa docilement tomber les bras. Le dos toujours collé à la paroi, il ressemblait lui-même, maintenant, avec ses membres longs et lourds, son grand visage déjà luisant de sueur, à quelque dieu bestial et rassurant. Le grand noir le regarda puis, satisfait, regagna sa place. Aussitôt, d'une voix claironnante,[42] il chanta les premières notes d'un air que tous reprirent en chœur, accompagnés par les tambours. Les cercles se mirent alors à tourner en sens inverse, dans une sorte de danse lourde et appuyée qui ressemblait plutôt à un piétinement,[43] légèrement souligné par la double ondulation des hanches.

La chaleur avait augmenté. Pourtant, les pauses diminuaient peu à peu, les arrêts s'espaçaient et la danse se précipitait. Sans que le rythme des autres se ralentît, sans cesser lui même de danser, le grand noir fendit à nouveau les cercles pour aller vers l'autel. Il revint avec un

---

[36] *cornu:* qui a des cornes
[37] *il brandissait:* il agitait
[38] *démesuré:* plus grand qu'à l'ordinaire
[39] *la paroi:* le mur
[40] *de part et d'autre:* de chaque côté
[41] *fendant:* coupant
[42] *claironnante:* très forte
[43] *piétinement:* action de marcher sur place

verre d'eau et une bougie allumée qu'il ficha[44] en terre, au centre de la case. Il versa l'eau autour de la bougie en deux cercles concentriques, puis, à nouveau dressé, leva vers le toit des yeux fous. Tout son corps tendu, il attendait, immobile. «Saint Georges arrive. Regarde, regarde», souffla le coq dont les yeux s'exorbitaient.[45]

En effet, quelques danseurs présentaient maintenant des airs de transe, mais de transe figée, les mains aux reins, le pas raide, l'œil fixe et atone.[46] D'autres précipitaient leur rythme, se convulsant sur eux-mêmes, et commençaient à pousser des cris inarticulés. Les cris montèrent peu à peu et lorsqu'ils se confondirent dans un hurlement collectif, le chef, les yeux toujours levés, poussa lui-même une longue clameur à peine phrasée, au sommet du souffle, et où les mêmes mots revenaient. «Tu vois, souffla le coq, il dit qu'il est le champ de bataille du dieu.» D'Arrast fut frappé du changement de sa voix et regarda le coq qui, penché en avant, les poings serrés, les yeux fixes, reproduisait sur place le piétinement rythmé des autres. Il s'aperçut alors que lui-même, depuis un moment, sans déplacer les pieds pourtant, dansait de tout son poids.

Mais les tambours tout d'un coup firent rage et subitement le grand diable rouge se déchaîna.[47] L'œil enflammé, les quatre membres tournoyant autour du corps, il se recevait, genou plié, sur chaque jambe, l'une après l'autre, accélérant son rythme à tel point qu'il semblait qu'il dût se démembrer,[48] à la fin. Mais brusquement, il s'arrêta en plein élan, pour regarder les assistants, d'un air fier et terrible, au milieu du tonnerre des tambours. Aussitôt un danseur surgit d'un coin sombre, s'agenouilla et tendit au possédé un sabre court. Le grand noir prit le sabre sans cesser de regarder autour de lui, puis le fit tournoyer au-dessus de sa tête. Au même instant, d'Arrast aperçut le coq qui dansait au milieu des autres. L'ingénieur ne l'avait pas vu partir.

Dans la lumière rougeoyante, incertaine, une poussière étouffante montait du sol, épaississait encore l'air qui collait à la peau. D'Arrast

---

[44] *ficha:* planta
[45] *s'exorbitaient:* semblaient sortir de leur orbite
[46] *atone:* sans expression
[47] *se déchaîna:* s'excita
[48] *se démembrer:* s'arracher les membres du corps

sentait la fatigue le gagner peu à peu; il respirait de plus en plus mal. Il ne vit même pas comment les danseurs avaient pu se munir des énormes cigares qu'ils fumaient à présent, sans cesser de danser, et dont l'étrange odeur emplissait la case et le grisait[49] un peu. Il vit seulement le coq qui passait près de lui, toujours dansant, et qui tirait lui aussi sur un cigare: «Ne fume pas», dit-il. Le coq grogna, sans cesser de rythmer son pas, fixant le mât central avec l'expression du boxeur sonné,[50] la nuque[51] parcourue par un long et perpétuel frisson.[52] A ses côtés, une noire épaisse, remuant de droite à gauche sa face animale, aboyait[53] sans arrêt. Mais les jeunes négresses, surtout, entraient dans la transe la plus affreuse, les pieds collés au sol et le corps parcouru, des pieds à la tête, de soubresauts[54] de plus en plus violents à mesure qu'ils gagnaient les épaules. Leur tête s'agitait alors d'avant en arrière, littéralement séparée d'un corps décapité. En même temps, tous se mirent à hurler[55] sans discontinuer, d'un long cri collectif et incolore, sans respiration apparente, sans modulations, comme si les corps se nouaient[56] tout entiers, muscles et nerfs, en une seule émission épuisante qui donnait enfin la parole en chacun d'eux à un être jusque-là absolument silencieux. Et sans que le cri cessât, les femmes une à une, se mirent à tomber. Le chef noir s'agenouillait près de chacune, serrait vite et convulsivement leurs tempes de sa grande main aux muscles noirs. Elles se relevaient alors, chancelantes, rentraient dans la danse et reprenaient leurs cris, d'abord faiblement, puis de plus en plus haut et vite, pour retomber encore, et se relever de nouveau, pour recommencer, et longtemps encore, jusqu'à ce que le cri général faiblît, s'altérât, dégénérât en une sorte de rauque[57] aboiement qui les secouait de son hoquet.[58] D'Arrast, épuisé, les muscles noués

---

[49] *le grisait:* le rendait à moitié ivre
[50] *sonné:* battu
[51] *la nuque:* la partie postérieure du cou
[52] *frisson:* tremblement
[53] *aboyait:* faisait un son comme celui des chiens
[54] *soubresauts:* tressaillements; convulsions
[55] *hurler:* crier très fort
[56] *se nouaient:* ICI se tendaient; devenaient rigides
[57] *rauque:* enroué
[58] *hoquet:* bruit produit par la contraction du diaphragme

par sa longue danse immobile, étouffé par son propre mutisme,[59] se sentit vaciller. La chaleur, la poussière, la fumée des cigares, l'odeur humaine rendaient maintenant l'air tout à fait irrespirable. Il chercha le coq du regard: il avait disparu. D'Arrast se laissa glisser alors le long de la paroi et s'accroupit, retenant une nausée.

Quand il ouvrit les yeux, l'air était toujours aussi étouffant, mais le bruit avait cessé. Les tambours seuls rythmaient une basse[60] continue, sur laquelle dans tous les coins de la case, des groupes, couverts d'étoffes blanchâtres, piétinaient. Mais au centre de la pièce, maintenant débarrassé du verre et de la bougie, un groupe de jeunes filles noires, en état semi-hypnotique, dansaient lentement, toujours sur le point de se laisser dépasser par la mesure. Les yeux fermés, droites pourtant, elles se balançaient légèrement d'avant en arrière, sur la pointe de leurs pieds, presque sur place. Deux d'entre elles, obèses, avaient le visage recouvert d'un rideau de raphia.[61] Elles encadraient une autre jeune fille, costumée celle-là, grande, mince, que d'Arrast reconnut soudain comme la fille de son hôte. Vêtue d'une robe verte, elle portait un chapeau de chasseresse en gaze bleue, relevé sur le devant, garni de plumes mousquetaires,[62] et tenait à la main un arc vert et jaune, muni de sa flèche, au bout de laquelle était embroché[63] un oiseau multicolore. Sur son corps gracile, sa jolie tête oscillait lentement, un peu renversée, et sur le visage endormi se reflétait une mélancolie égale et innocente. Aux arrêts de la musique, elle chancelait, somnolente. Seul, le rythme renforcé des tambours lui rendait une sorte de tuteur[64] invisible autour duquel elle enroulait ses molles arabesques jusqu'à ce que, de nouveau arrêtée en même temps que la musique, chancelant au bord de[65] l'équilibre, elle poussât un étrange cri d'oiseau, perçant et pourtant mélodieux.

D'Arrast, fasciné par cette danse ralentie, contemplait la Diane* noire lorsque le coq surgit devant lui, son visage lisse maintenant

---

[59] *mutisme:* silence
[60] *basse:* ICI rythme bas
[61] *raphia:* fibres d'un palmier
[62] *mousquetaires:* gris-noir
[63] *embroché:* piqué
[64] *tuteur:* perche qui soutient une jeune plante
[65] *au bord de:* à la limite de

décomposé. La bonté avait disparu de ses yeux qui ne reflétaient qu'une sorte d'avidité inconnue. Sans bienveillance, comme s'il parlait à un étranger: «Il est tard, Capitaine, dit-il. Ils vont danser toute la nuit, mais ils ne veulent pas que tu restes maintenant.» La tête lourde, d'Arrast se leva et suivit le coq qui gagnait la porte en longeant la paroi. Sur le seuil, le coq s'effaça, tenant la porte de bambous, et d'Arrast sortit. Il se retourna et regarda le coq qui n'avait pas bougé. «Viens. Tout à l'heure il faudra porter la pierre.

—Je reste, dit le coq d'un air fermé.

—Et ta promesse?»

Le coq sans répondre poussa peu à peu la porte que d'Arrast retenait d'une seule main. Ils restèrent ainsi une seconde, et d'Arrast céda, haussant les épaules. Il s'éloigna.

La nuit était pleine d'odeurs fraîches et aromatiques. Au-dessus de la forêt, les rares étoiles du ciel austral,[66] estompées[67] par une brume invisible, luisaient faiblement. L'air humide était lourd. Pourtant, il semblait d'une délicieuse fraîcheur au sortir de la case. D'Arrast remontait la pente glissante, gagnait les premières cases, trébuchait[68] comme un homme ivre dans les chemins troués. La forêt grondait un peu, toute proche. Le bruit du fleuve grandissait, le continent tout entier émergeait dans la nuit et l'écœurement[69] envahissait d'Arrast. Il lui semblait qu'il aurait voulu vomir ce pays tout entier, la tristesse de ses grands espaces, la lumière glauque[70] des forêts, et le clapotis nocturne de ses grands fleuves déserts. Cette terre était trop grande, le sang et les saisons s'y confondaient, le temps se liquéfiait. La vie ici était à ras de[71] terre et, pour s'y intégrer, il fallait se coucher et dormir, pendant des années, à même le sol boueux ou desséché. Là-bas, en Europe, c'était la honte et la colère. Ici, l'exil ou la solitude, au milieu de ces fous languissants[72] et trépidants,[73] qui dansaient pour mourir.

---

[66] *austral:* méridional
[67] *estompées:* voilées
[68] *trébuchait:* perdait l'équilibre
[69] *l'écœurement:* le malaise
[70] *glauque:* de couleur verte
[71] *à ras de:* au niveau de la
[72] *languissants:* ICI sans activités
[73] *trépidants:* agités de secousses

Mais, à travers la nuit humide, pleine d'odeurs végétales, l'étrange cri d'oiseau blessé, poussé par la belle endormie, lui parvint encore.

Quand d'Arrast, la tête barrée d'une épaisse migraine, s'était réveillé après un mauvais sommeil, une chaleur humide écrasait la ville et la forêt immobile. Il attendait à présent sous le porche de l'hôpital, regardant sa montre arrêtée, incertain de l'heure, étonné de ce grand jour et du silence qui montait de la ville. Le ciel, d'un bleu presque franc, pesait au ras des premiers toits éteints. Des urubus jaunâtres dormaient, figés par la chaleur, sur la maison qui faisait face à l'hôpital. L'un d'eux s'ébroua[74] tout d'un coup, ouvrit le bec, prit ostensiblement[75] ses dispositions pour s'envoler, claqua deux fois ses ailes poussiéreuses contre son corps, s'éleva de quelques centimètres au-dessus du toit, et retomba pour s'endormir presque aussitôt.

L'ingénieur descendit vers la ville. La place principale était déserte, comme les rues qu'il venait de parcourir. Au loin, et de chaque côté du fleuve, une brume[76] basse flottait sur la forêt. La chaleur tombait verticalement et d'Arrast chercha un coin d'ombre pour s'abriter. Il vit alors, sous l'auvent[77] d'une des maisons, un petit homme qui lui faisait signe. De plus près, il reconnut Socrate.

«Alors, monsieur d'Arrast, tu aimes la cérémonie?»[78]

D'Arrast dit qu'il faisait trop chaud dans la case et qu'il préférait le ciel et la nuit.

«Oui, dit Socrate, chez toi, c'est la messe seulement. Personne ne danse.»

Il se frottait les mains, sautait sur un pied, tournait sur lui-même, riait à perdre haleine.

«Pas possibles, ils sont pas possibles.»[79]

Puis il regarda d'Arrast avec curiosité:

«Et toi, tu vas à la messe?

---

[74] *s'ébroua:* s'agita
[75] *ostensiblement:* d'une manière apparente
[76] *brume:* brouillard
[77] *l'auvent:* petit toit en saillie
[78] VERSION CORRECTE As-tu aimé la cérémonie?
[79] VERSION CORRECTE Ils ne sont pas possibles. (Ils sont impossibles.)

—Non.

—Alors où tu vas?

—Nulle part. Je ne sais pas.»

Socrate riait encore.

«Pas possible! Un seigneur sans église, sans rien!»

D'Arrast riait aussi:

«Oui, tu vois, je n'ai pas trouvé ma place. Alors, je suis parti.

—Reste avec nous, monsieur d'Arrast, je t'aime.

—Je voudrais bien, Socrate, mais je ne sais pas danser.» Leurs rires résonnaient dans le silence de la ville déserte.

«Ah! dit Socrate, j'oublie. Le maire veut te voir. Il déjeune au club.» Et sans crier gare,[80] il partit dans la direction de l'hôpital. «Où vas-tu?» cria d'Arrast. Socrate imita un ronflement: «Dormir. Tout à l'heure la procession.» Et courant à moitié, il reprit ses ronflements.

Le maire voulait seulement donner à d'Arrast une place d'honneur pour voir la procession. Il l'expliqua à l'ingénieur en lui faisant partager un plat de viande et de riz propre à miraculer[81] un paralytique.[82] On s'installerait d'abord dans la maison du juge, sur un balcon, devant l'église, pour voir sortir le cortège. On irait ensuite à la mairie, dans la grande rue qui menait à la place de l'église et que les pénitents emprunteraient au retour. Le juge et le chef de police accompagneraient d'Arrast, le maire étant tenu d'[83]assister à la cérémonie. Le chef de police était en effet dans la salle du club, et tournait sans trêve[84] autour de d'Arrast, un infatigable sourire aux lèvres, lui prodiguant des discours incompréhensibles, mais évidemment affectueux. Lorsque d'Arrast descendit, le chef de police se précipita pour lui ouvrir le chemin, tenant toutes les portes ouvertes devant lui.

Sous le soleil massif, dans la ville toujours vide, les deux hommes se dirigeaient vers la maison du juge. Seuls, leurs pas résonnaient dans le silence. Mais, soudain, un pétard[85] éclata dans une rue proche et fit

---

[80] *sans crier gare:* sans prévenir
[81] *miraculer:* ICI guérir au moyen d'un miracle
[82] *paralytique:* personne qui a perdu l'usage de ses membres
[83] *étant tenu de:* étant obligé de
[84] *sans trêve:* sans cesse; continuellement
[85] *pétard:* petite charge d'explosif

s'envoler sur toutes les maisons, en gerbes lourdes et embarrassées, les urubus au cou pelé.[86] Presque aussitôt des dizaines de pétards éclatèrent dans toutes les directions, les portes s'ouvrirent et les gens commencèrent de sortir des maisons pour remplir les rues étroites.

Le juge exprima à d'Arrast la fierté qui était la sienne de l'accueillir dans son indigne maison et lui fit gravir un étage d'un bel escalier baroque peint à la chaux bleue. Sur le palier, au passage de d'Arrast, des portes s'ouvrirent d'où surgissaient des têtes brunes d'enfants qui disparaissaient ensuite avec des rires étouffés. La pièce d'honneur, belle d'architecture, ne contenait que des meubles de rotin[87] et de grandes cages d'oiseaux au jacassement étourdissant.[88] Le balcon où ils s'installèrent donnait sur la petite place devant l'église. La foule commençait maintenant de la remplir, étrangement silencieuse, immobile sous la chaleur qui descendait du ciel en flots presque visibles. Seuls, des enfants couraient autour de la place s'arrêtant brusquement pour allumer des pétards dont les détonations se succédaient. Vue du balcon, l'église, avec ses murs crépis, sa dizaine de marches peintes à la chaux bleue, ses deux tours bleues et or, paraissait plus petite.

Tout d'un coup, des orgues éclatèrent à l'intérieur de l'église. La foule, tournée vers le porche, se rangea sur les côtés de la place. Les hommes se découvrirent,[89] les femmes s'agenouillèrent. Les orgues lointaines jouèrent, longuement, des sortes de marches. Puis un étrange bruit d'élytres[90] vint de la forêt. Un minuscule avion aux ailes transparentes et à la frêle carcasse, insolite[91] dans ce monde sans âge, surgit au-dessus des arbres, descendit un peu vers la place, et passa, avec un grondement de grosse crécelle,[92] au-dessus des têtes levées vers lui. L'avion vira ensuite et s'éloigna vers l'estuaire.

Mais, dans l'ombre de l'église, un obscur remue-ménage[93] attirait de nouveau l'attention. Les orgues s'étaient tues, relayées maintenant

---

[86] *pelé:* sans poils
[87] *rotin:* branches employées à la fabrication de meubles
[88] *étourdissant:* agaçant; pénible
[89] *se découvrirent:* enlevèrent leur chapeau
[90] *élytres:* ailes
[91] *insolite:* inhabituel
[92] *crécelle:* jouet (moulinet) qui fait beaucoup de bruit
[93] *remue-ménage:* agitation

par des cuivres[94] et des tambours, invisibles sous le porche. Des pénitents, recouverts de surplis[95] noirs, sortirent un à un de l'église, se groupèrent sur le parvis,[96] puis commencèrent de descendre les marches. Derrière eux venaient des pénitents blancs portant des bannières rouges et bleues, puis une petite troupe de garçons costumés en anges, des confréries[97] d'enfants de Marie, aux petits visages noirs et graves, et enfin, sur une châsse[98] multicolore, portée par des notables suants dans leurs complets sombres, l'effigie du bon Jésus lui-même, roseau en main, la tête couverte d'épines,[99] saignant et chancelant au-dessus de la foule qui garnissait les degrés[1] du parvis.

Quand la châsse fut arrivée au bas des marches, il y eut un temps d'arrêt pendant lequel les pénitents essayèrent de se ranger dans un semblant d'ordre. C'est alors que d'Arrast vit le coq. Il venait de déboucher sur le parvis, torse nu, et portait sur sa tête barbue un énorme bloc rectangulaire qui reposait sur une plaque de liège[2] à même le crâne. Il descendit d'un pas ferme les marches de l'église, la pierre exactement équilibrée dans l'arceau[3] de ses bras courts et musclés. Dès qu'il fut parvenu derrière la châsse, la procession s'ébranla.[4] Du porche surgirent alors les musiciens, vêtus de vestes aux couleurs vives et s'époumonant[5] dans des cuivres enrubannés.[6] Aux accents d'un pas redoublé, les pénitents accélérèrent leur allure et gagnèrent l'une des rues qui donnaient sur la place. Quand la châsse eut disparu à leur suite, on ne vit plus que le coq et les derniers musiciens. Derrière eux, la foule s'ébranla, au milieu des détonations, tandis que l'avion, dans un grand ferraillement[7] de pistons, revenait au-dessus des derniers

---

[94] *cuivres:* instruments de musique comme la trompette, etc.
[95] *surplis:* vêtements d'église
[96] *parvis:* porche de l'église
[97] *confréries:* associations (religieuses)
[98] *châsse:* coffre où l'on conserve des reliques
[99] *épines:* ronces
[1] *degrés:* marches
[2] *liège:* écorce tirée de certains chênes
[3] *arceau:* arche
[4] *s'ébranla:* se mit en marche
[5] *s'époumonant:* soufflant de toutes leurs forces
[6] *enrubannés:* avec des rubans
[7] *ferraillement:* bruit métallique (de fer)

groupes. D'Arrast regardait seulement le coq qui disparaissait maintenant dans la rue et dont il lui semblait soudain que les épaules fléchissaient.[8] Mais à cette distance, il voyait mal.

Par les rues vides, entre les magasins fermés et les portes closes, le juge, le chef de police et d'Arrast gagnèrent alors la mairie. A mesure qu'ils s'éloignaient de la fanfare et des détonations, le silence reprenait possession de la ville et, déjà, quelques urubus revenaient prendre sur les toits la place qu'ils semblaient occuper depuis toujours. La mairie donnait sur une rue étroite, mais longue, qui menait d'un des quartiers extérieurs à la place de l'église. Elle était vide pour le moment. Du balcon de la mairie, à perte de vue,[9] on n'apercevait qu'une chaussée défoncée, où la pluie récente avait laissé quelques flaques. Le soleil, maintenant un peu descendu, rongeait encore, de l'autre côté de la rue, les façades aveugles des maisons.

Ils attendirent longtemps, si longtemps que d'Arrast, à force de regarder la réverbération du soleil sur le mur d'en face, sentit à nouveau revenir sa fatigue et son vertige.[10] La rue vide, aux maisons désertes, l'attirait et l'écœurait à la fois. A nouveau, il voulait fuir ce pays, il pensait en même temps à cette pierre énorme, il aurait voulu que cette épreuve fût finie. Il allait proposer de descendre pour aller aux nouvelles[11] lorsque les cloches de l'église se mirent à sonner à toute volée.[12] Au même instant, à l'autre extrémité de la rue, sur leur gauche, un tumulte éclata et une foule en ébullition[13] apparut. De loin, on la voyait agglutinée[14] autour de la châsse, pèlerins et pénitents mêlés, et ils avançaient, au milieu des pétards et des hurlements de joie, le long de la rue étroite. En quelques secondes, ils la remplirent jusqu'aux bords, avançant vers la mairie, dans un désordre indescriptible, les âges, les races et les costumes fondus en une masse bariolée, couverte d'yeux et de bouches vociférantes, et d'où sortaient, comme des lances,

---

[8] *fléchissaient:* se courbaient; faiblissaient
[9] *à perte de vue:* aussi loin qu'on pouvait voir
[10] *vertige:* étourdissement; manque d'équilibre
[11] *pour aller aux nouvelles:* pour aller chercher des nouvelles
[12] *à toute volée:* aussi fort que possible
[13] *ébullition:* agitation
[14] *agglutinée:* groupée (très près)

une armée de cierges dont la flamme s'évaporait dans la lumière ardente du jour. Mais quand ils furent proches et que la foule, sous le balcon, sembla monter le long des parois, tant elle était dense, d'Arrast vit que le coq n'était pas là.

D'un seul mouvement, sans s'excuser, il quitta le balcon et la pièce, dévala[15] l'escalier et se trouva dans la rue, sous le tonnerre des cloches et des pétards. Là, il dut lutter contre la foule joyeuse, les porteurs de cierges, les pénitents offusqués.[16] Mais irrésistiblement, remontant de tout son poids la marée[17] humaine, il s'ouvrit un chemin, d'un mouvement si emporté, qu'il chancela et faillit tomber lorsqu'il se retrouva libre, derrière la foule, à l'extrémité de la rue. Collé contre le mur brûlant, il attendit que la respiration lui revînt. Puis il reprit sa marche. Au même moment, un groupe d'hommes déboucha dans la rue. Les premiers marchaient à reculons,[18] et d'Arrast vit qu'ils entouraient le coq.

Celui-ci était visiblement exténué. Il s'arrêtait, puis, courbé sous l'énorme pierre, il courait un peu, du pas pressé des débardeurs[19] et des coolies,[20] le petit trot de la misère, rapide, le pied frappant le sol de toute sa plante.[21] Autour de lui, des pénitents aux surplis salis de cire[22] fondue et de poussière l'encourageaient quand il s'arrêtait. A sa gauche, son frère marchait ou courait en silence. Il sembla à d'Arrast qu'ils mettaient un temps interminable à parcourir l'espace qui les séparait de lui. A peu près à sa hauteur, le coq s'arrêta de nouveau et jeta autour de lui des regards éteints. Quand il vit d'Arrast, sans paraître pourtant le reconnaître, il s'immobilisa, tourné vers lui. Une sueur huileuse et sale couvrait son visage maintenant gris, sa barbe était pleine de filets de salive, une mousse brune et sèche cimentait[23] ses lèvres. Il essaya de sourire. Mais, immobile sous sa charge, il tremblait de tout son corps, sauf à la hauteur des épaules où les muscles

---

[15] *dévala:* descendit très vite
[16] *offusqués:* choqués
[17] *la marée:* ICI la masse
[18] *à reculons:* en arrière
[19] *débardeurs:* hommes qui déchargent les navires
[20] *coolies:* travailleurs hindous ou chinois
[21] *plante:* toute la face inférieure du pied
[22] *cire:* matière dont on fait les bougies
[23] *cimentait:* fermait comme avec du ciment

étaient visiblement noués dans une sorte de crampe. Le frère, qui avait reconnu d'Arrast, lui dit seulement: «Il est déjà tombé.» Et Socrate, surgi il ne savait d'où, vint lui glisser à l'oreille: «Trop danser,[24] monsieur d'Arrast, toute la nuit. Il est fatigué.»

Le coq avança de nouveau, de son trot saccadé,[25] non comme quelqu'un qui veut progresser mais comme s'il fuyait la charge qui l'écrasait, comme s'il espérait l'alléger par le mouvement. D'Arrast se trouva, sans qu'il sût comment, à sa droite. Il posa sur le dos du coq une main devenue légère et marcha près de lui, à petits pas pressés et pesants. A l'autre extrémité de la rue, la châsse avait disparu, et la foule, qui, sans doute, emplissait maintenant la place, ne semblait plus avancer. Pendant quelques secondes, le coq, encadré par son frère et d'Arrast, gagna du terrain. Bientôt, une vingtaine de mètres seulement le séparèrent du groupe qui s'était massé devant la mairie pour le voir passer. A nouveau, pourtant, il s'arrêta. La main de d'Arrast se fit plus lourde. «Allez, coq, dit-il, encore un peu.» L'autre tremblait, la salive se remettait à couler de sa bouche tandis que, sur tout son corps, la sueur jaillissait littéralement. Il prit une respiration qu'il voulait profonde et s'arrêta court.[26] Il s'ébranla encore, fit trois pas, vacilla. Et soudain la pierre glissa sur son épaule, qu'elle entailla,[27] puis en avant jusqu'à terre, tandis que le coq, déséquilibré, s'écroulait sur le côté. Ceux qui le précédaient en l'encourageant sautèrent en arrière avec de grands cris, l'un d'eux se saisit de la plaque de liège pendant que les autres empoignaient la pierre pour en charger à nouveau le coq.

D'Arrast, penché sur celui-ci, nettoyait de sa main l'épaule souillée de sang et de poussière, pendant que le petit homme, la face collée à terre, haletait.[28] Il n'entendait rien, ne bougeait plus. Sa bouche s'ouvrait avidement sur chaque respiration, comme si elle était la dernière. D'Arrast le prit à bras-le-corps[29] et le souleva aussi facilement que s'il s'agissait d'un enfant. Il le tenait debout, serré contre lui.

---

[24] VERSION CORRECTE Il a trop dansé
[25] *saccadé:* brusque
[26] *s'arrêta court:* s'arrêta sur place
[27] *entailla:* coupa
[28] *haletait:* respirait avec difficulté
[29] *à bras-le-corps:* par le milieu du corps

Penché de toute sa taille, il lui parlait dans le visage, comme pour lui insuffler sa force. L'autre, au bout d'un moment, sanglant et terreux,[30] se détacha de lui, une expression hagarde sur le visage. Chancelant, il se dirigea de nouveau vers la pierre que les autres soulevaient un peu. Mais il s'arrêta; il regardait la pierre d'un regard vide, et secouait la tête. Puis il laissa tomber ses bras le long de son corps et se tourna vers d'Arrast. D'énormes larmes coulaient silencieusement sur son visage ruiné. Il voulait parler, il parlait, mais sa bouche formait à peine les syllabes. «J'ai promis», disait-il. Et puis: «Ah! Capitaine. Ah! Capitaine!» et les larmes noyèrent sa voix. Son frère surgit dans son dos, l'étreignit, et le coq, en pleurant, se laissa aller contre lui, vaincu, la tête renversée.

D'Arrast le regardait, sans trouver ses mots. Il se tourna soudain vers la foule, au loin, qui criait à nouveau. Soudain, il arracha la plaque de liège des mains qui la tenaient et marcha vers la pierre. Il fit signe aux autres de l'élever et la chargea presque sans effort. Légèrement tassé[31] sous le poids de la pierre, les épaules ramassées,[32] soufflant un peu, il regardait à ses pieds, écoutant les sanglots du coq. Puis il s'ébranla à son tour d'un pas puissant, parcourut sans faiblir l'espace qui le séparait de la foule, à l'extrémité de la rue, et fendit avec décision les premiers rangs qui s'écartèrent devant lui. Il entra sur la place, dans le vacarme des cloches et des détonations, mais entre deux haies de spectateurs qui le regardaient avec étonnement, soudain silencieux. Il avançait, du même pas emporté, et la foule lui ouvrait un chemin jusqu'à l'église. Malgré le poids qui commençait à lui broyer[33] la tête et la nuque, il vit l'église et la châsse qui semblait l'attendre sur le parvis. Il marchait vers elle et avait dépassé le centre de la place quand brutalement, sans savoir pourquoi il obliqua[34] vers la gauche, et se détourna du chemin de l'église, obligeant les pèlerins à lui faire face. Derrière lui, il entendait des pas précipités. Devant lui, s'ouvraient de toutes parts des bouches. Il ne comprenait pas ce qu'elles lui criaient,

---

[30] *terreux:* pâle
[31] *tassé:* courbé
[32] *ramassées:* pliées en avant
[33] *broyer:* écraser
[34] *il obliqua:* il tourna

bien qu'il lui semblât reconnaître le mot portugais qu'on lui lançait sans arrêt. Soudain, Socrate apparut devant lui, roulant des yeux effarés, parlant sans suite et lui montrant, derrière lui, le chemin de l'église. «A l'église, à l'église», c'était là ce que criaient Socrate et la foule. D'Arrast continua pourtant sur sa lancée.[35] Et Socrate s'écarta, les bras comiquement levés au ciel, pendant que la foule peu à peu se taisait. Quand d'Arrast entra dans la première rue, qu'il avait déjà prise avec le coq, et dont il savait qu'elle menait aux quartiers du fleuve, la place n'était plus qu'une rumeur confuse derrière lui.

La pierre, maintenant, pesait douloureusement sur son crâne et il avait besoin de toute la force de ses grands bras pour l'alléger. Ses épaules se nouaient déjà quand il atteignit les premières rues, dont la pente était glissante. Il s'arrêta, tendit l'oreille. Il était seul. Il assura la pierre sur son support de liège et descendit d'un pas prudent, mais encore ferme, jusqu'au quartier des cases. Quand il y arriva, la respiration commençait de lui manquer, ses bras tremblaient autour de la pierre. Il pressa le pas, parvint enfin sur la petite place où se dressait la case du coq, courut à elle, ouvrit la porte d'un coup de pied et, d'un seul mouvement, jeta la pierre au centre de la pièce, sur le feu qui rougeoyait encore. Et là, redressant toute sa taille, énorme soudain, aspirant à goulées[36] désespérées l'odeur de misère et de cendres qu'il reconnaissait, il écouta monter en lui le flot d'une joie obscure et haletante qu'il ne pouvait pas nommer.

Quand les habitants de la case arrivèrent, ils trouvèrent d'Arrast debout, adossé au mur du fond, les yeux fermés. Au centre de la pièce à la place du foyer, la pierre était à demi enfouie,[37] recouverte de cendres et de terre. Ils se tenaient sur le seuil sans avancer et regardaient d'Arrast en silence comme s'ils l'interrogeaient. Mais il se taisait. Alors, le frère conduisit près de la pierre le coq qui se laissa tomber à terre. Il s'assit, lui aussi, faisant un signe aux autres. La vieille femme le rejoignit, puis la jeune fille de la nuit, mais personne ne regardait d'Arrast. Ils étaient accroupis en rond autour de la pierre, silencieux. Seule, la rumeur du fleuve montait jusqu'à eux à travers l'air lourd. D'Arrast,

---

[35] *sa lancée:* son chemin; sa voie
[36] *goulées:* gorgées
[37] *enfouie:* enterrée

debout dans l'ombre, écoutait, sans rien voir, et le bruit des eaux l'emplissait d'un bonheur tumultueux. Les yeux fermés, il saluait joyeusement sa propre force, il saluait, une fois de plus, la vie qui recommençait. Au même instant, une détonation éclata qui semblait toute proche. Le frère s'écarta un peu du coq et se tournant à demi vers d'Arrast, sans le regarder, lui montra la place vide: «Assieds-toi avec nous.»

NOTES EXPLICATIVES

(129) *Iguape:* petit village à l'intérieur du Brésil.

(147) *la Serra:* les plaines de l'intérieur du Brésil.

(148) *São Paulo:* grand centre industriel brésilien.

(161) *Registro:* petite commune brésilienne.

(245) *gauchos:* les gauchos sont les *cowboys* du Brésil.

(455) *haricots noirs:* Les haricots noirs sont une spécialité parmi la population pauvre du pays.

(471) *cinquante kilos:* environ 110 livres.

(728) *Diane:* fille de Jupiter qui s'occupait principalement de la chasse.

Exercices de grammaire

A. «**dès que** les roues avant l'atteignirent» (83—84) (SENS: au moment où les roues avant l'atteignirent)

D'après cet exemple, transformez les phrases ci-dessous et complétez-les selon votre imagination:

1. Dès qu'il me vit... **2.** Dès que nous le lui avons dit... **3.** Au moment où vous l'avez fait... **4.** Au moment où elle l'aperçut... **5.** Dès que je viendrai...

B. « d'Arrast, **malgré les secousses**... » (145) (SENS: d'Arrast, bien qu'il fût secoué...)

D'après cet exemple, transformez les phrases ci-dessous:

1. Il vint malgré le mauvais temps. **2.** Nous l'avons fait, malgré vos menaces. **3.** Bien que vous l'ayez promis, vous ne l'avez pas fait. **4.** Bien qu'il soit grand, il ne pourra l'atteindre. **5.** Malgré son intelligence, elle a du mal à comprendre.

C. « ce grand bruit...qu'il **n'avait cessé d'**entendre » (353—354) (SENS: ce grand bruit qu'il entendait sans cesse)

D'après cet exemple, transformez les expressions ci-dessous:

1. Les promesses qu'ils n'avaient cessé de faire **2.** Les menaces que nous n'avions cessé de recevoir **3.** L'argent qu'elle dépense sans cesse **4.** Les bêtises que tu dis sans arrêt **5.** La pluie qui n'avait cessé de tomber

D. « Le coq dit qu'**il fallait** les accompagner. » (603—604) (SENS: Le coq dit qu'il était nécessaire de les accompagner.)

D'après cet exemple, transformez les phrases ci-dessous:

1. Il fallait le leur dire. **2.** Il était nécessaire de nous en aller. **3.** Il faut lui écrire. **4.** Il est nécessaire d'obéir à ses ordres. **5.** Il fallait ne pas le contrarier.

E. « le maire **étant tenu d'**assister » (809) (SENS: le maire étant obligé d'assister)

D'après cet exemple, transformez les phrases ci-dessous et complétez-les selon votre imagination:

1. Etant tenu de payer... **2.** Etant obligé de partir... **3.** Etant tenues de parler... **4.** Etant obligés de se lever... **5.** Etant tenue de se maquiller...

Questions portant sur le texte

1. Par quels procédés l'auteur crée-t-il une atmosphère «mystérieuse» dès le début du récit? (1—9)
2. Faites ressortir toutes les expressions qui indiquent qu'il s'agit d'un endroit pauvre. (1—9)
3. Pourquoi l'homme doit-il peiner pour sortir de la portière? (10—11)
4. Pourquoi l'homme vacille-t-il? (11—12)
5. Qu'est-ce que l'homme regarde du sommet de la pente? (15—16)
6. Qu'est-ce qui avait empêché les hommes d'entendre le bruit des eaux? (19—20)
7. Qu'est-ce qui produit les écailles brillantes sur le fleuve? (21—22)
8. Pourquoi le chauffeur fait-il clignoter ses phares? (26—27)
9. Qui est le guetteur? (31—32)
10. Quelles sont les indications qui nous permettent de situer l'endroit décrit? (34—39)
11. Qu'est-ce qui cause la dilatation et le rétrécissement du halo de la lanterne? (46—47)
12. Qu'est-ce qui nous avait permis de deviner qu'il s'agissait d'un radeau avant que l'auteur ne nous le dise? (57)
13. Combien d'hommes y a-t-il sur le radeau? (52—61)
14. Pourquoi tous ces hommes sont-ils nécessaires? (52—61)
15. Quelle est la tâche des nègres? (58—72)
16. Qu'est-ce qui accentue le bruit des planches rebondissantes? (80—81)
17. Quel effet l'auteur cherche-t-il à produire par le silence des passeurs? (50—97)
18. Les deux hommes regardent-ils dans la direction d'où ils viennent ou dans celle où ils se rendent? (92—94)
19. Qu'est-ce que nous pouvons conclure concernant le caractère du chauffeur d'après les quelques indications que nous avons sur lui? (107—113)

20. Par quels procédés l'auteur accentue-t-il l'isolement des hommes? (114—125)
21. Dégagez les éléments symboliques de la traversée du fleuve. (89—125)
22. Qu'est-ce qui décide les hommes à rompre leur silence? (127—128)
23. Pourquoi Socrate est-il content? (130)
24. Comment peut-on décrire le rapport entre l'homme et son chauffeur? (129—134)
25. Quel effet l'auteur produit-il par le tutoiement du chauffeur? (129—134)
26. D'ou vient l'odeur molle et sucrée? (135—137)
27. Comment l'auteur nous fait-il comprendre que l'homme «dormait à moitié»? (144—158)
28. Qu'est-ce qui fait croire à l'homme qu'ils sont au Japon? (154—156)
29. Pourquoi le chauffeur dit-il à l'homme que les Japonais sont jaunes? (163)
30. Qu'est-ce qui nous permet d'affirmer que l'homme a entière confiance en son chauffeur? (160—170)
31. Pourquoi d'Arrast regarde-t-il l'endroit où il se trouve avec «étonnement»? (171—172)
32. Comment se fait-il qu'un autre lit soit défait? (176—177)
33. Pourquoi le maire a-t-il logé les deux hommes à l'hôpital? (180—181)
34. Qu'est-ce que le nom de l'hôpital indique? (179—181)
35. Pourquoi faut-il employer de l'eau minérale pour se laver? (182—184)
36. Pourquoi les fenêtres de l'hôpital sont-elles grillagées? (187—188)
37. Quel «air» d'Arrast prend-il lorsqu'il apprend que le maire l'attend? (194—195)
38. Qu'indique la «transfiguration» du maire? (196—200)
39. Pourquoi l'auteur met-il «M. l'ingénieur» entre guillemets? (201)

40. Pourquoi l'auteur emploie-t-il le style indirect pour reproduire les remarques du juge? (209—216)

41. Pourquoi d'Arrast est-il venu à Iguape? (212—213)

42. Qui va profiter de cette digue? (213)

43. Quels sont les seuls hommes parmi les notables qui parlent français? (221—224)

44. Pourquoi Socrate rassure-t-il d'Arrast? (229)

45. Comment se fait-il qu'il y ait tellement d'hommes sur la place? (244—251)

46. Pourquoi d'Arrast hésite-t-il avant de donner son passeport au notable? (256—260)

47. Qu'est-ce qui cause la mauvaise humeur du notable? (260—261)

48. Pourquoi le juge n'est-il pas intervenu avant? (263—264)

49. Pourquoi la voix du juge est-elle étonnante? (268—269)

50. Qui est probablement le personnage le plus important de la ville? (268—273)

51. Quel effet l'auteur produit-il en nous révélant qu'il s'agit du chef de la police? (274—277)

52. Pouvons-nous être sûrs que le passeport de d'Arrast est en règle? (274—277)

53. Qu'est-ce que M. Carvalho demande aux autres notables? (277—278)

54. Pourquoi d'Arrast est-il pressé de voir le fleuve? (284—286)

55. Pourquoi le juge attache-t-il tellement d'importance à la punition du chef de la police? (286—291)

56. Quels sont les habitants des bas quartiers? (302—306)

57. Pourquoi d'Arrast tient-il à visiter une case? (309)

58. Qu'est-ce que le commandant du port explique aux noirs? (311—313)

59. Pourquoi le commandant s'impatiente-t-il? (314)

60. Qu'est-ce qui décide enfin l'homme à montrer sa case à d'Arrast? (315—317)

61. Comment le noir montre-t-il son hostilité? (328—331)

62. Comment vivent les habitants des bas quartiers? (331—339)

63. En quoi se montre la fierté du noir qui montre sa case? (318—348)
64. Qu'est-ce qui nous permet d'affirmer que d'Arrast est préoccupé? (351—357)
65. Pourquoi les habitants des bas quartiers sont-ils absents de la foule au Jardin de la Fontaine? (374—382)
66. Qu'est-ce que les habitants d'Iguape célèbrent ce jour-là? (385—390)
67. Résumez les explications de Socrate concernant le miracle de la pierre. (393—398)
68. Pourquoi les gens emportent-ils des morceaux de la pierre? (393—406)
69. En quoi d'Arrast ressemble-t-il aux pèlerins? (407—411)
70. Pourquoi d'Arrast est-il venu à Iguape, son travail mis à part? (409—416)
71. Qu'est-ce que le travail représente aux yeux de d'Arrast? (418)
72. Pourquoi Socrate présente-t-il le coq à d'Arrast? (419—432)
73. Pourquoi le coq appelle-t-il d'Arrast «Capitaine»? (435)
74. Qu'est-ce le coq entend par «seigneur»? (437)
75. En quoi le raisonnement du coq est-il juste? (437—445)
76. Qu'y a-t-il de touchant dans le raisonnement du coq? (437—445)
77. Qu'est-ce qui explique la sympathie du coq pour d'Arrast? (435—459)
78. Pourquoi le coq décide-t-il de raconter son histoire à d'Arrast? (462—474)
79. De quoi le coq avait-il peur en racontant son histoire à d'Arrast? (462—474)
80. Qu'est-ce qui provoque le durcissement du visage du coq? (483—485)
81. Pourquoi le coq demande-t-il à d'Arrast d'aller à la danse? (491—492)
82. Quelle différence y a-t-il entre les femmes de la ville et celles des cases? (497—498)

83. D'Arrast pense-t-il vraiment que la promesse du coq est absurde? (502—503)

84. Qu'est-ce qui décide d'Arrast à accepter l'invitation? (491—505)

85. Faites ressortir les éléments symboliques de la promenade de d'Arrast et du coq. (508—523)

86. De quel naufrage d'Arrast parle-t-il? (528—531)

87. Est-ce que d'Arrast est sincère lorsqu'il dit que l'incident est sans importance? (534—535)

88. Qui d'Arrast a-t-il appelé? (535)

89. Pourquoi d'Arrast n'a-t-il pas promis? (536—537)

90. Est-ce qu'il est important de savoir que l'incident s'est passé peu avant l'arrivée de d'Arrast? (538—539)

91. En quoi consiste «la religion» du coq? (546—551)

92. Qu'est-ce qui montre l'humilité de d'Arrast? (558—561)

93. Comment se fait-il que le juge soit finalement satisfait de la «punition» du chef de la police? (563—572)

94. Quel rôle les femmes jouent-elles dans cette société? (582—588)

95. Comment se fait-il que les noirs permettent à d'Arrast d'assister à leur cérémonie? (617—625)

96. Dans quel but les noirs dansent-ils? (626—670)

97. Pourquoi d'Arrast demande-t-il au coq de ne pas fumer? (678)

98. En quoi le rythme de la phrase reproduit-il l'événement que cette phrase décrit? (694—699)

99. Quel changement se produit durant le temps où d'Arrast a les yeux fermés? (705—727)

100. Qu'est-ce qui cause le changement dans l'attitude du coq? (728—731)

101. Pourquoi les noirs veulent-ils que d'Arrast parte? (732—733)

102. Pourquoi d'Arrast n'essaie-t-il pas de convaincre le coq de partir avec lui? (736—742)

103. Qu'est-ce qui a causé «l'ivresse» de d'Arrast? (743—748)

104. Pourquoi d'Arrast est-il écœuré? (749—750)

105. Qu'est-ce qui empêche d'Arrast de s'intégrer à cette terre? (754—758)

106. Qu'y a-t-il de symbolique dans le mouvement de l'urubus? (768—771)

107. Socrate a-t-il raison de comparer la fête à la messe? (778—782)

108. Quelle est la valeur symbolique de la réponse de d'Arrast: «je ne sais pas danser»? (796)

109. Pourquoi le chef de la police tourne-t-il constamment autour de d'Arrast? (809—812)

110. Pourquoi la foule sur la place est-elle «étrangement silencieuse»? (829—831)

111. Pourquoi l'auteur introduit-il un avion dans son récit? (840—844)

112. Quelle statue les notables portent-ils dans la procession? (853—856)

113. Où est-ce que les pénitents se rendent? (866—868)

114. Qu'y a-t-il dans la rue vide qui attire d'Arrast? (888—889)

115. Quel intérêt d'Arrast a-t-il à ce que cette épreuve finisse? (889—891)

116. Comment expliquez-vous l'agitation de la foule? (893—902)

117. Faites ressortir tous les éléments qui montrent la hâte de d'Arrast à retrouver le coq. (905—915)

118. Qu'est-ce que l'arrêt du coq devant d'Arrast implique? (924—925)

119. Comment d'Arrast encourage-t-il le coq? (936—945)

120. Comment d'Arrast essaie-t-il de transmettre son énergie au coq? (954—961)

121. Pourquoi le coq appelle-t-il d'Arrast «Capitaine»? (968—969)

122. Par quelle action d'Arrast remplace-t-il les mots qu'il ne trouve pas? (972—975)

123. Où d'Arrast a-t-il l'intention d'aller avec la pierre? (977—984)

124. Pourquoi d'Arrast change-t-il de direction? (986—988)

125. Qu'est-ce qui cause la joie de d'Arrast lorsqu'il dépose la pierre dans la case du coq? (1010—1013)

126. Qu'est-ce que la pierre au milieu de la case représente symboliquement? (1009—1017)

127. Pourquoi d'Arrast ne répond-il pas à l'interrogation silencieuse des habitants de la case? (1017—1018)

128. Quelle est la «récompense» de d'Arrast? (1025—1027)

129. Qu'est-ce que les derniers mots impliquent? (1029—1030)

Questions générales portant sur le texte

1. Quelle est la valeur symbolique du décor?
2. Quelle est l'importance de l'épisode entre d'Arrast et le chef de la police?
3. En quoi la ville d'Iguape est-elle représentative de la société en général?
4. Faites ressortir tous les éléments chrétiens de la fête.
5. Faites ressortir tous les éléments païens de la fête.
6. En quoi d'Arrast est-il un personnage assez mystérieux?
7. Quels sont les éléments symboliques dans la démarche du coq?
8. A quoi pouvons-nous comparer la souffrance du coq?
9. Comment d'Arrast trouve-t-il son royaume?

Sujets de devoirs

1. D'après les indications de Camus, décrivez la ville d'Iguape.
2. Décrivez chacun des notables que l'on trouve dans une petite ville américaine.
3. Récrivez les remarques du juge (209—216) en style direct.
4. Ecrivez une courte composition pour expliquer le titre du récit.
5. Inventez deux incidents au cours desquels un homme montrera sa solidarité humaine par un geste symbolique.

V

Récits de guerre

JORIS-KARL HUYSMANS

Huysmans naquit à Paris en 1848. Il fit ses études au Lycée St. Louis et à la Faculté de Droit. En 1868 il accepta une place de clerc au Ministère de l'Intérieur, afin de pouvoir consacrer plus de temps à la littérature. Il participa à la guerre de 1870–1871 dans les Gardes mobiles, tomba malade et passa quelque temps à l'hôpital d'Évreux. Il publia son premier livre (une série d'esquisses fortement influencées par Baudelaire) en 1874. Son œuvre peut être divisée en trois grandes périodes. La période naturaliste comprend *Marthe, histoire d'une fille* (1876), *Sac au dos* (1878), *Les sœurs Vatard* (1879) et *A vau l'eau* (1882). La période symboliste ou décadente est illustrée par le plus connu de ses romans : *A rebours* (1884). Enfin, la période qui marque son retour au christianisme voit l'apparition de *Là–bas* (1891), *En route* (1895), et *La cathédrale* (1898). Huysmans est mort en 1907.

Sac au dos avait paru en 1878 dans une revue belge, *L'Artiste.* Ce récit autobiographique fut ensuite inclus dans les *Soirées de Médan,* un recueil où six écrivains naturalistes, dont Zola et Maupassant, publièrent des contes sur la guerre de 1870. Selon un article paru dans *Le Gaulois* en 1880, Huysmans lors d'une soirée chez Zola à Médan, aurait prononcé ces paroles : «Un conteur est un monsieur qui, ne sachant pas écrire, débite prétentieusement des balivernes.» Pour démentir cette boutade, les auteurs décidèrent de raconter chacun une histoire, et pour augmenter la difficulté de l'entreprise, le cadre choisi par le premier serait conservé par tous les autres. Zola raconta *L'Attaque du moulin,* Maupassant *Boule de suif,* et Huysmans, «le seul écrivain naturaliste au sens propre du mot» offrit le conte que nous donnons ici.

A consulter : Albert Garreau, *J.-K. Huysmans*, Tournai, 1947.

Sac au dos

Aussitôt que j'eus achevé mes études, mes parents jugèrent utile de me faire comparoir[1] devant une table habillée de drap vert et surmontée de bustes de vieux messieurs qui s'inquiétèrent de savoir si j'avais appris assez de langue morte* pour être promu[2] au grade de bachelier.

L'épreuve fut satisfaisante. Un dîner où tout l'arrière-ban de ma famille[3] fut convoqué, célébra mes succès, s'inquiéta de mon avenir, et résolut enfin que je ferais mon droit.[4]

Je passai tant bien que mal[5] le premier examen et je mangeai l'argent de mes inscriptions de deuxième année avec une blonde qui prétendait avoir de l'affection pour moi, à certaines heures.

Je fréquentai assidûment[6] le quartier latin* et j'y appris beaucoup de choses, entre autres à m'intéresser à des étudiants qui crachaient,[7] tous les soirs, dans des bocks,[8] leurs idées sur la politique, puis à goûter aux œuvres de George Sand* et de Heine,* d'Edgar Quinet* et d'Henri Mürger.*

La puberté[9] de la sottise m'était venue.

Cela dura bien un an; je mûrissais[10] peu à peu, les luttes électorales de la fin de l'Empire* me laissèrent froid;[11] je n'étais le fils ni d'un sénateur ni d'un proscrit,[12] je n'avais qu'à suivre sous n'importe quel régime les traditions de médiocrité et de misère depuis longtemps adoptées par ma famille.

Le droit ne me plaisait guère. Je pensais que le Code[13] avait été mal

---

[1] *comparoir:* VIEUX FRANÇAIS paraître
[2] *promu:* élevé
[3] *l'arrière ban de ma famille:* les parents éloignés
[4] *mon droit:* des études de droit pour devenir avocat
[5] *tant bien que mal:* avec difficulté
[6] *assidûment:* continuellement
[7] *crachaient:* ICI exprimaient violemment
[8] *bocks:* verres de bière
[9] *puberté:* âge où l'on n'est plus un enfant
[10] *je mûrissais:* je devenais plus sage
[11] *me laissèrent froid:* ne m'intéressèrent pas
[12] *proscrit:* personne bannie par l'Etat
[13] *le Code:* le Code civil, ensemble de lois régissant la France

rédigé exprès[14] pour fournir à certaines gens l'occasion d'ergoter,[15] à perte de vue,[16] sur ses moindres mots; aujourd'hui encore, il me semble qu'une phrase clairement écrite ne peut raisonnablement comporter des interprétations aussi diverses.

Je me sondais,[17] cherchant un état que je pusse embrasser[18] sans trop de dégoût, quand feu l'Empereur[19] m'en trouva un; il me fit soldat de par[20] la maladresse de sa politique.

La guerre avec la Prusse* éclata. A vrai dire, je ne compris pas les motifs qui rendaient nécessaires ces boucheries[21] d'armées. Je n'éprouvais ni le besoin de tuer les autres, ni celui de me faire tuer par eux. Quoi qu'il en fût,[22] incorporé dans la garde mobile* de la Seine, je reçus l'ordre, après être allé chercher une vêture[23] et des godillots,[24] de passer chez un perruquier[25] et de me trouver à sept heures du soir à la caserne de la rue de Lourcine.

Je fus exact au rendez-vous. Après l'appel des noms, une partie du régiment se jeta sur les portes et emplit la rue. Alors la chaussée houla[26] et les zincs[27] furent pleins.

Pressés les uns contre les autres, des ouvriers en sarrau,[28] des ouvrières en haillons,[29] des soldats sanglés[30] et guêtrés,[31] sans armes, scandaient,[32] avec le cliquetis[33] des verres, la *Marseillaise** qu'ils s'époumonaient[34]

---

[14] *exprès:* délibérément
[15] *d'ergoter:* de contester (mal à propos)
[16] *à perte de vue:* sans fin
[17] *je me sondais:* je cherchais à me comprendre
[18] *embrasser:* ICI adopter
[19] *feu l'Empereur:* l'Empereur qui est mort
[20] *de par:* par la faute de
[21] *boucheries:* tueries brutales
[22] *quoi qu'il en fût:* quel que soit le cas
[23] *vêture:* cérémonie de prise d'habit chez les religieux (emploi ironique)
[24] *godillots:* ARGOT bottes
[25] *perruquier:* personne qui s'occupe de tout ce qui concerne les cheveux; coiffeur
[26] *houla:* fut aussi mouvementée que la mer
[27] *zincs:* ARGOT bistrots, cafés
[28] *sarrau:* espèce de blouse portée par les ouvriers
[29] *haillons:* loques, vêtements très usés
[30] *sanglés:* portant une sangle (espèce de ceinture)
[31] *guêtrés:* portant des guêtres (vêtement qui couvre le bas de la jambe et le dessus du soulier)
[32] *scandaient:* chantaient en mesure
[33] *le cliquetis:* le son
[34] *s'époumonaient:* chantaient très fort (à pleins poumons)

à chanter faux. Coiffés de képis[35] d'une profondeur incroyable et ornés de visières d'aveugles et de cocardes[36] tricolores en fer-blanc,[37] affublés[38] d'une jaquette d'un bleu noir avec col et parements[39] garance,[40] culottés d'un pantalon bleu de lin[41] traversé d'une bande rouge, les mobiles de la Seine hurlaient à la lune[42] avant que d'aller faire la conquête de la Prusse. C'était un hourvari[43] assourdissant[44] chez les mastroquets,[45] un vacarme de verres, de bidons,[46] de cris, coupé, çà et là, par le grincement de fenêtres que le vent battait. Soudain un roulement de tambour couvrit toutes ces clameurs.[47] Une nouvelle colonne sortait de la caserne; alors ce fut une noce,[48] une godaille[49] indescriptible. Ceux des soldats qui buvaient dans les boutiques s'élancèrent dehors, suivis de leurs parents et de leurs amis qui se disputaient l'honneur de porter leur sac; les rangs étaient rompus, c'était un pêle-mêle[50] de militaires et de bourgeois; des mères pleuraient, des pères plus calmes suaient[51] le vin, des enfants sautaient de joie et braillaient,[52] de toute leur voix aiguë, des chansons patriotiques!

On traversa tout Paris à la débandade,[53] à la lueur des éclairs qui flagellaient[54] de blancs zigzags les nuages en tumulte. La chaleur était écrasante, le sac était lourd, on buvait à chaque coin de rue, on arriva enfin à la gare d'Aubervilliers.* Il y eut un moment de silence rompu par des bruits de sanglots, dominés encore par une hurlée[55] de *Mar-*

[35] *képis:* coiffures militaires
[36] *cocardes:* insignes portés à la coiffure militaire
[37] *fer-blanc:* tôle (métal) très mince
[38] *affublés:* vêtus bizarrement
[39] *parements:* revers des manches
[40] *garance:* rouge
[41] *lin:* toile du lin (plante à fleur bleue)
[42] *hurlaient à la lune:* faisaient beaucoup de bruit
[43] *hourvari:* tumulte
[44] *assourdissant:* très fort (qui rend sourd)
[45] *mastroquets:* marchands de vin
[46] *bidons:* récipients en fer-blanc que portent les soldats
[47] *clameurs:* bruits
[48] *noce:* célébration
[49] *godaille:* ARGOT célébration tumultueuse
[50] *pêle-mêle:* confusion
[51] *suaient:* ICI sentaient (très fort)
[52] *braillaient:* criaient
[53] *à la débandade:* sans ordre
[54] *flagellaient:* ICI fouettaient
[55] *hurlée:* intonation très forte

seillaise, puis on nous empila[56] comme des bestiaux dans des wagons. «Bonsoir, Jules! à bientôt! sois raisonnable! écris-moi surtout!» —On se serra la main une dernière fois, le train siffla, nous avions quitté la gare.

Nous étions bien une pelletée[57] de cinquante hommes dans la boîte qui nous roulait. Quelques-uns pleuraient à grosses gouttes, hués[58] par d'autres qui, soûls perdus,[59] plantaient des chandelles allumées dans leur pain de munition et gueulaient à tue-tête:[60] «A bas Badingue et vive Rochefort!*» Plusieurs à l'écart[61] dans un coin, regardaient, silencieux et mornes, le plancher qui trépidait[62] dans la poussière. Tout à coup le convoi fait halte, —je descends. —Nuit complète, —minuit vingt-cinq minutes.

De tous côtés, s'étendent des champs, et au loin, éclairés par les feux saccadés[63] des éclairs, une maisonnette,[64] un arbre, dessinent leur silhouette sur un ciel gonflé d'orage. On n'entend que le grondement de la machine dont les gerbes[65] d'étincelles filant[66] du tuyau s'éparpillent[67] comme un bouquet d'artifice le long du train. Tout le monde descend, remonte jusqu'à la locomotive qui grandit dans la nuit et devient immense. L'arrêt dura bien deux heures. Les disques flambaient[68] rouges, le mécanicien attendait qu'ils tournassent. Ils redevinrent blancs; nous remontons dans les wagons, mais un homme qui arrive en courant et en agitant une lanterne, dit quelques mots au conducteur qui recule tout de suite jusqu'à une voie de garage où nous reprenons notre immobilité. Nous ne savions, ni les uns ni les autres, où nous étions. Je redescends de voiture et, assis sur un talus,[69] je grignotais[70]

---

[56] *empila:* entassa
[57] *pelletée:* quantité contenue par une pelle. ICI quantité
[58] *hués:* ICI moqués à grands cris
[59] *soûls perdus:* très ivres
[60] *gueulaient à tue-tête:* LANGAGE POPULAIRE ET VULGAIRE criaient très fort
[61] *à l'écart:* séparés des autres
[62] *trépidait:* s'agitait
[63] *saccadés:* irréguliers
[64] *maisonnette:* petite maison
[65] *gerbes:* assemblées
[66] *filant:* s'échappant
[67] *s'éparpillent:* se dispersent
[68] *flambaient:* brillaient comme des flammes
[69] *talus:* pente
[70] *je grignotais:* je mangeais lentement

un morceau de pain et buvais un coup,[71] quand un vacarme[72] d'ouragan souffla au loin, s'approcha, hurlant et crachant des flammes, et un interminable train d'artillerie passa à toute vapeur,[73] charriant[74] des chevaux, des hommes, des canons dont les cous de bronze étincelaient[75] dans un tumulte de lumières. Cinq minutes après, nous reprîmes notre marche lente, interrompue par des haltes de plus en plus longues. Le jour finit par se lever et, penché à la portière du wagon, fatigué par les secousses de la nuit, je regarde la campagne qui nous environne: une enfilade de plaines[76] crayeuses[77] et fermant l'horizon, une bande d'un vert pâle comme celui des turquoises malades,[78] un pays plat, triste, grêle,[79] la Champagne* pouilleuse![80]

Peu à peu le soleil s'allume, nous roulions toujours; nous finîmes pourtant bien par arriver! Partis le soir à huit heures, nous étions rendus le lendemain à trois heures de l'après-midi à Châlons.* Deux mobiles étaient restés en route, l'un qui avait piqué une tête[81] du haut d'un wagon dans une rivière; l'autre qui s'était brisé la tête au rebord[82] d'un pont. Le reste, après avoir pillé les cahutes[83] et les jardins rencontrés sur la route, aux stations du train, bâillait, les lèvres bouffies[84] de vin et les yeux gros, ou bien jouait, se jetant d'un bout de la voiture à l'autre des tiges d'arbustes[85] et des cages à poulets qu'ils avaient volés.

Le débarquement s'opéra[86] avec le même ordre que le départ. Rien n'était prêt: ni cantine,[87] ni paille, ni manteaux, ni armes, rien, absolu-

---

[71] *un coup:* quelques gorgées
[72] *vacarme:* bruit
[73] *à toute vapeur:* à grande vitesse
[74] *charriant:* transportant
[75] *étincelaient:* brillaient
[76] *une enfilade de plaines:* de nombreuses plaines l'une derrière l'autre
[77] *crayeuses:* blanches comme la craie
[78] *turquoises malades:* pierres précieuses abimées
[79] *grêle:* pauvre
[80] *pouilleuse:* misérable (Voir note explicative.)
[81] *avait piqué une tête:* était tombé; s'était jeté
[82] *rebord:* bord élevé
[83] *cahutes:* petites huttes
[84] *bouffies:* gonflées
[85] *d'arbustes:* de petits arbres
[86] *s'opéra:* se fit
[87] *cantine:* lieu où les soldats reçoivent à boire et à manger

ment rien. Des tentes seulement pleins de fumier[88] et de poux,[89] quittées à l'instant par des troupes parties à la frontière. Trois jours durant, nous vécûmes au hasard de Mourmelon,* mangeant un cervelas[90] un jour, buvant un bol[91] de café au lait un autre, exploités à outrance[92] par les habitants, couchant n'importe comment, sans paille et sans couverture. Tout cela n'était vraiment pas fait pour nous engager à prendre goût au métier qu'on nous infligeait.

Une fois installées, les compagnies se scindèrent;[93] les ouvriers s'en furent dans les tentes habitées par leurs semblables, et les bourgeois firent de même. La tente où je me trouvais n'était pas mal composée, car nous étions parvenus à expulser, à la force des litres,[94] deux gaillards[95] dont la puanteur[96] de pieds native s'aggravait d'une incurie[97] prolongée et volontaire.

Un jour ou deux s'écoulent; on nous faisait monter la garde avec des piquets,[98] nous buvions beaucoup d'eau-de-vie, et les claquedents[99] de Mourmelon étaient sans cesse pleins,[1] quand subitement Canrobert* nous passe en revue sur le front de bandière.[2] Je le vois encore, sur un grand cheval, courbé en deux sur la selle, les cheveux au vent,[3] les moustaches cirées dans un visage blême.[4] Une révolte éclate. Privés de tout, et mal convaincus par ce maréchal que nous ne manquions de rien, nous beuglâmes[5] en chœur, lorsqu'il parla de réprimer par la force nos plaintes: «Ran, plan, plan![6] cent mille hommes par terre, à Paris! à Paris!»

---

[88] *fumier:* litière pour bestiaux
[89] *poux:* insectes
[90] *cervelas:* saucisson
[91] *bol:* grande tasse
[92] *à outrance:* avec exagération
[93] *se scindèrent:* se séparèrent
[94] *à la force des litres:* en employant beaucoup de boissons (de vin)
[95] *gaillards:* gars, lascars, drôles
[96] *puanteur:* mauvaise odeur
[97] *incurie:* négligence
[98] *piquets:* petits bâtons
[99] *claquedents:* misérables
[1] *pleins:* ivres
[2] *sur le front de bandière:* nos drapeaux en tête
[3] *au vent:* en désordre
[4] *blême:* pâle
[5] *beuglâmes:* criâmes (comme des bœufs)
[6] *Ran, plan, plan!:* ONOMATOPÉE imitation du tambour

Canrobert devint livide et il cria, en plantant son cheval au milieu de nous: Chapeau bas[7] devant un maréchal de France! De nouvelles huées partirent des rangs; alors tournant bride,[8] suivi de son état-major[9] en déroute,[10] il nous menaça du doigt, sifflant entre ses dents serrées: Vous me le payerez cher,[11] messieurs les Parisiens!

Deux jours après cet épisode, l'eau glaciale du camp me rendit tellement malade que je dus entrer d'urgence à l'hôpital. Je boucle[12] mon sac après la visite du médecin, et sous la garde d'un caporal me voilà parti clopin-clopant,[13] traînant la jambe et suant sous mon harnais.[14] L'hôpital regorgeait de monde,[15] on me renvoie. Je vais alors à l'une des ambulances[16] les plus voisines, un lit restait vide, je suis admis. Je dépose enfin mon sac, et en attendant que le major* m'interdise de bouger, je vais me promener dans le petit jardin qui relie le corps des bâtiments. Soudain surgit[17] d'une porte un homme à la barbe hérissée[18] et aux yeux glauques.[19] Il plante ses mains dans les poches d'une longue robe couleur de cachou[20] et me crie du plus loin qu'il m'aperçoit:

«Eh! l'homme! qu'est-ce que vous foutez là?»

Je m'approche, je lui explique le motif qui m'amène. Il secoue les bras et hurle:

«Rentrez! vous n'aurez le droit de vous promener dans le jardin que lorsqu'on vous aura donné un costume.»

Je rentre dans la salle, un infirmier[21] arrive et m'apporte une capote,[22]

---

[7] *chapeau bas:* EXPRESSION montrez du respect
[8] *tournant bride:* faisant demi-tour
[9] *état-major:* corps d'officiers à la tête d'une division
[10] *en déroute:* en confusion
[11] *vous me le payerez cher:* vous le regretterez amèrement
[12] *je boucle:* je ferme (avec une boucle)
[13] *clopin-clopant:* ONOMATOPÉE marchant mal
[14] *harnais:* équipage (se dit surtout de l'équipage des chevaux)
[15] *regorgeait de monde:* avait trop de monde
[16] *ambulances:* hôpitaux provisoires pour militaires
[17] *surgit:* apparaît brusquement
[18] *hérissée:* raide
[19] *glauques:* de couleur verte
[20] *couleur de cachou:* couleur tabac
[21] *infirmier:* homme qui soigne les malades
[22] *capote:* espèce de manteau pour soldats

un pantalon, des savates[23] et un bonnet. Je me regarde ainsi fagoté[24] dans ma petite glace. Quelle figure et quel accoutrement, bon Dieu! avec mes yeux culottés[25] et mon teint hâve,[26] avec mes cheveux coupés ras[27] et mon nez dont les bosses[28] luisent, avec ma grande robe gris-souris, ma culotte d'un roux pisseux,[29] mes savates immenses et sans talons, mon bonnet de coton gigantesque, je suis prodigieusement laid. Je ne puis m'empêcher de rire. Je tourne la tête du côté de mon voisin de lit, un grand garçon au type juif, qui crayonne mon portrait sur un calepin.[30] Nous devenons tout de suite amis; je lui dis m'appeler Eugène Lejante; il me répond se nommer Francis Émonot. Nous connaissons l'un et l'autre tel et tel peintre, nous entamons[31] des discussions d'esthétique et oublions nos infortunes. Le soir arrive, on nous distribue un plat de bouilli[32] perlé[33] de noir par quelques lentilles, on nous verse à pleins verres du coco clairet[34] et je me déshabille, ravi de m'étendre dans un lit sans garder mes hardes[35] et mes bottes.

Le lendemain matin je suis réveillé vers six heures par un grand fracas[36] de porte et par des éclats de voix. Je me mets sur mon séant,[37] je me frotte les yeux et j'aperçois le monsieur de la veille, toujours vêtu de sa houppelande[38] couleur de cachou, qui s'avance majestueux, suivi d'un cortège d'infirmiers. C'était le major.

A peine entré, il roule de droite à gauche et de gauche à droite ses yeux d'un vert morne, enfonce ses mains dans ses poches et braille:

«Numéro 1, montre ta jambe... ta sale jambe. Eh! elle va mal,

---

[23] *savates:* pantoufles
[24] *fagoté:* (mal) habillé
[25] *culottés:* ICI cernés par la maladie et la fatigue
[26] *hâve:* pâle
[27] *coupés ras:* coupés très courts
[28] *bosses:* protubérances
[29] *roux pisseux:* rouge délavé
[30] *calepin:* petit carnet
[31] *entamons:* commençons
[32] *bouilli:* viande cuite dans de l'eau
[33] *perlé:* qui rappelle les perles
[34] *coco clairet:* jus de réglisse avec beaucoup d'eau
[35] *hardes:* vêtements
[36] *fracas:* bruit
[37] *je me mets sur mon séant:* je m'assieds sur mon lit
[38] *houppelande:* ample vêtement

cette jambe, cette plaie[39] coule comme une fontaine; lotion d'eau blanche,[40] charpie,[41] demi-ration, bonne tisane[42] de réglisse[43]

—Numéro 2, montre ta gorge… ta sale gorge. Elle va de plus en plus mal cette gorge; on lui coupera demain les amygdales.[44]

—Mais, docteur…

—Eh! je ne te demande rien, à toi; si tu dis un mot, je te fous à la diète.[45]

—Mais enfin…

—Vous fouterez cet homme à la diète. Écrivez: diète, gargarisme,[46] bonne tisane de réglisse.»

Il passa ainsi la revue des malades, prescrivant à tous, vénériens[47] et blessés, fiévreux et dysentériques, sa bonne tisane de réglisse.

Il arriva devant moi, me dévisagea, m'arracha les couvertures, me bourra[48] le ventre de coups de poing, m'ordonna de l'eau albuminée, l'inévitable tisane et sortit, reniflant[49] et traînant les pieds.

La vie était difficile avec les gens qui nous entouraient. Nous étions vingt et un dans la chambrée.[50] A ma gauche couchait mon ami, le peintre, à ma droite un grand diable de clairon[51] grêlé[52] comme un dé à coudre et jaune comme un verre de bile. Il cumulait deux professions, celle de savetier[53] pendant le jour et celle de souteneur de filles[54] pendant la nuit. C'était, au demeurant,[55] un garçon cocasse,[56] qui gambadait[57] sur la tête, sur les mains, vous racontant le plus naïvement du monde

---

[39] *plaie:* blessure
[40] *eau blanche:* eau oxygénée
[41] *charpie:* linges employés pour panser les plaies
[42] *tisane:* infusion
[43] *réglisse:* plante employée comme remède
[44] *amygdales:* glandes situées de chaque côté de la gorge
[45] *je te fous à la diète:* je te mets au régime alimentaire
[46] *gargarisme:* liquide pour gargariser (se rincer la bouche et la gorge)
[47] *vénériens:* personnes atteintes de maladies vénériennes
[48] *me bourra:* me frappa
[49] *reniflant:* aspirant des narines
[50] *chambrée:* chambre de soldats ou de malades
[51] *clairon:* joueur de clairon (trompette)
[52] *grêlé:* avec des marques dans la peau du visage
[53] *savetier:* personne qui répare des souliers
[54] *souteneur de filles:* personne qui vit du revenu de femmes de mauvaises mœurs
[55] *au demeurant:* à part cela
[56] *cocasse:* drôle
[57] *gambadait:* faisait des bonds

la façon dont il activait à coups de souliers le travail de ses marmites,[58] ou bien qui entonnait[59] d'une voix touchante des chansons sentimentales:

> Je n'ai gardé dans mon malheur-heur
> Que l'amitié d'une hirondelle!

Je conquis ses bonnes grâces en lui donnant vingt sous[60] pour acheter un litre,[61] et bien nous prit[62] de n'être pas mal avec lui, car le reste de la chambrée, composée en partie de procureurs[63] de la rue Maubuée, était fort disposé à nous chercher noise.[64]

Un soir, entre autres, le 15 août, Francis Émonot menaça de gifler deux hommes qui lui avaient pris une serviette. Ce fut un charivari[65] formidable dans le dortoir. Les injures pleuvaient, nous étions traités de «roule-en-cul et de duchesses.»[66] Étant deux contre dix-neuf, nous avions la chance de recevoir une soigneuse râclée[67] quand le clairon intervint, prit à part les plus acharnés, les amadoua[68] et fit rendre l'objet volé. Pour fêter la réconciliation qui suivit cette scène, Francis et moi nous donnâmes trois francs chacun, et il fut entendu que le clairon, avec l'aide de ses camarades, tâcherait de se faufiler[69] au dehors de l'ambulance et rapporterait de la viande et du vin.

La lumière avait disparu à la fenêtre du major, le pharmacien éteignit enfin la sienne, nous rampons en dehors du fourré,[70] examinons les alentours, prévenons les hommes qui se glissent le long des murs, ils ne rencontrent pas de sentinelles sur leur route, se font la courte-échelle[71] et sautent dans la campagne. Une heure après ils étaient de retour, chargés de victuailles;[72] ils nous les passent, rentrent avec nous

---

[58] *marmites:* ICI des femmes qui travaillaient pour lui
[59] *entonnait:* commençait à chanter
[60] *vingt sous:* un franc
[61] *un litre:* un litre de vin
[62] *bien nous prit:* cela fut à notre avantage
[63] *procureurs:* ICI personnes qui procurent des femmes de mauvaises mœurs
[64] *nous chercher noise:* nous créer des ennuis
[65] *charivari:* bruit, confusion
[66] *roule-en-cul, duchesses:* INSULTES GROSSIÈRES homosexuels
[67] *râclée:* volée de coups
[68] *amadoua:* calma
[69] *faufiler:* glisser
[70] *fourré:* ICI infirmerie
[71] *se font la courte-échelle:* se soulèvent mutuellement pour sauter
[72] *victuailles:* vivres

dans le dortoir; nous supprimons les deux veilleuses,[73] allumons des bouts de bougie par terre, et autour de mon lit, en chemise, nous formons le cercle. Nous avions absorbé trois ou quatre litres et dépecé[74] la bonne moitié d'un gigotin,[75] quand un énorme bruit de bottes se fait entendre; je souffle les bouts de bougie à coups de savate, chacun se sauve sous les lits. La porte s'ouvre, le major paraît, pousse un formidable Nom de Dieu! trébuche[76] dans l'obscurité, sort et revient avec un falot[77] et l'inévitable cortège des infirmiers. Je profite du moment de répit[78] pour faire disparaître les reliefs du festin; le major traverse au pas accéléré le dortoir, sacrant,[79] menaçant de nous faire tous empoigner et coller au bloc.[80]

Nous nous tordons de rire[81] sous nos couvertures, des fanfares éclatent à l'autre bout du dortoir. Le major nous met tous à la diète, puis il s'en va, nous prévenant que nous connaîtrons dans quelques instants le bois dont il se chauffe.[82]

Une fois parti nous nous esclaffons[83] à qui mieux mieux;[84] des roulements, des fusées de rire grondent et pétillent; le clairon fait la roue dans le dortoir, un de ses amis lui fait vis-à-vis, un troisième saute sur sa couche comme sur un tremplin et bondit et rebondit, les bras flottants, la chemise envolée; son voisin entame un cancan[85] triomphal; le major rentre brusquement, ordonne à quatre lignards[86] qu'il amène d'empoigner les danseurs et nous annonce qu'il va rédiger un rapport et l'envoyer à qui de droit.[87]

Le calme est enfin rétabli; le lendemain nous faisons acheter des

---

[73] *veilleuses:* faibles lumières
[74] *dépecé:* découpé (mis en pièces)
[75] *gigotin:* petite cuisse de mouton
[76] *trébuche:* fait un faux pas
[77] *falot:* lanterne
[78] *moment de répit:* délai
[79] *sacrant:* jurant
[80] *coller au bloc:* mettre en prison
[81] *Nous nous tordons de rire:* nous rions très fort
[82] *le bois dont il se chauffe:* ce dont il est capable
[83] *nous nous esclaffons:* nous rions
[84] *à qui mieux mieux:* l'un plus fort que l'autre
[85] *cancan:* variété de danse
[86] *lignards:* soldats d'infanterie
[87] *à qui de droit:* à celui que cela concerne

mangeailles[88] par les infirmiers. Les jours s'écoulent sans autres incidents. Nous commencions à crever[89] d'ennui dans cette ambulance, quand à cinq heures, un jour, le médecin se précipite dans la salle, nous ordonne de reprendre nos vêtements de troupier[90] et de boucler nos sacs.

Nous apprenons, dix minutes après, que les Prussiens marchent sur Châlons.

Une morne stupeur règne dans la chambrée. Jusque-là nous ne nous doutions pas des événements qui se passaient. Nous avions appris la trop célèbre victoire de Sarrebrück,* nous ne nous attendions pas aux revers[91] qui nous accablaient. Le major examine chaque homme; aucun n'est guéri, tout le monde a été trop longtemps gorgé d'eau de réglisse et privé de soins. Il renvoie néanmoins dans leurs corps[92] les moins malades et il ordonne aux autres de coucher tout habillés et le sac prêt.

Francis et moi nous étions au nombre de ces derniers. La journée se passe, la nuit se passe, rien, mais j'ai toujours la colique et je souffre; enfin vers neuf heures du matin apparaît une longue file de cacolets[93] conduits par des tringlots.[94] Nous grimpons à deux sur l'appareil. Francis et moi nous étions hissés sur le même mulet, seulement, comme le peintre était très gras et moi très maigre, le système bascula;[95] je montai dans les airs tandis qu'il descendait en bas sous la panse[96] de la bête qui, tirée par devant, poussée par derrière, gigotta[97] et rua[98] furieusement. Nous courions dans un tourbillon[99] de poussière, aveuglés, ahuris,[1] secoués, nous cramponnant[2] à la barre du cacolet, fermant

---

[88] *mangeailles:* victuailles
[89] *à crever:* LANGAGE VULGAIRE à mourir
[90] *troupier:* LANGAGE POPULAIRE soldat
[91] *revers:* malheurs
[92] *leurs corps:* leurs régiments
[93] *cacolets:* voitures
[94] *tringlots:* mules
[95] *bascula:* s'effondra, s'écroula
[96] *panse:* ventre
[97] *gigotta:* s'agita
[98] *rua:* jeta ses pieds en arrière
[99] *tourbillon:* vent violent
[1] *ahuris:* stupéfaits
[2] *nous cramponnant:* nous attachant

les yeux, riant et geignant.[3] Nous arrivâmes à Châlons plus morts que vifs; nous tombâmes comme un bétail harassé sur le sable, puis on nous empila dans des wagons et nous quittâmes la ville pour aller où?... personne ne le savait.

Il faisait nuit; nous volions sur les rails. Les malades étaient sortis des wagons et se promenaient sur les plates-formes. La machine siffle, ralentit son vol et s'arrête dans une gare, celle de Reims,* je suppose, mais je ne pourrais l'affirmer. Nous mourions de faim, l'Intendance[4] n'avait oublié qu'une chose: nous donner un pain pour la route. Je descends et j'aperçois un buffet ouvert. J'y cours, mais d'autres m'avaient devancé. On se battait alors que j'y arrivai. Les uns s'emparaient de bouteilles, les autres de viandes, ceux-ci de pain, ceux-là de cigares. Affolé,[5] furieux, le restaurateur défendait sa boutique à coups de broc.[6] Poussé par leurs camarades qui venaient en bande, le premier rang des mobiles se rue sur le comptoir qui s'abat, entraînant dans sa chute le patron du buffet et ses garçons. Ce fut alors un pillage réglé; tout y passa,[7] depuis les allumettes jusqu'aux cure-dents. Pendant ce temps une cloche sonne et le train part. Aucun de nous ne se dérange, et, tandis qu'assis sur la chaussée, j'explique au peintre, que ses bronches[8] travaillent, la contexture[9] du sonnet, le train recule sur ses rails pour nous chercher.

Nous remontons dans nos compartiments, et nous passons la revue du butin[10] conquis. A vrai dire, les mets étaient peu variés; de la charcuterie,[11] et rien que de la charcuterie! Nous avions six rouelles[12] de cervelas à l'ail, une langue écarlate,[13] deux saucissons, une superbe tranche de mortadelle,[14] une tranche au liseré[15] d'argent, aux chairs

---

[3] *geignant:* nous plaignant
[4] *l'Intendance:* division de l'armée chargée de ravitailler les troupes
[5] *affolé:* rendu fou
[6] *broc:* vase de bois ou de métal
[7] *tout y passa:* tout fut pillé, volé
[8] *bronches:* conduits par lesquels l'air s'introduit dans les poumons
[9] *contexture:* la forme poétique
[10] *butin:* ce qu'on enlève à l'ennemi
[11] *charcuterie:* produits du porc
[12] *rouelles:* tranches coupées en rond
[13] *écarlate:* rouge vif
[14] *mortadelle:* saucisson d'Italie
[15] *liseré:* bord

d'un rouge sombre marbrées de blanc, quatre litres de vin, une demi-bouteille de cognac et des bouts de bougie. Nous fichâmes[16] les lumignons[17] dans le col de nos gourdes qui se balancèrent, retenues aux parois[18] du wagon par des ficelles. C'était, par instants, quand le train sautait sur les aiguilles des embranchements,[19] une pluie de gouttes chaudes qui se figeaient[20] presque aussitôt en de larges plaques, mais nos habits en avaient vu bien d'autres![21]

Nous commençâmes immédiatement le repas qu'interrompaient les allées et venues de ceux des mobiles qui, courant sur les marchepieds, tout le long du train, venaient frapper au carreau[22] et nous demandaient à boire. Nous chantions à tue-tête, nous buvions, nous trinquions;[23] jamais malades ne firent autant de bruit et ne gambadèrent ainsi sur un train en marche! On eût dit une Cour des Miracles* roulante; les estropiés[24] sautaient à pieds joints, ceux dont les intestins brûlaient les arrosaient de lampées[25] de cognac, les borgnes[26] ouvraient les yeux, les fiévreux cabriolaient,[27] les gorges malades beuglaient et pintaient,[28] c'était inouï!

Cette turbulence finit cependant par se calmer. Je profite de cet apaisement pour passer le nez à la fenêtre. Il n'y avait pas une étoile, pas même un bout de lune, le ciel et la terre ne semblaient faire qu'un, et dans cette intensité d'un noir d'encre clignotaient[29] comme des yeux de couleurs différentes des lanternes attachées à la tôle des disques. Le mécanicien jetait ses coups de sifflet, la machine fumait et vomissait[30]

---

[16] *fichâmes:* plantâmes
[17] *lumignons:* ICI bougies
[18] *parois:* murs, côtés
[19] *embranchements:* subdivisions de la voie ferrée
[20] *se figeaient:* devenaient rigides
[21] *nos habits en avaient vu bien d'autres:* EXPRESSION nos habits avaient passé par des épreuves bien plus graves
[22] *carreau:* vitre
[23] *trinquions:* choquions nos verres
[24] *estropiés:* personnes privées de l'usage d'un ou de plusieurs membres
[25] *lampées:* grandes gorgées
[26] *borgnes:* personnes qui ont perdu l'usage d'un œil
[27] *cabriolaient:* dansaient
[28] *pintaient:* buvaient beaucoup
[29] *clignotaient:* s'ouvraient et se fermaient
[30] *vomissait:* rejetait

sans relâche[31] des flammèches.[32] Je referme le carreau et je regarde mes compagnons. Les uns ronflaient; les autres, gênés par les cahots[33] du coffre, ronchonnaient[34] et juraient, se retournant sans cesse, cherchant une place pour étendre leurs jambes, pour caler[35] leur tête qui vacillait à chaque secousse.

Á force de les regarder, je commençais à m'assoupir,[36] quand l'arrêt complet du train me réveilla. Nous étions dans une gare, et le bureau du chef flamboyait[37] comme un feu de forge dans la sombreur de la nuit. J'avais une jambe engourdie,[38] je frissonnais de froid, je descends pour me réchauffer un peu. Je me promène de long en large sur la chaussée, je vais regarder la machine que l'on dételle[39] et que l'on remplace par une autre, et, longeant le bureau, j'écoute la sonnerie et le tic-tac du télégraphe. L'employé, me tournant le dos, était un peu penché sur la droite, de sorte que, du point où j'étais placé, je ne voyais que le derrière de sa tête, et le bout de son nez qui brillait, rose et perlé de sueur, tandis que le reste de la figure disparaissait dans l'ombre que projetait l'abat-jour d'un bec de gaz.[40]

On m'invite à remonter en voiture, et je retrouve mes camarades tels que je les ai laissés. Cette fois, je m'endors pour tout de bon. Depuis combien de temps mon sommeil durait-il? Je ne sais, quand un grand cri me réveille: Paris! Paris! Je me précipite à la portière. Au loin, sur une bande d'or pâle se détachent, en noir, des tuyaux de fabriques et d'usines. Nous étions à Saint-Denis;* la nouvelle court de wagon en wagon. Tout le monde est sur pied. La machine accélère le pas. La gare du Nord* se dessine au loin, nous y arrivons, nous descendons, nous nous jetons sur les portes, une partie d'entre nous parvient à s'échapper, l'autre est arrêtée par les employés du chemin de fer et

---

[31] *sans relâche:* continuellement
[32] *flammèches:* parcelles enflammées
[33] *cahots:* secousses
[34] *ronchonnaient:* se plaignaient
[35] *caler:* ICI appuyer
[36] *m'assoupir:* m'endormir
[37] *flamboyait:* brillait
[38] *engourdie:* endormie, raide
[39] *dételle:* enlève (se dit surtout des animaux lorsqu'on enlève leur harnais)
[40] *bec de gaz:* lampe alimentée par le gaz; réverbère

par les troupes, on nous fait remonter de force dans un train qui chauffe,[41] et nous revoilà partis Dieu sait pour où!

Nous roulons derechef,[42] toute la journée. Je suis las de regarder ces ribambelles[43] de maisons et d'arbres qui filent devant mes yeux, et puis j'ai toujours la colique et je souffre. Vers quatre heures de l'après-midi, la machine ralentit son essor[44] et s'arrête dans un débarcadère[45] où nous attendait un vieux général autour duquel s'ébattait[46] une volée de jeunes gens, coiffés de képis roses, culottés de rouge et chaussés de bottes à éperons[47] jaunes. Le général nous passe en revue et nous divise en deux escouades;[48] l'une part pour le séminaire, l'autre est dirigée sur l'hôpital. Nous sommes, paraît-il, à Arras.* Francis et moi, nous faisons partie de la première escouade. On nous hisse sur des charrettes bourrées de paille, et nous arrivons devant un grand bâtiment qui farde[49] et semble vouloir s'abattre dans la rue. Nous montons au deuxième étage, dans une pièce qui contient une trentaine de lits; chacun déboucle son sac, se peigne et s'assied. Un médecin arrive.

«Qu'avez vous? dit-il au premier.

—Un anthrax.[50]

—Ah! Et vous?

—Une dysenterie.

—Ah! Et vous?

—Un bubon.[51]

—Mais alors vous n'avez pas été blessés pendant la guerre?

—Pas le moins du monde.

—Eh bien! vous pouvez reprendre vos sacs. L'archevêque[52] ne donne les lits de séminaristes qu'aux blessés.»

---

[41] *qui chauffe:* qui est sur le point de partir
[42] *derechef:* de nouveau
[43] *ribambelles:* longues suites
[44] *essor:* élan
[45] *débarcadère:* quai d'arrivée
[46] *s'ébattait:* se mouvait
[47] *éperons:* tiges de métal dont on se sert pour piquer le cheval
[48] *escouades:* divisions d'une compagnie
[49] *farde:* cède sous son poids
[50] *anthrax:* grosse inflammation, tumeur sous la peau
[51] *bubon:* inflammation des glandes lymphatiques
[52] *archevêque:* évêque d'une province

Je remets dans mon sac les bibelots[53] que j'en avais tirés, et nous repartons, cahin, caha,[54] pour l'hospice[55] de la ville. Il n'y avait plus de place. En vain les sœurs s'ingénient[56] à rapprocher les lits de fer, les salles sont pleines. Fatigué de toutes ces lenteurs, j'empoigne un matelas, Francis en prend un autre, et nous allons nous étendre dans le jardin, sur une grande pelouse.

Le lendemain matin, je cause avec le directeur, un homme affable[57] et charmant. Je lui demande pour le peintre et pour moi la permission de sortir dans la ville. Il y consent, la porte s'ouvre, nous sommes libres! nous allons enfin déjeuner! manger de la vraie viande, boire du vrai vin! Ah! nous n'hésitons pas, nous allons au plus bel hôtel de la ville. On nous sert un succulent repas. Il y a des fleurs sur la table, de magnifiques bouquets de roses et de fuchsias qui s'épanouissent[58] dans des cornets de verre! Le garçon nous apporte une entrecôte[59] qui saigne dans un lac de beurre; le soleil se met de la fête,[60] fait étinceler les couverts et les lames des couteaux, blute[61] sa poudre d'or au travers des carafes, et, lutinant[62] le pomard[63] qui se balance doucement dans les verres, pique d'une étoile sanglante la nappe damassée.[64]

O sainte joie des bâfres![65] j'ai la bouche pleine, et Francis est soûl! Le fumet[66] des rôtis se mêle au parfum des fleurs, la pourpre des vins lutte d'éclat avec la rougeur des roses, le garçon qui nous sert a l'air d'un idiot, nous, nous avons l'air de goinfres,[67] ça nous est bien égal. Nous nous empiffrons[68] rôtis sur rôtis, nous nous ingurgitons[69] bordeaux

---

[53] *bibelots:* ICI objets
[54] *cahin, caha:* tant bien que mal
[55] *hospice:* maison d'assistance pour infirmes, etc.
[56] *s'ingénient:* s'efforcent
[57] *affable:* aimable
[58] *s'épanouissent:* s'ouvrent
[59] *entrecôte:* morceau de viande coupé entre deux côtes
[60] *se met de la fête:* participe à la fête
[61] *blute:* fait passer
[62] *lutinant:* se jouant dans
[63] *le pomard:* excellent vin
[64] *damassée:* en soie à fleurs
[65] *bâfres:* personnes qui mangent avec excès
[66] *le fumet:* l'arôme
[67] *goinfres:* même sens que *bâfres*
[68] *nous nous empiffrons:* nous mangeons (goulûment)
[69] *nous nous ingurgitons:* nous buvons (goulûment)

sur bourgogne,[70] chartreuse[71] sur cognac. Au diable les vinasses[72] et les trois-six[73] que nous buvons depuis notre départ de Paris! au diable ces ratas[74] sans nom, ces gargotailles[75] inconnues dont nous nous sommes si maigrement gavés[76] depuis près d'un mois! nous sommes méconnaissables; nos mines de faméliques[77] rougeoient commes des trognes,[78] nous braillons, le nez en l'air, nous allons à la dérive![79] Nous parcourons ainsi toute la ville.

Le soir arrive, il faut pourtant rentrer! La sœur qui surveillait la salle des vieux nous dit avec sa petite voix flûtée:[80]

«Messieurs les militaires, vous avez eu bien froid la nuit dernière, mais vous allez avoir un bon lit.»

Et elle nous emmène dans une grande salle où fignolent[81] au plafond trois veilleuses mal allumées. J'ai un lit blanc, je m'enfonce avec délices dans les draps qui sentent encore la bonne odeur de la lessive. On n'entend plus que le souffle ou le ronflement des dormeurs. J'ai bien chaud, mes yeux se ferment, je ne sais plus où je suis, quand un gloussement[82] prolongé me réveille. J'ouvre un œil et j'aperçois, au pied de mon lit, un individu qui me contemple. Je me dresse sur mon séant. J'ai devant moi un vieillard, long, sec, l'œil hagard, les lèvres bavant[83] dans une barbe pas faite. Je lui demande ce qu'il me veut. — Pas de réponse. — Je lui crie:

«Allez-vous-en, laissez-moi dormir!»

Il me montre le poing. Je le soupçonne d'être un aliéné;[84] je roule une

---

[70] *bordeaux; bourgogne:* vins de Bordeaux et de la Bourgogne
[71] *chartreuse:* liqueur
[72] *vinasses:* vins de mauvaise qualité
[73] *trois-six:* liqueurs de mauvaise qualité
[74] *ratas* (*ratatouilles*)*:* ragoûts grossiers
[75] *gargotailles:* ARGOT victuailles
[76] *gavés:* remplis
[77] *faméliques:* personnes qui ont faim
[78] *trognes:* visages pleins
[79] *nous allons à la dérive:* nous marchons sans but
[80] *flûtée:* douce
[81] *fignolent:* sont arrangées
[82] *gloussement:* cri (comme celui de la poule)
[83] *bavant:* laissant couler de la bave (salive)
[84] *aliéné:* malade mental

serviette au bout de laquelle je tortille[85] sournoisement[86] un nœud; il avance d'un pas, je saute sur le parquet, je pare[87] le coup de poing qu'il m'envoie, et lui assène[88] en riposte, sur l'œil gauche, un coup de serviette à toute volée.[89] Il en voit trente-six chandelles, se rue[90] sur moi; je me recule et lui décoche[91] un vigoureux coup de pied dans l'estomac. Il culbute,[92] entraîne dans sa chute une chaise qui rebondit; le dortoir est réveillé; Francis accourt en chemise pour me prêter mainforte,[93] la sœur arrive, les infirmiers s'élancent sur le fou qu'ils fessent[94] et parviennent à grand'peine à recoucher.

L'aspect du dortoir était éminemment cocasse. Aux lueurs d'un rose vague qu'épandaient autour d'elles les veilleuses mourantes, avait succédé le flamboiement de trois lanternes. Le plafond noir avec ses ronds de lumière qui dansaient au-dessus des mèches en combustion éclatait maintenant avec ses teintes de plâtre fraîchement crépi.[95] Les malades, une réunion de Guignols[96] hors d'âge, avaient empoigné le morceau de bois qui pendait au bout d'une ficelle au-dessus de leurs lits, s'y cramponnaient d'une main, et faisaient de l'autre des gestes terrifiés. A cette vue, ma colère tombe, je me tords de rire, le peintre suffoque, il n'y a que la sœur qui garde son sérieux et arrive, à force de menaces et de prières, à rétablir l'ordre dans la chambrée.

La nuit s'achève tant bien que mal; le matin, à six heures, un roulement de tambour nous réunit, le directeur fait l'appel des hommes. Nous partons pour Rouen.*

Arrivés dans cette ville, un officier dit au malheureux qui nous conduisait que l'hospice était plein et ne pouvait nous loger. En attendant,

---

[85] *tortille:* tords
[86] *sournoisement:* secrètement
[87] *je pare:* j'évite
[88] *assène:* frappe
[89] *à toute volée:* en pleine force
[90] *se rue:* se précipite
[91] *décoche:* lance
[92] *culbute:* perd son équilibre
[93] *me prêter mainforte:* m'aider
[94] *fessent:* frappent sur les fesses
[95] *crépi:* posé
[96] *Guignols:* marionnettes comme celles du théâtre des Guignols

nous avons une heure d'arrêt. Je jette mon sac dans un coin de la gare, et bien que mon ventre grouille,[97] nous voilà partis, Francis et moi, errant à l'aventure, nous extasiant devant l'église de Saint-Ouen, nous ébahissant[98] devant les vieilles maisons. Nous admirons tant et tant, que l'heure s'était écoulée depuis longtemps avant même que nous eussions songé à retrouver[99] la gare.

«Il y a beau temps[1] que vos camarades sont partis, nous dit un employé du chemin de fer; ils sont à Évreux!*»

Diable! le premier train ne part plus qu'à neuf heures. —Allons dîner! — Quand nous arrivâmes à Évreux, la pleine nuit était venue. Nous ne pouvions nous présenter à pareille heure dans un hospice, nous aurions eu l'air de malfaiteurs.[2] La nuit est superbe, nous traversons la ville, et nous nous trouvons en rase[3] campagne. C'était le temps de la fenaison,[4] les gerbes étaient en tas. Nous avisons[5] une petite meule[6] dans un champ, nous y creusons deux niches confortables, et je ne sais si c'est l'odeur troublante de notre couche ou le parfum pénétrant des bois qui nous émeuvent, mais nous éprouvons le besoin de parler de nos amours défuntes. Le thème était inépuisable![7] Peu à peu, cependant, les paroles deviennent plus rares, les enthousiasmes s'affaiblissent, nous nous endormons. «Sacrebleu! crie mon voisin qui s'étire, quelle heure peut-il bien être?» Je me réveille à mon tour. Le soleil ne va pas tarder à se lever, car le grand rideau bleu se galonne[8] à l'horizon de franges[9] roses. Quelle misère! il va falloir aller frapper à la porte de l'hospice, dormir dans des salles imprégnées de cette senteur fade[10]

---

[97] *grouille:* s'agite
[98] *ébahissant:* étonnant
[99] *retrouver:* regagner
[1] *il y a beau temps:* il y a longtemps
[2] *malfaiteurs:* personnes qui commettent de mauvaises actions
[3] *rase:* pleine
[4] *fenaison:* coupe des foins
[5] *avisons:* apercevons
[6] *meule:* tas de foin
[7] *inépuisable:* sans fin
[8] *se galonne:* se garnit
[9] *franges:* ICI bordures
[10] *fade:* insipide

sur laquelle revient comme une ritournelle[11] obstinée, l'âcre fleur[12] de la poudre d'iodoforme![13]

Nous reprenons tout tristes le chemin de l'hôpital. On nous ouvre, mais hélas! un seul de nous est admis, Francis, —et moi on m'envoie au lycée.

La vie n'était plus possible, je méditais une évasion, quand un jour l'interne de service descend dans la cour. Je lui montre ma carte d'étudiant en droit; il connaît Paris, le quartier Latin. Je lui explique ma situation. «Il faut absolument, lui dis-je, ou que Francis vienne au lycée, ou que j'aille le rejoindre à l'hôpital.» Il réfléchit, et le soir, arrivant près de mon lit, me glisse ces mots dans l'oreille: «Dites, demain matin, que vous souffrez davantage.» Le lendemain, en effet, vers sept heures, le médecin fait son entrée; un brave et excellent homme, qui n'avait que deux défauts: celui de puer[14] des dents et celui de vouloir se débarrasser de ses malades, coûte que coûte.[15] Tous les matins, la scène suivante avait lieu:

«Ah! ah! le gaillard, criait-il, quelle mine[16] il a! bon teint, pas de fièvre; levez-vous et allez prendre une bonne tasse de café; mais pas de bêtises, vous savez, ne courez pas après les jupes;[17] je vais vous signer votre *exeat*,[18] vous retournerez demain à votre régiment.»

Malades ou pas malades, il en renvoyait trois par jour. Ce matin-là, il s'arrête devant moi et dit:

«Ah! saperlotte,[19] mon garçon, vous avez meilleure mine!»

Je me récrie,[20] jamais je n'ai tant souffert! Il me tâte[21] le ventre. «Mais ça va mieux, murmure-t-il, le ventre est moins dur.» —Je proteste. — Il semble étonné, l'interne lui dit alors tout bas:

---

[11] *ritournelle:* ICI refrain
[12] *l'âcre fleur:* l'irritante odeur
[13] *iodoforme:* un antiseptique
[14] *puer:* sentir mauvais
[15] *coûte que coûte:* à tout prix
[16] *mine:* apparence
[17] *jupes:* ICI filles
[18] *exeat:* permis de sortir
[19] *saperlotte:* Exclamation de surprise
[20] *je me récrie:* je proteste
[21] *tâte:* touche (pour ausculter)

Jeté près de Froeschwiller,* dans une plaine entourée de bois, il avait vu des lueurs rouges filer dans des bouquets de fumée blanche, et il avait baissé la tête, tremblant, ahuri par la canonnade,[58] effaré par le sifflet des balles. Il avait marché, mêlé aux régiments, dans de la terre grasse, ne voyant aucun Prussien, ne sachant où il était, entendant à ses côtés des gémissements[59] traversés par des cris brefs, puis les rangs des soldats placés devant lui s'étaient tout à coup retournés et dans la bousculade[60] d'une fuite, il avait été, sans savoir comment, jeté par terre. Il s'était relevé, s'était sauvé, abandonnant son fusil et son sac, et à la fin, épuisé par les marches forcées subies depuis huit jours, exténué par la peur et affaibli par la faim, il s'était assis dans un fossé. Il était resté là, hébété,[61] inerte, assourdi par le vacarme des obus,[62] résolu à ne plus se défendre, à ne plus bouger; puis il avait songé à sa femme, et pleurant, se demandant ce qu'il avait fait pour qu'on le fît ainsi souffrir, il avait ramassé, sans savoir pourquoi une feuille d'arbre qu'il avait gardée et à laquelle il tenait,[63] car il nous la montrait souvent, séchée et ratatinée[64] dans le fond de ses poches.

Un officier était passé, sur ces entrefaites,[65] le revolver au poing, l'avait traité de lâche et menacé de lui casser la tête s'il ne marchait pas. Il avait dit «J'aime mieux ça, ah! que ça finisse!» Mais l'officier, au moment où il le secouait pour le remettre sur ses jambes, s'était étalé,[66] giclant[67] le sang par la nuque. Alors, la peur l'avait repris, il s'était enfui et avait pu rejoindre une lointaine route, inondée de fuyards,[68] noire de troupes, sillonnée d'attelages[69] dont les chevaux emportés crevaient et broyaient[70] les rangs.

---

58 *canonnade:* bruit du canon
59 *gémissements:* plaintes
60 *bousculade:* confusion
61 *hébété:* rendu stupide
62 *obus:* projectiles
63 *à laquelle il tenait:* à laquelle il attachait beaucoup de valeur
64 *ratatinée:* flétrie
sur ces entrefaites: pendant ce temps-là
s'était étalé: était tombé (tout du long)
giclant: faisant rejaillir
fuyards: personnes qui s'enfuient
attelages: charrettes, etc. tirées par des animaux
broyaient: rompaient

«Il faudrait peut-être lui donner un lavement,[22] et nous n'avons ici ni seringue ni clysopompe;[23] si nous l'envoyions à l'hôpital?

—Tiens, mais c'est une idée,» dit le brave homme, enchanté de se débarrasser de moi, et séance tenante,[24] il signe mon billet d'admission; je boucle radieux mon sac, et sous la garde d'un servant du lycée, je fais mon entrée à l'hôpital. Je retrouve Francis! Par une chance incroyable, le corridor Saint-Vincent où il couche, faute de[25] place dans les salles, contient un lit vide près du sien! Nous sommes enfin réunis! En sus[26] de nos deux lits, cinq grabats[27] longent à la queue leu leu[28] les murs enduits[29] de jaune. Ils ont pour habitants un soldat de la ligne, deux artilleurs, un dragon[30] et un hussard.[31] Le reste de l'hôpital se compose de quelques vieillards fêlés et gâteux,[32] de quelques jeunes hommes, rachitiques[33] ou bancroches,[34] et d'un grand nombre de soldats, épaves de l'armée de Mac-Mahon,* qui, après avoir roulé d'ambulances en ambulances, étaient venus échouer sur cette berge.[35] Francis et moi, nous sommes les seuls qui portions l'uniforme de la mobile de la Seine; nos voisins de lit étaient d'assez gentils garçons, plus insignifiants, à vrai dire, les uns que les autres; c'étaient, pour la plupart, des fils de paysans ou de fermiers rappelés sous les drapeaux lors de la déclaration de guerre.

Tandis que j'enlève ma veste, arrive une sœur, si frêle, si jolie, que je ne puis me lasser[36] de la regarder; les beaux grands yeux! les longs cils blonds! les jolies dents! —Elle me demande pourquoi j'ai quitté le lycée; je lui explique en des phrases nébuleuses[37] comment l'absence

---

22 *lavement:* injection d'un liquide dans l'intestin
23 *clysopompe:* appareil pour injecter un liquide dans l'intestin
24 *séance tenante:* immédiatement
25 *faute de:* à cause du manque de
26 *en sus:* en plus
27 *grabats:* mauvais lits
28 *à la queue leu leu:* l'un derrière l'autre
29 *enduits:* peints
30 *dragon:* soldat de la cavalerie de ligne
31 *hussard:* soldat de cavalerie légère
32 *fêlés et gâteux:* à l'intelligence affaiblie
33 *rachitiques:* déformés
34 *bancroches:* personnes qui ont les jambes tordues
35 *berge:* bord d'une rivière ou talus d'un chemin
36 *lasser:* fatiguer
37 *nébuleuses:* obscures

d'une pompe foulante[38] m'a fait renvoyer du collège. Elle sourit doucement et me dit:

«Oh! monsieur le militaire, vous auriez pu nommer la chose par son nom, nous sommes habituées à tout.»

Je crois bien qu'elle devait être habituée à tout, la malheureuse, car les soldats ne se gênaient guère pour se livrer à d'indiscrètes propretés devant elle. Jamais d'ailleurs je ne la vis rougir; elle passait entre eux, muette, les yeux baissés, semblait ne pas entendre les grossières facéties[39] qui se débitaient autour d'elle.

Dieu! m'a-t-elle gâté! Je la vois encore, le matin, alors que le soleil cassait sur les dalles l'ombre des barreaux de fenêtres, s'avancer lentement, au fond du corridor, les grandes ailes de son bonnet battant sur son visage. Elle arrivait près de mon lit avec une assiette qui fumait et sur le bord de laquelle luisait son ongle bien taillé. «La soupe est un peu claire ce matin, disait-elle, avec son joli sourire, je vous apporte du chocolat; mangez vite pendant qu'il est chaud!»

Malgré les soins qu'elle me prodiguait,[40] je m'ennuyais à mourir dans cet hôpital. Mon ami et moi nous étions arrivés à ce degré d'abrutissement[41] qui vous jette sur un lit, s'essayant à tuer, dans une somnolence de bête, les longues heures des insupportables journées. Les seules distractions qui nous fussent offertes, consistaient en un déjeuner et un dîner composés de bœuf bouilli, de pastèque,[42] de pruneaux[43] et d'un doigt[44] de vin, le tout en insuffisante quantité pour nourrir un homme.

Grâce à ma simple politesse vis-à-vis des sœurs et aux étiquettes de pharmacie que j'écrivais pour elles, j'obtenais heureusement une côtelette[45] de temps à autre et une poire cueillie dans le verger[46] de l'hôpital. J'étais donc, en somme, le moins à plaindre de tous les soldats

[38] *pompe foulante:* clysopompe
[39] *facéties:* plaisanteries
[40] *prodiguait:* donnait avec profusion
[41] *abrutissement:* stupeur
[42] *pastèque:* espèce de melon
[43] *pruneaux:* prunes séchées
[44] *un doigt:* très peu
[45] *côtelette:* morceau de viande
[46] *le verger:* le jardin où sont les arbres fruitiers

entassés pêle-mêle dans les salles, mais, les premiers jours, je ne parvenais même point à avaler ma pitance[47] le matin. C'était l'heure de la visite et le docteur choisissait ce moment pour faire ses opérations. Le second jour après mon arrivée, il fendit[48] une cuisse du haut en bas; j'entendis un cri déchirant; je fermai les yeux, pas assez cependant pour que je ne visse une pluie rouge s'éparpiller en larges gouttes sur son tablier. Ce matin-là, je ne pus manger. Peu à peu, cependant, je finis par m'aguerrir;[49] bientôt, je me contentai de détourner la tête et de préserver ma soupe.

En attendant, la situation devenait intolérable. Nous avions essayé, mais en vain, de nous procurer des journaux et des livres, nous en étions réduits à nous déguiser, à mettre pour rire la veste du hussard; mais cette gaieté puérile s'éteignait vite et nous nous étirions,[50] toute les vingt minutes, échangeant quelques mots, nous renfonçant la tê dans le traversin.[51]

Il n'y avait pas grande conversation à tirer de nos camarades. I deux artilleurs et le hussard étaient trop malades pour causer. dragon jurait des Nom de Dieu sans parler, se levait à tout inst enveloppé dans son grand manteau blanc et allait aux latrines dc rapportait l'ordure[52] gâchée par ses pieds nus. L'hôpital manqu thomas;[53] quelques-uns des plus malades avaient cependant sou lit une vieille casserole que les convalescents faisaient sauter com cuisinières,[54] offrant, par plaisanterie, le ragoût aux sœurs.

Restait donc seulement le soldat de la ligne: un malheureux épicier,[55] père d'un enfant, rappelé sous les drapeaux, battu c ment par la fièvre, grelottant[56] sous ses couvertures.

Assis en tailleurs[57] sur nos lits, nous l'écoutions raconter l où il s'était trouvé.

[47] *pitance:* subsistance
[48] *fendit:* coupa
[49] *m'aguerrir:* me durcir
[50] *nous nous étirions:* nous nous allongions
[51] *traversin:* oreiller (long)
[52] *l'ordure:* les impuretés
[53] *thomas:* récipients dont se servent les malades pour leurs besoins
[54] *cuisinières:* femmes qui font la cuisine
[55] *garçon épicier:* personne qui travaille dans une épicerie
[56] *grelottant:* tremblant de froid
[57] *assis en tailleurs:* assis les jambes croisées (comme certains taill

«Il faudrait peut-être lui donner un lavement,[22] et nous n'avons ici ni seringue ni clysopompe;[23] si nous l'envoyions à l'hôpital?

—Tiens, mais c'est une idée,» dit le brave homme, enchanté de se débarrasser de moi, et séance tenante,[24] il signe mon billet d'admission; je boucle radieux mon sac, et sous la garde d'un servant du lycée, je fais mon entrée à l'hôpital. Je retrouve Francis! Par une chance incroyable, le corridor Saint-Vincent où il couche, faute de[25] place dans les salles, contient un lit vide près du sien! Nous sommes enfin réunis! En sus[26] de nos deux lits, cinq grabats[27] longent à la queue leu leu[28] les murs enduits[29] de jaune. Ils ont pour habitants un soldat de la ligne, deux artilleurs, un dragon[30] et un hussard.[31] Le reste de l'hôpital se compose de quelques vieillards fêlés et gâteux,[32] de quelques jeunes hommes, rachitiques[33] ou bancroches,[34] et d'un grand nombre de soldats, épaves de l'armée de Mac-Mahon,* qui, après avoir roulé d'ambulances en ambulances, étaient venus échouer sur cette berge.[35] Francis et moi, nous sommes les seuls qui portions l'uniforme de la mobile de la Seine; nos voisins de lit étaient d'assez gentils garçons, plus insignifiants, à vrai dire, les uns que les autres; c'étaient, pour la plupart, des fils de paysans ou de fermiers rappelés sous les drapeaux lors de la déclaration de guerre.

Tandis que j'enlève ma veste, arrive une sœur, si frêle, si jolie, que je ne puis me lasser[36] de la regarder; les beaux grands yeux! les longs cils blonds! les jolies dents! —Elle me demande pourquoi j'ai quitté le lycée; je lui explique en des phrases nébuleuses[37] comment l'absence

---

[22] *lavement:* injection d'un liquide dans l'intestin
[23] *clysopompe:* appareil pour injecter un liquide dans l'intestin
[24] *séance tenante:* immédiatement
[25] *faute de:* à cause du manque de
[26] *en sus:* en plus
[27] *grabats:* mauvais lits
[28] *à la queue leu leu:* l'un derrière l'autre
[29] *enduits:* peints
[30] *dragon:* soldat de la cavalerie de ligne
[31] *hussard:* soldat de cavalerie légère
[32] *fêlés et gâteux:* à l'intelligence affaiblie
[33] *rachitiques:* déformés
[34] *bancroches:* personnes qui ont les jambes tordues
[35] *berge:* bord d'une rivière ou talus d'un chemin
[36] *lasser:* fatiguer
[37] *nébuleuses:* obscures

d'une pompe foulante[38] m'a fait renvoyer du collège. Elle sourit doucement et me dit:

«Oh! monsieur le militaire, vous auriez pu nommer la chose par son nom, nous sommes habituées à tout.»

Je crois bien qu'elle devait être habituée à tout, la malheureuse, car les soldats ne se gênaient guère pour se livrer à d'indiscrètes propretés devant elle. Jamais d'ailleurs je ne la vis rougir; elle passait entre eux, muette, les yeux baissés, semblait ne pas entendre les grossières facéties[39] qui se débitaient autour d'elle.

Dieu! m'a-t-elle gâté! Je la vois encore, le matin, alors que le soleil cassait sur les dalles l'ombre des barreaux de fenêtres, s'avancer lentement, au fond du corridor, les grandes ailes de son bonnet battant sur son visage. Elle arrivait près de mon lit avec une assiette qui fumait et sur le bord de laquelle luisait son ongle bien taillé. «La soupe est un peu claire ce matin, disait-elle, avec son joli sourire, je vous apporte du chocolat; mangez vite pendant qu'il est chaud!»

Malgré les soins qu'elle me prodiguait,[40] je m'ennuyais à mourir dans cet hôpital. Mon ami et moi nous étions arrivés à ce degré d'abrutissement[41] qui vous jette sur un lit, s'essayant à tuer, dans une somnolence de bête, les longues heures des insupportables journées. Les seules distractions qui nous fussent offertes, consistaient en un déjeuner et un dîner composés de bœuf bouilli, de pastèque,[42] de pruneaux[43] et d'un doigt[44] de vin, le tout en insuffisante quantité pour nourrir un homme.

Grâce à ma simple politesse vis-à-vis des sœurs et aux étiquettes de pharmacie que j'écrivais pour elles, j'obtenais heureusement une côtelette[45] de temps à autre et une poire cueillie dans le verger[46] de l'hôpital. J'étais donc, en somme, le moins à plaindre de tous les soldats

---

[38] *pompe foulante:* clysopompe
[39] *facéties:* plaisanteries
[40] *prodiguait:* donnait avec profusion
[41] *abrutissement:* stupeur
[42] *pastèque:* espèce de melon
[43] *pruneaux:* prunes séchées
[44] *un doigt:* très peu
[45] *côtelette:* morceau de viande
[46] *le verger:* le jardin où sont les arbres fruitiers

entassés pêle-mêle dans les salles, mais, les premiers jours, je ne parvenais même point à avaler ma pitance[47] le matin. C'était l'heure de la visite et le docteur choisissait ce moment pour faire ses opérations. Le second jour après mon arrivée, il fendit[48] une cuisse du haut en bas; j'entendis un cri déchirant; je fermai les yeux, pas assez cependant pour que je ne visse une pluie rouge s'éparpiller en larges gouttes sur son tablier. Ce matin-là, je ne pus manger. Peu à peu, cependant, je finis par m'aguerrir;[49] bientôt, je me contentai de détourner la tête et de préserver ma soupe.

En attendant, la situation devenait intolérable. Nous avions essayé, mais en vain, de nous procurer des journaux et des livres, nous en étions réduits à nous déguiser, à mettre pour rire la veste du hussard; mais cette gaieté puérile s'éteignait vite et nous nous étirions,[50] toutes les vingt minutes, échangeant quelques mots, nous renfonçant la tête dans le traversin.[51]

Il n'y avait pas grande conversation à tirer de nos camarades. Les deux artilleurs et le hussard étaient trop malades pour causer. Le dragon jurait des Nom de Dieu sans parler, se levait à tout instant, enveloppé dans son grand manteau blanc et allait aux latrines dont il rapportait l'ordure[52] gâchée par ses pieds nus. L'hôpital manquait de thomas;[53] quelques-uns des plus malades avaient cependant sous leur lit une vieille casserole que les convalescents faisaient sauter comme des cuisinières,[54] offrant, par plaisanterie, le ragoût aux sœurs.

Restait donc seulement le soldat de la ligne: un malheureux garçon épicier,[55] père d'un enfant, rappelé sous les drapeaux, battu constamment par la fièvre, grelottant[56] sous ses couvertures.

Assis en tailleurs[57] sur nos lits, nous l'écoutions raconter la bataille où il s'était trouvé.

---

[47] *pitance:* subsistance
[48] *fendit:* coupa
[49] *m'aguerrir:* me durcir
[50] *nous nous étirions:* nous nous allongions
[51] *traversin:* oreiller (long)
[52] *l'ordure:* les impuretés
[53] *thomas:* récipients dont se servent les malades pour leurs besoins
[54] *cuisinières:* femmes qui font la cuisine
[55] *garçon épicier:* personne qui travaille dans une épicerie
[56] *grelottant:* tremblant de froid
[57] *assis en tailleurs:* assis les jambes croisées (comme certains tailleurs)

Jeté près de Froeschwiller,* dans une plaine entourée de bois, il avait vu des lueurs rouges filer dans des bouquets de fumée blanche, et il avait baissé la tête, tremblant, ahuri par la canonnade,[58] effaré par le sifflet des balles. Il avait marché, mêlé aux régiments, dans de la terre grasse, ne voyant aucun Prussien, ne sachant où il était, entendant à ses côtés des gémissements[59] traversés par des cris brefs, puis les rangs des soldats placés devant lui s'étaient tout à coup retournés et dans la bousculade[60] d'une fuite, il avait été, sans savoir comment, jeté par terre. Il s'était relevé, s'était sauvé, abandonnant son fusil et son sac, et à la fin, épuisé par les marches forcées subies depuis huit jours, exténué par la peur et affaibli par la faim, il s'était assis dans un fossé. Il était resté là, hébété,[61] inerte, assourdi par le vacarme des obus,[62] résolu à ne plus se défendre, à ne plus bouger; puis il avait songé à sa femme, et pleurant, se demandant ce qu'il avait fait pour qu'on le fît ainsi souffrir, il avait ramassé, sans savoir pourquoi une feuille d'arbre qu'il avait gardée et à laquelle il tenait,[63] car il nous la montrait souvent, séchée et ratatinée[64] dans le fond de ses poches.

Un officier était passé, sur ces entrefaites,[65] le revolver au poing, l'avait traité de lâche et menacé de lui casser la tête s'il ne marchait pas. Il avait dit «J'aime mieux ça, ah! que ça finisse!» Mais l'officier, au moment où il le secouait pour le remettre sur ses jambes, s'était étalé,[66] giclant[67] le sang par la nuque. Alors, la peur l'avait repris, il s'était enfui et avait pu rejoindre une lointaine route, inondée de fuyards,[68] noire de troupes, sillonnée d'attelages[69] dont les chevaux emportés crevaient et broyaient[70] les rangs.

---

[58] *canonnade:* bruit du canon
[59] *gémissements:* plaintes
[60] *bousculade:* confusion
[61] *hébété:* rendu stupide
[62] *obus:* projectiles
[63] *à laquelle il tenait:* à laquelle il attachait beaucoup de valeur
[64] *ratatinée:* flétrie
[65] *sur ces entrefaites:* pendant ce temps-là
[66] *s'était étalé:* était tombé (tout du long)
[67] *giclant:* faisant rejaillir
[68] *fuyards:* personnes qui s'enfuient
[69] *attelages:* charrettes, etc. tirées par des animaux
[70] *broyaient:* rompaient

On était enfin parvenu à se mettre à l'abri.[71] Le cri de trahison s'élevait des groupes. De vieux soldats paraissaient résolus encore, mais les recrues[72] se refusaient à continuer. «Qu'ils aillent se faire tuer, disaient-ils, en désignant les officiers, c'est leur métier à eux! Moi, j'ai des enfants, c'est pas l'État[73] qui les nourrira si je suis mort!» Et l'on enviait le sort des gens un peu blessés et des malades qui pouvaient se réfugier dans les ambulances.

«Ah! ce qu'on a peur et puis ce qu'on garde dans l'oreille la voix des gens qui appellent leur mère et demandent à boire,» ajoutait-il, tout frissonnant. Il se taisait, et regardant le corridor d'un air ravi, il reprenait: «C'est égal, je suis bien heureux d'être ici; et puis, comme cela ma femme peut m'écrire,» et il tirait de sa culotte des lettres, disant avec satisfaction: «Le petit a écrit, voyez,» et il montrait au bas du papier, sous l'écriture pénible de sa femme, des bâtons formant une phrase dictée où il y avait des «J'embrasse papa» dans des pâtés[74] d'encre.

Nous écoutâmes vingt fois au moins cette histoire, et nous dûmes subir pendant de mortelles heures les rabâchages[75] de cet homme enchanté de posséder un fils. Nous finissions par nous boucher les oreilles et par tâcher de dormir pour ne plus l'entendre.

Cette déplorable vie menaçait de se prolonger, quand un matin Francis qui, contrairement à son habitude, avait rôdé[76] toute la journée de la veille dans la cour, me dit: «Eh! Eugène, viens-tu respirer un peu l'air des champs?» Je dresse l'oreille.[77] «Il y a un préau[78] réservé aux fous, poursuit-il; ce préau est vide; en grimpant sur le toit des cabanons,[79] et c'est facile, grâce aux grilles qui garnissent les fenêtres, nous atteignons la crête du mur, nous sautons et nous tombons dans la campagne. A deux pas de ce mur s'ouvre l'une des portes d'Évreux. Qu'en dis-tu?

---

[71] *se mettre à l'abri:* se protéger
[72] *recrues:* nouveaux soldats
[73] *c'est pas l'État:* VERSION CORRECTE ce n'est pas l'État
[74] *pâtés:* taches
[75] *rabâchages:* répétitions
[76] *rôdé:* erré
[77] *Je dresse l'oreille:* Je fais attention
[78] *préau:* cour recouverte
[79] *cabanons:* petites cabanes

—Je dis... je dis que je suis tout disposé à sortir, mais comment ferons-nous pour rentrer?

—Je n'en sais rien; partons d'abord, nous aviserons[80] ensuite. Lève-toi, on va servir la soupe, nous sautons sur le mur après.»

Je me lève. L'hôpital manquait d'eau, de sorte que j'en étais réduit à me débarbouiller[81] avec de l'eau de Seltz* que la sœur m'avait fait avoir. Je prends mon siphon, je vise le peintre qui crie feu, je presse la détente,[82] la décharge lui arrive en pleine figure; je me pose à mon tour devant lui, je reçois le jet dans la barbe, je me frotte le nez avec la mousse, je m'essuie. Nous sommes prêts, nous descendons. Le préau est désert; nous escaladons[83] le mur. Francis prend son élan et saute. Je suis assis à califourchon[84] sur la crête, je jette un regard rapide autour de moi; en bas, un fossé et de l'herbe; à droite, une des portes de la ville; au loin, une forêt qui moutonne[85] et enlève ses déchirures d'or rouge sur une bande de bleu pâle. Je suis debout; j'entends du bruit dans la cour, je saute; nous rasons[86] les murailles, nous sommes dans Évreux!

«Si nous mangions?

—Adopté»

Chemin faisant,[87] à la recherche d'un gîte,[88] nous apercevons deux petites femmes qui tortillent des hanches;[89] nous les suivons et leur offrons à déjeuner; elles refusent; nous insistons, elles répondent non plus mollement; nous insistons encore, elles disent oui. Nous allons chez elles, avec un pâté, des bouteilles, des œufs, un poulet froid. Ça nous paraît drôle de nous trouver dans une chambre claire, tendue de papier moucheté de fleurs[90] lilas et feuillé de[91] vert; il y a, aux croisées,[92]

[80] *nous aviserons:* nous verrons
[81] *débarbouiller:* LANGAGE POPULAIRE laver
[82] *détente:* pièce qui fait partir le siphon
[83] *escaladons:* grimpons par-dessus
[84] *à califourchon:* à cheval
[85] *moutonne:* s'agite
[86] *rasons:* longeons
[87] *chemin faisant:* sur la route
[88] *gîte:* endroit où l'on demeure
[89] *tortillent des hanches:* font des mouvements (alléchants) avec les hanches
[90] *moucheté de fleurs:* avec des fleurs çà et là
[91] *feuillé de:* garni de feuilles
[92] *croisées:* fenêtres

des rideaux en damas groseille,[93] une glace sur la cheminée, une gravure représentant un Christ embêté par des Pharisiens, six chaises en merisier,[94] une table ronde avec une toile cirée montrant les rois de France, un lit pourvu d'un édredon[95] de percale rose. Nous dressons la table, nous regardons d'un œil goulu[96] les filles qui tournent autour; le couvert est long à mettre, car nous les arrêtons au passage pour les embrasser; elles sont laides et bêtes, du reste. Mais, qu'est-ce que ça nous fait? il y a si longtemps que nous n'avons flairé[97] de la bouche de femme!

Je découpe le poulet, les bouchons sautent, nous buvons comme des chantres[98] et bâfrons comme des ogres. Le café fume dans les tasses, nous le dorons avec du cognac; ma tristesse s'envole, le punch s'allume, les flammes bleues du kirsch[99] voltigent dans le saladier qui crépite,[1] les filles rigolent, les cheveux dans les yeux et les seins fouillés;[2] soudain quatre coups sonnent lentement au cadran de l'église. Il est quatre heures. Et l'hôpital, Seigneur Dieu! nous l'avions oublié! Je deviens pâle, Francis me regarde avec effroi, nous nous arrachons des bras de nos hôtesses, nous sortons au plus vite.

«Comment rentrer? dit le peintre.

—Hélas! nous n'avons pas le choix; nous arriverons à grand'peine pour l'heure de la soupe. A la grâce de Dieu, filons[3] par la grande porte!»

Nous arrivons, nous sonnons; la sœur concierge vient nous ouvrir et reste ébahie. Nous la saluons, et je dis assez haut pour être entendu d'elle:

«Sais-tu, dis-donc, qu'ils ne sont pas aimables à l'Intendance, le gros surtout nous a reçus plus ou moins poliment...»

La sœur ne souffle mot;[4] nous courons au galop vers la chambrée;

---

[93] *groseille:* de la couleur de la groseille (rouge)
[94] *merisier:* bois du cerisier sauvage
[95] *édredon:* couvre-pied garni de duvet (plumes)
[96] *goulu:* avide
[97] *flairé:* senti
[98] *chantres:* personnes qui chantent à l'église
[99] *kirsch:* liqueur de cerise
[1] *crépite:* produit un certain bruit
[2] *fouillés:* touchés
[3] *filons:* partons vite
[4] *ne souffle mot:* ne dit rien

il était temps, j'entendais la voix de sœur Angèle qui distribuait les rations. Je me couche au plus vite sur mon lit, je dissimule avec la main un suçon[5] que ma belle m'a posé le long du cou; la sœur me regarde, trouve à mes yeux un éclat inaccoutumé et me dit avec intérêt:

«Souffrez-vous davantage?»

Je la rassure et lui réponds:

«Au contraire, je vais mieux, ma sœur, mais cette oisiveté et cet emprisonnement me tuent.»

Quand je lui exprimais l'effroyable ennui que j'éprouvais, perdu dans cette troupe, au fond d'une province, loin des miens,[6] elle ne répondait pas, mais ses lèvres se serraient, ses yeux prenaient une indéfinissable expression de mélancolie et de pitié. Un jour pourtant elle m'avait dit d'un ton sec: «Oh! la liberté ne vous vaudrait rien»[7] faisant allusion à une conversation qu'elle avait surprise entre Francis et moi, discutant sur les joyeux appas[8] des Parisiennes; puis elle s'était adoucie et avait ajouté avec sa petite moue[9] charmante:

«Vous n'êtes vraiment pas sérieux, monsieur le militaire.»

Le lendemain matin nous convenons, le peintre et moi, qu'aussitôt la soupe avalée, nous escaladerons de nouveau les murs. A l'heure dite, nous rôdons autour du préau, la porte est fermée! «Bast, tant pis! dit Francis, en avant!» et il se dirige vers la grande porte de l'hôpital. Je le suis. La sœur tourière[10] nous demande où nous allons. «A l'Intendance.» La porte s'ouvre, nous sommes dehors.

Arrivés sur la grande place de la ville, en face de l'église, j'avise, tandis que nous contemplions les sculptures du porche,[11] un gros monsieur, une face de lune rouge hérissée de moustaches blanches, qui nous regardait avec étonnement. Nous le dévisageons à notre tour, effrontément,[12] et nous poursuivons notre route. Francis mourait de

---

[5] *suçon:* marque sur la peau
[6] *loin des miens:* loin de ma famille
[7] *ne vous voudrait rien:* ne serait pas bonne pour vous
[8] *appas:* attraits
[9] *moue:* grimace
[10] *sœur tourière:* sœur qui est chargée des relations avec l'extérieur, qui garde l'entrée
[11] *porche:* entrée de l'église
[12] *effrontément:* avec impudence

soif, nous entrons dans un café, et, tout en dégustant ma demi-tasse, je jette les yeux sur le journal du pays, et j'y trouve un nom qui me fait rêver. Je ne connaissais pas, à vrai dire, la personne qui le portait, mais ce nom rappelait en moi des souvenirs effacés depuis longtemps. Je me rappelais que l'un de mes amis avait un parent haut placé dans la ville d'Évreux. «Il faut absolument que je le voie,» dis-je au peintre; je demande son adresse au cafetier,[13] il l'ignore; je sors et je vais chez tous les boulangers et chez tous les pharmaciens que je rencontre. Tout le monde mange du pain et boit des potions; il est impossible que l'un de ces industriels ne connaisse pas l'adresse de M. de Fréchêde. Je la trouve, en effet; j'époussette[14] ma vareuse,[15] j'achète une cravate noire, des gants et je vais sonner doucement, rue Chartraine, à la grille d'un hôtel[16] qui dresse ses façades de brique et ses toitures d'ardoise[17] dans le fouillis[18] ensoleillé d'un parc. Un domestique m'introduit. M. de Fréchêde est absent, mais Madame est là. J'attends, pendant quelques secondes, dans un salon; la portière[19] se soulève et une vieille dame paraît. Elle a l'air si affable que je suis rassuré. Je lui explique, en quelques mots, qui je suis.

«Monsieur, me dit-elle, avec un bon sourire, j'ai beaucoup entendu parler de votre famille; je crois même avoir vu chez Mme Lezant, madame votre mère, lors de mon dernier voyage à Paris; vous êtes ici le bienvenu.»

Nous causons longuement; moi, un peu gêné, dissimulant avec mon képi, le suçon de mon cou; elle, cherchant à me faire accepter de l'argent que je refuse.

«Voyons, me dit-elle enfin, je désire de tout mon cœur vous être utile; que puis-je faire?» Je lui réponds: «Mon Dieu! madame, si vous pouviez obtenir qu'on me renvoie à Paris, vous me rendriez un grand service; les communications vont être prochainement interceptées, si j'en crois les journaux; on parle d'un nouveau coup d'État

---

[13] *cafetier:* propriétaire d'un café
[14] *j'époussette:* j'enlève la poussière
[15] *vareuse:* veste
[16] *hôtel:* luxueuse maison privée
[17] *ardoise:* pierre bleuâtre
[18] *fouillis:* pêle-mêle
[19] *portière:* lourd rideau

ou du renversement[20] de l'Empire; j'ai grand besoin de retrouver ma mère, et surtout de ne pas me laisser faire prisonnier ici, si les Prussiens y viennent.»

Sur ces entrefaites rentre M. de Fréchêde. Il est mis, en deux mots, au courant[21] de la situation.

«Si vous voulez venir avec moi chez le médecin de l'hospice, me dit-il, nous n'avons pas de temps à perdre.»

—Chez le médecin! bon Dieu! et comment lui expliquer ma sortie de l'hôpital? Je n'ose souffler mot; je suis mon protecteur, me demandant comment tout cela va finir. Nous arrivons, le docteur me regarde d'un air stupéfait. Je ne lui laisse pas le temps d'ouvrir la bouche, et je lui débite avec une prodigieuse volubilité un chapelet[22] de jérémiades[23] sur ma triste position.

M. de Fréchêde prend à son tour la parole et lui demande, en ma faveur, un congé de convalescence de deux mois.

«Monsieur est, en effet, assez malade, dit le médecin, pour avoir droit à deux mois de repos; si mes collègues et si le général partagent ma manière de voir, votre protégé pourra, sous peu de jours, retourner à Paris.

—C'est bien, réplique M. de Fréchêde; je vous remercie, docteur; je parlerai ce soir même au général.»

Nous sommes dans la rue, je pousse un soupir de soulagement, je serre la main de l'excellent homme qui veut bien s'intéresser à moi, je cours à la recherche de Francis. Nous n'avons que bien juste le temps de rentrer, nous arrivons à la grille de l'hôpital; Francis sonne, je salue la sœur. Elle m'arrête:

«Ne m'avez-vous pas dit, ce matin, que vous alliez à l'Intendance?

—Mais certainement, ma sœur.

—Eh bien! le général sort d'ici. Allez voir le directeur et la sœur Angèle, ils vous attendent; vous leur expliquerez, sans doute, le but de vos visites à l'Intendance.»

---

[20] *renversement:* chute
[21] *mis au courant:* informé
[22] *un chapelet:* toute une série
[23] *jérémiades:* plaintes

Nous remontons, tout penauds,[24] l'escalier du dortoir. Sœur Angèle est là qui m'attend et qui me dit:

«Jamais je n'aurais cru pareille chose; vous avez couru par toute la ville, hier et aujourd'hui, et Dieu sait la vie que vous avez menée!

—Oh! par exemple,» m'écriai-je.

Elle me regarda si fixement que je ne soufflai plus mot.

«Toujours est-il, poursuivit-elle, que le général vous a rencontré aujourd'hui même sur la Grand'Place. J'ai nié que vous fussiez sortis, et je vous ai cherchés par tout l'hôpital. Le général avait raison, vous n'étiez pas ici. Il m'a demandé vos noms; j'ai donné celui de l'un d'entre vous, j'ai refusé de livrer l'autre, et j'ai eu tort, bien certainement, car vous ne le méritez pas!

—Oh! combien je vous remercie, ma sœur!...» Mais sœur Angèle ne m'écoutait pas, elle était indignée de ma conduite! Je n'avais qu'un parti[25] à prendre, me taire et recevoir l'averse sans même tenter de me mettre à l'abri. Pendant ce temps, Francis était appelé chez le directeur, et comme, je ne sais pourquoi, on le soupçonnait de me débaucher, et qu'il était d'ailleurs, à cause de ses gouailleries,[26] au plus mal avec le médecin et avec les sœurs, il lui fut annoncé qu'il partirait le lendemain pour rejoindre son corps.

«Les drôlesses[27] chez lesquelles nous avons déjeuné hier sont des filles en carte[28] qui nous ont vendus,[29] m'affirmait-il, furieux. C'est le directeur lui-même qui me l'a dit.»

Tandis que nous maudissions ces coquines[30] et que nous déplorions notre uniforme qui nous faisait si facilement reconnaître, le bruit court que l'Empereur est prisonnier et que la République est proclamée à Paris; je donne un franc à un vieillard qui pouvait sortir et qui me rapporte un numéro du *Gaulois*.* La nouvelle est vraie. L'hôpital

---

[24] *penauds:* embarrassés
[25] *parti:* détermination
[26] *gouailleries:* railleries
[27] *drôlesses:* femmes méprisables
[28] *filles en carte:* prostituées
[29] *vendus:* trahis
[30] *coquines:* méchantes femmes

exulte.[31] «Enfoncé Badingue! c'est pas trop tôt,[32] v'là[33] la guerre qui est enfin finie!» Le lendemain matin, Francis et moi nous nous embrassons, et il part. «A bientôt, me crie-t-il en fermant la grille, et rendez-vous à Paris!»

Oh! les journées qui suivirent ce jour-là! quelles souffrances! quel abandon! Impossible de sortir de l'hôpital; une sentinelle se promenait, en mon honneur, de long en large,[34] devant la porte. J'eus cependant le courage de ne pas m'essayer à dormir; je me promenai comme une bête encagée, dans le préau. Je rôdais ainsi douze heures durant.[35] Je connaissais ma prison dans ses moindres coins. Je savais les endroits où les pariétaires[36] et la mousse poussaient, les pans de muraille qui fléchissaient en se lézardant.[37] Le dégoût de mon corridor, de mon grabat aplati comme une galette,[38] de mon geigneux,[39] de mon linge pourri de crasse,[40] m'était venu. Je vivais, isolé, ne parlant à personne, battant à coups de pieds les cailloux de la cour, errant comme une âme en peine sous les arcades badigeonnées[41] d'ocre jaune ainsi que les salles, revenant à la grille d'entrée surmontée d'un drapeau, montant au premier[42] où était ma couche, descendant au bas où la cuisine étincelait, mettant les éclairs de son cuivre rouge dans la nudité blafarde[43] de la pièce. Je me rongeais les poings d'impatience, regardant, à certaines heures, les allées et venues des civils et des soldats mêlés, passant et repassant à tous les étages, emplissant les galeries de leur marche lente.

Je n'avais plus la force de me soustraire aux poursuites des sœurs, qui nous rabattaient[44] le dimanche dans la chapelle. Je devenais mono-

---

31 *exulte:* éprouve une grande joie
32 *c'est pas trop tôt (ce n'est pas trop tôt):* il était grand temps
33 *v'là:* voilà
34 *de long en large:* dans tous les sens
35 *douze heures durant:* pendant douze heures
36 *pariétaires:* plantes qui poussent sur les murailles
37 *se lézardant:* produisant des crevasses, fentes
38 *galette:* gâteau plat
39 *geigneux:* ARGOT sommier
40 *crasse:* saleté
41 *badigeonnées:* couvertes, peintes
42 *au premier:* au premier étage
43 *blafarde:* pâle
44 *rabattaient:* rassemblaient

mane; une idée fixe me hantait:[45] fuir au plus vite cette lamentable geôle.[46] Avec cela, des ennuis d'argent m'opprimaient. Ma mère m'avait adressé cent francs à Dunkerque,* où je devais me trouver, paraît-il. Cet argent ne revenait point. Je vis le moment où je n'aurais plus un sou pour acheter du tabac ou du papier.

En attendant, les jours se suivaient. Les de Fréchêde semblaient m'avoir oublié et j'attribuais leur silence à mes escapades, qu'ils avaient sans doute apprises. Bientôt à toutes ces angoisses vinrent s'ajouter d'horribles douleurs: mal soignées et exaspérées par les prétantaines[47] que j'avais courues, mes entrailles flambaient. Je souffris tellement que j'en vins à craindre de ne plus pouvoir supporter le voyage. Je dissimulais mes souffrances, craignant que le médecin ne me forçât à demeurer plus longtemps à l'hôpital. Je gardai le lit quelques jours; puis, comme je sentais mes forces diminuer, je voulus me lever quand même et je descendis dans la cour. Sœur Angèle ne me parlait plus, et le soir, alors qu'elle faisait sa ronde dans les corridors et les chambrées, se détournant pour ne point voir le point de feu des pipes qui scintillait dans l'ombre, elle passait devant moi, indifférente, froide, détournant les yeux.

Une matinée, cependant, comme je me traînais[48] dans la cour, et m'affaissais[49] sur tous les bancs, elle me vit si changé, si pâle, qu'elle ne put se défendre d'un mouvement de compassion. Le soir, après qu'elle eut terminé sa visite des dortoirs, je m'étais accoudé[50] sur mon traversin et, les yeux grands ouverts, je regardais les traînées bleuâtres que la lune jetait par les fenêtres du couloir, quand la porte du fond s'ouvrit de nouveau, et j'aperçus, tantôt baignée de vapeurs d'argent, tantôt[51] sombre et comme vêtue d'un crêpe noir, selon qu'elle passait devant les croisées ou devant les murs, sœur Angèle qui venait à moi. Elle souriait doucement. «Demain matin, me dit-elle, vous passerez

---

[45] *hantait:* obsédait
[46] *geôle:* prison
[47] *prétantaines:* vagabondages
[48] *je me traînais:* je me déplaçais péniblement
[49] *m'affaissais:* me laissais tomber
[50] *je m'étais accoudé:* je m'étais appuyé (avec les coudes)
[51] *tantôt... tantôt:* parfois... parfois

la visite des médecins. J'ai vu Mme de Fréchêde aujourd'hui, il est probable que vous partirez dans deux ou trois jours pour Paris.» Je fais un saut dans mon lit, ma figure s'éclaire, je voudrais pouvoir sauter et chanter; jamais je ne fus plus heureux. Le matin se lève, je m'habille et inquiet cependant, je me dirige vers la salle où siège une réunion d'officiers et de médecins.

Un à un, les soldats étalaient des torses creusés de trous ou bouquetés[52] de poils. Le général se grattait un ongle, le colonel de la gendarmerie s'éventait avec un papier, les praticiens causaient en palpant[53] les hommes. Mon tour arrive enfin: on m'examine des pieds à la tête, on me pèse sur le ventre qui est gonflé et tendu comme un ballon, et, à l'unanimité des voix, le conseil m'accorde un congé de convalescence de soixante jours. Je vais enfin revoir ma mère! retrouver mes bibelots, mes livres! Je ne sens plus ce fer rouge qui me brûle les entrailles, je saute comme un cabri![54]

J'annonce à ma famille la bonne nouvelle. Ma mère m'écrit lettres sur lettres, s'étonnant que je n'arrive point. Hélas! mon congé doit être visé[55] à la Division de Rouen. Il revient après cinq jours; je suis en règle, je vais trouver sœur Angèle, je la prie de m'obtenir, avant l'heure fixée pour mon départ, une permission de sortie afin d'aller remercier les de Fréchêde qui ont été si bons pour moi. Elle va trouver le directeur et me la rapporte; je cours chez ces braves gens, qui me forcent à accepter un foulard et cinquante francs pour la route; je vais chercher ma feuille à l'Intendance, je rentre à l'hospice, je n'ai plus que quelques minutes à moi. Je me mets en quête de[56] sœur Angèle que je trouve dans le jardin, et je lui dis, tout ému:

«O chère sœur, je pars; comment pourrai-je jamais m'acquitter envers vous?»

Je lui prends la main qu'elle veut retirer, et je la porte à mes lèvres. Elle devient rouge. «Adieu! murmure-t-elle, et me menaçant du doigt,

---

[52] *bouquetés:* avec des touffes
[53] *palpant:* auscultant
[54] *cabri:* petite chèvre
[55] *visé:* approuvé
[56] *je me mets en quête de:* je cherche

elle ajoute gaiement: soyez sage, et surtout ne faites pas de mauvaises rencontres en route!

—Oh! ne craignez rien, ma sœur, je vous le promets!» L'heure sonne, la porte s'ouvre, je me précipite vers la gare, je saute dans un wagon, le train s'ébranle,[57] j'ai quitté Évreux.

La voiture est à moitié pleine, mais j'occupe heureusement l'une des encoignures.[58] Je mets le nez à la fenêtre, je vois quelques arbres écimés,[59] quelques bouts de collines qui serpentent au loin et un pont enjambant une grande mare[60] qui scintille au soleil comme un éclat de vitre. Tout cela n'est pas bien joyeux. Je me renfonce dans mon coin, regardant parfois les fils du télégraphe qui règlent l'outremer[61] de leurs lignes noires; quand le train s'arrête, les voyageurs qui m'entourent descendent, la portière se ferme, puis s'ouvre à nouveau et livre passage à une jeune femme.

Tandis qu'elle s'assied et défripe[62] sa robe, j'entrevois sa figure sous l'envolée du voile. Elle est charmante, avec ses yeux pleins de bleu de ciel, ses lèvres tachées de pourpre, ses dents blanches, ses cheveux couleur de maïs mûr.

J'engage la conversation; elle s'appelle Reine et brode[63] des fleurs: nous causons en amis. Soudain elle devient pâle et va s'évanouir; j'ouvre les lucarnes,[64] je lui tends un flacon de sels que j'ai emporté, lors de mon départ de Paris, à tout hasard;[65] elle me remercie, ce ne sera rien, dit-elle, et elle s'appuie sur mon sac pour tâcher de dormir. Heureusement que nous sommes seuls dans le compartiment, mais la barrière de bois qui sépare, en tranches égales, la caisse de la voiture[66] ne s'élève qu'à mi-corps, et l'on voit et surtout on entend les clameurs et les gros rires des paysans et des paysannes. Je les aurais battus de bon cœur, ces imbéciles qui troublaient son sommeil! Je me contentai

---

[57] *s'ébranle:* se met en route
[58] *encoignures:* coins
[59] *écimés:* sans cimes
[60] *mare:* petite étendue d'eau
[61] *l'outremer:* le bleu du ciel
[62] *défripe:* enlève les plis de
[63] *brode:* fait des dessins (en relief) sur des étoffes
[64] *lucarnes:* petites fenêtres
[65] *à tout hasard:* au cas où
[66] *caisse de la voiture:* intérieur du wagon

d'écouter les médiocres aperçus[67] qu'ils échangeaient sur la politique. J'en ai vite assez; je me bouche les oreilles; j'essaye, moi aussi, de dormir; mais cette phrase qui a été dite par le chef de la dernière station: «Vous n'arriverez pas à Paris, la voie est coupée à Mantes,»* revient dans toutes mes rêveries comme un refrain entêté. J'ouvre les yeux, ma voisine se réveille elle aussi; je ne veux pas lui faire partager mes craintes: nous causons à voix basse, elle m'apprend qu'elle va rejoindre sa mère à Sèvres.* Mais, lui dis-je, le train n'entrera guère dans Paris avant onze heures du soir, vous n'aurez jamais le temps de regagner l'embarcadère de la rive gauche.* —Comment faire, dit-elle, si mon frère n'est pas en bas, à l'arrivée?

O misère, je suis sale comme un peigne et mon ventre brûle! je ne puis songer à l'emmener dans mon logement de garçon,[68] et puis, je veux avant tout aller chez ma mère. Que faire? Je regarde Reine avec angoisse, je prends sa main; à ce moment, le train change de voie, la secousse la jette en avant, nos lèvres sont proches, elles se touchent, j'appuie les miennes bien vite, elle devient rouge. Seigneur Dieu! sa bouche remue imperceptiblement, elle me rend mon baiser; un long frisson me court sur l'échine,[69] au contact de ces braises[70] ardentes je me sens défaillir:[71] Ah! sœur Angèle, sœur Angèle, on ne peut se refaire!

Et le train rugit[72] et roule sans ralentir sa marche, nous filons à toute vapeur sur Mantes; mes craintes sont vaines, la voie est libre. Reine ferme à demi ses yeux, sa tête tombe sur mon épaule, ses petits frisons s'emmêlent dans ma barbe et me chatouillent les lèvres, je soutiens sa taille qui ploie[73] et je la berce. Paris n'est pas loin, nous passons devant les docks à marchandises, devant les rotondes[74] où grondent, dans une vapeur rouge, les machines en chauffe;[75] le train s'arrête, on prend les billets. Tout bien réfléchi, je conduirai d'abord Reine dans mon

---

[67] *aperçus:* remarques
[68] *garçon:* célibataire
[69] *l'échine:* la colonne vertébrale
[70] *braises:* charbons
[71] *je me sens défaillir:* je me sens tomber en faiblesse
[72] *rugit:* fait un grand bruit
[73] *ploie:* se plie
[74] *rotondes:* bâtiments de forme ronde; garages de locomotives
[75] *en chauffe:* avec les feux allumés

logement de garçon. Pourvu que[76] son frère ne l'attende pas à l'arrivée! Nous descendons des voitures, son frère est là. Dans cinq jours, me dit-elle, dans un baiser, et le bel oiseau s'envole! Cinq jour après j'étais dans mon lit atrocement malade, et les Prussiens occupaient Sèvres. Jamais plus depuis je ne l'ai revue.

J'ai le cœur serré, je pousse un gros soupir; ce n'est pourtant pas le moment d'être triste! Je cahote[77] maintenant dans un fiacre, je reconnais mon quartier, j'arrive devant la maison de ma mère, je grimpe les escaliers, quatre à quatre, je sonne précipitamment, la bonne ouvre. C'est monsieur! et elle court prévenir ma mère qui s'élance à ma rencontre, devient pâle, m'embrasse, me regarde des pieds à la tête, s'éloigne un peu, me regarde encore et m'embrasse de nouveau. Pendant ce temps, la bonne a dévalisé le buffet.[78] Vous devez avoir faim, monsieur Eugène! —Je crois bien que j'ai faim! je dévore tout ce qu'on me donne, j'avale de grands verres de vin; à vrai dire, je ne sais ce que je mange et ce que je bois!

Je retourne enfin chez moi pour me coucher! —Je retrouve mon logement tel que je l'ai laissé. Je le parcours, radieux, puis je m'assieds sur le divan et je reste là, extasié, béat,[79] m'emplissant les yeux de la vue de mes bibelots et de mes livres. Je me déshabille pourtant, je me nettoie à grande eau,[80] songeant que pour la première fois depuis des mois, je vais entrer dans un lit propre avec des pieds blancs et des ongles faits. Je saute sur le sommier qui bondit, je m'enfouis la tête dans la plume,[81] mes yeux se ferment, je vogue[82] à pleines voiles dans le pays du rêve.

Il me semble voir Francis qui allume sa vaste pipe de bois, sœur Angèle qui me considère avec sa petite moue, puis Reine s'avance vers moi, je me réveille en sursaut,[83] je me traite d'imbécile et me renfonce dans les oreillers, mais les douleurs d'entrailles un moment domptées

---

[76] *pourvu que:* j'espère que
[77] *je cahote:* je suis secoué
[78] *dévalisé le buffet:* tout enlevé du buffet
[79] *béat:* heureux
[80] *à grande eau:* avec beaucoup d'eau
[81] *dans la plume:* dans l'édredon
[82] *je vogue:* j'erre (comme sur l'eau)
[83] *en sursaut:* brusquement

se réveillent maintenant que les nerfs sont moins tendus et je me frotte doucement le ventre, pensant que toute l'horreur de la dysenterie qu'on traîne dans des lieux où tout le monde opère, sans pudeur,[84] ensemble, n'est enfin plus! Je suis chez moi, dans des cabinets[85] à moi! et je me dis qu'il faut avoir vécu dans la promiscuité des hospices et des camps pour apprécier la valeur d'une cuvette[86] d'eau, pour savourer[87] la solitude des endroits où l'on met culotte bas,[88] à l'aise.

---

[84] *pudeur:* honte
[85] *cabinets:* toilettes
[86] *cuvette:* récipient large et peu profond
[87] *savourer:* apprécier
[88] *met culotte bas:* baisse la culotte

NOTES EXPLICATIVES

(4) *langue morte:* le latin, par exemple.

(11) *le quartier latin:* quartier de la rive gauche à Paris, fréquenté par les étudiants.

(14) *George Sand:* (Aurore Dupin) Célèbre romancière. Auteur de *Lélia, La Mare au diable,* etc. (1804–1876).

(14) *Heine:* Heinrich Heine, le grand poète allemand (1799–1856).

(14) *Edgar Quinet:* philosophe idéaliste et historien libéral (1803–1875).

(15) *Henri Mürger:* écrivain. Auteur de *Scénes de la vie de bohème* (1822–1861).

(18) *la fin de l'Empire:* Il s'agit du règne de Napoléon III qui se déclara empereur en 1851 et capitula à Sedan en 1870.

(30) *la guerre avec la Prusse:* Napoléon III déclara la guerre à la Prusse en 1870, et fut battu peu après.

(33) *la garde mobile:* corps composé de citoyens des villes, appelés seulement en temps de guerre. Les membres de la garde mobile n'appartenaient donc pas à l'armée régulière.

(42) *la Marseillaise:* hymne national français.

(62) *Aubervilliers:* faubourg de Paris.

(72) *A bas Badingue et vive Rochefort:* Badingue était le sobriquet de Napoléon III. Rochefort était un journaliste nationaliste très célèbre. La garde mobile était opposée à l'empereur.

(99) *la Champagne:* province française du Nord-Est. La Champagne est divisée en deux parties: La Champagne du Nord, vinicole; et la Champagne du Sud, assez aride, dite: *pouilleuse*.

(102) *Châlons:* chef-lieu du département de la Marne, à 73 kilomètres de Paris.

(113) *Mourmelon:* petite commune près de Châlons.

(126) *Canrobert:* célèbre maréchal de France (1809–1895).

(145) *le major:* appellation donnée aux médecins militaires.

(260) *Sarrebrück:* ville située dans la Sarre où a eu lieu le premier combat de la guerre le 2 août 1870.

(282) *Reims:* ville de la Marne (Champagne).

(314) *Cour des Miracles:* Cette expression désigne un rassemblement de vagabonds et de voleurs.

(347) *Saint-Denis:* faubourg populeux au nord de Paris.

(349) *gare du Nord:* gare située dans le nord de Paris.

(362) *Arras:* ville située à 192 kilomètres au nord de Paris.

(446) *Rouen:* ancienne capitale de la Normandie, à 140 kilomètres au nord de Paris.

(456) *Évreux:* ville située au Sud de Rouen.

(512) *Mac-Mahon:* maréchal blessé à Sedan; président de la République française (1808–1893).

(579) *Froeschwiller:* commune d'Alsace-Lorraine où a eu lieu une bataille importante le 6 août 1870.

(638) *l'eau de Seltz:* eau minérale gazeuse.

(802) *Le Gaulois:* journal quotidien français de l'époque.

(829) *Dunkerque:* port situé sur la mer du Nord.

(917) *Mantes:* petite commune située sur la Seine, à 15 kilomètres de Paris.

(921) *Sèvres:* petite ville située sur la Seine.

(923) *la rive gauche:* la rive gauche de la Seine, à Paris.

Exercices de grammaire

A. «**Une fois installées**...» (118) (SENS: Quand elles s'étaient installées... Quand elles avaient été installées...)

D'après cet exemple, transformez les phrases ci-dessous et complétez-les selon votre imagination:

1. Une fois remises en place... **2.** Une fois bercés... **3.** Une fois pourries... **4.** Une fois mélangés... **5.** Une fois cuites...

B. «Nous connaissons **l'un et l'autre.**» (166—167) (SENS: Nous connaissons tous les deux. MAIS: **les uns et les autres** signifie «tous ensemble.»)

D'après cet exemple, transformez les phrases ci-dessous:

1. Nous faisons attention l'une et l'autre. **2.** Vous parlez les uns et les autres. **3.** Elles disent des bêtises les unes et les autres. **4.** Nous mangeons l'un et l'autre. **5.** Vous buvez les uns et les autres.

C. «**Nous faisons acheter** des mangeailles **par** les infirmiers.» (250—251) (SENS: Nous demandons aux infirmiers d'acheter des mangeailles.)

D'après cet exemple, transformez les phrases ci-dessous:

1. Nous faisons écrire les lettres par les employés. **2.** Vous faites lire le livre par l'élève. **3.** Il fait faire le costume par le tailleur. **4.** Elle fait repasser la blouse par sa mère. **5.** Ils font raconter l'histoire par l'enfant.

D. «**Ce qu'il me veut**...» (420) (SENS: Ce qu'il veut de moi...)

D'après cet exemple, transformez les expressions ci-dessous:

1. Ce qu'il veut d'elle **2.** Ce qu'il veut de nous **3.** Ce qu'il veut de vous **4.** Ce qu'il veut d'eux **5.** Ce qu'il veut de toi

E. «**Il va falloir aller frapper.**» (471) (SENS: Il faudra que nous allions frapper.)

D'après cet exemple, transformez les phrases ci-dessous:

1. Il va falloir aller manger. **2.** Il va falloir aller écouter. **3.** Il va falloir aller prendre nos places. **4.** Il va falloir aller regarder la pièce. **5.** Il va falloir aller avertir notre ami.

Questions portant sur le texte

1. Quelle est l'attitude du narrateur envers ses études? (1—4)

2. Par quel détail l'auteur nous montre-t-il que le narrateur est complètement passif? (1—2)

3. En quoi le narrateur est-il injuste concernant le grade de bachelier? (1—4)

4. Comment l'auteur nous montre-t-il que le narrateur n'a aucun projet de carrière? (5—7)

5. Quel genre d'étudiant le narrateur est-il? (8—10)

6. Quel détail nous montre le cynisme du narrateur? (8—10)

7. Qu'est-ce que le narrateur apprend vraiment au quartier latin? (11—15)

8. Que peut-on conclure sur le narrateur d'après ses goûts littéraires? (14—15)

9. Comment l'auteur nous a-t-il préparés à l'indifférence politique du narrateur? (17—18)

10. Comment le narrateur s'explique-t-il son attitude? (18—21)

11. Pourquoi le narrateur trouve-t-il ses études de droit peu intéressantes? (22—26)

12. Par quel procédé de style l'auteur nous montre-t-il de nouveau que le narrateur n'est pour rien dans les événements importants de sa vie? (27—29)

13. Quelle est au début du conte l'attitude du narrateur envers la guerre? (30—32)
14. Quel effet l'auteur cherche-t-il à produire en employant un mot comme «vêture»? (34)
15. Comment l'auteur s'y prend-il pour reproduire l'atmosphère de la rue? (40—58)
16. Quels sont tous les détails visuels qui nous permettent d'imaginer la scène de la rue sous forme de tableau? (40—58)
17. Pourquoi l'auteur passe-t-il si peu de temps à décrire la scène du départ propre? (65—67)
18. Le temps et le cadre sont-ils en quelque sorte représentatifs des sentiments des recrues? (76—78)
19. Quel est l'effet produit par le contraste entre le train d'artillerie et celui où se trouve le narrateur? (88—94)
20. Quels sont les adjectifs appliqués à la campagne qui pourraient également être appliqués aux soldats? (97—99)
21. Pourquoi le narrateur se sent-il isolé du reste des recrues? (102—108)
22. Est-ce que le narrateur pourrait jamais prendre goût au métier de soldat? (116—117)
23. Qu'est-ce que la séparation entre ouvriers et bourgeois indique? (118—120)
24. Quels sont tous les facteurs qui contribuent à la révolte des recrues? (129)
25. Par quels détails l'auteur illustre-t-il l'impuissance du maréchal devant la révolte des hommes? (129—138)
26. Le narrateur est-il gravement malade? (139—140)
27. Quelle est la première observation concernant la stupidité de l'administration? (143—155)
28. Pourquoi le narrateur attache-t-il tellement d'importance au costume qu'on lui donne? (156—162)
29. Pourquoi le narrateur se sent-il tout de suite attiré par Francis Émonot? (163—165)
30. Par quels détails l'auteur nous montre-t-il l'incompétence et la méchanceté du médecin? (177—189)

31. Comment le narrateur fait-il pour conquérir les bonnes grâces du clairon? (207—210) Pourquoi le fait-il?
32. Comment l'auteur nous montre-t-il que Francis est également mis à l'écart des autres soldats dans la chambrée? (211—214)
33. Pourquoi les soldats choisissent-ils le clairon pour aller chercher les victuailles? (217—220)
34. Quels sont les éléments humoristiques dans la scène du repas clandestin? (225—237)
35. Faut-il prendre au sérieux les menaces du major? (239—241)
36. Pourquoi est-il inutile de savoir combien de jours exactement les soldats passent dans la première ambulance? (251—252)
37. Pourquoi est-il intéressant de savoir que les soldats n'étaient pas au courant de la marche des événements? (258—261)
38. Pourquoi l'auteur nous donne-t-il tant de détails sur le transport des deux amis? (266—279)
39. Comment l'auteur justifie-t-il le pillage du buffet? (283—292)
40. Quels sont les détails qui transforment le wagon en un véritable cirque? (309—318)
41. Par quels procédés de style l'auteur arrive-t-il à nous faire sentir la précipitation des soldats lors de leur arrivée à Paris? (344—353)
42. Quel effet produit le vieux général et la volée de jeunes gens? (356—360)
43. Quelle est l'importance du «paraît-il» lorsque le narrateur dit: «Nous sommes, paraît-il, à Arras»? (362)
44. Faites ressortir l'ironie de l'action de l'archevêque. (376—377)
45. Quels sont tous les éléments qui rappellent leur vie en temps de paix aux deux amis lors de leur repas? (386—395)
46. Quel est l'effet produit par la scène du fou? (417—432)
47. Qu'est-ce qui permet à l'auteur d'appeler les malades des «guignols»? (438—441)
48. Comment se fait-il que les deux amis ont manqué leur train? (448—454)

49. Quel genre de vie les amis menaient-ils probablement avant la guerre? (463—466)

50. Comment se fait-il que l'interne favorise le narrateur et accède à sa demande? (479—484)

51. Comparez la visite médicale du «brave» médecin à celle du major. (489—502)

52. Quels sont les éléments humoristiques dans la scène de la visite médicale? (489—502)

53. Qu'est-ce que le narrateur admire chez la religieuse? (519—521)

54. Quelle est l'opinion de l'auteur sur les chirurgiens de l'armée? (553—557)

55. Qu'est-ce qui manque surtout aux deux amis? (560—561)

56. Par quels détails le narrateur nous montre-t-il que les «autres» soldats sont vulgaires et bêtes? (566—573)

57. Qu'y a-t-il de touchant dans le récit du garçon épicier? (579—619)

58. En quoi l'odyssée du garçon épicier ressemble-t-elle à celle du narrateur? (579—619)

59. Le garçon épicier est-il un traître? (579—619)

60. En quoi l'escapade à Évreux ressemble-t-elle aux autres sorties des deux amis? (626—651)

61. Par quels détails l'auteur nous montre-t-il que les deux filles sont de la classe ouvrière? (656—662)

62. Par quels détails l'auteur nous montre-t-il l'innocence de la sœur? (688—702)

63. Pourquoi l'auteur introduit-il ici le «gros monsieur»? (709—712)

64. Qu'est-ce qui permet au narrateur de supposer qu'il sera bien accueilli chez les de Fréchêde? (715—719)

65. Le narrateur est-il sincère quand il parle à Mme de Fréchêde? (740—746)

66. Qu'y a-t-il d'injuste dans la punition infligée à Francis? (790—794)

67. Quelles raisons les filles auraient-elles pu avoir pour «vendre» les deux soldats? (795—797)

68. De quoi le narrateur souffre-t-il surtout dans sa prison? (812—816)

69. Pourquoi Sœur Angèle est-elle fâchée? (841—845)

70. Comment l'auteur reproduit-il l'impatience du narrateur de quitter Évreux? (871—890)

71. En quoi l'épisode de la jeune femme est-il important à la fin du récit? (898—933)

72. Pourquoi le narrateur ne peut-il emmener la jeune femme dans son logement? (925—926)

73. Quelle est la première préoccupation du narrateur lorsqu'il va chez sa mère? (953—957)

74. Qu'est-ce qui rend le narrateur particulièrement heureux lorsqu'il retrouve son logement? (958—966)

75. Quel est le mot le plus important dans la dernière phrase du récit? (974—977)

Questions générales portant sur le texte

1. Est-ce que l'auteur suit son précepte sur le style: «il me semble qu'une phrase clairement écrite ne peut raisonnablement comporter des interprétations... diverses»?

2. Faites ressortir tous les détails (et ils sont nombreux) qui nous permettent d'affirmer que le narrateur est un snob.

3. Considérez-vous ce récit anti-militariste? Justifiez votre réponse par des exemples précis tirés du texte.

4. Faites ressortir tous les détails qui illustrent la grande bêtise de l'administration de l'armée.

5. Ce récit est un reportage vécu, cependant l'auteur y fait valoir ses propres sentiments et attitudes. Quels sont-ils?

6. Pourquoi l'auteur décrit-il à plusieurs reprises des repas?

7. En quoi la maladie du narrateur est-elle bien «choisie»?

8. Justifiez le titre du récit.

Sujets de devoirs

1. Ecrivez un court résumé de ce récit.
2. Tracez un portrait du narrateur d'après tous les renseignements que vous avez sur lui.
3. Imaginez un court dialogue sur la guerre entre le narrateur et un de ces paysans ou ouvriers qu'il méprise.
4. Décrivez avec autant de détails que l'auteur un repas particulièrement succulent.
5. Ces choses pourraient-elles se passer à notre époque? Dans une courte composition, justifiez votre réponse.

GEORGES DUHAMEL

Georges Duhamel naquit à Paris en 1884, et c'est à l'université de Paris qu'il fit ses études de médecine. C'est durant ces années d'études qu'il fit la connaissance de Jules Romains, de Charles Vildrac et d'autres écrivains en herbe. Ces jeunes gens formèrent la célèbre Abbaye de Créteil, une petite communauté d'intellectuels idéalistes, qui avaient décidé de publier leurs propres œuvres. Duhamel y fit sortir son premier recueil de vers, *Des Légendes, des Batailles* (1907). Il participa à la première guerre mondiale en tant que médecin, et cette expérience le transforma profondément. Dès lors, l'œuvre de Duhamel, qui comprend en plus de la poésie des pièces de théâtre, des livres de guerre, des romans et des voyages-essais, est marquée d'une pitié et d'une compassion infinies pour tous les déshérités de la vie. Cette grande œuvre comprend le cycle de Salavin en cinq volumes (un «résumé de toutes les manières qu'il peut y avoir de manquer le bonheur»), et la Chronique des Pasquier en dix volumes qui illustre «le bonheur dans l'accomplissement patient et silencieux du devoir, dans l'insondable tristesse du cœur sans complication qui se dévoue et souffre.»

L'œuvre de Duhamel veut hâter la venue du «règne du cœur» expression dont l'auteur donne la définition suivante: «La guerre a démontré que la civilisation scientifique et industrielle, fondée sur l'intelligence, est condamnée. Son règne aboutit à un immense échec. C'est vers les ressources du cœur que se tourne notre esprit. La civilisation scientifique doit être une servante, non une déesse. Substituons-lui la civilisation morale, le règne du cœur, seule capable de sauver la race humaine...»

Le court récit que nous donnons ici est extrait de *Civilisation* (1918). Ce recueil d'anecdotes et de récits qui racontent les expériences du médecin durant la guerre, est ainsi nommé par antiphrase, car chaque épisode est une illustration des «jeux sinistres et stupides de la guerre.»

A consulter: Achille Ouy, *Georges Duhamel: l'homme et l'œuvre,* Paris, 1935.

La Dame en vert

Je ne saurais dire pourquoi j'aimais Rabot. Chaque matin, allant et venant dans la salle pour les besoins du service, j'apercevais Rabot ou plutôt la tête de Rabot, moins encore: l'œil de Rabot qui se dissimulait dans le pêle-mêle des draps.[1] Il avait un peu l'air d'un cochon d'Inde[2] qui se muche[3] sous la paille et vous guette avec anxiété.

Chaque fois, en passant, je faisais à Rabot un signe familier qui consistait à fermer énergiquement l'œil gauche en serrant les lèvres. Aussitôt l'œil de Rabot se fermait en creusant mille petits plis dans sa face flétrie[4] de malade; et c'était tout: nous avions échangé nos saluts et nos confidences.

Rabot ne riait jamais. C'était un ancien enfant de l'assistance publique* et l'on devinait qu'il n'avait pas dû têter[5] à sa soif[6] quand il était petit. Ces repas ratés en nourrice,[7] ça ne se rattrape point.

Rabot était rouquin,[8] avec un teint blême[9] éclaboussé[10] de taches de son.[11] Il avait si peu de cervelle[12] qu'il ressemblait tout ensemble[13] à un lapin et à un oiseau. Dès qu'une personne étrangère lui adressait la parole, sa lèvre du bas se mettait à trembler et son menton se fripait[14] comme une noix. Il fallait d'abord lui expliquer qu'on n'allait pas le battre.

Pauvre Rabot! Je ne sais ce que j'aurais donné pour le voir rire. Tout, au contraire, conspirait à le faire pleurer: il y avait les panse-

---

[1] *le pêle-mêle des draps:* les draps en désordre
[2] *cochon d'Inde:* petit mammifère rongeur
[3] *se muche:* s'enfouit
[4] *flétrie:* ICI ridée, pâle
[5] *têter:* sucer le lait du sein
[6] *à sa soif:* suffisamment pour assouvir sa soif
[7] *nourrice:* femme qui allaite un enfant qui n'est pas le sien
[8] *Rabot était rouquin:* Rabot avait les cheveux roux
[9] *blême:* pâle
[10] *éclaboussé:* ICI semé (avec des... çà et là)
[11] *taches de son:* taches de rousseur
[12] *il avait si peu de cervelle:* il était si peu intelligent
[13] *tout ensemble:* à la fois
[14] *se fripait:* se chiffonnait, se plissait

ments,[15] affreux, interminables, qui se renouvelaient chaque jour depuis des mois; il y avait l'immobilité forcée qui empêchait Rabot de jouer avec les camarades, il y avait surtout que Rabot ne savait jouer à rien et ne s'intéressait pas à grand'chose.

J'étais, je crois, le seul à pénétrer un peu dans son intimité; et, je l'ai dit, cela consistait principalement à fermer l'œil gauche lorsque je passais à portée de[16] son lit.

Rabot ne fumait pas. Lorsqu'il y avait distribution de cigarettes, Rabot prenait sa part et jouait un petit moment avec, en remuant ses grands doigts maigres, déformés par le séjour au lit. Des doigts de laboureur[17] malade, ce n'est pas beau; dès que ça perd sa corne[18] et son aspect robuste, ça ne ressemble plus à rien du tout.

Je crois que Rabot aurait bien voulu offrir aux voisins ses bonnes cigarettes; mais c'est si difficile de parler, surtout pour donner quelque chose à quelqu'un. Les cigarettes se couvraient donc de poussière sur la planchette,[19] et Rabot demeurait allongé[20] sur le dos, tout mince et tout droit, comme un petit brin[21] de paille emporté par le torrent de la guerre et qui ne comprend rien à ce qui se passe.

Un jour, un officier de l'État-Major* entra dans la salle et vint vers Rabot.

«C'est celui-là? dit-il! Eh bien, je lui apporte la médaille militaire et la croix de guerre.»

Il fit signer un petit papier à Rabot et le laissa en tête à tête avec les joujoux.[22] Rabot ne riait pas; il avait placé la boîte devant lui, sur le drap, et il la regarda depuis neuf heures du matin jusqu'à trois heures de l'après-midi.

A trois heures, l'officier revint et dit:

«Je me suis trompé, il y a erreur. Ce n'est pas pour Rabot, les décorations, c'est pour Raboux.»

---

[15] *pansements:* bandages et remèdes appliqués à une plaie
[16] *à portée de:* près de
[17] *laboureur:* celui qui travaille la terre en vue de faire pousser des légumes, etc.
[18] *corne:* partie dure de la peau
[19] *planchette:* petite planche
[20] *allongé:* couché
[21] *brin:* petit bout
[22] *joujoux:* jouets (*joujou* est un terme souvent employé par des enfants)

Alors il reprit l'écrin,[23] déchira le reçu[24] et s'en alla.

Rabot pleura depuis trois heures de l'après-midi jusqu'à neuf heures du soir, heure à laquelle il s'endormit. Le lendemain, il se reprit[25] à pleurer dès le[26] matin. M. Gossin, qui est un bon chef, partit pour l'État-Major et revint avec une médaille et une croix qui ressemblaient tout à fait aux autres; il fit même signer un nouveau papier à Rabot.

Rabot cessa de pleurer. Une ombre demeura toutefois sur sa figure, une ombre qui manquait de confiance, comme s'il eût craint qu'un jour ou l'autre on vînt encore lui reprendre les bibelots.[27]

Quelques semaines passèrent. Je regardais souvent le visage de Rabot et je cherchais à m'imaginer ce que le rire pourrait en faire. J'y songeais en vain: il était visible que Rabot ne savait pas rire et qu'il n'avait pas une tête fabriquée[28] pour ça.

C'est alors que survint[29] la dame en vert.

Elle entra, un beau matin,[30] par une des portes, comme tout le monde. Cependant, elle ne ressemblait pas à tout le monde: elle avait l'air d'un ange, d'une reine, d'une poupée. Elle n'était pas habillée comme les infirmières[31] qui travaillent dans les salles, ni comme les mères et les femmes qui viennent visiter leur enfant ou leur mari quand ils sont blessés. Elle ne ressemblait même pas aux dames que l'on rencontre dans la rue. Elle était beaucoup plus belle, beaucoup plus majestueuse. Elle faisait plutôt penser à ces fées,[32] à ces images splendides que l'on voit sur les grands calendriers en couleur et au-dessous desquelles le peintre a écrit: «la Rêverie», ou «la Mélancolie», ou encore «la Poésie».

Elle était entourée de beaux officiers bien vêtus qui se montraient fort

---

[23] *écrin:* petite boîte pour garder les bijoux
[24] *le reçu:* la quittance
[25] *il se reprit:* il recommença
[26] *dès le:* à partir du
[27] *les bibelots:* les objets (de peu de valeur)
[28] *fabriquée:* faite
[29] *survint:* ICI apparut
[30] *un beau matin:* ICI un matin comme tous les autres
[31] *infirmières:* femmes qui soignent les malades
[32] *fées:* êtres surnaturels (qui ont un pouvoir magique)

attentifs à ses moindres paroles et lui prodiguaient[33] les témoignages[34] d'admiration les plus vifs.

«Entrez donc, Madame, dit l'un d'eux, puisque vous désirez voir quelques blessés.»

Elle fit deux pas dans la salle, s'arrêta net[35] et dit d'une voix profonde: «Les pauvres gens!»

Toute la salle dressa l'oreille[36] et ouvrit l'œil. Mery posa sa pipe; Tarrissant changea ses béquilles[37] de bras, ce qui, chez lui, est signe d'émotion; Domenge et Burnier s'arrêtèrent de jouer aux cartes et se collèrent leur jeu contre l'estomac, pour ne pas le laisser voir par distraction. Poupot ne bougea pas, puisqu'il est paralysé, mais on vit bien qu'il écoutait de toutes ses forces.

La dame en vert alla d'abord vers Sorri, le nègre.

«Tu t'appelles Sorri?» dit-elle en consultant la fiche.[38]

Le noir remua[39] la tête, la dame en vert poursuivit,[40] avec des accents qui étaient doux et mélodieux comme ceux des dames qui jouent sur le théâtre:

«Tu es venu te battre en France, Sorri, et tu as quitté ton beau pays, l'oasis fraîche et parfumée dans l'océan de sable en feu. Ah! Sorri! qu'ils sont beaux les soirs d'Afrique, à l'heure où la jeune femme revient le long de l'allée des palmiers, en portant sur sa tête, telle[41] une statue sombre, l'amphore[42] aromatique pleine de miel et de lait de coco.»

Les officiers firent entendre un murmure charmé, et Sorri, qui comprend le français, articula en hochant la tête:

«Coco... coco...»

---

[33] *prodiguaient:* montraient
[34] *témoignages:* marques
[35] *net:* brusquement (sur place)
[36] *dressa l'oreille:* fit attention
[37] *béquilles:* bâtons pour aider les infirmes à marcher
[38] *fiche:* carte (avec des renseignements)
[39] *remua:* hocha
[40] *poursuivit:* continua
[41] *telle:* comme
[42] *amphore:* vase antique

Déjà, la dame en vert glissait[43] sur les dalles.[44] Elle vint jusqu'à Rabot et se posa doucement au pied du lit, comme une hirondelle[45] sur un fil télégraphique.

«Rabot, dit-elle, tu es un brave!»

Rabot ne répondit rien. A son ordinaire,[46] il gara[47] ses yeux, comme un enfant qui craint de recevoir une claque.

«Ah! Rabot, dit la dame en vert, quelle reconnaissance ne vous devons-nous pas, à vous autres qui nous gardez intacte notre douce France? Mais, Rabot, tu connais déjà la plus grande récompense: la gloire! l'ardeur enthousiaste du combat! l'angoisse exquise de bondir[48] en avant, baïonnette luisante au soleil; la volupté[49] de plonger[50] un fer vengeur dans le flanc[51] sanglant de l'ennemi, et puis la souffrance, divine d'être[52] endurée pour tous; la blessure sainte qui, du héros, fait un dieu! Ah! les beaux souvenirs, Rabot!»

La dame en vert se tut et un silence religieux régna dans la salle.

C'est alors que se produisit un phénomène imprévu:[53] Rabot cessa de ressembler à lui-même. Tous ses traits se crispèrent,[54] se bouleversèrent[55] d'une façon presque tragique. Un bruit enroué[56] sortit, par secousses, de sa poitrine squelettique et tout le monde dut reconnaître que Rabot riait.

Il rit pendant plus de trois quarts d'heure. La dame en vert était depuis longtemps partie que Rabot riait encore, par quintes,[57] comme on tousse, comme on râle.[58]

---

[43] *glissait:* ICI marchait légèrement
[44] *dalles:* pierres qui servent à paver
[45] *hirondelle:* variété d'oiseau
[46] *à son ordinaire:* comme d'habitude
[47] *gara:* ICI baissa
[48] *bondir:* sauter
[49] *volupté:* joie intense
[50] *plonger:* enfoncer
[51] *flanc:* côté (côtes jusqu'aux hanches)
[52] *d'être:* parce qu'elle est
[53] *imprévu:* inattendu
[54] *se crispèrent:* se contractèrent
[55] *se bouleversèrent:* s'agitèrent (tragiquement)
[56] *enroué:* rauque
[57] *quintes:* intervalles
[58] *râle:* respire difficilement

Par la suite, il y eut quelque chose de changé dans la vie de Rabot. Quand il était sur le point de pleurer et de souffrir, on pouvait encore le tirer d'affaire[59] et lui extorquer un petit rire en disant à temps:

«Rabot! on va faire venir la dame en vert.»

---

[59] *le tirer d'affaire:* ICI le distraire

NOTES EXPLICATIVES

(12) *l'assistance publique:* organisation subventionnée par l'État qui se charge des orphelins, de vieilles personnes indigentes, etc.

(40) *l'État-Major:* corps d'officiers à la tête d'une armée.

Exercices de grammaire

A. «Rabot **aurait bien voulu** offrir...» (34) (SENS: Rabot aurait aimé offrir...)

D'après cet exemple, transformez les phrases ci-dessous:

1. Ils auraient bien voulu venir. **2.** Elle aurait aimé chanter. **3.** Il aurait bien voulu vous aider. **4.** Nous aurions aimé vous voir. **5.** Vous auriez bien voulu le faire.

B. «**C'est alors**...» (64) (SENS: C'est à ce moment-là...)

D'après cet exemple, transformez les phrases ci-dessous:

1. C'est alors qu'il le dit. **2.** C'est à ce moment-là qu'il le fit. **3.** C'est alors que nous partîmes. **4.** C'est à ce moment-là qu'elle finit. **5.** C'est alors qu'ils revinrent.

C. «Elle **avait l'air d'**un ange, d'une reine.» (66—67) (SENS: On aurait dit un ange, une reine.)

D'après cet exemple, transformez les phrases ci-dessous:

1. Il avait l'air d'un lutteur. **2.** On aurait dit une danseuse. **3.** Ils avaient l'air d'athlètes. **4.** On aurait dit des fées. **5.** Ils avaient l'air de boxeurs.

D. «Pendant **plus de** trois quarts d'heure...» (123)

Remarquez l'emploi de **de** *devant une quantité et complétez les expressions ci-dessous:*

1. Pendant plus ___ trois heures **2.** Pendant moins ___ une semaine **3.** Durant plus ___ trois mois **4.** Pendant moins ___ deux jours **5.** Pendant plus ___ une huitaine

E. «On va **faire venir** la dame en vert.» (129) (SENS: On va demander à la dame en vert de venir.)

D'après cet exemple, transformez les phrases ci-dessous:

1. On va faire venir le médecin. **2.** On va demander aux amis de venir. **3.** On va faire venir les musiciens. **4.** On va demander aux parents de venir. **5.** On va faire venir le plombier.

Questions portant sur le texte

1. Quelle est la profession du narrateur? (1—2)
2. Quels sont les détails qui nous font comprendre que Rabot est très malade? (2—5)
3. L'état de Rabot suffit-il à expliquer son attitude craintive? (4—5)
4. Comment le narrateur sait-il que Rabot est un ancien enfant de l'assistance publique? (11—12)
5. Quel effet l'auteur cherche-t-il à produire en employant «ça» dans «ça ne se rattrape point»? (13)

6. Quelles avaient dû être les expériences de Rabot à l'assistance publique? (18—19)
7. Pourquoi les camarades n'enseignent-ils pas un jeu à Rabot? (21—25)
8. Pourquoi l'auteur répète-t-il la description de son geste? (26—28)
9. Pourquoi Rabot accepte-t-il les cigarettes alors qu'il ne fume pas? (29—31)
10. Quel est l'effet produit par la répétition du pronom «ça» dans la description des mains de Rabot? (32—33)
11. Quel est l'effet produit par le «celui-là» de l'officier? (42)
12. Quel effet l'auteur cherche-t-il à produire en appliquant le terme «joujoux» aux médailles militaires? (44—45)
13. Par quels procédés l'auteur insiste-t-il sur l'indifférence de l'officier de l'État-Major? (49—51)
14. Les médailles rapportées par M. Gossin sont-elles vraies? (54—56)
15. Pourquoi est-il important de faire signer un papier à Rabot? (56)
16. Est-il possible de s'imaginer la dame en vert d'après les détails que l'auteur nous donne? (65—75)
17. Qu'est-ce que la rêverie, la mélancolie, et la poésie ont en commun? (74—75)
18. Qu'est-ce que l'entourage de la dame en vert nous permet de conclure quant à sa position sociale? (76—78)
19. La dame en vert désire-t-elle véritablement voir des blessés? (79—80)
20. Pourquoi choisit-elle Sorri le premier? (89)
21. D'où la dame en vert tient-elle probablement ses renseignements sur l'Afrique? (94—99)
22. Qu'y a-t-il d'émouvant dans la réponse de Sorri? (102)
23. Est-il important de savoir que la dame en vert ne s'attarde pas près de Sorri? (103)
24. Pourquoi la dame en vert choisit-elle Rabot? (103—105)
25. Quels sont, dans le discours de la dame en vert, les exemples d'ironie? (109—116)

26. Quels sont les expressions toutes faites, ou clichés, dans le discours de la dame en vert? (109—116)
27. Qu'y a-t-il de ridicule dans l'expression «un fer vengeur»? (114)
28. D'où la dame en vert tient-elle probablement tous les lieux-communs de son discours? (109—116)
29. Qu'est-ce qui provoque le rire imprévu de Rabot? (118—122)
30. Pourquoi est-il important de savoir que le rire de Rabot ressemble à des râles? (124—125)

Questions générales portant sur le texte

1. Pourquoi l'auteur ne donne-t-il pas de nom à la dame en vert?
2. Quels sont les véritables motifs de la dame en vert lorsqu'elle va visiter l'hôpital?
3. D'après ce court récit, quelle est l'attitude de l'auteur envers la guerre?
4. Quel est le thème principal de cet épisode?
5. En quoi Rabot est-il particulièrement bien choisi pour illustrer l'idée principale de cet épisode?

Sujets de devoirs

1. Récrivez les lignes 94 à 99 de la page 321 en vous imaginant que la dame en vert parle à: a) un Arabe, b) un homme venant des pays Nordiques, c) un homme venant de l'Amérique latine, et d) un homme venant des Etats-Unis.
2. Récrivez les deux discours de la dame en vert en vous imaginant quelqu'un qui montre de la compassion et de la compréhension pour la souffrance des soldats blessés.
3. Imaginez que Rabot explique au médecin la raison pour laquelle il a ri au discours de la dame en vert.

GILBERT CESBRON*

Les tristes événements de la Deuxième Guerre mondiale ont produit d'innombrables œuvres littéraires. L'héroïsme individuel et collectif, l'ignominie de la défaite, la peur de l'homme devant la mort, les profonds bouleversements causés par la guerre, voilà seulement quelques-uns des sujets que les écrivains de notre époque continuent à explorer. Dans «*Matame*», Cesbron crée ce merveilleux personnage de la vieille dame et l'oppose à l'envahisseur. Le courage, la dignité dans la défaite, l'indomptabilité de la volonté, caractérisent la châtelaine, vivant symbole de la France éternelle. Cette fermeté de convictions est contagieuse. Son «adversaire» doué de belles qualités humaines, lui aussi, se montre digne de la vieille dame par les mots qui terminent la nouvelle. Par son sujet, la sobriété de la caractérisation et l'élégance de l'expression, «*Matame*» peut être comparé au récit de Vercors, *Le Silence de la mer*. Et ceux d'entre les lecteurs qui auront du regret à quitter Mme R. auront plaisir à la retrouver dans un beau roman de Cesbron : *La Souveraine* (1952).

«*Matame*» a été publié dans *Des enfants aux cheveux gris*, en 1968.

*Voir Introduction au *Grand Café de l'Ecluse* à la page 189.

«Matame»

En juin 1940, lorsqu'il devint clair que l'armée allemande submergeait toutes nos défenses, Mme R. ne songea pas un instant à quitter Boismort. Cette avance ennemie n'était qu'un malentendu:[1] les nôtres[2] n'effectuaient qu'un «repli[3] stratégique provisoire[4]» ou même tendaient un piège à ces lourdauds.[5] Cependant, la moitié de la France changeait de quartier. Avaient-ils donc oublié la Marne?*

Mme R. haussa ses épaules étroites. N'eût-elle pas été sourde, les rumeurs défaitistes[6] ne lui seraient pas davantage parvenues. D'ailleurs, il y avait dix ans (depuis la mort de M. R.) qu'elle vivait à contre-courant du[7] reste du monde, sans radio, ni tracteur, ni argent, se battant avec le secours d'un jardinier et d'un *closier*[8] aussi vieux qu'elle pour sauver de la ruine son petit domaine. Elle croyait bien y parvenir[9] car, de l'aube[10] au crépuscule,[11] elle promenait partout un regard bleu ciel toujours aussi vif mais qui avait perdu sa pénétration. Apparemment, rien n'avait changé à Boismort; ainsi[12] certaines maladies mortelles vous épargnent-elles la moindre altération jusqu'aux dernières heures.

Sa belle confiance en l'armée française reçut une première blessure lorsqu'elle aperçut, du haut des vignes, une voiture qui stationnait dans la cour et qu'elle ne put reconnaître sous son armure de malles,[13] de matelas et de cartons ficelés[14] à la hâte. «Qui se permet de...»

---

[1] *malentendu:* action mal interprétée
[2] *les nôtres:* ICI les soldats français
[3] *repli:* recul
[4] *provisoire:* non permanent
[5] *lourdauds:* personnes maladroites ou d'un esprit grossier. ICI les Allemands
[6] *défaitistes:* de la défaite, de la perte des batailles
[7] *à contre-courant du:* dans une direction opposée au
[8] *closier:* personne qui s'occupe de l'élevage de vignes
[9] *y parvenir:* y réussir
[10] *l'aube:* la levée du jour
[11] *crépuscule:* tombée du jour
[12] *ainsi:* ICI de la même façon
[13] *malles:* grands coffres en bois (pour de longs voyages)
[14] *ficelés:* entourés de ficelles (petites cordes)

Elle dégringola[15] le coteau[16] d'un petit pas de chèvre noire en préparant sa mercuriale,[17] mais se trouva toute désarmée en reconnaissant sa fille, son gendre[18] et ses petits-enfants.

«Vite, maman! Empilez[19] le nécessaire dans deux valises et partons!

—Mais...

—Nous avons fait le détour de Boismort pour vous emmener avec nous en Limousin.* Pour vous emmener, répéta très fort sa fille, car la surprise semblait rendre Mme R. plus sourde encore.

—Ne crie donc pas, j'ai bien entendu! Mais qu'est-ce que c'est que cette lubie?»[20]

Elle refusa de s'y plier,[21] bien sûr. Les enfants pleuraient: «Grand-mère, grand-mère, les Allemands vont arriver!» Elle les tança[22] comme s'ils venaient de prononcer un gros mot,[23] embarqua son monde et prédit aux fuyards[24] que, dans moins d'une semaine, Boismort serait leur gîte d'étape[25] sur le chemin du retour. Elle avait hâte de les voir partir, de les voir emporter dans leur bagage ridicule cet esprit de défection que ne tempérait même pas le désespoir.[26]

Mais le lendemain, bien avant le jour,[27] elle fut réveillée par un roulement[28] continu. «Hardelin (c'était l'éclusier)[29] a donc débarré[30] le Cher* cette nuit?» pensa-t-elle, oubliant que, depuis des années, elle n'en percevait plus le bruit. Il fallait un fleuve autrement[31] puissant pour que son tumulte lui parvint: c'était, brimbalant[32] mais ininter-

[15] *dégringola:* descendit à la hâte, dévala
[16] *coteau:* petite colline
[17] *mercuriale:* réprimande
[18] *gendre:* beau-fils
[19] *empilez:* ICI mettez rapidement (sans ordre)
[20] *lubie:* caprice
[21] *de s'y plier:* de s'y soumettre
[22] *tança:* gronda, réprimanda
[23] *un gros mot:* un mot vulgaire
[24] *fuyards:* ceux qui prennent la fuite
[25] *gîte d'étape:* arrêt pour manger et dormir
[26] *que ne tempérait... pas le désespoir:* où le désespoir n'était... pas inclus
[27] *avant le jour:* avant la lumière du jour
[28] *roulement:* batterie militaire de tambour
[29] *l'éclusier:* l'homme qui est chargé de manœuvrer l'écluse (construction pour réglementer le flot des eaux)
[30] *débarré:* ICI ouvert l'écluse
[31] *autrement:* ICI beaucoup plus
[32] *brimbalant:* inégal, agité

rompu, celui des voitures de l'exode. Elles atteignaient ce paysage de leurs anciennes vacances après une nuit hagarde et fétide.[33]

Prise de compassion, ou plutôt attentive à son devoir (car, comme le disait son curé: «Elle faisait plus de bien qu'elle n'était bonne»), Mme R. entreprit de ravitailler[34] les plus démunis[35] de ces fuyards. Elle le faisait avec application, se contraignant[36] à d'autant plus d'amabilité qu'elle les méprisait.

Les réserves de Boismort s'y épuisèrent vite, mais le flot se tarit[37] en même temps qu'elles. L'armée en retraite dépassa les civils, puis leur barra la route: on fit sauter les ponts sur la Loire,* sur le Cher. La moitié de la France en ressentit une sécurité illusoire, l'autre sut qu'elle demeurait sur la mauvaise rive;[38] mais Mme R. se refusa toute pensée de cet ordre. Son fils unique avait été tué aux Eparges;* à ses yeux, cette frêle tombe constituait pour la France un rempart plus sûr que la ligne Maginot.* Non, *ils* ne passeraient pas! sans quoi François fût mort en vain —et c'était une pensée plus insupportable que celle de l'invasion.

Le jour où les Allemands occupèrent la région, Mme R. monta dans la chambre de François. Tout y était resté intact: ses jouets d'enfant dans le placard[39] et, dans l'armoire, ses habits démodés; aux murs, les photos du collège,[40] d'un beige transparent, et les trophées de chasse; sur la cheminée, le calot[41] bleu, la fourragère,[42] les décorations. Mme R. s'enferma dans ce musée où les persiennes closes maintenaient, depuis un quart de siècle, une obscurité de cathédrale; elle s'assit sur le lit de François et laissa, plus que le chagrin, la honte la submerger. Son premier mouvement avait été de s'agenouiller[43] et de demander

---

[33] *fétide:* répugnante
[34] *ravitailler:* nourrir
[35] *les plus démunis:* ceux qui avaient le moins
[36] *se contraignant:* se forçant
[37] *se tarit:* s'arrêta
[38] *rive:* côté (d'une rivière)
[39] *placard:* armoire (construite dans le mur)
[40] *collège:* école secondaire
[41] *calot:* sorte de bonnet porté par certains militaires
[42] *fourragère:* ornement sur un costume militaire
[43] *s'agenouiller:* se mettre à genoux

pardon à son fils; mais il y avait trois quarts de siècle qu'elle se défiait de[44] son premier mouvement. Les Allemands étaient là, comme en 71* (l'année de ses dix ans), ce n'était pas le moment de «se laisser aller» —terme qui, pour elle, englobait[45] aussi bien l'attendrissement[46] excessif que la capitulation en rase[47] campagne.

Elle demeura, sans s'en douter, plusieurs heures dans cette chambre. Le temps avait cessé de couler; il ne reprendrait son cours que lorsque le dernier soldat allemand aurait quitté le village: lorsqu'elle pourrait, de nouveau, pénétrer dans la chambre de François sans étouffer de honte. D'ici là,[48] elle allait fermer cette pièce, se priver de ce triste bonheur.

C'est à travers les fentes[49] des persiennes qu'elle aperçut son premier Allemand: un jeune sous-officier* dont elle refusa de s'apercevoir qu'il avait exactement la silhouette de son fils et flottait, comme lui, dans un uniforme grossier. Il cherchait quelqu'un, il appelait, ne pouvant imaginer que «le Château» (c'est ainsi que, dans le bourg,[50] on appelait la grande maison blanche) fût à peu près inhabité.

Mme R. éprouva, un instant, la tentation enfantine de ne pas descendre: il s'en irait bien, à la fin! —Mais non, *ils* étaient là pour très longtemps... Elle parcourut donc du regard[51] cette pièce qui demeurait peut-être le seul endroit de France à ne pas être «occupé» —cela, du moins, elle pouvait le garantir à François; elle la ferma à clef et, serrant comme une arme dans sa main ce petit morceau de métal plus froid qu'elle, Mme R. descendit l'escalier posément,[52] elle qui le dévalait toujours imprudemment à la manière des enfants. Car, ne s'en prévalant[53] jamais, elle ne tenait aucun compte de son grand âge.

---

[44] *elle se défiait de:* elle ne faisait pas confiance à
[45] *englobait:* incluait
[46] *attendrissement:* mouvement de compassion
[47] *rase:* pleine
[48] *d'ici là:* jusqu'à ce moment-là
[49] *fentes:* ouvertures
[50] *bourg:* petite commune
[51] *Elle parcourut... du regard:* elle examina
[52] *posément:* lentement
[53] *prévalant:* vantant

«Le Château» fut choisi comme siège de la *Kommandantur.** A l'officier qui lui fit part de[54] cette décision et parlait un français de plomb,[55] Mme R. expliqua que c'était impossible puisque son fils unique avait été tué à la Grande Guerre.* L'autre rectifia imperceptiblement la position et lui répondit avec un respect un peu voyant[56] que, malheureusement, Boismort était la seule demeure qui pût convenir, qu'elle n'en serait d'ailleurs que mieux entretenue,[57] que lui-même veillerait[58] à ce qu'aucun des dix-sept soldats qui allaient habiter...

«Dix-sept soldats?

—Eh oui, *Matame*:[59] la Kommandantur!»

Il commença de lui énumérer les rôles et fonctions des dix-sept en comptant sur les doigts de ses gants de cuir. Mme R. était fascinée par ces mains (tout ordinaires) et par le cuir noir: jamais, jamais elle n'avait vu de machine aussi précise, aussi cruelle! Chaque fois que le lieutenant prononçait un mot en allemand, elle tressaillit;[60] et ce discours était constellé[61] de «Matame» qui l'exaspéraient. Elle ne le laissa pas achever, préférant un consentement apparent à une contrainte, ainsi baptisait-elle[62] souvent dignité son orgueil.

Les dix-sept s'installèrent: les dix-sept, leurs bottes cloutées,[63] leur cirage[64] acide, leur parler rauque,[65] leur nourriture épaisse, leurs ablutions[66] bruyantes, torse nu. Mme R. bénit la disgrâce qui lui épargnait de les entendre et prit le parti[67] de ne pas les voir. Son regard bleu ciel les traversait, comme si ne pouvait l'intéresser que ce qui se trouvait au-delà d'eux.[68] Toutefois, lorsqu'elle croisait un groupe de

---

[54] *lui fit part de:* lui communiqua
[55] *un français de plomb:* un français lourd, avec un accent très prononcé
[56] *voyant:* trop prononcé
[57] *entretenue:* maintenue en bon état
[58] *veillerait:* ferait attention
[59] *Matame:* prononciation allemande de *Madame*
[60] *tressaillit:* sursauta
[61] *constellé:* ICI rempli
[62] *baptisait-elle:* nommait-elle
[63] *cloutées:* avec des clous sur les semelles
[64] *cirage:* crème pour cirer (polir) les bottes
[65] *rauque:* dur
[66] *ablutions:* façons de se laver
[67] *prit le parti:* décida
[68] *au-delà d'eux:* plus loin qu'eux

soldats dans l'escalier, elle s'immobilisait sur sa marche et le flot vert-de-gris* coulait cauteleusement[69] de part et d'autre[70] de ce rocher noir. Ils l'avaient surnommé «la vieille petite dame méchante», ce qui, en allemand, s'exprime en un seul mot; et, bien qu'ils se moquassent de sa surdité, ils s'efforçaient, du plus loin qu'ils l'apercevaient, de marcher sur la pointe de leurs bottes. Cette petite créature, la plus fragile de tout le bourg, était la seule qui, en toute circonstance, leur conférait le comportement veule[71] et pataud[72] des animaux dressés.

Pourtant, le matin qui suivit les premiers ronflements[73] des dix-sept, leur frêle dompteur aperçut un morceau de tissu rouge et noir qui pendait devant sa fenêtre. Il lui fallut un long moment pour reconnaître le drapeau à croix gammée,* mais un très bref pour amener à elle, chiffonner[74] et tamponner[75] derrière le volet tout ce qu'elle put atteindre d'étoffe. «Le torchon,[76] répétait-elle à ce qu'elle croyait être mi-voix, le torchon!» (Lorsqu'à la messe, elle «murmurait» ainsi à quelque gamin:[77] «Vas-tu bien te tenir!» M. le Curé s'arrêtait entre *saecula* et *saeculorum** et se retournait vers elle...)

Peu après, le lieutenant vint frapper puis, ne recevant aucune réponse, cogner[78] à la porte de Mme R.

«Matame, je vous prie d'excuser, mais le drapeau...

—Quoi! vous n'imaginez pas que je vais supporter les couleurs allemandes devant ma fenêtre?

—C'est la fenêtre du milieu, Matame.

—La maison a quatre côtés.

—Mais c'est la...»

Il chercha le mot «façade»; elle ne fit rien pour l'aider. Après de longs pourparlers,[79] on transigea[80] sur la troisième fenêtre en partant

---

[69] *cauteleusement:* d'une façon rusée
[70] *de part et d'autre:* des deux côtés
[71] *veule:* faible
[72] *pataud:* lourd, lent
[73] *ronflements:* bruits respiratoires durant le sommeil
[74] *chiffonner:* froisser pour en faire un chiffon
[75] *tamponner:* rouler en forme de tampon
[76] *torchon:* chiffon (serviette pour essuyer la vaisselle)
[77] *gamin:* petit garçon
[78] *cogner:* frapper très fort
[79] *pourparlers:* discussions
[80] *on transigea:* on se mit d'accord

de la gauche: l'ancienne chambre de *Mademoiselle*, que Mme R. n'avait jamais aimée. De ce jour, elle ne leva plus jamais les yeux sur la façade de sa maison.

Elle alla raconter l'aventure à ses quatre plus vieux amis du bourg: l'ancien maréchal-ferrant,[81] *Tapautour** le tonnelier,[82] Marie Portelance sa sœur de lait,[83] et Thévenin le serrurier[84] (qui s'était mis à l'électricité sur le tard,[85] avec un mélange d'ivresse et de méfiance comme s'il s'était agi de prendre une maîtresse).

«Mon pauvre Thévenin, fit-elle en s'asseyant sur le tabouret de l'atelier, savez-vous ce que nous sommes à présent? Un ZUK!*»

C'était l'inscription qu'on pouvait lire à l'entrée de Boismort.

Elle avait dit cela avec une sorte de bonne humeur, mais ils restèrent sans rire ni parler, hochant la tête chacun pour son compte, tandis que le soir tombait prématurément. Car l'été serait bref, les raisins *couleraient*[86] avant la vendange,[87] le Cher déborderait[88] cet hiver: «Tout passait à l'ennemi...»

Lorsqu'elle rentra du bourg, Mme R. aperçut, sous le sycomore, un soldat qui fourbissait[89] une arme étrange. Son panier à la main et avec cet air affairé[90] qui décourageait importuns et quémandeurs,[91] elle fit un long détour afin de pouvoir observer l'homme sans être vue. Son cœur battant la chamade[92] ne l'avait pas trompée: le soldat sous l'arbre astiquait[93] le fusil arabe de François, et la crosse incrustée de nacre[94] brillait entre ses gros doigts. Mme R. monta droit à la chambre close. A la manière dont la clef jouait dans la serrure, elle sut qu'on avait violé celle-ci et, avant d'ouvrir la porte, elle aspira

---

[81] *maréchal-ferrant:* celui qui met des fers aux chevaux
[82] *tonnelier:* celui dont le métier est de faire des tonneaux
[83] *sœur de lait:* qui a eu la même nourrice
[84] *serrurier:* celui qui répare les serrures, fait des clefs, etc.
[85] *sur le tard:* à un âge assez avancé
[86] *couleraient:* deviendraient mûrs
[87] *vendange:* récolte (du raisin)
[88] *déborderait:* dépasserait les bords
[89] *fourbissait:* nettoyait, polissait
[90] *affairé:* occupé
[91] *quémandeurs:* solliciteurs
[92] *battant la chamade:* battant très fort
[93] *astiquait:* faisait reluire
[94] *incrustée de nacre:* où le nacre formait un dessin

une grande provision d'air. Du seuil,[95] elle mesura l'étendue du sacrilège: objets, photos, tableaux, disparus ou dispersés; à leur place et cernant[96] la forme évanouie[97] on voyait (comme une peau toute neuve quand la croûte tombe d'une plaie) l'ancienne tapisserie.[98] Sur le mur, au-dessus du lit, s'allongeait le fantôme écarlate du fusil arabe: Mme R. le regardait, fascinée par cette couleur plus que par cette absence: entre ces deux teintes, soixante ans de sa vie... L'un des placards était entrouvert sur un désordre de vêtements, l'autre sur le vide: les jouets de François! Pour la vieille dame sourde, cette chambre résonnait encore des exclamations de surprise des pillards[99] et du martèlement[1] de leurs bottes sur ce parquet[2] veuf de[3] ses deux tapis dont des rectangles ternes[4] dénonçaient la disparition. Elle imaginait les ours se déguisant devant la glace avec la cape de spahi* de François, son béret de chasse écossais...

Elle ne pénétra pas dans le sanctuaire dévasté mais descendit jusqu'au bureau du lieutenant (l'ancien billard[5]) où elle entra sans frapper.

«Venez!

—Mais, Matame...

—Allons, venez!»

Elle sortit, monta sans se retourner une seule fois et, du couloir, désignant le saccage:[6]

«Mon fils, tué aux Eparges. Sa chambre...»

L'officier eut un haut-le-corps.[7]

«Matame, ce soir tout sera en place comme avant. Je vous prie de nous pardonner. Ce soir...»

Mais déjà elle ne l'écoutait plus; elle descendait l'escalier, quittant jusqu'à ce soir cette maison irrespirable. «Ce soir... Ils ne pourront

---

[95] *seuil:* ouverture de la porte
[96] *cernant:* encerclant
[97] *évanouie:* ICI disparue
[98] *tapisserie:* étoffe qui couvre le mur
[99] *pillards:* ceux qui pillent (emportent des objets sans permission)
[1] *martèlement:* bruit comme celui d'un marteau
[2] *parquet:* plancher formé de lames de bois
[3] *veuf de:* sans
[4] *ternes:* sans éclat
[5] *billard:* salle de billard
[6] *saccage:* bouleversement
[7] *haut-le-corps:* mouvement brusque de la partie supérieure du corps

jamais! Ils ne se rappeleront pas, ces brutes!» Pour la première fois, elle comprenait que Boismort était occupé.

Mainfrey, le jardinier, grattait[8] l'allée aux fleurs.

«Venez, Mainfrey.»

Elle ne lui raconta l'affaire que derrière l'huis clos,[9] et à Mainfrey parce que lui seul avait connu «M. François.»

«Mais, Madame, ils en ont le droit, ils ont tous les droits.

—Plaît-il?

—L'autre matin, leur sergent m'a dit: «N'importe quel soldat allemand est plus important que votre maréchal Pétain...»*

—Il est fou!

—Non, Madame, c'est ça la défaite», dit Mainfrey en baissant la tête.

Lorsque la nuit chassa Mme R. des vignes, du bois, du jardin, à l'heure où les chauves-souris volent affolées[10] comme si un géant transparent les pourchassait, il lui fallut bien rentrer à la maison. Elle monta au premier étage, se contraignit à ouvrir la porte puis la lumière avec des gestes méfiants et précis de policier. La chambre était intacte; rien ne manquait: rien ne permettait à Mme R. de penser que la tapisserie n'avait pas toujours montré cette couleur de rose fanée.[11] Seul, le fusil arabe luisait un peu trop, comme neuf.

Jamais les vignes de Boismort ne furent aussi mal désherbées,[12] accolées,[13] taillées que l'année suivante, mais ce ne fut pas faute de[14] main-d'œuvre.[15] Bonroy, le closier, que personne n'avait jamais aidé pour cette besogne, reçut neuf «assistants» successifs. Le premier fut son propre neveu, prisonnier de guerre évadé qui se réfugia tout droit[16] chez l'oncle Octave parce que Boismort longeait le Cher[17] et que le

---

[8] *grattait:* ICI égalisait
[9] *l'huis clos:* la porte fermée
[10] *affolées:* très agitées
[11] *rose fanée:* rose qui a perdu son éclat
[12] *désherbées:* débarrassées de leurs herbes
[13] *accolées:* munies de tiges pour les soutenir
[14] *faute de:* à cause d'un manque de
[15] *main d'œuvre:* travail de l'ouvrier
[16] *tout droit:* immédiatement
[17] *longeait le Cher:* était situé le long du Cher

Cher formait l'une des frontières entre la Zone occupée et la «Nono».* Ce neveu, tourneur-fraiseur[18] à Billancourt,* logea huit jours chez Bonroy, faisant effort pour adopter les gestes lents, les mains pendantes et le parler traînard[19] du vigneron; puis il disparut un soir: il avait franchi[20] le Cher à gué[21] entre deux rondes des sentinelles. Celles-ci étaient des douaniers à bedaine,[22] planqués[23] là pour la durée de la guerre et qui prenaient goût au pays.[24] Ils avaient estimé une fois pour toutes que, les ponts exceptés, on ne pouvait franchir la ligne de démarcation que sur le barrage[25] de l'écluse. Ils y avaient donc dressé des chevaux de frise[26] et un phare puissant qui, dès la tombée du jour, inondait de lumière la passerelle[27] déserte. Ils ignoraient qu'on pouvait passer à gué, après l'île du moulin, en tenant d'une main son baluchon[28] sur la tête et en fermant bien la bouche car l'eau affleurait à[29] vos lèvres.

Bonroy releva[30] l'heure exacte des rondes puis demanda conseil et assistance à Mme R. Celle-ci se sentait doublement assurée: d'une part, les soldats allemands la respectaient-craignaient plus que quiconque;[31] d'autre part, et sans se l'avouer, elle portait à leur chef une certaine estime depuis l'affaire de la chambre.

Comme il était —Dieu lui-même ne savait pas pourquoi— interdit de pêcher à la ligne dans le Cher, Mme R. rechercha dans une resserre[32] l'attirail[33] de François et prescrivit à Bonroy de s'installer visiblement

---

[18] *tourneur-fraiseur:* ouvrier qui travaille le bois et le métal avec un tour et une fraise
[19] *traînard:* lent
[20] *franchi:* traversé
[21] *à gué:* endroit d'une rivière où l'on peut passer à pied
[22] *à bedaine:* avec un gros ventre
[23] *planqués:* mis, stationnés
[24] *qui prenaient goût au pays:* qui commençaient à aimer le pays
[25] *le barrage:* la barrière
[26] *chevaux de frise:* pièces de bois hérissée de pointes
[27] *passerelle:* pont étroit
[28] *baluchon:* petit paquet
[29] *affleurait à:* touchait légèrement
[30] *releva:* nota
[31] *quiconque:* toute autre personne
[32] *resserre:* endroit où l'on serre (garde) quelque chose
[33] *l'attirail:* toutes les choses nécessaires pour une excursion, un travail, etc.... (ICI pour la pêche)

au bord du fleuve, à mi-chemin entre l'écluse et l'île du moulin, à mi-temps entre deux rondes. Elle-même s'embusqua[34] non loin tandis que le neveu, blanc comme une nappe d'autel[35] mais faisant le faraud[36] (dans le style: «On en a vu d'autres[37] au Stalag!*») entamait[38] son passage.

«Bon Dieu, que c'est froid!

—Bah! vous en avez vu d'autres au Stalag, lui dit Mme R. qui, dans les grands moments, avait l'oreille fine. Allez, bonne chance!»

De l'eau jusqu'au menton, l'autre avançait avec une lenteur de funambule.[39]

La traversée leur parut interminable... Ouf! il reprenait pied, tout ruisselant[40] sur l'autre rive et retrouvait ses jambes pour s'enfuir, au moment même où plus aucun péril ne le menaçait. Après dix pas, il songea tout de même à se retourner pour saluer du béret ces deux vieux, qu'un fleuve si froid séparait de sa liberté.

«Bonroy, dit Mme R., remisez[41] votre attirail, à présent. J'espère bien qu'il n'aura plus besoin de servir: mon cœur y resterait!»[42]

Le closier, inquiet, la vit vaciller.

«Madame... Madame veut-elle que je lui prête le bras?» proposa-t-il.

Un regard plus froid que le fleuve lui fit comprendre l'énormité de cette démarche.[43] Ah non! ce n'était pas le moment de «se laisser aller...»

Huit fois il fallut ressortir de leur cachette la canne[44] et la boîte à pêche. Jamais l'oncle Octave ne s'était imaginé posséder autant de «neveux»: à mots couverts,[45] le vrai avait livré la filière[46] aux copains[47]

---

[34] *s'embusqua:* se cacha
[35] *nappe d'autel:* toile qui recouvre la table consacrée où on dit la messe
[36] *faraud:* personne qui affecte du courage
[37] *on en a vu d'autres:* LANGAGE POPULAIRE nous avons eu des aventures bien plus difficiles
[38] *entamait:* commençait
[39] *funambule:* danseur de corde
[40] *ruisselant:* très mouillé
[41] *remisez:* remettez
[42] *mon cœur y resterait:* je n'y survivrais pas
[43] *démarche:* tentative
[44] *la canne:* instrument avec lequel on pêche
[45] *à mots couverts:* en secret
[46] *la filière:* ICI chemin clandestin pour gagner la «nono»
[47] *copains:* LANGAGE POPULAIRE amis, camarades

du Stalag. Quelque soir, l'un d'eux, hâve[48] et blême,[49] frappait à la porte de la petite maison du closier; et, deux semaines plus tard, un gaillard[50] rouge et réjoui[51] prenait pied sur la bonne rive avec la soudaine vivacité d'un poisson qu'on rejette à l'eau.

Mais, à la neuvième équipée,[52] le cœur de Mme R. manqua «y rester».[53] La patrouille[54] avait décalé[55] l'heure de sa ronde: le faux neveu ne se trouvait qu'au milieu du Cher lorsqu'elle tomba sur Bonroy en train de pêcher à la ligne —*Ach!*[56]

Fidèle au scénario, le vieux commença par faire l'imbécile et, de surcroît,[57] le sourd —ce qui lui coûtait beaucoup,[58] car il avait l'impression de se moquer de sa maîtresse.

«Plaît-il?... *Ferboden?*[59] Mais qu'est-ce que vous me racontez là!»

Il songeait à l'autre acrobate qui, son baluchon sur le crâne et la panique au ventre, n'avançait qu'à petits pas...

Au moment où, las[60] de discuter, les vert-de-gris empoignaient[61] cette vieille bûche[62] et s'apprêtaient à poursuivre leur ronde, surgit[63] Mme R.

«Eh bien, Bonroy, que se passe-t-il? Qu'avez-vous fait à ces messieurs?»

Nouvelles explications. «Plaît-il...» Afin de gagner quelques précieuses minutes, Mme R. ajouta un acte à la comédie préparée: pour la première fois elle joua de cette surdité que, depuis trente ans, elle niait avec une effronterie[64] qui confinait à la grandeur.

---

[48] *hâve:* maigre
[49] *blême:* pâle
[50] *gaillard:* homme fort, robuste
[51] *réjoui:* joyeux
[52] *équipée:* entreprise (qui comporte du danger)
[53] *manqua «y rester»:* «y resta» presque
[54] *patrouille:* petit détachement militaire chargé de surveillance
[55] *décalé:* changé
[56] *Ach:* Exclamation allemande de surprise
[57] *de surcroît:* en plus
[58] *ce qui lui coûtait beaucoup:* ce qui lui demandait beaucoup d'efforts
[59] *Ferboden:* prononciation française du mot allemand *Verboten* qui veut dire «défendu»
[60] *las:* fatigués
[61] *empoignaient:* saisissaient
[62] *bûche:* LANGAGE POPULAIRE personne stupide
[63] *surgit:* apparut
[64] *effronterie:* impudence

Lorsqu'elle vit que cela risquait seulement d'irriter davantage les sentinelles, elle éleva le débat, évoqua le Château, la Kommandantur, le lieutenant, le... —Mon Dieu, que pouvait-on jeter encore dans le feu? Elle parla des vignes, du vin, et «Tiens, l'avez-vous seulement goûté, notre vin? Il faudra que Bonroy vous en porte quelques bouteilles!» Hélas! c'étaient des buveurs de bière. Tout en parlant, elle calculait mentalement à quelle distance de la bonne rive se trouvait encore l'évadé. Un coup d'œil à Bonroy l'assura que lui-même se livrait à ce calcul, mais en transpirant.

Alors, Mme R. consentit un second sacrifice à cet inconnu dont elle devinait l'oreille anxieusement tendue vers eux. Depuis la mort de François elle avait décidé de ne plus jamais faire allusion à l'Allemagne, à ses habitants, à ses paysages qu'elle connaissait fort bien. Pour gagner du temps, elle rompit[65] ce pacte, fit parler les deux soldats, gageant[66] à l'accent de chacun d'eux quelle était sa province d'origine et ne se trompant pas, retrouvant dans le grenier[67] de sa mémoire des descriptions et des détails qui enchantèrent les bonshommes.[68] Elle ne se rassura qu'en voyant poindre[69] sur leur face le sourire un peu triste de la nostalgie. Comment disait-on «nostalgie» en allemand? Elle ne put s'empêcher d'en jouer un peu cruellement.

Ils avaient tout à fait oublié la pêche à la ligne; mais ils ne comprirent pas pourquoi cette vieille petite dame, beaucoup moins méchante qu'on ne le disait, coupait court à[70] des évocations qui leur étaient si doucement amères. C'est qu'elle venait d'apercevoir, sur l'autre rive, un voyageur ruisselant qui s'éloignait à grandes enjambées.[71]

«Allons, Bonroy, fit Mme R. sévèrement, reprenez votre attirail, remerciez ces messieurs de leur compréhension et n'y revenez plus!»[72]

---

[65] *elle rompit:* elle cassa
[66] *gageant:* pariant
[67] *grenier:* partie la plus élevée de la maison où l'on met toutes sortes de choses qui ne sont plus utiles
[68] *les bonshommes:* les hommes simples
[69] *poindre:* apparaître timidement
[70] *coupait court à:* arrêta
[71] *enjambées:* pas
[72] *n'y revenez plus:* ne recommencez plus

Il n'y revint plus: la filière était brûlée. Les hommes du Stalag l'apprirent aussi mystérieusement qu'ils avaient connu son existence.

L'année suivante, le vocabulaire des habitants de Boismort s'enrichit de vocables[73] nouveaux: Travail obligatoire, Résistance, Maquis...* Mme R. pensa qu'il s'agissait de jeux de boy-scouts et, de nouveau, haussa ses épaules étroites jusqu'au jour où, descendant des vignes, elle aperçut, sur le bas-côté[74] du chemin, une masse grise qui...

«Mon Dieu!»

Elle courut, s'agenouilla, osa retourner avec précaution ce corps démantelé[75] qu'une étoile de sang marquait dans le dos; le lieutenant! Elle approcha sa joue d'ivoire de la bouche entrouverte et perçut un souffle léger. Elle avait servi comme infirmière durant l'autre guerre;* elle examina posément la plaie: «Il est transportable, mais au plus près: la maison du closier...»

Elle courut chercher Bonroy dans ses vignes.

«Que se passe-t-il donc, Madame?

—Vous verrez. Vite!»

Dès qu'il eut reconnu le corps inanimé:

«C'est le Maquis. Il ne faut toucher à rien, Madame, sinon c'est nous autres qu'on accusera.

—Le temps que ses hommes le découvrent, il a le temps de mourir, Bonroy.

—Après tout...

—Bonroy!

Ils se turent, un instant.

—Nous allons le transporter chez vous.

—Chez moi?

—Au plus près!

—Mais, Madame, comment voulez-vous qu'après ça ils ne s'imaginent pas...

---

[73] *vocables:* mots
[74] *bas-côté:* partie la moins élevée
[75] *démantelé:* ICI ravagé

—C'est bien, retournez à vos vignes, je le transporterai toute seule.»

Elle allait le faire, comme on voit une fourmi coltiner[76] une charge deux fois plus grosse qu'elle. Elle se retint de dire sa pensée à Bonroy: «Et si j'avais hésité, moi, à faire évader votre neveu...» Mais l'autre dut, au même instant, y songer aussi.

«Allons, murmura-t-il en soupirant, que Madame le prenne par les pieds. Moi, je... Aïe donc tout![77]»

Simon de Cyrène* avait dû, lui aussi souffler, suer et protester. Ils parvinrent à la petite maison, étendirent le grand corps sur le lit.

«A présent, il faut prévenir le...

—Pas encore, coupa[78] Mme R. Je vais chercher le nécessaire, attendez-moi ici.»

Le temps parut long à Bonroy; il se demandait s'il aurait droit à l'inscription de son nom sur la plaque du monument aux morts, à la suite des héros de 14–18. Seule cette perspective le consolait un peu de l'arrestation, du procès et de l'exécution auxquels Mme R. et lui n'échapperaient pas.

Elle arriva enfin, son panier rempli de fioles[79] et de pansements.

«Aidez-moi donc, Bonroy! Comment, vous n'avez pas mis de l'eau à bouillir?»

Longtemps on n'entendit que leur souffle un peu oppressé et les plaintes de l'homme à qui l'inconscience, la douleur et une sorte de stupeur composaient un visage de petit garçon.

«C'était un coup de couteau dans le dos, dit enfin Mme R. en posant la dernière épingle double.[80] Je n'admettrai jamais cette forme de combat.

—Ils n'ont guère le choix, murmura le closier.

—Plaît-il? Le poumon n'est pas atteint, j'en suis à peu près sûre. Maintenant, Bonroy, attelez[81] et partez prévenir l'officier de la Kommandantur de Montrichard.*

—Mais, qu'est-ce que je vais lui...

---

[76] *coltiner:* porter
[77] *Aïe donc tout!:* Expression locale de plainte
[78] *coupa:* interrompit
[79] *fioles:* petites bouteilles
[80] *épingle double:* épingle de sûreté
[81] *attelez:* attachez les chevaux à la voiture

—Je me charge des explications. Qu'il vienne seulement au plus tôt avec une ambulance et son major.

—J'aurai plus vite fait à bicyclette.»

Mme R. s'assit sur une chaise au chevet[82] du blessé. «Comment vais-je prévenir les enfants? se demandait-elle froidement. De toute façon, il ne faut pas qu'ils viennent pour mon enterrement: cela ne vaut pas de franchir[83] la ligne... Pourvu que les Allemands ne saccagent pas la maison quand je n'y serai plus... Mais d'abord comment vais-je tenir tête[84] à leurs interrogatoires? Bah! Je ferai comme l'Autre (c'était le Christ): je me tairai. Je n'aurais peut-être pas dû mêler Bonroy à cette histoire. Mais comment faire autrement?... Il paraît qu'ils torturent volontiers. Batt! Sûrement pas une vieille dame: ce ne serait pas convenable...»[85]

Bonroy passa plusieurs nuits sans sommeil; ou plutôt il se réveillait en sursaut,[86] persuadé que ce bruit, là, dehors, c'était le peloton d'exécution qui approchait de sa petite maison. En fait, on ne l'interrogea même pas; Mme R. avait dit bonnement[87] tout ce qu'elle savait, c'est-à-dire à peu près rien, et les *Feldgendarm** cherchaient ailleurs.

Le lieutenant se remit[88] assez vite. De la fenêtre de sa chambre, Mme R. suivait d'un œil satisfait ses promenades de convalescent et parvenait à oublier la teinte de son uniforme.

Un matin, il frappa à sa porte; il tenait un papier à la main; quatre-vingts ans de sa vie avaient appris à Mme R. à se méfier des papiers.

«Matame, je suis bien contrarié,[89] mais... lisez!»

Elle ajusta ses lunettes: «Attentat[90] contre un officier des troupes d'occupation... pour éviter le retour de forfaits[91] aussi lâches... (Qui

---

[82] *au chevet:* à la tête du lit
[83] *franchir:* traverser
[84] *tenir tête:* résister
[85] *convenable:* décent
[86] *en sursaut:* brusquement
[87] *bonnement:* ouvertement
[88] *se remit:* guérit, se rétablit
[89] *contrarié:* ennuyé
[90] *attentat:* tentative criminelle
[91] *forfaits:* crimes énormes

a bien pu faire cette traduction ridicule?) Cinq otages...»[92] Elle sursauta.

—Des otages, comment cela?

—Eh oui, Matame, justement...

—Le fils Duquesnoy, le fils Gilbert, le fils... Mais qu'est-ce que vous allez faire d'eux? Les fusiller? demanda-t-elle en se levant et, un instant, elle parut plus grande que le lieutenant.

—Non, non, dit-il précipitamment, *pas encore*. Le camp de déportation, les... les travaux forcés, je pense.»

Pour Mme R., c'était la Sibérie et Cayenne* tout ensemble.

«Ce n'est pas possible, fit-elle posément.

—Matame, si je pouvais...

—Mais enfin, l'officier en question, c'est vous! Et, si je n'étais pas intervenue...

—Je le sais bien.

—Alors, vous me devez quelque chose.

—Mais on exige des otages, Matame!

—Très bien. Mais moi, j'exige de les choisir moi-même.»

Il la considéra avec stupeur. Quoi! cette vieille femme qu'il admirait allait donc, comme tant d'autres, assouvir[93] ses vengeances personnelles avec l'aide de l'occupant? Choisir les otages: revendiquer[94] pour soi le plus odieux, le plus injuste de cette sale besogne...[95]

Elle ne broncha[96] pas sous ce regard devenu si froid, si méprisant.

«Alors?

—Je crois que je pourrai vous obtenir cette faveur,» dit-il et il sortit très vite.

Ce ne fut pas une tâche aisée; Mme R. dut y passer des heures entières avec une patience, une chaleur, une véhémence qu'elle ne se connaissait pas.

Lorsque, le lendemain, le lieutenant vit entrer en silence dans son bureau Mme R. suivie de Thévenin, de Marie-Portelance, de Tapautour

---

[92] *otages:* personnes remises à l'autorité comme gages d'une promesse
[93] *assouvir:* rassasier, contenter
[94] *revendiquer:* demander
[95] *besogne:* tâche
[96] *broncha:* bougea

et de l'ancien maréchal-ferrant: les cinq plus vieux habitants du village, les yeux baissés mais se tenant le plus droit qu'ils pouvaient, cortège dérisoire[97] et parfaitement imposant, il se leva, prit le papier, que lui tendait la vieille petite dame méchante, le déchira très lentement et murmura:

«Vous avez gagné, Matame.»

---

[97] *dérisoire:* fait par moquerie amère

NOTES EXPLICATIVES

(6) *la Marne:* rivière qui se jette dans la Seine et au bord de laquelle a eu lieu une bataille importante lors de la Première Guerre mondiale.

(28) *Limousin:* ancienne province de France dont le chef-lieu est Limoges.

(41) *le Cher:* rivière qui se jette dans la Loire.

(53) *la Loire:* le fleuve le plus long de France.

(56) (*les*) *Eparges:* colline près de Verdun, capturée par les Allemands en septembre 1914, reprise par les Français en avril 1915.

(58) *la ligne Maginot:* une série de fortifications le long de la frontière est de la France.

(71) *comme en 71:* En 1871, les Prussiens ont occupé la France.

(82) *sous-officier:* grade allant de caporal à sous-lieutenant.

(97) *la Kommandantur:* le siège de l'État-Major allemand.

(100) *la Grande Guerre:* Il s'agit de la guerre de 1914–1918.

(122) *le flot vert-de-gris:* le vert-de-gris était la couleur de l'uniforme allemand.

(132) *le drapeau à croix gammée:* La croix gammée était l'emblème du parti nazi et se trouvait sur le drapeau pendant le règne de Hitler.

(137) *entre saecula et saeculorum:* Il s'agit de deux termes d'une prière de la messe.

(152) *Tapautour:* Ce nom fabriqué vient de «tape autour» et reflète le métier de cet homme.

(157) *Un ZUK:* Abréviation pour le quartier général de la Kommandantur.

(185) *spahi:* un cavalier qui appartient à une troupe en Algérie au service de la France.

(209) *maréchal Pétain:* Héros de la première guerre mondiale, Pétain devint Premier Ministre de France en 1940 et signa un armistice avec les Allemands. Accusé de trahison, il passa les dernières années de sa vie en prison. (1856–1951.)

(227) *la Zone occupée et la «Nono»:* Pendant l'occupation allemande, la France était divisée en deux zones: celle où le maréchal Pétain s'établit après l'armistice (gouvernement de Vichy) ne fut pas occupée par les Allemands et fut surnommée dans le langage populaire la «Nono».

(228) *Billancourt:* commune industrielle dans la banlieue de Paris.

(252) *Stalag:* endroit où vivaient les prisonniers de guerre.

(327) *Maquis:* Les Français qui résistèrent pendant l'occupation allemande se réfugièrent pour la plupart dans les bois ou maquis. *Maquis* désigna par la suite tous les résistants et saboteurs.

(335) *l'autre guerre:* Il s'agit de la guerre de 1914 à 1918.

(361) *Simon de Cyrène:* l'un des disciples de Jésus.

(383) *Montrichard:* petite commune tout près du domaine de Mme R.

(402) *les Feldgendarm:* police militaire allemande.

(419) *la Sibérie et Cayenne:* deux lieux de déportation. Cayenne est en Guyane française.

Exercices de grammaire

A. *Récrivez les lignes 3 à 6 de la page 328 en mettant les verbes au présent.*

B. «**N'eût-elle pas été** sourde...» (7) (SENS: Même si elle n'avait pas été sourde...)

D'après cet exemple, transformez les phrases ci-dessous et complétez-les selon votre imagination:

1. Même s'il n'avait pas parlé... **2.** Même s'ils n'avaient pas écouté... **3.** Même si nous n'avions pas dit la vérité... **4.** Même si elle avait fait attention... **5.** Même si vous aviez tenu votre promesse...

C. «Elle faisait **plus de** bien qu'elle **n'**était bonne.» (47)

D'après cet exemple, complétez les phrases ci-dessous selon votre imagination:

1. Elle faisait plus attention qu'elle... **2.** Ils faisaient plus de bruit qu'ils... **3.** Vous faisiez plus de mal que vous... **4.** Tu feras plus de fautes que tu... **5.** Il fit plus de bêtises qu'il...

D. «**Il y avait** trois quarts de siècle **qu'**elle se défiait...» (70) (SENS: elle se défiait depuis trois quarts de siècle...)

D'après cet exemple, transformez les phrases ci-dessous:

1. Il y avait deux mois qu'il nageait. **2.** Elle travaillait depuis trois ans. **3.** Il y avait des mois qu'ils essayaient. **4.** Nous étudiions depuis longtemps. **5.** Vous vous reposiez depuis dix minutes.

E. *Relevez au moins 5 verbes au subjonctif dans le texte, et justifiez leur emploi.*

Questions portant sur le texte

1. Par quelle expression l'auteur fait-il ressortir la fermeté du caractère de Mme R.? (1—3)
2. Selon qui l'avance ennemie n'était-elle qu'un malentendu? (3)
3. Pourquoi l'auteur met-il «repli stratégique provisoire» entre guillemets? (4)
4. Qu'est-ce qui donne à Mme R. confiance en l'armée française? (6)
5. Pourquoi Mme R. n'aurait-elle pas entendu les rumeurs défaitistes, même si elle n'avait pas été sourde? (7—8)
6. Pourquoi Mme R. tient-elle tellement à sauver Boismort? (8—14)
7. Par quels détails l'auteur nous fait-il comprendre que Boismort touche à sa fin? (8—17)
8. Qu'est-ce qui traverse probablement l'esprit de Mme R. lorsqu'elle aperçoit la voiture dans sa cour? (18—21)
9. Terminez la phrase commencée par Mme R. (21)
10. Comment se fait-il que Mme R. ne soit pas au courant de la situation? (30—31)
11. Pourquoi Mme R. gronde-t-elle ses petits-enfants? (33—34)
12. Pourquoi Mme R. a-t-elle hâte de se débarrasser de ses enfants? (36—38)
13. Qu'est-ce que Mme R. leur reproche? (36—38)
14. Comment l'auteur nous fait-il comprendre que Mme R. vit dans le passé? (39—42)
15. D'où viennent probablement la plupart des voitures de l'exode? (42—45)
16. Pourquoi l'auteur se corrige-t-il en analysant le caractère de Mme R.? (46—47)
17. Analysez le caractère de Mme R. d'après son attitude envers les fuyards. (47—50)
18. Sur quelle rive demeure Mme R.? la «bonne» ou la «mauvaise»? (52—55)

19. Comment la mort de son fils a-t-elle influencé les actions de Mme R.? (56—60)

20. Pourquoi l'auteur écrit-il «*ils*» plutôt que «les Allemands»? (58)

21. En quoi le début de la deuxième partie du récit est-il ironique? (62)

22. Tracez un portrait de François d'après les reliques de sa chambre. (62—66)

23. Quel est le terme qui décrit le mieux la chambre de François: «cathédrale» ou «musée»? (66—67)

24. De quoi Mme R. veut-elle demander pardon à son fils? (69—71)

25. Pourquoi Mme R. se défie-t-elle de son premier mouvement? (70—71)

26. En quoi l'expression «triste bonheur» est-elle particulièrement bien choisie? (79—80)

27. Pourquoi est-il important de savoir que le sous-officier allemand ressemble au fils de Mme R.? (81—84)

28. Qu'est-ce qui rend la chambre de François différente du reste de la France? (89—91)

29. Pourquoi Mme R. descend-elle l'escalier posément et non comme d'habitude? (93—94)

30. Quelle attitude l'officier allemand adopte-t-il lorsqu'il apprend que Mme R. a perdu son fils à la guerre? (97—104)

31. Par quels détails l'auteur nous montre-t-il que l'officier allemand est très correct? (97—114)

32. Qu'est-ce qui choque particulièrement Mme R. chez les soldats qui ont occupé sa maison? (115—117)

33. Est-ce que le terme «rocher» convient à Mme R.? (122)

34. Quels traits de caractère les soldats allemands trouvent-ils particulièrement imposants chez Mme R.? (118—128)

35. Pourquoi Mme R. consent-elle à ce que le drapeau soit pendu devant la chambre de sa fille? (146—149)

36. Qu'est-ce que les amis de Mme R. ont en commun avec elle? (151—155)

37. Qui dit: «Tout passait à l'ennemi»? (163)

38. Pourquoi les soldats allemands sont-ils particulièrement fascinés par la chambre de François? (171—186)
39. Comment Mme R. définirait-elle la défaite? (211—212)
40. Qu'est-ce qui nous prouve que Mme R. a confiance dans l'officier allemand? (215—217)
41. Pourquoi le neveu de Bonroy essaie-t-il d'imiter son oncle? (228—230)
42. Pourquoi Mme R. consent-elle à aider Bonroy? (241—245)
43. En quoi le plan de Mme R. est-il ingénieux? (246—250)
44. Pour qui Mme R. a-t-elle vraiment peur? (264—265)
45. Expliquez ce regard «plus froid que le fleuve» de Mme R. (268)
46. Quel est le plus grand sacrifice pour Mme R. dans le «scénario»? (282—323)
47. En quoi consiste la cruauté de Mme R.? (310—316)
48. Expliquez chacun des «vocables nouveaux». (327)
49. Pourquoi l'auteur attend-il si longtemps pour nous informer que Mme R. était infirmière? (335)
50. De quoi Bonroy a-t-il peur lorsqu'il voit l'officier blessé? (342—343)
51. Complétez les mots de Bonroy: «Après tout...» (346)
52. Qu'est-ce qui empêche Mme R. de rappeler à Bonroy qu'elle l'avait aidé? (357—358)
53. La comparaison entre Bonroy et Simon de Cyrène est-elle juste? (361)
54. Quelle est la seule forme de combat que Mme R. admette? (377—379)
55. La comparaison entre Mme R. et le Christ est-elle juste? (393—394)
56. Qu'est-ce qui permet à Mme R. d'oublier la teinte de l'uniforme de l'officier allemand? (403—405)
57. Qu'y a-t-il de ridicule dans la traduction du document que l'officier montre à Mme R.? (409—411)
58. Pourquoi le regard de l'officier devient-il méprisant? (432)

59. Qu'est-ce qui rend le «cortège dérisoire» si imposant? (442—443)

60. Qu'est-ce qui justifie la réaction de l'officier et la conclusion du récit? (439—446)

Questions générales portant sur le texte

1. Pourquoi l'auteur se contente-t-il de désigner l'héroïne de ce récit par une initiale?
2. Quelle est la signification symbolique du nom du domaine de Mme R.?
3. Relevez tous les épisodes où la surdité de Mme R. est employée à des fins comiques.
4. Quelle différence voyez-vous entre la compassion et le devoir? Quels sont les épisodes dans lesquels Mme R. agit par compassion? par devoir?
5. Relevez tous les exemples qui illustrent la volonté de fer de Mme R.
6. Relevez tous les exemples qui illustrent la naïveté de Mme R.
7. En quoi ce récit de guerre est-il totalement différent des deux autres que vous avez lus?

Sujets de devoirs

1. Imaginez la conversation de Mme R. avec les douaniers (297—323) et écrivez-la en discours direct.
2. Imaginez Mme R. expliquant son choix d'otages à l'officier.
3. Donnez votre propre définition de l'héroïsme et justifiez-la.
4. Comparez Mme R. à une héroïne de votre choix.
5. Choisissez un autre titre à ce récit et expliquez votre choix.

VI

Récits fantaisistes

THÉOPHILE GAUTIER

Théophile Gautier naquit dans le Midi de la France, à Tarbes, en 1811. Quand il avait trois ans la famille de Gautier vint habiter Paris, et c'est là qu'il fit toutes ses études. Il décida bientôt de suivre une carrière littéraire, après avoir abandonné le projet de se consacrer à la peinture. Il publia son premier recueil de poésies en 1830, l'année même où il participa activement à la célèbre bataille d'*Hernani*, aux côtés de Victor Hugo qu'il admirait beaucoup. Pour bien marquer son opposition aux partisans des classiques, il vint au théâtre avec un gilet rouge. En 1833 il publia un recueil d'essais critiques, *Les grotesques,* sur Villon, Cyrano de Bergerac, etc. Il continua à employer son grand talent de critique en écrivant pour divers journaux. La princesse Mathilde, une cousine de Napoléon III, le fit nommer bibliothécaire, et cet emploi lui permit de se donner presque entièrement à son art. Poèmes, romans, récits de voyage, essais critiques, contes et nouvelles, coulèrent de sa plume. Gautier prétend avoir publié environ 300 volumes durant sa vie. Il mourut en 1872.

Parmi ses romans les plus connus, mentionnons *Mademoiselle de Maupin* (1835–36), dont la préface —une attaque contre la pudeur poussée à l'excès— fit sensation; *Le capitaine Fracasse,* commencé dans ses jeunes années mais publié en 1863, et *Fortunio* (1837). *L'Enfant aux souliers de pain* est extrait des *Romans et Contes* publiés en 1891.

Après avoir adhéré au groupe des romantiques, Gautier devint le poète le plus en vue, et peut-être le meilleur, de l'école du Parnasse. Cependant il n'abandonna jamais son rêve romantique, ce rêve de sa jeunesse, et ses contes et nouvelles sont tous placés «dans un monde de fantaisie et racontés dans le style le plus imagé et le plus pur.»

A consulter: Adolphe Boschot, *Théophile Gautier*, Paris, 1933.

L'Enfant aux souliers de pain

Ecoutez cette histoire que les grand'mères d'Allemagne content à leurs petits enfants, — l'Allemagne, un beau pays de légendes et de rêveries, où le clair de lune, jouant sur les brumes[1] du vieux Rhin,* crée mille visions fantastiques.

Une pauvre femme habitait seule, à l'extrémité du village, une humble maisonnette:[2] le logis[3] était assez misérable et ne contenait que les meubles les plus indispensables.

Un vieux lit à colonnes torses[4] où pendaient des rideaux de serge[5] jaunie, une huche[6] pour mettre le pain, un coffre de noyer[7] luisant de propreté, mais dont de nombreuses piqûres de vers,[8] rebouchées avec de la cire, annonçaient les longs services, un fauteuil de tapisserie aux couleurs passées[9] et qu'avait usé la tête branlante[10] de l'aïeul,[11] un rouet[12] poli par le travail: c'était tout.

Nous allions oublier un berceau[13] d'enfant, tout neuf, bien douillettement[14] garni, et recouvert d'une jolie courte-pointe[15] à ramages,[16] piquée par une aiguille infatigable, celle d'une mère ornant la crèche de son petit Jésus.

---

[1] *brumes:* brouillards (épais)
[2] *maisonnette:* petite maison
[3] *le logis:* l'habitation
[4] *torses:* tordues en spirales
[5] *serge:* étoffe légère de laine
[6] *huche:* coffre de bois pour pétrir et serrer le pain
[7] *noyer:* variété de bois
[8] *piqûres de vers:* petits trous faits par les vers
[9] *passées:* délavées, ternes
[10] *branlante:* tremblante
[11] *l'aïeul:* le grand-père
[12] *rouet:* machine à roue pour filer le lin et le chanvre (textiles)
[13] *berceau:* lit
[14] *douillettement:* mollement, délicatement
[15] *courte-pointe:* couverture de lit (piquée)
[16] *ramages:* dessins de rameaux (branches)

Toute la richesse de la pauvre maison était concentrée là.

L'enfant d'un bourgmestre[17] ou d'un conseiller aulique[18] n'eût pas été plus moelleusement[19] couché. Sainte prodigalité, douce folie de la mère, qui se prive de tout pour faire un peu de luxe, au sein[20] de sa misère, à son cher nourrisson![21]

Ce berceau donnait un air de fête au mince taudis;[22] la nature, qui est compatissante aux malheureux, égayait[23] la nudité de cette chaumine[24] par des touffes de joubarbes[25] et des mousses de velours.[26] De bonnes plantes, pleines de pitié, tout en ayant l'air de parasites, bouchaient à propos[27] les trous du toit qu'elles rendaient splendide comme une corbeille,[28] et empêchaient la pluie de tomber sur le berceau; les pigeons s'abattaient sur la fenêtre et roucoulaient jusqu'à ce que l'enfant fût endormi.

Un petit oiseau auquel le jeune Hanz avait donné une miette[29] de pain l'hiver, quand la neige blanchissait la terre, avait, au printemps, laissé choir[30] une graine de son bec au pied de la muraille, et il en était sorti un beau liseron[31] qui, s'accrochant aux pierres avec ses griffes vertes, était entré dans la chambre par un carreau brisé, et couronnait de sa guirlande[32] le berceau de l'enfant, de sorte qu'au matin, les yeux bleus de Hanz et les clochettes[33] bleues du liseron s'éveillaient en même temps, et se regardaient d'un air d'intelligence.[34]

Ce logis était donc pauvre, mais non pas triste.

---

[17] *bourgmestre:* premier magistrat d'une ville
[18] *aulique:* de la cour
[19] *moelleusement:* délicatement
[20] *au sein:* au milieu
[21] *nourrisson:* bébé
[22] *taudis:* habitation misérable
[23] *égayait:* rendait gai
[24] *chaumine:* petite chaumière (maison couverte de chaume)
[25] *joubarbes:* plantes qui poussent sur les toits et murs
[26] *mousses de velours:* plantes qui ressemblent au velours
[27] *à propos:* opportunément
[28] *corbeille:* panier (souvent rempli de fleurs)
[29] *miette:* petit morceau
[30] *choir:* tomber
[31] *liseron:* plante grimpante
[32] *guirlande:* ornement de fleurs, etc...
[33] *clochettes:* petites fleurs en forme de cloches
[34] *d'intelligence:* de complicité

La mère de Hanz, dont le mari était mort bien loin à la guerre, vivait, tant bien que mal,[35] de quelques légumes du jardin, et du produit de son rouet: bien peu de chose, mais Hanz ne manquait de rien, c'était assez.

Certes c'était une femme pieuse et croyante que la mère de Hanz. Elle priait, travaillait et pratiquait la vertu; mais elle commit une faute: elle se regarda avec trop de complaisance et s'enorgueillit[36] trop dans son fils.

Il arrive quelquefois que les mères, voyant ces beaux enfants vermeils,[37] aux mains trouées de fossettes,[38] à la peau blanche, aux talons roses, s'imaginent qu'ils sont à elles pour toujours; mais Dieu ne donne rien, il prête seulement; et, comme un créancier oublié, il vient parfois redemander subitement son dû.

Parce que ce frais bouton[39] était sorti de sa tige, la mère de Hanz crut qu'elle l'avait fait naître; et Dieu, qui, du fond de son paradis aux voûtes d'azur étoilées d'or, observe tout ce qui se passe sur terre, et entend du bout de l'infini le bruit que fait le brin[40] d'herbe en poussant, ne vit pas cela avec plaisir.

Il vit aussi que Hanz était gourmand[41] et sa mère trop indulgente à sa gourmandise; souvent ce mauvais enfant pleurait lorsqu'il fallait, après le raisin ou la pomme, manger le pain, objet de l'envie de tant de malheureux,[42] et la mère le laissait jeter le morceau commencé, ou l'achevait elle-même.

Or, il advint que Hanz tomba malade: la fièvre le brûlait, sa respiration sifflait dans son gosier[43] étranglé;[44] il avait le croup,[45] une terrible maladie qui a fait rougir les yeux de bien des mères et de bien des pères.

La pauvre femme, à ce spectacle, sentit une douleur horrible.

---

[35] *tant bien que mal:* avec difficulté
[36] *s'enorgueillit:* tira de la vanité
[37] *vermeils:* rouges (en bonne santé)
[38] *fossettes:* petites cavités
[39] *bouton:* ICI fleur avant son épanouissement
[40] *brin:* petit bout
[41] *Hanz était gourmand:* Hanz aimait manger avec excès
[42] *malheureux:* personnes pauvres
[43] *gosier:* partie intérieure du cou
[44] *étranglé:* resserré
[45] *croup:* maladie infectieuse qui peut causer la mort par asphyxie

Sans doute vous avez vu dans quelque église l'image de Notre-Dame,* vêtue de deuil et debout sous la croix, avec sa poitrine ouverte et son cœur ensanglanté, où plongent sept glaives[46] d'argent, trois d'un côté, quatre de l'autre. Cela veut dire qu'il n'y a pas d'agonie plus affreuse que celle d'une mère qui voit mourir son enfant.

Et pourtant la sainte Vierge croyait à la divinité de Jésus et savait que son fils ressusciterait.

Or, la mère de Hanz n'avait pas cet espoir.

Pendant les derniers jours de la maladie de Hanz, tout en le veillant,[47] la mère, machinalement,[48] continuait à filer, et le bourdonnement[49] du rouet se mêlait au râle du petit moribond.[50]

Si des riches trouvent étrange qu'une mère file près du lit de mort de son enfant, c'est qu'ils ne savent pas ce que la pauvreté renferme de tortures pour l'âme; hélas! elle ne brise pas seulement le corps, elle brise aussi le cœur.

Ce qu'elle filait ainsi, c'était le fil pour le linceul[51] de son petit Hanz; elle ne voulait pas qu'une toile qui eût servi enveloppât ce cher corps, et comme elle n'avait pas d'argent, elle faisait ronfler[52] son rouet avec une funèbre activité; mais elle ne passait pas le fil sur sa lèvre comme d'habitude: il lui tombait assez de pleurs des yeux pour le mouiller.

A la fin du sixième jour, Hanz expira. Soit hasard, soit sympathie, la guirlande de liseron qui caressait son berceau languit,[53] se fana, se dessécha, et laissa tomber sa dernière fleur crispée[54] sur le lit.

Quand la mère fut bien convaincue que le souffle s'était envolé à tout jamais de ses lèvres où les violettes de la mort avaient remplacé les roses de la vie, elle recouvrit, avec le bord du drap, cette tête trop chère, prit son paquet de fil sous son bras, et se dirigea vers la maison du tisserand.[55]

---

[46] *glaives:* épées tranchantes
[47] *tout en le veillant:* pendant qu'elle le surveillait
[48] *machinalement:* automatiquement
[49] *bourdonnement:* bruit
[50] *moribond:* mourant
[51] *linceul:* toile dans laquelle on ensevelit les morts
[52] *ronfler:* ICI marcher énergiquement
[53] *languit:* perdit ses forces
[54] *crispée:* fanée, flétrie
[55] *tisserand:* personne qui fait de la toile

«Tisserand, lui dit-elle, voici du fil bien égal, très-fin et sans nœuds: l'araignée[56] n'en file pas de plus délié[57] entre les solives[58] du plafond; que votre navette[59] aille et vienne; de ce fil il me faut faire une aune[60] de toile aussi douce que de la toile de Frise et de Hollande.»*

Le tisserand prit l'écheveau,[61] disposa la chaîne,[62] et la navette affairée, tirant le fil après elle, se mit à courir çà et là.

Le peigne[63] raffermissait[64] la trame,[65] et la toile s'avançait sur le métier[66] sans inégalité, sans rupture, aussi fine que la chemise d'une archiduchesse ou le linge dont le prêtre essuie le calice[67] à l'autel.

Quand le fil fut tout employé, le tisserand rendit la toile à la pauvre mère et lui dit, car il avait tout compris à l'air fixement désespéré de la malheureuse:

«Le fils de l'Empereur, qui est mort, l'année dernière, en nourrice,[68] n'est pas enveloppé dans son petit cercueil d'ébène,[69] à clous d'argent, d'une toile plus moelleuse et plus fine.»

Ayant plié la toile, la mère tira de son doigt amaigri un mince anneau d'or tout usé par le frottement:

«Bon tisserand, dit-elle, prenez cet anneau, mon anneau de mariage, le seul or que j'aie jamais possédé.»

Le brave homme[70] de tisserand ne voulait pas le prendre; mais elle lui dit:

«Je n'ai pas besoin de bague là où je vais; car, je le sens, les petits bras de Hanz me tirent en terre.»

---

[56] *araignée:* insecte qui fait sa propre toile
[57] *délié:* mince, fin
[58] *solives:* pièces de bois qui servent à soutenir les murs
[59] *navette:* instrument employé par le tisserand
[60] *aune:* ancienne mesure de longueur
[61] *écheveau:* faisceau de fil
[62] *chaîne:* fils tendus entre lesquels passe la trame
[63] *peigne:* instrument servant à serrer la trame
[64] *raffermissait:* rendait plus ferme
[65] *la trame:* fils qui passent transversalement entre les fils de la chaîne
[66] *métier:* machine pour la fabrication des tissus
[67] *calice:* vase sacré qui contient le vin de la messe
[68] *en nourrice:* pendant qu'il était nourri (allaité) par une femme autre que sa mère
[69] *ébène:* bois noir et dur
[70] *le brave homme:* l'honnête homme, l'homme au bon cœur

Elle alla ensuite chez le charpentier,[71] et lui dit:

«Maître, prenez de bon cœur du chêne[72] qui ne se pourrisse pas et que les vers ne puissent piquer; taillez-y cinq planches et deux planchettes, et faites-en une bière[73] de cette mesure.»

Le charpentier prit la scie[74] et le rabot,[75] ajusta les ais,[76] frappa, avec son maillet,[77] sur les clous le plus doucement possible, pour ne pas faire entrer les pointes de fer dans le cœur de la pauvre femme plus avant que dans le bois.

Quand l'ouvrage fut fini, on aurait dit, tant il était soigné et bien fait, une boîte à mettre des bijoux et des dentelles.

«Charpentier, qui avez fait un si beau cercueil à mon petit Hanz, je vous donne ma maison au bout du village, et le petit jardin qui est derrière, et le puits avec sa vigne. —Vous n'attendrez pas longtemps.»

Avec le linceul et le cercueil qu'elle tenait sous son bras, tant il était petit, elle s'en allait par[78] les rues du village, et les enfants, qui ne savent ce que c'est que la mort, disaient:

«Voyez comme la mère de Hanz lui porte une belle boîte de joujoux de Nuremberg;* sans doute une ville avec ses maisons de bois peintes et vernissées,[79] son clocher[80] entouré d'une feuille de plomb,[81] son beffroi[82] et sa tour crénelée,[83] et les arbres des promenades, tout frisés[84] et tout verts, ou bien un joli violon avec ses chevilles[85] sculptées au manche et son archet[86] en crin[87] de cheval. —Oh! que n'avons-nous une boîte pareille!»

---

[71] *charpentier:* personne qui travaille le bois
[72] *chêne:* bois très dur
[73] *bière:* cercueil (coffre dans lequel on ensevelit les morts)
[74] *scie:* instrument pour scier (couper) le bois
[75] *rabot:* instrument pour aplanir le bois
[76] *les ais:* les planches
[77] *maillet:* marteau de bois
[78] *s'en allait par:* traversait
[79] *vernissées:* couvertes de vernis (matière dont on recouvre la surface pour lui donner de l'éclat)
[80] *clocher:* tour d'une église
[81] *feuille de plomb:* feuille de métal très lourd
[82] *beffroi:* tour d'où les gardes surveillaient les environs de la ville
[83] *crénelée:* dentelée
[84] *frisés:* tordus en spirale
[85] *chevilles:* parties qui servent à tendre les cordes
[86] *archet:* baguette tendue de crin avec laquelle on joue du violon
[87] *crin:* poil

Et les mères, en pâlissant, les embrassaient et les faisaient taire:

« Imprudents que vous êtes, ne dites pas cela; ne la souhaitez pas la boîte à joujoux, la boîte à violon que l'on porte sous le bras en pleurant; vous l'aurez assez tôt, pauvres petits! »

Quand la mère de Hanz fut rentrée, elle prit le cadavre mignon et encore joli de son fils, et se mit à lui faire cette dernière toilette qu'il faut bien soigner, car elle doit durer l'éternité.

Elle le revêtit de ses habits du dimanche, de sa robe de soie et de sa pelisse[88] à fourrures, pour qu'il n'eût pas froid dans l'endroit humide où il allait. Elle plaça à côté de lui la poupée aux yeux d'émail[89] qu'il aimait tant qu'il la faisait coucher dans son berceau.

Mais, au moment de rabattre le linceul sur le corps à qui elle avait donné mille fois le dernier baiser, elle s'aperçut qu'elle avait oublié de mettre à l'enfant mort ses jolis petits souliers rouges.

Elle les chercha dans la chambre, car cela lui faisait de la peine de voir nus ces pieds autrefois si tièdes et si vermeils, maintenant si glacés et si pâles; mais, pendant son absence, les rats ayant trouvé les souliers sous le lit, faute de[90] meilleure nourriture, avaient grignoté,[91] rongé et déchiqueté[92] la peau.

Ce fut un grand chagrin pour la pauvre mère que son Hanz s'en allât dans l'autre monde les pieds nus; alors que[93] le cœur n'est plus qu'une plaie, il suffit de le toucher pour le faire saigner.

Elle pleura devant ces souliers: de cet œil enflammé et tari[94] une larme put jaillir encore.

Comment pourrait-elle avoir des souliers pour Hanz, elle avait donné sa bague et sa maison? Telle était la pensée qui la tourmentait. A force de rêver, il lui vint une idée.

Dans la huche restait une miche[95] tout entière, car, depuis longtemps, la malheureuse, nourrie par son chagrin, ne mangeait plus.

---

[88] *pelisse:* manteau
[89] *d'émail:* d'une couleur métallique
[90] *faute de:* par manque de
[91] *grignoté:* mangé en rongeant
[92] *déchiqueté:* déchiré avec les dents
[93] *alors que:* ICI quand
[94] *tari:* désseché
[95] *miche:* pain de petite grosseur

Elle fendit[96] cette miche, se souvenant qu'autrefois, avec la mie,[97] elle avait fait, pour amuser Hanz, des pigeons, des canards, des poules, des sabots,[98] des barques[99] et autres puérilités.

Plaçant la mie dans le creux de sa main, et la pétrissant avec son pouce en l'humectant[1] de ses larmes, elle fit une paire de petits souliers de pain dont elle chaussa les pieds froids et bleuâtres de l'enfant mort, et, le cœur soulagé, elle rabattit le linceul et ferma la bière. —Pendant qu'elle pétrissait la mie, un pauvre s'était présenté sur le seuil, timide, demandant du pain; mais de la main elle lui avait fait signe de s'éloigner.

Le fossoyeur[2] vint prendre la boîte, et l'enfouit dans un coin du cimetière sous une touffe de rosiers blancs: l'air était doux, il ne pleuvait pas, et la terre n'était pas mouillée; ce fut une consolation pour la mère, qui pensa que son pauvre petit Hanz ne passerait pas trop mal sa première nuit de tombeau.

Revenue dans sa maison solitaire, elle plaça le berceau de Hanz à côté de son lit, se coucha et s'endormit.

La nature brisée succombait.

En dormant, elle eut un rêve, ou, du moins, elle crut que c'était un rêve.

Hanz lui apparut, vêtu, comme dans sa bière, de sa robe des dimanches, de sa pelisse à fourrure de cygne, ayant à la main sa poupée aux yeux d'émail, et aux pieds ses souliers de pain.

Il semblait triste.

Il n'avait pas cette auréole[3] que la mort doit donner aux petits innocents; car si l'on met un enfant dans la terre, il en sort un ange. Les roses du Paradis ne fleurissaient pas sur ses joues pâles, fardées en blanc par la mort; des larmes tombaient de ses cils blonds, et de gros soupirs gonflaient[4] sa petite poitrine.

La vision disparut, et la mère s'éveilla baignée de sueur, ravie d'avoir

---

[96] *fendit:* coupa
[97] *mie:* partie intérieure du pain
[98] *sabots:* souliers grossiers en bois
[99] *barques:* petits bateaux
[1] *humectant:* mouillant
[2] *fossoyeur:* homme qui creuse des fosses pour enterrer les morts
[3] *auréole:* cercle lumineux qui entoure la tête des saints
[4] *gonflaient:* ICI remplissaient

vu son fils, effrayée de l'avoir revu si triste; mais elle se rassura en se disant: Pauvre Hanz! même en Paradis, il ne peut m'oublier.

La nuit suivante, l'apparition se renouvela: Hanz était encore plus triste et plus pâle.

Sa mère, lui tendant les bras, lui dit:

«Cher enfant, console-toi, et ne t'ennuie pas au Ciel, je vais te rejoindre.»

La troisième nuit, Hanz revint encore; il gémissait[5] et pleurait plus que les autres fois, et il disparut en joignant ses petites mains: il n'avait plus sa poupée, mais il avait toujours ses souliers de pain.

La mère inquiète alla consulter un vénérable prêtre qui lui dit:

«Je veillerai près de vous cette nuit, et j'interrogerai le petit spectre; il me répondra; je sais les mots qu'il faut dire aux esprits innocents ou coupables.»

Hanz parut à l'heure ordinaire, et le prêtre le somma,[6] avec les mots consacrés, de dire ce qui le tourmentait dans l'autre monde.

«Ce sont les souliers de pain qui font mon tourment et m'empêchent de monter l'escalier de diamant du Paradis; ils sont plus lourds à mes pieds que des bottes de postillon,[7] et je ne puis dépasser les deux ou trois premières marches, et cela me cause une grande peine, car je vois là-haut une nuée[8] de beaux chérubins[9] avec des ailes roses qui m'appellent pour jouer et me montrent des joujoux d'argent et d'or.

Ayant dit ces mots, il disparut.

Le saint prêtre, à qui la mère de Hanz avait fait sa confession, lui dit:

«Vous avez commis une grande faute, vous avez profané le pain quotidien, le pain sacré, le pain du bon Dieu, le pain que Jésus-Christ, à son dernier repas, a choisi pour représenter son corps, et, après en avoir refusé une tranche au pauvre qui s'est présenté sur votre seuil, vous en avez pétri des souliers pour votre Hanz.

---

[5] *gémissait:* faisait des sons plaintifs
[6] *le somma:* lui ordonna
[7] *postillon:* conducteur de la poste aux chevaux (les bottes de postillon sont ordinairement très lourdes)
[8] *une nuée:* ICI beaucoup
[9] *chérubins:* catégorie d'anges

«Il faut ouvrir la bière, retirer les souliers de pain des pieds de l'enfant et les brûler dans le feu qui purifie tout.»

Accompagné du fossoyeur et de la mère, le prêtre se rendit au cimetière: en quatre coups[10] de bêche[11] on mit le cercueil à nu, on l'ouvrit.

Hanz était couché dedans, tel que sa mère l'y avait posé, mais sa figure avait une expression de douleur.

Le saint prêtre ôta délicatement des talons du jeune mort les souliers de pain, et les brûla lui-même à la flamme d'un cierge[12] en récitant une prière.

Lorsque la nuit vint, Hanz apparut à sa mère une dernière fois, mais joyeux, rose, content, avec deux petit chérubins dont il s'était déjà fait des amis; il avait des ailes de lumière et un bourrelet[13] de diamants.

«Oh! ma mère, quelle joie, quelle félicité, et comme ils sont beaux les jardins du Paradis! On y joue éternellement, et le bon Dieu ne gronde jamais.»

Le lendemain, la mère revit son fils, non pas sur terre, mais au ciel; car elle mourut dans la journée, le front penché sur le berceau vide.

---

[10] *en quatre coups:* en quelques coups
[11] *bêche:* lame plate pour retourner la terre
[12] *cierge:* grande chandelle pour les églises
[13] *bourrelet:* garniture

NOTES EXPLICATIVES

(3) *Rhin:* long fleuve qui naît dans les Alpes, traverse la Suisse, l'Allemagne, la Hollande et se jette dans la mer du Nord.

(67) *l'image de Notre-Dame:* La Vierge est souvent représentée comme le décrit l'auteur ici.

(98) *la toile de Frise et de Hollande:* La toile de ces régions est particulièrement connue pour sa douceur. La province de Frise est située entre l'Allemagne et la Hollande.

(135) *joujoux de Nuremberg:* Les jouets de cette ville allemande étaient très connus.

Exercices de grammaire

A. «Ce logis était...pauvre, **mais non pas** triste.» (39)

D'après cet exemple, complétez les phrases ci-dessous selon votre imagination:

1. Ce garçon était intelligent... **2.** Ces personnes étaient amusantes... **3.** Cette jeune fille était belle... **4.** Cet arbre était vieux... **5.** Cette poupée était chère...

B. «Hanz **ne manquait de** rien.» (42) (SENS: Rien ne manquait à Hanz.)

D'après cet exemple, transformez les phrases ci-dessous:

1. Nous ne manquions de rien. **2.** Rien ne manquait à ses amis. **3.** Ils ne manquaient pas d'argent. **4.** Vous ne manquerez pas d'admirateurs. **5.** L'aplomb ne te manque pas.

C. «**C'était** une femme pieuse et croyante **que** la mère.» (44) (SENS: La mère était une femme pieuse et croyante.)

D'après cet exemple, transformez les phrases ci-dessous:

1. La sœur de Charles était une jeune fille aimable. **2.** La rose est une belle fleur. **3.** Les amis de Jean étaient des jeunes gens bavards. **4.** Les soldats du général sont des hommes courageux. **5.** Le père de Maurice est un homme difficile.

D. «Il n'y a pas d'agonie plus affreuse **que celle**...» (70—71)

D'après cet exemple, complétez les phrases ci-dessous selon votre imagination:

1. Il n'y a pas de jouets plus amusants que... **2.** Il n'y a pas de restaurants plus élégants que... **3.** Il n'y a pas de villes plus fascinantes que... **4.** Il n'y a pas de crime plus épouvantable que... **5.** Il n'y a pas de péché plus abominable que...

E. «**Il me faut faire**...» (97) (SENS: Il faut que je fasse.)
D'après cet exemple, transformez les phrases ci-dessous:

1. Il nous faut ralentir. **2.** Il vous faut trouver une place. **3.** Il me faut partir. **4.** Il te faut dormir. **5.** Il lui faut rentrer.

Questions portant sur le texte

1. Pourquoi l'auteur situe-t-il son histoire en Allemagne? (1—4)
2. Quel effet l'auteur cherche-t-il à produire par le premier paragraphe? (1—4)
3. Pourquoi la femme habite-t-elle à l'extrémité du village? (5)
4. Tracez un portrait de la femme d'après la description de ses meubles. (8—13)
5. En quoi le berceau est-il différent du reste des meubles? (14—17)
6. En quoi la nature est-elle compatissante aux malheureux? (23—30)
7. Quels sont, dans la description des plantes, tous les mots qui leur confèrent une certaine humanité? (23—30)
8. Quelle morale pouvons-nous tirer de l'action du petit oiseau? (31—38)
9. Résumez tous les éléments qui rendent le logis agréable. (14—38)
10. Pourquoi est-il nécessaire pour ce récit que la mère de Hanz soit une veuve? (40—43)
11. Est-ce vraiment une faute que de s'enorgueillir de son enfant? (45—47)

12. Pour quelle faute la mère de Hanz est-elle punie? (48—52)
13. La comparaison entre Dieu et un créancier oublié est-elle juste dans ce contexte? (51—52)
14. Qu'est-ce que Dieu reproche exactement à la mère de Hanz? (53—57)
15. Est-il exact de dire que Hanz est gourmand? (58—62)
16. Est-ce que l'adjectif «mauvais» est bien choisi? (59)
17. Est-ce que l'auteur implique que la maladie de Hanz est méritée? (63—65)
18. La comparaison entre la Vierge et la mère de Hanz est-elle bien choisie? (67—71)
19. N'y a-t-il pas de contradiction dans le fait que la mère de Hanz ne croit pas que son fils ressuscitera? (72—73)
20. Quelles sont quelques-unes des tortures que la pauvreté renferme pour l'âme? (78—81)
21. Que pensez-vous de l'action de la mère qui prépare un linceul avant que Hanz ne soit mort? (82—86)
22. Comment le tisserand répond-il à la requête de la mère de Hanz? (99—103)
23. Est-ce que le tisserand trouve les mots qui conviennent quand il donne le linceul à la mère de Hanz? (107—109)
24. Pourquoi la mère se débarrasse-t-elle de son anneau d'or? (116—117)
25. En quoi le charpentier ressemble-t-il au tisserand? (122—125)
26. Qu'y a-t-il de touchant dans la réaction des petits enfants? (134—140)
27. Quel effet l'auteur cherche-t-il à produire en décrivant avec tant de détails les «joujoux de Nuremberg»? (134—139)
28. Quels sont les éléments qui montrent la naïveté de la mère de Hanz lorsqu'elle lui fait sa dernière toilette? (145—151)
29. Qu'y a-t-il de curieux dans l'expression «nourrie par son chagrin»? (169)
30. L'auteur répète ce qu'il considère comme le plus grand des péchés. Quel est-il? (176—178)

31. Pourquoi le pauvre arrive-t-il juste au moment où la mère pétrit les souliers? (176—177)
32. Quelle est l'importance de la «correction» de l'auteur: «elle eut un rêve, ou, du moins, elle crut que c'était un rêve»? (187—188)
33. Quelle est l'unique chose qui surprenne la mère quand elle voit Hanz en rêve? (189—194)
34. A quoi la mère de Hanz attribue-t-elle le chagrin de son fils? (200) En quoi cela est-il caractéristique?
35. Est-il important de savoir que Hanz apparaît trois fois aux yeux de sa mère avant qu'elle n'aille consulter le prêtre? (206—209)
36. Comment l'auteur récompense-t-il la mère de son repentir? (246—247)

Questions générales portant sur le texte

1. Quels sont dans ce récit tous les parallèles entre la Vierge et la mère de Hanz?
2. Relevez dans ce récit tous les éléments du merveilleux.
3. Quels sont toutes les actions qui auraient pu se passer en réalité?
4. Comment l'auteur s'y prend-il pour créer l'atmosphère de légende qui enveloppe cette histoire?
5. Cette légende contient une morale: quelle est-elle?
6. Comme dans beaucoup de légendes, nous trouvons ici une part de cruauté. Etes-vous d'accord avec ce jugement? Justifiez votre réponse.
7. Est-ce que les grand'mères d'Allemagne ont raison de raconter cette histoire à leurs petits enfants?

Sujets de devoirs

1. A l'exemple du troisième paragraphe de ce récit, décrivez: a) votre propre chambre, b) une chambre d'hôtel, c) une chambre très luxueuse.
2. L'auteur nous dit que la nature est compatissante aux malheureux. Trouvez et décrivez des exemples où la nature est hostile aux malheureux.
3. Ecrivez un court résumé d'un conte de fée que vous connaissez bien.
4. Choisissez un conte de fée dont la morale correspond à vos convictions et dites pourquoi.
5. Choisissez un conte de fée dont la morale vous semble nuisible, et expliquez votre point de vue.

ALFRED DE MUSSET

Alfred de Musset naquit en 1810. Après de brillantes études, il se lance dans la poésie, où il exprime avec sincérité ses passions. A l'âge de 18 ans, il fait partie du Cénacle de Victor Hugo, et deux ans plus tard il publie son premier recueil : *Contes d'Espagne et d'Italie.* Ses débuts dramatiques datent de 1830, mais sa première pièce, *Les Nuits Vénitiennes,* fut un échec. Il rompit avec le Cénacle, surtout parce qu'il ne s'intéressait guère à la mission sociale de l'écrivain, et tourna ses regards vers la Grèce et l'Italie. Après plusieurs liaisons, Musset fit la connaissance de George Sand (1804–1876), célèbre romancière, et tomba éperdument amoureux d'elle. Après un voyage en Italie, Sand rompit avec lui et Musset rentra à Paris en 1834, le cœur brisé. Ce grand amour et l'amère désillusion qui en résulta est à la source de ses plus beaux poèmes : *Les Nuits*. Ses chefs-d'œuvre dramatiques sont *On ne badine pas avec l'amour, Fantasio* et *Les Caprices de Marianne.* Musset fut reçu à l'Académie française en 1852, et mourut cinq ans plus tard, usé par une vie extrêmement mouvementée.

Histoire d'un merle blanc fut publiée dans le *Journal des Débats* les 14 et 15 octobre 1842, précédée de la note suivante : «La charmante composition que nous publions ici, et qui est due à la plume élégante et fine de M. Alfred de Musset, fait partie de la publication des *Scènes de la vie publique et privée des animaux.* Ce recueil de fantaisies spirituelles... sera bientôt terminé.... Les bêtes ont pu faire la critique des travers des hommes et présenter à notre siècle un tableau piquant de ses mœurs.»

En 1854, ce récit fut recueilli dans le volume de *Contes*. Il est évident que le merle n'est autre que Musset, et la merlette, George Sand.

A consulter : Philippe Van Tieghem, *Musset, l'homme et l'œuvre,* Paris, 1944.

Histoire d'un merle blanc

I

Qu'il est glorieux, mais qu'il est pénible[1] d'être en ce monde un merle[2] exceptionnel! Je ne suis point un oiseau fabuleux, et monsieur de Buffon* m'a décrit. Mais, hélas! je suis extrêmement rare, et très difficile à trouver. Plût au Ciel que je fusse tout à fait impossible!

Mon père et ma mère étaient deux bonnes gens qui vivaient, depuis nombre d'années,[3] au fond d'un vieux jardin retiré du Marais.* C'était un ménage exemplaire. Pendant que ma mère, assise dans un buisson fourré,[4] pondait[5] régulièrement trois fois par an, et couvait,[6] tout en sommeillant, avec une religion patriarcale, mon père, encore fort propre et fort pétulant, malgré son grand âge, picorait[7] autour d'elle toute la journée, lui apportant de beaux insectes qu'il saisissait délicatement par le bout de la queue pour ne pas dégoûter sa femme, et, la nuit venue, il ne manquait jamais, quand il faisait beau, de la régaler d'une chanson qui réjouissait tout le voisinage. Jamais une querelle, jamais le moindre nuage n'avait troublé cette douce union.

A peine fus-je venu au monde, que, pour la première fois de sa vie, mon père commença à montrer de la mauvaise humeur. Bien que je ne fusse encore que d'un gris douteux,[8] il ne reconnaissait en moi ni la couleur, ni la tournure[9] de sa nombreuse postérité.

«Voilà un sale enfant, disait-il quelquefois en me regardant de travers;[10] il faut que ce gamin[11]-là aille apparemment se fourrer[12]

---

[1] *pénible:* difficile
[2] *merle:* espèce d'oiseaux (de la même famille que les grives) à plumage sombre
[3] *nombre d'années:* de nombreuses années
[4] *buisson fourré:* ensemble de petits arbres épais
[5] *pondait:* faisait des œufs
[6] *couvait:* faisait éclore les œufs
[7] *picorait:* cherchait sa nourriture
[8] *gris douteux:* gris indistinct
[9] *tournure:* conformation
[10] *de travers:* ICI avec colère
[11] *gamin:* enfant (souvent espiègle)
[12] *se fourrer:* se mettre

dans tous les plâtres et tous les tas de boue qu'il rencontre, pour être toujours si laid et si crotté.[13]

—Eh! mon Dieu, mon ami, répondait ma mère, toujours roulée en boule dans une vieille écuelle[14] dont elle avait fait son nid, ne voyez-vous pas que c'est de son âge? Et vous-même, dans votre jeune temps, n'avez-vous pas été un charmant vaurien?[15] Laissez grandir notre merlichon,[16] et vous verrez comme il sera beau; il est des mieux que j'aie pondus.»

Tout en prenant ainsi ma défense, ma mère ne s'y trompait pas;[17] elle voyait pousser mon fatal plumage, qui lui semblait une monstruosité; mais elle faisait comme toutes les mères, qui s'attachent souvent à leurs enfants par cela même[18] qu'ils sont maltraités de la nature, comme si la faute en était à elles, ou comme si elles repoussaient d'avance l'injustice du sort[19] qui doit les frapper.

Quand vint le temps de ma première mue,[20] mon père devint tout à fait pensif et me considéra attentivement. Tant que mes plumes tombèrent, il me traita encore avec assez de bonté et me donna même la pâtée,[21] me voyant grelotter[22] presque nu dans un coin; mais, dès que mes pauvres ailerons[23] transis[24] commencèrent à se recouvrir de duvet,[25] à chaque plume blanche qu'il vit paraître, il entra dans une telle colère, que je craignis qu'il ne me plumât[26] pour le reste de mes jours. Hélas! je n'avais pas de miroir: j'ignorais le sujet de cette fureur, et je me demandais pourquoi le meilleur des pères se montrait pour moi si barbare.

Un jour qu'un rayon de soleil et ma fourrure naissante m'avaient

---

[13] *crotté:* couvert de boue
[14] *écuelle:* vase creux
[15] *vaurien:* personne légère (qui aime s'amuser)
[16] *merlichon:* petit merle
[17] *ne s'y trompait pas:* n'était pas dupe
[18] *par cela même:* justement pour cette raison
[19] *sort:* destin
[20] *mue:* changement de plumage
[21] *pâtée:* nourriture pour les animaux
[22] *grelotter:* trembler (de froid)
[23] *ailerons:* petites ailes
[24] *transis:* saisis de froid
[25] *duvet:* premières plumes (d'un oiseau)
[26] *plumât:* arrachât les plumes

mis, malgré moi, le cœur en joie, comme je voltigeais[27] dans une allée, je me mis, pour mon malheur, à chanter. A la première note qu'il entendit, mon père sauta en l'air comme une fusée.[28]

«Qu'est-ce que j'entends là? s'écria-t-il; est-ce ainsi qu'un merle siffle? est-ce ainsi que je siffle? est-ce là siffler?»

Et, s'abattant près de ma mère avec la contenance la plus terrible:

«Malheureuse! dit-il, qui est-ce qui a pondu dans ton nid?»

A ces mots, ma mère indignée s'élança de son écuelle, non sans se faire du mal à une patte; elle voulut parler, mais ses sanglots la suffoquaient; elle tomba à terre à demi pâmée.[29] Je la vis près d'expirer; épouvanté et tremblant de peur, je me jetai aux genoux de mon père.

«O mon père! lui dis-je, si je siffle de travers,[30] et si je suis mal vêtu, que ma mère n'en soit point punie! Est-ce sa faute si la nature m'a refusé une voix comme la vôtre? Est-ce sa faute si je n'ai pas votre beau bec jaune et votre bel habit noir à la française, qui vous donnent l'air d'un marguillier[31] en train d'avaler une omelette? Si le Ciel a fait de moi un monstre, et si quelqu'un doit en porter la peine, que je sois du moins le seul malheureux!

—Il ne s'agit pas de cela, dit mon père; que signifie la manière absurde dont tu viens de te permettre de siffler? qui t'a appris à siffler ainsi contre tous les usages et toutes les règles?

—Hélas! monsieur, répondis-je humblement, j'ai sifflé comme je pouvais, me sentant gai parce qu'il fait beau, et ayant peut-être mangé trop de mouches.

—On ne siffle pas ainsi dans ma famille, reprit mon père hors de lui. Il y a des siècles que nous sifflons de père en fils, et, lorsque je fais entendre ma voix la nuit, apprends qu'il y a ici, au premier étage, un vieux monsieur, et au grenier une jeune grisette,[32] qui ouvrent leurs fenêtres pour m'entendre. N'est-ce pas assez que j'aie devant les yeux l'affreuse couleur de tes sottes plumes qui te donnent l'air enfariné[33]

---

[27] *je voltigeais:* je volais çà et là
[28] *sauta en l'air comme une fusée:* sauta fort haut
[29] *pâmée:* défaillante (presque sans connaissance)
[30] *de travers:* ICI mal, faux
[31] *marguillier:* membre d'un conseil d'église (personnage important)
[32] *grisette:* ouvrière frivole
[33] *enfariné:* plein de farine (blanc)

comme un paillasse[34] de la foire? Si je n'étais le plus pacifique des merles, je t'aurais déjà cent fois mis à nu, ni plus ni moins qu'un poulet de basse-cour prêt à être embroché.[35]

—Eh bien! m'écriai-je, révolté de l'injustice de mon père, s'il en est ainsi, monsieur, qu'à cela ne tienne![36] Je me déroberai à votre présence, je délivrerai vos regards de cette malheureuse queue blanche par laquelle vous me tirez toute la journée. Je partirai, monsieur, je fuirai; assez d'autres enfants consoleront votre vieillesse, puisque ma mère pond trois fois par an; j'irai loin de vous cacher ma misère et peut-être, ajoutai-je en sanglotant, peut-être trouverai-je, dans le potager[37] du voisin ou sur les gouttières,[38] quelques vers de terre ou quelques araignées pour soutenir ma triste existence.

—Comme tu voudras, répliqua mon père, loin de s'attendrir à ce discours: que je ne te voie plus! Tu n'es pas mon fils; tu n'es pas un merle.

—Et que suis-je donc, monsieur, s'il vous plaît?

—Je n'en sais rien, mais tu n'es pas un merle.»

Après ces paroles foudroyantes,[39] mon père s'éloigna à pas lents. Ma mère se releva tristement, et alla, en boitant, achever de pleurer dans son écuelle. Pour moi, confus et désolé, je pris mon vol du mieux que je pus, et j'allai, comme je l'avais annoncé, me percher sur la gouttière d'une maison voisine.

II

Mon père eut l'inhumanité de me laisser pendant plusieurs jours dans cette situation mortifiante. Malgré sa violence, il avait bon cœur, et, aux regards détournés[40] qu'il me lançait, je voyais bien qu'il aurait voulu me pardonner et me rappeler; ma mère surtout levait sans cesse vers moi des yeux pleins de tendresse, et se risquait même parfois à

---

[34] *paillasse:* clown, saltimbanque
[35] *prêt à être embroché:* sur le point d'être cuit
[36] *qu'à cela ne tienne:* que cela ne vous arrête pas; je ne vois qu'une solution
[37] *potager:* jardin où l'on cultive des légumes
[38] *gouttières:* canaux qui reçoivent les eaux du toit
[39] *foudroyantes:* qui causent une grande émotion
[40] *détournés:* obliques

m'appeler d'un petit cri plaintif; mais mon horrible plumage blanc leur inspirait malgré eux une répugnance et un effroi auxquels je vis bien qu'il n'y avait point de remède.

«Je ne suis point un merle!» me répétais-je; et, en effet, en m'épluchant[41] le matin et en me mirant[42] dans l'eau de la gouttière, je ne reconnaissais que trop clairement combien je ressemblais peu à ma famille... «O Ciel! répétais-je encore, apprends-moi donc ce que je suis!»

Une certaine nuit qu'il pleuvait à verse,[43] j'allais m'endormir, exténué de faim et de chagrin, lorsque je vis se poser près de moi un oiseau plus mouillé, plus pâle et plus maigre que je ne le croyais possible. Il était à peu près de ma couleur, autant que j'en pus juger à travers la pluie qui nous inondait; à peine avait-il sur le corps assez de plumes pour habiller un moineau,[44] et il était plus gros que moi. Il me sembla, au premier abord, un oiseau tout à fait pauvre et nécessiteux;[45] mais il gardait, en dépit de l'orage qui maltraitait son front presque tondu,[46] un air de fierté qui me charma. Je lui fis modestement une grande révérence, à laquelle il répondit par un coup de bec qui faillit me jeter[47] à bas de la gouttière. Voyant que je me grattais l'oreille et que je me retirais avec componction[48] sans essayer de lui répondre en sa langue:

«Qui es-tu? me demanda-t-il d'une voix aussi enrouée[49] que son crâne était chauve.

—Hélas! monseigneur, répondis-je (craignant une seconde estocade),[50] je n'en sais rien. Je croyais être un merle, mais l'on m'a convaincu que je n'en suis pas un.»

La singularité de ma réponse et mon air de sincérité l'intéressèrent. Il s'approcha de moi et me fit conter mon histoire, ce dont je m'acquittai

---

[41] *en m'épluchant:* ICI en enlevant les saletés de mes plumes
[42] *en me mirant:* en me regardant (comme dans un miroir)
[43] *pleuvait à verse:* pleuvait très fort
[44] *moineau:* genre d'oiseaux très communs
[45] *nécessiteux:* indigent
[46] *tondu:* glabre (sans plumes)
[47] *qui faillit me jeter:* qui me jeta presque
[48] *componction:* regret (d'avoir offensé quelqu'un)
[49] *enrouée:* rauque
[50] *estocade:* ICI coup violent (de bec)

avec toute la tristesse et toute l'humilité qui convenaient à ma position et au temps affreux qu'il faisait.

«Si tu étais un ramier[51] comme moi, me dit-il après m'avoir écouté, les niaiseries[52] dont tu t'affliges ne t'inquiéteraient pas un moment. Nous voyageons, c'est là notre vie, et nous avons bien nos amours, mais je ne sais qui est mon père. Fendre[53] l'air, traverser l'espace, voir à nos pieds les monts et les plaines, respirer l'azur même des cieux, et non les exhalaisons de la terre, courir comme la flèche à un but marqué qui ne nous échappe jamais, voilà notre plaisir et notre existence. Je fais plus de chemin en un jour qu'un homme n'en peut faire en dix.

—Sur ma parole, monsieur, dis-je un peu enhardi,[54] vous êtes un oiseau bohémien.

—C'est encore une chose dont je ne me soucie[55] guère, reprit-il. Je n'ai point de pays; je ne connais que trois choses: les voyages, ma femme et mes petits. Où est ma femme, là est ma patrie.

—Mais qu'avez-vous là qui vous pend au cou? C'est comme une vieille papillote[56] chiffonnée.

—Ce sont des papiers d'importance, répondit-il en se rengorgeant;[57] je vais à Bruxelles* de ce pas,[58] et je porte au célèbre banquier *** une nouvelle qui va faire baisser la rente[59] d'un franc soixante-dix-huit centimes.

—Juste Dieu! m'écriai-je, c'est une belle existence que la vôtre, et Bruxelles, j'en suis sûr, doit être une ville bien curieuse à voir. Ne pourriez-vous pas m'emmener avec vous? Puisque je ne suis pas un merle, je suis peut-être un pigeon ramier.

—Si tu en étais un, répliqua-t-il, tu m'aurais rendu le coup de bec que je t'ai donné tout à l'heure.

—Eh bien! monsieur, je vous le rendrai; ne nous brouillons pas[60]

---

[51] *ramier:* pigeon sauvage
[52] *niaiseries:* bêtises, stupidités
[53] *fendre:* traverser (avec rapidité), couper
[54] *enhardi:* plus courageux
[55] *je ne me soucie:* je ne m'inquiète; je ne m'occupe
[56] *papillote:* morceau de papier
[57] *se rengorgeant:* faisant l'important
[58] *de ce pas:* maintenant; immédiatement
[59] *la rente:* les obligations nationales
[60] *ne nous brouillons pas:* ne nous disputons pas

pour si peu de chose. Voilà le matin qui paraît et l'orage qui s'apaise. De grâce, laissez-moi vous suivre! Je suis perdu, je n'ai plus rien au monde; si vous me refusez, il ne me reste plus qu'à me noyer dans cette gouttière.

—Eh bien! en route! suis-moi, si tu peux.»

Je jetai un dernier regard sur le jardin où dormait ma mère. Une larme coula de mes yeux; le vent et la pluie l'emportèrent. J'ouvris mes ailes, et je partis.

III

Mes ailes, je l'ai dit, n'étaient pas encore bien robustes. Tandis que mon conducteur allait comme le vent, je m'essoufflais[61] à ses côtés; je tins bon pendant quelque temps, mais bientôt il me prit un éblouissement[62] si violent que je me sentis près de défaillir.[63]

«Y en a-t-il encore pour longtemps? demandai-je d'une voix faible.

—Non, me répondit-il, nous sommes au Bourget;* nous n'avons plus que soixante lieues* à faire.»

J'essayai de reprendre courage, ne voulant pas avoir l'air d'une poule mouillée,[64] et je volai encore un quart d'heure, mais, pour le coup,[65] j'étais rendu.[66]

«Monsieur, bégayai-je[67] de nouveau, ne pourrait-on pas s'arrêter un instant? J'ai une soif horrible qui me tourmente, et, en nous perchant sur un arbre...

—Va-t'en au diable! tu n'es qu'un merle!» me répondit le ramier en colère.

Et, sans daigner tourner la tête, il continua son voyage enragé. Quant à moi, abasourdi[68] et n'y voyant plus, je tombai dans un champ de blé.

J'ignore combien de temps dura mon évanouissement. Lorsque je

---

[61] *je m'essoufflais:* je perdais mon souffle
[62] *éblouissement:* faiblesse, défaillance
[63] *défaillir:* tomber en faiblesse; perdre connaissance
[64] *poule mouillée:* LANGAGE POPULAIRE lâche, peureux
[65] *pour le coup:* cette fois-ci
[66] *rendu:* ICI épuisé, exténué
[67] *bégayai-je:* dis-je (en hésitant)
[68] *abasourdi:* consterné, stupéfait

repris connaissance, ce qui me revint d'abord en mémoire fut la dernière parole du ramier: «Tu n'es qu'un merle», m'avait-il dit. —O mes chers parents, pensai-je, vous vous êtes donc trompés! Je vais retourner près de vous; vous me reconnaîtrez pour votre vrai et légitime enfant, et vous me rendrez ma place dans ce bon petit tas de feuilles qui est sous l'écuelle de ma mère.

Je fis un effort pour me lever; mais la fatigue du voyage et la douleur que je ressentais de ma chute me paralysaient tous les membres. A peine me fus-je dressé sur mes pattes, que la défaillance me reprit, et je retombai sur le flanc.

L'affreuse pensée de la mort se présentait déjà à mon esprit, lorsque, à travers les bluets[69] et les coquelicots,[70] je vis venir à moi, sur la pointe du pied, deux charmantes personnes. L'une était une petite pie[71] fort bien bouchetée[72] et extrêmement coquette, et l'autre une tourterelle[73] couleur de rose. La tourterelle s'arrêta à quelques pas de distance, avec un grand air de pudeur et de compassion pour mon infortune; mais la pie s'approcha en sautillant[74] de la manière la plus agréable du monde.

«Eh! bon Dieu! pauvre enfant, que faites-vous là? me demanda-t-elle d'une voix folâtre[75] et argentine.[76]

—Hélas! madame la marquise, répondis-je (car c'en devait être une pour le moins), je suis un pauvre diable de voyageur que son postillon[77] a laissé en route, et je suis en train de mourir de faim.

—Sainte Vierge! que me dites-vous?» répondit-elle.

Et aussitôt elle se mit à voltiger çà et là sur les buissons qui nous entouraient, allant et venant de côté et d'autre, m'apportant quantité de baies[78] et de fruits, dont elle fit un petit tas près de moi, tout en continuant ses questions.

---

[69] *bluets:* fleurs bleues, très communes
[70] *coquelicots:* fleurs rouges (des champs)
[71] *pie:* oiseau à plumage blanc et noir
[72] *bouchetée:* ICI soignée
[73] *tourterelle:* espèce d'oiseaux (de la famille des colombes)
[74] *sautillant:* sautant légèrement
[75] *folâtre:* gaie
[76] *argentine:* claire
[77] *postillon:* ICI conducteur
[78] *baies:* fruits de divers arbres

«Mais qui êtes-vous? mais d'où venez-vous? C'est une chose incroyable que votre aventure! Et où alliez-vous? Voyager seul, si jeune, car vous sortez de votre permière mue! Que font vos parents? d'où sont-ils? comment vous laissent-ils aller dans cet état-là? Mais c'est à faire dresser les plumes sur la tête!»*

Pendant qu'elle parlait, je m'étais soulevé un peu de côté, et je mangeais de grand appétit. La tourterelle restait immobile, me regardant toujours d'un œil de pitié. Cependant elle remarqua que je retournais la tête d'un air languissant,[79] et elle comprit que j'avais soif. De la pluie tombée dans la nuit, une goutte restait sur un brin de mouron;[80] elle recueillit timidement cette goutte dans son bec, et me l'apporta toute fraîche. Certainement, si je n'eusse pas été si malade, une personne si réservée ne se serait jamais permis une pareille démarche.

Je ne savais pas encore ce que c'est que l'amour, mais mon cœur battait violemment. Partagé entre deux émotions diverses, j'étais pénétré d'un charme inexplicable. Ma panetière[81] était si gaie, mon échanson[82] si expansif et si doux, que j'aurais voulu déjeuner ainsi pendant toute l'éternité. Malheureusement, tout a un terme, même l'appétit d'un convalescent. Le repas fini et mes forces revenues, je satisfis la curiosité de la petite pie, et lui racontai mes malheurs avec autant de sincérité que je l'avais fait la veille devant le pigeon. La pie m'écouta avec plus d'attention qu'il ne semblait devoir lui appartenir, et la tourterelle me donna des marques charmantes de sa profonde sensibilité. Mais, lorsque j'en fus à toucher le point capital qui causait ma peine, c'est-à-dire l'ignorance où j'étais de moi-même:

«Plaisantez-vous? s'écria la pie; vous, un merle! vous, un pigeon! Fi donc! vous êtes une pie, mon cher enfant, pie s'il en fût,[83] et très gentille pie, ajouta-t-elle en me donnant un petit coup d'aile, comme qui dirait un coup d'éventail.

—Mais, madame la marquise, répondis-je, il me semble que, pour une pie, je suis d'une couleur, ne vous en déplaise...[84]

---

[79] *languissant:* abattu, triste
[80] *mouron:* plante qui sert à nourrir les oiseaux
[81] *panetière:* personne qui donne à manger. ICI la pie
[82] *échanson:* personne qui donne à boire. ICI la tourterelle
[83] *pie s'il en fût:* si jamais il y eut une pie, c'est bien vous.
[84] *ne vous en déplaise:* sans vouloir vous déplaire

—Une pie russe, mon cher, vous êtes une pie russe! Vous ne savez pas qu'elles sont blanches? Pauvre garçon, quelle innocence!

—Mais, madame, repris-je, comment serais-je une pie russe, étant né au fond du Marais, dans une vieille écuelle cassée?

—Ah! le bon enfant! Vous êtes de l'invasion, mon cher; croyez-vous qu'il n'y ait que vous? Fiez-vous à moi,[85] et laissez-vous faire; je veux vous emmener tout à l'heure et vous montrer les plus belles choses de la terre.

—Où cela, madame, s'il vous plaît?

—Dans mon palais vert, mon mignon; vous verrez quelle vie on y mène. Vous n'aurez pas plus tôt été pie un quart d'heure, que vous ne voudrez plus entendre parler d'autre chose. Nous sommes là une centaine, non pas de ces grosses pies de village qui demandent l'aumône[86] sur les grands chemins, mais toutes nobles et de bonne compagnie, effilées,[87] lestes,[88] et pas plus grosses que le poing. Pas une de nous n'a ni plus ni moins de sept marques noires et de cinq marques blanches;* c'est une chose invariable, et nous méprisons le reste du monde. Les marques noires vous manquent, il est vrai, mais votre qualité de Russe suffira pour vous faire admettre. Notre vie se compose de deux choses: caqueter[89] et nous attifer.[90] Depuis le matin jusqu'à midi, nous nous attifons, et, depuis midi jusqu'au soir, nous caquetons. Chacune de nous perche sur un arbre, le plus haut et le plus vieux possible. Au milieu de la forêt s'élève un chêne immense, inhabité, hélas! C'était la demeure du feu roi[91] Pie X, où nous allons en pèlerinage en poussant de bien gros soupirs; mais, à part ce léger chagrin, nous passons le temps à merveille. Nos femmes ne sont pas plus bégueules[92] que nos maris ne sont jaloux, mais nos plaisirs sont purs et honnêtes, parce que notre cœur est aussi noble que notre langage est libre et joyeux.

---

[85] *fiez-vous à moi:* ayez confiance en moi
[86] *l'aumône:* la charité
[87] *effilées:* minces
[88] *lestes:* légères
[89] *caqueter:* son que font les poules en pondant. ICI parler
[90] *nous attifer:* nous orner
[91] *de feu roi:* du roi mort
[92] *bégueules:* prudes, réservées

Notre fierté n'a pas de bornes, et, si un geai[93] ou toute autre canaille[94] vient par hasard à s'introduire chez nous, nous le plumons impitoyablement.[95] Mais nous n'en sommes pas moins les meilleures gens du monde, et les passereaux,[96] les mésanges,[97] les chardonnerets,[98] qui vivent dans nos taillis,[99] nous trouvent toujours prêtes à les aider, à les nourrir et à les défendre. Nulle part il n'y a plus de caquetage que chez nous, et nulle part moins de médisance.[1] Nous ne manquons pas de vieilles pies dévotes qui disent leurs patenôtres[2] toute la journée, mais la plus éventée[3] de nos jeunes commères[4] peut passer, sans crainte d'un coup de bec, près de la plus sévère douairière.[5] En un mot, nous vivons de plaisir, d'honneur, de bavardage, de gloire et de chiffons.[6]

—Voilà qui est fort beau, madame, répliquai-je, et je serais certainement mal appris[7] de ne point obéir aux ordres d'une personne comme vous. Mais, avant d'avoir l'honneur de vous suivre, permettez-moi, de grâce, de dire un mot à cette bonne demoiselle qui est ici. —Mademoiselle, continuai-je en m'adressant à la tourterelle, parlez-moi franchement, je vous en supplie; pensez-vous que je sois véritablement une pie russe?»

A cette question, la tourterelle baissa la tête, et devint rouge pâle, comme les rubans de Lolotte.*

«Mais, monsieur, dit-elle, je ne sais si je puis...

—Au nom du ciel, parlez, mademoiselle! Mon dessein[8] n'a rien qui puisse vous offenser, bien au contraire. Vous me paraissez toutes deux si charmantes, que je fais ici le serment d'offrir mon cœur et ma patte à

---

[93] *geai:* espèce d'oiseaux (qui apprend à parler)
[94] *canaille:* ICI espèce commune, vulgaire
[95] *impitoyablement:* sans pitié
[96] *passereaux:* ordre d'oiseaux qui comprend de petites espèces comme les merles
[97] *mésanges:* petits oiseaux très communs
[98] *chardonnerets:* espèce d'oiseaux chanteurs
[99] *taillis:* bois
[1] *médisance:* propos qui tendent à nuire à autrui
[2] *patenôtres:* prières (La prière commence par «Notre Père...»)
[3] *éventée:* légère
[4] *commères:* femmes bavardes
[5] *douairière:* vieille dame (de qualité)
[6] *chiffons:* ICI vêtements
[7] *mal appris:* mal élevé
[8] *dessein:* plan, projet

celle de vous qui en voudra, dès l'instant que je saurai si je suis pie ou autre chose; car, en vous regardant, ajoutai-je, parlant un peu plus bas à la jeune personne, je me sens je ne sais quoi de tourtereau[9] qui me tourmente singulièrement.

—Mais, en effet, dit la tourterelle en rougissant encore davantage, je ne sais si c'est le reflet du soleil qui tombe sur vous à travers ces coquelicots, mais votre plumage me semble avoir une légère teinte...»

Elle n'osa en dire plus long.[10]

«O perplexité! m'écriai-je, comment savoir à quoi m'en tenir?[11] Comment donner mon cœur à l'une de vous, lorsqu'il est si cruellement déchiré? O Socrate!* quel précepte admirable, mais difficile à suivre, tu nous as donné, quand tu as dit: Connais-toi toi-même!»

Depuis le jour où une malheureuse chanson avait si fort contrarié mon père, je n'avais pas fait usage de ma voix. En ce moment, il me vint à l'esprit de m'en servir comme d'un moyen pour discerner la vérité. «Parbleu![12] pensais-je, puisque monsieur mon père m'a mis à la porte[13] dès le premier couplet, c'est bien le moins que le second produise quelque effet sur ces dames!» Ayant donc commencé par m'incliner poliment, comme pour réclamer l'indulgence, à cause de la pluie que j'avais reçue, je me mis d'abord à siffler, puis à gazouiller,[14] puis à faire des roulades,[15] puis enfin à chanter à tue-tête,[16] comme un muletier[17] espagnol en plein vent.

A mesure que je chantais,[18] la petite pie s'éloignait de moi d'un air de surprise qui devint bientôt de la stupéfaction, puis qui passa à un sentiment d'effroi accompagné d'un profond ennui. Elle décrivait des cercles autour de moi, comme un chat autour d'un morceau de lard trop chaud qui vient de le brûler, mais auquel il voudrait pourtant

---

[9] *je ne sais quoi de tourtereau:* en quelque sorte un tourtereau, sans que je puisse l'expliquer

[10] *plus long:* davantage

[11] *à quoi m'en tenir:* ce que je dois croire

[12] *parbleu:* juron qui indique l'approbation

[13] *m'a mis à la porte:* m'a chassé

[14] *gazouiller:* chanter (se dit des oiseaux)

[15] *roulades:* notes

[16] *à tue-tête:* très haut, à pleine voix

[17] *muletier:* conducteur de mulets

[18] *à mesure que je chantais:* en même temps que je chantais

goûter encore. Voyant l'effet de mon épreuve, et voulant la pousser jusqu'au bout, plus la pauvre marquise montrait d'impatience, plus je m'égosillais à chanter.[19] Elle résista pendant vingt-cinq minutes à mes mélodieux efforts; enfin, n'y pouvant plus tenir, elle s'envola à grand bruit, et regagna son palais de verdure. Quant à la tourterelle, elle s'était presque dès le commencement, profondément endormie.

«Admirable effet de l'harmonie! pensai-je. O Marais! ô écuelle maternelle! plus que jamais je reviens à vous!»

Au moment où je m'élançais pour partir, la tourterelle rouvrit les yeux.

«Adieu, dit-elle, étranger si gentil et si ennuyeux! Mon nom est Gourouli; souviens-toi de moi!

—Belle Gourouli, lui répondis-je, vous êtes bonne, douce et charmante; je voudrais vivre et mourir pour vous. Mais vous êtes couleur de rose; tant de bonheur n'est pas fait pour moi!»

IV

Le triste effet produit par mon chant ne laissait pas que de m'attrister.[20] «Hélas! musique, hélas! poésie, me répétais-je en regagnant Paris, qu'il y a peu de cœurs qui vous comprennent!»

En faisant ces réflexions, je me cognai la tête contre celle d'un oiseau qui volait dans le sens[21] opposé au mien. Le choc fut si rude et si imprévu, que nous tombâmes tous deux sur la cime[22] d'un arbre qui, par bonheur, se trouva là. Après que nous fûmes un peu secoués, je regardai le nouveau venu, m'attendant à une querelle. Je vis avec surprise qu'il était blanc. A la vérité, il avait la tête un peu plus grosse que moi, et, sur le front, une espèce de panache[23] qui lui donnait un air héroï-comique. De plus, il portait sa queue fort en l'air, avec une grande magnanimité; du reste, il ne me parut nullement disposé à la bataille. Nous nous abordâmes[24] fort civilement, et nous nous fîmes

---

[19] *je m'égosillais à chanter:* je chantais à pleins poumons
[20] *ne laissait pas que de m'attrister:* ne manquait pas de m'attrister
[21] *le sens:* la direction
[22] *cime:* plus haut point
[23] *panache:* assemblage de plumes
[24] *Nous nous abordâmes:* ICI Nous nous approchâmes l'un de l'autre

de mutuelles excuses, après quoi nous entrâmes en conversation. Je pris la liberté de lui demander son nom et de quel pays il était.

«Je suis étonné, me dit-il, que vous ne me connaissiez pas. Est-ce que vous n'êtes pas des nôtres?

—En vérité, monsieur, répondis-je, je ne sais pas desquels je suis. Tout le monde me demande et me dit la même chose; il faut que ce soit une gageure[25] qu'on ait faite.

—Vous voulez rire, répliqua-t-il; votre plumage vous sied[26] trop bien pour que je méconnaisse un confrère.[27] Vous appartenez infailliblement à cette race illustre et vénérable qu'on nomme en latin *cacuata*, en langue savante[28] *kakatoës*, et en jargon vulgaire cacatois.

—Ma foi,[29] monsieur, cela est possible, et ce serait bien de l'honneur pour moi. Mais ne laissez pas de faire[30] comme si je n'en étais pas, et daignez m'apprendre à qui j'ai la gloire de parler.

—Je suis, répondit l'inconnu, le grand poète Kacatogan. J'ai fait de puissants voyages, monsieur, des traversées arides et de cruelles pérégrinations. Ce n'est pas d'hier que je rime,[31] et ma muse a eu des malheurs. J'ai fredonné[32] sous Louis XVI,* monsieur, j'ai braillé[33] pour la République,* j'ai noblement chanté l'Empire,* j'ai discrètement loué la Restauration,* j'ai même fait un effort dans ces derniers temps, et je me suis soumis, non sans peine, aux exigences de ce siècle sans goût. J'ai lancé dans le monde des distiques[34] piquants, des hymnes sublimes, de gracieux dithyrambes,[35] de pieuses élégies,[36] des drames chevelus,[37] des romans crépus,[38] des vaudevilles poudrés[39] et des

---

[25] *une gageure:* un pari
[26] *vous sied:* vous va
[27] *un confrère:* un membre d'une même profession. ICI de la même espèce
[28] *langue savante:* langue scientifique
[29] *ma foi:* expression d'approbation ou de doute
[30] *ne laissez pas de faire:* faites
[31] *je rime:* je fais des vers (rimes)
[32] *fredonné:* chanté
[33] *braillé:* chanté (ou crié) très fort
[34] *distiques:* deux vers formant un sens complet
[35] *dithyrambes:* poèmes lyriques
[36] *élégies:* poèmes sur un sujet triste
[37] *chevelus:* ICI complexes
[38] *crépus:* ICI avec des complications
[39] *poudrés:* ICI élégants, raffinés

tragédies chauves.[40] En un mot, je puis me flatter d'avoir ajouté au temple des Muses quelques festons[41] galants, quelques sombres créneaux[42] et quelques ingénieuses arabesques. Que voulez-vous, je me suis fait vieux. Mais je rime encore vertement,[43] monsieur, et, tel que vous me voyez, je rêvais à un poème en un chant, qui n'aura pas moins de six pages, quand vous m'avez fait une bosse au front. Du reste, si je puis être bon à quelque chose, je suis tout à votre service.

—Vraiment, monsieur, vous le pouvez, répliquai-je, car vous me voyez en ce moment dans un grand embarras poétique. Je n'ose dire que je sois un poète, ni surtout un aussi grand poète que vous, ajoutai-je en le saluant, mais j'ai reçu de la nature un gosier[44] qui me démange[45] quand je me sens bien aise[46] ou que j'ai du chagrin. A vous dire la vérité, j'ignore absolument les règles.

—Je les ai oubliées, dit Kacatogan, ne vous inquiétez pas de cela.

—Mais il m'arrive, repris-je, une chose fâcheuse, c'est que ma voix produit sur ceux qui l'entendent à peu près le même effet que celle d'un certain Jean de Nivelle* sur… Vous savez ce que je veux dire?

—Je le sais, dit Kacatogan; je connais par moi-même cet effet bizarre. La cause ne m'en est pas connue, mais l'effet est incontestable.

—Eh bien! monsieur, vous qui me semblez être le Nestor* de la poésie, sauriez-vous, je vous prie, un remède à ce pénible inconvénient?

—Non, dit Kacatogan, pour ma part, je n'en ai jamais pu trouver. Je m'en suis fort tourmenté étant jeune, à cause qu'*on me sifflait toujours; mais, à l'heure qu'il est,[47] je n'y songe plus. Je crois que cette répugnance vient de ce que le public en lit d'autres que nous: cela le distrait.

—Je le pense comme vous; mais vous conviendrez, monsieur, qu'il est dur, pour une créature bien intentionnée, de mettre les gens en fuite dès qu'il lui prend un bon mouvement. Voudriez-vous me rendre

---

[40] *chauves:* ICI mauvaises
[41] *festons:* ornements
[42] *créneaux:* même sens que *festons* (dans ce contexte)
[43] *vertement:* avec vigueur
[44] *gosier:* partie intérieure du cou
[45] *qui me démange:* ICI qui me donne envie de chanter
[46] *je me sens bien aise:* je suis bien content
[47] *à l'heure qu'il est:* à présent

le service de m'écouter, et de me dire sincèrement votre avis?

—Très volontiers, dit Kacatogan; je suis tout oreilles.»

Je me mis à chanter aussitôt, et j'eus la satisfaction de voir que Kacatogan ne s'enfuyait ni ne s'endormait. Il me regardait fixement, et, de temps en temps, il inclinait la tête d'un air d'approbation, avec une espèce de murmure flatteur. Mais je m'aperçus bientôt qu'il ne m'écoutait pas et qu'il rêvait à son poème. Profitant d'un moment où je reprenais haleine, il m'interrompit tout à coup.

«Je l'ai pourtant trouvée, cette rime! dit-il en souriant et en branlant la tête; c'est la soixante mille sept cent quatorzième qui sort de cette cervelle-là![48] Et l'on ose dire que je vieillis! Je vais lire cela aux bons amis, je vais le leur lire, et nous verrons ce qu'on en dira!»

Parlant ainsi, il prit son vol et disparut, ne semblant plus se souvenir de m'avoir rencontré.

V

Resté seul et désappointé, je n'avais rien de mieux à faire que de profiter du reste du jour et de voler à tire-d'aile[49] vers Paris. Malheureusement, je ne savais pas ma route. Mon voyage avec le pigeon avait été trop peu agréable pour me laisser un souvenir exact; en sorte que, au lieu d'aller tout droit, je tournai à gauche au Bourget, et, surpris par la nuit, je fus obligé de chercher un gîte dans les bois de Morfontaine.*

Tout le monde se couchait lorsque j'arrivai. Les pies et les geais, qui, comme on le sait, sont les plus mauvais coucheurs[50] de la terre, se chamaillaient[51] de tous les côtés. Dans les buissons piaillaient les moineaux, en piétinant les uns sur les autres. Au bord de l'eau marchaient gravement deux hérons,[52] perchés sur leurs longues échasses,[53] dans l'attitude de la méditation, George Dandins* du lieu, attendant patiemment leurs femmes. D'énormes corbeaux,[54] à moitié endormis,

---

[48] *cervelle:* cerveau, esprit
[49] *à tire-d'aile:* rapidement
[50] *mauvais coucheurs:* personnes désagréables
[51] *se chamaillaient:* se disputaient
[52] *hérons:* genre d'oiseaux (à long cou)
[53] *échasses:* ICI pattes
[54] *corbeaux:* genre d'oiseaux à plumage noir

se posaient lourdement sur la pointe des arbres les plus élevés, et nasillaient[55] leurs prières du soir. Plus bas, les mésanges amoureuses se pourchassaient[56] encore dans les taillis, tandis qu'un pivert[57] ébouriffé[58] poussait son ménage par derrière, pour le faire entrer dans le creux d'un arbre. Des phalanges[59] de friquets[60] arrivaient des champs en dansant en l'air comme des bouffées de fumée, et se précipitaient sur un arbrisseau[61] qu'elles couvraient tout entier; des pinsons,[62] des fauvettes,[63] des rouges-gorges[64] se groupaient légèrement sur des branches découpées, comme des cristaux sur une girandole.[65] De toute part résonnaient des voix qui disaient bien distinctement: —Allons, ma femme! —Allons, ma fille! Venez, ma belle! —Par ici, ma mie![66] —Me voilà, mon cher! —Bonsoir, ma maîtresse! Adieu, mes amis! —Dormez bien, mes enfants!

Quelle position, pour un célibataire,[67] que de coucher dans une pareille auberge! J'eus la tentation de me joindre à quelques oiseaux de ma taille, et de leur demander l'hospitalité. —La nuit, pensais-je, tous les oiseaux sont gris; et, d'ailleurs, est-ce faire tort aux gens que de dormir poliment près d'eux?

Je me dirigeai d'abord vers un fossé où se rassemblaient des étourneaux.[68] Ils faisaient leur toilette de nuit avec un soin tout particulier, et je remarquai que la plupart d'entre eux avaient les ailes dorées et les pattes vernies: c'étaient les dandys[69] de la forêt. Ils étaient assez bons enfants,[70] et ne m'honorèrent d'aucune attention. Mais leurs propos

---

[55] *nasillaient:* disaient comme avec le nez bouché
[56] *se pourchassaient:* couraient l'une après l'autre
[57] *pivert:* genre d'oiseaux à plumage jaune et vert
[58] *ébouriffé:* ICI avec les plumes en désordre
[59] *des phalanges:* ICI de nombreux
[60] *friquets:* petits moineaux
[61] *arbrisseau:* petit arbre
[62] *pinsons:* genre d'oiseaux (chanteurs)
[63] *fauvettes:* genre d'oiseaux (chanteurs)
[64] *rouges-gorges:* genre d'oiseaux à la gorge rouge
[65] *girandole:* chandelier à plusieurs branches
[66] *ma mie:* mon amie
[67] *célibataire:* homme non marié
[68] *étourneaux:* genre d'oiseaux très communs
[69] *dandys:* personnages élégants, à la mode
[70] *bons enfants:* agréables, aimables

étaient si creux,[71] ils se racontaient avec tant de fatuité leurs tracasseries[72] et leurs bonnes fortunes, ils se frottaient si lourdement l'un à l'autre, qu'il me fut impossible d'y tenir.

J'allai ensuite me percher sur une branche où s'alignaient une demi-douzaine d'oiseaux de différentes espèces. Je pris modestement la dernière place à l'extrémité de la branche, espérant qu'on m'y souffrirait. Par malheur, ma voisine était une vieille colombe,[73] aussi sèche qu'une girouette[74] rouillée. Au moment où je m'approchai d'elle, le peu de plumes qui couvraient ses os était l'objet de sa sollicitude; elle feignait de[75] les éplucher, mais elle eût trop craint d'en arracher une: elle les passait seulement en revue pour voir si elle avait son compte. A peine l'eus-je touchée du bout de l'aile, qu'elle se redressa majestueusement.

«Qu'est-ce que vous faites donc, monsieur?» me dit-elle en pinçant le bec avec une pudeur britannique.

Et, m'allongeant un grand coup de coude, elle me jeta à bas avec une vigueur qui eût fait honneur à un portefaix.[76]

Je tombai dans une bruyère[77] où dormait une grosse gélinotte.[78] Ma mère elle-même, dans son écuelle n'avait pas un tel air de béatitude. Elle était si rebondie,[79] si épanouie,[80] si bien assise sur son triple ventre, qu'on l'eût prise pour un pâté dont on avait mangé la croûte. Je me glissai furtivement près d'elle. «Elle ne s'éveillera pas, me disais-je, et, en tout cas, une si bonne grosse maman ne peut pas être bien méchante.» Elle ne le fut pas en effet. Elle ouvrit les yeux à demi, et me dit en poussant un léger soupir:

«Tu me gênes, mon petit, va-t'en de là.»

Au même instant, je m'entendis appeler: c'étaient des grives[81] qui,

---

[71] *creux:* vides
[72] *tracasseries:* ennuis, préoccupations
[73] *colombe:* pigeon
[74] *girouette:* plaque qui indique la direction du vent
[75] *elle feignait de:* elle faisait semblant de
[76] *portefaix:* homme dont le métier est de porter de lourds fardeaux
[77] *bruyère:* terrain où croissent des bruyères (plantes incultes)
[78] *gélinotte:* genre d'oiseaux (petite poule)
[79] *rebondie:* arrondie
[80] *épanouie:* joyeuse
[81] *grives:* genre d'oiseaux (qui ressemblent aux merles)

du haut d'un sorbier,[82] me faisaient signe de venir à elles. —«Voilà enfin de bonnes âmes» pensai-je. Elles me firent place en riant comme des folles, et je me fourrai aussi lestement dans leur groupe emplumé qu'un billet doux[83] dans un manchon.[84] Mais je ne tardai pas à juger que ces dames avaient mangé plus de raisin qu'il n'est raisonnable de le faire; elles se soutenaient à peine sur les branches, et leurs plaisanteries de mauvaise compagnie, leurs éclats de rire et leurs chansons grivoises[85] me forcèrent de m'éloigner.

Je commençais à désespérer, et j'allais m'endormir dans un coin solitaire, lorsqu'un rossignol[86] se mit à chanter. Tout le monde aussitôt fit silence. Hélas! que sa voix était pure! que sa mélancolie même paraissait douce! Loin de troubler le sommeil d'autrui, ses accords semblaient le bercer. Personne ne songeait à le faire taire, personne ne trouvait mauvais qu'il chantât sa chanson à pareille heure; son père ne le battait pas, ses amis ne prenaient pas la fuite.

«Il n'y a donc que moi, m'écriai-je, à qui il soit défendu d'être heureux! Partons, fuyons ce monde cruel! Mieux vaut chercher ma route dans les ténèbres,[87] au risque d'être avalé par quelque hibou,[88] que de me laisser déchirer ainsi par le spectacle du bonheur des autres!»

Sur cette pensée, je me remis en chemin et j'errai longtemps au hasard.[89] Aux premières clartés du jour, j'aperçus les tours de Notre-Dame.* En un clin d'œil[90] j'y atteignis, et je ne promenai pas longtemps mes regards avant de reconnaître notre jardin. J'y volai plus vite que l'éclair... Hélas! il était vide... J'appelai en vain mes parents: personne ne me répondit. L'arbre où se tenait mon père, le buisson maternel, l'écuelle chérie, tout avait disparu. La cognée[91] avait tout détruit; au lieu de l'allée verte où j'étais né, il ne restait qu'un cent de fagots.[92]

---

[82] *sorbier:* espèce d'arbre
[83] *billet doux:* billet portant un message d'amour
[84] *manchon:* fourrure dans laquelle on met les mains
[85] *grivoises:* libres, risquées
[86] *rossignol:* genre d'oiseaux connu pour son chant
[87] *les ténèbres:* le noir (loin du monde); la nuit
[88] *hibou:* oiseau de proie nocturne
[89] *au hasard:* sans but
[90] *en un clin d'œil:* très rapidement (en un rien de temps)
[91] *cognée:* hache pour abattre les arbres
[92] *fagots:* menu bois

VI

Je cherchai d'abord mes parents dans tous les jardins d'alentour,[93] mais ce fut peine perdue; ils s'étaient sans doute réfugiés dans quelque quartier éloigné, et je ne pus jamais savoir de leurs nouvelles.

Pénétré d'une tristesse affreuse, j'allai me percher sur la gouttière où la colère de mon père m'avait d'abord exilé. J'y passais les jours et les nuits à déplorer ma triste existence. Je ne dormais plus, je mangeais à peine: j'étais prêt à mourir de douleur.

Un jour que je me lamentais comme à l'ordinaire:

«Ainsi donc, me disais-je tout haut, je ne suis ni un merle, puisque mon père me plumait; ni un pigeon, puisque je suis tombé en route quand j'ai voulu aller en Belgique; ni une pie russe, puisque la petite marquise s'est bouché les oreilles dès que j'ai ouvert le bec; ni une tourterelle, puisque Gourouli, la bonne Gourouli elle-même, ronflait comme un moine quand je chantais; ni un perroquet, puisque Kacatogan n'a pas daigné m'écouter; ni un oiseau quelconque, enfin, puisque, à Morfontaine, on m'a laissé coucher tout seul. Et cependant j'ai des plumes sur le corps; voilà des pattes et voilà des ailes. Je ne suis point un monstre, témoin Gourouli,[94] et cette petite marquise elle-même, qui me trouvaient assez à leur gré.[95] Par quel mystère inexplicable ces plumes, ces ailes et ces pattes ne sauraient-elles former un ensemble auquel on puisse donner un nom? Ne serais-je pas par hasard...»

J'allais poursuivre mes doléances,[96] lorsque je fus interrompu par deux portières[97] qui se disputaient dans la rue.

«Ah! parbleu! dit l'une d'elles à l'autre, si tu en viens jamais à bout,[98] je te fais cadeau d'un merle blanc!

—Dieu juste! m'écrai-je, voilà mon affaire. O Providence! je suis fils d'un merle, et je suis blanc: je suis un merle blanc!»

Cette découverte, il faut l'avouer, modifia beaucoup mes idées. Au lieu de continuer à me plaindre, je commençai à me rengorger et à

---

[93] *d'alentour:* des environs
[94] *témoin Gourouli:* comme le prouve Gourouli
[95] *à leur gré:* à leur goût
[96] *doléances:* plaintes
[97] *portières:* concierges (femmes qui gardent un immeuble)
[98] *si tu en viens jamais à bout:* si tu réussis

marcher fièrement le long de la gouttière en regardant l'espace d'un air victorieux.

«C'est quelque chose, me dis-je, que d'être un merle blanc: cela ne se trouve point dans le pas d'un âne.[99] J'étais bien bon de m'affliger de ne pas rencontrer mon semblable:[1] c'est le sort du génie, c'est le mien! Je voulais fuir le monde, je veux l'étonner! Puisque je suis cet oiseau sans pareil dont le vulgaire nie l'existence, je dois et prétends me comporter comme tel, ni plus ni moins que le phénix,[2] et mépriser le reste des volatiles.[3] Il faut que j'achète les Mémoires d'Alfieri* et les poèmes de lord Byron; cette nourriture substantielle m'inspirera un noble orgueil, sans compter celui que Dieu m'a donné. Oui, je veux ajouter, s'il se peut,[4] au prestige de ma naissance. La nature m'a fait rare, je me ferai mystérieux. Ce sera une faveur, une gloire de me voir. Et, au fait, ajoutai-je plus bas, si je me montrais tout bonnement pour de l'argent?

Fi donc! quelle indigne pensée! Je veux faire un poème comme Kacatogan, non pas en un chant, mais en vingt-quatre, comme tous les grands hommes; ce n'est pas assez, il y en aura quarante-huit, avec des notes et un appendice! Il faut que l'univers apprenne que j'existe. Je ne manquerai pas, dans mes vers, de déplorer mon isolement; mais ce sera de telle sorte, que les plus heureux me porteront envie. Puisque le ciel m'a refusé une femelle, je dirai un mal affreux de celles des autres. Je prouverai que tout est trop vert, hormis[5] les raisins que je mange. Les rossignols n'ont qu'à se bien tenir: je démontrerai, comme deux et deux font quatre, que leurs complaintes font mal au cœur, et que leur marchandise ne vaut rien. Il faut que j'aille trouver Charpentier.* Je veux me créer tout d'abord une puissante position littéraire. J'entends avoir[6] autour de moi une cour composée, non pas seulement de journalistes, mais d'auteurs véritables et même de femmes de lettres. J'écrirai un rôle pour Mlle Rachel,* et, si elle refuse de le

---

[99] *dans le pas d'un âne:* n'importe où; dans les cas ordinaires
[1] *mon semblable:* quelqu'un de mon espèce
[2] *phénix:* oiseau fabuleux
[3] *volatiles:* tout ce qui vole
[4] *s'il se peut:* si cela est possible
[5] *hormis:* excepté
[6] *j'entends avoir:* je veux avoir

jouer, je publierai à son de trompe[7] que son talent est bien inférieur à celui d'une vieille actrice de province. J'irai à Venise, et je louerai, sur les bords du grand canal, au milieu de cette cité féerique, le beau palais Mocenigo, qui coûte quatre livres dix sous par jour; là, je m'inspirerai de tous les souvenirs que l'auteur de *Lara** doit y avoir laissés. Du fond de ma solitude j'inonderai le monde d'un déluge de rimes croisées,[8] calquées[9] sur la strophe de Spencer,* où je soulagerai ma grande âme; je ferai soupirer toutes les mésanges, roucouler toutes les tourterelles, fondre en larmes toutes les bécasses,[10] et hurler toutes les vieilles chouettes.[11] Mais, pour ce qui regarde ma personne, je me montrerai inexorable et inaccessible à l'amour. En vain me pressera-t-on, me suppliera-t-on d'avoir pitié des infortunées qu'auront séduites mes chants sublimes; à tout cela, je répondrai: «Foin!»[12] O excès de gloire! mes manuscrits se vendront au poids de l'or, mes livres traverseront les mers, la renommée, la fortune me suivront partout; seul, je semblerai indifférent aux murmures de la foule qui m'environnera. En un mot, je serai un parfait merle blanc, un véritable écrivain excentrique, fêté, choyé,[13] admiré, envié, mais complètement grognon[14] et insupportable.»

VII

Il ne me fallut pas plus de six semaines pour mettre au jour[15] mon premier ouvrage. C'était, comme je me l'étais promis, un poème en quarante-huit chants. Il s'y trouvait bien quelques négligences, à cause de la prodigieuse fécondité avec laquelle je l'avais écrit; mais je pensai que le public d'aujourd'hui, accoutumé à la belle littérature qui s'imprime au bas des journaux, ne m'en ferait pas un reproche.

J'eus un succès digne de moi, c'est-à-dire sans pareil. Le sujet de

---

[7] *à son de trompe:* très haut; publiquement
[8] *rimes croisées:* rimes alternées
[9] *calquées:* copiées
[10] *bécasses:* genres d'oiseaux
[11] *chouettes:* oiseaux nocturnes
[12] *foin:* ICI rien du tout; rien de tout cela
[13] *choyé:* comblé d'attentions
[14] *grognon:* maussade
[15] *mettre au jour:* achever

mon ouvrage n'était autre que moi-même: je me conformai en cela à la grande mode de notre temps.* Je racontais mes souffrances passées avec une fatuité charmante; je mettais le lecteur au fait de mille détails domestiques du plus piquant intérêt; la description de l'écuelle de ma mère ne remplissait pas moins de quatorze chants: j'en avais compté les rainures,[16] les trous, les bosses, les éclats, les échardes,[17] les clous, les taches, les teintes diverses, les reflets; j'en montrais le dedans, le dehors, les bords, le fond, les côtés, les plans inclinés, les plans droits; passant au contenu, j'avais étudié les brins d'herbe, les pailles, les feuilles sèches, les petits morceaux de bois, les graviers,[18] les gouttes d'eau, les débris de mouches, les pattes de hannetons[19] cassées qui s'y trouvaient; c'était une description ravissante. Mais ne pensez pas que je l'eusse imprimée tout d'une venue;[20] il y a des lecteurs impertinents qui l'auraient sautée: je l'avais habilement coupée par morceaux, et entremêlée au récit, afin que rien n'en fût perdu; en sorte que, au moment le plus intéressant et le plus dramatique, arrivaient tout à coup quinze pages d'écuelle. Voilà, je crois, un des grands secrets de l'art, et comme je n'ai point d'avarice, en profitera qui voudra.

L'Europe entière fut émue à l'apparition de mon livre: elle dévora les révélations intimes que je daignais lui communiquer. Comment en eût-il été autrement? Non seulement j'énumérais tous les faits qui se rattachaient à ma personne, mais je donnais encore au public un tableau complet de toutes les rêvasseries[21] qui m'avaient passé par la tête depuis l'âge de deux mois; j'avais même intercalé, au plus bel endroit, une ode composée dans mon œuf. Bien entendu d'ailleurs que je ne négligeais pas de traiter en passant le grand sujet qui préoccupe maintenant tant de monde; à savoir, l'avenir de l'humanité. Ce problème m'avait paru intéressant; j'en ébauchai, dans un moment de loisir, une solution qui passa généralement pour satisfaisante.

On m'envoyait tous les jours des compliments en vers, des lettres de félicitation et des déclarations d'amour anonymes. Quant aux visites,

---

[16] *rainures:* entailles (fentes faites en long)
[17] *échardes:* fragments (de bois)
[18] *graviers:* gros sable avec des cailloux
[19] *hannetons:* genre d'insecte
[20] *tout d'une venue:* en un seul bloc
[21] *rêvasseries:* rêveries peu importantes

je suivais rigoureusement le plan que je m'étais tracé; ma porte était fermée à tout le monde. Je ne pus cependant me dispenser de recevoir deux étrangers qui s'étaient annoncés comme étant des parents. L'un était un merle du Sénégal,* et l'autre un merle de la Chine.

«Ah! monsieur, me dirent-ils, en m'embrassant à m'étouffer, que vous êtes un grand merle! Que vous avez bien peint, dans votre poème immortel, la profonde souffrance du génie méconnu![22] Si nous n'étions pas déjà aussi incompris que possible, nous le deviendrions après vous avoir lu. Combien nous sympathisons avec vos douleurs, avec votre sublime mépris du vulgaire! Nous aussi, monsieur, nous les connaissons par nous-mêmes, les peines secrètes que vous avez chantées! Voici deux sonnets que nous avons faits, l'un portant l'autre, et que nous vous prions d'agréer.[23]

—Voici en outre, ajouta le Chinois, de la musique que mon épouse a composée sur un passage de votre préface. Elle rend merveilleusement l'intention de l'auteur.

—Messieurs, leur dis-je, autant que j'en puis juger, vous me semblez doués d'un grand cœur et d'un esprit plein de lumières. Mais pardonnez-moi de vous faire une question. D'où vient votre mélancolie?

—Eh! monsieur, répondit l'habitant du Sénégal, regardez comme je suis bâti. Mon plumage, il est vrai, est agréable à voir, et je suis revêtu de cette belle couleur verte qu'on voit briller sur les canards;[24] mais mon bec est trop court et mon pied trop grand; et voyez de quelle queue je suis affublé![25] La longueur de mon corps n'en fait pas les deux tiers. N'y a-t-il pas là de quoi se donner au diable?

—Et moi, monsieur, dit le Chinois, mon infortune est encore plus pénible. La queue de mon confrère balaye les rues; mais les polissons[26] me montrent au doigt, à cause que je n'en ai point.

—Messieurs, repris-je, je vous plains de toute mon âme; il est toujours fâcheux[27] d'avoir trop ou trop peu n'importe de quoi. Mais permettez-moi de vous dire qu'il y a au Jardin des Plantes* plusieurs

[22] *méconnu:* désavoué, qui n'est pas reconnu
[23] *d'agréer:* d'accepter
[24] *canards:* genres d'oiseaux aquatiques
[25] *affublé:* vêtu (d'une façon bizarre)
[26] *polissons:* enfants espiègles
[27] *fâcheux:* désagréable

personnes qui vous ressemblent, et qui demeurent là depuis longtemps, fort paisiblement empaillées.[28] De même qu'il ne suffit pas à une femme de lettres d'être dévergondée[29] pour faire un bon livre, ce n'est pas non plus assez pour un merle d'être mécontent pour avoir du génie. Je suis le seul de mon espèce, et je m'en afflige; j'ai peut-être tort, mais c'est mon droit. Je suis blanc, messieurs; devenez-le, et nous verrons ce que vous saurez dire.»

VIII

Malgré la résolution que j'avais prise et le calme que j'affectais, je n'étais pas heureux. Mon isolement, pour être[30] glorieux, ne m'en semblait pas moins pénible, et je ne pouvais songer sans effroi à la nécessité où je me trouvais de passer ma vie entière dans le célibat. Le retour du printemps, en particulier, me causait une gêne mortelle, et je commençais à tomber à nouveau dans la tristesse, lorsqu'une circonstance imprévue décida de ma vie entière.

Il va sans dire que mes écrits avaient traversé la Manche,* et que les Anglais se les arrachaient. Les Anglais s'arrachent tout, hormis ce qu'ils comprennent. Je reçus un jour, de Londres, une lettre signée d'une jeune merlette:[31]

«J'ai lu votre poème, me disait-elle, et l'admiration que j'ai éprouvée m'a fait prendre la résolution de vous offrir ma main et ma personne. Dieu nous a créés l'un pour l'autre! Je suis semblable à vous, je suis une merlette blanche!...»

On suppose aisément ma surprise et ma joie. «Une merlette blanche! me dis-je, est-il bien possible? Je ne suis donc plus seul sur la terre!» Je me hâtai de répondre à la belle inconnue, et je le fis d'une manière qui témoignait assez combien sa proposition m'agréait. Je la pressais de venir à Paris ou de me permettre de voler près d'elle. Elle me répondit qu'elle aimait mieux venir, parce que ses parents l'ennuyaient, qu'elle mettait ordre à ses affaires et que je la verrais bientôt.

Elle vint, en effet, quelques jours après. O bonheur! c'était la plus

---

[28] *empaillées:* remplies de paille (pour conserver les animaux morts)
[29] *dévergondée:* sans modestie
[30] *pour être:* bien qu'il fût
[31] *merlette:* femelle du merle

jolie merlette du monde, et elle était encore plus blanche que moi.

«Ah! mademoiselle, m'écriai-je, ou plutôt madame, car je vous considère dès à présent comme mon épouse légitime, est-il croyable qu'une créature si charmante se trouvât sur la terre sans que la renommée m'apprît son existence? Bénis soient les malheurs que j'ai éprouvés et les coups de bec que m'a donnés mon père, puisque le Ciel me réservait une consolation si inespérée! Jusqu'à ce jour, je me croyais condamné à une solitude éternelle, et, à vous parler franchement, c'était un rude fardeau à porter; mais je me sens, en vous regardant, toutes les qualités d'un père de famille. Acceptez ma main sans délai; marions-nous à l'anglaise,[32] sans cérémonie, et partons ensemble pour la Suisse.

—Je ne l'entends pas ainsi,[33] me répondit la jeune merlette; je veux que nos noces soient magnifiques, et que tout ce qu'il y a en France de merles un peu bien nés y soient solennellement rassemblés. Des gens comme nous doivent à leur propre gloire de ne pas se marier comme des chats de gouttière. J'ai apporté une provision de *banknotes*. Faites vos invitations, allez chez vos marchands, et ne lésinez pas[34] sur les rafraîchissements.»

Je me conformai aveuglément aux ordres de la blanche merlette. Nos noces furent d'un luxe écrasant; on y mangea dix mille mouches. Nous reçûmes la bénédiction nuptiale d'un révérend père Cormoran,[35] qui était archevêque *in partibus*.[36] Un bal superbe termina la journée; enfin, rien ne manqua à mon bonheur.

Plus j'approfondissais le caractère de ma charmante femme, plus mon amour augmentait. Elle réunissait dans sa petite personne tous les agréments de l'âme et du corps. Elle était seulement un peu bégueule; mais j'attribuai cela à l'influence du brouillard anglais dans lequel elle avait vécu jusqu'alors, et je ne doutai pas que le climat de la France ne dissipât bientôt ce léger nuage.

Une chose qui m'inquiétait plus sérieusement, c'était une sorte de

---

[32] *à l'anglaise:* ICI en secret
[33] *je ne l'entends pas ainsi:* ce n'est pas mon avis
[34] *ne lésinez pas:* n'épargnez pas l'argent
[35] *cormoran:* le cormoran est un corbeau marin
[36] *in partibus:* EXPRESSION LATINE: se dit de quelqu'un dont le titre est purement honorifique

mystère dont elle s'entourait quelquefois avec une rigueur singulière, s'enfermant à clef avec ses caméristes,[37] et passant ainsi des heures entières pour faire sa toilette, à ce qu'elle prétendait. Les maris n'aiment pas beaucoup ces fantaisies dans leur ménage. Il m'était arrivé vingt fois de frapper à l'appartement de ma femme sans pouvoir obtenir qu'on m'ouvrît la porte. Cela m'impatientait cruellement. Un jour, entre autres, j'insistai avec tant de mauvaise humeur, qu'elle se vit obligée de céder et de m'ouvrir un peu à la hâte, non sans se plaindre fort de mon importunité. Je remarquai, en entrant, une grosse bouteille pleine d'une espèce de colle faite avec de la farine et du blanc d'Espagne.* Je demandai à ma femme ce qu'elle faisait de cette drogue; elle me répondit que c'était un opiat pour des engelures[38] qu'elle avait.

Cet opiat me sembla tant soit peu[39] louche[40]; mais quelle défiance pouvait m'inspirer une personne si douce et si sage, qui s'était donnée à moi avec tant d'enthousiasme et une sincérité si parfaite? J'ignorais d'abord que ma bien-aimée fût une femme de plume;[41] elle me l'avoua au bout de quelque temps, et elle alla même jusqu'à me montrer le manuscrit d'un roman où elle avait imité à la fois Walter Scott et Scarron.* Je laisse à penser le plaisir que me causa une si aimable surprise. Non seulement je me voyais possesseur d'une beauté incomparable, mais j'acquérais encore la certitude que l'intelligence de ma compagne était digne en tout point de mon génie. Dès cet instant, nous travaillâmes ensemble. Tandis que je composais mes poèmes, elle barbouillait[42] des rames[43] de papier. Je lui récitais mes vers à haute voix, et cela ne la gênait nullement pour écrire pendant ce temps-là. Elle pondait ses romans avec une facilité presque égale à la mienne, choisissant toujours les sujets les plus dramatiques, des parricides, des rapts,[44] des meurtres, et même jusqu'à des filouteries,[45] ayant

---

[37] *caméristes:* femmes de chambres
[38] *engelures:* inflammations
[39] *tant soit peu:* un tout petit peu
[40] *louche:* équivoque
[41] *femme de plume:* femme auteur ICI jeu de mots
[42] *barbouillait:* écrivait mal
[43] *rames:* grandes quantités (une rame se compose de 500 feuilles de papier)
[44] *rapts:* enlèvements
[45] *filouteries:* tricheries; escroqueries

toujours soin, en passant, d'attaquer le gouvernement et de prêcher l'émancipation des merlettes. En un mot, aucun effort ne coûtait à son esprit, aucun tour de force à sa pudeur; il ne lui arrivait jamais de rayer[46] une ligne, ni de faire un plan avant de se mettre à l'œuvre. C'était le type de la merlette lettrée.

Un jour qu'elle se livrait au travail avec une ardeur inaccoutumée, je m'aperçus qu'elle suait à grosses gouttes, et je fus étonné de voir en même temps qu'elle avait une grande tache noire dans le dos.

«Eh! bon Dieu! lui dis-je, qu'est-ce donc? est-ce que vous êtes malade?»

Elle parut d'abord un peu effrayée et même penaude;[47] mais la grande habitude qu'elle avait du monde l'aida bientôt à reprendre l'empire admirable qu'elle gardait toujours sur elle-même. Elle me dit que c'était une tache d'encre, et qu'elle y était fort sujette dans ses moments d'inspiration.

«Est-ce que ma femme déteint?[48] me dis-je tout bas. Cette pensée m'empêcha de dormir. La bouteille de colle me revint en mémoire. —O Ciel! m'écriai-je, quel soupçon! Cette créature céleste ne serait-elle qu'une peinture, un léger badigeon?[49] Se serait-elle vernie pour abuser de moi!... Quand je croyais presser sur mon cœur la sœur de mon âme, l'être privilégié créé pour moi seul, n'aurais-je donc épousé que de la farine?»

Poursuivi par ce doute horrible, je formai le dessein de m'en affranchir. Je fis l'achat d'un baromètre, et j'attendis avidement qu'il vînt à faire un jour de pluie. Je voulais emmener ma femme à la campagne, choisir un dimanche douteux, et tenter l'épreuve d'une lessive.[50] Mais nous étions en plein juillet; il faisait un beau temps effroyable.

L'apparence du bonheur et l'habitude d'écrire avaient fort excité ma sensibilité. Naïf comme j'étais, il m'arrivait parfois, en travaillant, que le sentiment fût plus fort que l'idée, et de me mettre à pleurer en

---

[46] *rayer:* effacer
[47] *penaude:* embarrassée
[48] *déteint:* perd sa couleur
[49] *badigeon:* couleur (dont on peint les murs)
[50] *lessive:* lavage

attendant la rime. Ma femme aimait beaucoup ces rares occasions: toute faiblesse masculine enchante l'orgueil féminin. Une certaine nuit que je limais[51] une rature,[52] selon le précepte de Boileau,* il advint à mon cœur de s'ouvrir.

«O toi! dis-je à ma chère merlette, toi, la seule et la plus aimée! toi, sans qui ma vie est un songe! toi, dont un regard, un sourire métamorphosent pour moi l'univers, vie de mon cœur, sais-tu combien je t'aime? Pour mettre en vers une idée banale déjà usée par d'autres poètes, un peu d'étude et d'attention me font aisément trouver des paroles; mais où en prendrai-je jamais pour t'exprimer ce que ta beauté m'inspire? Le souvenir même de mes peines passées pourrait-il me fournir un mot pour te parler de mon bonheur présent? Avant que tu fusses venue à moi, mon isolement était celui d'un orphelin exilé; aujourd'hui, c'est celui d'un roi. Dans ce faible corps, dont j'ai le simulacre jusqu'à ce que la mort en fasse un débris, dans cette petite cervelle enfiévrée où fermente une inutile pensée, sais-tu, mon ange, comprends-tu, ma belle, que rien ne peut être qui ne soit à toi? Écoute ce que mon cerveau peut dire, et sens combien mon amour est plus grand! Oh! que mon génie fût une perle, et que tu fusses Cléopâtre!»*

En radotant[53] ainsi, je pleurais sur ma femme, et elle déteignait visiblement. A chaque larme qui tombait de mes yeux, apparaissait une plume, non pas même noire, mais du plus vieux roux (je crois qu'elle avait déjà déteint autre part). Après quelques minutes d'attendrissement, je me trouvai vis-à-vis d'un oiseau décollé et désenfariné[54] identiquement semblable aux merles les plus plats et les plus ordinaires.

Que faire? que dire? quel parti prendre? Tout reproche était inutile. J'aurais bien pu, à la vérité, considérer le cas comme rédhibitoire,[55] et faire casser mon mariage; mais comment oser publier ma honte? N'était-ce pas assez de mon malheur? Je pris mon courage à deux pattes, je résolus de quitter le monde, d'abandonner la carrière des lettres,

---

[51] *limais:* retouchais
[52] *rature:* correction (faite à la plume)
[53] *radotant:* parlant (ou se répétant) sans cohérence
[54] *décollé et désenfariné:* sans colle et sans farine
[55] *rédhibitoire:* qui peut motiver la *rédhibition:* le retour d'une chose vendue sous faux prétexte

de fuir dans un désert, s'il était possible, d'éviter à jamais l'aspect d'une créature vivante, et de chercher, comme Alceste,*

... un endroit écarté,
Où d'être un merle blanc on eût la liberté!*

IX

Je m'envolai là-dessus, toujours pleurant; et le vent, qui est le hasard des oiseaux, me rapporta sur une branche de Morfontaine. Pour cette fois, on était couché. «Quel mariage! me disais-je, quelle équipée![56] C'est certainement à bonne intention que cette pauvre enfant s'est mis du blanc; mais je n'en suis pas moins à plaindre, ni elle moins rousse.»

Le rossignol chantait encore. Seul, au fond de la nuit, il jouissait à plein cœur du bienfait de Dieu qui le rend si supérieur aux poètes, et donnait librement sa pensée au silence qui l'entourait. Je ne pus résister à la tentation d'aller à lui et de lui parler.

«Que vous êtes heureux! lui dis-je; non seulement vous chantez tant que vous voulez, et très bien, et tout le monde écoute; mais vous avez une femme et des enfants, votre nid, vos amis, un bon oreiller de mousse, la pleine lune et pas de journaux. Rubini* et Rossini* ne sont rien auprès de vous: vous valez l'un et vous devinez l'autre. J'ai chanté aussi, monsieur, et c'est pitoyable. J'ai rangé des mots en bataille comme des soldats prussiens, et j'ai coordonné des fadaises[57] pendant que vous étiez dans les bois. Votre secret peut-il s'apprendre?

—Oui, me répondit le rossignol, mais ce n'est pas ce que vous croyez. Ma femme m'ennuie, je ne l'aime point; je suis amoureux de la rose: Sadi, le Persan,* en a parlé. Je m'égosille toute la nuit pour elle, mais elle dort et ne m'entend pas. Son calice[58] est fermé à l'heure qu'il est: elle y berce un vieux scarabée,[59] et demain matin, quand je regagnerai mon lit, épuisé de souffrance et de fatigue, c'est alors qu'elle s'épanouira,[60] pour qu'une abeille lui mange le cœur!»

---

[56] *équipée:* aventure
[57] *fadaises:* choses inutiles, frivoles
[58] *calice:* enveloppe extérieure
[59] *scarabée:* genre d'insectes
[60] *s'épanouira:* s'ouvrira

NOTES EXPLICATIVES

(3) *monsieur de Buffon:* Georges-Louis Leclerc de Buffon (1707–1788). Célèbre naturaliste dont l'*Histoire naturelle* parut de 1749 à 1788.

(6) *Marais:* vieux quartier de Paris.

(150) *Bruxelles:* la capitale de la Belgique.

(173) *Bourget:* Le Bourget est une commune du département de la Seine.

(174) *soixante lieues:* La lieue est une mesure ancienne de valeur variable (environ 4 kilomètres).

(219) *c'est à faire dresser les plumes sur la tête:* Il s'agit d'une parodie de l'expression courante: «C'est à faire dresser les cheveux sur la tête.»

(261) *sept marques noires et* (...) *cinq marques blanches:* Il s'agit d'une parodie des «quartiers» qui sont une indication du degré de noblesse.

(293) *Lolotte:* Il s'agit de Charlotte, l'héroïne de *Werther*, une œuvre de Gœthe (1774).

(308) *Socrate:* le plus illustre des philosophes grecs (468–400 ou 399 av. J.-C.).

(370) *Louis XVI:* Ce roi de France fut exécuté lors de la Révolution (1754–1793).

(371) *la République:* La République fut proclamée en 1792. Elle se maintint jusqu'en 1804, date du couronnement de Napoléon I.

(371) *l'Empire:* Il s'agit du premier empire sous Napoléon I, proclamé en 1804. L'Empire prit fin avec la défaite de l'Empereur à Waterloo en 1815.

(372) *la Restauration:* Nom donné à la période qui marque le retour de la dynastie des Bourbons, et qui prend fin avec la chute de Charles X en 1830.

(393) *Jean de Nivelle:* Il s'agit d'un personnage historique du 15e siècle qui refusa de marcher contre le duc de Bourgogne malgré l'ordre de son père, et qui s'enfuit devant tous les appels qui lui étaient adressés. L'action de ce personnage a donné lieu à une locution populaire: «Il ressemble au chien de Jean de Nivelle, qui s'enfuit quand on l'appelle.»

(396) *Nestor:* Roi de Pylos, ce prince était réputé pour sa sagesse et ses bons conseils.

(399) *à cause qu'on:* Cette tournure est considérée incorrecte aujourd'hui. Nous dirions: parce qu'on.

(426) *les bois de Morfontaine:* Morfontaine est un château entouré d'un beau parc qui se trouve près de Chantilly.

(433) *George Dandins du lieu:* George Dandin est le stupide personnage principal d'une comédie de Molière du même nom, présentée pour la première fois en 1668.

(505) *Notre-Dame:* célèbre cathédrale située sur l'île de la Cité à Paris.

(548) *les Mémoires d'Alfieri:* Alfieri (1749–1803) fut un poète tragique italien, dont les *Mémoires* furent traduits en 1809.

(566) *Charpentier:* Il s'agit de Gervais Charpentier, un célèbre éditeur de l'époque.

(569) *Mlle Rachel:* célèbre tragédienne (1820–1858).

(574) *l'auteur de Lara:* Il s'agit de lord Byron.

(576) *la strophe de Spencer* (sic): Spenser était un poète anglais qui avait mis à la mode une strophe de 9 vers (1522–1599).

(596) *la grande mode de notre temps:* L'auteur fait allusion à la littérature romantique.

(629) *Sénégal:* ancienne colonie française de l'Afrique Occidentale.

(656) *Jardin des Plantes:* parc à Paris où se trouve le jardin zoologique.

(671) *la Manche:* bras de l'Atlantique qui sépare la France et l'Angleterre.

(726) *blanc d'Espagne:* matière qui blanchit.

(735) *Scarron:* poète et écrivain français (1610–1660).

(777) *selon le précepte de Boileau:* poète et critique (1636–1711) qui dans son *Art Poétique* dit: «Vingt fois sur le métier remettez votre ouvrage» (c'est-à-dire: travaillez jusqu'à ce que votre œuvre soit parfaite).

(793) *Cléopâtre:* Selon une légende Cléopâtre aurait bu une coupe de vinaigre dans laquelle elle avait fait dissoudre une perle.

(806) *Alceste:* personnage principal d'une pièce de Molière: *Le Misanthrope* (1666).

(808) *...un endroit écarté/ Où d'être un merle blanc on eût la liberté:* Paraphrase des mots d'Alceste à la fin du *Misanthrope* —«Je vais sortir d'un gouffre où triomphent les vices,/ Et chercher sur la terre un endroit écarté/ Où d'être homme d'honneur on ait la liberté.»

(822) *Rubini:* célèbre ténor italien (1795–1854).

(822) *Rossini:* compositeur italien (1792–1868).

(829) *Sadi, le Persan:* Mouracheff ed Din Saadi, poète persan du 13ᵉ siècle dont le *Jardin des roses* fut traduit pour la première fois en 1634.

Exercices de grammaire

A. «**Tout en sommeillant**...» (8—9) (SENS: Pendant qu'elle sommeillait...)

D'après cet exemple, transformez les phrases ci-dessous et complétez-les selon votre imagination:

1. Tout en marchant... (il) **2.** Pendant que je dormais... **3.** Tout en regardant... (elle) **4.** Pendant que vous écoutiez... **5.** Pendant qu'il parlait...

B. «Le triste effet... **ne laissait pas que de m'attrister.**» (340—341) (SENS: Le triste effet ne manquait pas de m'attrister.)

D'après cet exemple, transformez les phrases ci-dessous:

1. Cette nouvelle me réjouit. **2.** Cette lettre ne laissait pas que de me surprendre. **3.** Cet homme me déplut. **4.** Ce paysage ne laissait pas que de m'enchanter. **5.** Ce crime ne laissait pas que de m'épouvanter.

C. «**Ne laissez pas de** faire comme si.» (365) (SENS: Faites comme si.)

D'après cet exemple, transformez les phrases ci-dessous:

1. Ne laissez pas de faire comme si vous y croyiez. **2.** Ne laissez pas de faire comme si vous vous y entendiez. **3.** Ne laissez pas de faire comme si vous veniez d'arriver. **4.** Ne laissez pas de faire comme si vous alliez partir. **5.** Ne laissez pas de faire comme si vous en aviez l'intention.

D. «Kacatogan **ne** s'enfuyait **ni ne** s'endormait.» (409)

D'après cet exemple, mettez les phrases ci-dessous au négatif:

1. Il mangeait et buvait. **2.** Il parlait et criait. **3.** Il marchait et regardait. **4.** Il vit et observa. **5.** Il riait et pleurait.

E. *Récrivez les lignes* 483 *à* 491 *en mettant les verbes au présent.*

Questions portant sur le texte

1. Qu'est-ce qu'un «oiseau fabuleux»? Pourquoi Buffon l'a-t-il décrit? (2—3)
2. Quel ton l'auteur donne-t-il au merle dès le début du récit? (1—4)
3. Qu'est-ce qui rend le ménage des parents du merle exemplaire? (6—15)
4. Quels sont les traits humoristiques dans la description des parents du merle? (5—15)
5. Pourquoi le père montre-t-il de la mauvaise humeur à la naissance du merle? (16—19)
6. Par quels moyens le père essaie-t-il de se tromper quant à la couleur du merle? (20—23)

7. Est-ce que les arguments de la mère sont convaincants? (24—29)
8. En quoi la mère du merle est-elle une mère «typique»? (30—35)
9. Quel changement la première mue aurait-elle pu apporter? (36—37)
10. Qu'y a-t-il de terriblement injuste dans l'attitude du père? (36—45)
11. Expliquez l'attitude du père en termes humains, lorsqu'il entend le merle chanter au lieu de siffler. (46—51)
12. De quoi le père accuse-t-il sa femme? (53)
13. Comment l'auteur nous montre-t-il, dès le début du récit, que le merle est en effet «exceptionnel»? (58—64)
14. Pourquoi le père tient-il tellement à ce que le merle se conforme à «tous les usages et toutes les règles»? (65—67)
15. Qu'y a-t-il d'amusant dans le discours du père peu avant le départ du merle? (71—79)
16. Qu'y a-t-il de très «humain» dans les paroles que le merle adresse au père avant son départ? (80—88)
17. Quelles sont les paroles «foudroyantes» qui décident de la vie du merle? (94)
18. Qu'est-ce qui empêche le père de rappeler le merle? (99—106)
19. Qu'y a-t-il de typiquement adolescent dans la prière du merle? (107—111)
20. En quoi le coup de bec du premier compagnon du merle annonce-t-il la suite des événements? (120—122)
21. Quelles sont toutes les «niaiseries» qui affligent le merle? (135)
22. Quels sont les désavantages de la vie que mène le ramier? (134—141)
23. Qu'est-ce qui attire surtout le merle dans la vie que mène le ramier? (153)
24. Qu'y a-t-il d'amusant dans la remarque du merle: «ne nous brouillons pas pour si peu de chose»? (159—160)
25. Quelles paroles «prophétiques» le ramier prononce-t-il? (164)

26. Que symbolise le départ du merle en termes humains? (165—167)
27. Expliquez le changement d'attitude du ramier. (181—182)
28. En quoi le discours que se tient le merle après son évanouissement est-il typique de l'adolescence? (186—192)
29. Quels genres de personnes la pie et la tourterelle représentent-elles? (199—204)
30. Pourquoi le merle appelle-t-il la pie: «madame la marquise»? (207)
31. Comment s'exprime la réserve de la tourterelle? (227)
32. Quelles sont les deux émotions qui ont envahi le merle? (229)
33. Quelle est l'expression qui indique l'attitude de la pie envers les merles? (240—243)
34. Qu'y a-t-il «d'humain» dans l'affirmation de la pie que le merle est un des leurs? (240—243)
35. Qu'y a-t-il «d'humain» dans l'entêtement de la pie? (244—251)
36. En quoi la pie est-elle très snob? (255—284)
37. En quoi la vie de la pie diffère-t-elle de celle du pigeon-ramier? (255—284)
38. Quel est l'intention de l'auteur lorsqu'il emploie les adjectifs «purs» et «honnêtes»? (272)
39. Quelles sont toutes les remarques ironiques dans le discours de la pie? (255—284)
40. Quelles sont les qualités de la tourterelle qui attirent le merle? (288—305)
41. Qu'est-ce que la tourterelle veut dire lorsqu'elle dit: «votre plumage me semble avoir une légère teinte»? (304)
42. Quelles sont les véritables raisons pour lesquelles le merle chante devant la pie et la tourterelle? (310—319)
43. En quoi la réaction de la pie est-elle en contradiction avec ses mots? (320—329)
44. Qu'y a-t-il de symbolique dans la rencontre du merle et du cacatois? (343—344)
45. Qu'est-ce que le cacatois, le ramier, la pie et la tourterelle ont en commun? (355—356)

46. Quelles preuves l'auteur nous donne-t-il que son époque était un «siècle sans goût»? (373—374)

47. Qu'y a-t-il d'important dans la remarque du merle: «j'ignore absolument les règles»? (388—389)

48. Quelle est l'idée fixe de Kacatogan? (414—417)

49. En quoi la scène du bois de Morfontaine est-elle une reproduction de la société humaine? (427—502)

50. En quoi le merle diffère-t-il de toutes les autres espèces d'oiseaux qu'il voit à Morfontaine? (427—502)

51. En quoi le rossignol représente-t-il l'idéal du merle? (492—498)

52. Qu'est-ce que la portière veut vraiment dire par l'expression: «je te fais cadeau d'un merle blanc»? (535)

53. Pourquoi l'auteur choisit-il cette source (les portières) pour conférer une identité au merle? (532—535)

54. Qu'y a-t-il «d'humain» dans la réaction du merle lorsqu'il prend sa nouvelle identité? (542—554)

55. A qui faut-il imputer la faute de l'arrogance du merle? (542—554)

56. Quel est le sentiment qui se trouve à la source de la nouvelle attitude du merle? (542—587)

57. Pourquoi le merle va-t-il se montrer «inaccessible à l'amour»? (580)

58. Quelles seront les compensations de sa sensibilité blessée? (542—587)

59. Quelle est l'attitude de l'auteur envers les journaux et les journalistes? (588—593)

60. En quoi l'ouvrage du merle est-il typiquement «romantique»? (594—612)

61. Quelle mode l'auteur ridiculise-t-il par la description de l'écuelle? (598—611)

62. Pourquoi le merle fait-il une exception en recevant ses «parents» du Sénégal et de la Chine? (627—629)

63. Quels genres de personnages les merles du Sénégal et de la Chine représentent-ils? (630—641)

64. En quoi les visiteurs étrangers diffèrent-ils du merle blanc? (645—653)

65. Le merle est-il sincère lorsqu'il dit: «Je suis le seul de mon espèce, et je m'en afflige»? (660—661)

66. Quelle est l'opinion de l'auteur concernant le goût littéraire des Anglais? (671—673)

67. Qu'est-ce que la merlette symbolise? (673—674)

68. En quoi la merlette est-elle typiquement «femme»? (698—704)

69. Pourquoi le merle (si circonspect à l'ordinaire) se fie-t-il immédiatement à la merlette? (688—731)

70. Pourquoi la merlette n'avoue-t-elle pas tout de suite qu'elle est une femme de plume? (731—733)

71. Par quelles expressions le merle indique-t-il son mépris pour la production littéraire de la merlette? (731—749)

72. Qu'y a-t-il de typiquement romantique dans la déclaration d'amour du merle? (779—793)

73. Quelle est l'ironie suprême de cette déclaration d'amour? (779—799)

74. Qu'est-ce qui empêche le merle de chasser la merlette? (800—803)

75. Est-ce vraiment le hasard qui ramène le merle à Morfontaine? (809—810)

76. Pourquoi le merle choisit-il le rossignol comme confident? (815—818)

77. Quelle est la morale de la confession du rossignol? (827—833)

Questions générales portant sur le texte

1. En quoi la déclaration du merle qui ouvre ce récit peut-elle s'appliquer à toutes ses aventures?

2. Sachant que le palais de la pie (255—284) est en vérité l'Académie Française, faites ressortir de ce passage tous les éléments qui en font un exemple parfait de satire.

3. Quels sont dans ce récit tous les éléments associés avec le mouvement romantique en littérature?

4. Comment l'auteur conçoit-il le sort de l'artiste?

5. D'après le portrait de Kacatogan, faites ressortir tous les éléments qui déplaisent à l'auteur dans la littérature de son époque.
6. Sachant que la merlette est en réalité George Sand, faites ressortir les éléments autobiographiques de cet épisode.
7. Quels sont d'autres éléments autobiographiques de ce récit?
8. Quels sont plusieurs des symboles dans ce récit?
9. Est-ce que le merle suit le précepte de Socrate: «Connais-toi toi-même»?
10. Est-ce que le merle réussit finalement à trouver sa propre identité?
11. Quelle est l'attitude du merle (de l'auteur) envers les femmes et la vie à la fin du récit?
12. L'auteur nous donne-t-il une réponse à la question: «Le bonheur est-il possible en ce bas-monde»?

Sujets de devoir

1. Transposez la scène de ménage des parents du merle (5—15) en termes humains.
2. Ecrivez une composition sur le sujet suivant: «Où est ma femme, là est ma patrie.»
3. Répondez par écrit à chacune des questions que la pie pose au merle (215—219)
4. Trouvez dans le texte une phrase qui pourrait servir de titre au récit, et expliquez votre choix.
5. Transposez la scène du bois de Morfontaine en termes humains, c'est-à-dire trouvez des parallèles humains pour chaque oiseau décrit par l'auteur.

VII

Récits fantastiques

GUILLAUME APOLLINAIRE

Guillaume Apollinaire naquit en 1880 d'une mère Polonaise, Mme de Kostrowitzky. Il fait ses études secondaires à Monaco et au Collège catholique de Cannes, et prépare son baccalauréat à Nice. En 1899, Apollinaire se rend à Paris, où il tombe amoureux de la fille d'un cafetier, Marie Dubois, et lui adresse de beaux poèmes d'amour. (Apollinaire tombe très souvent amoureux par la suite, et chaque femme dans sa vie lui inspire de magnifiques poèmes). En 1900, il trouve un emploi médiocre à Paris, et écrit une comédie qui n'a pas de succès. Il passe ensuite deux ans en Rhénanie (Allemagne) comme précepteur d'une famille noble. Ce séjour lui fournit le thème de poèmes et de contes. En 1903 il fonde une revue littéraire et écrit des romans pour subsister. En 1909 paraît un de ses poèmes les mieux connus : «La Chanson du mal-aimé», ainsi que d'autres contes. En 1913 il publie un recueil de poèmes (écrits à partir de 1898) *Alcools*. Dès le début de la guerre, il est incorporé au régiment. Du front, il envoie de nombreux poèmes à la jeune femme qu'il aimait à ce moment-là. En 1916 il est grièvement blessé à la tempe par un éclat d'obus et se voit forcé de subir une trépanation. En 1917 il écrit un drame «surréaliste». En 1918 il se marie, et quelques mois après il meurt de la grippe espagnole.

Apollinaire est un des très grands poètes de l'époque moderne. Il se trouve à la source de plusieurs mouvements littéraires de notre siècle. Sa poétique, qui est essentiellement l'arbitraire et l'imprévisible, se retrouve dans ses œuvres en prose sous la forme du fantastique.

La Disparition d'Honoré Subrac fut publiée dans *Paris-Journal* le 4 février 1910, et incorporé au recueil *L'hérésiarque et cie.* en 1922. La clef de ces contes (au nombre de 16) se trouve peut-être dans la dédicace de l'œuvre : «à Thadée Natanson ces philtres de phantase.» Phantase est, en effet, selon la préface du recueil, le dieu «capable de distiller la liqueur subtile dont il lui suffit d'humecter les yeux pour que les rêves nous conquièrent.»

A consulter : André Fonteyne, *Apollinaire prosateur : L'hérésiarque et cie.*, Paris, 1964.

La Disparition d'Honoré Subrac

En dépit des[1] recherches les plus minutieuses,[2] la police n'est pas arrivée à élucider le mystère de la disparition d'Honoré Subrac.

Il était mon ami, et comme je connaissais la vérité sur son cas, je me fis un devoir de mettre la justice au courant[3] de ce qui s'était passé. Le juge qui recueillit mes déclarations prit avec moi, après avoir écouté mon récit, un ton de politesse si épouvantée que je n'eus aucune peine à comprendre qu'il me prenait pour un fou. Je le lui dis. Il devint plus poli encore, puis, se levant, il me poussa vers la porte, et je vis son greffier,[4] debout, les poings serrés, prêt à sauter sur moi si je faisais le forcené.[5]

Je n'insistai pas. Le cas d'Honoré Subrac est, en effet, si étrange que la vérité paraît incroyable. On a appris par les récits des journaux que Subrac passait pour un original. L'hiver comme l'été, il n'était vêtu que d'une houppelande[6] et n'avait aux pieds que des pantoufles.[7] Il était fort riche, et comme sa tenue[8] m'étonnait, je lui en demandai un jour la raison:

«C'est pour être plus vite dévêtu, en cas de nécessité, me répondit-il. Au demeurant,[9] on s'accoutume vite à sortir peu vêtu. On se passe fort bien de linge,[10] de bas et de chapeau. Je vis ainsi depuis l'âge de vingt-cinq ans et je n'ai jamais été malade.»

---

[1] *en dépit des:* malgré les
[2] *minutieuses:* détaillées
[3] *mettre la justice au courant:* informer la justice
[4] *greffier:* fonctionnaire publique qui tient la plume aux audiences
[5] *forcené:* furieux, hors de soi
[6] *houppelande:* vêtement de dessus (très ample)
[7] *pantoufles:* chaussures (de chambre)
[8] *tenue:* manière de se vêtir
[9] *au demeurant:* en somme
[10] *linge:* ICI vêtements de corps (de dessous)

Ces paroles, au lieu de m'éclairer, aiguisèrent[11] ma curiosité.

«Pourquoi donc, pensai-je, Honoré Subrac a-t-il besoin de se dévêtir si vite?»

Et je faisais un grand nombre de suppositions...

Une nuit que je rentrais chez moi —il pouvait être une heure, une heure et quart— j'entendis mon nom prononcé à voix basse. Il me parut venir de la muraille que je frôlais.[12] Je m'arrêtai désagréablement surpris.

«N'y a-t-il plus personne dans la rue? reprit la voix. C'est moi, Honoré Subrac.

—Où êtes-vous donc?» m'écriai-je, en regardant de tous côtés sans parvenir à me faire une idée de l'endroit où mon ami pouvait se cacher.

Je découvris seulement sa fameuse houppelande gisant[13] sur le trottoir, à côté de ses non moins fameuses pantoufles.

«Voilà un cas, pensai-je, où la nécessité a forcé Honoré Subrac à se dévêtir en un clin d'œil.[14] Je vais enfin connaître un beau mystère.»

Et je dis à haute voix:

«La rue est déserte, cher ami, vous pouvez apparaître.»

Brusquement, Honoré Subrac se détacha en quelque sorte de la muraille contre laquelle je ne l'avais pas aperçu. Il était complètement nu et, avant tout, il s'empara de sa houppelande qu'il endossa[15] et boutonna le plus vite qu'il put. Il se chaussa[16] ensuite et, dèlibérément, me parla en m'accompagnant jusqu'à ma porte.

«Vous avez été étonné! dit-il, mais vous comprenez maintenant la raison pour laquelle je m'habille avec tant de bizarrerie. Et cependant vous n'avez pas compris comment j'ai pu échapper aussi complètement à vos regards. C'est bien simple. Il ne faut voir là qu'un phénomène de

---

[11] *aiguisèrent:* ICI augmentèrent
[12] *je frôlais:* je touchais légèrement
[13] *gisant:* qui était étendue
[14] *en un clin d'œil:* très rapidement
[15] *endossa:* mit sur son dos
[16] *il se chaussa:* il mit ses chaussures (pantoufles)

mimétisme*... La nature est une bonne mère. Elle a départi[17] à ceux de ses enfants que des dangers menacent, et qui sont trop faibles pour se défendre, le don[18] de se confondre[19] avec ce qui les entoure... Mais, vous connaissez tout cela. Vous savez que les papillons ressemblent aux fleurs, que certains insectes sont semblables à des feuilles, que le caméléon peut prendre la couleur qui le dissimule le mieux, que le lièvre[20] polaire est devenu blanc comme les glaciales contrées où, couard[21] autant que celui de nos guérets,[22] il détale[23] presque invisible.

C'est ainsi que ces faibles animaux échappent à leurs ennemis par une ingéniosité instinctive qui modifie leur aspect.

Et moi, qu'un ennemi poursuit sans cesse, moi, qui suis peureux et qui me sens incapable de me défendre dans une lutte, je suis semblable à ces bêtes: je me confonds à volonté[24] et par terreur avec le milieu ambiant.[25]

J'ai exercé pour la première fois cette faculté instinctive, il y a un certain nombres d'annèes déjà. J'avais vingt-cinq ans, et, généralement, les femmes me trouvaient avenant[26] et bien fait. L'une d'elles, qui était mariée, me témoigna tant d'amitié que je ne sus point résister. Fatale liaison!... Une nuit, j'étais chez ma maîtresse. Son mari, soi-disant,[27] était parti pour plusieurs jours. Nous étions nus comme des divinités, lorsque la porte s'ouvrit soudain, et le mari apparut un revolver à la main. Ma terreur fut indicible, et je n'eus qu'une envie, lâche que j'étais et que je suis encore: celle de disparaître. M'adossant[28] au mur, je souhaitai me confondre avec lui. Et l'événement imprévu se réalisa aussitôt. Je devins de la couleur du papier de tenture,[29] et mes membres, s'aplatissant dans un étirement volontaire et inconcevable,

---

[17] *départi:* distribué
[18] *le don:* l'aptitude
[19] *se confondre:* se mêler ensemble
[20] *lièvre:* mammifère de la famille des lapins
[21] *couard:* sans courage; lâche
[22] *guérets:* champs (terres labourées)
[23] *détale:* prend la fuite
[24] *à volonté:* quand je le désire
[25] *ambiant:* environnant
[26] *avenant:* affable, agréable
[27] *soi-disant:* selon son dire
[28] *m'adossant:* m'appuyant
[29] *papier de tenture:* papier peint qui couvre les murs

il me parut que je faisais corps avec le mur et que personne désormais[30] ne me voyait. C'était vrai. Le mari me cherchait pour me faire mourir. Il m'avait vu, et il était impossible que je me fusse enfui. Il devint comme fou, et, tournant sa rage contre sa femme, il la tua sauvagement en lui tirant six coups de revolver dans la tête. Il s'en alla ensuite, pleurant désespérément. Après son départ, instinctivement, mon corps reprit sa forme normale et sa couleur naturelle. Je m'habillai, et parvins à m'en aller avant que personne ne fût venu... Cette bienheureuse faculté, qui ressortit au mimétisme, je l'ai conservée depuis. Le mari, ne m'ayant pas tué, a consacré son existence à l'accomplissement de cette tâche. Il me poursuit depuis longtemps à travers le monde, et je pensais lui avoir échappé en venant habiter à Paris. Mais, j'ai aperçu cet homme, quelques instants avant votre passage. La terreur me faisait claquer des dents. Je n'ai eu que le temps de me dévêtir et de me confondre avec la muraille. Il a passé près de moi, regardant curieusement cette houppelande et ces pantoufles abandonnées sur le trottoir. Vous voyez combien j'ai raison de m'habiller sommairement.[31] Ma faculté mimétique ne pourrait pas s'exercer si j'étais vêtu comme tout le monde. Je ne pourrais pas me déshabiller assez vite pour échapper à mon bourreau,[32] et il importe, avant tout, que je sois nu, afin que mes vêtements, aplatis contre la muraile, ne rendent pas inutile ma disparition défensive.»

Je félicitai Subrac d'une faculté dont j'avais les preuves et que je lui enviais.

Les jours suivants, je ne pensai qu'à cela et je me surprenais, à tout propos,[33] tendant ma volonté dans le but de modifier ma forme et ma couleur. Je tentai de me changer en autobus, en Tour Eiffel, en Académicien,* en gagnant du gros lot.* Mes efforts furent vains. Je n'y étais pas.[34] Ma volonté n'avait pas assez de force, et puis il me manquait cette sainte terreur, ce formidable danger qui avait réveillé les instincts d'Honoré Subrac...

---

[30] *désormais:* à partir de ce moment
[31] *sommairement:* succinctement
[32] *bourreau:* homme chargé d'exécuter les criminels; homme cruel
[33] *à tout propos:* à chaque instant
[34] *je n'y étais pas:* je n'y réussissais pas; ce n'était pas mon affaire

Je ne l'avais point vu depuis quelque temps, lorsqu'un jour, il arriva affolé:[35]

«Cet homme, mon ennemi, me dit-il, me guette partout. J'ai pu lui échapper trois fois en exerçant ma faculté, mais j'ai peur, j'ai peur, cher ami.»

Je vis qu'il avait maigri, mais je me gardai de le lui dire.

«Il ne vous reste qu'une chose à faire, déclarai-je. Pour échapper à un ennemi aussi impitoyable: partez! Cachez-vous dans un village. Laissez-moi le soin de vos affaires et dirigez-vous vers la gare la plus proche.»

Il me serra la main en disant:

«Accompagnez-moi, je vous en supplie, j'ai peur!»

Dans la rue, nous marchâmes en silence. Honoré Subrac tournait constamment la tête, d'un air inquiet. Tout à coup, il poussa un cri et se mit à fuir en se débarrassant de sa houppelande et de ses pantoufles. Et je vis qu'un homme arrivait derrière nous en courant. J'essayai de l'arrêter. Mais il m'échappa. Il tenait un revolver qu'il braquait[36] dans la direction d'Honoré Subrac. Celui-ci venait d'atteindre un long mur de caserne et disparut comme par enchantement.

L'homme au revolver s'arrêta stupéfait, poussant une exclamation de rage, et, comme pour se venger du mur qui semblait lui avoir ravi[37] sa victime, il déchargea son revolver sur le point où Honoré Subrac avait disparu. Il s'en alla ensuite, en courant...

Des gens se rassemblèrent, des sergents de ville vinrent les disperser. Alors, j'appelai mon ami. Mais il ne me répondit pas.

Je tâtai[38] la muraille, *elle était encore tiède*, et je remarquai que, des six balles de revolver, trois avaient frappé à la hauteur *d'un cœur d'homme*, tandis que les autres avaient éraflé[39] le plâtre, plus haut, là où il me sembla distinguer, vaguement, les contours d'un visage.

---

[35] *affolé:* comme fou (par la peur)
[36] *braquait:* tournait
[37] *ravi:* enlevé de force
[38] *je tâtai:* je touchai légèrement
[39] *éraflé:* ICI enlevé une petite partie

NOTES EXPLICATIVES

(48) *phénomène de mimétisme:* Il s'agit d'un phénomène grâce auquel certains êtres vivants (humains et animaux) prennent la ressemblance du milieu dans lequel ils vivent.

(101) *Académicien:* membre de l'Académie (de l'une des cinq compagnies qui constituent l'Institut de France: Académie Française; Académie des Inscriptions et Belles-Letters; Académie des Sciences morales et politiques; Académie des Sciences; Académie des Beaux-Arts). Tous les Académiciens sont des personnes qui se sont distinguées dans leur profession.

(101) *en gagnant du gros lot:* Il y a en France une loterie nationale: le premier prix (*le gros lot*) rapporte beaucoup d'argent au gagnant.

Exercices de grammaire

A. «La police **n'est pas arrivée à** élucider le mystère...» (1—2) (SENS: La police n'a pas réussi à élucider le mystère...)

D'après cet exemple, transformez les phrases ci-dessous:

1. Il n'est pas arrivé à terminer l'enquête. **2.** Elle n'a pas réussi à le faire. **3.** Nous ne sommes pas arrivés à le lui dire. **4.** Vous n'avez pas réussi à le battre. **5.** Tu n'es pas arrivée à gagner.

B. «Subrac **passait pour** un original.» (13) (SENS: Subrac était considéré comme un original.)

D'après cet exemple, transformez les phrases ci-dessous et complétez-les selon votre imagination:

1. Elle avait beaucoup de bon sens, mais son frère passait pour... **2.** On le lit beaucoup, mais cet écrivain est considéré comme... **3.** Cela nous est égal si nous passons pour... **4.** Dans tout le royaume, ce chevalier était considéré comme... **5.** Si vous vous opposez à lui, soyez certain que vous passerez pour...

C. «On **se passe fort bien de** linge.» (18—19) (SENS: On n'a pas vraiment besoin de linge.)

D'après cet exemple, transformez les phrases ci-dessous:

1. On se passe fort bien de boisson. **2.** Je n'ai pas besoin de ses conseils. **3.** Elle n'a pas besoin de votre compagnie. **4.** Nous nous passons de luxe. **5.** Il n'a pas besoin de beaucoup d'argent.

D. «**Je me gardai de** le lui dire.» (110) (SENS: J'évitai de le lui dire.)

D'après cet exemple, transformez les phrases ci-dessous:

1. J'évitais de le faire. **2.** Je me gardais d'avouer cela. **3.** Elle évitait de le rencontrer. **4.** Nous nous gardions de le lui défendre. **5.** Ils évitaient de leur faire de la peine.

E. *Récrivez les lignes* 117 *à* 123 *de la page* 418 *en mettant les verbes au présent.*

Questions portant sur le texte

1. Pourquoi l'auteur nous donne-t-il la conclusion du récit dès les premiers mots? (1—2)
2. Quel est le mot qui, dans les premières lignes, donne le ton au récit? (1—2)
3. Quelles raisons le narrateur avance-t-il pour mettre la justice au courant? (3—4)
4. Qu'est-ce qui nous prouve que le narrateur n'est pas fou? (5—7)
5. Pourquoi le juge devient-il «plus poli encore»? (7—8)
6. De quoi le juge a-t-il peur? (7—10)
7. Pourquoi le narrateur abandonne-t-il son projet d'aider la justice? (11—12)
8. Pourquoi est-il important de savoir que Subrac était riche? (15)

9. Qu'y a-t-il de mystérieux dans la première explication de Subrac? (17—20)

10. Quelle est la première indication du «mystère Subrac»? (25—28)

11. En quoi l'expression: «Il me parut venir» est-elle importante? (26—27)

12. Qu'est-ce qui permet au narrateur d'affirmer qu'il va connaître le mystère? (36)

13. Qu'y a-t-il d'étrange dans l'apparition de Subrac? (39—42)

14. Est-ce que le narrateur comprend vraiment la raison pour laquelle Subrac s'habille «avec tant de bizarrerie»? (44—45)

15. Pourquoi Subrac explique-t-il le phénomène de mimétisme au narrateur? (47—57)

16. En quoi Subrac ressemble-t-il aux animaux qu'il décrit? (58—61)

17. Qu'est-ce qui justifie l'expression: «Fatale liaison»? (66)

18. Qu'est-ce qui nous permet de dire que le mari avait des soupçons concernant la fidélité de son épouse? (66—69)

19. Qu'est-ce que Subrac doit faire avant de se confondre avec le mur? (70—71)

20. Comment Subrac sait-il que le mari veut le tuer? (75)

21. Qu'est-ce qui pousse le mari à tuer sa femme? (76—78)

22. Quelle forme et quelle couleur le corps de Subrac avait-il prises? (79—80)

23. Comment Subrac sait-il qu'il a conservé sa faculté de mimétisme? (81—82)

24. Qu'est-ce qui justifie le regard «curieux» du mari? (88—89)

25. Pourquoi la faculté mimétique ne pourrait-elle pas s'exercer si Subrac était vêtu «comme tout le monde»? (89—91)

26. Pourquoi le narrateur envie-t-il cette faculté à Subrac? (96—97)

27. Qu'est-ce qui nous prouve que le narrateur a compris la «méthode» de Subrac? (98—100)

28. Pourquoi le narrateur se garde-t-il de dire à Subrac qu'il avait maigri? (110)

29. Est-ce que le conseil que le narrateur donne à Subrac est bon? (111—114)
30. Comment le narrateur prouve-t-il son amitié? (113—114)
31. Que fait le narrateur pour essayer d'empêcher la tragédie? (121)
32. Comment vous expliquez-vous la stupéfaction du mari? (124)
33. Qu'est-ce qui cause le rassemblement des gens? (128)
34. Pourquoi l'auteur met-il ces deux expressions en italique? (130—132)

Questions générales portant sur le texte

1. Quels sont tous les éléments «fantastiques» de ce récit?
2. Quels sont dans ce récit des événements qui auraient pu se passer en réalité?
3. Quelles sont toutes les expressions que le narrateur emploie pour nous assurer qu'il n'est pas fou?
4. Par quels procédés l'auteur aiguise-t-il la curiosité du lecteur?
5. Comment pouvons-nous expliquer le «cas Subrac» sinon logiquement, du moins psychologiquement?

Sujets de devoirs

1. Ecrivez une composition sur le «grand nombre de suppositions» que fait le narrateur.
2. Trouvez d'autres exemples de mimétisme et écrivez une courte composition pour les décrire.
3. Ecrivez une composition décrivant un événement qui n'a pas d'explication logique.
4. Tracez le portrait d'un «original» de votre connaissance ou invention.

CHARLES NODIER

Charles Nodier naquit à Besançon en 1780. Son père, austère magistrat, y était président du tribunal sous la Terreur. En 1791, «l'esprit libre et républicain», le jeune garçon présente son premier discours à la Société des Amis de la Constitution. Vers la même époque, il aurait menacé de se tuer si son père n'acquittait pas une certaine jeune femme, et il était dans l'audience un poignard sous sa chemise. En 1797 il est nommé adjoint à la bibliothèque municipale de Besançon. En 1801 il se rend à Paris, et compose peu après une satire violente du Régime. En 1803 il est arrêté pour ses activités politiques. Relâché quelques mois plus tard, il mène la vie aventureuse et bohémienne d'un proscrit. En 1807 il se marie et accepte un travail de secrétaire. En 1812 il devient bibliothécaire en Illyrie. Après la chute de Napoléon il rentre à Paris. Il fait de nombreux voyages à l'étranger (surtout en Écosse et en Espagne) à la recherche de vieilles légendes. En 1824 il est nommé bibliothécaire de l'Arsenal à Paris, et pendant 20 ans son salon voit défiler les plus grandes célébrités du monde littéraire, artistique et politique. Nodier lui-même charme ses invités par ses nombreux récits. Il est mort en 1844, peu après avoir été élu à l'Académie Française.

Nodier inaugure au dix-neuvième siècle la lignée des conteurs fantastiques avec *Smarra* (1821) et *Trilby* (1822). «Il appartient», dit Castex, «à la race éternelle des conteurs qui se laissent prendre au charme de leur récit et s'y complaisent au point de ne plus discerner exactement eux-mêmes la limite entre le monde réel et le monde imaginaire. L'auteur des *Contes de la veillée* est un homme mûr qui a conservé une âme d'enfant.»

Dans un long essai, *Du Fantastique en Littérature* (1850), Nodier pour qui «l'homme purement rationnel est au dernier degré», affirme que «Le penchant pour le merveilleux, et la faculté de le modifier, suivant certaines circonstances naturelles ou fortuites, est inné dans l'homme. Il est l'instrument essentiel de sa vie imaginative, et peut-être même est-il la seule compensation vraiment providentielle des misères inséparables de sa vie sociale.»

Dans le conte que nous donnons ici, et qui est en partie autobiographique, Nodier nous donne une preuve de plus que pour lui le mystère joue un rôle au moins aussi important dans la vie que la logique.

A consulter: Mme Marguerite Henry Rosier, *La vie de Charles Nodier* (8e éd.), Paris, 1931.

Jean-François-les-Bas-Bleus

En 1793, il y avait à Besançon* un idiot, un monomane,* un fou, dont tous ceux de mes compatriotes qui ont eu le bonheur ou le malheur de vivre autant que moi se souviennent comme moi. Il s'appelait Jean-François Touvet, mais beaucoup plus communément, dans le langage insolent de la canaille[1] et des écoliers, Jean-François *les Bas-Bleus*, parce qu'il n'en portait jamais d'une autre couleur. C'était un jeune homme de vingt-quatre à vingt-cinq ans, si je ne me trompe, d'une taille haute et bien prise,[2] et de la plus noble physionomie qu'il soit possible d'imaginer. Ses cheveux noirs et touffus[3] sans poudre,* qu'il relevait sur son front, ses sourcils[4] épais, épanouis[5] et fort mobiles, ses grands yeux, pleins d'une douceur et d'une tendresse d'expression que tempérait seule une certaine habitude de gravité, la régularité de ses beaux traits, la bienveillance[6] presque céleste de son sourire, composaient

---

[1] *canaille:* populace (vile)
[2] *bien prise:* bien proportionnée
[3] *touffus:* épais
[4] *sourcils:* poils qui se trouvent au-dessus de l'œil
[5] *épanouis:* ICI bien dessinés
[6] *bienveillance:* bonté

un ensemble propre à pénétrer d'affection et de respect jusqu'à cette populace grossière[7] qui poursuit de stupides risées[8] la plus touchante des infirmités de l'homme: «C'est Jean-François *les Bas-Bleus*, disait-on en se poussant du coude, qui appartient à une honnête famille de vieux Comtois,* qui n'a jamais dit ni fait de mal à personne, et qui est, dit-on, devenu fou à force d'[9]être savant. Il faut le laisser passer tranquille pour ne pas le rendre plus malade.»

Et Jean-François *les Bas-Bleus* passait en effet sans avoir pris garde[10] à rien; car cet œil que je ne saurai peindre n'était jamais arrêté à l'horizon, mais incessamment tourné vers le ciel, avec lequel l'homme dont je vous parle (c'était un visionnaire*) paraissait entretenir une communication cachée, qui ne se faisait connaître qu'au mouvement perpétuel de ses lèvres.

Le costume de ce pauvre diable était cependant de nature à égayer[11] les passants et surtout les étrangers. Jean-François était le fils d'un digne tailleur de la rue d'Anvers, qui n'avait rien épargné pour son éducation, à cause des grandes espérances qu'il donnait, et parce qu'on s'était flatté d'en faire un prêtre, que l'éclat[12] de ses prédications[13] devait mener un jour à l'épiscopat.[14] Il avait été en effet le lauréat de toutes ses classes, et le savant abbé Barbélenet, le sage Quintilien* de nos pères, s'informait souvent dans son émigration* de ce qu'était devenu son élève favori; mais on ne pouvait le contenter, parce qu'il n'apparaissait plus rien de l'homme de génie dans l'état de déchéance[15] et de mépris où Jean-François *les Bas-Bleus* était tombé. Le vieux tailleur, qui avait beaucoup d'autres enfants, s'était donc nécessairement retranché[16] sur les dépenses de Jean-François, et bien qu'il l'entretînt toujours dans une exacte propreté, il ne l'habillait plus que

---

[7] *grossière:* vulgaire
[8] *risées:* moqueries
[9] *à force de:* par des efforts
[10] *pris garde:* fait attention
[11] *égayer:* amuser
[12] *l'éclat:* la forme brillante
[13] *prédications:* sermons
[14] *l'épiscopat:* la dignité d'évêque
[15] *déchéance:* disgrâce
[16] *s'était... retranché:* avait... économisé

de quelques vêtements de rencontre[17] que son état[18] lui donnait occasion d'acquérir à bon marché, ou des *mise-bas*[19] de ses frères cadets,[20] réparées pour cet usage. Ce genre d'accoutrement, si mal approprié à sa grande taille, qui l'étriquait[21] dans une sorte de fourreau[22] prêt à éclater, et qui laissait sortir des manches étroites de son frac[23] vert plus de la moitié de l'avant-bras, avait quelque chose de tristement burlesque. Son haut-de-chausses,[24] collé strictement à la cuisse, et soigneusement, mais inutilement tendu, rejoignait à grand'peine aux genoux les bas-bleus dont Jean-François tirait son surnom populaire. Quant à son chapeau à trois cornes,[25] coiffure fort ridicule pour tout le monde, la forme qu'il avait reçue de l'artisan, et l'air dont Jean-François le portait, en faisaient sur cette tête si poétique et si majestueuse un absurde contre-sens. Je vivrais mille ans[26] que je n'oublierais ni la tournure[27] grotesque ni la pose singulière du petit chapeau à trois cornes de Jean-François *les Bas-Bleus*.

Une des particularités les plus remarquables de la folie de ce bon jeune homme, c'est qu'elle n'était sensible[28] que dans les conversations sans importance, où l'esprit s'exerce sur des choses familières. Si on l'abordait[29] pour lui parler de la pluie, du beau temps, du spectacle, du journal, des causeries de la ville, des affaires du pays, il écoutait avec attention et répondait avec politesse; mais les paroles qui affluaient[30] sur ses lèvres se pressaient si tumultueusement qu'elles se confondaient, avant la fin de la première période,[31] en je ne sais quel galimatias[32]

---

[17] *de rencontre:* trouvés par occasion
[18] *état:* ICI profession
[19] *mise-bas:* ICI vêtements déjà portés
[20] *cadets:* plus jeunes
[21] *qui l'étriquait:* ICI qui le serrait (se dit d'habitude d'un habit qu'on fait trop étroit)
[22] *fourreau:* enveloppe
[23] *frac:* habit serré à la taille
[24] *haut-de-chausses:* vêtement qui tient lieu de culotte et descend jusqu'aux genoux
[25] *cornes:* pointes
[26] *je vivrais mille ans:* même si je vivais mille ans
[27] *tournure:* apparence
[28] *elle n'était sensible:* elle ne se remarquait
[29] *abordait:* accostait
[30] *affluaient:* arrivaient en grand nombre
[31] *période:* phrase composée de plusieurs membres
[32] *galimatias:* discours confus (embrouillé)

inextricable, dont il ne pouvait débrouiller[33] sa pensée. Il continuait cependant, de plus en plus inintelligible, et substituant de plus en plus à la phrase naturelle et logique de l'homme simple le babillage[34] de l'enfant qui ne sait pas la valeur des mots, ou le radotage[35] du vieillard qui l'a oubliée.

Et alors on riait; et Jean-François se taisait sans colère, et peut-être sans attention, en relevant au ciel ses beaux et grands yeux noirs, comme pour chercher des inspirations plus dignes de lui dans la région où il avait fixé toutes ses idées et tous ses sentiments.

Il n'en était pas de même quand l'entretien se résumait avec précision en une question morale et scientifique de quelque intérêt. Alors les rayons si divergents, si éparpillés[36] de cette intelligence malade se resseraient tout à coup en faisceau,[37] comme ceux du soleil dans la lentille d'Archimède,* et prêtaient tant d'éclat à ses discours, qu'il est permis de douter que Jean-François eût jamais été plus savant, plus clair et plus persuasif dans l'entière jouissance[38] de sa raison. Les problèmes les plus difficiles des sciences exactes, dont il avait fait une étude particulière, n'étaient pour lui qu'un jeu, et la solution s'en élançait si vite de son esprit à sa bouche, qu'on l'aurait prise bien moins pour le résultat de la réflexion et du calcul, que pour celui d'une opération mécanique, assujettie[39] à l'impulsion d'une touche[40] ou à l'action d'un ressort. Il semblait à ceux qui l'écoutaient alors, et qui étaient dignes de l'entendre, qu'une si haute faculté n'était pas payée trop cher au prix de l'avantage commun d'énoncer facilement des idées vulgaires en vulgaire langage; mais c'est le vulgaire[41] qui juge, et l'homme en question n'était pour lui qu'un idiot en bas bleus, incapable de soutenir la conversation même du peuple. Cela était vrai.

Comme la rue d'Anvers aboutit presque au collège, il n'y avait pas

---

[33] *débrouiller:* démêler
[34] *babillage:* propos incohérents
[35] *radotage:* propos qui manquent de sens, de raison
[36] *éparpillés:* dispersés
[37] *se resseraient... en faisceau:* se rassemblaient en un tout
[38] *jouissance:* possession
[39] *assujettie:* soumise
[40] *touche:* pièce blanche ou noire du clavier d'un piano
[41] *vulgaire:* ICI le peuple

de jour où je n'y passasse quatre fois pour aller et pour revenir; mais ce n'était qu'aux heures intermédiaires, et par les jours tièdes[42] de l'année qu'éclairait un peu de soleil, que j'étais sûr d'y trouver Jean-François, assis sur un petit escabeau,[43] devant la porte de son père, et déjà le plus souvent enfermé dans un cercle de sots écoliers, qui s'amusaient du dévergondage[44] de ses phrases hétéroclites. J'étais d'assez loin averti de cette scène par les éclats de rire de ses auditeurs, et quand j'arrivais, mes dictionnaires liés sous le bras, j'avais quelquefois peine[45] à me faire jour[46] jusqu'à lui; mais j'y éprouvais toujours un plaisir nouveau, parce que je croyais avoir surpris, tout enfant que j'étais,[47] le secret de sa double vie, et que je me promettais de me confirmer encore dans cette idée à chaque nouvelle expérience.

Un soir du commencement de l'automne qu'il faisait sombre, et que le temps se disposait à l'orage, la rue d'Anvers, qui est d'ailleurs peu fréquentée, paraissait tout à fait déserte, à un seul homme près.[48] C'était Jean-François assis, sans mouvement et les yeux au ciel, comme d'habitude. On n'avait pas encore retiré son escabeau. Je m'approchai doucement pour ne pas le distraire; et, me penchant vers son oreille, quand il me sembla qu'il m'avait entendu: —Comme te voilà seul! lui dis-je sans y penser; car je ne l'abordais ordinairement qu'au nom de l'aoriste[49] ou du logarithme,[50] de l'hypoténuse[50] ou du trope,[51] et de quelques autres difficultés pareilles de ma double étude. Et puis, je me mordis les lèvres en pensant que cette réflexion niaise,[52] qui le faisait retomber de l'empyrée[53] sur la terre, le rendait à son fatras[54]

---

[42] *tièdes:* ni trop chauds, ni trop froids
[43] *escabeau:* siège de bois sans dossier ni bras
[44] *dévergondage:* ICI grands écarts
[45] *j'avais… peine:* j'avais de la difficulté
[46] *à me faire jour:* à me créer un chemin
[47] *tout enfant que j'étais:* bien que je fusse enfant
[48] *à un seul homme près:* à l'exception d'un seul homme
[49] *aoriste:* temps de la conjugaison grecque qui indique le passé
[50] *logarithme, hypoténuse:* termes de mathématiques
[51] *trope:* terme de rhétorique (figure dans laquelle les mots n'ont pas leur sens habituel)
[52] *niaise:* sotte
[53] *l'empyrée:* la partie la plus élevée du ciel
[54] *fatras:* confusion

accoutumé, que je n'entendais jamais sans un violent serrement de cœur.

«Seul! me répondit Jean-François en me saisissant par le bras. Il n'y a que l'insensé qui soit seul, et il n'y a que l'aveugle qui ne voie pas, et il n'y a que le paralytique dont les jambes défaillantes[55] ne puissent pas s'appuyer et s'affermir sur le sol...»

Nous y voilà, dis-je en moi-même, pendant qu'il continuait à parler en phrases obscures, que je voudrais bien me rappeler, parce qu'elles avaient peut-être plus de sens que je ne l'imaginais alors. Le pauvre Jean-François est parti, mais je l'arrêterai bien. Je connais la baguette qui le tire de ses enchantements.

«Il est possible, en effet, m'écriai-je, que les planètes soient habitées, comme l'a pensé M. de Fontenelle,* et que tu entretiennes un secret commerce avec leurs habitants, comme M. le comte de Gabalis.*» Je m'interrompis avec fierté après avoir déployé une si magnifique érudition.

Jean-François sourit, me regarda de son doux regard, et me dit: «Sais-tu ce que c'est qu'une planète?

—Je suppose que c'est un monde qui ressemble plus ou moins au nôtre.

—Et ce que c'est qu'un monde, le sais-tu?

—Un grand corps qui accomplit régulièrement de certaines révolutions dans l'espace.

—Et l'espace, t'es-tu douté de ce que ce peut être?

—Attends, attends, repris-je, il faut que je me rappelle nos définitions... L'espace? un milieu subtil et infini, où se meuvent les astres et les mondes.

—Je le veux bien.[56] Et que sont les astres et les mondes relativement à l'espace?

—Probablement de misérables atomes, qui s'y perdent comme la poussière dans les airs.

—Et la matière des astres et des mondes, que penses-tu qu'elle soit auprès de la matière subtile qui remplit l'espace?

---

[55] *défaillantes:* sans énergie
[56] *je le veux bien:* je suis d'accord

—Que veux-tu que je te réponde?... Il n'y a point d'expression possible pour comparer des corps si grossiers à un élément si pur.

—A la bonne heure![57] Et tu comprendrais, enfant, que le Dieu créateur de toutes choses, qui a donné à ces corps grossiers des habitants imparfaits sans doute, mais cependant animés, comme nous le sommes tous deux, du besoin d'une vie meilleure, eût laissé l'espace inhabité?...

—Je ne le comprendrais pas! répliquai-je avec élan. Et je pense même qu'ainsi que nous l'emportons[58] de beaucoup en subtilité d'organisation sur la matière à laquelle nous sommes liés, ses habitants doivent l'emporter également sur la subtile matière qui les enveloppe. Mais comment pourrais-je les connaître?

—En apprenant à les voir,» répondit Jean-François qui me repoussait de la main avec une extrême douceur.

Au même instant, sa tête retomba sur le dos de son escabelle à trois marches; ses regards reprirent leur fixité, et ses lèvres leur mouvement.

Je m'éloignai par discrétion. J'étais à peine à quelques pas quand j'entendis derrière moi son père et sa mère qui le pressaient de rentrer, parce que le ciel devenait mauvais. Il se soumettait comme d'habitude à leurs moindres instances; mais son retour au monde réel était toujours accompagné de ce débordement[59] de paroles sans suite[60] qui fournissaient aux manants[61] du quartier* l'objet de leur divertissement accoutumé.

Je passai outre[62] en me demandant s'il ne serait pas possible que Jean-François eût deux âmes, l'une qui appartenait au monde grossier où nous vivons, et l'autre qui s'épurait dans le subtil espace où il croyait pénétrer par la pensée. Je m'embarrassai un peu dans cette théorie, et je m'y embarrasserais encore.

J'arrivai ainsi auprès de mon père, plus préoccupé, et surtout autrement préoccupé que si la corde de mon cerf-volant[63] s'était rompue

---

[57] *à la bonne heure:* très bien. ICI tu as compris
[58] *nous l'emportons:* nous avons la supériorité
[59] *débordement:* excès
[60] *sans suite:* incohérentes
[61] *manants:* hommes grossiers
[62] *je passai outre:* je continuai mon chemin
[63] *cerf-volant:* jouet que les enfants font voler

dans mes mains, ou que ma paume[64] lancée à outrance[65] fût tombée de la rue des Cordeliers dans le jardin de M. de Grobois. Mon père m'interrogea sur mon émotion, et je ne lui ai jamais menti.

«Je croyais, dit-il, que toutes ces rêveries (car je lui avais raconté sans oublier un mot ma conversation avec Jean-François *les Bas-Bleus*) étaient ensevelies pour jamais avec les livres de Swedenborg* et de Saint-Martin* dans la fosse de mon vieil ami Cazotte;* mais il paraît que ce jeune homme, qui a passé quelques jours à Paris, s'y est imbu[66] des mêmes folies. Au reste, il y a une certaine finesse d'observation dans les idées que son double langage t'a suggérées, et l'explication que tu t'en es faite ne demande qu'à être réduite à sa véritable expression. Les facultés de l'intelligence ne sont pas tellement indivisibles qu'une infirmité du corps et de l'esprit ne puisse les atteindre séparément. Ainsi l'altération d'esprit que le pauvre Jean-François manifeste dans les opérations les plus communes de son jugement peut bien ne s'être pas étendue aux propriétés de sa mémoire, et c'est pourquoi il répond avec justesse quand on l'interroge sur les choses qu'il a lentement apprises et difficilement retenues, tandis qu'il déraisonne[67] sur toutes celles qui tombent inopinément[68] sous ses sens, et à l'égard desquelles il n'a jamais eu besoin de se prémunir[69] d'une formule exacte. Je serais bien étonné si cela ne s'observait pas dans la plupart des fous; mais je ne sais si tu m'as compris.

—Je crois vous avoir compris, mon père, et je rapporterai[70] dans quarante ans vos propres paroles.

—C'est plus que je ne veux de toi, reprit-il en m'embrassant. Dans quelques années d'ici, tu seras assez prévenu[71] par des études plus graves contre des illusions qui ne prennent d'empire que sur de faibles âmes ou des intelligences malades. Rappelle-toi seulement, puisque tu es si sûr de tes souvenirs, qu'il n'y a rien de plus simple que les notions qui

---

[64] *paume:* balle
[65] *à outrance:* avec excès, trop loin
[66] *imbu:* pénétré
[67] *déraisonne:* tient des propos qui n'ont pas de sens
[68] *inopinément:* sans qu'il s'y attende
[69] *se prémunir:* se garantir par des précautions
[70] *rapporterai:* répéterai (ferai le récit de)
[71] *prévenu:* informé

se rapprochent du vrai, et rien de plus spécieux[72] que celles qui s'en éloignent.»

—Il est vrai, pensai-je en me retirant de bonne heure, que les *Mille et une nuits** sont incomparablement plus aimables que le premier volume de Bezout;* et qui a jamais pu croire aux *Mille et une nuits*?

L'orage grondait toujours. Cela était si beau que je ne pus m'empêcher d'ouvrir ma jolie croisée[73] sur la rue Neuve, en face de cette gracieuse fontaine dont mon grand'père l'architecte avait orné la ville, et qu'enrichit une sirène de bronze, qui a souvent, au gré de[74] mon imagination charmée, confondu[75] des chants poétiques avec le murmure de ses eaux. Je m'obstinai à suivre de l'œil dans les nues tous ces météores de feu qui se heurtaient les uns contre les autres, de manière à ébranler[76] tous les mondes. —Et quelquefois le rideau enflammé se déchirant sous un coup de tonnerre, ma vue plus rapide que les éclairs plongeait dans le ciel infini qui s'ouvrait au-dessus, et qui me paraissait plus tranquille qu'un beau ciel de printemps.

Oh! me disais-je alors, si les vastes plaines de cet espace avaient pourtant des habitants, qu'il serait agréable de s'y reposer avec eux de toutes les tempêtes de la terre! Quelle paix sans mélange à goûter dans cette région limpide[77] qui n'est jamais agitée, qui n'est jamais privée du jour du soleil, et qui rit, lumineuse et paisible, au-dessus de nos ouragans[78] comme au-dessus de nos misères! Non, délicieuses vallées du ciel, m'écriai-je en pleurant abondamment, Dieu ne vous a pas créées pour rester désertes, et je vous parcourrai[79] un jour, les bras enlacés à ceux de mon père!

La conversation de Jean-François m'avait laissé une impression dont je m'épouvantais de temps en temps; la nature s'animait pourtant sur mon passage, comme si ma sympathie pour elle avait fait jaillir[80]

---

[72] *spécieux:* qui n'a que l'apparence de la vérité
[73] *croisée:* fenêtre
[74] *au gré de:* selon le caprice de
[75] *confondu:* mêlé
[76] *ébranler:* rendre moins solides
[77] *limpide:* claire
[78] *ouragans:* tempêtes
[79] *je vous parcourrai:* je vous explorerai
[80] *jaillir:* sortir impétueusement

des êtres les plus insensibles quelque étincelle de divinité. Si j'avais été plus savant, j'aurais compris le panthéisme.* Je l'inventais.

Mais j'obéissais aux conseils de mon père; j'évitais même la conversation de Jean-François *les Bas-Bleus*, ou je ne m'approchais de lui que lorsqu'il s'alambiquait[81] dans une de ces phrases éternelles qui semblaient n'avoir pour objet que d'épouvanter la logique et d'épuiser le dictionnaire. Quant à Jean-François *les Bas-Bleus*, il ne me reconnaissait pas, ou ne me témoignait en aucune manière qu'il me distinguât des autres écoliers de mon âge, quoique j'eusse été le seul à les ramener, quand cela me convenait, aux conversations suivies[82] et aux définitions sensées.[83]

Il s'était à peine passé un mois depuis que j'avais eu cet entretien avec le visionnaire, et, pour cette fois, je suis parfaitement sûr de la date. C'était le jour même où recommençait l'année scolaire, après six semaines de vacances qui couraient depuis le 1er septembre, et par conséquent le 16 octobre 1793. Il était près de midi, et je revenais du collège plus gaiement que je n'y étais rentré, avec deux de mes camarades qui suivaient la même route pour retourner chez leurs parents, et qui pratiquaient[84] à peu près les mêmes études que moi, mais qui m'ont laissé fort en arrière. Ils sont vivants tous deux, et je les nommerais sans crainte d'en être désavoué, si leurs noms, que décore une juste illustration,[85] pouvaient être hasardés sans inconvenance dans un récit duquel on n'exige sans doute que la vraisemblance requise aux contes bleus,* et qu'en dernière analyse je ne donne pas moi-même pour autre chose.

En arrivant à un certain carrefour[86] où nous nous séparions pour prendre des directions différentes, nous fûmes frappés à la fois de l'attitude contemplative de Jean-François *les Bas-Bleus*, qui était arrêté comme un terme[87] au plus juste milieu de cette place, immobile les bras croisés, l'air tristement pensif, et les yeux imperturbablement fixés sur un

---

[81] *s'alambiquait:* ICI se perdait
[82] *suivies:* cohérentes, sensées
[83] *sensées:* pleines de bon sens
[84] *pratiquaient:* faisaient
[85] *illustration:* célébrité méritée
[86] *carrefour:* croisement; intersection
[87] *terme:* borne

point élevé de l'horizon occidental. Quelques passants s'étaient peu à peu groupés autour de lui, et cherchaient vainement l'objet extraordinaire qui semblait absorber son attention.

«Que regarde-t-il donc là-haut? se demandaient-ils entre eux. Le passage d'une volée[88] d'oiseaux rares, ou l'ascension d'un ballon?

—Je vais vous le dire, répondis-je pendant que je me faisais un chemin dans la foule, en l'écartant du coude à droite et à gauche. —Apprends-nous cela, Jean-François continuai-je; qu'as-tu remarqué de nouveau ce matin dans la matière subtile de l'espace où se meuvent tous les mondes?...

—Ne le sais-tu pas comme moi? répondit-il en déployant le bras, et en décrivant du bout du doigt une longue section de cercle depuis l'horizon jusqu'au zénith. Suis des yeux ces traces de sang, et tu verras Marie-Antoinette,* reine de France, qui va au ciel.»

Alors les curieux se dissipèrent en haussant les épaules, parce qu'ils avaient conclu de sa réponse qu'il était fou, et je m'éloignai de mon côté, en m'étonnant seulement que Jean-François *les Bas-Bleus* fût tombé si juste sur le nom de la dernière de nos reines, cette particularité positive rentrant dans la catégorie des faits vrais dont il avait perdu la connaissance.

Mon père réunissait deux ou trois de ses amis à dîner, le premier jour de chaque quinzaine.[89] Un de ses convives,[90] qui était étranger à la ville, se fit attendre assez longtemps.

«Excusez-moi, dit-il en prenant place; le bruit s'était répandu, d'après quelques lettres particulières, que l'infortunée Marie-Antoinette allait être envoyée en jugement, et je me suis mis un peu en retard pour voir arriver le courrier du 13 octobre. Les gazettes[91] n'en disent rien.

—Marie-Antoinette, reine de France, dis-je avec assurance, est morte ce matin sur l'échafaud[92] peu de minutes avant midi, comme je revenais du collège.

—Ah! mon Dieu! s'écria mon père, qui a pu te dire cela?»

---

[88] *volée:* bande d'oiseaux volant ensemble
[89] *quinzaine:* quinze jours (deux semaines)
[90] *convives:* invités qui prennent part à un repas
[91] *gazettes:* journaux
[92] *l'échafaud:* plate-forme sur laquelle on exécutait les condamnés à mort

Je me troublai, je rougis, j'avais trop parlé pour me taire.

Je répondis en tremblant: C'est Jean-François *les Bas-Bleus.*

Je ne m'avisai pas[93] de relever mes regards vers mon père. Son extrême indulgence pour moi ne me rassurait pas sur le mécontentement que devait lui inspirer mon étourderie.[94]

«Jean-François *les Bas-Bleus*? dit-il en riant. Nous pouvons heureusement nous tranquilliser sur les nouvelles qui nous viennent de ce côté. Cette cruelle et inutile lâcheté ne sera pas commise.

—Quel est donc, reprit l'ami de mon père, ce Jean-François *les Bas-Bleus* qui annonce les événements à cent lieues* de distance, au moment où il suppose qu'ils doivent s'accomplir? un somnambule,[95] un convulsionnaire,[96] un élève de Mesmer* ou de Cagliostro?*

—Quelque chose de pareil, répliqua mon père, mais de plus digne d'intérêt; un visionnaire de bonne foi, un maniaque inoffensif, un pauvre fou qui est plaint autant qu'il méritait d'être aimé. Sorti d'une famille honorable, mais peu aisée,[97] de braves artisans, il en était l'espérance et il promettait beaucoup. La première année d'une petite magistrature[98] que j'ai exercée ici était la dernière de ses études; il fatigua mon bras à le couronner,* et la variété de ses succès ajoutait à leur valeur, car on aurait dit qu'il lui en coûtait peu de s'ouvrir toutes les portes de l'intelligence humaine. La salle faillit crouler[99] sous le bruit des applaudissements, quand il vint recevoir enfin un prix sans lequel tous les autres ne sont rien, celui de la bonne conduite et des vertus d'une jeunesse exemplaire. Il n'y avait pas un père qui n'eût été fier de le compter parmi ses enfants, pas un riche, à ce qu'il semblait, qui ne se fût réjoui de le nommer son gendre.[1] Je ne parle pas des jeunes filles, que devaient occuper tout naturellement sa beauté d'ange et son heureux âge de dix-huit à vingt ans. Ce fut là ce qui le perdit;

---

[93] *je ne m'avisai pas:* ICI je pris garde de ne pas
[94] *étourderie:* action faite sans réflexion
[95] *somnambule:* personne qui marche pendant son sommeil
[96] *convulsionnaire:* personne qui souffre de convulsions (exaltés religieux et mystiques)
[97] *peu aisée:* sans beaucoup d'argent
[98] *magistrature:* charge de magistrat
[99] *faillit crouler:* croula presque
[1] *gendre:* beau-fils

non que sa modestie se laissât tromper aux séductions d'un triomphe, mais par les justes résultats de l'impression qu'il avait produite. Vous avez entendu parler de la belle madame de Sainte-A... Elle était alors en Franche-Comté,* où sa famille a laissé tant de souvenirs et où ses sœurs se sont fixées. Elle y cherchait un précepteur pour son fils, tout au plus âgé de douze ans, et la gloire qui venait de s'attacher à l'humble nom de Jean-François détermina son choix en sa faveur. C'était, il y a quatre ou cinq ans, le commencement d'une carrière honorable pour un jeune homme qui avait profité de ses études, et que n'égaraient pas de folles ambitions.[2] Par malheur (mais à partir de là, je ne vous dirai plus rien que sur la foi de quelques renseignements imparfaits), la belle dame qui avait ainsi récompensé le jeune talent de Jean-François était mère aussi d'une fille, et cette fille était charmante. Jean-François ne put la voir sans l'aimer; cependant, pénétré de l'impossibilité de s'élever jusqu'à elle, il paraît avoir cherché à se distraire d'une passion invincible qui ne s'est trahie que dans les premiers moments de sa maladie, en se livrant à des études périlleuses[3] pour la raison, aux rêves des sciences occultes et aux visions d'un spiritualisme* exalté; il devint complètement fou, et renvoyé de Corbeil, séjour de ses protecteurs, avec tous les soins que demandait son état, aucune lueur[4] n'a éclairci les ténèbres de son esprit depuis son retour dans sa famille. Vous voyez qu'il y a peu de fond à faire[5] sur ses rapports, et que nous n'avons aucun motif de nous en alarmer.»

Cependant on apprit le lendemain que la reine était en jugement, et deux jours après, qu'elle ne vivait plus.

Mon père craignit l'impression que devait me causer le rapprochement extraordinaire de cette catastrophe et de cette prédiction. Il n'épargna rien pour me convaincre que le hasard était fertile en pareilles rencontres, et il m'en cita vingt exemples, qui ne servent d'arguments qu'à la crédulité ignorante, la philosophie et la religion s'abstenant également d'en faire usage.

---

[2] *que n'égaraient pas de folles ambitions:* que de folles ambitions ne troublaient pas
[3] *périlleuses:* dangereuses
[4] *lueur:* faible lumière
[5] *il y a peu de fond à faire:* il ne faut pas attribuer trop d'importance

Je partis peu de semaines après pour Strasbourg,* où j'allais commencer de nouvelles études. L'époque était peu favorable aux doctrines des spiritualistes, et j'oubliai aisément Jean-François au milieu des émotions de tous les jours qui tourmentaient la société.

Les circonstances m'avaient ramené au printemps. Un matin (c'était, je crois, le 3 messidor*), j'étais entré dans la chambre de mon père pour l'embrasser, selon mon usage, avant de commencer mon excursion journalière[6] à la recherche des plantes et des papillons. «Ne plaignons plus le pauvre Jean-François d'avoir perdu la raison, dit-il en me montrant le journal. Il vaut mieux pour lui être fou que d'apprendre la mort tragique de sa bienfaitrice, de son élève, et de la jeune demoiselle qui passe pour avoir été la première cause du dérangement de son esprit. Ces innocentes créatures sont aussi tombées sous la main du bourreau.

—Serait-il possible! m'écriai-je... —Hélas! je ne vous avais rien dit de Jean-François, parce que je sais que vous craignez pour moi l'influence de certaines idées mystérieuses dont il m'a entretenu... —Mais il est mort!

—Il est mort! reprit vivement mon père; et depuis quand?

—Depuis trois jours, le 29 prairial.* Il avait été immobile, dès le matin, au milieu de la place, à l'endroit même où je le rencontrai, au moment de la mort de la reine. Beaucoup de monde l'entourait à l'ordinaire, quoiqu'il gardât le plus profond silence, car sa préoccupation était trop grande pour qu'il pût en être distrait par aucune question. A quatre heures enfin, son attention parut redoubler. Quelques minutes après, il éleva les bras vers le ciel avec une étrange expression d'enthousiasme ou de douleur, fit quelques pas en prononçant les noms des personnes dont vous venez de parler, poussa un cri et tomba. On s'empressa autour de lui, on se hâta de le relever, mais ce fut inutilement. Il était mort.

—Le 29 prairial, à quatre heures et quelques minutes? dit mon père en consultant son journal. C'est bien l'heure et le jour!... —Ecoute, continua-t-il après un moment de réflexion, et les yeux fixement arrêtés sur les miens, ne me refuse pas ce que je vais te demander! —Si jamais

---

[6] *journalière:* quotidienne, de tous les jours

tu racontes cette histoire, quand tu seras homme, ne la donne pas pour vraie, parce qu'elle t'exposerait au ridicule.

—Y a-t-il des raisons qui puissent dispenser un homme de publier hautement ce qu'il reconnaît pour la vérité? repartis-je[7] avec respect.

—Il y en a une qui les vaut toutes, dit mon père en secouant la tête. La vérité est inutile.»

---

[7] *repartis-je:* répondis-je

NOTES EXPLICATIVES

(1) *Besançon:* ancienne capitale de la Franche-Comté, au sud-est de Paris.

(1) *monomane:* personne qui est affligée d'une maladie mentale dans laquelle une seule idée absorbe toutes les facultés de l'intelligence.

(9) *ses cheveux... sans poudre:* Les hommes qui suivaient la mode de cette époque se poudraient les cheveux.

(18) *Comtois:* C'est ainsi qu'on appelle les habitants de la Franche-Comté.

(24) *visionnaire:* personne qui croit percevoir par des moyens surnaturels des phénomènes cachés aux autres hommes.

(33) *Quintilien:* célèbre professeur d'éloquence du premier siècle de notre ère.

(34) *émigration:* Durant la Révolution de nombreux nobles et membres du clergé s'exilèrent de la France, et émigrèrent en Angleterre, en Hollande, etc.

(77) *la lentille d'Archimède:* Célèbre géomètre de l'antiquité, Archimède réussit à incendier des bateaux ennemis grâce à un système de miroirs.

(128) *M. de Fontenelle:* homme de lettres dont les *Entretiens sur la pluralité des mondes* eurent beaucoup de succès au dix-huitième siècle (1657–1757).

(129) *le comte de Gabalis:* personnage dans l'œuvre de Fontenelle.

(169) *quartier:* Ce mot désigne la partie de la ville dans laquelle on demeure.

(183) *Swedenborg:* philosophe suédois qui a laissé des œuvres sur le mysticisme (1688–1772).

(184) *Saint-Martin:* écrivain et philosophe qui écrivit sur les doctrines mystiques (1743–1803).

(184) *Cazotte:* homme de lettres qui est souvent considéré comme l'initiateur du fantastique moderne (1720–1792).

(210) *Les Mille et une nuits:* recueil de contes arabes traduits en français en 1704.

(211) *Bezout:* mathématicien (1730–1783).

(236) *panthéisme:* doctrine religieuse et philosophique dans laquelle Dieu est identifié au monde.

(258) *contes bleus:* C'est ainsi qu'on appelle les contes de fée, les vieilles légendes, etc.

(278) *Marie-Antoinette:* fille de l'empereur d'Autriche François Ier, elle épousa le roi Louis XVI, et devint rapidement impopulaire. Elle fut exécutée (1755–1793).

(305) *lieue:* ancienne mesure itinéraire de valeur variable (environ 4 kilomètres).

(307) *Mesmer:* médecin allemand qui fonda la théorie du magnétisme animal (1733–1815).

(307) *Cagliostro:* médecin et occultiste italien qui remporta un grand succès à la cour de Louis XVI (1743–1795).

(314) *Il fatigua mon bras à le couronner:* Ce sont souvent les magistrats importants de la ville qui remettent les prix et les distinctions aux élèves lors de la cérémonie de fin d'année.

(327) *Franche-Comté:* ancienne province de l'Est de la France.

(341) *spiritualisme:* Il s'agit d'une doctrine philosophique qui admet l'existence de l'esprit comme réalité.

(355) *Strasbourg:* ville importante près de la frontière allemande.

(360) *le 3 messidor:* Lors de la Révolution, tous les mois reçurent de nouvelles appelations. Messidor est le dixième mois de l'année républicaine (du 20 juin au 19 juillet).

(374) *le 29 prairial:* Prairial est le neuvième mois de l'année républicaine (du 20 mai au 18 juin).

Exercices de grammaire

A. «**Je vivrais mille ans que** je n'oublierais...» (53) (SENS: Même si je vivais mille ans je n'oublierais...)

D'après cet exemple, transformez les phrases ci-dessous et complétez-les selon votre imagination:

1. Même si je le voyais de mes propres yeux... **2.** Même si elle le faisait immédiatement... **3.** Même si nous le lui disions... **4.** Même si vous parliez à haute voix... **5.** Même s'ils le prenaient en main...

B. «Il est permis de douter que Jean-François **eût** jamais **été** plus savant.» (77—78)

D'après cet exemple, complétez les phrases ci-dessous:

1. Il est permis de douter que nous (faire) cela. **2.** Il est permis de douter que vous (dire) cette chose. **3.** Il est permis de douter qu'il (venir). **4.** Il est permis de douter qu'elle le (entendre). **5.** Il est permis de douter que tu (obéir).

C. «Il n'y a que l'insensé qui **soit** seul.» (118—119)

D'après cet exemple, complétez les phrases ci-dessous selon votre imagination:

1. Il n'y a que les Anglais qui (boire)... **2.** Il n'y a que vous qui (savoir)... **3.** Il n'y a que lui qui (oser)... **4.** Il n'y a que toi qui (permettre)... **5.** Il n'y a que vous qui (craindre)...

D. «Elles avaient... **plus de** sens **que** je **ne** l'imaginais alors.» (123—124)

Notez l'emploi de **ne** *dans cet exemple, et complétez les phrases ci-dessous:*

1. Il y a dans ce musée plus de jolis tableaux que je... **2.** Cette femme avait plus de défauts qu'il... **3.** Nous avons plus de livres que nous... **4.** Il y aura plus de difficultés que vous... **5.** J'ai vu plus de films que je...

E. «La salle **faillit crouler.**» (316) (SENS: La salle croula presque.)

D'après cet exemple, transformez les phrases ci-dessous:

1. Elle faillit mourir. **2.** Il se noya presque. **3.** Nous nous rencontrâmes presque. **4.** J'ai failli attendre. **5.** Tu es presque tombé.

Questions portant sur le texte

1. Quelle est l'importance de la date dans le récit et dans l'histoire de France? (1)
2. Quelle différence y a-t-il entre un monomane et un idiot? (1)
3. Qu'est-ce que la canaille et les écoliers peuvent avoir en commun? (5)
4. Quel effet l'auteur cherche-t-il à produire en détaillant le portrait physique de Jean-François? (6—16)
5. Quelle est la caractéristique la plus frappante de Jean-François? (6—16)
6. Comment le narrateur nous fait-il comprendre que Jean-François n'est pas «comme les autres»? (6—16)
7. Quelle est «la plus touchante des infirmités de l'homme»? (15—16)
8. Par quels mots le narrateur nous montre-t-il son attitude envers le peuple? (14—16)
9. Pourquoi les gens se poussent-ils du coude en voyant Jean-François? (17)
10. Qu'est-ce que les yeux de Jean-François ont d'extraordinaire? (22—23)
11. Pourquoi le costume de Jean-François égaie-t-il davantage les étrangers que les passants? (27—28)
12. Est-ce par amour pour son fils que le père de Jean-François dépense tant d'argent pour son éducation? (28—32)

13. Les ambitions du père de Jean-François sont-elles démesurées? (30—32)

14. Comment le génie de Jean-François se manifeste-t-il à l'école? (32—33)

15. Qu'est-ce qui force le tailleur de se retrancher sur ses dépenses? (37—39)

16. Est-ce que le père est à blâmer pour la façon dont il habille Jean-François? (40—53)

17. Qu'est-ce qui rend Jean-François particulièrement burlesque? (43—44)

18. Quels sont tous les effets de contraste entre Jean-François et son accoutrement? (6—53)

19. Est-ce que tous les sujets de conversation que nous présente le narrateur sont sans importance? (58—60)

20. Pourquoi est-il impossible de comprendre Jean-François? (61—64)

21. Admettez-vous que la phrase de l'homme simple est «naturelle et logique»? (66)

22. Jean-François ressemble-t-il davantage à un enfant ou à un vieillard quand il parle? (66—68)

23. Quand est-ce que Jean-François s'arrête de parler? (69)

24. La comparaison entre l'intelligence de Jean-François et la lentille d'Archimède est-elle justifiée? (74—77)

25. Est-il correct d'appliquer le terme «folie» à la particularité de Jean-François? (56—79)

26. Qu'y a-t-il de remarquable dans l'état de lucidité de Jean-François? (79—85)

27. Quelles sont les personnes dignes d'entendre Jean-François? (85—90)

28. Croyez-vous que la faculté de Jean-François soit une compensation suffisante à sa «folie»? (85—88)

29. Comment le narrateur nous fait-il comprendre qu'il ne fait pas partie du «vulgaire»? (85—90)

30. Comment se fait-il que le narrateur passe par la rue d'Anvers quatre fois par jour? (91—92)

31. Quelles sont les heures «intermédiaires»? (92—93)

32. En quoi le narrateur est-il différent de tous les autres écoliers? (97—103)

33. Quelle est la double étude du narrateur? (113)

34. Qu'est-ce qui pousse le narrateur à dire à Jean-François: «Comme te voilà seul!»? (110)

35. Les premières phrases de Jean-François sont-elles obscures? (118—121)

36. Quelle est la baguette qui tire Jean-François de ses enchantements? (125—126)

37. Les définitions du narrateur sont-elles correctes? (134—146)

38. Quelle est la différence essentielle entre Jean-François et le narrateur dans leur conversation sur les planètes? (127—161)

39. A quoi Jean-François veut-il en venir avec tous ses arguments? (151—154)

40. Résumez en une formule toute simple la réponse de Jean-François. (151—154)

41. Comment est-il possible de «voir» les habitants des autres mondes? (160—161)

42. Que pensez-vous de la «théorie» du narrateur? (171—175)

43. Quelle est l'opinion du père du narrateur concernant le mysticisme? (181—186)

44. Que nous montre la réponse du père quant à son caractère? (181—199)

45. En quoi l'explication du père diffère-t-elle de la «théorie» du narrateur? (189—197)

46. L'explication du père est-elle fausse? (189—197)

47. Quelle est, selon le père, un des grands avantages d'une éducation? (202—205)

48. Résumez en paroles plus simples la morale que le père enseigne au jeune garçon. (205—208)

49. Est-ce que le narrateur a bien compris ce que lui a dit son père? (209—211)

50. Qu'est-ce qui nous montre que le jeune garçon est un «poète»? (212—231)

51. Qu'est-ce que Jean-François et le narrateur ont en commun? (212—231)

52. Comment se manifeste le romantisme du narrateur? (223—231)

53. En quoi le jeune garçon invente-t-il le panthéisme? (235—236)

54. Comment se manifeste le changement d'attitude du narrateur envers Jean-François? (237—241)

55. Pourquoi le narrateur insiste-t-il tellement sur la date? (250)

56. Pourquoi le narrateur refuse-t-il de nommer ses deux «témoins»? (251—259)

57. Quelle est la vraisemblance requise par les contes bleus? (256—259)

58. Pourquoi le narrateur qualifie-t-il son récit de conte bleu? (258)

59. Comment le narrateur essaie-t-il de faire parler Jean-François? (270—274)

60. Comment s'appelle le phénomène grâce auquel Jean-François est au courant de la mort de Marie-Antoinette? (277—278)

61. Qu'est-ce qui provoque la révélation du narrateur? (292—294)

62. Qu'est-ce que Jean-François a en commun avec «un somnambule, un convulsionnaire, un élève de Mesmer ou de Cagliostro»? (304—307)

63. Le portrait que le père trace de Jean-François est-il exagéré? (308—323)

64. Qu'y a-t-il d'extraordinaire dans le fait que Jean-François avait été nommé précepteur chez madame de Sainte-A...? (325—330)

65. Pourquoi aurait-il été mauvais pour Jean-François d'avoir de «folles ambitions»? (330—333)

66. Pourquoi Jean-François ne peut-il s'élever jusqu'à la jeune fille? (333—338)

67. Comment se fait-il que le narrateur n'ait pas appris immédiatement la mort de la reine? (347—348)

68. Est-ce que les arguments du père convainquent le jeune garçon? (349—354)

69. Qu'est-ce que la philosophie et la religion ont en commun? (353—354)
70. Pourquoi le narrateur n'a-t-il pas dit à son père que Jean-François était mort? (369—372)
71. Quels sont les événements «mystérieux» qui entourent la mort de Jean-François? (374—384)
72. Pourquoi l'heure de la mort de Jean-François est-elle si curieuse? (385—386)
73. Complétez la phrase du père. (386)
74. De qui le narrateur tient-il son attitude envers la vérité? (391—392)
75. En quoi la dernière affirmation du père vient-elle contredire des propos qu'il avait tenus plus tôt? (393—394)

Questions générales portant sur le texte

1. Est-il possible que Jean-François ne soit pas fou, mais seulement incompris?
2. Quelles sont dans ce récit toutes les remarques qui jettent de la lumière sur la hiérarchie sociale de l'époque?
3. Qui est vraiment coupable de la «folie» de Jean-François?
4. Est-ce que l'auteur éclaircit son attitude envers les sciences occultes?
5. Qu'est-ce qui nous permet de qualifier ce récit de «fantastique»?
6. Quels sont dans ce récit les personnages qui appartiennent au monde poétique? au monde scientifique? Où faut-il placer le narrateur?
7. Qu'est-ce qui nous permet de dire que le jeune garçon ne suit pas les conseils que son père lui donne à la fin du récit?
8. Quels sont dans ce récit les éléments qui pourraient tenir dans un conte de fée?

Sujets de devoirs

1. Nommez plusieurs questions morales et scientifiques «de quelque intérêt» et justifiez l'importance de chacune de ces questions.
2. Ecrivez sous forme de dialogue quelques «conversations sans importance» sur le temps, les spectacles, etc.
3. Donnez votre opinion sur la dernière phrase du récit: «La vérité est inutile». Illustrez-la par des exemples.
4. Auquel des personnages de ce récit votre sympathie va-t-elle? Pourquoi?
5. Ecrivez une courte composition sur la place que tiennent les sciences occultes dans le monde moderne.

HONORÉ DE BALZAC

Balzac naquit à Tours en 1799. Il fit ses études au collège de sa ville natale, ensuite chez les Oratoriens à Vendôme. En 1814 Balzac se rend à Paris avec ses parents et, deux ans plus tard, commence des études de droit. En 1819 il décide de suivre une carrière littéraire, s'installe dans une mansarde, et écrit sa première pièce, *Cromwell*, qui est un échec complet. De 1821 à 1825 il écrit, sous divers noms, quelques romans d'aventure. En 1825 il achète une imprimerie, mais trois ans plus tard, criblé de dettes, il est forcé de tout liquider. C'est de 1829 à 1848 qu'il compose *La Comédie humaine.* L'œuvre immense de Balzac est divisée en «Etudes de Mœurs», «Etudes Philosophiques», et «Etudes Analytiques». Elle comprend 137 ouvrages dont 90 romans et nouvelles, des articles, 30 *Contes drôlatiques*, 5 pièces de théâtre. En plus de cela, Balzac laisse une correspondance volumineuse, surtout avec Mme Hanska, une Polonaise, qu'il épousa en 1850. Epuisé par ses travaux et par une vie agitée, Balzac est mort le 19 août 1850.

Balzac avait subi l'influence de plusieurs mystiques, dont Saint-Martin, Swedenborg, et Mme Guyon. Son goût pour le merveilleux, le somnambulisme et les rêveries se retrouve dans le conte que nous donnons ici. Ce conte *Les Deux Rêves*, fut publié pour la première fois en 1830 dans *La Mode*. Nous y trouvons non seulement un sujet qui fascinait l'auteur, mais aussi son grand art de la description et du dialogue. «*L'invention fantastique*», dit Castex, «semble s'inscrire en surimpression sur la trame d'un récit où dominent le naturel et la vie.»

A consulter: Philippe Bertault, *Balzac, l'homme et l'œuvre*, Paris, 1946.

Les Deux Rêves

Mme Bodard de Saint-Jame, femme du trésorier-général de la marine sous Louis XVI,* avait l'ambition de ne recevoir chez elle que des gens de qualité, vieux ridicule toujours nouveau. Pour elle, les mortiers[1] du Parlement étaient déjà fort peu de chose,[2] elle voulait voir dans ses salons des personnes titrées[3] qui eussent au moins les grandes entrées* à Versailles.* Dire qu'il vint beaucoup de cordons bleus[4] chez la jolie financière, ce serait mentir; mais il est très certain qu'elle avait réussi à obtenir les bontés et l'attention de quelques membres de la famille de Rohan,* comme le prouva par la suite le trop fameux procès du collier.*

Un soir, c'était, je crois, le 2 août 1786, je fus très surpris de rencontrer dans le salon de cette trésorière, si prude à l'endroit des preuves,[5] deux nouveaux visages qui me parurent *assez mauvaise compagnie.* Elle vint à moi dans l'embrasure[6] d'une croisée[7] où j'avais été me nicher[8] avec intention.

«Dites-moi donc, lui demandai-je en lui désignant par un coup d'œil interrogatif l'un des inconnus, quelle est cette *espèce-là*?[9] Comment avez-vous cela chez vous?

—C'est un homme charmant!...

—Le voyez-vous à travers le prisme de l'amour, ou me trompé-je?

—Vous ne vous trompez pas, reprit-elle en riant, il est laid comme une chenille;[10] mais... il m'a rendu le plus immense service qu'une femme puisse recevoir d'un homme.»

Comme je la regardais malicieusement, elle sa hâta d'ajouter:

---

[1] *mortiers:* bonnets que portaient les présidents de parlement
[2] *étaient... fort peu de chose:* étaient sans importance
[3] *titrées:* avec des titres de noblesse
[4] *cordons bleus:* ICI personnages en vue (importants)
[5] *à l'endroit des preuves:* concernant les preuves d'importance
[6] *l'embrasure:* l'ouverture
[7] *croisée:* fenêtre
[8] *nicher:* mettre (cacher)
[9] *espèce-là:* personnage vulgaire, grossier
[10] *chenille:* larve (d'un papillon)

«Il m'a radicalement guérie de ces odieuses rougeurs qui me couperosaient[11] le teint et me faisaient ressembler à une paysanne...»

Je haussai les épaules avec humeur.[12]

«C'est un charlatan! m'écriai-je.

—Non, répondit-elle, c'est le chirurgien des pages.* Il a beaucoup d'esprit, je vous jure, et d'ailleurs il écrit. C'est un savant physicien.[13]

—Si son style ressemble à sa figure... repris-je en souriant... Mais l'autre?

—Qui!... l'autre.

—Ce petit monsieur pincé,[14] propret,[15] poupin,[16] et qui a l'air d'avoir bu du verjus.[17]

—Mais c'est un homme bien né, me dit-elle. Il arrive de je ne sais quelle province. Il est chargé de terminer une affaire qui concerne le cardinal, et c'est son Eminence elle-même qui l'a présenté à M. de Saint-Jame. Ils ont choisi tous deux Saint-Jame pour arbitre. En cela, le provincial n'a pas fait preuve d'esprit; mais aussi quels sont les gens assez niais pour confier un procès à cet homme-là? Il est doux comme un mouton et timide comme une fille. Son Eminence l'amadoue,[18] car il s'agit, je crois, de trente mille livres.

—Mais c'est donc un avocat? dis-je en faisant un léger haut-le-corps.[19]

—Oui, dit-elle.» Puis, confuse[20] de cet humiliant aveu, elle alla reprendre sa place au pharaon.[21]

Toutes les parties* étaient complètes. Or je n'avais rien à faire ni à dire, car je venais de perdre deux mille écus* contre M. de Laval, avec lequel je m'étais rencontré chez une *impure*.[22] J'allai me jeter

---

[11] *couperosaient:* mettaient des taches rouges de nature inflammatoire
[12] *avec humeur:* avec mauvaise humeur
[13] *physicien:* ICI médecin
[14] *pincé:* froid
[15] *propret:* minutieusement propre
[16] *poupin:* frais
[17] *verjus:* jus du raisin vert (acide)
[18] *l'amadoue:* le gagne à force de flatteries
[19] *haut-le-corps:* mouvement du corps qui indique la surprise. (Au dix-huitième siècle les avocats n'appartenaient pas à la meilleure société.)
[20] *confuse:* honteuse
[21] *pharaon:* un ancien jeu de cartes
[22] *impure:* femme du demi-monde (de mauvaises mœurs)

dans[23] une duchesse placée auprès de la cheminée; s'il y eut jamais sur cette terre un homme bien étonné, ce fut certes moi, en apercevant que, de l'autre côté du chambranle,[24] j'avais pour vis-à-vis le contrôleur général.* M. de Calonne paraissait assoupi[25] et livré à toutes les jouissances négatives de la digestion. Quand je le montrai par un geste à Beaumarchais* qui venait à moi, le père de Figaro, ou Figaro lui-même, m'expliqua ce mystère sans mot dire.[26]

Il m'indiqua tour à tour[27] ma propre tête et celle de Bodard par un geste assez malicieux qui consistait à écarter vers nous deux doigts de la main en tenant les autres fermés. Mon premier mouvement fut de me lever pour aller dire quelque chose de piquant à Calonne, mais je restai: d'abord, parce que je songeai à jouer un tour[28] à ce favori, et ensuite, Beaumarchais m'avait un peu trop familièrement arrêté de la main; puis, clignant des yeux pour m'indiquer le contrôleur, il m'avait dit en murmurant:

«Ne le réveillez pas... l'on est trop heureux quand il dort.

—Mais c'est aussi un plan de finances que le sommeil! repris-je.

—Certainement! nous répondit l'homme d'Etat, qui avait deviné nos paroles au seul mouvement des lèvres.

—Monseigneur, dit le dramaturge,[29] j'ai un remerciement à vous faire...

—Et pourquoi?...

—M. de Mirabeau* est parti pour Berlin. Je ne sais pas, si dans cette affaire des eaux, nous ne nous serions pas noyés tous deux.

—Vous avez trop de *mémoire** et pas assez de reconnaissance, répliqua sèchement le ministre, fâché de voir divulguer[30] un de ses secrets devant moi.

—Cela est possible, dit Beaumarchais piqué au vif,[31] mais j'ai des millions...»

---

[23] *j'allai me jeter dans:* je heurtai
[24] *chambranle:* encadrement d'une porte, fenêtre ou cheminée
[25] *assoupi:* endormi à moitié
[26] *sans mot dire:* sans dire un seul mot
[27] *tour à tour:* l'une après l'autre
[28] *jouer un tour:* faire une plaisanterie
[29] *dramaturge:* personne qui écrit des pièces de théâtre
[30] *divulguer:* rendre public
[31] *piqué au vif:* offensé

M. de Calonne feignit de ne pas entendre...

Il était minuit et demi quand les parties cessèrent. L'on se mit à table. Nous étions dix personnes, Bodard et sa femme, le contrôleur général, Beaumarchais, les deux inconnus, deux jolies dames dont je tairai les noms et un fermier-général,* appelé, je crois, Lavoisier.* De trente personnes, que je trouvai dans le salon en y entrant, il n'était resté que ces dix convives, et encore les deux *espèces* ne soupèrent-elles que d'après les instances de Mme de Saint-Jame, qui crut s'acquitter envers l'un en lui donnant à manger, et qui peut-être invita l'autre pour plaire à son mari, auquel elle faisait des coquetteries, je ne sais trop pourquoi; car, après tout, M. de Calonne était une puissance, et si quelqu'un avait eu à se fâcher, ç'eût été moi.

Le souper commençait à être ennuyeux à la mort. Ces deux gens et le fermier-général nous gênaient. Alors je fis un signe à Beaumarchais pour lui dire de griser[32] le fils d'Esculape* qu'il avait à sa droite, et je lui donnai à entendre que je me chargeais de l'avocat. Comme il ne nous restait plus que ce moyen-là de nous amuser, et qu'il nous promettait de la part de ces deux hommes une ample moisson d'impertinences[33] dont nous nous amusions déjà, M. de Calonne sourit à mon projet. En deux secondes, les trois dames trempèrent dans[34] notre conspiration bachique.[35] Elles s'engagèrent par des œillades[36] très significatives à y jouer leur rôle, et le vin de Sillery,* couronna plus d'une fois les verres de sa mousse argentée. Le chirurgien fut assez facile; mais, au troisième verre que je lui versai, mon voisin me dit avec la froide politesse d'un usurier qu'il ne boirait pas davantage.

En ce moment, Mme de Saint-Jame nous avait mis, je ne sais par quel hasard de la conversation, sur le chapitre des merveilleux soupers du comte de Cagliostro.* Je n'avais pas l'esprit trop présent à ce que disait la maîtresse du logis, car, depuis la réponse qu'il m'avait faite, j'observais avec une invincible curiosité la figure mignarde[37] et blême

---

[32] *griser:* rendre à moitié ivre
[33] *une ample moisson d'impertinences:* de nombreuses impertinences
[34] *trempèrent dans:* participèrent à (devinrent complices)
[35] *bachique:* qui a rapport à la boisson (*Bacchus:* dieu du vin)
[36] *œillades:* regards, clins d'œil plus ou moins furtifs, de connivence
[37] *mignarde:* affectée

de mon voisin. Son nez était à la fois camard[38] et pointu, ce qui, par moments, le faisait ressembler à une fouine.[39] Tout à coup ses joues se colorèrent en entendant Mme de Saint-Jame dire à M. de Calonne d'un ton impérieux:

«Mais je vous assure, Monsieur, que j'ai vu la reine Cléopâtre...

—Je le crois, madame!... répondit mon voisin; car moi, j'ai parlé à Catherine de Médicis.*

—Oh! oh!» s'écria M. de Calonne.

Les paroles prononcées par le petit provincial le furent d'une voix qui avait une indéfinissable *sonorité*, s'il est permis d'emprunter ce terme à la physique. Cette soudaine clarté d'intonation chez un homme qui avait jusque-là très peu parlé, toujours très bas et avec le meilleur ton possible, nous surprit au dernier point.[40]

«Mais il parle..., s'écria le chirurgien, que Beaumarchais avait mis dans un état satisfaisant.

—Son voisin aura poussé quelque ressort», répondit le satirique.

Mon homme rougit légèrement en entendant ces paroles, quoiqu'elles n'eussent été que murmurées.

«Et comment était la feue reine?[41] demanda Calonne.

—Je n'affirmerais pas que la personne avec laquelle j'ai soupé hier fût Catherine de Médicis elle-même, car ce prodige[42] doit paraître justement impossible à un chrétien aussi bien qu'à un philosophe, répliqua l'avocat en appuyant légèrement l'extrémité de ses doigts sur la table et en se renversant sur sa chaise, comme s'il devait parler longtemps; mais je puis jurer que cette femme ressemblait autant à Catherine de Médicis que si elles eussent été sœurs. Elle portait une robe de velours noir absolument pareille à celle dont cette reine est vêtue dans le portrait qu'en possède le roi; et la rapidité de l'évocation m'a semblé d'autant plus merveilleuse que M. le comte de Cagliostro ne pouvait pas deviner le nom du personnage avec lequel j'allais désirer de me trouver. J'ai été confondu.[43] La magie du spectacle que présentait

---

[38] *camard:* plat (comme écrasé)
[39] *fouine:* petit mammifère
[40] *au dernier point:* extrêmement
[41] *la feue reine:* la reine morte
[42] *prodige:* chose extraordinaire, miracle
[43] *confondu:* frappé d'étonnement

un souper où apparaissaient d'illustres femmes des temps passés m'ôta toute présence d'esprit. J'écoutai sans oser questionner. En échappant vers minuit aux pièges de cette sorcellerie, je doutais presque de moi-même. Mais ce qui va vous paraître extraordinaire, c'est que, pour moi, tout ce merveilleux[44] me semble naturel en comparaison de la puissante *hallucination* que je devais subir encore. Je ne sais par quelles paroles je pourrais vous peindre l'état de mes sens. Seulement je déclare, dans la sincérité de mon cœur, que je ne m'étonne plus qu'il se soit rencontré jadis[45] des âmes assez faibles ou assez fortes pour croire aux mystères de la magie et au pouvoir du démon...»

Ces paroles furent prononcées avec une incroyable éloquence de ton. Elles étaient de nature à éveiller une excessive curiosité chez tous les convives: aussi nos regards se tournèrent-ils sur l'orateur, et nous restâmes immobiles. Nos yeux seuls trahissaient la vie en réfléchissant les bougies scintillantes des flambeaux.[46] A force de[47] contempler l'inconnu, il nous sembla voir les pores de son visage, et surtout ceux de son front, livrer passage au sentiment intérieur dont il était pénétré. Il y avait dans cet homme, en apparence froid et compassé,[48] un foyer secret dont la flamme vint agir sur nous.

«Je ne sais pas, reprit-il, si la figure évoquée me suivit en se rendant invisible; mais aussitôt que ma tête reposa sur mon lit, je vis la grande ombre de Catherine se lever devant moi. C'est instinctivement que je me sentais dans une sphère lumineuse, car mes yeux, attachés sur la reine par une insupportable fixité, ne virent qu'elle... Tout à coup, elle se pencha vers moi...»

A ces mots, les dames laissèrent échapper un mouvement unanime de curiosité.

«Mais, reprit l'avocat, j'ignore si je dois continuer; bien que je sois porté[49] à croire que ce ne soit qu'un rêve, ce qu'il me reste à dire est grave...

—S'agit-il de religion? dit Beaumarchais.

---

[44] *merveilleux:* surnaturel
[45] *jadis:* autrefois, il y a longtemps
[46] *flambeaux:* chandeliers
[47] *à force de:* grâce aux efforts de
[48] *compassé:* sans rien de spontané
[49] *bien que je sois porté:* bien que j'aie tendance

—Ou y aurait-il de l'indécence à continuer? demanda Calonne.

—Il s'agit de gouvernement..., répondit l'avocat.

—Allez, reprit le ministre. Voltaire,* Diderot* et consorts[50] ont assez bien commencé l'éducation de nos oreilles.»

Le contrôleur devint fort inattentif, et sa voisine, Mme de G..., fort occupée.

Le provincial hésitait encore, mais Beaumarchais lui dit avec vivacité:

«Mais allez donc, maître,[51] ne savez-vous pas que les lois nous laissent si peu de liberté que nous prenons notre revanche dans les mœurs...»

Alors le convive commença ainsi:

«Soit que certaines idées fermentassent à mon insu[52] dans mon âme, soit que je fusse poussé par une puissance étrangère, je lui dis: «Ah! madame, vous avez commis un bien grand crime!...»

«—Lequel?... demanda-t-elle d'une voix grave.

«—Celui dont la cloche du palais donna le signal au 24 août...*

Elle sourit dédaigneusement, et quelques rides profondes se dessinèrent sur ses joues blafardes.[53]

«—Vous nommez cela un crime!... répondit-elle. Ce fut un grand «malheur; l'entreprise, mal conduite, ayant échoué, il n'en est pas «résulté pour la France, pour l'Europe, pour le christianisme, tout le «bien que nous en attendions. Les ordres ont été mal exécutés, nous «n'avons pas rencontré autant de Montluc* qu'il en fallait. La postérité «ne nous tiendra pas compte du[54] défaut de communications qui nous «empêcha d'imprimer à notre œuvre cette unité de mouvement néces-«saire aux grands coups d'Etat. Voilà le malheur. Si, le 25 août, il «n'était pas resté l'ombre d'un huguenot* en France, je serais demeurée «jusque dans la postérité la plus reculée comme une belle image de la «Providence. Que de fois les âmes clairvoyantes de Sixte-Quint,* de «Richelieu,* de Bossuet,* m'ont secrètement accusée d'avoir échoué

---

[50] *consorts:* ceux de la même coterie

[51] *maître:* forme d'adresse réservée aux avocats

[52] *à mon insu:* sans que je le sache

[53] *blafardes:* pâles

[54] *ne nous tiendra pas compte du:* ne prendra pas en considération le

«dans mon entreprise après avoir osé la concevoir! Aussi, de combien «de regrets ma mort ne fut-elle pas accompagnée!... Trente ans après «la Saint-Barthélemy, la maladie durait encore; elle coûtait déjà dix fois «plus de sang noble à la France qu'il n'en restait à verser le 26 août «1572. La révocation de l'édit de Nantes,* en l'honneur de laquelle «vous avez frappé des médailles, a coûté plus de larmes, de sang et «d'argent, a tué plus de prospérité en France que trois Saint-Barthélemy. «Letellier* a su accomplir avec une plumée d'encre[55] le décret que le «trône avait secrètement promulgué depuis moi; mais le 25 août «1572, cette immense exécution était nécessaire; le 25 août 1685, elle «était inutile. Sous le second fils de Henri de Valois,* l'hérésie était à «peine enceinte;[56] sous le second fils de Henri de Bourbon,* elle avait, «mère féconde, jeté son frai sur[57] l'univers tout entier. Vous m'accusez «d'un crime, et vous dressez des statues au fils d'Anne d'Autriche!...*

A ces paroles lentement prononcées, je sentis en moi comme un tressaillement intérieur. Je croyais respirer la fumée du sang de je ne sais quelles victimes. Catherine avait grandi. Elle était là comme un mauvais génie, et il me sembla qu'elle voulait pénétrer dans ma conscience pour s'y reposer.

—Il a rêvé cela, dit Beaumarchais à voix basse, car il ne l'a certainement pas inventé!...

«—Ma raison est confondue!... dis-je à la reine. Vous vous applaudis- «sez d'un acte que trois générations condamnent, flétrissent[58] et...

«Elle sourit de pitié.

«—J'étais calme et froide comme la raison même. J'ai condamné «les huguenots sans pitié, mais sans emportement.[59] Ils étaient l'orange «pourrie de ma corbeille. Reine d'Angleterre,[60] j'eusse jugé de même «les catholiques, s'ils y eussent été séditieux.[61] Pour que notre pouvoir «eût quelque vie à notre époque, il fallait dans l'Etat un seul Dieu, «une seule foi, un seul maître. Heureusement pour moi que j'ai gravé

---

[55] *plumée d'encre:* ce que l'on peut prendre d'encre avec une seule plume
[56] *enceinte:* ICI mûre
[57] *jeté son frai sur:* envahi
[58] *flétrissent:* diffament
[59] *emportement:* colère
[60] *Reine d'Angleterre:* LISEZ: Si j'avais été reine d'Angleterre
[61] *séditieux:* en révolte contre le pouvoir établi

«ma justification dans un mot. Quand Birague* m'annonça faussement «la perte de la bataille de Dreux:* «Eh bien! nous irons au prêche![62]...» «m'écriai-je. De la haine contre ceux de la religion!... Je les estimais «beaucoup et je ne les connaissais pas. Si je me suis senti de l'aversion «pour des hommes en politique, ce fut pour le lâche cardinal de «Lorraine,* pour son frère,* soldat brutal. Voilà quels étaient les «ennemis de mes enfants!... Je les voyais tous les jours, ils m'excé-«daient.[63] Si nous n'avions pas fait la Saint-Barthélemy, ces misérables «l'eussent accomplie à l'aide de Rome et de ses moines; et la Ligue,* «qui n'a été forte que de ma vieillesse, eût commencé en 1573.

«—Mais, madame, au lieu d'ordonner cet horrible assassinat «(excusez ma franchise[64]), pourquoi n'avoir pas employé les vastes «ressources de votre politique à donner aux calvinistes les sages «institutions qui rendirent le règne de Henri IV* si glorieux et si paisible?

«Elle sourit encore, haussa les épaules, et ses rides creuses donnèrent à son pâle visage une expression d'ironie pleine d'amertume.[65]

«—Les peuples, dit-elle, ont besoin de repos après les luttes les «plus acharnées,[66] voilà le secret de ce règne. Mais Henri IV a commis «deux fautes irréparables: il ne devait ni abjurer ni laisser la France «catholique après l'être devenu lui-même. Lui seul s'est trouvé en posi-«tion de changer sans secousse la face de la France. Ou pas une étole,[67] «ou pas un prêche. Telle aurait dû être sa pensée. Laisser dans un «gouvernement deux principes ennemis sans que rien les balance... «Voilà un crime de roi! Il sème ainsi des révolutions. A Dieu seul il «appartient de mettre dans son œuvre le bien et le mal sans cesse en «présence. Mais peut-être cette sentence[68] était-elle inscrite au fond «de la politique de Henri IV, et peut-être causa-t-elle sa mort!... Il «est impossible que Sully* n'ait pas jeté un regard de convoitise[69] «sur ces immenses biens du clergé, dont le clergé ne possédait pas «alors le tiers...

---

[62] *prêche:* sermon d'un pasteur protestant
[63] *ils m'excédaient:* m'exaspéraient
[64] *franchise:* franc-parler
[65] *amertume:* affliction
[66] *acharnées:* violentes
[67] *étole:* ornement sacerdotal porté par les prêtres
[68] *sentence:* pensée
[69] *convoitise:* désir immodéré

Elle s'arrêta et parut réfléchir.

«—Mais, reprit-elle, songez-vous que c'est à la nièce d'un pape que «vous demandez raison de son catholicisme?...

Elle s'arrêta encore.

«—Après tout, j'eusse été calviniste de bon cœur..., ajouta-t-elle «en laissant échapper un geste d'insouciance. Est-ce que les hommes «supérieurs de ce siècle penseraient encore que la religion était pour «quelque chose[70] dans ce procès, le plus immense de ceux que l'Europe «ait jugés, vaste révolution, retardée par de petites causes qui ne «l'empêcheront pas de rouler sur le monde, puisque je ne l'ai pas «étouffée?... Révolution, dit-elle, en me jetant un regard profond, qui «marche toujours et que tu pourras achever. Oui, *toi, toi,* qui m'écou- «tes!...

Je frissonnai.

«Quoi! personne encore n'a compris que les intérêts nouveaux et «les intérêts anciens avaient saisi Rome et Luther comme des drapeaux! «Quoi! pour éviter une lutte à peu près semblable, Louis IX,* en «entraînant une population centuple à celle que j'ai condamnée et la «laissant aux sables de l'Egypte, a mérité le nom de saint, et moi!...

«—Mais moi, dit-elle, j'ai échoué.

Elle pencha la tête et resta silencieuse un moment. Ce n'était plus une reine que je voyais, mais bien plutôt une de ces antiques druidesses* qui sacrifiaient des hommes et savaient dérouler les pages de l'avenir en exhumant les enseignements du passé.

Mais bientôt elle releva sa royale et majestueuse figure et dit:

«—En appelant l'attention de tous les bourgeois sur les abus de «l'Eglise romaine, Luther et Calvin faisaient naître en Europe un «esprit d'investigation qui devait amener les peuples à vouloir tout «examiner. Or l'examen conduit au doute. Au lieu d'une foi nécessaire «aux sociétés, ils traînaient après eux et dans le lointain une curiosité «philosophique. La science s'élançait[71] toute brillante de clartés au «sein de l'hérésie. Il s'agissait bien moins d'une réforme dans l'Eglise «que de la liberté. J'ai vu cela!...

---

[70] *était pour quelque chose:* avait de l'importance

[71] *s'élançait:* se jetait en avant

«La conséquence des succès obtenus par les religionnaires[72] dans «leur lutte contre le sacerdoce,[73] déjà plus armé et plus redoutable que «la royauté, était la ruine du pouvoir monarchique et féodal. Il ne «s'agissait de rien de moins que de l'anéantissement[74] de ces trois «grandes institutions, sur les débris desquelles toutes les bourgeoisies «du monde auraient pactisé. Cette lutte était donc une guerre à mort «entre de nouvelles combinaisons et les lois et les croyances anciennes. «Les catholiques étaient l'expression des intérêts matériels de la royau- «té, des seigneurs et du clergé. Ce fut un duel à outrance[75] entre «deux géants et la Saint-Barthélemy n'en fut malheureusement qu'une «blessure. Souvenez-vous que, pour épargner quelques gouttes de «sang dans un moment opportun, on en laissa verser plus tard par «torrents. L'intelligence qui plane sur une nation ne peut éviter un «malheur: celui de n'être plus jugée que par ses pairs quand elle a «succombé sous le poids d'un événement. Si mon nom est en exécration «à la France, il faut s'en prendre aux[76] esprits médiocres qui y forment «la majorité de toutes les générations. Dans les grandes crises que «j'ai eu à subir, régner... ce n'était pas donner des audiences, passer «des revues et signer des ordonnances... J'ai pu commettre des fautes, «je n'étais qu'une femme. Mais pourquoi ne s'est-il pas rencontré «alors un homme qui fût au-dessus de son siècle? Le duc d'Albe* «était une âme de bronze; Henri IV, un soldat joueur et libertin, mais «qui avait un cœur excellent; l'Amiral,* un entêté[77] systématique. «Louis XI* était venu trop tôt, Richelieu trop tard. Vertueuse ou «criminelle, que l'on m'attribue ou non la Saint-Barthélemy, j'en «accepte le fardeau; car alors je resterai entre ces deux grands rois «comme l'anneau visible d'une chaîne inconnue. Quelque jour, des «écrivains à paradoxe se demanderont si les peuples n'ont pas quelque- «fois prodigué[78] le nom de bourreaux à des victimes. Ce ne sera pas

---

[72] *religionnaires:* membres de la religion réformée (protestants)
[73] *sacerdoce:* dignité des ministres d'un culte. ICI les membres du clergé catholique
[74] *l'anéantissement:* la destruction
[75] *à outrance:* jusqu'à la mort
[76] *il faut s'en prendre aux:* il faut blâmer les
[77] *entêté:* obstiné
[78] *prodigué:* donné avec profusion

«une fois seulement que l'humanité préférera d'immoler[79] un dieu «plutôt que de s'accuser elle-même. Vous êtes portés, tous, à verser «sur deux cents manants[80] les larmes que vous refusez aux malheurs «d'une génération, d'un siècle ou d'un monde, et vous oubliez que la «liberté religieuse, la liberté politique, la tranquillité d'une nation, la «science même sont des présents pour lesquels le destin prélève[81] des «impôts de sang!

«—Les nations ne pourraient-elles pas être un jour heureuses à «meilleur marché?... m'écriai-je les larmes aux yeux.

«—Les vérités ne sortent de leurs puits que pour prendre des bains «de sang... Le christianisme lui-même, essence de toute vérité, puisqu'il «vient de Dieu, s'est-il établi sans martyrs? Le sang n'a-t-il pas coulé à «flots?...[82]

«Sang! Sang! ce mot retentissait à mes oreilles comme un tintement.[83]

«—Selon vous, dis-je, le protestantisme aurait donc eu le droit de «raisonner comme vous?...

Catherine avait disparu, comme si un souffle eût éteint la lumière surnaturelle qui permettait à mon esprit de voir cette figure, dont les proportions étaient devenues gigantesques. Alors je trouvai en moi une partie de moi-même qui adoptait les doctrines atroces déduites par cette Italienne. Je me réveillai en sueur, pleurant, et au moment où ma raison victorieuse me disait d'une voix douce qu'il n'appartenait ni à un roi ni même à une nation d'appliquer ces principes dignes d'un peuple d'athées.

—Et comment sauvera-t-on les monarchies qui croulent?[84] demanda Beaumarchais.

—Dieu est là!... monsieur, répliqua mon voisin.

—Alors, reprit M. de Calonne avec cette incroyable légèreté qui le caractérisait, nous avons la ressource de nous croire, selon l'évangile de Bossuet, les instruments de Dieu!...»

---

[79] *immoler:* offrir en sacrifice
[80] *manants:* hommes grossiers
[81] *prélève:* tire une certaine portion, extrait
[82] *à flots:* avec profusion, en grande quantité
[83] *tintement:* bruit (d'une cloche)
[84] *croulent:* s'effondrent

Du moment où les dames s'étaient aperçues que l'affaire se passait en conversation entre la reine et l'avocat, elles avaient chuchoté.[85] J'ai même fait grâce[86] des phrases à points d'interrogation qu'elles lancèrent à travers le discours de l'avocat. Cependant ces mots:

«Il est ennuyeux à la mort!

—Mais, ma chère, quand finira-t-il?» parvinrent plus d'une fois à mon oreille.

Quand l'inconnu cessa de parler, les dames se turent. M. Bodard dormait.

Le chirurgien à moitié gris,[87] Lavoisier, Beaumarchais et moi nous avions été seuls attentifs, car M. de Calonne jouait avec sa voisine. En ce moment, le silence eut quelque chose de solennel; la lueur des bougies me paraissait avoir une couleur magique. Un même sentiment nous avait attachés par des liens mystérieux à cet homme, qui, pour ma part, me fit concevoir les inexplicables effets du fanatisme. Il ne fallut rien de moins que la voix sourde et caverneuse du compagnon de Beaumarchais pour nous réveiller.

«Et moi aussi, j'ai rêvé...» s'écria-t-il.

Je regardai plus particulièrement alors le chirurgien, et j'éprouvai un sentiment instinctif d'horreur. Son teint terreux,[88] ses traits à la fois ignobles et grands, offraient une expression exacte de ce que l'on me permettra de nommer ici *la canaille*.[89] Quelques grains bleuâtres et noirs étaient semés sur son visage comme des traces de boue, et ses yeux lançaient une flamme sinistre. Cette figure paraissait plus sombre qu'elle ne l'était peut-être, à cause de la neige[90] amassée sur sa tête par une coiffure à frimas.

«Cet homme-là doit enterrer plus d'un malade!... dis-je à mon voisin.

—Je ne lui confierais pas mon chien, me répondit-il.

—Je le hais involontairement.

---

[85] *chuchoté:* parlé à voix basse (à l'oreille)
[86] *J'ai... fait grâce:* je n'ai pas mentionné
[87] *à moitié gris:* à moitié ivre
[88] *terreux:* jaunâtre
[89] *la canaille:* la vile populace
[90] *neige:* ICI poudre blanche

—Et moi je le méprise...

—Quelle injustice cependant!... repris-je.

—Oh! mon Dieu, après-demain il peut devenir aussi célèbre que Volange,*» répliqua l'inconnu.

M. de Calonne montra le chirurgien par un geste qui semblait nous dire:

«Celui-là me paraît devoir être plus amusant.

—Et auriez-vous rêvé d'une reine? lui demanda Beaumarchais.

—Non, j'ai rêvé d'un peuple!... répondit-il avec une emphase qui nous fit rire. J'avais entre les mains un malade auquel je devais couper la cuisse[91] le lendemain de mon rêve.

—Et vous avez trouvé le peuple dans la cuisse de votre malade?... demanda M. de Calonne.

—Précisément, répondit le chirurgien.

—Est-il amusant!... s'écria la comtesse de G...

—Je fus assez surpris, dit l'orateur sans s'embarrasser des interruptions et en mettant chacune de ses mains dans les goussets[92] de son vêtement nécessaire, de trouver à qui parler dans cette cuisse. J'avais la singulière faculté d'entrer chez mon malade. Quand, pour la première fois, je me trouvai sous sa peau, je contemplai une merveilleuse quantité de petits êtres qui s'agitaient, pensaient et raisonnaient. Les uns vivaient dans le corps de cet homme, et les autres dans sa pensée. Ses idées étaient des êtres qui naissaient, grandissaient, mouraient. Ils étaient malades, gais, bien portants,[93] tristes et avaient tous enfin des physionomies particulières. Ils se combattaient ou se caressaient. Quelques idées s'élançaient au dehors et allaient vivre dans le monde intellectuel, car je compris tout à coup qu'il y avait deux univers: l'univers visible et l'univers invisible; que la terre avait, comme l'homme, un corps et une âme. Alors la nature s'illumina pour moi, et j'en appréciai l'immensité en apercevant l'océan des êtres qui, par masses et par espèces, étaient répandus partout, faisant une seule et même matière animée, depuis les marbres jusqu'à Dieu!... Magnifique spectacle!

---

[91] *cuisse:* partie du corps entre la hanche et le genou
[92] *goussets:* petites poches à l'intérieur de la ceinture
[93] *bien portants:* en bonne santé

Bref, il y avait un univers dans mon malade. Quand je plantai mon bistouri[94] au sein de la cuisse gangrenée, j'abattis[95] un millier de ces bêtes-là... Vous riez, mesdames, d'apprendre que vous êtes livrées aux bêtes...

—Pas de personnalités, dit M. de Calonne. Parlez pour vous et pour votre malade.

—Mon homme, épouvanté des cris de ces animalcules,[96] et souffrant comme un damné, voulait interrompre mon opération; mais j'allais toujours, et je lui disais que des animaux malfaisants lui rongeaient déjà les os. Il fit un mouvement et mon bistouri m'entra dans le côté...

—Il est stupide! dit Lavoisier.

—Non, il est gris, répondit Beaumarchais.

—Mais, messieurs, mon rêve a un sens... s'écria le chirurgien.

—Oh! oh! cria Bodard qui se réveillait, j'ai une jambe engourdie.[97]

—Monsieur, lui dit sa femme, vos animaux sont morts.

—Cet homme a une vocation!... s'écria mon voisin, qui avait fixé imperturbablement le chirurgien pendant qu'il parlait.

—Il est à celui de Monsieur, disait toujours le laid convive en continuant, ce qu'est l'action à la parole, le corps à l'âme...»

Mais sa langue épaisse s'embrouilla,[98] et il ne prononça plus que d'indistinctes paroles.

Heureusement pour nous la conversation reprit un autre cours, et au bout d'une demi-heure nous avions oublié le chirurgien des pages, qui dormait. La pluie se déchaînait par torrents quand nous nous levâmes de table.

«L'avocat n'est pas si bête, dis-je à Beaumarchais.

—Oh! il est lourd et froid, mais vous voyez qu'il y a encore en province de bonnes gens qui prennent au sérieux les théories politiques et notre histoire de France. C'est un levain[99] qui fermentera.

—Avez-vous votre voiture? me demanda Mme de Saint-Jame.

---

[94] *bistouri:* petit couteau chirurgical
[95] *j'abattis:* ICI je tuai
[96] *animalcules:* très petits animaux
[97] *engourdie:* privée de mobilité et de sensibilité (comme paralysée)
[98] *s'embrouilla:* perdit le fil de ses idées
[99] *levain:* ICI germe d'une action morale (ou intellectuelle)

—Non, lui répondis-je sèchement, je ne savais pas que je dusse la demander ce soir... Vous voulez peut-être que je reconduise le contrôleur?... Est-ce qu'il serait venu chez vous *en polisson*?*»

Elle s'éloigna vivement, sonna, demanda la voiture de Saint-Jame; puis, prenant à part l'avocat, elle lui dit:

«Monsieur de Robespierre,* voulez-vous me faire le plaisir de mettre M. Marat* chez-lui? Il est hors d'état de se soutenir...[1]»

---

[1] *se soutenir:* ICI marcher

NOTES EXPLICATIVES

(2) *Louis XVI:* roi de France né en 1754; élevé au trône en 1774; exécuté en 1793.

(6) *les grandes entrées:* l'autorisation de se mêler à l'entourage de la famille royale. Les petites entrées étaient réserveés aux intimes, qui avaient le droit d'aller jusqu'à la chambre à coucher des souverains.

(6) *Versailles:* superbe palais qui était la résidence de plusieurs rois à partir de Louis XIV.

(9) *la famille de Rohan:* vieille famille noble dont Edouard, prince de Rohan, cardinal, se compromit dans l'affaire du collier (1734–1803).

(10) *procès du collier:* grand scandale de l'époque. Le cardinal de Rohan, s'étant laissé duper par une intrigante, avait acheté un collier pour Marie-Antoinette. Le collier, qui avait coûté 1.600.000 livres, disparut, le cardinal ne put payer, l'intrigante fut jetée en prison.

(29) *le chirurgien des pages:* le médecin attaché aux jeunes nobles qui entouraient les grands seigneurs.

(47) *les parties:* Il s'agit de groupes de joueurs.

(48) *deux mille écus:* L'écu est une ancienne monnaie d'argent qui valait trois livres.

(53) *le contrôleur général:* Charles-Alexandre de Calonne était un homme politique qui fut nommé contrôleur général des Finances en 1785. Disgracié, il s'enfuit en Angleterre (1734–1802).

(55) *Beaumarchais:* écrivain, auteur du *Mariage de Figaro*, du *Barbier de Séville*, etc. (1732–1799).

(72) *M. de Mirabeau:* l'orateur le plus célèbre de la Révolution française (1749–1791).

(74) *Vous avez trop de mémoire:* Il s'agit d'un jeu de mots: Beaumarchais qui eut de nombreux et retentissants démêlés judiciaires avec un certain conseiller Goëzman, en fit le récit dans ses *Mémoires.*

(83) *fermier-général:* C'est le titre de la personne chargée de prélever les impôts sous l'ancien régime.

(83) *Lavoisier:* célèbre chimiste qui fut nommé fermier général et exécuté avec 27 de ses collègues sous la Révolution (1743–1794).

(93) *le fils d'Esculape:* Esculape, fils d'Apollon, était le dieu de la médecine. Le fils d'Esculape est une façon de dire «médecin».

(100) *le vin de Sillery:* Sillery est une commune de la Marne, renommée pour ses vignobles.

(106) *comte de Cagliostro:* médecin et occultiste italien, qui eut un grand succès à la cour de Louis XVI. Il fut compromis dans l'affaire du collier (1743–1795).

(115) *Catherine de Médicis:* fille de Laurent de Médicis. Elle épousa Henri II. Mère de François II (1544–1560), Henri III (1551–1589), et Charles IX (1550–1574). Elle fut régente pendant la minorité de Charles IX et essaya de tenir la balance entre les catholiques et les protestants. Elle est en grande partie coupable du massacre de la Saint-Barthélemy (1519–1589).

(173) *Voltaire:* l'un des philosophes les plus célèbres au dix-huitième siècle (1694–1778).

(173) *Diderot:* philosophe dont les contributions au

«siècle des lumières» sont nombreuses (1713–1784).

(187) *le 24 août:* En réalité c'est dans la nuit du 23 août 1572 qu'eut lieu le massacre de la Saint-Barthélemy. Le mariage de Henri de Navarre (Henri IV) avec la sœur de Charles IX avait attiré de nombreux nobles protestants à Paris. Le lendemain des fêtes, Charles IX à l'instigation de sa mère, Catherine de Médicis, ordonna de tuer tous les protestants. D'innombrables hommes, femmes et enfants furent massacrés pendant plusieurs jours.

(194) *Montluc:* capitaine français qui fut particulièrement cruel lors de la Saint-Barthélemy (1501–1577).

(198) *huguenot:* Ce mot désigne les calvinistes.

(200) *Sixte-Quint:* pape de 1585 à 1590, il intervint dans les guerres de religion en France.

(201) *Richelieu:* un des grands hommes d'Etat, ministre sous Louis XIII, il amena la ruine des protestants comme parti politique (1585–1642).

(201) *Bossuet:* évêque de Meaux, célèbre pour ses oraisons funèbres et de nombreux ouvrages, dont *Variations des Eglises protestantes* (1627–1704).

(206) *La révocation de l'édit de Nantes:* Par l'édit de Nantes Henri IV, en 1598, autorisait l'exercice du culte calviniste, et d'autres libertés religieuses et politiques. Louis XIV révoqua cet édit en 1685, et força de nombreux protestants à s'exiler de leur pays.

(209) *Letellier:* homme d'Etat sous Louis XIV, il contribua à la révocation de l'édit de Nantes (1603–1685).

(212) *le second fils de Henri de Valois:* Charles IX.

(213) *le second fils de Henri de Bourbon:* Louis XIV.

(215) *au fils d'Anne d'Autriche:* Louis XIV.

(232) *Birague:* chancelier de France, il aurait été l'instigateur de la Saint-Barthélemy (1506–1583).

(233) *bataille de Dreux:* En 1562, François de Guise vainquit les protestants dans cette ville.

(237) *cardinal de Lorraine:* Charles de Guise (1525–1574).

(237) *pour son frère:* Il s'agit de Henri, duc de Guise, qui dirigea le massacre de la Saint-Barthélemy, et voulut se faire couronner roi de France. Il fut assassiné sur l'ordre de Henri III (1550–1588).

(240) *la Ligue:* confédération du parti catholique, fondée en 1576 par Henri, duc de Guise, pour renverser les protestants et pour mettre les Guise sur le trône.

(245) *le règne de Henri IV:* Henri de Navarre abjura le protestantisme en 1593, promulgua l'édit de Nantes, et rétablit l'autorité royale dans toute la France. Il régna de 1589 à 1610. (1553–1610)

(259) *Sully:* ministre de Henri IV, il administra sagement les finances et l'agriculture du pays (1559–1641).

(278) *Louis IX:* (dit Saint Louis) roi de France de 1226–1270, il dirigea deux croisades en Terre Sainte (1215–1270).

(283) *druidesses:* les prêtresses des Gaules qui présidaient aux cérémonies du culte.

(315) *Le duc d'Albe:* Ce général des armées de Charles-Quint se distingua par ses cruautés dans les Pays-Bas (1508–1582).

(317) *l'Amiral:* Il s'agit de Gaspard de Coligny, un des chefs protestants, qui fut une des premières victimes de la Saint-Barthélemy (1519–1572).

(318) *Louis XI:* roi despote et cruel, il régna de 1461 à 1483.

(387) *Volange:* célèbre médecin du dix-huitième siècle.

(448) *en polisson:* Balzac explique cette expression dans une note: «*Aller en polisson à Marly*, c'était s'y rendre sans sa voiture et sans ses gens, déguisé en bourgeois.» (Marly est une commune qui se trouve près de Versailles.)

(451) *Monsieur de Robespierre:* avocat, il régna au moyen du comité de Salut public, connu pour ses cruautés. Il se débarrassa de tous ses rivaux et périt à son tour sur l'échafaud (1758–1794).

(452) *M. Marat:* personnage important de la Révolution. Rédacteur de l'*Ami du Peuple*, il instiga les massacres de septembre (1743–1793).

Exercices de grammaire

A. «M. de Calonne **feignit** de ne pas entendre.» (79) (SENS: M. de Calonne fit semblant de ne pas entendre.)

D'après cet exemple, transformez-les phrases ci-dessous:

1. Il feignit de ne pas les voir. **2.** Elle fait semblant de ne pas entendre. **3.** Nous feignons de ne rien savoir. **4.** Vous faites semblant de ne pas comprendre. **5.** Tu feins de ne pas y croire.

B. «Je lui **donnai à entendre.**» (93—94) (SENS: Je lui fis comprendre.)

D'après cet exemple, transformez les phrases ci-dessous:

1. Elle lui fait comprendre qu'elle l'aime. **2.** Nous leur donnons à entendre qu'ils sont méprisés. **3.** Vous me faites comprendre que je me trompe. **4.** Je lui donne à entendre qu'il m'ennuie. **5.** Tu nous fais comprendre que nous ferions mieux de partir.

C. «Comme **il ne nous restait plus** que ce moyen-là...» (94—95) (SENS: Comme nous n'avions plus que ce moyen-là...)

D'après cet exemple, transformez les phrases ci-dessous:

1. Tu n'avais plus que cela à faire. **2.** Il ne lui restait plus que son travail. **3.** Il ne nous restait plus d'argent. **4.** Nous n'avions plus d'autres moyens. **5.** Il ne vous restait plus aucune possibilité.

D. «L'entreprise... **ayant échoué...**» (191) (SENS: Comme l'entreprise avait échoué...)

D'après cet exemple, transformez les phrases ci-dessous et complétez-les selon votre imagination:

1. Comme Jean était venu à l'heure... **2.** Comme nous étions partis avant elle... **3.** Comme vous avez parlé la première... **4.** Comme elle a travaillé davantage que nous... **5.** Comme tu es rentré de bonne heure...

E. « **J'ai** même **fait grâce des** phrases. » (356) (SENS: Je n'ai même pas mentionné les phrases.)

D'après cet exemple, transformez les phrases ci-dessous:

1. Je lui ai fait grâce de ces propos. **2.** Ils n'ont pas mentionné ces rumeurs. **3.** Vous leur avez fait grâce de ces bêtises. **4.** Elle n'a pas mentionné ses ennuis. **5.** Nous vous avons fait grâce de nos chagrins.

Questions portant sur le texte

1. Pourquoi est-ce un ridicule que de ne vouloir recevoir que des gens de qualité? (1—3)
2. Quel adjectif décrirait le mieux le caractère de Mme de Saint-Jame? (1—6)
3. Mme de Saint-Jame réussit-elle à attirer des gens de qualité? (6—10)
4. A l'endroit de quelles preuves, Mme de Saint-Jame est-elle prude? (11—12)
5. Pourquoi le narrateur est-il doublement surpris? (11—13)
6. Pourquoi le narrateur va-t-il se « nicher » dans l'embrasure d'une croisée? (14—15)
7. Qu'est-ce qui nous permet d'affirmer que le narrateur est un des intimes du salon de Mme de Saint-Jame? (16—26)
8. Pourquoi le narrateur regarde-t-il Mme de Saint-Jame « malicieusement »? (24)
9. Par quoi le narrateur se laisse-t-il influencer dans son évaluation du chirurgien? (13—31)
10. Quelle opinion Mme de Saint-Jame a-t-elle de son mari? (37—41)
11. Pourquoi le narrateur fait-il un haut-le-corps? (44)
12. Pourquoi Mme de Saint-Jame est-elle confuse d'avoir un avocat chez elle? (45—46)

13. Quelle genre de vie le narrateur mène-t-il? (47—49)
14. Pourquoi le narrateur est-il si surpris de trouver le contrôleur général chez Mme de Saint-Jame? (49—53)
15. Qu'est-ce que le geste de Beaumarchais signifie? (57—59)
16. Qu'est-ce qui nous permet d'affirmer que le narrateur est jaloux du contrôleur général? (59—60)
17. Qu'est-ce que Beaumarchais pense du contrôleur général? (65)
18. Beaumarchais est-il sincère quand il remercie M. de Calonne? (69—73)
19. Pourquoi Beaumarchais est-il offensé de la réponse de M. de Calonne? (74—76)
20. Pourquoi le narrateur ne veut-il pas divulguer le nom des deux jolies dames? (81—83)
21. Pourquoi le narrateur aurait-il eu à se fâcher? (89—90)
22. Pourquoi le narrateur tient-il à griser le médecin et l'avocat? (91—98)
23. La conspiration réussit-elle? (98—103)
24. Qu'est-ce qui provoque soudainement «l'invincible curiosité» du narrateur? (106—109)
25. Quel est un des intérêts de Mme de Saint-Jame? (113)
26. Qu'a de surprenant la remarque de l'avocat? (114—121)
27. Qui est «le satirique»? (124)
28. Qu'est-ce qui nous permet d'affirmer que l'avocat sait ce qu'il dit? (128—134)
29. Pourquoi l'avocat considère-t-il l'apparition de Catherine de Médicis particulièrement curieuse? (136—139)
30. Pourquoi est-il important de savoir que les apparitions se présentèrent à un souper de Cagliostro? (128—141)
31. Quelle différence y a-t-il entre le merveilleux et une hallucination? (143—145)
32. Pourquoi les adjectifs «faibles» et «fortes» conviennent-ils également dans ce contexte? (146—149)
33. Qu'est-ce qui provoque surtout la curiosité des auditeurs? (150—153)

34. Quels sont les éléments «hallucinatoires» de l'apparition de Catherine de Médicis? (159—163)

35. Pourquoi le narrateur interrompt-il son récit à ce moment précis? (167—169)

36. Pourquoi la permission de continuer doit-elle venir du contrôleur général? (173—174)

37. Qu'est-ce que le contrôleur général pense de Voltaire et de Diderot? (173—174)

38. Qu'y a-t-il d'amusant dans la remarque du contrôleur général: «y aurait-il de l'indécence»? (171)

39. Comment Beaumarchais justifie-t-il la licence des mœurs de cette époque? (179—181)

40. Qu'est-ce que le premier mot de Catherine de Médicis indique? (186)

41. Quelle est la seule chose que Catherine regrette? (190—193)

42. Qu'est-ce qui cause l'échec de cette entreprise? (194—197)

43. Qu'est-ce que Catherine entend par réussite? (197—200)

44. Qu'est-ce que Sixte-Quint, Richelieu et Bossuet ont en commun? (200—202)

45. De quelle «maladie» Catherine parle-t-elle? (203—204)

46. En quoi la révocation de l'édit de Nantes est-elle plus «grave» que la Saint-Barthélemy? (206—208)

47. Pourquoi la révocation de l'édit était-elle inutile? (210—212)

48. Qu'est-ce qui impressionne Beaumarchais dans le récit de l'avocat? (221—222)

49. Pourquoi Catherine a-t-elle condamné les huguenots? (226—228)

50. Comment Catherine fait-elle comprendre à l'avocat qu'elle n'a agi que par raison d'Etat? (228—229)

51. Quelle est l'implication de la réponse de Catherine à Birague? (232—234)

52. Pourquoi Catherine a-t-elle de l'aversion pour la famille des Guise? (235—238)

53. Comment Catherine explique-t-elle la politique de Henri IV? (248—249)

54. Selon Catherine, quelle est une des «fautes irréparables» de Henri IV? (249—255)

55. Quels sont les «deux principes ennemis» selon Catherine? (253—254)

56. Lequel des deux principes représente «le mal» pour Catherine? (255—257)

57. Comment s'exprime le cynisme de Catherine? (257—261)

58. Quelle est cette vaste révolution dont Catherine parle? (267—272)

59. Qu'est-ce qui a causé la Réforme, selon Catherine? (276—277)

60. En quoi les croisades ont-elles empêché une révolte à l'intérieur de l'Eglise? (278—280)

61. Pourquoi un esprit d'investigation est-il dangereux? (287—290)

62. Qu'est-ce que Catherine a voulu empêcher en faisant massacrer les Protestants? (287—294)

63. Quelles sont les «trois grandes institutions» ruinées par la Réforme? (297—300)

64. Pourquoi les «esprit médiocres» sont-ils les seuls à condamner Catherine? (307—311)

65. Pourquoi Catherine s'est-elle sentie forcée d'agir? (313—318)

66. Quels sont les «deux grands rois» que Catherine admire? (320—321)

67. Qu'est-ce que Catherine espère de la postérité? (321—325)

68. Qu'y a-t-il de spécieux dans le raisonnement de Catherine? (325—330)

69. Qu'est-ce que Catherine aurait répondu à la question de l'avocat? (338—339)

70. Qu'est-ce qui nous montre le manque de tolérance de l'avocat? (344—347)

71. Le mot «fanatisme» convient-il en parlant de Catherine de Médicis? (366—368)

72. Qu'y a-t-il de symbolique dans la «singulière faculté» du médecin? (401—402)

73. Résumez la grande découverte du médecin. (410—415)

74. Qu'est-ce que les petits êtres dans le malade représentent? (401—408)
75. D'où l'auteur tient-il ses idées concernant un univers invisible, pourvu d'une âme? (403—415)
76. Quel est le sens du rêve du médecin? (428)
77. Pourquoi l'auteur ne laisse-t-il pas le chirurgien expliquer le sens de son rêve? (428)
78. Qu'y a-t-il d'amusant dans la remarque de M. Bodard et la réponse de sa femme? (429—430)
79. En quoi la vocation du chirurgien est-elle liée à celle de l'avocat? (433—434)
80. Pourquoi le narrateur répond-il «sèchement» à Mme de Saint-Jame? (445—446)
81. Pourquoi Balzac a-t-il attendu jusqu'à la dernière ligne pour nous révéler les noms de l'avocat et du chirurgien? (451—452)

Questions générales portant sur le texte

1. Qu'est-ce que les deux rêves ont en commun?
2. En quoi la révélation de la fin donne-t-elle une signification symbolique à ce conte?
3. Quelle est l'ironie suprême de la révélation finale?
4. Comment se manifeste le goût de Balzac pour le merveilleux dans les deux rêves?
5. Que pensez-vous de la justification de Catherine de Médicis?
6. Est-ce que les protestants massacrés sur l'ordre de Catherine et les nobles massacrés sur l'ordre de Marat ont quelque chose en commun?
7. Comment se manifeste l'habileté dramatique de Balzac dans ce conte?

Sujets de devoirs

1. Résumez tout l'argument de Catherine de Médicis en termes plus simples.
2. Ecrivez une composition donnant votre opinion sur cette pensée: «La fin justifie les moyens.»
3. Expliquez dans une composition comment les caractères de l'avocat et du chirurgien se complètent.
4. Imaginez que Marat apparaît à un personnage politique de notre époque et qu'il essaie de justifier ses actions lors de la Révolution française.
5. Vaut-il mieux avoir une seule religion ou plusieurs religions dans un Etat? Justifiez votre réponse par des exemples tirés de l'histoire.

VIII

Récits régionaux

ALPHONSE DAUDET

Alphonse Daudet naquit à Nîmes en 1840. Après ses études au lycée de Lyon et la ruine de ses parents, il passa deux ans comme répétiteur au collège d'Alès. Il publia un recueil de vers en 1858, puis des contes fantaisistes pour divers journaux, et il fit représenter une pièce de théâtre en 1862. Le succès vint avec *Le Petit Chose*, roman autobiographique (1868), et Daudet conquit la célébrité lorsqu'il publia, en 1869, les *Lettres de mon Moulin*, recueil de contes dont les premiers ont été écrits en collaboration avec Paul Arène. Daudet écrivit de nombreux autres romans et contes inspirés et de sa Provence natale et de plusieurs aspects de la vie parisienne. Parmi ses œuvres les plus connues, il faut mentionner *Tartarin de Tarascon* (1872), roman burlesque qui a comme cadre la Provence; *Fromont jeune et Risler aîné* (1874), roman réaliste qui peint l'industrie et le commerce parisiens; *Sapho* (1884), autre roman réaliste qui fait la peinture des milieux bohémiens et artistes; et *L'Immortel* (1888), roman qui se passe dans les milieux académiques. Daudet mourut après une longue maladie en 1897.

C'est en 1865 que Daudet commença à composer ses *Chroniques Provençales* (il y en a 23) qu'il appela plus tard *Lettres de mon Moulin*. Ces contes évoquent avec charme et humour un beau coin de la France, et s'ils ne sont pas tous égaux en ce qui concerne leur mérite littéraire, leur effet total est celui d'un beau bouquet de fleurs qui répand un subtil et pénétrant parfum. De toutes ses œuvres, c'est celle qui tenait le plus au cœur de leur créateur: «C'est encore là mon livre préféré, non pas au point de vue littéraire, mais parce qu'il me rappelle les plus belles heures de ma jeunesse, rires fous, ivresses sans remords, des visages et des aspects amis que je ne reverrai plus jamais.»

A consulter: Georges Beaume, *Les* Lettres de mon moulin *d'Alphonse Daudet*, Paris, 1946.

Le Curé de Cucugnan

Tous les ans, à la Chandeleur,* les poètes provençaux publient en Avignon* un joyeux petit livre rempli jusqu'aux bords de beaux vers et de jolis contes. Celui de cette année m'arrive à l'instant, et j'y trouve un adorable fabliau* que je vais essayer de vous traduire* en l'abrégeant un peu... Parisiens, tendez vos mannes.[1] C'est de la fine fleur de farine provençale qu'on va vous servir cette fois...

L'abbé Martin était curé... de Cucugnan.

Bon comme le pain, franc comme l'or, il aimait paternellement ses Cucugnanais; pour lui, son Cucugnan aurait été le paradis sur terre, si les Cucugnanais lui avaient donné un peu de satisfaction. Mais, hélas! les araignées filaient dans son confessionnal, et, le beau jour de Pâques, les hosties[2] restaient au fond de son saint ciboire.[3] Le bon prêtre en avait le cœur meurtri, et toujours il demandait à Dieu la grâce de ne pas mourir avant d'avoir ramené au bercail[4] son troupeau dispersé.

Or, vous allez voir que Dieu l'entendit.

Un dimanche, après l'Evangile,* M. Martin monta en chaire.

«Mes frères, dit-il, vous me croirez si vous voulez; l'autre nuit, je me suis trouvé, moi misérable pécheur, à la porte du paradis.

Je frappai: saint Pierre m'ouvrit!

«—Tiens! c'est vous, mon brave monsieur Martin, me dit-il; quel «bon vent?...[5] et qu'y a-t-il pour votre service?

«—Beau saint Pierre, vous qui tenez le grand livre et la clef,* pour-

---

[1] *mannes:* grands paniers à deux anses

[2] *hosties:* pain sans levain que le prêtre consacre lors de la messe et qu'il présente aux communiants

[3] *ciboire:* vase où les hosties sont conservées

[4] *bercail:* bergerie. ICI église

[5] *quel bon vent* (*quel bon vent vous amène*)*:* A quoi dois-je le plaisir de vous voir?

«riez-vous me dire, si je ne suis pas trop curieux, combien vous avez de «Cucugnanais en paradis?

«—Je n'ai rien à vous refuser, monsieur Martin; asseyez-vous, «nous allons voir la chose ensemble.»

Et saint Pierre prit son gros livre, l'ouvrit, mit ses besicles:[6]

«—Voyons un peu: Cucugnan, disons-nous. Cu... Cu... Cucugnan. «Nous y sommes. Cucugnan... Mon brave monsieur Martin, la page «est toute blanche. Pas une âme... Pas plus de Cucugnanais que d'arêtes «dans une dinde.

«—Comment! Personne de Cucugnan ici? Personne? Ce n'est pas «possible! Regardez mieux...

«—Personne, saint homme. Regardez vous-même, si vous croyez «que je plaisante.»

Moi, pécaïre![7] je frappais des pieds, et, les mains jointes, je criais miséricorde.[8] Alors, saint Pierre:

«—Croyez-moi, monsieur Martin, il ne faut pas ainsi vous mettre «le cœur à l'envers,[9] car vous pourriez en avoir quelque mauvais coup «de sang. Ce n'est pas votre faute, après tout. Vos Cucugnanais «voyez-vous, doivent faire à coup sûr leur petite quarantaine[10] en «purgatoire.

«—Ah! par charité, grand saint Pierre! faites que je puisse au moins «les voir et les consoler.

«—Volontiers, mon ami... Tenez, chaussez[11] vite ces sandales, car «les chemins ne sont pas beaux de reste...[12] Voilà qui est bien... «Maintenant, cheminez droit devant vous. Voyez-vous là-bas, au fond, «en tournant? Vous trouverez une porte d'argent toute constellée de «croix noires... à main droite... Vous frapperez, on vous ouvrira... «Adessias![13] Tenez-vous sain et gaillardet.[14]»

---

[6] *besicles:* (mot qui vient du vieux français) lunettes
[7] *pécaïre:* Exclamation provençale qui indique souvent la pitié
[8] *je criais miséricorde:* j'implorais pardon
[9] *vous mettre le cœur à l'envers:* LANGAGE POPULAIRE vous énerver
[10] *quarantaine:* ICI séjour plus ou moins prolongé, de durée indéterminée
[11] *chaussez:* mettez à vos pieds
[12] *de reste:* ICI plus qu'il ne faut; en plus de cela
[13] *Adessias:* EXPRESSION ARCHAÏQUE Allez avec Dieu
[14] *gaillardet:* joyeux

Et je cheminai... je cheminai! Quelle battue![15] j'ai la chair de poule,[16] rien que d'y songer. Un petit sentier, plein de ronces, d'escarboucles[17] qui luisaient et de serpents qui sifflaient, m'amena jusqu'à la porte d'argent.

«—Pan! pan!

«—Qui frappe? me fait une voix rauque et dolente.[18]

«—Le curé de Cucugnan.

«—De...?

«—De Cucugnan.

«—Ah!... Entrez.»

J'entrai. Un grand bel ange, avec des ailes sombres comme la nuit, avec une robe resplendissante comme le jour, avec une clef de diamant pendue à sa ceinture, écrivait, cra-cra, dans un grand livre plus gros que celui de saint Pierre...

«—Finalement, que voulez-vous et que demandez-vous? dit l'ange.

«—Bel ange de Dieu, je veux savoir—, je suis bien curieux peut-«être—, si vous avez ici les Cucugnanais.

«—Les...?

«—Les Cucugnanais, les gens de Cucugnan... que c'est moi qui «suis[19] leur prieur.[20]

«—Ah! l'abbé Martin, n'est-ce pas?

«—Pour vous servir, monsieur l'ange.

«—Vous dites donc Cucugnan...»

Et l'ange ouvre et feuillette son grand livre, mouillant son doigt de salive pour que le feuillet glisse mieux...

«—Cucugnan, dit-il en poussant un long soupir... Monsieur Martin, «nous n'avons en purgatoire personne de Cucugnan.

«—Jésus! Marie! Joseph! personne de Cucugnan en purgatoire! O «grand Dieu! où sont-ils donc?

---

[15] *battue:* ICI sentier, mauvais chemin
[16] *chair de poule:* effet ressenti sur la peau sous l'effet de la peur ou du froid
[17] *escarboucles:* petits charbons ardents
[18] *dolente:* triste
[19] *que c'est moi qui suis:* LISEZ (parce) que c'est moi qui suis
[20] *prieur:* ICI prêtre

«—Eh! saint homme, ils sont en paradis. Où diantre[21] voulez-vous «qu'ils soient?

«—Mais j'en viens, du paradis...

«—Vous en venez!... Eh bien?

«—Eh bien! ils n'y sont pas!... Ah! bonne mère des anges!...

«—Que voulez-vous, monsieur le curé! s'ils ne sont ni en paradis, ni «en purgatoire, il n'y a pas de milieu, ils sont...

«—Sainte croix! Jésus, fils de David! Aï! aï! aï! est-il possible?... «Serait-ce un mensonge du grand saint Pierre?... Pourtant je n'ai pas «entendu chanter le coq!...* Aï! pauvres nous! comment irai-je en «paradis si mes Cucugnanais n'y sont pas?

«—Ecoutez, mon pauvre monsieur Martin, puisque vous voulez «côute que coûte[22] être sûr de tout ceci, et voir de vos yeux de quoi il «retourne,[23] prenez ce sentier, filez en courant, si vous savez courir. «Vous trouverez, à gauche, un grand portail. Là, vous vous renseignerez «sur tout. Dieu vous le donne![24]»

Et l'ange ferma la porte.

C'était un long sentier tout pavé de braise[25] rouge. Je chancelais comme si j'avais bu; à chaque pas, je trébuchais; j'étais tout en eau, chaque poil de mon corps avait sa goutte de sueur, et je haletais[26] de soif... Mais, ma foi, grâce aux sandales que le bon saint Pierre m'avait prêtées, je ne me brûlai pas les pieds.

Quand j'eus fait assez de faux pas clopin-clopant,[27] je vis à ma main gauche une porte... non, un portail, un énorme portail, tout bâillant,[28] comme la porte d'un grand four. Oh! mes enfants, quel spectacle! Là, on ne demande pas mon nom; là, point de registre. Par fournées[29] et à

---

[21] *diantre:* Forme atténuée de «diable!»
[22] *coûte que coûte:* à tout prix
[23] *de quoi il retourne:* quelle est la situation; ce qui en est
[24] *Dieu vous le donne!:* BÉNÉDICTION Que Dieu vous donne son paradis!
[25] *braise:* bois réduit en charbons ardents
[26] *je haletais:* je respirais avec précipitation
[27] *clopin-clopant:* Onomatopée qui imite le bruit des pas
[28] *bâillant:* ICI ouvert
[29] *fournées:* ICI groupe de personnes

pleine porte, on entre là, mes frères, comme le dimanche vous entrez au cabaret.

Je suais à grosses gouttes, et pourtant j'étais transi, j'avais le frisson. Mes cheveux se dressaient. Je sentais le brûlé, la chair rôtie, quelque chose comme l'odeur qui se répand dans notre Cucugnan quand Eloy, le maréchal, brûle pour la ferrer la botte[30] d'un vieil âne. Je perdais haleine dans cet air puant et embrasé![31] j'entendais une clameur horrible, des gémissements, des hurlements et des jurements.

«—Eh bien, entres-tu ou n'entres-tu pas, toi?— me fait, en me piquant de sa fourche, un démon cornu.

«—Moi? Je n'entre pas. Je suis un ami de Dieu.

«—Tu es un ami de Dieu... Eh! b... de teigneux![32] que viens-tu faire «ici?...

«—Je viens... Ah! ne m'en parlez pas, que je ne puis plus[33] me tenir «sur mes jambes... Je viens... je viens de loin... humblement vous «demander... si... si, par coup de hasard... vous n'auriez pas ici... «quelqu'un... quelqu'un de Cucugnan...

«—Ah! feu de Dieu! tu fais la bête, toi, comme si tu ne savais pas que «tout Cucugnan est ici. Tiens, laid corbeau, regarde, et tu verras comme «nous les arrangeons[34] ici, tes fameux Cucugnanais...»

Et je vis, au milieu d'un épouvantable tourbillon de flamme:

Le long Coq-Galine,* —vous l'avez tous connu, mes frères, —Coq-Galine, qui se grisait[35] si souvent, et si souvent secouait les puces à[36] sa pauvre Clairon.

Je vis Catarinet... cette petite gueuse...[37] avec son nez en l'air... qui

---

[30] *la botte:* ICI le dessous de la patte

[31] *embrasé:* en feu

[32] *b... de teigneux!:* EXPRESSION VULGAIRE *bougre de teigneux! Teigneux*, à l'origine, est une personne affligée de la teigne, maladie du cuir chevelu. ICI personne vile ou dangereuse

[33] *que je ne puis plus:* LISEZ (parce) que je ne puis plus

[34] *comme nous les arrangeons:* ce que nous faisons d'eux

[35] *grisait:* soûlait

[36] *secouait les puces à:* EXPRESSION VULGAIRE battait

[37] *gueuse:* friponne

couchait toute seule à la grange... Il vous en souvient, mes drôles!... Mais passons,[38] j'en ai trop dit.

Je vis Pascal Doigt-de-Poix, qui faisait son huile avec les olives de M. Julien.

Je vis Babet la glaneuse,[39] qui, en glanant, pour avoir plus vite noué sa gerbe, puisait à poignées[40] aux gerbiers.

Je vis maître Grapasi, qui huilait si bien la roue de sa brouette.[41]

Et Dauphine, qui vendait si cher l'eau de son puits.

Et le Tortillard, qui, lorsqu'il me rencontrait portant le bon Dieu,* filait son chemin,[42] la barrette[43] sur la tête et la pipe au bec...[44] et fier comme Artaban...* comme s'il avait rencontré un chien.

Et Coulau avec sa Zette, et Jacques, et Pierre, et Toni...»

Emu, blême de peur, l'auditoire gémit, en voyant, dans l'enfer tout ouvert, qui son père et qui sa mère,[45] qui sa grand-mère et qui sa sœur...

«Vous sentez bien, mes frères, reprit le bon abbé Martin, vous sentez bien que ceci ne peut pas durer. J'ai charge d'âmes, et je veux, je veux vous sauver de l'abîme où vous êtes tous en train de rouler tête première. Demain je me mets à l'ouvrage, pas plus tard que demain. Et l'ouvrage ne manquera pas! Voici comment je m'y prendrai.[46] Pour que tout se fasse bien, il faut tout faire avec ordre. Nous irons rang par rang, comme à Jonquières* quand on danse.

Demain lundi, je confesserai les vieux et les vieilles. Ce n'est rien.

Mardi, les enfants. J'aurai bientôt fait.

Mercredi, les garçons et les filles. Cela pourra être long.

Jeudi, les hommes. Nous couperons court.[47]

---

[38] *passons:* ne parlons plus de ce sujet, continuons
[39] *glaneuse:* personne qui ramasse les épis après la moisson
[40] *à poignées:* à pleines mains
[41] *brouette:* petite voiture à une roue et deux brancards
[42] *filait son chemin:* allait très vite
[43] *barrette:* petit bonnet plat
[44] *au bec:* ICI à la bouche
[45] *qui son père et qui sa mère:* cette personne-ci son père, cette personne-là sa mère
[46] *je m'y prendrai:* je ferai
[47] *nous couperons court:* nous mettrons un terme à cela

Vendredi, les femmes. Je dirai: Pas d'histoires!

Samedi, le meunier!... Ce n'est pas trop d'un jour pour lui tout seul...

Et, si dimanche nous avons fini, nous serons bien heureux.

Voyez-vous, mes enfants, quand le blé est mûr, il faut le couper; quand le vin est tiré, il faut le boire. Voilà assez de linge sale, il s'agit de le laver, et de le bien laver.

C'est la grâce que je vous souhaite. *Amen!*»

Ce qui fut dit fut fait. On coula la lessive.[48]

Depuis ce dimanche mémorable, le parfum des vertus de Cucugnan se respire à dix lieues à l'entour.[49]

Et le bon pasteur, M. Martin, heureux et plein d'allégresse, a rêvé, l'autre nuit que, suivi de tout son troupeau, il gravissait, en resplendissante procession, au milieu des cierges allumés, d'un nuage d'encens qui embaumait [50] et des enfants de cœur qui chantaient *Te Deum*,* le chemin éclairé de la cité de Dieu.

Et voilà l'histoire du curé de Cucugnan, telle que m'a ordonné de vous la dire ce grand gueusard[51] de Roumanille,* qui la tenait lui-même d'un autre bon compagnon.

---

[48] *on coula la lessive:* on fit la lessive, on lava le linge
[49] *à l'entour:* aux environs
[50] *embaumait:* sentait bon
[51] *gueusard:* gai compagnon; ICI poète provençal

NOTES EXPLICATIVES

(1) *la Chandeleur:* fête religieuse qui célèbre la présentation de Jésus au Temple et la purification de Marie. (Le 2 février.)

(2) *en Avignon:* Il est plus courant d'employer la préposition *à* devant des noms de villes, même s'ils commencent par une voyelle.

(4) *fabliau:* Ici, il s'agit d'un récit amusant, avec une intention édifiante. Pour la définition de *fabliau*, voir l'introduction aux *Trois Aveugles de Compiègne*.

(4) *traduire:* Ici, traduction du provençal en français moderne.

(17) *après l'Evangile:* Lors de la messe, le prêtre lit une partie de l'*Evangile*, livre où est consignée la doctrine du Christ.

(23) *le grand livre et la clef:* Ce sont les attributs de saint Pierre. La clef pour ouvrir les portes du paradis, le livre pour vérifier si la personne a le droit d'y entrer.

(90) *je n'ai pas entendu chanter le coq:* Il s'agit ici d'une référence biblique. Voir St. Mathieu XXIV, 34–75.

(128) *Coq-Galine:* Beaucoup de villageois sont connus par un sobriquet qui indique souvent l'apparence physique, la fonction, ou certaines caractéristiques du personnage.

(140) *portant le bon Dieu:* Lors d'une procession religieuse, ou lorsque le prêtre se rend auprès d'un mourant, il porte le crucifix et l'hostie.

(142) *fier comme Artaban:* Artaban est le personnage central de *Cléopâtre*, roman de La Calprenède (1614–1663). Son caractère est devenu proverbial.

(153) *Jonquières:* petite commune en Provence.

(172) *Te Deum:* Il s'agit d'un chant à la gloire de Dieu.

(175) *Roumanille:* village en Provence.

Exercices de grammaire

A. «Son Cucugnan **aurait été**... si les Cucugnanais lui **avaient donné**...» (9—10)

D'après cet exemple, complétez les phrases ci-dessous en mettant les verbes entre parenthèses aux temps corrects:

1. Il aurait acheté ce journal, s'il (avoir) de la monnaie. **2.** Nous aurions pris cette chambre, si l'hôtel (être) moins cher. **3.** Je (aller) avec vous, si j'avais eu le temps. **4.** Vous (rester) chez vous, si vous aviez été malade. **5.** Elles auraient fait une promenade, s'il (pleuvoir) pas.

B. *Récrivez les cinq phrases de l'exercice* **A** *en employant le futur dans la proposition principale, et en faisant le changement de temps nécessaire dans la proposition subordonnée.*

C. «Je me suis trouvé, **moi** misérable pécheur...» (18—19)

Remarquez l'emploi du pronom disjonctif, et complétez les phrases ci-dessous en employant le pronom correct:

1. Il a menti, ___ misérable individu. **2.** Elle est venue, ___ qui me l'avait promis. **3.** Ils l'ont fait, ___ qui n'y étaient pas forcés. **4.** Tu me l'as promis, ___ en qui j'ai confiance. **5.** Vous n'y êtes pour rien, ___ qui étiez absent.

D. «**Je me mets à** l'ouvrage.» (150) (SENS: Je commence l'ouvrage.)

D'après cet exemple, transformez les phrases ci-dessous:

1. Demain il commencera son projet. **2.** Dans deux semaines elles commenceront leurs recherches. **3.** Je me mettrai bientôt à cette tâche. **4.** Ils se mettent à parler sans tarder. **5.** Vous commencez à réfléchir.

E. «Voici comment **je m'y prendrai.**» (151) (SENS: Voici comment je ferai.)

D'après cet exemple, transformez les phrases ci-dessous:

1. Voici comment nous ferons pour lui plaire. **2.** Voici comment elle fera pour tenir sa promesse. **3.** Voici comment ils feront pour obéir à ses ordres. **4.** Voici comment tu feras pour trouver l'endroit. **5.** Voici comment vous ferez pour la distraire.

Questions portant sur le texte

1. Pourquoi l'auteur emploie-t-il le verbe «essayer»? (4)
2. Est-il important de savoir que cette traduction est spécialement destinée aux Parisiens? (5)
3. Pourquoi Daudet a-t-il mis des points de suspension dans «L'abbé Martin était curé... de Cucugnan»? (7)
4. Le prêtre de Cucugnan, comme tous les prêtres, est un «pasteur». Relevez des expressions en accord avec sa fonction et expliquez-en les deux sens. (12—15)
5. Quel effet le prêtre cherche-t-il à produire lorsqu'il dit: «moi misérable pécheur»? (19)
6. Remarquez le changement du temps des verbes: «frappai», «ouvrit». Quel est l'effet produit par l'emploi du passé défini? (20)
7. Comment le curé montre-t-il à ses paroissiens qu'il a confiance en eux? (23—25)
8. Montrez en quoi le portrait que le curé trace de saint Pierre est exactement celui qui convenait dans cette circonstance. (20—51)
9. Daudet «humanise» son ange lorsque ce dernier mouille son doigt pour tourner les pages. (75—76) Trouvez d'autres passages qui produisent un effet comique.

10. Comparez les scènes qui décrivent le paradis et le purgatoire. Quelles en sont les ressemblances? Quelles différences y voyez-vous? (20—51, 56—97)
11. En quoi l'allusion au cabaret est-elle particulièrement apte à ce moment précis du sermon? (106—108)
12. Le curé veut rendre l'enfer aussi tangible que possible. Pour arriver à cet effet, il emploie des comparaisons tirées de la vie de tous les jours de ses paroissiens. Relevez ces comparaisons et ces allusions, et montrez-en la justesse. (103—143)

Questions générales portant sur le texte

1. Daudet veut recréer l'atmosphère de la Provence. Quels procédés emploie-t-il pour y arriver?
2. Il y a dans ce récit de nombreuses expressions populaires et proverbiales. Exemples: «bon comme le pain, franc comme l'or». (8) Relevez les autres expressions de ce genre et montrez-en la justesse.
3. Ce récit nous présente une morale, mais Daudet arrive à nous la donner tout en nous amusant. Relevez tous les effets de ce récit qui contribuent à en faire un récit humoristique plutôt que moralisateur.

Sujets de devoirs

1. Faites une description du paradis et de l'enfer, vus à travers les yeux de ces villageois simples et pieux.
2. Prenez chacun des personnages que le curé prétend avoir vus en enfer, et tracez-en un court portrait, illustrant par des exemples précis les défauts de ces pécheurs.

ERCKMANN-CHATRIAN

Emile Erckmann naquit à Phalsbourg en Alsace le 21 mai 1822. Alexandre Chatrian naquit à Soldatenthal, le 18 décembre 1826. Erckmann commença à écrire des contes régionaux dès ses plus jeunes années, et bien que l'œuvre volumineuse d'Erckmann-Chatrian ait presque entièrement été écrite par lui, elle parut sous le nom des deux amis. Chatrian, qui vécut à Paris, s'occupait surtout de placer les manuscrits qu'Erckmann lui envoyait de sa province natale. La guerre de 1870–1871, après laquelle l'Alsace et la Lorraine durent être cédées à l'Allemagne, amena une rupture entre les partenaires, et Chatrian intenta un procès à Erckmann. Ce dernier mourut en 1899, Chatrian en 1890.

L'œuvre d'Erckmann-Chatrian a sombré dans l'oubli, et c'est regrettable, car personne d'autre n'a décrit avec tant d'amour et d'art un beau coin de la France. Parmi les nombreux tomes de leur œuvre, mentionnons : *L'Ami Fritz* (1864), un roman qui eut beaucoup de succès ; les *Contes de la Montagne et Contes fantastiques* (1860) ; et les *Contes Vosgiens* (1877). *Le tisserand de la Steinbach* a été publié dans les *Contes et romans nationaux et populaires.*

«La nature qu'Erckmann-Chatrian décrit,» dit Hinzelin, «est presque toujours de Lorraine et d'Alsace. Personne n'a trouvé des termes plus pénétrants pour exprimer la souplesse et la majesté des horizons de montagnes où montent les flèches immobiles des sapins.» Lors du centenaire de la naissance d'Erckmann, un monument lui fut élevé dans sa ville natale. Pour en couvrir les frais, la Société des Amis d'Erckmann-Chatrian lança l'appel suivant :

«La France entière s'associe à l'hommage rendu aux auteurs du *Conscrit de 1813*, de *Waterloo*, de *Madame Thérèse*, ..., de tous les beaux livres si profondément populaires.

Nés dans la région qui forme une arche entre la Lorraine et l'Alsace, ils ont pieusement décrit et chanté l'Alsace, notre ‹vieille et loyale Alsace›.

C'est leur œuvre qui a le mieux fait connaître l'Alsace-Lorraine à la France de l'intérieur, et la France de l'intérieur à l'Alsace-Lorraine. Cette œuvre est écrite dans la langue la plus limpide et la plus simple. Deux cents mots suffisent à tout exprimer. De là, un succès universel.»

A consulter: Emile Hinzelin, *Erckmann-Chatrian,* Paris, 1922.

Le Tisserand de la Steinbach

«Vous parlez de la montagne, me dit un jour le vieux tisserand[1] Heinrich, en souriant d'un air mélancolique, mais si vous voulez voir la haute montagne, ce n'est pas ici, près de Saverne,* qu'il faut rester: prenez la route du Dagsberg,* descendez au Nideck,* à Haslach,* montez à Saint-Dié,* à Gérardmer,* à Retournemer;* c'est là que vous verrez la montagne, des bois, toujours des bois, des rochers, des lacs et des précipices.

On dit qu'une belle route passe maintenant sur le Honeck;* je veux le croire, mais c'est bien difficile. Le Honeck a passé[2] quatre mille pieds de hauteur, la neige y séjourne jusqu'au mois de juin, et ses flancs descendent à pic[3] dans le défilé[4] de Münster,* par d'immenses rochers noirs, fendillés[5] et hérissés de[6] sapins[7] qui, d'en bas, ressemblent à des

---

[1] *tisserand:* ouvrier qui fait de la toile
[2] *passé:* ICI plus de
[3] *à pic:* perpendiculairement
[4] *défilé:* passage étroit
[5] *fendillés:* avec beaucoup de petites fentes
[6] *herissés de:* où sont dressés (verticalement)
[7] *sapins:* variété d'arbes (conifères)

fougères.[8] —D'en haut, vous découvrez la vallée d'Alsace,* le Rhin,* les Alpes bernoises,* du côté de l'Allemagne; —vers la France, les lacs de Retournemer, de Longemer,* et puis des montagnes, des montagnes à n'en plus finir![9]

Combien j'ai chassé dans ce beau pays!... Combien j'ai tué de lièvres,[10] de renards,[11] de chevreuils,[12] de sangliers,[13] le long de ces côtes boisées;[14] de blaireaux[15] et de gélinottes,[16] dans ces bruyères;[17] combien j'ai pêché de truites[18] dans ces lacs! —On me connaissait partout, de la Hoûpe* à Schirmeck,* de Münster à Gérardmer: «Voici Heinrich qui vient avec ses chapelets[19] de grives[20] et de mésanges»,[21] disait-on. Et l'on me faisait place à table; on me coupait une large tranche de ce bon pain de ménage* qui semble toujours sortir du four; on poussait devant moi la planchette au fromage; on remplissait mon gobelet[22] de petit vin blanc d'Alsace. —Les jeunes filles venaient s'accouder[23] sur mes épaules, les vieux me serraient la main en disant: «Aurons-nous beau temps pour la fauchée,[24] Heinrich?... Faut-il conduire les porcs à la glandée...[25] les bœufs à la pâture?»[26] Et les vieilles déposaient bien vite leur balai derrière la porte, pour venir me demander des nouvelles.

Quelquefois alors, en sortant, je pendais dans la cuisine un vieux lièvre aux longues dents jaunes, au poil roux comme de la mousse[27]

---

[8] *fougères:* plantes qui croissent dans les terrains sablonneux
[9] *à n'en plus finir:* ICI à perte de vue
[10] *lièvres:* mammifères rongeurs (voisin du lapin)
[11] *renards:* mammifères carnassiers
[12] *chevreuils:* mammifères ruminants
[13] *sangliers:* porcs sauvages
[14] *boisées:* garnies d'arbres
[15] *blaireaux:* mammifères qui sentent très mauvais
[16] *gélinottes:* petites poules
[17] *bruyères:* terrains incultes où croissent ces plantes
[18] *truites:* variété de poissons
[19] *chapelets:* ICI toute une série de
[20] *grives:* variété d'oiseaux (plumage blanc et brun)
[21] *mésanges:* variété d'oiseaux très communs
[22] *gobelet:* petit vase (à boire)
[23] *s'accouder:* s'appuyer (du coude)
[24] *fauchée:* ICI le temps de la coupe du foin
[25] *glandée:* récolte des glands (fruits du chêne)
[26] *à la pâture:* aux pâturages (prés)
[27] *mousse:* petite plante grêle

desséchée; —ou bien, en hiver, un vieux renard qu'il fallait exposer trois jours à la gelée avant d'y mordre. —Et cela suffisait, j'étais toujours l'ami de la maison, j'avais toujours mon coin à table. Oh! le bon temps, les bonnes gens, le bon pays des Vosges!*

—Mais pourquoi donc, maître Heinrich, avez-vous quitté ce beau pays, puisque vous l'aimiez tant?

—Que voulez-vous, maître Christian, l'homme n'est jamais heureux; ma vue devenait trouble,[28] ma main commençait à trembler, plus d'un lièvre m'avait échappé... Et puis il arrivait chaque jour de nouveaux gardes... On bâtissait de nouvelles maisons forestières...[29] Il y avait plus de procès-verbaux[30] dressés contre moi, qu'un âne ne peut en porter à l'audience.[31] Les gendarmes s'en mêlaient... On me cherchait partout... ma foi j'ai quitté la partie,[32] j'ai repris le fil et la navette,[33] et j'ai bien fait, je ne m'en repens pas, non, je ne m'en repens pas!»

Le front du vieillard devint sombre, il se leva et se prit à marcher lentement dans la petite chambre, les mains croisées sur le dos, les joues pâles et les yeux fixés devant lui. —Il me semblait voir un vieux loup édenté,[34] la griffe[35] usée, rêvant à la chasse en mangeant de la bouillie.[36] De temps en temps, un tressaillement[37] nerveux agitait ses lèvres; et les derniers rayons du jour, éparpillés[38] sur le métier[39] de tisserand, et la muraille décrépite,[40] enluminée[41] de vieilles gravures de Montbéliard,* donnaient à cette scène je ne sais quelle physionomie mystérieuse.

---

[28] *trouble:* brouillée (qui n'est pas claire)
[29] *forestières:* ICI dans la forêt (pour les gardes)
[30] *procès-verbaux:* procès dressés par les autorités pour infraction à la loi. ICI pour braconnage
[31] *plus de... qu'un âne ne peut en porter à l'audience:* VIEILLE EXPRESSION une grande quantité de procès-verbaux devant le tribunal
[32] *la partie:* ICI ce que je faisais
[33] *navette:* instrument employé par un tisserand
[34] *édenté:* sans dents
[35] *griffe:* ongle crochu de certains animaux
[36] *bouillie:* ICI mauvaise nourriture
[37] *tressaillement:* tremblement
[38] *éparpillés:* dispersés
[39] *métier:* machine pour fabriquer des tissus
[40] *décrépite:* vieille et cassée
[41] *enluminée:* coloriée

Tout à coup il s'arrêta en me regardant en face:

«Eh bien! oui, fit-il brusquement, oui, j'aurais mieux aimé périr au milieu des bois, sous la rosée[42] du ciel, que de reprendre le métier; mais il y avait encore autre chose.»

Il s'assit au bord de la petite fenêtre à vitraux[43] de plomb,[44] et regardant le soleil de ses yeux ternes:[45]

«Un jour d'automne, en 1827, j'étais parti de Gérardmer, la carabine[46] sur l'épaule, vers onze heures du soir, pour me rendre à la Schlucht;* c'est un lieu sauvage entre le Honeck et la Roche du Diable. On y voit tourbillonner[47] tous les matins des couvées[48] d'oiseaux de proie: des éperviers,[49] des buses[50] et quelquefois des aigles[51] égarés[52] dans les brouillards des Alpes; mais comme les aigles repartent généralement au petit jour,[53] il faut y être de grand matin[54] pour pouvoir les tirer. On y trouve aussi des renards, des hérissons,[55] des fouines,[56] des belettes,[57] et d'autres animaux qui se plaisent au fond des cavernes.

A deux heures du matin, j'étais sur le plateau, et je suivais un petit sentier qu'il faut bien connaître, car il longe[58] les précipices; des masses de fougères humides croissent au bord du roc, et, à trois cents pieds au-dessous, s'élèvent à peine les cimes[59] des plus hauts sapins.

Mais à cette heure on ne voyait rien: la nuit était noire comme un four, quelques étoiles seulement brillaient au-dessus de l'abîme.

J'entendais près de moi les cris aigus des fouines: ces animaux se

---

[42] *rosée:* petites gouttes (de vapeur) qui se déposent sur l'herbe le soir et le matin
[43] *vitraux:* vitres entourées de châssis de métal
[44] *plomb:* métal très lourd
[45] *ternes:* sans éclat, qui ne brillent pas
[46] *carabine:* fusil court et léger
[47] *tourbillonner:* voler en tournant sur soi-même
[48] *couvées:* familles
[49] *éperviers:* oiseaux de proie de la famille des faucons
[50] *buses:* oiseaux rapaces (de la famille des faucons)
[51] *aigles:* oiseaux de proie (très forts)
[52] *égarés:* qui ont perdu leur chemin
[53] *au petit jour:* très tôt le matin (à la levée du jour)
[54] *de grand matin:* de très bonne heure
[55] *hérissons:* mammifères insectivores
[56] *fouines:* petits mammifères
[57] *belettes:* petits mammifères
[58] *longe:* s'étend le long de
[59] *cimes:* sommets

poursuivent la nuit comme les rats; par un beau clair de lune, on en voit quelquefois deux, trois, et plus, à la suite les uns des autres, monter les rochers aussi vite que s'ils couraient à terre.

En attendant le jour, je m'assis au pied d'un chêne,[60] pour fumer une pipe. Le temps était si calme que pas une feuille ne remuait, on aurait dit que tout était mort.

Comme je me reposais là, depuis environ un quart d'heure, rêvant à toute sorte de choses, il me sembla voir tout à coup, au fond du précipice, un éclair glisser sur le roc.

«Que diable cela peut-il être?» me dis-je.

Une minute après, l'éclair devint plus vif, une flamme embrassa de sa lumière pourpre[61] plusieurs sapins, dont les ombres vacillèrent[62] sur le torrent. Quelques figures noires se dessinèrent autour de la flamme, allant et venant comme des fourmis:[63] —Des bohémiens campaient sur une roche plate, ils venaient d'allumer du feu pour préparer leur repas avant de se mettre en route.

Vous ne sauriez croire, maître Christian, combien cette halte[64] au fond du précipice était belle! Les vieux arbres, desséchés, les brindilles[65] de lierre,[66] les ronces[67] et le chèvrefeuille[68] pendus au rocher se découpaient à jour[69] dans les airs; mille étincelles volaient sur le torrent à perte de vue,[70] et des lueurs étranges dansaient sous la voûte des grands sapins, comme la ronde des feux follets[71] sur le Blokesberg.*

De la hauteur où j'étais, il me semblait voir une peinture grande comme la main, —une peinture de feu et d'or, —sur le fond noir des ténèbres.

Longtemps je restai là tout pensif, me disant que les hommes ne sont,

---

[60] *chêne:* variété d'arbre
[61] *pourpre:* rouge
[62] *vacillèrent:* tremblotèrent
[63] *fourmis:* petits insectes qui vivent en colonies nombreuses
[64] *halte:* ICI espèce de clairière
[65] *brindilles:* petites branches
[66] *lierre:* plante grimpante
[67] *ronces:* plantes épineuses
[68] *chèvrefeuille:* petits arbres grimpants
[69] *à jour:* en laissant passer la lumière
[70] *à perte de vue:* aussi loin qu'on pouvait voir
[71] *feux follets:* petites flammes produites par des exhalaisons de gaz

au milieu des bois et des montagnes, que de pauvres insectes perdus dans la mousse; mille autres idées semblables me venaient à l'esprit.

A la fin, je me laissai glisser entre deux rochers, en m'accrochant aux broussailles,[72] pour voir ces gens de plus près. Mais, comme la pente devenait toujours plus rapide, je m'arrêtai de nouveau près d'un arbre à mille pieds environ au-dessus des bohémiens.

Je reconnus alors une vieille, assise près d'une chaudière.[73] La flamme l'éclairait de profil; elle tenait ses genoux pointus entre ses grands bras maigres, et regardait dans la marmite.[74] Trois ou quatre petits enfants à peu près nus, se traînaient autour d'elle comme des grenouilles.[75]

Plus loin, des femmes et des hommes, accroupis[76] dans l'ombre, faisaient leurs préparatifs de départ; ils se levaient, couraient et traversaient le cercle de lumière, pour jeter des brassées[77] de feuilles dans le feu, qui s'élevait de plus en plus, tordant des masses de fumée sombre au-dessus du vallon.

Tandis que je regardais cela tranquillement, une idée du diable me passa par la tête... une idée qui d'abord me fit rire en moi-même.

«Hé! me dis-je, si tout à coup une grosse pierre tombait du ciel au «milieu de ce tas de monde, quelle mine[78] ferait la vieille! et les autres, «comme ils ouvriraient les yeux! —Hé! hé! hé! ce serait drôle.»

Mais ensuite je pensai naturellement qu'il faudrait être un scélérat,[79] pour détacher une pierre et la rouler sur ces bohémiens, qui ne m'avaient jamais fait de mal.

«Oui... oui... me dis-je en moi-même, ce serait abominable... je ne «me pardonnerais jamais de ma vie!»

Malheureusement une grosse pierre se trouvait au bout de mon pied, et je la balançais doucement... comme pour rire.»

Ici Heinrich fit une pause. Il était très pâle. Au bout de quelques secondes, il reprit:

---

[72] *broussailles:* arbustes
[73] *chaudière:* grand vaisseau en métal où l'on fait cuire la nourriture
[74] *marmite:* vase où l'on fait cuire la nourriture
[75] *grenouilles:* petits animaux très communs
[76] *accroupis:* assis sur les talons
[77] *brassées:* quantités que peuvent contenir les deux bras
[78] *mine:* expression du visage
[79] *scélérat:* personne capable d'un crime

«Voyez-vous, maître Christian, on a beau dire le contraire,[80] la chasse est une passion diabolique; elle développe les instincts de destruction qui se trouvent au fond de notre nature, et finit par nous jouer de mauvais tours.[81]

Si je n'avais pas été habitué à verser le sang depuis plus de trente ans, il est positif[82] que l'idée seule que je pouvais écraser un de ces malheureux zigeiners,[83] m'aurait fait dresser les cheveux sur la tête. J'aurais quitté la place sur-le-champ,[84] pour ne pas succomber à la tentation; mais l'habitude de tuer rend cruel... Et puis, il faut bien le dire, une curiosité diabolique me retenait.

Je me représentais les bohémiens, consternés, la bouche béante,[85] courant à droite et à gauche, levant les mains, poussant des cris, et grimpant à quatre pattes au milieu des rochers avec des figures si drôles, des contorsions si bizarres, que, malgré moi, mon pied s'avançait tout doucement... tout doucement... et poussait l'énorme pierre sur la pente.

Elle partit.

D'abord elle fit un tour, lentement. J'aurais pu la retenir. Je me levai même pour m'élancer dessus, mais la pente était si roide[86] en cet endroit, qu'au deuxième tour elle avait déjà sauté trois pieds, puis six, puis douze!... Alors, moi, debout, je sentis que je devenais pâle et que mes joues tremblaient. Le rocher montait, descendait, juste en face de la flamme. Je le voyais en l'air, puis retomber dans la nuit, et je l'entendais bondir comme un sanglier.

C'était terrible!

Je jetai un cri... un cri à réveiller la montagne. Les bohémiens levèrent la tête... il était trop tard! Au même instant, le rocher parut en l'air pour la dernière fois, et la flamme s'éteignit.»

---

[80] *on a beau dire le contraire:* même si on dit le contraire

[81] *par nous jouer de mauvais tours:* par nous faire faire des choses méchantes ou cruelles

[82] *il est positif:* il est certain (Cette expression n'est pas employée en français moderne.)

[83] *zigeiners:* bohémiens, tziganes (de l'allemand *Zigeuner*)

[84] *sur-le-champ:* immédiatement

[85] *béante:* largement ouverte (de surprise)

[86] *roide:* abrupte

Heinrich se tut, me fixant d'un œil hagard.[87] La sueur perlait[88] sur son front. —Moi, je ne disais rien; j'avais baissé la tête, je n'osais pas le regarder!

Après quelques instants de silence, le vieux braconnier[89] reprit:

«Voilà ce que j'ai fait, maître Christian, et vous êtes le premier à qui j'en parle, depuis ma confession au vieux curé Gottlieb, de Schirmeck, deux jours après le malheur. —Ce curé me dit:

«Heinrich, l'amour du sang vous a perdu. Vous avez tué une pauvre «vieille femme, pour une *envie de rire*... C'est un crime épouvantable. «Laissez là votre fusil, travaillez au lieu de tuer, et peut-être le Seigneur «vous pardonnera-t-il un jour!... Quant à moi, je ne puis vous donner «l'absolution.

Je compris que ce brave homme avait raison, que la chasse m'avait perdu. Je donnai mon chien au sabotier[90] du Chêvrehof,* j'accrochai mon fusil au mur, je repris la navette... et me voilà!»

Le tisserand se tut.

Nous restâmes longtemps assis en face l'un de l'autre, sans échanger une parole.

La nuit était venue, un silence de mort planait sur le hameau[91] de la Steinbach;* et tout au loin, bien loin, sur la route de Saverne, une lourde voiture, lancée au galop, passait avec un cliquetis[92] de ferrailles.[93]

Vers neuf heures, la lune commençant à paraître derrière le Schnéeberg,* je me levai pour sortir.

Le vieux braconnier m'accompagna jusqu'au seuil de sa cassine.[94]

«Pensez-vous que le Seigneur me pardonnera, maître Christian?» dit-il en me tendant la main.

Sa voix tremblait.

«Si vous avez beaucoup souffert, Heinrich!... Souffrir, c'est expier.»

Il me regarda quelques instants sans répondre.

---

[87] *hagard:* égaré, fou
[88] *perlait:* formait (en forme de perles) de petites gouttes
[89] *braconnier:* homme qui chasse sans permis ou sur des terres réservées
[90] *sabotier:* ouvrier qui fait des sabots (chaussures en bois)
[91] *hameau:* toute petite commune
[92] *cliquetis:* bruit
[93] *ferrailles:* débris de fer
[94] *cassine:* petite maison isolée (dans les champs)

«Si j'ai beaucoup souffert? fit-il enfin avec amertume,[95] si j'ai beaucoup souffert? —Ah! maître Christian, pouvez-vous me demander cela! Est-ce qu'un épervier peut jamais être heureux dans une cage? Non, n'est-ce pas. On a beau lui donner les meilleurs morceaux, ça ne l'empêche pas d'être triste. Il regarde le ciel à travers les barreaux de sa prison... ses ailes tremblent... il finit par mourir! —Eh bien, depuis dix ans, je suis comme cet épervier!»

Il se tut quelques secondes, puis, tout à coup, comme entraîné malgré lui:

«Oh! s'écria-t-il, les montagnes!... les forêts... la solitude!... la vie des bois!...»

Il étendait les bras vers les cimes lointaines des Vosges, dont les masses noires se dessinaient à l'horizon, et de grosses larmes roulaient dans ses yeux.

«Pauvre vieux! me dis-je en le quittant, pauvre vieux!»

Et je remontai tout pensif le petit sentier[96] qui longe la côte, au milieu des bruyères.

---

[95] *amertume:* affliction, aigreur
[96] *sentier:* chemin étroit

NOTES EXPLICATIVES

(3) *Saverne:* commune située dans le Bas-Rhin.

(4) *Dagsberg:* Cette partie de la France ayant été cédée à l'Allemagne après la défaite de la guerre franco-prussienne (1870–1871), les noms des localités sont souvent allemands. Le Dagsberg est une des montagnes de la région.

(4) *Nideck:* une vallée de la région.

(4) *Haslach:* petite commune de la région.

(5) *Saint-Dié:* commune située sur la Meurthe.

(5) *Gérardmer:* commune située sur un beau lac.

(5) *Retournemer:* petite commune des Vosges.

(8) *le Honeck:* montagne dans les Vosges.

(11) *Münster:* petite commune dans le Haut-Rhin.

(13) *Alsace:* une des anciennes provinces de la France (Haut-Rhin et Bas-Rhin) cédée à l'Allemagne en 1871, redevenue française après la guerre de 1914–1918.

(13) *le Rhin:* long fleuve qui a sa source dans les Alpes, traverse la Suisse, l'Allemagne, la Hollande, et se jette dans la mer du Nord.

(14) *Alpes bernoises:* les Alpes de la région de Berne, la capitale de la Suisse.

(15) *Longemer:* petite commune de la région.

(21) *Hoûpe:* petite commune de la région.

(21) *Schirmeck:* petite commune de la région.

(24) *pain de ménage:* pain cuit à la maison.

(36) *le bon pays des Vosges:* Les Vosges sont une chaîne de montagnes de la France à l'ouest du Rhin.

(54) *Montbéliard:* commune située sur le canal du Rhône au Rhin, qui était connue pour ses gravures.

(64) *la Schlucht:* une des coupures principales des Vosges.

(99) *le Blokesberg:* une des montagnes des Vosges.

(174) *Chêvrehof:* hameau tout près de Schirmeck.

(180) *Steinbach:* localité de la région.

(183) *le Schnéeberg:* une des montagnes des Vosges.

Exercices de grammaire

A. «**Combien j'ai chassé!**» (17) (SENS: J'ai beaucoup chassé.)

D'après cet exemple, transformez les phrases ci-dessous:

1. Combien j'ai dépensé d'argent! **2.** Je me suis beaucoup promené. **3.** Combien elle a eu d'admirateurs! **4.** Nous avons beaucoup regretté votre départ. **5.** Combien il a commis d'erreurs!

B. «**A la suite les uns des autres**...» (79) (SENS: Les uns derrière les autres...)

D'après cet exemple, transformez les phrases ci-dessous:

1. Les enfants couraient les uns derrière les autres. **2.** Les camions roulaient à la suite les uns des autres. **3.** Les soldats défilaient les uns derrière les autres. **4.** Les fourmis sortaient de terre les unes derrière les autres. **5.** Les fleurs s'étendaient à la suite les unes des autres.

C. «**Si**... une grosse pierre **tombait**...» (121) (SENS: Supposez qu'une grosse pierre tombe...)

D'après cet exemple, transformez les phrases ci-dessous en veillant à l'emploi du subjonctif:

1. Si j'allais me promener! **2.** Si vous alliez avec elle! **3.** Si elle venait de bonne heure! **4.** Si nous parlions à cœur ouvert! **5.** Si tu disais ce que tu penses!

D. «La chasse... **finit par** nous **jouer** de mauvais tours.» (133—136) (SENS: La chasse nous joue à la fin de mauvais tours.)

D'après cet exemple, transformez les phrases ci-dessous:

1. Elle finit par faire son travail. **2.** Ces propos finissent par nous ennuyer. **3.** Nous finissions par dire ce qu'il voulait entendre. **4.** Il finira par tourner mal. **5.** Tu finis par m'agacer.

E. «Si je n'**avais** pas **été** habitué... l'idée... **m'aurait fait** dresser les cheveux sur la tête.» (137—139)

D'après cet exemple, complétez les phrases ci-dessous:

1. Si je n'avais pas été plus agile... **2.** Si elle n'avait pas dit cela... **3.** Si nous n'avions pas promis de venir... **4.** Si vous n'aviez pas donné votre parole... **5.** Si tu n'avais pas fait cette bêtise...

Questions portant sur le texte

1. En quoi Heinrich est-il typique de beaucoup de vieilles gens au début de son récit? (1—7)
2. Pourquoi Heinrich trouve-t-il difficile de croire qu'une belle route passe sur le Honeck? (8—9)
3. Comment les auteurs nous font-ils comprendre que Heinrich aime profondément la nature? (8—16)
4. Quel est le «métier» de Heinrich? (17—20)
5. Qu'est-ce que Heinrich regrette surtout de son passé? (20—30)
6. Qu'est-ce qui nous fait comprendre que Heinrich n'a pas de famille? (22—30)
7. Qu'est-ce qui plaît le plus à Heinrich lors de ses repas dans les fermes? (22—30)
8. Comment les paysans font-ils sentir à Heinrich qu'il est important? (26—30)
9. Comment Heinrich remercie-t-il ses hôtes? (31—36)
10. Qu'y a-t-il de bizarre dans la réponse de Heinrich à maître Christian? (39—46)
11. Pourquoi Heinrich déplore-t-il les nouvelles maisons forestières? (42)
12. Comment savons-nous immédiatement que Heinrich n'est pas sincère quand il dit: «je ne m'en repens pas!»? (44—49)
13. La comparaison de l'interlocuteur est-elle particulièrement juste? (49—51)
14. Qu'est-ce qui pousse Heinrich à se confesser à maître Christian? (56—59)
15. A quelle fin Heinrich était-il parti ce jour-là? (62—64)
16. Est-il important de savoir qu'il s'agit d'un lieu sauvage? (64)
17. Pourquoi Heinrich veut-il particulièrement tuer des aigles? (65—69)
18. Y a-t-il des éléments particulièrement significatifs dans la description de l'attente de Heinrich? (75—83)

19. A quelle sorte de choses Heinrich rêve-t-il probablement? (84—85)

20. Pourquoi la comparaison entre les bohémiens et des fourmis est-elle importante dans la suite du récit? (90—91)

21. Qu'est-ce que les auteurs cherchent à évoquer par la description de la halte au fond du précipice? (94—99)

22. Quel effet la description de la halte produit-elle sur vous? (94—99)

23. Est-ce que la hauteur où se trouve Heinrich peut avoir une influence sur la suite des événements? (100—102)

24. Pourquoi Heinrich devient-il «philosophique» à ce moment-là? (103—105)

25. Qu'est-ce qui explique la curiosité de Heinrich? (106—109)

26. Qu'est-ce qui nous montre l'attitude de Heinrich envers les bohémiens? (110—113)

27. En quoi les bohémiens ressemblent-ils à des fourmis dans leurs actions? (114—118)

28. Y a-t-il une explication rationnelle à l'idée qui vient à Heinrich? (119—120)

29. Quelle est l'importance du mot «naturellement» dans le récit de Heinrich? (124)

30. Comment le hasard (ou la nature) interviennent-ils dans l'événement? (129—130)

31. Comment Heinrich essaie-t-il de se justifier? (133—136)

32. Est-ce que Heinrich aurait vraiment quitté l'endroit s'il n'avait pas été habitué à verser le sang? (137—142)

33. En quoi les bohémiens sont-ils transformés dans l'imagination de Heinrich? (143—148)

34. Est-ce que Heinrich essaie vraiment d'arrêter la grosse pierre? (150—153)

35. Est-ce que Heinrich jette son cri pour avertir les bohémiens? (158—160)

36. Est-ce que le vieux curé voit juste? (168—169)

37. Est-ce que le jugement du curé est équitable? (168—172)

38. Est-ce que la soumission immédiate de Heinrich est vraisemblable? (173—175)

39. Pourquoi l'interlocuteur « répond-il » par le silence ? (177—178)

40. Est-ce que la comparaison entre Heinrich et un épervier est juste ? (192)

41. Est-ce que vous avez également de la pitié pour Heinrich ? (204)

Questions générales portant sur le texte

1. Quelle est la valeur symbolique de cette phrase : « la nuit était noire comme un four, quelques étoiles seulement brillaient au-dessus de l'abîme » ?
2. Etes-vous d'accord avec la réponse de l'interlocuteur : « Souffrir c'est expier » ?
3. Faites ressortir tous les éléments qui donnent un cachet régional à ce récit.
4. Quelle est l'importance du cadre sur les événements de ce récit ?
5. Est-ce que les auteurs ont donné une morale à leur récit ?

Sujets de devoirs

1. Mentionnez quelques-unes des « mille autres idées semblables » qui auraient pu venir à l'esprit de Heinrich.
2. Ecrivez une composition dans laquelle vous donnerez votre point de vue sur cette pensée de Heinrich : « la chasse est une passion diabolique. »
3. Exposez vos idées sur l'affirmation de Heinrich que tous les hommes ont des instincts de destruction.
4. Substituez plusieurs réponses possibles à celle de l'interlocuteur. (188)
5. Développez avec plus de détails la comparaison entre Heinrich et un épervier, et trouvez d'autres comparaisons possibles.

IX

Contes de fée

MARIE DE FRANCE

Nous savons fort peu de choses sur Marie de France. «Marie ai nom, si sui de France», écrit-elle. (Je m'appelle Marie, je suis de France.) Cet unique vers constitue son autobiographie. Nous savons cependant que Marie naquit en Normandie, qu'elle écrivit en Angleterre dans la deuxième moitié du douzième siècle, et qu'elle dédia ses lais à Henri II Plantagenet, le mari d'Aliénor d'Aquitaine. Nous savons également qu'elle a écrit vingt lais, dont douze ont été conservés. Qu'est-ce qu'un lai ? C'est un récit en prose, coupé aux passages les plus lyriques par des mélodies chantées, soutenues par la harpe (ou la rote). Marie de France recueillit de la bouche des jongleurs bretons des récits qu'elle transcrivit sous cette forme littéraire. Ses lais sont écrits en octosyllabes à rimes plates.

Les légendes celtiques, d'origine obscure, font leur apparition dans le monde médiéval avec leurs fées, leurs chevaliers aventureux, leurs amants consumés par la passion. «Le Rêve celtique,» dit le critique Paul Tuffrau, «chantait l'amour, la fatalité de l'amour, l'enivrement, la mélancolie, la douceur et l'angoisse d'aimer.» C'est dans les lais bretons que l'amour est pour la première fois décrit comme un sentiment profond et inexpliqué «qui envahit toute l'âme, la dévore ou l'exalte, et trouve en lui-même sa cause et sa fin.»

Guigemer, transcrit en français moderne par Paul Tuffrau, est un bel exemple d'un genre littéraire qui nous plonge dans l'univers celtique vu à travers les yeux du monde courtois au moyen âge.

A consulter : Axel Ahlström, *Marie de France et les lais narratifs,* Göteborg, 1925.

Guigemer

I

En ce temps-là, Hoel tenait la Petite Bretagne,* à travers bien des paix et bien des guerres. Le baron qui lui gardait la contrée[1] de Léon* s'appelait Oridial. Le roi l'aimait beaucoup, car c'était un preux[2] chevalier.[3] Oridial avait deux enfants, un fils et une fille. La damoiselle[4] avait nom[5] Noguent et le damoiseau[6] Guigemer; il n'y avait plus bel enfant dans le royaume. Sa mère l'aimait tant que c'était merveille, et son père avait grand plaisir à le regarder.

Quand l'enfant fut en âge, Oridial l'envoya servir le roi.* Le valet[7] était preux et sage; il se fit aimer de tous. Quand vint le temps, le roi l'adouba[8] richement; il lui donna des armes, un cheval. Et Guigemer partit pour la Flandre:* il y eut toujours par là conflits et combats.

Ni en Bourgogne,* ni en Lorraine,* ni en Gascogne,* ni en Anjou,* on n'eût pu trouver son pair.[9] Mais il n'avait cure[10] d'aimer. Dites, seigneurs, n'est-ce point là pécher contre nature? Il n'y avait dame ou pucelle,[11] tant fût elle belle, tant fût-elle noble, qui ne l'eût accueilli volontiers s'il l'eût requise d'amour.[12] Plusieurs même l'en requirent, mais je vous l'ai dit, il n'avait point cure d'aimer; aussi étrangers et amis le tenaient pour un homme perdu.

A la fleur[13] de sa gloire, le baron revint dans son pays pour y voir son père, son seigneur, sa sœur, sa noble mère qui souhaitaient sa venue depuis longtemps. Il reste avec eux un mois entier. Puis l'envie le

---

[1] *la contrée:* ICI la région
[2] *preux:* vaillant; courageux
[3] *chevalier:* noble admis dans l'ordre de la chevalerie
[4] *la damoiselle:* ARCHAÏSME la jeune fille
[5] *avait nom:* s'appelait (tournure peu usitée)
[6] *le damoiseau:* ARCHAÏSME le jeune homme
[7] *le valet:* ICI le jeune homme attaché au service du roi
[8] *l'adouba:* le revêtit d'une armure
[9] *son pair:* son égal
[10] *il n'avait cure:* ARCHAÏSME il ne se souciait pas
[11] *pucelle:* ARCHAÏSME jeune fille
[12] *s'il l'eût requise d'amour:* ARCHAÏSME s'il l'avait priée de l'aimer; s'il lui avait fait la cour
[13] *à la fleur:* à l'apogée

prend d'aller chasser, car ce divertissement lui plaisait beaucoup.

En pleine nuit, il fait éveiller ses chevaliers, ses rabatteurs.[14] Au petit matin[15] il entre en forêt. Le voilà sur la piste d'un grand cerf.[16] On découple[17] les chiens. Les veneurs[18] courent devant; le damoisel[19] suit derrière. Un valet lui porte son arc, son couteau de chasse et son carquois.[20] Tout en chevauchant,[21] il cherche où lancer ses flèches. Dans l'épaisseur d'un grand buisson,[22] il voit une biche[23] et son faon[24] que l'aboi des chiens avait débûchés.[25] C'était une bête toute blanche, ayant sur sa tête les bois d'un cerf. Il tend son arc, tire. Il l'atteint au sabot[26] d'avant; elle s'abat aussitôt. Mais voilà merveille: la flèche revient en arrière; elle frappe Guigemer à travers la cuisse avec une telle force qu'elle atteint jusqu'au cheval et qu'il lui faut vite descendre à terre. Il tombe sur l'herbe drue,[27] à côté de la biche qu'il a frappée. La biche était si cruellement navrée[28] qu'elle entrait en agonie.

Elle se plaignait, gémissait, et voici qu'elle parle à voix humaine:

«Oï,[29] lasse,[30] je suis occise![31] Mais toi, vassal[32] qui m'as blessée, jamais tu n'auras remède de ta blessure! Ni par herbe, ni par racine, ni par mire,[33] ni par poison, —jusqu'à ce que celle-là te guérisse, qui souffrira pour l'amour de toi plus grande peine que jamais femme ne souffrit; et toi, tu souffriras tellement pour elle que tu feras l'émerveille-

---

[14] *rabatteurs:* ceux qui rabattent (rassemblent) le gibier vers l'endroit où sont les chasseurs

[15] *au petit matin:* très tôt le matin

[16] *cerf:* mammifère dont la tête est garnie de bois

[17] *découple:* détache

[18] *veneurs:* ceux qui chassent les bêtes avec des chiens

[19] *le damoisel:* forme alternative de *damoiseau*

[20] *carquois:* étui où l'on met les flèches

[21] *chevauchant:* trottant à cheval

[22] *buisson:* touffe de petits arbres

[23] *biche:* femelle du cerf

[24] *faon:* petit de la biche (et d'autres femelles de la même famille)

[25] *débûchés:* fait sortir du bois

[26] *sabot:* corne du pied du cerf et d'autres animaux

[27] *drue:* épaisse

[28] *navrée:* ARCHAÏSME blessée

[29] *oï:* ARCHAÏSME Exclamation de plainte

[30] *lasse:* ARCHAÏSME Exclamation de plainte (Aujourd'hui on dirait: «malheureuse que je suis», «pauvre de moi».)

[31] *occise:* ARCHAÏSME tuée

[32] *vassal:* personne liée à un suzerain (seigneur) par foi et hommage (terme féodal)

[33] *mire:* potion

ment de tous ceux qui ont aimé, qui aiment et qui aimeront. Va-t-en d'ici! Laisse-moi en paix!»

La plaie[34] de Guigemer était profonde. Ce qu'il entendait l'effraya. Car jamais il n'avait rencontré femme dont il eût souhaité posséder l'amour. Il ne lui restait plus qu'à mourir. Mais mourir ne lui agréait en aucune façon. Il appelle son valet:

«Ami, va vite, éperonne[35] ton cheval! Dis à mes compagnons qu'ils reviennent.»

L'autre part à grande allure, Guigemer demeure.

Il réfléchit et se demande en quelle terre il ira quérir[36] guérison. En gémissant à voix douloureuse, il bande[37] sa cuisse bien serré avec sa chemise. Puis il remonte à cheval, et s'en va; il lui tarde[38] d'être loin, il ne veut pas que nul des siens[39] le rejoigne, car on le retiendrait. Et il s'éloigne au travers du bois, par un chemin vert.

Il arrive au bord d'une falaise,[40] au-dessus d'une eau vive.[41] C'est un bras de mer; là est un hâvre,[42] où se trouve un seul vaisseau dont Guigemer aperçoit la voile. Elle est déployée[43] et semble très belle.

Le chevalier s'étonne; dans la contrée, il n'a jamais entendu dire qu'une nef[44] ait abordé là. Il s'approche, descend du rivage, monte à bord à grand peine. Il pense y trouver des hommes chargés de la garde; il n'y a personne.

La nef est en très bon état, si parfaitement enduite[45] de poix[46] au dedans et au dehors qu'on n'en pourrait trouver les jointures. Les chevilles,[47] les crampons[48] sont en ébène.[49] La voile est en soie. Au

---

[34] *la plaie:* la blessure
[35] *éperonne:* pique avec l'éperon (fais aller ton cheval très vite)
[36] *quérir:* ARCHAÏSME chercher
[37] *il bande:* il panse (met un pansement sur)
[38] *il lui tarde:* il a hâte
[39] *nul des siens:* personne de son entourage
[40] *falaise:* rocher (escarpé) au bord de la mer
[41] *eau vive:* dont le courant est rapide
[42] *hâvre:* port
[43] *déployée:* étalée
[44] *nef:* ARCHAÏSME vaisseau
[45] *enduite:* couverte
[46] *poix:* substance résineuse tirée du pin et du sapin
[47] *chevilles:* morceaux de bois ou de métal pour faire un assemblage
[48] *crampons:* jointures
[49] *ébène:* bois noir et dur

milieu, un lit est dressé, dont les pieds et les côtés ont été, à l'œuvre Salomon,* incrustés[50] d'or, de cyprès, de blanc ivoire. La couverture est en zibeline,[51] voilée de pourpre[52] d'Alexandrie.* La couette[53] qui la recouvre est en drap de soie tissu d'or. Pour les autres étoffes, je ne saurais les estimer; mais de l'oreiller,[54] je peux vous dire ceci: qui tiendrait sa tête sur lui n'aurait jamais le poil[55] blanc, tant il est doux. Deux candélabres d'or fin (le moindre vaut un trésor!) sont placés à la proue[56] de la nef. Dans chacun est un cierge[57] allumé.

Guigemer s'émerveille de tout cela. Sa plaie le fait souffrir; il s'étend sur le lit et s'y repose. Puis il se lève et veut s'en aller. Mais il ne peut plus. Déjà la nef est en haute mer, elle l'emporte, elle fend[58] les flots[59] à grande vitesse. Le vent est doux et gonfle la voile.

Il n'a plus d'espoir de s'en retourner. Il est très dolent,[60] il ne sait que faire, il a grande douleur en sa plaie. Ne vous étonnez pas s'il se désole. Il lui faut souffrir l'aventure. Il prie Dieu de prendre soin de lui, de l'amener à bon port par sa puissance, et de le défendre du péril. Puis il se recouche sur le lit et s'endort.

Aujourd'hui il a souffert le pire de sa souffrance; à la vêprée[61] il atteindra le pays de sa guérison, sous une antique cité, qui était capitale de ce royaume.

II

Le sire[62] qui la gouvernait était un très vieil homme; il avait pour femme une dame de haut parage,[63] franche,[64] courtoise, sage et belle. Il

---

[50] *incrustés:* décorés
[51] *zibeline:* fourrure très coûteuse et rare
[52] *pourpre:* ICI étoffe teinte en pourpre (rouge)
[53] *couette:* ARCHAÏSME couvre-lit
[54] *l'oreiller:* coussin sur lequel on met sa tête
[55] *le poil:* ICI les cheveux
[56] *la proue:* la partie avant d'un navire
[57] *cierge:* grande chandelle de cire
[58] *elle fend:* elle coupe
[59] *les flots:* la mer
[60] *dolent:* ARCHAÏSME triste, plaintif
[61] *la vêprée:* ARCHAÏSME le soir
[62] *le sire:* le seigneur
[63] *de haut parage:* de naissance noble
[64] *franche:* ARCHAÏSME loyale

était jaloux, démesurément; car c'est la loi de nature que tous les vieux soient jaloux; chacun redoute d'être cocu.[65] Telle est la crainte de la vieillesse.

Il la surveillait, et ce n'était pas pour rire. Sous le donjon,[66] un verger[67] clos de toute part descendait jusqu'à l'eau. L'enceinte[68] était en marbre vert, haute et très épaisse, avec une seule entrée où nuit et jour des gardes veillaient. A l'autre bout s'étendait la mer, et personne ne pouvait arriver de ce côté, si ce n'est en bateau.

C'est là que le sire, pour mettre sa femme en lieu sûr, avait bâti une chambre. Sous le ciel, il n'en était pas de plus belle. A l'entrée, une chapelle; tout autour de la chambre, des peintures où Vénus, la déesse d'amour, était très bien figurée. Elle enseignait comment une dame doit honorer son mari et le servir avec loyauté; elle tenait à la main ce livre d'Ovide,* où il montre que chacun subit, de force ou de gré,[69] la loi d'amour; elle le jetait dans un feu ardent et lançait l'anathème[70] contre ceux qui le liraient dorénavant[71] ou qui agiraient selon ses dires. C'est là que la dame fut mise et enclose. Son sire lui donna une pucelle pour son service; c'était une fille noble et parfaitement élevée, —sa nièce, la fille de sa sœur. Un grand amour s'établit entre elles deux. Elles se promenaient ensemble. Tant qu'elles n'étaient pas rentrées, homme ni femme ne pénétrait dans le verger. Un vieux prêtre blanc et fleuri[72] gardait la clef de la porte. Il célébrait devant la dame le service de Dieu, il la servait à son manger. Il avait perdu les plus bas membres, autrement le sire se serait défié de lui comme des autres.

Ce jour-là, avant relevée,[73] la dame alla dans le verger. Elle avait dormi après le repas, elle avait envie de s'ébattre.[74] La pucelle l'accompagnait. Toutes deux devisaient[75] en regardant la mer.

---

[65] *cocu:* LANGAGE VULGAIRE trompé par sa femme
[66] *donjon:* grosse tour d'un château fort
[67] *verger:* lieu planté d'arbres fruitiers
[68] *l'enceinte:* les remparts (le mur qui entoure)
[69] *de force ou de gré:* de force ou volontairement
[70] *l'anathème:* la malédiction
[71] *dorénavant:* à partir de ce moment-là
[72] *fleuri:* ARCHAÏSME qui a le teint frais
[73] *relevée:* ARCHAÏSME après-midi
[74] *s'ébattre:* se divertir, s'amuser
[75] *devisaient:* ARCHAÏSME bavardaient

Or elles voient venir sur l'eau qui monte la nef qui cingle[76] droit au rivage; mais elles n'aperçoivent à son bord homme qui la conduise.

La dame veut s'enfuir: ce n'est pas merveille si elle a peur; toute sa face en est décolorée. Mais la pucelle qui était plus hardie[77] de cœur, la réconforte, la rassure, puis court vers l'endroit où la nef accostait. Elle ôte son manteau, elle monte à bord. Elle n'y trouve chose vivante, fors[78] le chevalier qui dormait. Elle s'arrête, le regarde, et le voyant si pâle, le croit mort.

Elle s'en revient hâtivement vers sa dame. Elle lui dit toute l'aventure et la grande pitié qu'est ce bel inconnu. La dame répond:

«Je veux le voir. S'il est mort, nous l'enfouirons[79] avec l'aide du vieux prêtre. S'il est encore vif, il parlera.»

Elles retournent ensemble vers la nef, sans tarder davantage. La dame marche devant, la damoiselle la suit.

La dame entre dans la nef, elle vient droit au lit, elle s'arrête. Elle regarde le chevalier, elle pleure sur son corps, son beau visage, sa jeunesse infortunée. Elle lui met sa main sur la poitrine; elle la sent chaude, et le cœur sain, qui bat sous les côtes.

Le chevalier s'éveille et la regarde. Il la salue, il est très joyeux. Il comprend qu'il a touché terre.

La dame lui rend bonnement[80] son salut, et lui demande de quel pays il vient, pour quelle cause, s'il est exilé.

«Dame, fait-il, ce n'est rien de tout cela. S'il vous plaît que je vous dise mon aventure, je vous la raconterai sans rien celer.[81] Je suis de Petite Bretagne. Aujourd'hui même je chassais dans un bois. Je tirai sur une biche blanche, mais la sagette[82] revint sur moi; elle m'a frappé à la cuisse d'une telle force que je crois n'avoir jamais plus santé. Et la biche s'est mise à se plaindre, avec une voix humaine. Elle m'a maudit, elle m'a jeté un sort:[83] c'est que je ne pourrai recevoir guérison que par

---

[76] *cingle:* navigue, avance
[77] *hardie:* courageuse
[78] *fors:* excepté
[79] *nous l'enfouirons:* nous l'enterrerons
[80] *bonnement:* ARCHAÏSME poliment
[81] *celer:* ARCHAÏSME cacher
[82] *sagette:* ARCHAÏSME flèche
[83] *elle m'a jeté un sort:* elle a prononcé des paroles en vue de produire des maléfices

une femme que j'aimerais. Mais je ne sais où la quérir. Quand j'eus entendu cet arrêt, je sortis hâtivement du bois. Je vis cette nef en un hâvre; j'entrai dedans. C'était une folie; car aussitôt les flots l'emportèrent. Or je ne sais où je suis ni où je dois aller, et je ne peux gouverner la nef, puisque je suis blessé. Belle dame, pour Dieu, je vous prie, conseillez-moi, ayez pitié!»

Elle répond:

«Beau cher sire, n'ayez crainte. Cette cité est à mon sire, et aussi la contrée d'alentour. C'est un homme riche, de haut parage, mais il est très âgé, et par la foi[84] que je vous dois, dévoré de jalousie. Il me tient recluse dans cet enclos. C'est ici que je vis nuit et jour: c'est ici que j'ai ma chambre, ma chapelle et l'amie que vous voyez. Il n'y a qu'une entrée et un vieux prêtre en a la clef. Fasse Dieu que le feu d'enfer le brûle! Je ne peux sortir d'ici sans sa permission ou sans l'ordre de mon seigneur. Mais malgré cela, s'il vous plaît de demeurer jusqu'à ce que vous puissiez marcher, nous vous cacherons sans peine et nous vous servirons volontiers.»

Guigemer remercie doucement la dame; il est joyeux de demeurer avec elles. Et il se soulève sur son lit, il se met debout; à peine s'il accepte leur aide.

La dame l'emmène dans sa chambre. Sur le lit de la pucelle, derrière un rideau qu'elles appareillèrent[85] en guise de courtine,[86] elles couchèrent le damoiseau. Elles apportèrent de l'eau dans un bassin d'or, et lavèrent la plaie de sa cuisse; elles enlevèrent le sang tout autour avec un beau morceau de toile, puis la bandèrent étroitement. Elles prirent grand soin de lui. Quand le soir on leur apporta leur nourriture, la pucelle en réserva ce qu'il fallait pour le nourrir; et il put manger à sa faim[87] et boire à sa soif. Mais Amour l'avait féru[88] tout vif; c'est désormais grand combat dans son cœur si durement navré par la dame qu'il en oublie son pays. Quant à sa plaie, il ne la sent plus. Mais il pousse des soupirs angoissés; il prie la pucelle qui le sert de le laisser dormir; elle le laisse et s'en va.

---

[84] *la foi:* la vérité
[85] *appareillèrent:* mirent ensemble, arrangèrent
[86] *courtine:* rideau de lit
[87] *il put manger à sa faim:* il put manger jusqu'à ce qu'il n'ait plus faim.
[88] *féru:* ARCHAÏSME frappé

Le chevalier est resté seul. Il est pensif et angoissé. Il ne sait encore ce qu'il éprouve; mais il est sûr d'une chose; si la dame ne guérit sa nouvelle blessure, il en mourra.

«Hélas, dit-il, que ferai-je? J'irai la trouver, je lui dirai qu'elle ait pitié de ce chétif[89] que tout abandonne. Si elle repousse ma prière et se montre orgueilleuse, je n'aurai plus qu'à mourir de douleur ou à languir[90] tous les jours de ma vie.»

Alors il pleure; et bientôt, peu à peu, il décide de souffrir en silence: ainsi fait qui mieux ne peut.[91] Toute la nuit il veille, soupire, se travaille,[92] il repasse en lui-même les paroles, les façons, les yeux changeants, les belles lèvres et toutes les douces choses qui lui ont pris le cœur. Bouche close, il lui crie merci[93] pour peu qu'il ne l'appelle.[94] Mais s'il pouvait savoir comment Amour la tourmente, il en serait bien joyeux! Ce soulagement atténuerait la souffrance qui lui ôte toute couleur. Car s'il souffre le mal d'amour, la dame n'en est point quitte.[95] Au petit matin, avant le jour, elle se lève. Elle se plaint de n'avoir point dormi: c'est qu'Amour la tourmentait. La pucelle qui couchait près d'elle devina bien à son visage qu'elle aimait le chevalier hébergé[96] dans leur chambre. Mais elle ne savait si lui l'aimait ou non.

La dame va prier dans sa chapelle. Et la pucelle vient au chevalier. Elle s'asseoit près du lit; il lui dit:

«Amie, où est allée ma dame? Pourquoi s'est-elle levée si tôt?»

Et il se tait, et il soupire.

La damoiselle alors comprend tout et n'hésite pas:

«Sire, vous aimez. Ne vous en cachez pas, elle est belle, mais vous êtes beau. Et ce serait un bel amour, si jamais vous ne vous quittiez! Mais qui veut être aimé de ma dame doit promettre d'être discret et ne pas la mésestimer[97] ensuite.»

---

[89] *chétif:* faible
[90] *languir:* être consumé
[91] *ainsi fait qui mieux ne peut:* Tournure peu usitée: celui qui ne peut faire autrement agit de cette façon
[92] *se travaille:* ARCHAÏSME se tourmente
[93] *il lui crie merci:* ARCHAÏSME il lui demande pitié
[94] *pour peu qu'il ne l'appelle:* il l'appela presque, il faillit l'appeler
[95] *la dame n'en est point quitte:* la dame n'en est point dispensée
[96] *hébergé:* logé
[97] *mésestimer:* avoir mauvaise opinion

Il lui répond:

«Je suis épris d'un tel amour que ce mal ne peut qu'empirer,[98] si l'on ne m'aide. Ma douce amie, conseillez-moi. Comment le lui avouer?»

La damoiselle, avec grande douceur, réconforte le chevalier et l'assure de son appui.[99] Tout le bien qu'elle pourra faire, elle le fera. Tant elle est courtoise et débonnaire![1]

Or voici que, la messe ouïe,[2] la dame revient. Elle a hâte de savoir ce qu'il fait, et s'il veille ou s'il dort, celui qui a fait battre son cœur. La damoiselle, sans rien dire, la conduit auprès du chevalier. Ainsi il lui pourra tout à loisir découvrir sa pensée. Il la salue, elle le salue. Tous deux sont en grand trouble.

Il n'osait rien lui demander. Etant de terre étrangère, il avait peur, s'il avouait son amour, qu'elle ne le prît en haine et ne l'éloignât. Mais qui ne montre son mal ne peut recouvrer la santé. Et l'amour est comme une plaie dans le corps, dont rien n'apparaît. C'est un mal qui nous tient longtemps, pour ce[3] qu'il vient de nature. Plusieurs le raillent,[4] de ces écervelés[5] qui vont par le monde, contant leurs bonnes fortunes. Or ce n'est pas là amour, mais folie, méchanceté, débauche. Au contraire, qui trouve un amour loyal doit le servir, le chérir et faire tout ce qu'il commande.

Guigemer aime durement: ou il sera promptement secouru, ou sa vie ne sera plus qu'amertume. Amour l'enhardit:[6] il découvre sa pensée.

«Dame, fait-il, je meurs de vous. Je requiers votre amitié. Mon cœur en est très angoisseux.[7] Belle ne m'éconduisez pas!»[8]

Elle l'écoute sans bouger et sa réponse est avenante;[9] elle lui dit en riant:

---

[98] *empirer:* devenir plus grave
[99] *appui:* aide
[1] *débonnaire:* douce
[2] *ouïe:* entendue
[3] *pour ce:* ARCHAÏSME parce que
[4] *le raillent:* s'en moquent
[5] *écervelés:* personnes sans jugement, étourdies
[6] *l'enhardit:* lui donne du courage
[7] *angoisseux:* ARCHAÏSME désireux
[8] *ne m'éconduisez pas:* ne me renvoyez pas
[9] *avenante:* faite de bonne grâce; agréable

«Ami, je ne suis pas coutumière[10] d'accorder pareille demande aussi promptement!

—Dame, fait-il, la merci Dieu![11] écoutez sans vous fâcher ce que je vais vous dire. Femme coquette se fait longtemps prier pour se mettre à plus haut prix et pour que celui qui la courtise la croie toute neuve à ce déduit.[12] Mais la dame franche et noble, au sens droit,[13] quand elle trouve un homme qui lui convient, ne doit pas faire la fière avec lui: elle l'aime, en prend sa joie, et avant que nul s'en doute, ils auront eu de bonnes heures. Belle dame, finissons ce plaidoyer!»[14]

La dame pense qu'il a raison. Elle lui octroie[15] sur le champ[16] son baiser et son amour. Voilà Guigemer heureux. Ils jouent et parlent ensemble, et souvent se baisent et s'accolent.[17] Et beaucoup d'autres caresses que les amoureux savent bien.

Pendant un an et demi, Guigemer vécut près d'elle. Leur vie n'était que délices. Mais en peu d'heures tourne la roue de la fortune. Tel qui était dessus va dessous. Il en advint ainsi d'eux;[18] car ils furent aperçus.

III

Un matin d'été, la dame reposait aux côtés de son ami. Elle lui baise la bouche et le visage; et elle lui dit:

«Beau doux ami, mon cœur m'avertit que je vais vous perdre. Oui, nous allons être vus et découverts. Si vous mourez, je mourrai aussi; mais si vous réchappez, vous aimerez une autre femme, et moi, je resterai seule avec ma douleur.

—Dame, fait-il, ne dites plus chose pareille! Que je n'aie jamais joie ni paix, si je me consolais avec une autre! N'ayez aucune crainte.

---

[10] *je ne suis pas coutumière:* ARCHAÏSME je n'ai pas l'habitude
[11] *la merci Dieu:* ARCHAÏSME pour la grâce de Dieu
[12] *déduit:* ARCHAÏSME divertissement
[13] *au sens droit:* ARCHAÏSME honnête
[14] *plaidoyer:* discours (pour défendre une cause)
[15] *octroie:* ARCHAÏSME accorde
[16] *sur le champ:* immédiatement
[17] *s'accolent:* ARCHAÏSME s'embrassent
[18] *il en advint ainsi d'eux:* c'est ce qui leur arriva

—Ami, je veux un gage.[19] Donnez-moi votre chemise. Je vais faire un nœud avec le pan[20] de dessus. Je vous donne licence[21] d'aimer celle qui saura dénouer[22] l'étoffe.»

Il lui donna sa chemise. Elle fait un nœud tel qu'aucune femme ne pourrait le défaire, si elle n'y mettait la force ou le couteau. Puis elle la lui rend. Il la reçoit, mais demande qu'à son tour elle le fasse sûr d'elle par une ceinture dont il la ceint[23] sur sa chair nue autour des flancs. Qui pourra ouvrir la boucle sans rompre[24] ou déchirer la ceinture aura permission de l'aimer. Puis ils se donnent un baiser; et ils n'y pensent plus.

Ce jour même ils furent aperçus par un chambellan,[25] —que le diable le brûle! Son sire l'avait envoyé vers la dame: ne pouvant entrer dans la chambre, il regarde par la fenêtre. Il les voit, en train de jouer. Il retourne à son seigneur et lui dit tout. Quand le sire l'entend, il se sent courroucé[26] comme jamais il ne l'a été. Il mande[27] trois de ses amis, va droit à la chambre, fait enfoncer l'huis,[28] trouve dedans le chevalier. Dans sa colère, il commande qu'on le tue.

Guigemer s'était levé, sans s'effrayer aucunement. Il prend une grosse perche[29] de sapin sur laquelle on faisait sécher le linge, et les attend. Il va pleuvoir des horions;[30] avant même de l'approcher, tous auront les épaules frottées.[31]

Le sire le considère; il lui demande qui il est, quel est son père, comment il est entré ici. Guigemer conte comment il vint, parle de la biche blessée, de sa plaie, de la nef. Le sire déclare n'en rien croire; mais qu'il réclame donc sa nef; si ce qu'il raconte est vérité, elle reviendra le

---

[19] *un gage:* une chose qui est donnée en garantie
[20] *le pan:* la partie
[21] *licence:* permission
[22] *dénouer:* ouvrir le nœud
[23] *il la ceint:* il l'entoure
[24] *rompre:* briser
[25] *chambellan:* personne chargée du service intérieur de la chambre d'un prince ou roi
[26] *courroucé:* en colère
[27] *il mande:* ARCHAÏSME il fait venir
[28] *l'huis:* ARCHAÏSME la porte
[29] *perche:* branche
[30] *horions:* coups violents
[31] *tous auront les épaules frottées:* tous recevront des coups aux épaules

prendre; et il le laissera partir librement en mer; tant pis s'il se sauve, tant mieux s'il se noie.

Il donne sa parole à Guigemer. Alors ils s'en vont ensemble au rivage. Or la nef est déjà là, qui attend. Ils le font monter dedans; elle s'éloigne, elle s'en va.

Le chevalier soupire et pleure; il prie le Dieu tout puissant de lui donner mort hâtive et de le perdre au milieu des flots, s'il ne doit plus revoir sa dame qu'il aime plus que sa vie.

Il menait encore grande douleur quand la nef entra dans le hâvre où jadis[32] il l'avait trouvée. Il la quitte au plus tôt. Il est dans son pays. Un damoiseau à cheval passait par là, menant un destrier[33] par la bride. Il le reconnaît, il l'appelle; le valet regarde. Il voit son seigneur, saute à terre, s'approche en tenant les deux chevaux. Il lui présente le plus beau. Tous deux vont droit à la ville. Pensez si ses amis se réjouirent de son retour!

Grande était sa renommée dans la contrée; mais lui demeurait toujours triste et pensif. On le presse de prendre femme; il refuse tout net; jamais il ne voudra d'une femme, tant soient grandes[34] sa richesse et sa beauté, qui n'aura pu défaire un certain nœud de sa chemise sans la déchirer. La nouvelle en court par toute la Bretagne; il n'y a dame ni pucelle qui ne vienne s'y essayer; mais nulle ne le peut dénouer.

IV

Revenons à la dame que Guigemer aimait tant. Sur le conseil d'un de ses barons, son sire l'emprisonne dans une tour de marbre gris. Le jour, elle a mal; la nuit, pis encore. Nul au monde ne pourrait conter la grande peine, la douleur, le martyre que la dame souffre dans cette tour. Elle y demeura deux ans et plus, sans autre joie que de pleurer son ami: «Guigemer, sire, c'est pour mon malheur que je vous ai vu! Mieux vaut mourir hâtivement que souffrir plus longtemps une telle angoisse! Ami, si je puis m'échapper, là même où vous prîtes la mer, je me noierai!»

---

[32] *jadis:* autrefois
[33] *destrier:* cheval de bataille
[34] *tant soient grandes:* quelles que soient

Elle se lève, elle va jusqu'à la porte; elle est bien étonnée de n'y plus trouver clef ni verrou.[35] Elle sort à l'aventure.[36] Personne ne l'arrête. Elle vient au hâvre; la nef est là, attachée au rocher même d'où elle voulait se jeter.

Quand elle la voit, elle entre dedans; et puis une pensée lui vient: son ami ne serait-il pas noyé? Elle ne se soutient plus; si elle avait été près du bord, elle serait chue[37] dans l'eau, tant cette pensée la tourmente et la fait souffrir.

La nef s'en va et l'emporte rapidement. Elle arrive dans un port de Bretagne, sous un château solidement fortifié. Le sire de ce château s'appelait Meriadus. Il guerroyait[38] contre un sien voisin.[39] Il s'était levé de grand matin pour aller avec sa gent[40] ravager le territoire de son ennemi. D'une fenêtre, il voit la nef arriver.

Il descend les degrés, appelle son chambellan, tous deux se hâtent vers la nef, et montent à bord par l'échelle. Dedans ils trouvent la dame, semblable à la fée de la beauté. Il la saisit par son manteau et l'emmène avec lui dans son castel.[41] Il est très joyeux de l'aventure, car elle était belle comme on ne l'est plus. Il n'a cure de savoir qui l'a mise dans cette nef; il devine qu'elle est de très haut parage; et il se sent épris[42] d'elle comme il ne l'a jamais été d'aucune autre.

Il avait une sœur pucelle; il conduit la dame dans sa chambre et la lui confie. Elle la sert très bien, la vêt et la pare[43] avec grand respect; la dame reste pensive et morne.[44] Meriadus va souvent lui parler, car il la veut aimer de bon cœur. Il la requiert; elle l'écoute froidement et lui montre sa ceinture: jamais elle n'aimera que celui qui l'ouvrira sans la déchirer. Il essaie, il ne peut pas, il s'écrie dans sa colère:

«Il y a aussi dans ce pays un chevalier renommé qui se défend de

---

[35] *verrou:* pièce de métal qui sert à fermer une porte ou une fenêtre
[36] *à l'aventure:* sans but
[37] *chue:* ARCHAÏSME tombée
[38] *il guerroyait:* il faisait la guerre
[39] *un sien voisin:* un de ses voisins (tournure peu usitée)
[40] *sa gent:* ARCHAÏSME son entourage, ses troupes
[41] *castel:* ARCHAÏSME château
[42] *épris:* amoureux
[43] *la pare:* l'embellit (avec des ornements, des bijoux)
[44] *morne:* mélancolique

prendre femme, mais lui, c'est à cause d'une chemise dont un pan est noué; et il ne peut être délié si l'on n'y met la force et le couteau. C'est vous, je parie, qui avez fait ce nœud!»

Quand elle l'entend, elle soupire, à peu qu'elle ne se pâme.[45] Il la reçoit dans ses bras. Il tranche les lacets de son bliaut,[46] s'efforce encore d'ouvrir la ceinture, mais n'en peut venir à bout. Et il n'est chevalier dans le pays qui ne s'y essaye, par son ordre, toujours vainement.

V

Meriadus eut alors l'idée d'un grand tournoi;[47] il savait que Guigemer y viendrait. Il le manda et insista tellement, l'appelant son bon compagnon, que Guigemer vint, richement escorté de cent chevaliers. Meriadus l'héberge à grand honneur dans sa tour.

Il mande à sa sœur de s'apprêter et de venir avec la dame qu'il aime. Elles obéissent et, vêtues richement, la main dans la main, elles entrent dans la salle. La dame était pâle et pensive. Mais dès qu'elle vit Guigemer, elle ne se soutint plus, et si sa compagne ne l'eut retenue, elle serait tombée à terre.

Guigemer se lève en les voyant; il regarde la dame, son visage, sa manière; et il recule un peu.

«N'est-ce pas là, fait-il, ma douce amie, ma vie, mon espérance, mon cœur, ma belle dame qui m'aima? Qui l'amena ici? Or tout ce que je viens de dire est folie; je sais bien que ce ne peut être elle; les femmes se resemblent souvent. Je m'égare[48] sans raison. Mais pour l'amour de celle à qui elle ressemble, et pour laquelle mon cœur tremble et soupire, je veux lui parler!»

Donc le chevalier s'avance; il la baise, s'asseoit près d'elle; mais il ne peut rien lui dire, si ce n'est la prier de s'asseoir aussi.

Meriadus les regardait; tout ce manège[49] lui déplaisait fort. Il dit en riant à Guigemer:

---

[45] *à peu qu'elle ne se pâme:* elle faillit perdre connaissance
[46] *bliaut:* vêtement porté dans l'ancien temps
[47] *tournoi:* fête guerrière où les chevaliers combattaient
[48] *m'égare:* ICI me trouble
[49] *manège:* conduite adroite

«Sire, si vous vouliez, cette pucelle pourrait essayer de dénouer votre chemise; qui sait si elle n'y parviendrait[50] pas?

—Je veux bien», dit Guigemer.

Il appelle un chambellan qui avait la garde de la chemise et lui commande de l'apporter. On la présente à la pucelle; mais elle ne la touche pas. Son cœur est en grande agitation; volontiers elle s'y essaierait si elle osait ou si elle en avait la force.

«Dame, dit Meriadus, essayez donc de la défaire!»

Quand elle entend ce commandement, elle prend le pan de la chemise, la dénoue d'une main légère. Le chevalier s'émerveille; et cependant il ne peut croire fermement que ce soit elle. Il lui dit:

«Amie, douce créature, est-ce vraiment vous? Dites-moi la vérité. Laissez moi toucher sur votre corps la ceinture dont je vous ceignis.»

Il glisse ses mains le long de ses flancs, il sent la ceinture.

«Belle, dit-il, quelle aventure de vous trouver ici! Qui vous y a amenée?»

Elle lui conte sa douleur, ses grandes peines et la tristesse de la prison où on la tint, et comment elle s'est échappée, comment elle voulait se noyer, comment elle trouva la nef, entra dedans, vint à ce port, et fut retenue par le chevalier. Il l'a entourée d'honneurs, mais n'a cessé de la requérir d'amour. Maintenant voici sa joie revenue!

«Ami, emmenez votre amie!»

Guigemer se lève.

«Seigneurs, fait-il, écoutez-moi! J'ai retrouvé ici mon amie que je croyais perdue. Je prie et requiers Meriadus de me la rendre, par sa merci! Je deviendrai son homme-lige;* je le servirai deux ans ou trois, avec cent chevaliers ou plus.

—Guigemer, dit Meriadus, je ne suis pas tellement dans la gêne et dans la détresse que j'aie besoin d'être aidé par vous. Je l'ai trouvée, je la garde! Et contre tous je défendrai mon droit!»

Sur ces mots, Guigemer fait monter ses hommes en selle.[51] Et il n'y a là chevalier venu pour le tournoi qui ne donne sa foi à Guigemer.

«Meriadus, dit Guigemer, une guerre mortelle va commencer entre

---

[50] *parviendrait:* réussirait
[51] *en selle:* à cheval

nous, où périra maint brave chevalier. Mais si le cœur ne te défaille,[52] nous pouvons éprouver ici-même, seul à seul, toi contre moi, pour qui est le droit.

—Tout de suite», dit Meriadus.

Alors ils tirèrent leurs épées et les levèrent; et Guigemer trancha[53] la tête de Meriadus.

Puis il emmena sa mie avec grande joie. Maintenant leurs maux sont finis.

Avec ce conte que vous avez ouï, on a fait le lai de Guigemer. Il se chante sur la harpe ou sur la rote;[54] et l'air[55] en est très joli.

---

[52] *si le cœur ne te défaille:* si tu n'as pas peur
[53] *trancha:* coupa
[54] *la rote:* vieil instrument de musique qui ressemble à la harpe
[55] *l'air:* la mélodie

NOTES EXPLICATIVES

(1) *la Petite Bretagne:* nom donné à une ancienne province de France, longtemps un duché indépendant. La Bretagne fut réunie à la couronne en 1491 et annexée définitivement en 1532.

(2) *la contrée de Léon* (ou le Léonais): ancien pays de Bretagne situé dans la partie septentrionale du Finistère.

(8) *Oridial l'envoya servir le roi:* Selon une coutume du temps, les fils des nobles faisaient leur apprentissage de chevalier au service du roi.

(11) *la Flandre:* ancienne province de France annexée en 1668.

(12) *Bourgogne:* ancienne province de l'est de la France.

(12) *Lorraine:* ancien royaume dont une partie devint une province de France.

(12) *Gascogne:* ancienne province de France.

(12) *Anjou:* ancienne province de France.

(67) *à l'œuvre Salomon:* Salomon fut roi des Israélites. Il se consacra à l'embellissement de ses Etats. Les entreprises de Salomon devinrent légendaires pour leur fabrication de beaux objets.

(68) *pourpre d'Alexandrie:* Alexandrie (port d'Egypte) fut connu dans le monde entier pour la fabrication de tissus.

(101) *ce livre d'Ovide:* Il s'agit de *L'Art d'aimer.*

(389) *homme-lige:* terme employé dans les temps féodaux: celui qui était étroitement obligé envers son seigneur.

Exercices de grammaire

A. «**Tout en chevauchant**...» (27) (SENS: Pendant qu'il chevauchait...)

D'après cet exemple, transformez les phrases ci-dessous et complétez-les selon votre imagination:

1. Tout en marchant, elle... **2.** Tout en travaillant, ils... **3.** Tout en riant, nous... **4.** Tout en bavardant, vous... **5.** Tout en étudiant, tu...

B. *Récrivez les lignes* 23 *à* 35 *de la page* 509 *en mettant les verbes au passé.*

C. «**Il ne lui restait plus qu'à** mourir.» (46) (SENS: Il n'avait plus qu'à mourir.)

D'après cet exemple transformez les phrases ci-dessous:

1. Il ne leur restait plus qu'à partir. **2.** Vous n'avez plus qu'à vous taire. **3.** Il ne nous reste plus qu'à lui obéir. **4.** Tu n'as plus qu'à faire ce qu'il te demande. **5.** Il ne me reste plus qu'à me soumettre.

D. «**Il lui tarde** d'être loin.» (53) (SENS: Il a hâte d'être loin.)

D'après cet exemple, transformez les phrases ci-dessous:

1. Il me tarde de m'en aller. **2.** Ils ont hâte de voir cela. **3.** Il vous tarde de l'entendre. **4.** Nous avons hâte de rentrer. **5.** Tu as hâte de la revoir.

E. *Récrivez les lignes* 117 *à* 122 *de la page* 513 *en mettant les verbes au passé.*

Questions portant sur le texte

1. A quelle époque se passe cette histoire? (1)
2. Quelle est la qualité la plus appréciée d'un chevalier? (3—4)
3. Pourquoi n'entendons-nous plus parler de Noguent au cours de ce récit? (4—5)
4. Quel âge avait probablement Guigemer lorsque son père l'envoya au roi? (8)
5. Pourquoi Guigemer choisit-il la Flandre? (10—11)
6. Quel est le péché de Guigemer? (13)
7. Pourquoi l'auteur répète-t-elle que Guigemer n'avait cure d'aimer? (16—17)
8. Quel âge avait probablement Guigemer lorsqu'il était «à la fleur de sa gloire»? (19)
9. Pourquoi Guigemer part-il pour la chasse en pleine nuit? (23)
10. Comment la biche diffère-t-elle des autres biches? (29—30)
11. Pourquoi Guigemer aurait-il dû épargner cette biche-là? (28—29)
12. Est-il vraisemblable que la biche ait été cruellement blessée par une flèche qui l'a atteinte au sabot? (30—35)

13. La malédiction de la biche représente-t-elle une juste punition pour l'action de Guigemer? (37—43)
14. Quel est un élément indispensable d'un amour profond? (37—43)
15. Pourquoi Guigemer est-il désespéré après la prédiction de la biche? (44—46)
16. Pourquoi Guigemer veut-il s'exiler? (51)
17. Pourquoi Guigemer s'étonne-t-il à la vue de la nef? (56—60)
18. Pourquoi Guigemer monte-t-il à bord de la nef? (60—61)
19. A quoi pouvons-nous voir que la description de la nef est faite par une femme? (63—73)
20. Quels sont les éléments merveilleux dans l'épisode de la nef? (59—77)
21. Qu'est-ce qui nous montre la foi de Guigemer? (80—82)
22. Quel est l'effet produit par le dernier paragraphe de la première division du récit? (83—85)
23. Le sire et sa femme sont-ils des personnages stéréotypés, trouvés dans tous les contes de fée? (86—90)
24. Pourquoi ce mariage est-il «contre nature»? (86—90)
25. Par quels moyens le seigneur garde-t-il sa femme? (91—95)
26. Quels sont les éléments ironiques dans la description de la chambre de la jeune femme? (96—103)
27. Quelle est la signification de la peinture où Vénus brûle le livre d'Ovide? (97—103)
28. Que représente symboliquement l'arrivée de la nef malgré toutes les précautions du vieillard? (115—116)
29. Pourquoi la jeune fille ôte-t-elle son manteau? (119—120)
30. Qu'est-ce qui frappe immédiatement la jeune fille à la vue de Guigemer? (123—124)
31. Qu'est-ce qui excite la curiosité de la dame? (125—126)
32. En quoi le geste de la dame est-il symbolique? (131—132)
33. Est-ce que Guigemer est seulement joyeux parce qu'il a touché terre? (133—134)
34. Pourquoi Guigemer répète-t-il toute son aventure alors que nous la connaissons déjà? (137—149)

35. Comment la dame fait-elle comprendre à Guigemer qu'elle n'aime pas beaucoup son mari? (151—160)

36. Comment la prédiction de la biche devient-elle réalité? (171—175)

37. Quelle est la «nouvelle blessure» de Guigemer? (177—178)

38. Quels sont les effets «physiques» de l'amour sur Guigemer? (183—187)

39. Comment l'amour se manifeste-t-il chez la dame? (190—194)

40. Qu'est-ce qui fait «tout» comprendre à la jeune fille? (198—199)

41. Qu'est-ce qui montre que le chevalier et la dame sont «faits» l'un pour l'autre? (200—201)

42. Quel est le rôle de la jeune fille? (195—209)

43. De quoi Guigemer a-t-il peur? (215—216)

44. Pourquoi est-ce que la comparaison de l'amour à une plaie est particulièrement juste dans ce contexte? (217—218)

45. Est-ce que la requête de Guigemer est convaincante? (226—227)

46. Qu'est-ce qui contredit la réponse de la dame? (230—231)

47. Pourquoi une femme coquette se fait-elle longtemps prier? (233—235)

48. Que pensez-vous de l'argument dont se sert Guigemer pour convaincre la dame? (232—238)

49. Est-il possible d'expliquer rationnellement la prémonition de la dame? (248—251)

50. La dame a-t-elle confiance dans la fidélité de Guigemer? (254—256)

51. Quelle est la signification symbolique des gages? (254—263)

52. Pourquoi le sire mande-t-il trois de ses amis avant d'aller dans la chambre de sa femme? (267—269)

53. Voyez-vous un élément humoristique dans les questions du mari à Guigemer? (275—276)

54. Est-ce que le sire croit Guigemer? (276—280)

55. Quelles sont quelques coïncidences du voyage de retour? (282—291)

56. Quelle est la plus grande punition de la dame? (300—304)
57. Pourquoi la dame veut-elle se noyer plutôt que de se lancer de la tour? (305—308)
58. Qu'advient-il au mari de la dame? (309—321)
59. Pourquoi apprenons-nous immédiatement que Meriadus guerroyait? (318—319)
60. En quoi Meriadus ressemble-t-il au mari de la dame? (322—330)
61. Meriadus agit-il en chevalier? (330—334)
62. Pourquoi Meriadus tient-il à faire venir Guigemer chez lui? (343—344)
63. Pourquoi Guigemer met-il tant de temps à reconnaître la dame? (352—359)
64. Pourquoi Guigemer s'est-il fait «accompagner» de sa chemise? (367—368)
65. Pourquoi ne suffit-il pas à Guigemer de voir la dame dénouer le pan de la chemise? (373—374)
66. La proposition de Guigemer à Meriadus est-elle selon les règles de la chevalerie? (387—390)
67. Est-ce que Meriadus a le droit de garder la dame? (391—393)
68. Pourquoi est-ce que tous les chevaliers se mettent du côté de Guigemer? (394—395)
69. Comment est-ce que Guigemer s'y prend pour convaincre Meriadus de se battre avec lui? (396—399)
70. Pourquoi la fin du lai est-elle si abrupte? (401—404)

Questions générales portant sur le texte

1. *Guigemer* est un lai narratif. Faites ressortir la technique qui le rend tel.
2. Quels sont tous les éléments de ce lai qui nous permettraient d'affirmer qu'il a été écrit par une femme, même si nous ne le savions pas?
3. Qu'est-ce qui nous montre la naïveté des deux amants?

4. Isolez toutes les remarques générales de ce lai, (observations psychologiques, etc.) et déduisez-en l'attitude de Marie de France envers l'amour et la vie.
5. Qu'est-ce qu'on entend par amour courtois? Comment ce lai illustre-t-il une telle conception de l'amour?
6. Quels sont tous les éléments du merveilleux dans ce lai?
7. Qu'est-ce que ce lai a en commun avec un conte de fée?
8. Pourquoi Marie de France n'a-t-elle pas donné de nom à son héroïne?
9. Est-ce qu'il se dégage une morale de ce lai?
10. Est-il juste de dire qu'il se dégage une psychologie de l'amour de ce lai?

Sujets de devoirs

1. Tracez un portrait du chevalier «idéal».
2. En employant votre imagination, décrivez un tournoi des temps anciens.
3. Ecrivez une courte composition sur les dangers possibles d'une union basée sur un «coup de foudre».
4. Décrivez une journée «typique» de la vie d'une dame de haut parage des temps anciens.
5. Expliquez ce que Marie de France entend par «nature» et indiquez votre accord ou désaccord.

CHARLES PERRAULT

Charles Perrault naquit à Paris en 1628. Il fit ses études au collège de Beauvais à Paris, mais quitta l'école avant d'avoir obtenu son diplôme. En 1651 cependant, il devint licencié en droit, plaida deux causes, et abandonna cette profession. De 1654 à 1664 il était commis chez un de ses frères, receveur général des finances à Paris. Ce travail lui laissait amplement le temps de poursuivre des études et de composer ses premiers vers. En 1663 Colbert le nomme contrôleur des bâtiments du roi, et quatre ans plus tard il fait adopter les plans d'un autre de ses frères pour la façade du Louvre. En 1671 il est élu à l'Académie française, et un an plus tard il se marie. En 1675 il publie un *Recueil de divers ouvrages en prose et en vers*, et en 1687 il provoque la célèbre querelle des Anciens et des Modernes par son poème «Le Siècle de Louis le Grand». Il publie d'autres ouvrages et en 1691 fait sortir les *Contes* (en vers). Les *Histoires ou Contes du temps passé avec des moralités* (dont *La Barbe-Bleue* est extrait) paraissent en 1697. Perrault rédige ensuite ses *Mémoires* et meurt en 1703.

Charles Perrault avait recueilli, les contes du temps passé pour le plaisir de ses trois fils et l'ironie du sort est telle qu'il doit en grande partie sa renommée à ces bagatelles auxquelles il n'attribuait pas beaucoup d'importance et qu'il publia sous le nom du plus jeune de ses fils. Perrault n'a pas inventé ces contes qui remontent loin dans le passé et dont l'origine est obscure. Il les transcrivit cependant avec tant de grâce et tant d'art qu'il leur a donné leur forme définitive. Si nous y regardons d'un peu plus près, ces contes nous présentent également un tableau des mœurs des Français de la fin du dix-septième siècle. Mais, peu importe que ces contes soient le miroir d'une époque révolue ; nous devons à Perrault *Le Petit Chaperon Rouge, La Belle au Bois Dormant, Cendrillon,* et beaucoup d'autres contes qui continueront à faire la joie de tous les enfants du monde —quel que soit leur âge— jusqu'à la fin des temps.

A consulter : Paul et Tenèze Delarue, *Le Conte populaire français* (tome II) Paris, 1965.

La Barbe-Bleue

Il était une fois* un homme qui avait de belles maisons à la ville et à la campagne, de la vaisselle d'or et d'argent, des meubles en broderies,[1] et des carrosses[2] tout dorés. Mais, par malheur, cet homme avait la barbe bleue: cela le rendait si laid et si terrible, qu'il n'était ni femme ni fille qui ne s'enfuît de devant lui.

Une de ses voisines, dame de qualité,[3] avait deux filles parfaitement belles. Il lui en demanda une en mariage, et lui laissa le choix de celle qu'elle voudrait lui donner. Elles n'en voulaient point toutes deux, et se le renvoyaient l'une à l'autre, ne pouvant se résoudre[4] à prendre un homme qui eût la barbe bleue. Ce qui les dégoûtait[5] encore, c'est qu'il avait déjà épousé plusieurs femmes, et qu'on ne savait ce que ces femmes étaient devenues.

La Barbe-Bleue, pour faire connaissance, les mena, avec leur mère et trois ou quatre de leurs meilleures amies et quelques jeunes gens du voisinage, à une de ses maisons de campagne, où on demeura huit jours entiers. Ce n'étaient que[6] promenades, que parties de chasse et de pêche, que danses et festins, que collations:[7] on ne dormait point et on passait toute la nuit à se faire des malices[8] les uns aux autres; enfin tout alla si bien que la cadette[9] commença à trouver que le maître du logis n'avait plus la barbe si bleue, et que c'était un fort honnête homme.[10] Dès qu'on fut de retour à la ville, le mariage se conclut.

Au bout d'un mois, la Barbe-Bleue dit à sa femme qu'il était obligé de faire un voyage en province, de six semaines au moins, pour une affaire de conséquence;[11] qu'il la priait de se bien divertir pendant son absence;

---

[1] *meubles en broderies:* meubles recouverts d'étoffes brodées
[2] *carrosses:* voitures de luxe tirées par des chevaux
[3] *dame de qualité:* dame de condition noble
[4] *se résoudre:* se décider
[5] *dégoûtait:* inspirait de l'aversion
[6] *ce n'étaient que:* ICI ils ne faisaient que
[7] *collations:* légers repas pris dans l'après-midi ou le soir
[8] *se faire des malices:* se taquiner; se faire des plaisanteries
[9] *la cadette:* la plus jeune
[10] *honnête homme:* homme poli et distingué
[11] *affaire de conséquence:* affaire importante

qu'elle fît venir ses bonnes amies; qu'elle les menât à la campagne, si elle voulait; que partout elle fît bonne chère.[12] «Voilà, dit-il, les clefs des deux grands garde-meubles; voilà celles de la vaisselle d'or et d'argent, qui ne sert pas tous les jours; voilà celles de mes coffres-forts[13] où est mon or et mon argent; celles des cassettes[14] où sont mes pierreries,[15] et voilà le passe-partout[16] de tous les appartements. Pour cette petite clef-ci, c'est la clef du cabinet[17] au bout de la grande galerie de l'appartement bas: ouvrez tout, allez partout; mais, pour ce petit cabinet, je vous défends d'y entrer, et je vous le défends de telle sorte que, s'il vous arrive de l'ouvrir, il n'y a rien que vous ne deviez attendre de ma colère.»

Elle promit d'observer exactement tout ce qui lui venait d'être ordonné, et lui, après l'avoir embrassée, il monte dans son carrosse, et part pour son voyage.

Les voisines et les bonnes amies n'attendirent pas qu'on les envoyât quérir[18] pour aller chez la jeune mariée, tant elles avaient d'impatience de voir toutes les richesses de sa maison, n'ayant osé y venir pendant que le mari y était, à cause de sa barbe bleue, qui leur faisait peur. Les voilà aussitôt à parcourir[19] les chambres, les cabinets, les garde-robes, toutes plus belles et plus riches les unes que les autres. Elles montèrent ensuite aux garde-meubles, où elles ne pouvaient assez admirer le nombre et la beauté des tapisseries, des lits, des sofas, des cabinets,[20] des guéridons,[21] des tables et des miroirs où l'on se voyait depuis les pieds jusqu'à la tête, et dont les bordures, les unes de glace, les autres d'argent et de vermeil[22] doré, étaient les plus belles et les plus magnifiques qu'on eût jamais vues. Elles ne cessaient d'exagérer et d'envier le bonheur de leur amie, qui, cependant, ne se divertissait point à voir

---

[12] *elle fît bonne chère:* elle mangeât bien
[13] *coffres-forts:* coffres de métal avec serrure de sécurité pour garder les objets de valeur
[14] *cassettes:* petits coffres
[15] *pierreries:* pierres précieuses
[16] *le passe-partout:* clef qui ouvre toutes les serrures
[17] *cabinet:* pièce retirée d'un appartement ou d'une maison
[18] *quérir:* ARCHAÏSME chercher
[19] *parcourir:* visiter dans toute l'étendue
[20] *cabinets:* buffets à plusieurs tiroirs
[21] *guéridons:* tables rondes à un seul pied
[22] *vermeil:* argent

toutes ces richesses à cause de l'impatience qu'elle avait d'aller ouvrir le cabinet de l'appartement bas.

Elle fut si pressée de sa curiosité, que, sans considérer qu'il était malhonnête[23] de quitter sa compagnie, elle y descendit par un petit escalier dérobé,[24] et avec tant de précipitation qu'elle pensa se rompre le cou deux ou trois fois. Etant arrivée à la porte du cabinet, elle s'y arrêta quelque temps, songeant à la défense que son mari lui avait faite, et considérant qu'il pourrait lui arriver malheur d'avoir été désobéissante; mais la tentation était si forte qu'elle ne put la surmonter: elle prit donc la petite clef, et ouvrit en tremblant la porte du cabinet.

D'abord elle ne vit rien, parce que les fenêtres étaient fermées. Après quelques moments, elle commença à voir que le plancher était tout couvert de sang caillé,[25] et que, dans ce sang, se miraient[26] les corps de plusieurs femmes mortes et attachées le long des murs: c'était toutes les femmes que la Barbe-Bleue avait épousées, et qu'il avait égorgées[27] l'une après l'autre. Elle pensa mourir de peur, et la clef du cabinet, qu'elle venait de retirer de la serrure, lui tomba de la main.

Après avoir un peu repris ses esprits, elle ramassa la clef, referma la porte, et monta à sa chambre pour se remettre[28] un peu; mais elle n'en pouvait venir à bout,[29] tant elle était émue.

Ayant remarqué que le clef du cabinet était tachée de sang, elle l'essuya deux ou trois fois; mais le sang ne s'en allait point: elle eut beau la laver, et même la frotter avec du sablon[30] et avec du grès,[31] il y demeura toujours du sang, car la clef était fée,[32] et il n'y avait pas moyen de la nettoyer tout à fait: quand on ôtait le sang d'un côté, il revenait de l'autre.

La Barbe-Bleue revint de son voyage dès le soir même, et dit qu'il avait reçu des lettres, dans le chemin, qui lui avaient appris que l'affaire

---

[23] *malhonnête:* ARCHAÏSME impoli
[24] *dérobé:* secret
[25] *caillé:* coagulé, séché
[26] *se miraient:* se reflètaient
[27] *égorgées:* massacrées, tuées
[28] *se remettre:* se tranquilliser
[29] *elle n'en pouvait venir à bout:* elle ne put y réussir
[30] *sablon:* sable très fin
[31] *grès:* petites pierres de quartz
[32] *fée:* ICI enchantée, ensorcelée

pour laquelle il était parti venait d'être terminée à son avantage. Sa femme fit tout ce qu'elle put pour lui témoigner qu'elle était ravie de son prompt retour.

Le lendemain, il lui redemanda les clefs; et elle les lui donna, mais d'une main si tremblante, qu'il devina sans peine tout ce qui s'était passé. «D'où vient, lui dit-il, que la clef du cabinet n'est point avec les autres? —Il faut, dit-elle, que je l'aie laissée[33] là-haut sur ma table. —Ne manquez pas, dit la Barbe-Bleue, de me la donner tantôt.[34]»

Après plusieurs remises,[35] il fallut apporter la clef. La Barbe-Bleue, l'ayant considérée, dit à sa femme: «Pourquoi y a-t-il du sang sur cette clef? —Je n'en sais rien, répondit la pauvre femme, plus pâle que la mort. —Vous n'en savez rien! reprit la Barbe-Bleue; je le sais bien, moi. Vous avez voulu entrer dans le cabinet! Eh bien, madame, vous y entrerez et irez prendre votre place auprès des dames que vous y avez vues.»

Elle se jeta aux pieds de son mari en pleurant, et en lui demandant pardon, avec toutes les marques d'un vrai repentir, de n'avoir pas été obéissante. Elle aurait attendri un rocher, belle et affligée comme elle était; mais la Barbe-Bleue avait le cœur plus dur qu'un rocher. «Il faut mourir, madame, lui dit-il, et tout à l'heure.[36] —Puisqu'il faut mourir, répondit-elle en le regardant les yeux baignés de larme, donnez-moi un peu de temps pour prier Dieu. —Je vous donne un demi-quart d'heure, reprit la Barbe-Bleue; mais pas un moment davantage.»

Lorsqu'elle fut seule, elle appela sa sœur, et lui dit: «Ma sœur Anne (car elle s'appelait ainsi), monte, je te prie, sur le haut de la tour pour voir si mes frères ne viennent point: ils m'ont promis qu'ils me viendraient voir aujourd'hui; et, si tu les vois, fais-leur signe de se hâter.» La sœur Anne monta sur le haut de la tour; et la pauvre affligée lui criait de temps en temps: «Anne, ma sœur Anne, ne vois-tu rien venir?» Et la sœur Anne lui répondait: «Je ne vois rien que le soleil qui poudroie,[37] et l'herbe qui verdoie.[38]»

---

[33] *il faut... que je l'aie laissée:* je dois l'avoir laissée
[34] *tantôt:* ICI bientôt
[35] *remises:* actions de renvoyer à plus tard
[36] *tout à l'heure:* ICI immédiatement
[37] *qui poudroie:* ARCHAÏSME qui fait apparaître les poussières (dans ses rayons)
[38] *qui verdoie:* qui est de couleur verte

Cependant, la Barbe-Bleue, tenant un grand coutelas[39] à sa main, criait de toute sa force à sa femme: «Descends vite, ou je monterai là-haut. —Encore un moment, s'il vous plaît,» lui répondait sa femme; et aussitôt elle criait tout bas: «Anne, ma sœur Anne, ne vois-tu rien venir?» Et la sœur Anne répondait: «Je ne vois rien que le soleil qui poudroie, et l'herbe qui verdoie.»

«Descends donc vite, criait la Barbe-Bleue, ou je monterai là-haut. —Je m'en vais,» répondait la femme; et puis elle criait: «Anne, ma sœur Anne, ne vois-tu rien venir? —Je vois, répondit la sœur Anne, une grosse poussière qui vient de ce côté-ci... —Sont-ce mes frères? —Hélas! non, ma sœur: c'est un troupeau de moutons... —Ne veux-tu pas descendre? criait la Barbe-Bleue. —Encore un moment,» répondait sa femme; et puis elle criait: «Anne, ma sœur Anne, ne vois-tu rien venir? —Je vois, répondit-elle, deux cavaliers qui viennent de ce côté-ci, mais ils sont bien loin encore. —Dieu soit loué! s'écria-t-elle un moment après, ce sont mes frères. Je leur fais signe tant que je puis de se hâter.»

La Barbe-Bleue se mit à crier si fort que toute la maison en trembla. La pauvre femme descendit, et alla se jeter à ses pieds tout épleurée[40] et tout échevelée.[41] «Cela ne sert de rien, dit la Barbe-Bleue; il faut mourir.» Puis, la prenant d'une main par les cheveux, et de l'autre levant le coutelas en l'air, il allait lui abattre la tête. La pauvre femme, se tournant vers lui, et le regardant avec des yeux mourants, le pria de lui donner un petit moment pour se recueillir.[42] «Non, non, dit-il, recommande-toi bien à Dieu»; et, levant son bras... Dans ce moment, on heurta si fort à la porte que la Barbe-Bleue s'arrêta tout court.[43] On ouvrit, et aussitôt on vit entrer deux cavaliers, qui, mettant l'épée à la main, coururent droit à la Barbe-Bleue.

Il reconnut que c'étaient les frères de sa femme, l'un dragon[44] et l'autre mousquetaire,[45] de sorte qu'il s'enfuit aussitôt pour se sauver; mais les deux frères le poursuivirent de si près qu'ils l'attrapèrent avant

---

[39] *coutelas:* épée courte ou grand couteau de cuisine
[40] *épleurée:* ARCHAÏSME en pleurs, désolée
[41] *échevelée:* les cheveux en désordre
[42] *se recueillir:* méditer, penser à des choses pieuses
[43] *tout court:* brusquement
[44] *dragon:* soldat de la cavalerie de ligne
[45] *mousquetaire:* gentilhomme d'une compagnie (à cheval) de la maison du roi

qu'il pût gagner le perron.[46] Ils lui passèrent leur épée au travers du corps, et le laissèrent mort. La pauvre femme était presque aussi morte que son mari, et n'avait pas la force de se lever pour embrasser ses frères.

Il se trouva que la Barbe-Bleue n'avait point d'héritiers, et qu'ainsi sa femme demeura maîtresse de tous ses biens. Elle en employa une partie à marier sa sœur Anne avec un jeune gentilhomme dont elle était aimée depuis longtemps; une autre partie à acheter des charges[47] de capitaines* à ses deux frères, et le reste à se marier elle-même à un fort honnête homme, qui lui fit oublier le mauvais temps qu'elle avait passé avec la Barbe-Bleue.

MORALITÉ

La curiosité, malgré tous ses attraits,
Coûte souvent bien des regrets;
On en voit, tous les jours, mille exemples paraître.
C'est, n'en déplaise[48] au sexe,[49] un plaisir bien léger;
Dès qu'on le prend, il cesse d'être
Et toujours il coûte trop cher.

AUTRE MORALITÉ

Pour peu qu'on ait[50] l'esprit sensé
Et que du monde on sache le grimoire,[51]
On voit bientôt que cette histoire
Est un conte du temps passé.
Il n'est plus d'époux si terrible
Ni qui demande l'impossible,
Fût-il malcontent et jaloux.
Près de sa femme on le voit filer doux;[52]
Et, de quelque couleur que sa barbe puisse être,
On a peine à juger qui des deux est le maître.

---

[46] *perron:* escalier de sortie d'une maison
[47] *charges:* fonctions
[48] *n'en déplaise:* sans vouloir offenser
[49] *au sexe:* aux dames (au sexe faible)
[50] *pour peu qu'on ait:* il suffit d'avoir
[51] *le grimoire:* ARCHAÏSME livre obscur, l'histoire
[52] *filer doux:* se soumettre

NOTES EXPLICATIVES

(1) *Il était une fois:* (ou: *Il y avait une fois*) C'est par cette expression que tous les contes de fée commencent traditionnellement.

(149) *acheter des charges de capitaines:* Selon une coutume du temps, certaines charges dans l'armée, la magistrature, etc. étaient à vendre.

Exercices de grammaire

A. «**S'il vous arrive de** l'ouvrir...» (34) (SENS: Si vous l'ouvrez... Si par hasard vous l'ouvrez...)

D'après cet exemple, transformez les phrases ci-dessous et complétez-les selon votre imagination:

1. S'il vous arrive de passer par là... **2.** S'il leur arrive de vous insulter... **3.** S'il nous arrive de les voir... **4.** S'il t'arrive de l'entendre... **5.** S'il m'arrive de le faire...

B. «**Il n'y a rien que vous ne deviez attendre.**» (34) (SENS: Vous deviez tout attendre.)

D'après cet exemple, transformez les phrases ci-dessous:

1. Il n'y a rien que vous ne deviez faire. **2.** Il n'y a rien qu'il ne doive dire. **3.** Il n'y a rien qu'elle ne puisse imiter. **4.** Il n'y a rien que nous ne nous permettions. **5.** Il n'y a rien dont vous n'ayez peur.

C. «Il **lui** redemanda **les clefs**; elle **les lui** donna.» (83)

D'après cet exemple, remplacez les substantifs par les pronoms corrects dans les phrases ci-dessous:

1. Il leur donna le livre. **2.** Nous vous avons donné les paquets. **3.** Elle lui a présenté son amie. **4.** Vous m'avez pris cette place. **5.** Il ne m'a pas donné les cigares.

D. «**Il fallut apporter** la clef.» (88) (SENS: Il était nécessaire d'apporter la clef.)

D'après cet exemple, transformez les phrases ci-dessous:

1. Il fallut organiser cette excursion. **2.** Il était nécessaire d'apporter de l'argent. **3.** Il fallut renvoyer ce disque. **4.** Il était nécessaire d'y aller. **5.** Il fallut prévenir cette demarche.

E. «**Je ne vois rien que** le soleil.» (109) (SENS: Je vois uniquement le soleil.)

D'après cet exemple, transformez les phrases ci-dessous:

1. Il ne fait rien que son travail. **2.** Il ne donne rien que de bons conseils. **3.** Nous ne disons rien que la vérité. **4.** Vous ne lisez rien que des classiques. **5.** Tu ne reçois rien que de belles choses.

Questions portant sur le texte

1. Quelle est la première indication qui montre qu'il s'agit d'un conte de fée? (1—3)

2. Qu'y a-t-il d'invraisemblable dans la description de Barbe-Bleue? (1—5)

3. Pourquoi est-il inutile de nous donner la description des deux filles «parfaitement belles»? (6—7)

4. Qu'y a-t-il de bizarre dans la demande en mariage de Barbe-Bleue? (7—8)

5. Pourquoi n'apprenons-pas le nombre exact de femmes que Barbe-Bleue avait déjà épousées? (10—12)

6. Pourquoi Barbe-Bleue invite-t-il les amies et les voisins des deux jeunes filles en même temps qu'elles? (13—16)

7. Qu'est-ce qui fait changer d'idée à la cadette? (16—20)

8. Pourquoi la cérémonie du mariage n'est-elle pas décrite? (20—21)

9. Pourquoi est-ce que Barbe-Bleue attend un mois avant de mettre sa femme à l'épreuve? (22—23)

10. Pourquoi Barbe-Bleue dit-il exactement à sa femme combien de temps il compte rester absent? (23)

11. En quoi consiste la générosité de Barbe-Bleue? (24—30)

12. Pourquoi Barbe-Bleue donne-t-il la clef du cabinet à sa femme s'il lui défend d'y entrer? (30—35)

13. Qu'est-ce qui excite tout particulièrement la curiosité de la femme de Barbe-Bleue? (30—35)

14. Qu'y a-t-il d'invraisemblable dans le début du sixième paragraphe? (39—42)

15. Qu'y a-t-il d'exagéré dans la description du château de Barbe-Bleue? (42—50)

16. Qu'est-ce qui nous montre la hâte de la femme de Barbe-Bleue à ouvrir le cabinet? (54—57)

17. Pourquoi est-il important de savoir que la clef tombe par terre? (67—68)

18. Pourquoi est-il tellement important pour la femme de nettoyer la clef? (72—77)

19. Que pouvons-nous conclure du retour si rapide de Barbe-Bleue? (78)

20. Est-ce que Barbe-Bleue dit la vérité à sa femme? (78—80)

21. A quoi Barbe-Bleue devine-t-il que sa femme lui a désobéi? (83—85)

22. Qu'y a-t-il de cruel dans la question de Barbe-Bleue: «Pourquoi y a-t-il du sang sur cette clef»? (89—90)

23. En quoi Barbe-Bleue montre-t-il que son cœur n'est pas «plus dur qu'un rocher»? (98—102)

24. Est-ce que la femme de Barbe-Bleue demande un répit pour prier Dieu? (99—101)

25. Quel effet l'auteur cherche-t-il à produire en ajoutant «car elle s'appelait ainsi» après le nom d'Anne? (103—104)

26. Quel effet l'auteur cherche-t-il à produire par la simplicité de la requête de la femme à Anne? (103—106)

27. Qu'y a-t-il de poétique dans la question de la femme de Barbe-Bleue et la réponse d'Anne? (108—110)

28. Quel effet l'auteur cherche-t-il à produire par la répétition de la question et de la réponse? (114—116)

29. Quel effet l'auteur cherche-t-il à produire en donnant un faux espoir (les moutons) à la femme de Barbe-Bleue? (118—121)

30. Qu'y a-t-il de curieux dans la dernière recommendation de Barbe-Bleue à sa femme? (133—134)

31. Pourquoi Barbe-Bleue tâche-t-il d'échapper aux deux frères? (138—139)

32. Pourquoi la fin du conte est-elle si abrupte? (145—151)

33. Est-ce que la première moralité découle bien de ce conte-ci? (153—158)

34. La deuxième moralité est-elle ironique? (160—169)

35. A quoi voyons-nous que l'auteur ne croit pas à ce qu'il dit dans la deuxième moralité? (160—169)

Questions générales portant sur le texte

1. Quelles sont toutes les «coïncidences» dans ce conte?

2. Faites ressortir tous les éléments de cruauté de ce conte.

3. Quelle différence y a-t-il entre les deux moralités?

4. Pourquoi est-ce que l'auteur nous donne deux moralités?

5. Est-il juste de dire que dans ce conte les bons sont récompensés et les mauvais punis? Justifiez votre réponse.

6. A quoi voyons-nous que «cette histoire/Est un conte du temps passé»?

Sujets de devoirs

1. En vous basant sur *La Barbe-Bleue*, définissez un conte de fée.
2. Ecrivez un bref résumé de ce conte.
3. Trouvez votre propre moralité à mettre à la fin de *La Barbe-Bleue*.
4. Expliquez dans une composition pourquoi les contes de fée peuvent être nuisibles à certains enfants.
5. Qu'est-ce que ce conte a en commun avec les autres contes de fée que vous connaissez? (Illustrez votre réponse par autant d'exemples que possible).

MARCEL AYMÉ*

Le conte que nous donnons ici est extrait des *Contes du Chat perché* (1939). Dans ces récits où Aymé révèle une grande compréhension de la psychologie enfantine, il se montre également dans la plénitude de son art qui consiste à mélanger avec un sens parfait de l'harmonie, le réel et la fantaisie. Mais avant tout, ces charmantes histoires où abondent la verve et l'humour, nous font comprendre mieux qu'aucune autre œuvre de l'auteur que les difficultés d'une vie souvent pénible ne sont pas arrivées à tuer en lui l'enfant qu'il fut. Peut-être est-ce là le plus grand compliment qu'on puisse faire à un artiste.

*Pour la vie d'Aymé, voir Introduction au *Proverbe*, à la page 77.

Le Loup

Caché derrière la haie,[1] le loup surveillait patiemment les abords[2] de la maison. Il eut enfin la satisfaction de voir les parents sortir de la cuisine. Comme ils étaient sur le seuil[3] de la porte, ils firent une dernière recommendation.

«Souvenez-vous, disaient-ils, de n'ouvrir la porte à personne, qu'[4]on vous prie ou qu'on vous menace. Nous serons rentrés à la nuit.»

Lorsqu'il vit les parents bien loin au dernier tournant du sentier,[5] le loup fit le tour de la maison en boitant d'une patte,[6] mais les portes étaient bien fermées. Du côté des cochons et des vaches, il n'avait rien à espérer. Ces espèces n'ont pas assez d'esprit pour qu'on puisse les persuader de se laisser manger. Alors, le loup s'arrêta devant la cuisine, posa ses pattes sur le rebord[7] de la fenêtre et regarda l'intérieur du logis.[8]

Delphine et Marinette jouaient aux osselets*[9] devant le fourneau.[10] Marinette, la plus petite, qui était aussi la plus blonde, disait à sa sœur Delphine:

«Quand on n'est rien que deux, on ne s'amuse pas bien. On ne peut pas jouer à la ronde.*

—C'est vrai, on ne peut jouer ni à la ronde, ni à la paume[11] placée.*

—Ni au furet,* ni à la courotte malade.*

—Ni à la mariée,* ni à la balle fondue.*

—Et pourtant, qu'est-ce qu'il y a de plus amusant que de jouer à la ronde ou à la paume placée?

—Ah! si on était trois...»

Comme les petites lui tournaient le dos, le loup donna un coup de

---

[1] *haie:* clôture de branches entrelacées
[2] *les abords:* les environs immédiats
[3] *seuil:* ouverture
[4] *qu':* ICI même si
[5] *sentier:* chemin étroit
[6] *en boitant d'une patte:* en traînant une patte (pied d'un quadrupède)
[7] *le rebord:* le bord élevé
[8] *logis:* maison, habitation
[9] *osselets:* petits os
[10] *fourneau:* ICI construction en maçonnerie qui contient du feu
[11] *paume:* balle

nez sur le carreau[12] pour faire entendre qu'il était là. Laissant leurs jeux, elles vinrent à la fenêtre en se tenant par la main.

«Bonjour, dit le loup. Il ne fait pas chaud dehors. Ça pince,[13] vous savez.»

La plus blonde se mit à rire, parce qu'elle le trouvait drôle avec ces oreilles pointues et ce pinceau[14] de poils hérissés[15] sur le haut de la tête. Mais Delphine ne s'y trompa point.[16] Elle murmura en serrant la main de la plus petite:

«C'est le loup.

—Le loup? dit Marinette, alors on a peur?

—Bien sûr, on a peur.»

Tremblantes, les petites se prirent par le cou, mêlant leurs cheveux blonds et leurs chuchotements.[17] Le loup dut convenir qu'il n'avait rien vu d'aussi joli depuis le temps qu'il courait par bois et par plaines. Il en fut tout attendri.

«Mais qu'est-ce que j'ai? pensait-il, voilà que je flageolle[18] sur mes pattes.»

A force d'y réfléchir, il comprit qu'il était devenu bon, tout à coup. Si bon et si doux qu'il ne pourrait plus jamais manger d'enfants.

Le loup pencha la tête du côté gauche, comme on fait quand on est bon, et prit sa voix la plus tendre:

«J'ai froid, dit-il, et j'ai une patte qui me fait bien mal. Mais ce qu'il y a, surtout, c'est que je suis bon. Si vous vouliez m'ouvrir la porte, j'entrerais me chauffer à côté du fourneau et on passerait l'après-midi ensemble.»

Les petites se regardaient avec un peu de surprise. Elles n'auraient jamais soupçonné que le loup pût avoir une voix aussi douce. Déjà rassurée, la plus blonde fit un signe d'amitié, mais Delphine, qui ne perdait pas si facilement la tête, eut tôt fait de se ressaisir.[19]

«Allez-vous-en, dit-elle, vous êtes le loup.

---

[12] *le carreau:* la vitre
[13] *ça pince:* LANGAGE FAMILIER il fait très froid
[14] *pinceau:* touffe
[15] *hérissés:* dressés
[16] *ne s'y trompa point:* ne se laissa pas duper
[17] *chuchotements:* mots dits à l'oreille
[18] *je flageolle:* je tremble des jambes
[19] *se ressaisir:* redevenir maîtresse d'elle même

—Vous comprenez, ajouta Marinette avec un sourire, ce n'est pas pour vous renvoyer, mais nos parents nous ont défendu d'ouvrir la porte, qu'on nous prie ou qu'on nous menace.»

Alors le loup poussa un grand soupir, ses oreilles pointues se couchèrent de chaque côté de sa tête. On voyait qu'il était triste.

«Vous savez, dit-il, on raconte beaucoup d'histoires sur le loup, il ne faut pas croire tout ce qu'on dit. La vérité, c'est que je ne suis pas méchant du tout.»

Il poussa encore un grand soupir qui fit venir des larmes dans les yeux de Marinette.

Les petites étaient ennuyées[20] de savoir que le loup avait froid et qu'il avait mal à une patte. La plus blonde murmura quelque chose à l'oreille de sa sœur, en clignant de l'œil[21] du côté du loup, pour lui faire entendre[22] qu'elle était de son côté, avec lui. Delphine demeura pensive, car elle ne décidait rien à la légère.[23]

«Il a l'air doux comme ça, dit-elle, mais je ne m'y fie pas.[24] Rappelle-toi «le loup et l'agneau»...* L'agneau ne lui avait pourtant rien fait.»

Et comme le loup protestait de[25] ses bonnes intentions, elle lui jeta par le nez:[26]

«Et l'agneau, alors?... Oui, l'agneau que vous avez mangé?»

Le loup n'en fut pas démonté.[27]

«L'agneau que j'ai mangé, dit-il. Lequel?»

Il disait ça tout tranquillement, comme une chose toute simple et qui va de soi,[28] avec un air et un accent d'innocence qui faisaient froid dans le dos.

«Comment? vous en avez donc mangé plusieurs! s'écria Delphine. Eh bien! c'est du joli![29]

—Mais naturellement que j'en ai mangé plusieurs. Je ne vois pas où est le mal... Vous en mangez bien, vous!»

---

[20] *ennuyées:* ICI tristes
[21] *en clignant de l'œil:* en fermant un œil à demi
[22] *entendre:* ICI comprendre
[23] *à la légère:* inconsidérément
[24] *je ne m'y fie pas:* je n'ai pas confiance en lui
[25] *protestait de:* donnait son assurance
[26] *elle lui jeta par le nez:* elle lui dit en pleine figure
[27] *démonté:* déconcerté
[28] *qui va de soi:* qui est naturelle
[29] *c'est du joli!:* quelle honte! (expression ironique)

Il n'y avait pas moyen de dire le contraire. On venait justement de manger du gigot[30] au déjeuner de midi.

«Allons, reprit le loup, vous voyez bien que je ne suis pas méchant. Ouvrez-moi la porte, on s'assiéra en rond autour du fourneau, et je vous raconterai des histoires. Depuis le temps que je rôde[31] au travers des bois et que je cours sur les plaines, vous pensez si j'en connais... Rien qu'en vous racontant ce qui est arrivé l'autre jour aux trois lapins de la lisière,[32] je vous ferais bien rire.»

Les petites se disputaient à voix basse. La plus blonde était d'avis[33] qu'on ouvrît la porte au loup, et tout de suite. On ne pouvait pas le laisser grelotter[34] sous la bise[35] avec une patte malade. Mais Delphine restait méfiante.

«Enfin, disait Marinette, tu ne vas pas lui reprocher encore les agneaux qu'il a mangés. Il ne peut pourtant pas se laisser mourir de faim!

—Il n'a qu'à manger des pommes de terre», répliquait Delphine.

Marinette se fit si pressante, elle plaida la cause du loup avec tant d'émotion dans la voix et tant de larmes dans les yeux, que sa sœur aînée[36] finit par se laisser toucher. Déjà Delphine se dirigeait vers la porte. Elle se ravisa[37] dans un éclat de rire, et haussant les épaules, dit à Marinette consternée:[38]

«Non, tout de même, ce serait trop bête!»

Delphine regarda le loup bien en face.

«Dites donc, Loup, j'avais oublié le petit Chaperon Rouge.*» Parlons-en un peu du petit Chaperon Rouge, voulez-vous?

Le loup baissa la tête avec humilité. Il ne s'attendait pas à celle-là. On l'entendit renifler[39] derrière la vitre.

«C'est vrai, avoua-t-il, je l'ai mangé, le petit Chaperon Rouge. Mais

---

[30] *gigot:* cuisse d'agneau ou de mouton
[31] *je rôde:* j'erre, j'épie (avec de mauvaises intentions)
[32] *la lisière:* le bord d'un champ ou d'une forêt
[33] *était d'avis:* était de l'opinion
[34] *grelotter:* trembler de froid
[35] *la bise:* le vent du nord
[36] *aînée:* plus âgée
[37] *Elle se ravisa:* Elle changea d'avis
[38] *consternée:* accablée, désolée
[39] *renifler:* aspirer par le nez (comme lorsqu'on pleure)

je vous assure que j'en ai déjà eu bien du remords. Si c'était à refaire...[40]

—Oui, oui, on dit toujours ça.»

Le loup se frappa la poitrine à l'endroit du cœur. Il avait une belle voix grave.

«Ma parole, si c'était à refaire, j'aimerais mieux mourir de faim.

—Tout de même, soupira la plus blonde, vous avez mangé le petit Chaperon Rouge.

—Je ne vous dis pas,[41] consentit le loup. Je l'ai mangé, c'est entendu. Mais c'est un péché de jeunesse. Il y a si longtemps, n'est-ce pas? A tout péché miséricorde...[42] Et puis, si vous saviez les tracas[43] que j'ai eus à cause de cette petite! Tenez, on est allé jusqu'à dire que j'avais commencé par manger la grand-mère, eh bien! ce n'est pas vrai du tout...»

Ici, le loup se mit à ricaner,[44] malgré lui, et probablement sans bien se rendre compte qu'il ricanait.

«Je vous demande un peu! manger de la grand-mère, alors que j'avais une petite fille bien fraîche qui m'attendait pour mon déjeuner! Je ne suis pas si bête...»

Au souvenir de ce repas de chair fraîche, le loup ne put se tenir[45] de passer plusieurs fois sa grande langue sur ses babines,[46] découvrant de longues dents pointues qui n'étaient pas pour rassurer les deux petites.

«Loup, s'écria Delphine, vous êtes un menteur! Si vous aviez tous les remords que vous dites, vous ne vous lécheriez pas ainsi les babines!»

Le loup était bien penaud[47] de s'être pourléché[48] au souvenir d'une gamine[49] potelée[50] et fondant sous la dent. Mais il se sentait si bon, si loyal, qu'il ne voulut pas douter de lui-même.

«Pardonnez-moi, dit-il, c'est une mauvaise habitude que je tiens de famille,[51] mais ça ne veut rien dire...

---

[40] *Si c'était à refaire:* Si je me trouvais dans la même situation
[41] *je ne vous dis pas:* je ne dis pas le contraire
[42] *à tout péché miséricorde:* PROVERBE il n'est pas de faute indigne de pardon
[43] *les tracas:* les ennuis
[44] *ricaner:* rire avec malice
[45] *ne put se tenir:* ne put s'empêcher
[46] *babines:* lèvres pendantes de certains animaux
[47] *penaud:* honteux
[48] *de s'être pourléché:* d'avoir passé sa langue sur ses lèvres
[49] *gamine:* enfant, petite fille
[50] *potelée:* grasse
[51] *je tiens de famille:* je suis comme les autres membres de ma famille

—Tant pis pour vous si vous êtes mal élevé, déclara Delphine.

—Ne dites pas ça, soupira le loup, j'ai tant de regrets.

—C'est aussi une habitude de famille de manger les petites filles? Vous comprenez, quand vous promettez de ne plus jamais manger d'enfants, c'est à peu près comme si Marinette promettait de ne plus jamais manger de dessert.»

Marinette rougit, et le loup essaya de protester:

«Mais puisque je vous jure...

—N'en parlons plus et passez[52] votre chemin. Vous vous réchaufferez en courant.»

Alors le loup se mit en colère parce qu'on ne voulait pas croire qu'il était bon.

«C'est quand même un peu fort, criait-il, on ne veut jamais entendre la voix de la vérité! C'est à vous dégoûter d'être honnête. Moi je prétends[53] qu'on n'a pas le droit de décourager les bonnes volontés comme vous le faites. Et vous pouvez dire que si jamais je remange de l'enfant, ce sera par votre faute.

En l'écoutant, les petites ne songeaient pas sans beaucoup d'inquiétude au fardeau[54] de leurs responsabilités et aux remords qu'elles se préparaient peut-être. Mais les oreilles du loup dansaient si pointues, ses yeux brillaient d'un éclat si dur, et ses crocs[55] entre les babines retroussées,[56] qu'elles demeuraient immobiles de frayeur.[57]

Le loup comprit qu'il ne gagnerait rien par des paroles d'intimidation. Il demanda pardon de son emportement[58] et essaya de la prière. Pendant qu'il parlait, son regard se voilait de tendresse, ses oreilles se couchaient; et son nez qu'il appuyait au carreau lui faisait une gueule[59] aplatie, douce comme un mufle[60] de vache.

«Tu vois bien qu'il n'est pas méchant, disait la petite blonde.

—Peut-être, répondait Delphine, peut-être.»

---

[52] *passez:* ICI continuez
[53] *je prétends:* j'affirme
[54] *fardeau:* charge, poids
[55] *crocs:* dents longues et pointues (de certains animaux)
[56] *retroussées:* relevées
[57] *frayeur:* peur
[58] *emportement:* mouvement de colère
[59] *gueule:* bouche des animaux carnassiers
[60] *mufle:* extrémité du museau des animaux ruminants

Comme la voix du loup devenait suppliante, Marinette n'y tint plus[61] et se dirigea vers la porte. Delphine, effrayée, la retint par une boucle de ses cheveux. Il y eut des gifles données, des gifles rendues. Le loup s'agitait avec désespoir derrière la vitre, disant qu'il aimait mieux s'en aller que d'être le sujet d'une querelle entre les deux plus jolies blondes qu'il eût jamais vues. Et, en effet, il quitta la fenêtre et s'éloigna, secoué par de grands sanglots.[62]

«Quel malheur, songeait-il, moi qui suis si bon, si tendre... elles ne veulent pas de mon amitié. Je serais devenu meilleur encore, je n'aurais même plus mangé d'agneaux.

Cependant, Delphine regardait le loup qui s'en allait clochant[63] sur trois pattes, transi[64] par le froid et par le chagrin. Prise de remords et de pitié, elle cria par la fenêtre:

«Loup! on n'a plus peur... Venez vite vous chauffer!»

Mais la plus blonde avait déjà ouvert la porte et courait à la rencontre du loup.

«Mon Dieu! soupirait le loup, comme c'est bon d'être assis au coin du feu. Il n'y a vraiment rien de meilleur que la vie en famille. Je l'avais toujours pensé.»

Les yeux humides de tendresse, il regardait les petites qui se tenaient timidement à l'écart.[65] Après qu'il eut léché sa patte endolorie,[66] exposé son ventre et son dos à la chaleur du foyer,[67] il commença de raconter des histoires. Les petites s'étaient approchées pour écouter les aventures du renard, de l'écureuil,[68] de la taupe[69] ou des trois lapins de la lisière. Il y en avait de si drôles que le loup dut les redire deux et trois fois.

Marinette avait déjà pris son ami par le cou, s'amusant à tirer ses

---

[61] *n'y tint plus:* ne put plus résister
[62] *sanglots:* pleurs violents
[63] *clochant:* boitant
[64] *transi:* saisi
[65] *à l'écart:* à une certaine distance
[66] *endolorie:* douloureuse, qui fait mal
[67] *foyer:* endroit où l'on fait du feu
[68] *écureuil:* petit mammifère rongeur
[69] *taupe:* petit mammifère qui vit sous terre

oreilles pointues, à le caresser à lisse-poil[70] et à rebrousse-poil.[71] Delphine fut un peu longue à se familiariser, et la première fois qu'elle fourra,[72] par manière de jeu, sa petite main dans la gueule du loup, elle ne put se défendre de remarquer:

«Ah! comme vous avez de grandes dents...»*

Le loup eut un air si gêné que Marinette lui cacha la tête dans ses bras.

Par délicatesse, le loup ne voulut rien dire de la grande faim qu'il avait au ventre.

«Ce que je peux être bon, songeait-il avec délices, ce n'est pas croyable.»

Après qu'il eut raconté beaucoup d'histoires, les petites lui proposèrent de jouer avec elles.

«Jouer? dit le loup, mais c'est que je ne connais pas de jeux, moi.»

En un moment, il eut appris à jouer à la main chaude,* à la ronde, à la paume placée et à la courotte malade. Il chantait avec une assez belle voix de basse les couplets de *Compère*[73] *Guilleri*, ou de *La Tour, prends garde*.* Dans la cuisine, c'était un vacarme de bousculades,[74] de cris, de grands rires et de chaises renversées. Il n'y avait plus la moindre gêne entre les trois amis qui se tutoyaient[75] comme s'ils s'étaient toujours connus.

«Loup, c'est toi qui t'y colles![76]

—Non, c'est toi! tu as bougé, elle a bougé...

—Un gage[77] pour le loup!»

Le loup n'avait jamais tant ri de sa vie, il riait à s'en décrocher la mâchoire.[78]

«Je n'aurais jamais cru que c'était si amusant de jouer, disait-il. Quel dommage qu'on ne puisse pas jouer comme ça tous les jours!

---

[70] *à lisse-poil:* dans le même sens que les poils
[71] *à rebrousse-poil:* à contre-poil, en sens inverse des poils
[72] *fourra:* enfonça
[73] *compère:* ami
[74] *bousculades:* actions de se pousser
[75] *se tutoyaient:* se disaient «tu», employaient la forme familière
[76] *c'est toi qui t'y colles:* C'est toi qui te caches les yeux contre le mur (Expression employée dans un jeu)
[77] *gage:* objet donné en garantie
[78] *à s'en décrocher la mâchoire:* très fort (se dit de «rire» et de «bailler»)

—Mais, Loup, répondaient les petites, tu reviendras. Nos parents s'en vont tous les jeudis après-midi. Tu guetteras[79] leur départ et tu viendras taper[80] au carreau comme tout à l'heure.»

Pour finir, on joua au cheval. C'était un beau jeu. Le loup faisait le cheval, la plus blonde était montée à califourchon[81] sur son dos, tandis que Delphine le tenait par la queue et menait l'attelage[82] à fond de train[83] au travers des chaises. La langue pendante, la gueule fendue[84] jusqu'aux oreilles, essoufflé[85] par la course et par le rire qui lui faisait saillir[86] les côtes, le loup demandait parfois la permission de respirer.

«Pouce![87] disait-il d'une voix entrecoupée.[88] Laissez-moi rire... je n'en peux plus... Ah! non, laissez-moi rire!»

Alors, Marinette descendait de cheval, Delphine lâchait la queue du loup et, assis par terre, on se laissait aller à rire jusqu'à s'étrangler.

La joie prit fin vers le soir, quand il fallut songer au départ du loup. Les petites avaient envie de pleurer, et la plus blonde suppliait:

«Loup, reste avec nous, on va jouer encore. Nos parents ne diront rien, tu verras...

—Ah non! disait le loup. Les parents, c'est trop raisonnable. Ils ne comprendraient jamais que le loup ait pu devenir bon. Les parents, je les connais.

—Oui, approuva Delphine, il vaut mieux ne pas t'attarder. J'aurais peur qu'il t'arrive quelque chose.»

Les trois amis se donnèrent rendez-vous pour le jeudi suivant. Il y eut encore des promesses et de grandes effusions. Enfin, lorsque la plus blonde lui eut noué[89] un ruban bleu autour du cou, le loup gagna la campagne et s'enfonça dans les bois.

---

[79] *tu guetteras:* tu épieras
[80] *taper:* frapper
[81] *à califourchon:* comme à cheval
[82] *l'attelage:* la bête attelée (attachée) à une voiture
[83] *à fond de train:* à toute vitesse
[84] *fendue:* grande ouverte
[85] *essoufflé:* sans souffle; à bout de souffle
[86] *saillir:* ressortir
[87] *pouce:* je ne joue plus; je demande un moment de répit (Expression employée dans les jeux)
[88] *entrecoupée:* haletante, interrompue
[89] *noué:* mis en faisant un nœud

Sa patte endolorie le faisait encore souffrir, mais, songeant au prochain jeudi qui le ramènerait auprès des deux petites, il fredonnait[90] sans souci de l'indignation des corbeaux[91] somnolant[92] sur les plus hautes branches:

Compère Guilleri,
Te lairras-tu mouri...[93]

En rentrant à la maison, les parents reniflèrent[94] sur le seuil de la cuisine.

«Nous sentons ici comme une odeur de loup», dirent-ils.

Et les petites se crurent obligées de mentir et de prendre un air étonné, ce qui ne manque jamais d'arriver quand on reçoit le loup en cachette[95] de ses parents.

«Comment pouvez-vous sentir une odeur de loup? protesta Delphine. Si le loup était entré dans la cuisine, nous serions mangées toutes les deux.

—C'est vrai, accorda son père, je n'y avais pas songé. Le loup vous aurait mangées.»

Mais la plus blonde, qui ne savait pas dire deux mensonges d'affilée,[96] fut indignée qu'on osât parler du loup avec autant de perfidie.[97]

«Ce n'est pas vrai, dit-elle en tapant du pied, le loup ne mange pas les enfants, et ce n'est pas vrai non plus qu'il soit méchant. La preuve...»

Heureusement que Delphine lui donna un coup de pied dans les jambes, sans quoi elle allait tout dire.

Là-dessus, les parents entreprirent tout un long discours où il était surtout question de la voracité du loup. La mère voulut en profiter pour conter une fois de plus l'aventure du petit Chaperon Rouge, mais, aux premiers mots qu'elle dit, Marinette l'arrêta.

«Tu sais, maman, les choses ne se sont pas du tout passées comme tu crois. Le loup n'a jamais mangé la grand'mère. Tu penses bien qu'il

---

[90] *il fredonnait:* il chantait à demi-voix
[91] *corbeaux:* variété d'oiseaux à plumage noir
[92] *somnolant:* dans un demi-sommeil
[93] *Te lairras-tu mouri...:* VIEILLE CHANSON POPULAIRE Te laisseras-tu mourir
[94] *reniflèrent:* ICI aspirèrent par le nez; sentirent
[95] *en cachette:* en secret
[96] *d'affilée:* l'un à la suite de l'autre
[97] *perfidie:* déloyauté

n'allait pas se charger l'estomac juste avant de déjeuner d'une petite fille bien fraîche.

—Et puis, ajouta Delphine, on ne peut pas lui en vouloir[98] éternellement au loup...

—C'est une vieille histoire...

—Un péché de jeunesse...

—Et à tout péché miséricorde.

—Le loup n'est plus ce qu'il était dans le temps.

—On n'a pas le droit de décourager les bonnes volontés.»

Les parents n'en croyaient pas leurs oreilles.[99]

Le père coupa court à[1] ce plaidoyer scandaleux en traitant ses filles de tête-en-l'air.[2] Puis il s'appliqua à démontrer par des exemples bien choisis que le loup resterait toujours le loup, qu'il n'y avait point de bon sens à espérer de le voir jamais s'améliorer et que, s'il faisait un jour figure[3] d'animal débonnaire, il en serait encore plus dangereux.

Tandis qu'il parlait, les petites songeaient aux belles parties de cheval et de paume placée qu'elles avaient faites en cet après-midi, et à la grande joie du loup qui riait, gueule ouverte, jusqu'à perdre le souffle.

«On voit bien, concluait le père, que vous n'avez jamais eu affaire au loup...»

Alors, comme la plus blonde donnait du coude à[4] sa sœur, les petites éclatèrent d'un grand rire, à la barbe de[5] leur père. On les coucha sans souper, pour les punir de cette insolence, mais longtemps après qu'on les eut bordées[6] dans leurs lits, elles riaient encore de la naïveté de leurs parents.

Les jours suivants, pour distraire l'impatience où elles étaient de revoir leur ami, et avec une intention ironique qui n'était pas sans agacer[7] leur mère, les petites imaginèrent de jouer au loup. La plus blonde chantait sur deux notes les paroles consacrées:

---

[98] *on ne peut pas lui en vouloir:* on ne peut pas être fâché contre lui
[99] *n'en croyaient pas leurs oreilles:* ne pouvaient pas croire ce qu'ils entendaient
[1] *coupa court à:* interrompit brusquement
[2] *tête-en-l'air:* étourdies
[3] *s'il faisait figure:* s'il se donnait l'apparence
[4] *donnait du coude à:* poussait de son coude
[5] *à la barbe de:* devant les yeux de
[6] *après qu'on les eut bordées:* après avoir replié la couverture sous le matelas
[7] *agacer:* irriter

«Promenons-nous le long du bois, pendant que le loup y est pas.[8] Loup y es-tu? m'entends-tu? quoi fais-tu?[9]»

Et Delphine, cachée sous la table de la cuisine, répondait: "Je mets ma chemise.» Marinette posait la question autant de fois qu'il était nécessaire au loup pour passer une à une toutes les pièces de son harnachement,[10] depuis les chaussettes jusqu'à son grand sabre. Alors, il se jetait sur elle et la dévorait.

Tout le plaisir du jeu était dans l'imprévu,[11] car le loup n'attendait pas toujours d'être prêt pour sortir du bois. Il lui arrivait aussi bien de sauter sur sa victime alors qu'il était en manche de chemise,[12] ou n'ayant même pour tout vêtement qu'un chapeau sur la tête.

Les parents n'appréciaient pas tout l'agrément du jeu. Excédés[13] d'entendre cette rengaine,[14] ils l'interdirent le troisième jour, donnant pour prétexte qu'elle leur cassait les oreilles. Bien entendu, les petites ne voulurent pas d'autre jeu, et la maison demeura silencieuse jusqu'au jour du rendez-vous.

Le loup avait passé toute la matinée à laver son museau,[15] à lustrer[16] son poil, et à faire bouffer[17] la fourrure de son cou. Il était si beau que les habitants du bois passèrent à côté de lui sans le reconnaître d'abord. Lorsqu'il gagna la plaine, deux corneilles[18] qui bayaient*[19] au clair de midi,[20] comme elles font presque toutes après déjeuner, lui demandèrent pourquoi il était si beau.

«Je vais voir mes amies, dit le loup avec orgueil. Elles m'ont donné rendez-vous pour le début de l'après-midi.

—Elles doivent être bien belles, que tu aies fait si grande toilette.

---

[8] *pendant que le loup y est pas:* (Incorrect grammaticalement) pendant que le loup n'y est pas
[9] *quoi fais-tu:* (Incorrect grammaticalement) que fais-tu
[10] *harnachement:* accoutrement pesant, harnais
[11] *l'imprévu:* l'inattendu
[12] *en manche de chemise:* sans gilet ni veston
[13] *excédés:* fatigués
[14] *rengaine:* chose répétée souvent
[15] *museau:* partie pointue de la face de certains animaux
[16] *lustrer:* faire briller; donner de l'éclat
[17] *bouffer:* gonfler
[18] *corneilles:* variété d'oiseaux
[19] *qui bayaient:* qui tenaient la bouche ouverte
[20] *clair de midi:* Expression inventée par opposition à «clair de lune»

—Je crois bien! Vous n'en trouverez pas, sur toute la plaine, qui soient aussi blondes.»

Les corneilles en bayaient maintenant d'admiration, mais une vieille pie jacassière,[21] qui avait écouté la conversation, ne put s'empêcher de ricaner.

«Loup, je ne connais pas tes amies, mais je suis sûre que tu auras su les choisir bien dodues,[22] et bien tendres... ou je me trompe beaucoup.

—Taisez-vous, péronnelle![23] s'écria le loup en colère. Voilà pourtant comme on vous bâtit une réputation, sur des commérages[24] de vieille pie. Heureusement, j'ai ma conscience pour moi!»

En arrivant à la maison, le loup n'eut pas besoin de cogner[25] au carreau; les deux petites l'attendaient sur le pas de la porte. On s'embrassa longuement, et plus tendrement encore que la dernière fois, car une semaine d'absence avait rendu l'amitié impatiente.

«Ah! Loup, disait la plus blonde, la maison était triste, cette semaine. On a parlé de toi tout le temps.

—Et tu sais, Loup, tu avais raison: nos parents ne veulent pas croire que tu puisses être bon.

—Ça ne m'étonne pas. Si je vous disais que tout à l'heure, une vieille pie...

—Et pourtant, Loup, on t'a bien défendu, même que nos parents nous ont envoyées au lit sans souper.

—Et dimanche, on nous a défendu de jouer au loup.»

Les trois amis avaient tant à se dire qu'avant de songer aux jeux, ils s'assirent à côté du fourneau. Le loup ne savait plus où donner de la tête.[26] Les petites voulaient savoir tout ce qu'il avait fait dans la semaine, s'il n'avait pas eu froid, si sa patte était bien guérie, s'il avait rencontré le renard, la bécasse,[27] le sanglier.

«Loup, disait Marinette, quand viendra le printemps, tu nous

---

[21] *pie jacassière: pie:* variété d'oiseaux; *jacassière:* qui bavarde beaucoup
[22] *dodues:* grasses; potelées
[23] *péronnelle:* INSULTE fille sotte et bavarde
[24] *commérages:* propos malveillants
[25] *cogner:* frapper fort
[26] *ne savait plus où donner de la tête:* ne savait pas par où commencer
[27] *la bécasse:* variété d'oiseaux à long bec

emmèneras dans les bois, loin, là où il y a toutes sortes de bêtes. Avec toi, on n'aura pas peur.

—Au printemps, mes mignonnes, vous n'aurez rien à craindre dans les bois. D'ici là, j'aurai si bien prêché les compagnons de la forêt que les plus hargneux[28] seront devenus doux comme des filles. Tenez, pas plus tard qu'avant-hier, j'ai rencontré le renard qui venait de saigner[29] tout un poulailler.[30] Je lui ai dit que ça ne pouvait plus continuer comme ça, qu'il fallait changer de vie. Ah! je vous l'ai sermonné d'importance![31] Et lui qui fait tant le malin[32] d'habitude, savez-vous ce qu'il m'a répondu? «Loup, je ne demande qu'à suivre ton exemple. «Nous en reparlerons un peu plus tard, et quand j'aurai eu le temps «d'apprécier toutes tes bonnes œuvres, je ne tarderai plus à me corri-«ger.» Voilà ce qu'il m'a répondu, tout renard qu'il est.[33]

—Tu es si bon, murmura Delphine.

—Oh! oui, je suis bon, il n'y a pas à dire le contraire. Et pourtant, voyez ce que c'est, vos parents ne le croiront jamais. Ça fait de la peine quand on y pense.»

Pour dissiper la mélancolie de cette réflexion, Marinette proposa une partie de cheval. Le loup se donna au jeu avec plus d'entrain encore que le jeudi précédent. La partie de cheval terminée, Delphine demanda:

«Loup, si on jouait au loup?

Le jeu était nouveau pour lui, on lui en expliqua les règles, et tout naturellement, il fut désigné pour être le loup. Tandis qu'il était caché sous la table, les petites passaient et repassaient devant lui en chantant le refrain:

«Promenons-nous le long du bois, pendant que le loup y est pas. Loup y es-tu? m'entends-tu? quoi fais-tu?»

Le loup répondait en se tenant les côtes, la voix étranglée par le rire: «Je mets mon caleçon.[34]»

---

[28] *hargneux:* de mauvaise humeur
[29] *saigner:* ICI tuer par effusion de sang
[30] *poulailler:* bâtiment où sont logées les poules
[31] *je vous l'ai sermonné d'importance:* je lui ai vraiment dit ce qu je pensais de lui
[32] *qui fait tant le malin:* ICI qui se montre si méchant
[33] *tout renard qu'il est:* bien qu'il soit un renard
[34] *caleçon:* pantalon de dessous

Toujours riant, il disait qu'il mettait sa culotte, puis ses bretelles,[35] son faux-col, son gilet. Quand il en vint à enfiler[36] ses bottes, il commença d'être sérieux.

«Je boucle[37] mon ceinturon,[38]» dit le loup, et il éclata d'un rire bref. Il se sentait mal à l'aise, une angoisse lui étreignait[39] la gorge, ses ongles grattèrent le carrelage[40] de la cuisine.

Devant ses yeux luisants, passaient et repassaient les jambes des deux petites. Un frémissement[41] lui courut sur l'échine,[42] ses babines se froncèrent.[43]

«...Loup y es-tu? m'entends-tu? quoi fais-tu?

—Je prends mon grand sabre!» dit-il d'une voix rauque, et déjà les idées se brouillaient[44] dans sa tête. Il ne voyait plus les jambes des fillettes, il les humait.[45]

«...Loup y es-tu? m'entends-tu? quoi fais-tu?

—Je monte à cheval et je sors du bois!»

Alors le loup, poussant un grand hurlement,[46] fit un bond hors de sa cachette, la gueule béante[47] et les griffes dehors. Les petites n'avaient pas encore eu le temps de prendre peur, qu'elles étaient déjà dévorées.

Heureusement, le loup ne savait pas ouvrir les portes, il demeura prisonnier dans la cuisine. En rentrant, les parents n'eurent qu'à lui ouvrir le ventre pour délivrer les deux petites. Mais, au fond, ce n'était pas de jeu.[48]

Delphine et Marinette lui en voulaient un peu de ce qu'il les eût mangées sans plus d'égards,[49] mais elles avaient si bien joué avec lui qu'elles prièrent les parents de le laisser s'en aller. On lui recousit le

---

[35] *bretelles:* courroies qui soutiennent le pantalon
[36] *enfiler:* ICI mettre
[37] *je boucle:* je ferme la boucle
[38] *ceinturon:* ceinture à laquelle on suspend le sabre
[39] *étreignait:* serrait
[40] *carrelage:* l'ensemble des carreaux
[41] *frémissement:* tremblement
[42] *l'échine:* la colonne vertébrale
[43] *se froncèrent:* se plissèrent
[44] *se brouillaient:* se mélangeaient
[45] *humait:* absorbait en respirant
[46] *hurlement:* cri prolongé
[47] *béante:* ouverte
[48] *ce n'était pas de jeu:* ce n'était pas dans les règles du jeu
[49] *sans plus d'égards:* sans plus de respect, de considération

ventre solidement avec deux mètres d'une bonne ficelle frottée d'un morceau de suif,[50] et une grosse aiguille à matelas.[51] Les petites pleuraient parce qu'il avait mal, mais le loup disait en retenant ses larmes:

«Je l'ai bien mérité, allez, et vous êtes encore trop bonnes de me plaindre. Je vous jure qu'à l'avenir on ne me prendra plus à être aussi gourmand. Et d'abord, quand je verrai des enfants je commencerai par me sauver.[52]»

On croit que le loup a tenu parole. En tout cas, l'on n'a pas entendu dire qu'il ait mangé de petite fille depuis son aventure avec Delphine et Marinette.

---

[50] *suif:* graisse fondue de certains animaux
[51] *une grosse aiguille à matelas:* une aiguille dont on se sert pour coudre les matelas
[52] *me sauver:* m'enfuir

NOTES EXPLICATIVES

(13) *jouaient aux osselets:* Il s'agit d'un jeu d'enfants pour lequel on emploie les petits os tirés du gigot.

(17) *jouer à la ronde:* également un jeu d'enfants, qui nécessite plusieurs participants pour former une ronde.

(18) *la paume placée:* un jeu de balle.

(19) *furet:* un jeu de société. Les joueurs, assis en rond, font passer un anneau dans une corde, et un autre joueur essaie de le prendre.

(19) *courotte malade:* Il s'agit d'un autre jeu de petites filles.

(20) *à la marieé:* jeu d'enfants au cours duquel les participants imitent la cérémonie du mariage.

(20) *à la balle fondue:* Il s'agit d'un jeu de petites filles.

(71) «*le loup et l'agneau*»*:* fable de La Fontaine au cours de laquelle le loup dévore l'agneau.

(107) *le petit Chaperon Rouge:* conte de Charles Perrault. Le petit Chaperon Rouge est dévorée par le loup.

(198) *Ah! comme vous avez de grandes dents:* Cette ligne est extraite du *petit Chaperon Rouge.* Elle est prononcée par la petite fille juste avant que le loup ne la dévore.

(208) *à la main chaude:* jeu au cours duquel un des joueurs a les yeux bandés et offre une main. Les autres frappent cette main, et le joueur doit pouvoir dire qui l'a frappé.

(211) *Compère Guilleri; La Tour, prends garde:* Il s'agit de vieilles chansons françaises.

(325) *deux corneilles qui bayaient:* L'auteur a fait un calembour. Il y a une expression populaire: «bayer aux corneilles», qui veut dire «regarder en l'air».

Exercices de grammaire

A. «Delphine... **eut tôt fait de se ressaisir.**» (52—53) (SENS: Delphine... se ressaisit rapidement.)

D'après cet exemple, transformez les phrases ci-dessous:

1. Il eut tôt fait de répondre à la question. **2.** Nous eûmes tôt fait de comprendre ses allusions. **3.** J'eus tôt fait de me sauver. **4.** Vous eûtes tôt fait de grimper sur cet arbre. **5.** Tu eus tôt fait de relire ce livre.

B. «**Je ne m'y fie pas.**» (70) (SENS: Je n'ai pas confiance en lui.)

D'après cet exemple, transformez les phrases ci-dessous:

1. Elle n'a pas confiance en son dentiste. **2.** Nous ne nous fions pas à leurs promesses. **3.** Je n'ai pas confiance en ce qu'il m'a dit. **4.** Vous ne vous fiez pas à cette garantie. **5.** Tu n'as pas confiance en toi-même.

C. «Si le loup **était entré**... nous **serions mangées.**» (261)
D'après cet exemple, complétez les phrases ci-dessous selon votre imagination:

1. Si Louise était sortie... **2.** Si nous avions écouté les nouvelles... **3.** Si vous aviez fait votre travail... **4.** Si tu avais gagné à la loterie... **5.** Si j'avais rencontré mon camarade...

D. «On ne peut pas **lui en vouloir.**» (279) (SENS: On ne peut pas être fâché contre lui.)
D'après cet exemple, transformez les phrases ci-dessous:

1. J'en veux à cette compagnie. **2.** Nous sommes fâchés contre Jean et Paul. **3.** Vous en voulez à votre frère. **4.** Tu es fâchée contre ta meilleure amie. **5.** Il en veut à ses conseillers.

E. «**Je ne tarderai plus à** me corriger.» (371—372) (SENS: Je me corrigerai rapidement.)
D'après cet exemple, transformez les phrases ci-dessous:

1. Ils ne tarderont pas à venir. **2.** Elle partira rapidement. **3.** Vous recevrez ce paquet rapidement. **4.** Je ne tarderai pas à dire la vérité. **5.** Tu ne tarderas pas à t'ennuyer.

Questions portant sur le texte

1. Pourquoi le loup se cache-t-il derrière la haie? (1)
2. Pourquoi le loup est-il satisfait quand les parents s'en vont? (2—3)
3. Combien de temps les parents resteront-ils absents de la maison? (6)
4. Pourquoi le loup boite-t-il? (7—8) Est-il vraiment blessé?
5. Quelles intentions le loup a-t-il tout d'abord? (9—10)

6. Pourquoi n'y avait-il rien à espérer du côté des cochons et des vaches? (9—11)
7. Pourquoi les petites filles aimeraient-elles avoir des compagnons de jeux? (16—20)
8. Qu'y a-t-il de typique dans le fait que les petites filles ne mentionnent que des jeux où il faut plus de deux personnes? (16—22)
9. Pourquoi les petites filles se tiennent-elles par la main lorsqu'elles vont à la fenêtre? (25—26)
10. Quel effet le loup cherche-t-il à produire sur les deux petites filles en leur disant qu'il fait froid? (27—28)
11. En quoi est-ce que la question de Marinette «alors on a peur»? représente une profonde compréhension de la psychologie enfantine? (34)
12. Pourquoi est-ce l'aînée des deux petites filles qui répond: «Bien sûr, on a peur»? (35)
13. Pourquoi le loup flageolle-t-il sur ses pattes? (40—41)
14. Qu'est-ce qui indique au loup qu'il est devenu bon? (42—43)
15. Qu'est-ce qui produit le changement de cœur du loup? (36—43)
16. Comment le loup indique-t-il son nouveau caractère? (44—49)
17. Qu'est-ce qui rassure Marinette? (50—53)
18. Comment le loup montre-t-il sa tristesse? (58—59)
19. Qu'est-ce que Marinette murmure probablement à l'oreille de sa sœur? (66—67)
20. Comment Marinette montre-t-elle sa sympathie au loup? (66—68)
21. Pourquoi Delphine ne se fie-t-elle pas au loup? (70—71)
22. Qu'est-ce que le pronom «lequel» indique concernant les activités passées du loup? (74—76)
23. Comment le loup sait-il que les petites filles ont également mangé de l'agneau? (82—83)
24. Est-ce que vous pensez que l'argument du loup est convaincant? (82—83)

25. Par quels moyens le loup essaie-t-il de persuader les deux petites filles de lui ouvrir la porte? (86—91)

26. Qu'est-ce qui provoque surtout la sympathie de Marinette? (93—94)

27. Qu'y a-t-il de typiquement enfantin dans la réponse de Delphine: «Il n'a qu'à manger des pommes de terre»? (99)

28. Qu'est-ce que l'histoire du petit Chaperon Rouge a en commun avec la situation des deux petites filles? (107—108)

29. Pourquoi le souvenir de cette histoire cause-t-il de l'humilité au loup? (109)

30. Le loup est-il sincère quand il dit qu'il se repent d'avoir mangé le petit Chaperon Rouge? (111—116)

31. Pourquoi le loup n'arrive-t-il pas à justifier son action envers le petit Chaperon Rouge comme il l'avait fait dans le cas des agneaux? (119—120)

32. Qu'est-ce que le «ricanement» du loup indique? (124—125)

33. Comment se montre le vrai caractère du loup au souvenir du petit Chaperon Rouge? (126—131)

34. Pourquoi Marinette rougit-elle à la mention du dessert qu'elle aime manger? (142—145)

35. Quelle est l'ironie du mouvement de colère du loup? (149—150)

36. Quel est l'argument capital du loup pour persuader les petites filles de le laisser entrer? (151—155)

37. Quel est le fardeau des responsabilités des petites filles? (156—158)

38. Comment le loup montre-t-il son «vrai caractère»? (158—160)

39. Qu'est-ce qui nous montre que le loup est un fin psychologue? (161—165)

40. Qu'est-ce qui cause les «grands sanglots» du loup? (173—174)

41. Qu'est-ce qui décide finalement Delphine à laisser entrer le loup? (178—181)

42. Laquelle de ses promesses le loup tient-il en racontant des histoires aux petites filles? (189—192)

43. Pourquoi le loup a-t-il l'air gêné quand Delphine fait une observation sur ses dents? (194—200)

44. Quelle est la meilleure indication de l'intimité des trois nouveaux amis? (212—214)

45. En quoi le loup est-il un compagnon de jeu idéal? (208—234)

46. Le loup a-t-il raison de condamner les parents des deux petites filles parce qu'ils sont raisonnables? (239—241)

47. Comment vous expliquez-vous l'indignation des corbeaux? (248—253)

48. Qu'y a-t-il d'amusant dans la remarque de l'auteur: «ce qui ne manque jamais d'arriver quand on reçoit le loup en cachette de ses parents»? (258—259)

49. Qu'est-ce qui nous montre tout de suite l'attitude des parents? (263—264)

50. Qu'est-ce qui nous montre que les deux petites filles ont bien compris la psychologie des grandes personnes? (260—262)

51. Qu'est-ce qui pousse Marinette à défendre le loup devant ses parents? (265—268)

52. Qu'est-ce qui nous montre que le loup a même réussi à convaincre l'aînée des deux petites filles de ses bonnes intentions? (279—285)

53. Pourquoi le plaidoyer des deux petites filles est-il «scandaleux»? (287)

54. En quoi l'attitude du père diffère-t-elle de celle des petites filles? (287—291)

55. Qu'est-ce qui fait rire les deux petites filles? (297—298)

56. De quoi les petites filles sont-elles punies? (298—299)

57. Quelle est l'intention ironique des deux petites filles? (302—304)

58. Pourquoi l'auteur décrit-il en détail le «jeu du loup»? (302—312)

59. Qu'est-ce qui déplaît aux parents dans ce jeu? (317)

60. Avec quelles intentions le loup se rend-il chez les petites filles la deuxième fois? (322—329)

61. A qui est-ce que la pie ressemble dans son attitude envers le loup? (333—337)

62. Pourquoi les petites filles s'intéressent-elles tellement aux activités du loup pendant sa semaine d'absence? (356—358)

63. Qu'est-ce que le loup va prêcher à ses compagnons de la forêt? (362—364)

64. Qu'est-ce que la réponse du renard indique? (369—372)

65. Qu'est-ce qui nous montre que le loup ne comprend pas vraiment la réponse du renard? (372)

66. Comment l'auteur nous montre-t-il le changement progressif dans l'attitude du loup durant le jeu? (389—405)

67. Qu'est-ce qui cause probablement le changement d'attitude du loup? (401)

68. Qu'est-ce que le verbe «humer» indique? (401)

69. Pourquoi l'auteur ne décrit-il pas en détail la scène où le loup dévore les petites filles? (404—406)

70. En quoi les dernières scènes du conte sont-elles différentes de ce qui précède? (407—415)

71. Qu'est-ce qui pousse les petites filles à pardonner au loup? (411—413)

72. Est-ce que le loup se repent véritablement cette fois-ici? (417—420)

73. Qu'est-ce qui nous montre que le loup a appris quelque chose sur lui-même dans cet épisode avec les deux petites filles? (419—420)

74. Pourquoi l'auteur termine-t-il son conte en employant le verbe «croire»? (421—423)

Questions générales portant sur le texte

1. Faites ressortir toutes les différences de caractère entre les deux fillettes.

2. De ce conte se dégagent deux philosophies: celle des grandes personnes et celle des petits enfants. Résumez l'attitude des deux «camps.»

3. Quel proverbe pourrait être appliqué à l'attitude du père lorsqu'il sermonne ses deux filles?

4. Quelle est la moralité de ce conte?

5. Qu'est-ce que ce conte a en commun avec d'autres contes de fée?
6. En quoi ce conte diffère-t-il d'autres contes de fée?
7. En quoi ce conte ressemble-t-il à une fable?
8. Désobéissance mise à part, les petites filles méritent la leçon qu'elles reçoivent. Pourquoi?

Sujets de devoirs

1. Nommez et décrivez quelques jeux d'enfants.
2. Ecrivez une courte composition sur les proverbes suivants:
   Les apparences sont trompeuses.
   L'habit ne fait pas le moine.
   Rira bien qui rira le dernier.
3. Expliquez dans une composition pourquoi les contes dans lesquels les animaux parlent ont toujours un grand attrait pour les enfants.
4. Imaginez une conversation entre les deux fillettes et leurs parents au cours de laquelle elles arriveront à convaincre les adultes que le loup n'est pas dangereux.
5. Expliquez pourquoi l'auteur a choisi le loup pour illustrer sa morale.

Vocabulaire

LISTE DES ABRÉVIATIONS

a. adjectif
adv. adverbe
conj. conjonction
loc. adv. locution adverbiale
loc. conj. locution conjonctive
n.f. nom féminin
n.m. nom masculin
n.pl. nom pluriel
p.p. participe passé
pop. langage populaire
prép. préposition
v.i. verbe intransitif
v.r. verbe réfléchi
v.t. verbe transitif

A

abaisser *v.t.* to lower
abat-jour *n.m.* lamp-shade
abattre (s') *v.r.* to tumble down
abeille *n.f.* bee
abîme *n.m.* abyss
aboi *n.m.* barking
abord *n.m.* access, approach; **d'—** at first
aborder *v.i.* to accost; to approach
aboyer *v.i.* to bark
abréger *v.t.* to abridge
abriter *v.t.* to shelter
accablant *a.* oppressive, crushing
accabler *v.t.* to crush, weigh down
accolé *a.* tied up, fastened
accorder (s') *v.r.* to agree, concur
accordeur *n.m.* tuner
accoucher *v.i.* to give birth
accrocher (s') *v.r.* to cling
accroupi *a.* crouched, squatting
accroupir (s') *v.r.* to squat
accueil *n.m.* reception, welcome
accueillir *v.t.* to receive, welcome
acharné *a.* fierce, tenacious
achat *n.m.* purchase
âcre *a.* tart, acrid
adossé *a.* with one's back against
adouber *v.t.* to dub (a knight)
adroitement *adv.* skillfully
adoucir *v.t.* to soften, sweeten
affairer (s') *v.r.* to be busy, bustle
affaisser (s') *v.r.* to collapse, be bent down
affliger *v.t.* to afflict
affranchir *v.t.* to set free
affronter *v.t.* to face, confront
agenouiller (s') *v.r.* to kneel down
agir *v.i.* to act, do; **il s'agit de** it is a question of
agneau *n.m.* lamb
agripper *v.t.* to grip, snatch
ahuri *a.* bewildered
aigle *n.m.* eagle
aigre *a.* sour, tart
aigu *a.* sharp
aiguille *n.f.* needle
ail *n.m.* garlic
aile *n.f.* wing
ailleurs (d') *adv.* besides, moreover
aîné *a.* eldest, elder
ais *n.m.* board, plank
aisé *a.* in easy circumstances; convenient
allégresse *n.f.* gaiety, joy
allonger *v.t.* to lengthen, stretch; **s'—** *v.r.* to stretch out
allumette *n.f.* match
allure *n.f.* way of walking, demeanor, look
aloès *n.m.* aloe
amadouer *v.t.* to cajole, win over
amarre *n.f.* cable, rope
ambulant *a.* ambulatory, itinerant
âme *n.f.* soul
amende *n.f.* penalty, fine
amèrement *adv.* bitterly, grievously
amertume *n.f.* bitterness
aminci *a.* thinned
amitié *n.f.* friendship
amoncellement *n.m.* accumulation, heap
amont *n.m.* upstream water
amour-propre *n.m.* self respect, vanity
amygdale *n.f.* tonsil
ancien *a.* ancient; former
anéantir *v.t.* to annihilate, destroy
ange *n.m.* angel
angoisse *n.f.* anguish
anneau *n.m.* ring
anthrax *n.m.* anthrax
apercevoir (s') *v.r.* to notice, remark, be aware
aplomb *n.m.* assurance, self command
apostropher *v.t.* to apostrophize, to address
appareil *n.m.* display; appearance
appartenir *v.i.* to belong
appas *n.m. pl.* feminine charms; attractions
appel *n.m.* roll-call

applaudissement *n.m.* applause
appliquer *v.t.* to apply, adapt
apprêter *v.t.* to prepare, get ready
approfondir *v.t.* to deepen; to examine thoroughly
appuyé *a.* stressed
araignée *n.f.* spider
archet *n.m.* bow
archevêque *n.m.* archbishop
ardoise *n.f.* slate
arête *n.f.* fish bone
argent *n.m.* silver; money, cash
armoire *n.f.* closet, cupboard
arracher *v.t.* to tear away, extract
arroser *v.t.* to water, irrigate
Asie *n.f.* Asia
asperge *n.f.* asparagus
asperger *v.t.* to sprinkle
assassinat *n.m.* murder
assaut *n.m.* assault, attack
assiette *n.f.* plate, plateful
assesseur *n.m.* assessor (assistant judge)
assister à *v.i.* to be present
assombrir (s') *v.r.* to become dark or gloomy
assoupir (s') *v.r.* to grow drowsy
assourdi *a.* muffled
assurance *n.f.* assurance; insurance
assurément *adv.* assuredly
astiquer *v.t.* to polish, furbish
astre *n.m.* star
atelier *n.m.* workshop
atteindre *v.t.* to reach, attain
attelage, *n.m.* harnessing, yoking
attendre *v.t.* to expect
attendrir (s') *v.r.* to grow tender, be moved
attirail *n.m.* implements, gear
attirer *v.t.* to attract, draw
attraper *v.t.* to catch, entrap
aube *n.f.* dawn
auberge *n.f.* inn
au-delà *prép.* on the other side of, beyond
au-dessus *prép.* above
augure *n.m.* omen
aumône *n.f.* alms
auparavant *adv.* before
auprès *adv.* near, close by
auréole *n.f.* halo, nimbus
aussitôt *adv.* immediately
autel *n.m.* altar
auteur *n.m.* author
autour *adv.* about, round about
auvent, *n.m.* weather board; porch roof
aval *n.m.* down stream
avaler *v.t.* to swallow
avant-poste *n.m.* outpost
avare *n.m.* miser; *a.* miserly
avarie *n.f.* damage, deterioration
avenir *n.m.* future
averse *n.f.* downpour
aveu *n.m.* avowal, confession
aveugle *n.m.* blind person; *a.* blind
avidité *n.f.* greediness, eagerness
avion *n.m.* aircraft
avis *n.m.* opinion
avocat *n.m.* barrister, lawyer
avouer *v.t.* to acknowledge, confess

B

babine *n.f.* the pendulous lip of certain animals
bac *n.m.* ferry boat
badigeonné *a.* whitewashed
bafouer *v.t.* to scoff at, make sport of
bague *n.f.* ring
baguette *n.f.* switch, rod
baie *n.f.* berry
baigné *a.* bathed
bail *n.m.* lease
baîllement *n.m.* yawning
baîller *v.i.* to yawn
baiser *n.m.* kiss
baisser *v.t.* to let down, lower
balai *n.m.* broom
balayer *v.t.* to sweep
balbutier *v.i.* to stammer, mumble
baleine *n.f.* whale; umbrella rib

balle *n.f.* bullet
barbe *n.f.* beard
barbouiller (se) *v.r.* to besmear oneself
bas *a.* low
basse-cour *n.f.* poultry-yard
bassesse *n.f.* baseness, meanness
bataille *n.f.* battle; **champ de —** battle-field
bâtiment *n.m.* building
bâton *n.m.* stick, cudgel
batterie *n.f.* battery
battre *v.t.* to beat, defeat
béant *a.* gaping, wide open
bécasse *n.f.* woodcock
bêche *n.f.* spade
beffroi *n.m.* belfry
bégayer *v.i.* to stammer, stutter
belette *n.f.* weasel
bénir *v.t.* to bless
béquille *n.f.* crutch
berceau *n.m.* cradle
bercer *v.t.* to rock, lull asleep
besogne *n.f.* work, business
bétail *n.m.* livestock, cattle
biche *n.f.* hind, doe
bien *n.m.* good, property
bien des *adv.* many
bienfaisant *a.* charitable, kind
bienfaitrice *n.f.* benefactress
bientôt *adv.* soon, shortly
bienveillance *n.f.* benevolence, goodwill
bienvenue *n.f.* welcome
bière *n.f.* coffin
bijou *n.m.* jewel, gem
billet *n.m.* note; ticket
bistouri *n.m.* bistoury, lancet
bivac (ou **bivouac**) *n.m.* bivouac
blaireau *n.m.* badger
blé *n.m.* corn, wheat
blessé *n.m.* wounded man; *a.* wounded
blessure *n.f.* wound
bleuâtre *a.* bluish
bleuir *v.t.* to make blue
bluet *n.m.* corn-flower
bœuf *n.m.* ox, beef
bois *n.m.* wood; forest
boisson *n.f.* drink, beverage
boîte *n.f.* box, casket
boiter *v.i.* to limp, to be lame
bond *n.m.* bound, leap
bondir *v.i.* to bounce
bonheur *n.m.* happiness, prosperity
bonne *n.f.* maid (servant)
bordure *n.f.* frame; edge
bosse *n.f.* bump, protuberance
botte *n.f.* boot
bouchée *n.f.* mouthful
boucher (se — les oreilles) *v.r.* to stop one's ears, to refuse to hear
boucherie *n.f.* slaughter; butcher's shop
bouchon *n.m.* stopper, cork
boucle *n.f.* buckle; curl
boucler *v.t.* to buckle; to curl
boue *n.f.* mud
boueux *a.* muddy
bouffée *n.f.* puff, gust
bouger *v.i.* to stir, budge
bougie *n.f.* wax-candle
bouillir *v.i.* to boil
bouillotte *n.f.* foot-warmer, hot-water bottle
boulangerie *n.f.* baker's shop
boulet *n.m.* cannon-ball
bouleverser *v.t.* to overthrow; to upset
bourdonnement *n.m.* buzz, hum
bourgmestre *n.m.* burgomaster (mayor)
bourreau *n.m.* hangman, executioner
bourrée *n.f.* a certain quantity
bourse *n.f.* scholarship; purse
bousculer (se) *v.r.* to jostle each other
bout *n.m.* end, extremity
bouton *n.m.* bud; button
braconnier *n.m.* poacher
brailler *v.i.* to bawl, be noisy, shout
braise *n.f.* wood-embers, live coals
brancard *n.m.* shaft (of a cart)
brandir *v.t.* to brandish, flourish
braquer *v.t.* to aim, point

bras *n.m.* arm
bredouiller *v.i., v.t.* to stammer, stutter
bretelle *n.f.* strap, suspender
brigand *n.m.* brigand, highwayman, scoundrel
briguer *v.t.* to try to obtain by intrigue
briller *v.i.* to shine, glitter
brin *n.m.* blade, slender stalk
brindille *n.f.* twig
briser *v.t.* to smash, break to pieces
broder *v.t.* to embroider, adorn
bronches *n.f. pl.* bronchia, bronchial tubes
broncher *v.i.* to falter, budge
brosser *v.t.* to brush
brouette *n.f.* wheelbarrow
brouillard *n.m.* fog, mist
brouillon *n.m.* rough draft
broussaille *n.f. Surtout au pl.* undergrowth bushes
broyer *v.t.* to grind, crush
bruine *n.f.* small, drizzling rain
bruit *n.m.* noise, racket
brûlure *n.f.* burn
brume *n.f.* haze, mist
brusquement *adv.* abruptly
bruyant *a.* noisy
bruyère *n.f.* heath, heather
bubon *n.m.* bubo (swollen lymph gland)
buffle *n.m.* buffalo
bureau *n.m.* office; desk
buse *n.f.* buzzard
but *n.m.* aim, purpose
butin *n.m.* booty, spoils

C

cabriolet *n.m.* cab, one-horse chaise
cacatois *n.m.* cockatoo
cacher (se) *v.r.* to hide
cadran *n.m.* dial-plate, dial
cahier *n.m.* notebook
caillou *n.m.* pebble
caisse *n.f.* cashier's office, pay office
caisson *n.m.* ammunition wagon
caleçon *n.m.* men's undershorts
calendrier *n.m.* calendar
calepin *n.m.* small notebook
calice *n.m.* chalice
califourchon *n.m.* **à** — astride
camion *n.m.* truck
campagne *n.f.* country, fields
canaille *n.f.* rabble, scum of the populace
canard *n.m.* duck
cancre *n.m.* dunce
canonnier *n.m.* gunner
canot *n.m.* small open boat
capot *n.m.* hood
capuchon *n.m.* hood, cowl
carafe *n.f.* decanter
carnage *n.m.* carnage, slaughter
carquois *n.m.* quiver (case for carrying arrows)
carré *a.* square
carreau *n.m.* square tile; small square
carrelage *n.m.* tile-flooring
carrément *adv.* squarely, straight-forwardly
carrosse *n.m.* state-coach
casaque *n.f.* mantle with large sleeves
casquette *n.f.* cap
causer *v.i.* to chat
cauteleusement *adv.* craftily, slyly
cavalier *n.m.* horseman
céder *v.t.* to give up, to yield
ceinture *n.f.* sash, belt
cendre *n.f.* ash
centuple *a.* hundredfold
cependant *adv.* in the meantime; *conj.* nevertheless
cercueil *n.m.* coffin
cerf *n.m.* stag
cerf-volant *n.m.* kite
certes *adv.* indeed, most certainly
cerveau *n.m.* brain; intellect
cervelle *n.f.* brains; intelligence
cesser *v.i.* to cease, leave off
chaîne *n.f.* warp (of fabric); chain

chaire *n.f.* pulpit
châle *n.m.* shawl
chaleur *n.f.* heat, warmth
chambranle *n.m.* door-frame; window-frame
chameau *n.m.* camel
chanceler *v.i.* to stagger, reel
chandelle *n.f.* candle
chantonner *v.i., v.t.* to hum
chapelet *n.m.* string of objects; series
char *n.m.* chariot; vehicle
charcuterie *n.f.* pork-butcher's shop
chardonneret *n.m.* goldfinch
charpentier *n.m.* carpenter
charrette *n.f.* hand-cart
châsse *n.f.* reliquary
chasse *n.f.* hunt
chasser *v.t.* to hunt
châtier *v.t.* to punish
chatouiller *v.t.* to tickle
chaume *n.f.* thatch
chaussette *n.f.* sock
chauve *a.* bald
chauve-souris *n.f.* bat
chaux *n.f.* lime, limestone
chemin de fer *n.m.* railway
cheminer *v.i.* to walk, tramp
chêne *n.m.* oak
chère *n.f.* fare (food)
chétif *a.* puny, pitiful
chevalier *n.m.* knight; rider
chevaucher *v.i.* to ride on horseback; to be astride
chevet *n.m.* apse
cheville *n.f.* peg, pin
chèvre *n.f.* she-goat
chèvrefeuille *n.m.* honeysuckle
chevreuil *n.m.* roe-deer; (*mâle*) roe-buck
chiffoner *v.t.* to crumple
chirurgien *n.m.* surgeon
chou *n.m.* cabbage
chouette *n.f.* screech-owl
chrétien *a. et n.m.* christian
chuchotement *n.m.* whispering
chute *n.f.* fall, tumble
ciboire *n.m.* ciborium (sacred vase)
ciel *n.m.* the heavens
cierge *n.m.* taper, church candle
cil *n.m.* eyelash
cingler *v.t.* to lash
cirage *n.m.* waxing; boot-polish
circonstance *n.f.* circumstance
cire *n.f.* wax
citoyen *n.m.* citizen
clairière *n.f.* clearing, glade
clairon *n.m.* clarion, bugle
clameur *n.f.* outcry
claque *n.f.* slap, smack
claquer *v.i.*; **Il claque des dents.** His teeth are chattering.
clavier *n.m.* key-board
clef *n.f.* key
clignoter *v.i.* to wink, blink
cloche *n.f.* bell
cloison *n.f.* partition
clos *n.m.* field
closier *n.m.* vineyard worker
clou *n.m.* nail
cocasse *a.* odd, laughable
cocher *n.m.* coachman
cochon *n.m.* hog, pig
cochon d'Inde *n.m.* guinea-pig
cocotier *n.m.* coconut palm
cœur *n.m.* heart
cognée *n.f.* axe, hatchet
cogner *v.t.* to drive in; to thump
coin *n.m.* corner
colifichet *n.m.* trinket, knick-knack
colère *n.f.* anger, rage
colle *n.f.* glue, paste
coller *v.t.* to glue
collerette *n.f.* collarette
collier *n.m.* necklace
colline *n.f.* hill
colombe *n.f.* pigeon, dove
comble *n.m.* heaped measure; **pour** — to crown all
commérage *n.m.* gossip
commis *n.m.* clerk
commissions *n.f. pl.* errands; **faire des** — to run errands

communément *adv.* commonly, usually
commutateur *n.m.* switch
compagne *n.f.* female companion
compatissant *a.* compassionate
complet *n.m.* suit of clothes
complice *n.m. ou f.* accomplice
complot *n.m.* plot, conspiracy
compromettre (se) *v.r.* to compromise oneself
comptable *n.m.* accountant
compte *n.m.* **faire le —** to add it all up
comptoir *n.m.* counter
concours *n.m.* competitive show
conduire *v.t.* to conduct, guide
confiture *n.f.* preserve, jam
confondre *v.t.* to confound, confuse
confus *a.* confused, vague
congestionné *a.* congested, flushed
connaissance *n.f.* **faire la — de** to become acquainted with
conscrit *n.m.* conscript
conseil *n.m.* counsel, advice
consigne *n.f.* order, strict command
consteller *v.t.* to constellate, stud
contenir (se) *v.r.* to keep within bounds, restrain oneself
conter *v.t.* to tell, relate
contravention *n.f.* infraction
contrebas *adv.* downwards
convaincre *v.t.* to convince, persuade
convenir *v.i.* to agree, be in accord
convive *n.m.* guest, fellow diner
convoitise *n.f.* covetousness, lust
coq *n.m.* cock; ship's cook
coquelicot *n.m.* corn poppy
coquille *n.f.* shell
corbeau *n.m.* crow
corbeille *n.f.* flat, wide basket
corde *n.f.* cord, rope
cordelet *n.m.* string
corne *n.f.* horn, horny matter
corneille *n.f.* crow
cornet *n.m.* horn; hooter
corps *n.m.* body; **— de garde** guard house
corriger *v.t.* to correct
corrompre *v.t.* to corrupt
côte *n.f.* rib; upward slope
côté *n.m.* side; direction
cou *n.m.* neck
coude *n.m.* elbow
coup *n.m.* blow, strike
courber *v.t.* to curve, bend
courir *v.i.* to run
couronner *v.t.* to crown
courrier *n.m.* messenger; mail
course *n.f.* running; race
couvent *n.m.* convent; monastery
couver *v.t.* to hatch, brood
couvert *a.* covered
couvert *n.m.* table setting
couverture *n.f.* covering wrapper; cover
cracher *v.t.* to spit
crainte *n.f.* fear
crampon *n.m.* crampon; grappling iron
cramponner (se) *v.r.* to hold fast
crapaud-buffle *n.m.* species of toad
crasseux *a.* filthy
cravate *n.f.* tie
crayonner *v.t.* to draw with a pencil
crécelle *n.f.* (hand-)rattle
crèche *n.f.* crib
créer *v.t.* to create
crépi *n.m.* rough-cast
crépuscule *n.m.* twilight
crête *n.f.* crest
creuser *v.t.* to hollow
creux *a.* hollow
cribler *v.t.* to riddle
crier *v.i.* to cry out, shout
crin *n.m.* coarse hair
crisper (se) *v.r.* to shrivel, contract
croisement *n.m.* crossing; meeting
croître *v.i.* to grow
croix *n.f.* cross
crosse *n.f.* butt-end
crouler *v.i.* to give way; to collapse
croup *n.m.* diptheria
croûte *n.f.* crust
croyant *n.m.* believer

cruche *n.f.* pitcher, jar
crue *n.f.* rise; swelling of water, flood
cuiller *n.f.* spoon
cuir *n.m.* leather; hide
cuirasse *n.f.* breast-plate
cuire *v.t.* to cook
cuisant *a.* sharp, smarting
cuisse *n.f.* thigh
cuivre *n.m.* copper
cure-dent *n.m.* tooth-pick
cygne *n.m.* swan

D

dais *n.m.* canopy
daigner *v.i.* to deign
dalle *n.f.* flagstone, slab
davantage *adv.* more
dé à coudre *n.m.* thimble
débarrasser (se) *v.r.* to extricate oneself, to rid oneself
débiter *v.t.* to utter
déborder *v.i.* to overflow
déboucher *v.i.* to emerge
déboucler *v.t.* to unbuckle
débourrer *v.t.* to empty the tobacco out of
debout *adv.* upright, standing up
débris *n.m.* remains; wreck
débrouillard *a. et n.m.* resourceful, a resourceful person
décevoir *v.t.* to deceive, mislead
déchaîner (se) *v.r.* to unchain; to let loose
décharge *n.f.* unloading, discharge
déchirure *n.f.* rent, tear
décoller *v.t.* to unglue
décrocher *v.t.* to disconnect, unhook
décroiser *v.t.* to uncross
dédaigneusement *adv.* disdainfully, scornfully
dédommager (se) *v.r.* to indemnify oneself
défait *a.* undone
défaut *n.m.* default, flaw
défi *n.m.* defiance; challenge
défiance *n.f.* distrust
défier *v.t.* to defy; to challenge
défier (se) *v.r.* to be mistrustful
défoncé *a.* full of holes
défriper *v.t.* to unrumple, smooth out
dégagé *a.* unconstrained, free
dégât *n.m.* damage, ravage
dégoût *n.m.* disgust, aversion
dégoûter *v.t.* to disgust
dégrafer *v.t.* to unclasp, unhook
dégrossir *v.t.* to rough-hew, polish
déguster *v.t.* to taste; to savor
dehors *adv.* outside
déjeuner *v.t.* to lunch
délavé *a.* faded
délayer *v.t.* to dilute
délice *n.m.* delight, happiness
démarche *n.f.* gait, bearing
démarrer *v.t.* to cast off, to start
démence *n.f.* insanity, lunacy
démettre (se) *v.r.* to resign
demeure *n.f.* abode, home
demeurer *v.i.* to live, to lodge
démission *n.f.* resignation
démodé *a.* antiquated, old-fashioned
dénouer *v.t.* to untie, loosen
dent *n.f.* tooth
dentelle *n.f.* lace
dépenaillé *a.* tattered, ragged
dépense *n.f.* expenditure
dépit *n.m.* spite
déplier *v.t.* to unfold, spread out
déployé *a.* unfolded, unfurled
depuis *prép.* since; for
déraciner *v.t.* to root up
déranger *v.t.* to trouble, disturb
déraper *v.i.* to skid
dérisoire *a.* derisive
dérive *n.f.* drift, leeway
dérober *v.t.* to remove, steal
dérober (se) *v.r.* to disappear, steal away
dès que *prép.* when, as soon as
dessin *n.m.* drawing, sketch
détente *n.f.* trigger
détour *n.m.* change of direction

détourner (se) *v.r.* to turn aside, turn away
détremper *v.t.* to dilute, dissolve
détresse *n.f.* distress, grief
détruire *v.t.* to destroy
deuil *n.m.* mourning
dévaler *v.t.* to descend
devenir *v.i.* to become
dévêtu *a.* undressed
deviner *v.t.* to guess; to conjecture
dévisager *v.t.* to stare someone down
devoir *n.m.* homework; duty
dévouement *n.m.* devotion, attachment
diable *n.m.* devil
diane *n.f.* reveille
Dieu *n.m.* God
digérer *v.t.* to digest
digne *a.* deserving, worthy
dignement *adv.* worthily
digue *n.f.* dike, dam
dinde *n.f.* turkey-hen
discrétion *n.f.* **à** — as much as one wants
dissimuler *v.t.* to conceal
dissiper (se) *v.r.* to be dissipated; to be dispelled
distraitement *adv.* absentmindedly
divertir *v.t.* to amuse, delight
divertir (se) *v.r.* to amuse oneself
divertissement *n.m.* relaxation, pastime
divulguer *v.t.* to reveal, divulge
dompter *v.t.* to subdue, tame
don *n.m.* gift, donation
doré *a.* gilt, gilded
dos *n.m.* back; rear
dossier *n.m.* chair or seat back
douane *n.f.* customs
douceur *n.f.* sweetness; softness
douche *n.f.* shower-bath
douleur *n.f.* pain; grief
douloureusement *adv.* painfully
dramaturge *n.m.* playwright
drap *n.m.* cloth; sheet
drapeau *n.m.* flag
droit *n.m.* right, equity
dû *n.m.* what is owed
durcir *v.t.* to harden
duvet *n.m.* down, fluff

E

eau *n.f.* water; — **bénite** holy water
ébattre (s') *v.r.* to take one's pleasure, to frolic
ébahi *a.* astonished, dumbfounded
ébaucher *v.t.* to make the first draft
ébène *n.f.* ebony
ébréché *a.* cracked, damaged
ébrouer (s') *v.r.* to flutter about
écaille *n.f.* scale
écarter *v.t.* to set aside; to disperse
échafaud *n.m.* scaffold
échalote *n.f.* shallot
échancrure *n.f.* indentation; opening
échapper *v.i.* to escape, get away
écharde *n.f.* prickle, splinter
échasse *n.f.* stilt
échauffer (s') *v.r.* to grow warm; to grow angry
échelle *n.f.* ladder
écheniller *v.t.* to rid plants of caterpillars
écheveau *n.m.* hank, skein
échouer *v.i.* to run aground, be stranded
éclaboussé *a.* bespattered
éclair *n.m.* lighting
éclaircir (s') *v.r.* to become clear, become bright
éclairer *v.t.* to light, illuminate
éclat *n.m.* burst, uproar
éclatant *a.* bright, sparkling
éclater *v.i.* to split; to burst, explode
écluse *n.f.* lock, flood-gate
éclusier *n.m.* sluice-man, lock-keeper
écœurer *v.t.* to disgust, dishearten
économe *a.* economical

écossais *a.* Scotch; **Ecossais** *n.m.* Scot
écouler (s') *v.r.* to flow away, elapse
écraser *v.t.* to crush, squash
écrier (s') *v.r.* to cry out, exclaim
écrin *n.m.* jewel box; casket
écrouler (s') *v.r.* to fall in, collapse
écuelle *n.f.* bowl, basin
écumer *v.i.* to foam, froth
écureuil *n.m.* squirrel
écuyer *n.m.* squire, equerry
édifiant *a.* edifying
édredon *n.m.* eider-down
effarouché *a.* frightened, startled
effectuer *v.t.* to effect, accomplish
effleurer *v.t.* to graze, touch lightly
effondrement *n.m.* collapse, downfall
efforcer (s') *v.r.* to exert oneself, strain
effroi *n.m.* fright, terror
effronté *a.* shameless, impudent
égard *n.m.* consideration, respect
égarer (s') *v.r.* to stray, lose one's way
égout *n.m.* drain, sewers; gutter (lower edge of roof)
égrener *v.t.* to unstring
élancer (s') *v.r.* to dart forth, rush
élever *v.t.* to raise, lift up
éloge *n.m.* praise
élytre *n.m.* elytron, wing-sheath
embarras *n.m.* encumbrance, difficulty
embaumer *v.t.* to scent
embêté *a.* annoyed; bored
embranchement *n.m.* branching off, junction
embrasure *n.f.* window opening; recess
embué *a.* hazy, dimmed
embusquer (s') *v.r.* to lie in wait
émouvoir *v.t.* to move, affect
emparer (s') *v.r.* to get hold of, seize
empêcher (s') *v.r.* to refrain from, abstain
empesté *a.* tainted; stinking
emphase *n.f.* emphasis, stress
empirer *v.t.* to make worse
emplir *v.t.* to fill
empoigner *v.t.* to grasp, to seize
emportement *n.m.* outburst, transport
emporter *v.t.* to carry away
emporter (s') *v.r.* to flare up, fly into a rage
empresser (s') *v.r.* to be eager
emprunter *v.t.* to take; to borrow
encadrer *v.t.* to frame
encan *n.m.* public auction
enceinte *n.f.* enclosure
encre *n.f.* ink
endormi *a.* asleep
endroit *n.m.* place, locality
enfantin *a.* infantile, childish
enfer *n.m.* hell
enfoncer *v.t.* to push in, drive in
enfoncer (s') *v.r.* to plunge
engelure *n.f.* chilblain
engrais *n.m.* manure, fertilizer
enjamber *v.t.* to stride over
enlever *v.t.* to carry off, seize
ennuyer *v.t.* to bore, weary
ennuyeux *a.* tedious, dull
énoncer *v.t.* to state, express
enroué *a.* hoarse, husky
enseigner *v.t.* to teach, instruct
ensevelir *v.t.* to shroud, absorb, engulf
ensuivre (s') *v.r.* to follow, ensue
entamer *v.t.* to broach, begin
entassé *a.* piled up
enterrer *v.t.* to bury
entêter (s') *v.r.* to be stubborn
entonner *v.t.* to begin to sing
entouré *a.* surrounded
entraîner *v.t.* to draw along, involve
entraver *v.t.* to shackle; to clog
entrechoquer (s') *v.r.* to dash against each other
entremêler *v.t.* to intermingle
entreprendre *v.t.* to undertake
entretenir *v.t.* to keep up; to converse with

entretien *n.m.* maintenance
envahir *v.t.* to invade
envolée *n.f.* flight
envoler (s') *v.r.* to fly away
épais *a.* thick, dense
épaisseur *n.f.* thickness
épandre *v.t.* to scatter, to strew
épanouir (s') *v.r.* to brighten up; to open
épargner *v.t.* to spare
éparpiller (s') *v.r.* to disperse
épaule *n.f.* shoulder
épaulement *n.m.* shoulder (of a road)
épaulette *n.f.* shoulder-strap, epaulet
épave *n.f.* wreck
épée *n.f.* sword
éperdu *a.* bewildered, aghast
éperon *n.m.* spur
éperonner *v.t.* to spur
épervier *n.m.* sparrow-hawk
épicier *n.m.* grocer
épier *v.t.* to watch, to spy upon
épine *n.f.* thorn, prickle
épingle *n.f.* pin
épiscopat *n.m.* episcopate
époque *n.f.* epoch, era
épouser *v.t.* to marry
épouvantable *a.* frightful, appalling
épouvanté *a.* terror-stricken
épouvanter (s') *v.r.* to be frightened
époux *n.m.* husband, bridegroom
épreuve *n.f.* proof; ordeal
épris *a.* taken with, smitten
éprouver *v.t.* to try, to test
épuiser (s') *v.r.* to exhaust oneself
épuré *a.* purified
équipe *n.f.* team; gang
érafler *v.t.* to scratch slightly, graze
errer *v.i.* to wander, stray
escabeau *n.m.* stool
escabelle *n.f.* three-legged stool
escadron *n.m.* squadron
escalader *v.t.* to scale, climb over
escalier *n.m.* staircase, stairs
escrimeur *n.m.* fencer
escroquer *v.t.* to swindle out, cheat
escroquerie *n.f.* swindling
espèce *n.f.* species, kind, sort
esprit *n.m.* spirit; mind, intellect; sense
essayer *v.t.* to try, attempt
essence *n.f.* essence; gasoline
essoufflé *a.* out of breath
essuyer *v.t.* to wipe
estime *n.f.* esteem, regard
étage *n.m.* floor
étaler *v.t.* to spread out; to display
étaler (s') *v.r.* to sprawl
étang *n.m.* pond
état *n.m.* state; profession
éteindre *v.t.* to put out; to switch off
éteindre (s') *v.r.* to be extinguished
étendre *v.t.* to extend, spread out
éternuement *n.m.* sneezing
étincelle *n.f.* spark, flash
étiquette *n.f.* ticket, label
étirement *n.m.* stretching
étirer (s') *v.r.* to stretch one's limbs
étoffe *n.f.* fabric, material
étoile *n.f.* star
étole *n.f.* stole
étonnement *n.m.* astonishment, amazement
étouffer *v.t.* to suffocate, choke
étourneau *n.m.* starling
étrange *a.* strange, odd
étrangler *v.t.* to strangle, choke
étreindre *v.t.* to embrace; to grip, clasp
étriller *v.t.* to curry, comb (a horse)
étriquer *v.t.* to shorten, make too small
étroit *a.* narrow, tight
étude *n.f.* study; room for study
évangile *n.m.* gospel
évanouissement *n.m.* fainting fit
éventail *n.m.* fan
éventer (s') *v.r.* to fan oneself
évier *n.m.* sink

éviter *v.t.* to avoid, shun
exiger *v.t.* to require
expirer *v.i.* to die
exprès *adv.* on purpose
extorquer *v.t.* to extort

F

fabrique *n.f.* factory
fâcher (se) *v.r.* to get angry
facture *n.f.* bill, invoice
fagot *n.m.* bundle of sticks
faillir *v.i.* to err, fail; to be on the point of
faim *n.f.* hunger
fainéant *n.m.* sluggard, idler
faisceau *n.m.* bundle; sheaf
falaise *n.f.* cliff
fange *n.f.* mud, dirt
fameux *a.* famous; *avant le nom* precious, perfect (ironic)
fâner (se) *v.r.* to fade, wither
fantôme *n.m.* ghost
faon *n.m.* fawn
fardeau *n.m.* burden, load
farine *n.f.* flour
faubourg *n.m.* outskirts, suburb
fauche *n.f.* mowing
fauvette *n.f.* warbler
faux *n.f.* scythe
fébrile *a.* feverish, febrile
fée *n.f.* fairy
feindre *v.t.* to feign, simulate
féliciter *v.t.* to congratulate
fenaison *n.f.* hay-time, hay-making
fendillé *a.* cracked
fenêtre *n.f.* window
fente *n.f.* slit, cleft
fer *n.m.* iron
fer-blanc *n.m.* tin
fermier *n.m.* farmer
ferrer *v.t.* to shoe (a horse)
festin *n.m.* feast, banquet
feu *n.m.* fire
feuilleter *v.t.* to turn over (pages), leaf through
feulement *n.m.* cry of the tiger
fiacre *n.m.* hackney-coach
ficelle *n.f.* string
fidèle *a.* faithful, loyal
fier (se) *v.r.* to trust, to rely
fièrement *adv.* proudly
figure *n.f.* face; figure
fil *n.m.* thread
filer *v.t.* to spin
filet *n.m.* slender thread; netting
financière *n.f.* woman financier
finement *adv.* finely
fièvre *n.f.* fever
flacon *n.m.* bottle, vial
flammèche *n.f.* spark (of fire)
flâner *v.i.* to loaf, stroll
flaque *n.f.* puddle
flèche *n.f.* arrow
fléchir *v.t.* to move, touch, persuade
fleuri *a.* flowery, florid
fleuve *n.m.* river
flot *n.m.* wave; tide
foi *n.f.* faith, belief
foie *n.m.* liver
foire *n.f.* fair
folle *a. et n.f.* mad, madwoman
fond *n.m.* bottom; **à** — thoroughly; **au** — in the main
fondeur *n.m.* caster, smelter
fondre *v.t.* to melt, dissolve
force *n.f.* strength; **à — de** by dint of
forge *n.f.* forge, blacksmith's shop
fort *a.* strong, sturdy
fosse *n.f.* hole in the ground
fossé *n.m.* ditch, trench
fossette *n.f.* dimple
fou *a. et n.m.* crazy, madman
fouet *n.m.* whip, lash
fougère *n.f.* fern
fouine *n.f.* marten
foule *n.f.* crowd
four *n.m.* oven, furnace
fourche *n.f.* pitchfork
fourmi *n.f.* ant
fourmiller *v.i.* to swarm
fourneau *n.m.* stove, cooking-range

fournir *v.t.* to furnish, supply
fourragère *n.f.* shoulder lanyard
fourreau *n.m.* sheath, scabbard
fourrer *v.t.* to thrust, to poke
fourrière *n.f.* pound (for animals)
fourrure *n.f.* fur
foyer *n.m.* hearth; fire
fracas *n.m.* noise, din
frais *n.m. pl.* expenses
franchir *v.t.* to leap, jump over
frapper *v.t.* to strike, hit
frayer (se) *v.r.* to open for oneself
frein *n.m.* brake
frémir *v.i.* to quiver, shudder
frémissement *n.m.* trembling, tremor
fripon *n.m.* rogue, rascal
friquet *n.m.* tree-sparrow
friser *v.t.* to curl
frisson *n.m.* shiver, shudder
frissonner *v.i.* to shiver, shudder
froisser *v.t.* to rumple, crumple
fromage *n.m.* cheese
froncer (se) *v.r.* to pucker, wrinkle
frondaison *n.f.* foliage
front *n.m.* forehead, brow
frotter *v.t.* to rub
fuir *v.i.* to flee
fuite *n.f.* flight
fumée *n.f.* smoke, steam
fumier *n.m.* manure, dung
funèbre *a.* funereal, mournful
furoncle *n.m.* furuncle, boil
fusée *n.f.* rocket; fuse
fusil *n.m.* gun, rifle

G

gage *n.m.* pledge, forfeit
gager *v.t.* to wager
gageure *n.f.* wager, stake
gagner *v.t.* to gain; to win
gaillard *n.m.* jovial fellow
gambader *v.i.* to skip, gambol
gamelle *n.f.* mess-tin
gant *n.m.* glove
garder *v.t.* to keep, preserve
gare *n.f.* railway-station
gâter *v.t.* to spoil, damage
gaver *v.t.* to gorge
gazouiller *v.i.* to chirp
geai *n.m.* jay
gelée *n.f.* frost
gélinotte *n.f.* hazel grouse
gémir *v.i.* to groan, moan
gémissement *n.m.* groan, moan
gêne *n.f.* constraint, uneasiness
gêner *v.t.* to constrain; to thwart
génie *n.m.* genius
genou *n.m.* knee
genre *n.m.* species; kind
gens *n.m. pl.* people, persons
gerbe *n.f.* sheaf, bundle
gicler *v.i.* to spout, squirt out
gifle *n.f.* slap in the face
gifler *v.t.* to slap in the face
gilet *n.m.* waistcoat
girouette *n.f.* weathercock, vane
gîte *n.m.* home, lodging
glace *n.f.* mirror
glacial *a.* frozen, glacial
glaise *n.f.* clay
glaner *v.t., v.i.* to glean
glisser *v.i.* to slip, slide
gloire *n.f.* glory, fame
gloussement *n.m.* clucking
gond *n.m.* hinge
gonfler *v.t.* to swell, inflate
gorge *n.f.* narrow pass; throat
goulée *n.f.* big mouthful
gourmandise *n.f.* gluttony
goût *n.m.* taste, flavor
goûter *v.t.* to taste
goutte *n.f.* drop
gouttière *n.f.* gutter of a roof
grabat *n.m.* pallet, litter
gracile *a.* slender
grandir *v.i.* to grow, increase
grappe *n.f.* bunch
grappin *n.m.* grappling-iron
gras *a.* fat, fleshy
gratter (se) *v.r.* to scratch oneself
graveur *n.m.* engraver
gravier *n.m.* gravel

gravir *v.t.* to clamber up, to scale
gravure *n.f.* engraving, print
gré *n.m.* will; **au — de** at the mercy of
Grèce *n.f.* Greece
greffe *n.m.* record-office, clerk's office
greffier *n.m.* clerk of the court, recorder
grenier *n.m.* garret, attic
grenouille *n.f.* frog
grès *n.m.* sandstone
grésiller *v.i.* to crackle
grève *n.f.* strike
griffe *n.f.* claw
grimper *v.i.* to climb
grincer *v.i.* to grind, grate
gringalet *n.m.* weak man
griser *v.t.* to intoxicate
grive *n.f.* thrush
grondement *n.m.* grumbling, scolding
groseille *n.f.* currant
grosseur *n.f.* swelling, bigness
grossier *a.* gross, coarse
gué *n.m.* ford
guêpe *n.f.* wasp
guéridon *n.m.* small, round table
guérir *v.t.* to heal
guerre *n.f.* war
guêtré *a.* gaitered
guetter *v.t.* to lie in wait for, watch for
gueule *n.f.* mouth (of animals)
guichet *n.m.* ticket-window
guirlande *n.f.* wreath

H

habile *a.* able, clever
habit *n.m.* clothes, apparel
hache *n.f.* axe, hatchet
haie *n.f.* hedge
haillon *n.m.* rag, tatter
haine *n.f.* hate
haleine *n.f.* breath
hameau *n.m.* hamlet
hanche *n.f.* hip
hanneton *n.m.* may-bug
haquet *n.m.* dray
hargne *n.f.* bad temper, surliness
haricot *n.m.* kidney bean
harnais *n.m.* harness
hâte *n.f.* speed, hurry
hâter (se) *v.r.* to hurry
hausser *v.t.* to raise; to shrug
haut-de-chausses *n.m.* breeches, trunk-hose
hauteur *n.f.* height, elevation
héberger *v.t.* to lodge
hérisson *n.m.* hedgehog
héritier *n.m.* heir
héron *n.m.* heron
hétéroclite *a.* unusual; heteroclite
heurter *v.t.* to knock against, strike against
hibou *n.m.* owl
hirondelle *n.f.* swallow
hochement *n.m.* shake, toss
honteux *a.* ashamed
hoquet *n.m.* hiccup
horaire *n.m.* schedule, time-table
hospice *n.m.* asylum, almshouse
houppelande *n.f.* cloak, great-coat
huée *n.f.* whoop, hoot
huileux *a.* oily
huissier *n.m.* bailiff; usher
humer *v.t.* to inhale
humeur *n.f.* temperament, disposition
hurlement *n.m.* howling

I

illettré *a. et n.m.* illiterate; illiterate man
impitoyable *a.* pitiless, unmerciful
importun *a. et n.m.* troublesome; importunate man
impôt *n.m.* tax
imprévisible *a.* unforeseeable
imprimer *v.t.* to imprint, impress; to print

impuissance *n.f.* inability, powerlessness
inavoué *a.* unavowed
incendie *n.m.* fire
incliner *v.t.* to incline, slant
incliner (s') *v.r.* to bow, bend
inconnu *a. et n.m.* unknown, unknown person
indicible *a.* unspeakable, indescribable
infirmier *n.m.* male nurse
infortune *n.f.* misfortune
innombrable *a.* innumerable
inouï *a.* unheard of
inquiet *a.* anxious, uneasy
inquiéter *v.t.* to disquiet, alarm
insensé *a. et n.m.* foolish; madman
insensiblement *adv.* insensibly, imperceptibly
insouciance *n.f.* carelessness, thoughtlessness
instance *n.f.* entreaty, solicitation
insuffler *v.t.* to inflate, insufflate
insupportable *a.* insufferable, unbearable
insurgé *a. et n.m.* insurgent
intercaler *v.t.* to interpolate
interpeller *v.t.* to summon, call upon
interrompre *v.t.* to interrupt
intrinsèque *a.* intrinsic
inutilisé *a.* unutilized
ivoire *n.m.* ivory
ivresse *n.f.* drunkenness

J

jacassement *n.m.* chattering, jabbering
jaillir *v.i.* to spout, gush, burst out
jeter *v.t.* to throw, fling
jeu *n.m.* game, play, pastime
jeûner *v.i.* to fast
jeunesse *n.f.* youth
joubarbe *n.f.* sempervivum (plant)
joue *n.f.* cheek
jouir *v.i.* to enjoy, revel
jouissance *n.f.* enjoyment
jument *n.f.* mare
jurer *v.t.* to swear, vow
juron *n.m.* oath
justificatif *a.* justificative

K

képi *n.m.* military cap

L

laboureur *n.m.* ploughman
lâche *a. et n.m.* cowardly, coward
lâcher *v.t.* to loosen; to drop
lâcheté *n.f.* cowardice; meanness
laid *a.* ugly, unsightly
laine *n.f.* wool
laitier *n.m.* milkman
lambeau *n.m.* shred, fragment
lame *n.f.* blade
laminoir *n.m.* flattening-mill
lance *n.f.* spear
langue *n.f.* tongue
lapin *n.m.* rabbit
larme *n.f.* tear
las *a.* tired, weary
latérite *n.f.* laterite
lavement *n.m.* injection, enema
lécher *v.t.* to lick
légume *n.m.* vegetable
lendemain *n.m.* morrow, next day
lessive *n.f.* wash
leurrer *v.t.* to lure, entice
levain *n.m.* leaven
lever *n.m.* rising
lézarder (se) *v.r.* to crack
liane *n.f.* liana, tropical creeper
lié *a.* tied, bound
liège *n.m.* cork
lien *n.m.* bond, tie
lierre *n.m.* ivy
lieu *n.m.* place, spot
lièvre *n.m.* hare

linceul *n.m.* shroud
liseron *n.m.* bindweed (plant)
lisière *n.f.* edge (of a wood)
livrer *v.t.* to deliver; to give up
livrer (se) *v.r.* to apply oneself
logis *n.m.* house, dwelling
loi *n.f.* law, statute
lointain *n.m.* distance
loisir *n.m.* leisure
loque *n.f.* rag, tatter
loqueteux *a.* in rags
lorgner *v.t.* to leer at, ogle
louer *v.t.* to praise
loup *n.m.* wolf
lourd *a.* heavy
lueur *n.f.* glimmer, gleam
luire *v.i.* to shine, glitter
luisant *a.* glistening, shining
lumière *n.f.* light
lune *n.f.* moon
lutter *v.i.* to struggle

M

mâche *n.f.* corn-salad (kind of lettuce)
machinalement *adv.* mechanically
mâchoire *n.f.* jaw
magasin *n.m.* store; **grand —** department store
maigre *a.* lean, thin
maigrir *v.i.* to grow thin
maillet *n.m.* mallet
maire *n.m.* mayor
mairie *n.f.* town hall
maïs *n.m.* corn
maître *n.m.* master; teacher
malade *a.* sick
maladresse *n.f.* awkwardness, clumsiness
malédiction *n.f.* curse
malheur *n.m.* unhappiness, misfortune
malle *n.f.* trunk
malotru *n.m.* ill-bred person
malveillance *n.f.* malevolence, ill-will
manche *n.f.* sleeve
manchon *n.m.* muff
manière *n.f.* manner; sort, kind
manteau *n.m.* topcoat
maraud *n.m.* scoundrel, knave
marbre *n.m.* marble
marbré *a.* marbled
marche *n.f.* walk, gait; step
marchepied *n.m.* running-board
mare *n.f.* pool, pond
maréchal-ferrant *n.m.* shoeing-smith
mariée *n.f.* married woman
marmonner *v.t.* to mutter
marron *n.m.* chestnut
marteau *n.m.* hammer
marteler *v.t.* to hammer
mât *n.m.* mast, pole
matelas *n.m.* mattress
maudire *v.t.* to curse; to execrate
maudit *a.* cursed, wretched
maux (*pl. de* **mal**) *n.m.* evils, ills, wrongs
mèche *n.f.* lock (of hair)
méconnaissable *a.* unrecognizable
méconnaître *v.t.* not to recognize; to misjudge
médecin *n.m.* physician
médisance *n.f.* slander
mégarde *n.f.* inadvertence
mélanger *v.t.* to mix, mingle, blend
mêler (se) *v.r.* to intermingle
ménage *n.m.* household, family
ménager *v.t.* to be sparing of
ménagère *n.f.* housewife
mendiant *n.m.* beggar
meneur *n.m.* leader; agitator
mensonge *n.m.* lie
mentir *v.i.* to lie
menton *n.m.* chin
menu *a.* small
méprendre (se) *v.r.* to mistake, be mistaken
mépris *n.m.* contempt, scorn
mer *n.f.* sea

merle *n.m.* blackbird
mésange *n.f.* titmouse
messe *n.f.* mass
met *n.m.* meal
métairie *n.f.* small farm
métier *n.m.* loom; profession
meuble *n.m.* piece of furniture
meublé *a.* furnished
meule *n.f.* millstone
meunier *n.m.* miller
meurtre *n.m.* murder
meurtri *a.* bruised
miel *n.m.* honey
miette *n.f.* crumb
mimétisme *n.m.* mimicry
mine *n.f.* look; bearing
ministère *n.m.* ministry; department
mitrailleuse *n.f.* machine-gun
mœurs *n.f. pl.* morals, customs
moine *n.m.* monk, friar
moineau *n.m.* sparrow
moisson *n.f.* harvest
moitié *n.f.* half
mollet *n.m.* calf (of the leg)
mollir *v.i.* to soften, grow soft
monde *n.m.* world; mankind
monnaie *n.f.* money; change
monomane *n.m.* monomaniac
montagne *n.f.* mountain
montant *n.m.* upright (of a ladder)
montre *n.f.* watch
morceau *n.m.* bit, piece
mordre *v.t.* to bite
morue *n.f.* codfish; *pop.* prostitute
mouche *n.f.* fly
mouchoir *n.m.* handkerchief
moudre *v.t.* to grind, to crush
moulin *n.m.* mill
mourir *v.t.* to die
mouron *n.m.* scarlet pimpernel (herb)
mousqueterie *n.f.* musket-fire
mousse *n.f.* moss; froth
moyen *n.m.* means, way
mucher *v.t.* to hide, conceal
mue *n.f.* moulting
mufle *n.m.* snout, muzzle
mur *n.m.* wall
mûr *a.* ripe, mature
mûrir *v.t.* to ripen, mature
museau *n.m.* muzzle, snout

N

nacre *n.m.* mother-of-pearl
nappe *n.f.* table-cloth
narguer *v.t.* to flout, to defy
naufrage *n.m.* shipwreck
navet *n.m.* turnip
navette *n.f.* weaver's shuttle
néanmoins *adv.* nevertheless
négliger *v.t.* to neglect, be careless of
négociant *n.m.* merchant
neige *n.f.* snow
net *a.* clean, pure; point-blank
nettoyer *v.t.* to clean, scour
neveu *n.m.* nephew
nez *n.m.* nose
niais *a.* silly, foolish
nid *n.m.* nest
nièce *n.f.* niece
nier *v.t.* to deny
niveau *n.m.* level
noce *n.f.* wedding
nœud *n.m.* knot
noix *n.f.* nut
notoire *a.* notorious
nouer (se) *v.r.* to be twisted, be tied
nourrice *n.f.* nurse; wet-nurse
nourriture *n.f.* nourishment, food
noyé *a.* drowned
noyer *n.m.* walnut
nu *a.* naked
nuage *n.m.* cloud
nuée *n.f.* cloud
nuire *v.i.* to harm
nullement *adv.* by no means

O

obligeant *a.* obliging
obus *n.m.* shell

œuvre *n.f.* work, labor
oie *n.f.* goose
oint *a.* annointed
oisiveté *n.f.* idleness
ombre *n.f.* shadow, shade
onagre *n.m.* onager (wild ass)
ongle *n.m.* nail
or *n.m.* gold
orage *n.m.* storm, tempest
ordonner *v.t.* to order, command
oreiller *n.m.* pillow
orgueil *n.m.* pride; arrogance
originairement *adv.* originally
orphelin *n.m.* orphan
os *n.m.* bone
oser *v.i.* to dare
otage *n.m.* hostage
ôter *v.t.* to take away, to remove
ouïe *n.f.* hearing
ouragan *n.m.* hurricane
ours *n.m.* bear
outre (en) *adv.* further
ouvrage *n.m.* work, piece of work
ouvrier *n.m.* workman

P

pactiser *v.i.* to make a pact
pagne *n.m.* loin-cloth
paille *n.f.* straw
pair *n.m.* peer, equal
paisible *a.* peaceable, quiet
pâmer (se) *v.r.* to swoon, to faint away
pan *n.m.* flap, coat-tail; **— de mur** bare wall
pandanus *n.m.* tropical plant
pansement *n.m.* dressing (of wounds)
panser *v.t.* to dress (wounds)
pantalon *n.m.* pair of trousers
pantoufle *n.f.* slipper
pape *n.m.* pope
papillon *n.m.* butterfly
Pâques *n.m.* Easter
paraître *v.i.* to appear
parapluie *n.m.* umbrella
parcourir *v.t.* to travel through, traverse
pare-brise *n.m.* wind-shield
pareil *a.* like, equal
parent *n.m.* relative
parer *v.t.* to adorn, deck
paresser *v.i.* to idle
parier *v.t.* to bet, wager
parmi *prép.* among, amidst
paroi *n.f.* wall, partition
paroisse *n.f.* parish
parole *n.f.* word, utterance
parquet *n.m.* floor; inlaid floor
parrain *n.m.* godfather
parvenir *v.i.* to attain, reach
pas *n.m.* step, stride
passant *n.m.* passer-by
passereau *n.m.* sparrow
pastèque *n.f.* water-melon
patte *n.f.* paw, foot (of an animal)
paume *n.f.* palm (of hand)
paupière *n.f.* eyelid
pays *n.m.* country; region
paysage *n.m.* landscape
paysan *n.m.* peasant
peau *n.f.* skin, hide
péché *n.m.* sin
pécher *v.i.* to sin
pêcher *v.t.* to fish
peigne *n.m.* comb
peigner (se) *v.r.* to comb one's hair
peine *n.f.* difficulty; **à —** hardly, scarcely
pêle-mêle *adv.* confusedly
pèlerin *n.m.* pilgrim
pèlerinage *n.m.* pilgrimage
peloton *n.m.* squad
pelouse *n.f.* lawn
penché *a.* bent
pencher (se) *v.r.* to bend, stoop
pendre *v.t.* to hang, suspend
pénible *a.* painful, laborious
péniblement *adv.* painfully
pénombre *n.f.* semi-darkness
pente *n.f.* slope, incline
percepteur *n.m.* tax collector
percer *v.t.* to pierce

perfidie *n.f.* treachery
perlé *a.* pearled
persienne *n.f.* venetian shutter
perte *n.f.* loss, waste
peser *v.t.* to weigh
pétard *n.m.* firecracker
pétiller *v.i.* to crackle, sparkle
pétrir *v.t.* to knead, mould
phare *n.m.* head-light
phoque *n.m.* seal
piailler *v.i.* to cheep (of small birds)
pie *n.f.* magpie
pièce *n.f.* room
piège *n.m.* trap, snare
pierre *n.f.* stone
piétinement *n.m.* stamping, trampling
piller *v.t.* to plunder
pincette *n.f.* tongs, tweezers
pinson *n.m.* finch
pion *n.m.* junior master (assistant)
piquant *a.* cutting, sharp
piqûre *n.f.* worm-hole
pissenlit *n.m.* dandelion
pivert *n.m.* green woodpecker
plafond *n.m.* ceiling
plaider *v.i.* to plead
plaideur *n.m.* litigant
plaie *n.f.* wound
plaindre (se) *v.r.* to complain
plaisanter *v.i.* to joke
plaisanterie *n.f.* facetiousness, joke
plancher *n.m.* floor
planchette *n.f.* small board
planer *v.i.* to soar
plante *n.f.* sole (of the foot); plant
plat *n.m.* dish
plateau *n.m.* tray
plâtre *n.m.* plaster
pli *n.m.* fold, crease
plissé *a.* wrinkled, creased
plomb *n.m.* lead
plonger *v.t.* to plunge, dip
pluie *n.f.* rain
plus *adv.* more; **tout au** — at the most
pneu *n.m.* tire
poésie *n.f.* poetry
poids *n.m.* weight
poignée *n.f.* handful
poil *n.m.* hair
poilu *a.* hairy
poindre *v.i.* to dawn
poing *n.m.* fist
poire *n.f.* pear
poireau *n.m.* leek
poisson *n.m.* fish
poitrine *n.f.* chest
poix *n.f.* pitch
polir *v.t.* to polish; to give the final touch
polisson *n.m.* mischievous child, scamp
poltron *n.m.* poltroon, coward
pomme *n.f.* apple
pondre *v.t.* to lay (eggs)
pont *n.m.* bridge
pont-levis *n.m.* drawbridge
porc-épic *n.m.* porcupine
portail *n.m.* portal, front gate
portée *n.f.* range, reach
portefeuille *n.m.* portfolio; wallet
porte-plume *n.m.* penholder
possédé *n.m.* maniac, person possessed
potager *n.m.* kitchen-garden
poteau *n.m.* post, stake
pou *n.m.* louse
pouce *n.m.* thumb
poulailler *n.m.* hen-house
poule *n.f.* hen
poulet *n.m.* chicken
poumon *n.m.* lung
poupée *n.f.* doll
pourchasser *v.t.* to pursue
pourri *a.* rotten
pourriture *n.f.* rot
poursuivre *v.t.* to pursue; to seek
pourvu que *loc. conj.* provided that
poussière *n.f.* dust
poussièreux *a.* dusty
poutre *n.f.* beam, girder
précepteur *n.m.* tutor, teacher
préjugé *n.m.* prejudice, presumption
prélasser (se) *v.r.* to strut

près (de) *adv.* near by
presser *v.t.* to urge
prétendre *v.t.* to claim, pretend
prêter *v.t.* to lend
prêtre *n.m.* priest
prévaloir (se) *v.r.* to boast, pride oneself
prévenir *v.t.* to forestall, warn
prévoir *v.t.* to foresee, forecast
prière *n.f.* prayer
printemps *n.m.* spring
prise *n.f.* taking, capture
priver (se) *v.r.* to deprive oneself
procès *n.m.* lawsuit, trial
proche *a.* near, neighboring
prodiguer *v.t.* to be prodigal, to throw away
profaner *v.t.* to profane, desecrate
proférer *v.t.* to utter, pronounce
proie *n.f.* prey
propos *n.m.* talk, words, remark
protéger *v.t.* to protect
proue *n.f.* prow
provenir *v.i.* to issue, proceed
proviseur *n.m.* headmaster, principal
pudeur *n.f.* modesty, reserve
puissance *n.f.* power; force
puits *n.m.* well
pupitre *n.m.* desk (school)

Q

quelquefois *adv.* sometimes
quereller (se) *v.r.* to quarrel
quêter *v.i.* to beg; to make a collection
queue *n.f.* tail
quinquet *n.m.* kind of oil lamp
quolibet *n.m.* gibe, jeer
quotidien *a.* daily

R

rabatteur *n.m.* beater
rabattre *v.t.* to put down
rabot *n.m.* plane
raccomoder *v.t.* to mend, patch
racine *n.f.* root
râclée *n.f.* thrashing
radeau *n.m.* raft
radieux *a.* radiant
radotage *n.m.* nonsense, drivel
raffermir *v.t.* to make firm
rafler *v.t.* to sweep off, carry off
ragoût *n.m.* stew
raidir *v.t.* to stiffen, render rigid
raie *n.f.* line; stroke
raillerie *n.f.* bantering, jesting
railleur *n.m.* joker
rainure *n.f.* groove
raisin *n.m.* grapes
ralentir *v.t., v.i.* to slow down, ease up
ramage *n.m.* floral pattern
ramasser *v.t.* to collect, gather
rame *n.f.* oar
ramener *v.t.* to bring back; to bring again
rameur *n.m.* rower
ramier *n.m.* wood-pigeon
ramper *v.i.* to creep, crawl
rancune *n.f.* spite, grudge
rangée *n.f.* row
ranger (se) *v.r.* to make room, get out of the way
rapiécé *a.* patched, pieced together
rapport *n.m.* report, account
rapporter (se) *v.r.* to agree, relate
rasséréner (se) *v.r.* to recover one's serenity
ratatiné *a.* shrivelled
rater *v.i.* to miss
rauque *a.* hoarse, raucous
ravir *v.t.* to carry off; to ravish
raviser (se) *v.r.* to change one's mind
rayer *v.t.* to erase, to scratch out
rayon *n.m.* department (of a shop); ray
rayonner *v.i.* to radiate, shine
récit *n.m.* story, narrative
réclamer *v.t.* to demand, require
réconfort *n.m.* comfort, relief

recoudre *v.t.* to sew again, sew up
recouvrir *v.t.* to cover again, cover up
récréation *n.f.* recreation, break
reçu *n.m.* receipt
recueillir *v.t.* to get together; to collect
recueillir (se) *v.r.* to collect one's thoughts
recul *n.m.* recoil; retirement
rédiger *v.t.* to draw up, draft
redoutable *a.* formidable, terrible
redoute *n.f.* redoubt
redresser (se) *v.r.* to sit or stand erect again
réfectoire *n.m.* dining-hall
réfugier (se) *v.r.* to take refuge
régir *v.t.* to govern, rule
règle *n.f.* rule, order
réglisse *n.f.* licorice
régner *v.i.* to reign, rule
regorger *v.i.* to overflow, run over
rein *n.m.* back
reine *n.f.* queen
rejaillir *v.i.* to spurt out
relever *v.t.* to raise up again
relier *v.t.* to bind again; to connect
remblai *n.m.* embankment
rembourser *v.t.* to repay, refund
rembrunir (se) *v.r.* to grow somber or melancholy
remettre *v.t.* to put back, replace
remettre (se) *v.r.* to recover
remise *n.f.* shelter
remuement *n.m.* stir, commotion
remuer *v.t.* to move, stir
renard *n.m.* fox
rendre (se) *v.r.* to betake oneself, go
renfoncer *v.t.* to drive deeper in
renifler *v.i.* to snivel
renommée *a. et n.f.* renowned, renown
renseigner (se) *v.r.* to seek information
rente *n.f.* revenue, annuity
rentier *n.m.* man of independent means
renverser *v.t.* to turn upside down, overthrow
répandre (se) *v.r.* to be spilled; to be spread
reparaître *v.t.* to reappear
repas *n.m.* meal
répit *n.m.* respite, delay
replier (se) *v.r.* to twist or fold oneself
répliquer *v.t., v.i.* to reply
repoussant *a.* repulsive, repellent
reprendre *v.t.* to retake, recover
réprimer *v.t.* to repress, restrain
résolu *p.p.* resolved
respirer *v.i.* to breathe
ressaisir (se) *v.r.* to regain one's self-control
ressentir *v.t.* to feel, to experience
ressort *n.m.* spring
reste *n.m.* rest; **au —** besides, moreover
résumer *v.t.* to sum up
retenir *v.t.* to hold back
retentir *v.i.* to resound, reverberate
rétrécir (se) *v.r.* to narrow, shrink
revanche *n.f.* revenge
revendication *n.f.* claim, demand
revenir *v.i.* to amount
rêver *v.i.* to dream
revers *n.m.* misfortune, set-back
revêtir *v.t.* to assume
ricaner *v.i.* to sneer
ride *n.f.* wrinkle
ridé *a.* wrinkled
rideau *n.m.* curtain
rigoler *v.i.* to have fun
riposter *v.i.* to retort
risée *n.f.* laughing-stock
rivage *n.m.* shore, bank
rive *n.f.* shore, bank
rocher *n.m.* rock
rôder *v.i.* to prowl
roi *n.m.* king
roman *n.m.* novel
ronce *n.f.* bramble, thorn
ronflement *n.m.* snoring
ronfler *v.i.* to snore

ronger *v.t.* to gnaw, nibble
roseau *n.m.* reed
rosée *n.f.* dew
rossignol *n.m.* nightingale
rôti *n.m.* roast
rotin *n.m.* rattan
roucouler *v.i., v.t.* to coo
roue *n.f.* wheel
rouet *n.m.* spinning-wheel
rouge-gorge *n.m.* red-breast
rougir *v.i.* to blush
roulement *n.m.* rolling
roux *a.* reddish; red-haired
royaume *n.m.* kingdom, realm
rude *a.* harsh, rough
ruer *v.i.* to kick (of horses)
rugir *v.i.* to roar, bellow
ruisseau *n.m.* brook, rivulet
ruisselant *a.* streaming, dripping
Russe *n.m.* Russian
rusticité *n.f.* rusticity, simplicity

S

sable *n.m.* sand
sablon *n.m.* fine sand
sac *n.m.* bag
saccage *n.m.* confusion; pillage
saccager *v.t.* to sack, plunder
sacrifier *v.t.* to sacrifice
sagesse *n.f.* wisdom
saillir *v.i.* to gush; to jut
saisie *n.f.* seizure
saisir *v.t.* to seize
saladier *n.m.* salad-bowl
salle *n.f.* hall, large room
saluer *v.t.* to salute, greet
sang *n.m.* blood
sanglant *a.* bloody, covered with blood
sanglier *n.m.* wild boar
sanglé *a.* bound with a (saddle-) girth, strapped
sanglot *n.m.* sob
santé *n.f.* health
sapin *n.m.* fir
saucisse *n.f.* sausage
saugrenu *a.* preposterous, absurd
saule pleureur *n.m.* weeping willow
sauver (se) *v.r.* to escape, run away
savant *n.m. et a.* scholar, learned
scander *v.t.* to scan
scarabée *n.m.* scarab (beetle)
scélérat *n.m.* scoundrel
schako *n.m.* shako
scie *n.f.* saw
séant *n.m.* sitting posture; seat
sec *a.* dry
sécheresse *n.f.* dryness
secouer *v.t.* to jolt, shake
secours *n.m.* help, assistance
secousse *n.f.* shake, shock
seigneur *n.m.* lord, lord of the manor; nobleman
sein *n.m.* breast, bosom
séjour *n.m.* stay, sojourn
sel *n.m.* salt
selle *n.f.* saddle
seller *v.t.* to saddle
semblable *n.m.* fellow-man
semelle *n.f.* sole (of boots, shoes, etc.)
semer *v.t.* to sow
sens *n.m.* sense, feelings; meaning
sentier *n.m.* path
serpenter *v.i.* to meander, wind
serrement *n.m.* pressing, squeeze
serrer *v.t.* to press, to tighten
serrurier *n.m.* locksmith
serviette *n.f.* napkin; briefcase
serviteur *n.m.* man-servant
seuil *n.m.* threshold
sévère *a.* severe, stern
siècle *n.m.* century
siège *n.m.* seat, headquarters
sifflement *n.m.* whistling
siffler *v.t.* to whistle
siffloter *v.i.* to whistle softly
simulacre *n.m.* semblance, sham
singe *n.m.* ape, monkey
singulier *a.* singular, peculiar
singulièrement *adv.* singularly
sinistre *n.m.* calamity

sitôt *adv.* so soon, as soon
soie *n.f.* silk
soif *n.f.* thirst
soigneusement *adv.* carefully
soin *n.m.* care; **avoir —** to take care
sol *n.m.* ground, soil
soleil *n.m.* sun
solennellement *adv.* solemnly
solfège *n.m.* solfeggio
solive *n.f.* joist
somme *n.f.* sum, amount
sommeil *n.m.* sleep
sommer *v.t.* to summon, call upon
sommier *n.m.* box-mattress
somnoler *v.i.* to drowse, to doze
son *n.m.* bran; sound
songer *v.i.* to dream; to think
sonner *v.i.* to ring, strike (of clocks)
sonnette *n.f.* small bell
sorbier *n.m.* mountain-ash
sorcellerie *n.f.* sorcery
sort *n.m.* fate, destiny; **jeter un —** to cast a spell
sot *a.* stupid, foolish
soubresaut *n.m.* sudden leap, jolt
souci *n.m.* care, anxiety
soucier (se) *v.r.* to be concerned, be anxious
soucoupe *n.f.* saucer
soue *n.f.* pigsty
souffle *n.m.* breath, puff
soufflet *n.m.* slap in the face
souffrir *v.t.* to suffer
souhaiter *v.t.* to desire, wish for
soulagement *n.m.* relief
soulever *v.t.* to raise; to excite
soulier *n.m.* shoe
souligner *v.t.* to underline; to emphasize
soumettre *v.t.* to subdue, subject
soupçonner *v.t.* to suspect
soupente *n.f.* loft, garret
souper *v.i.* to have supper
soupir *n.m.* sigh
sourcil *n.m.* eyebrow
sourire *v.i.* to smile
sournois *a.* cunning, sly
soutenir *v.t.* to support, sustain
spontanément *adv.* spontaneously
stupeur *n.f.* stupor, amazement
subalterne *n.m.* subordinate, inferior
subir *v.t.* to sustain, submit to
suer *v.i.* to sweat
sueur *n.f.* sweat
Suisse *n.f.* Switzerland
suivant *a.* following, subsequent
suivre *v.t.* to follow, go with
supplice *n.m.* torment, anguish
supporter *v.t.* to endure
surdité *n.f.* deafness
surgir *v.i.* to loom up, surge
surnommer *v.t.* to nickname
surprendre *v.t.* to take by surprise
sursaut *n.m.* start, jump; **en —** with a start
sursauter *v.i.* to start up (in surprise)
surveillant *n.m.* overseer, watcher
surveiller *v.t.* to inspect, watch
survenir *v.i.* to happen unexpectedly
survivant *n.m.* survivor
suspendre *v.t.* to suspend

T

tableau de bord *n.m.* dash-board
tablier *n.m.* apron
tabouret *n.m.* stool, foot-stool
tache *n.f.* spot
tâche *n.f.* task, job
tâcher *v.i.* to try
taille *n.f.* height, stature
taillé *a.* pruned, trimmed
tailler *v.t.* to cut, carve
tailleur *n.m.* tailor
taire (se) *v.r.* to be silent
talon *n.m.* heel
talus *n.m.* slope, embankment
tambour *n.m.* drum
tambouriner *v.i.* to beat (as drum)
tant *adv.* so much; **en — que** as a
tapage *n.m.* noise, uproar
tapis *n.m.* carpet, rug
tapissière *n.f.* delivery van

tarder *v.i.* to delay, to put off
tarir *v.t.* to dry up; to exhaust
tas *n.m.* heap, pile
tasse *n.f.* cup
tâter *v.t.* to feel; to test
tâtons (à) *loc. adv.* gropingly
taudis *n.m.* hovel, slum
taupe *n.f.* mole
teint *n.m.* complexion
teinte *n.f.* tint, shade
tellement *adv.* so much
témoigner *v.t.* to testify, bear witness to
témoin *n.m.* witness
tempe *n.f.* temple
tempête *n.f.* storm
tendre *v.t.* to hold out
ténèbres *n.f. pl.* darkness, night
tenir *v.t.* to hold; **s'en — à** to abide by
tenter *v.t.* to attempt, try
terre *n.f.* earth, land
téter *v.t.* to suck
tiède *a.* lukewarm
tiers *n.m.* third
tige *n.f.* stem, stalk
tirailleur *n.m.* sharpshooter
tisserand *n.m.* weaver
toile *n.f.* linen
toit *n.m.* roof
tôle *n.f.* sheet-iron
tonnelier *n.m.* cooper
tonner *v.i.* to thunder
tonnerre *n.m.* thunder
torchis *n.m.* moist clay mixed with straw
torchon *n.m.* dish-cloth; rag
tordu *a.* twisted, distorted
tortiller *v.t.* to twist
tortue *n.f.* tortoise
touche *n.f.* key (of a piano, etc.)
tour *n.m.* trick
tour *n.f.* tower
tourbillon *n.m.* whirlwind
tournant *n.m.* turn, bend
tourneur-fraiseur *n.m.* lathe and fraise operator
tournoi *n.m.* tournament
tournoyer *v.i.* to turn around and around
tourterelle *n.f.* turtle-dove
tousser *v.i.* to cough
tout à fait *loc. adv.* quite, entirely
traduire *v.t.* to translate
trahir *v.t.* to betray
traînée *n.f.* trail, track
traîner *v.t.* to drag along
traiter *v.t.* to treat
traître *n.m.* traitor
trame *n.f.* weft, woof (of fabric)
tranche *n.f.* slice
trancher *v.t.* to cut
transiger *v.i.* to compromise, come to terms
travers *n.m.* side; **au —** through
traversée *n.f.* crossing
traversin *n.m.* bolster
trébucher *v.i.* to stumble
treillage *n.m.* lattice work
tremplin *n.m.* spring-board
trépigner *v.i.* to stamp
tressaillir *v.i.* to shudder, tremble
tricoter *v.t., v.i.* to knit
tringle *n.f.* rod
trombe *n.f.* waterspout
tromper *v.t.* to deceive, to cheat
trope *n.f.* trope (figure of speech)
trottoir *n.m.* sidewalk
trou *n.m.* hole
troubler (se) *v.r.* to be confused, be disconcerted
troupeau *n.m.* flock, herd
trousseau *n.m.* bunch
truite *n.f.* trout
tuer *v.t.* to kill
tuile *n.f.* tile
tumultueux *a.* tumultuous
tuyau *n.m.* pipe, hose

U

urubu *n.m.* urubu (American vulture)
usine *n.f.* factory

V

vacances *n.f. pl.* vacation
vacarme *n.m.* uproar, noise
vache *n.f.* cow
vaciller *v.i.* to waver
vaguement *adv.* vaguely
vaincu *p.p.* vanquished, conquered
vaisseau *n.m.* vessel, ship
vaisselle *n.f.* plates and dishes
vallon *n.m.* small valley, vale
valoir *v.i.* to be worth
vanter (se) *v.r.* to boast, vaunt
vapeur *n.f.* steam
vaurien *n.m.* good-for-nothing
vautour *n.m.* vulture
végétal *a.* vegetable
veille *n.f.* eve (evening before); day before
veiller *v.i.* to watch
veilleuse *n.f.* night-light
veine *n.f.* good luck
velours *n.m.* velvet
vendange *n.f.* grape-gathering
veneur *n.m.* huntsman
vengeur *n.m. et a.* avenger; avenging
vent *n.m.* wind
ventre *n.m.* belly, abdomen
ver *n.m.* worm
verdure *n.f.* greenness
verger *n.m.* orchard
verjus *n.m.* verjuice (juice of unripe fruit)
vernis *n.m.* varnish
verrou *n.m.* bolt
verrue *n.f.* wart
vers *prép.* about; towards
vêtir *v.t.* to clothe
veuf *n.m.* widower
vider *v.t.* to empty
vieillard *n.m.* old man
vieillir *v.i.* to grow old
vif *a.* brisk, lively
vigne *n.f.* vine, vineyard
violemment *adv.* violently
violer *v.t.* to violate
virgule *n.f.* comma
viser *v.i.* to aim
visière *n.f.* visor
vitre *n.f.* pane of glass
vivres *n.f. pl.* provisions, victuals
vœu *n.m.* wish, desire
voie *n.f.* way, means
voile *m.n.* veil
voile *n.f.* sail
voiler (se) *v.r.* to cloud over
voisin *n.m.* neighbor
voisinage *n.m.* neighborhood, vicinity
voiture *n.f.* vehicle, carriage
voix *n.f.* voice
vol *n.m.* flying
volaille *n.f.* poultry
volet *n.m.* window-shutter
voleur *n.m.* thief
volonté *n.f.* will
volontiers *adv.* willingly
voltiger *v.i.* to flutter, fly about
vomir *v.t.* to vomit
voûte *n.f.* vault, arch
voyou *n.m.* loafer
vraisemblance *n.f.* likelihood

Z

zébu *n.m.* zebu (Indian ox)
zibeline *n.f.* sable